1542-1992
450 JAHRE EVANGELISCHE KIRCHE
IN REGENSBURG

Der Katalog wurde durch einen großzügigen Zuschuß der Evangelischen Kirche in Bayern gefördert.

Konzeption und Durchführung der Ausstellung:

Dr. Martin Angerer
Dr. Peter Germann-Bauer
Dr. Eugen Trapp

Ausstellungssekretariat:

Dr. Eugen Trapp

Katalog und Redaktion:

Dr. Martin Angerer
Dr. Peter Germann-Bauer
Dr. Eugen Trapp
Bettina Franz

Restaurierungen:

Annette Kurella
Monika Adolf
Chiharu Asai

Technik und Aufbau:

Alexander Atzberger
Josef Dendorfer
Volker von Dewall
Erich Ehrenreich
Josef Lorenz
Konrad Müller
Werner Pietschmann
Michael Preischl
Ludwig Seidl
Konrad Weber

Verwaltung:

Renate Wittenzellner

Sekretariat:

Lore Hossfeld
Gunda Kulzer

Neuaufnahmen:

Fotostudio Joseph Zink, Regensburg; Presse- und Informationsstelle der Stadt Regensburg (Peter Ferstl); Wilkin Spitta, Lohham.

Reproarbeiten:

Amt für Stadtentwicklung, Abteilung Vermessung und Kartographie

Plakat und Umschlaggestaltung:

alpha-Studio Peter Löffler, Regensburg

Lithos:

SM-Litho, Augsburg

Druck:

Studio-Druck, Regensburg
ISBN 3-925753-28-1
© Museen der Stadt Regensburg

Gedruckt auf Claudia pro 135 gr/m² chlorfrei gebleicht, matt gestrichen, holzfrei

S Mit freundlicher Unterstützung der Sparkasse Regensburg

1542-1992
450 JAHRE EVANGELISCHE KIRCHE IN REGENSBURG

Eine Ausstellung der Museen der Stadt
Regensburg in Zusammenarbeit mit der
Evangelisch-Lutherischen Kirche in Regensburg

Museum der Stadt Regensburg,
15.Oktober 1992 bis 19.Januar 1993

Autoren der Katalogbeiträge

Martin Angerer (M. A.)
Andreas Angerstorfer (A. A.)
Julia Bald (J. B.)
Heidy Böcker (H.B.)
Beate Brandl (B. B.)
Denis Bruna (D. B.)
Werner J. Chrobak (W. J. Chr.)
Jens-Dietmar Colditz (J.-D. C.)
Roman Deutinger (R. D.)
Friedrich Wilhelm Distler (F. W. D.)
Hubert Emmerig (H. E.)
Bettina Franz (B. F.)
Thomas Fuchs (Th. F.)
Peter Germann-Bauer (P. G.-B.)
Doris Gerstl (D. G.)
Martin Hoernes (M. H.)
Kyoung-Hee Lee (K.-H. L.)
Ulrike Meyer (U. M.)
Jürgen Nemitz (J. N.)
Ruth Petzoldt (R. P.)
Ernst Reichold (E. R.)
Hermann Reidel (H. R.)
Susanne Rothmeier (S. R.)
Andreas Schalhorn (A. S.)
Carolin Schmuck (C. S.)
Johann Schmuck (J. S.)
Hans Schwarz (H. Sch.)
Roland Seitz (Ro. S.)
Uta Spies (U. S.)
Renate Staudinger (R. S.)
Raimund W. Sterl (R. W. S.)
Andreas Stolzenburg (A. St.)
Eugen Trapp (E. T.)
Heinrich Wanderwitz (H. W.)
Martin Weindl (M. W.)

Wir danken folgenden Leihgebern

Linz
Evangelische Pfarrgemeinde A.B. Linz - Innere Stadt (HR Dr. Walter Beck, Franz Feichtinger)

München
Architekturbüro Hugues (Prof. Dr. Ing. Theodor Hugues)
Bayerisches Hauptstaatsarchiv (Prof. Dr. Stahleder, Archivoberrat Reiprich)
Bayerisches Nationalmuseum (Dr. Reinhold Baumstark, Dr. Nina Gockerell, Dr. Lorenz Seelig)
Bayerische Staatsbibliothek (Dr. Karl Dachs, Dr. Fritz Junginger)
Bayerische Staatsgemäldesammlungen (Dr. Johann Georg Prinz von Hohenzollern, Dr. Peter Eikemeier, Frau Ingrid Huber)
Münchner Stadtmuseum (Dr. Wolfgang Till, Dr. Volker Duvigneau)
Staatliche Graphische Sammlung (Dr. Tilman Falk, Dr. Richard Harprath)

Nürnberg
Germanisches Nationalmuseum (Prof. Dr. Gerhard Bott, Dr. Axel Janeck, Dr. Hermann Maué, Dr. Rainer Schoch)
Landeskirchliches Archiv (Dr. Helmut Baier, Dr. Svetozar Sprusansky)

Regensburg
Bischöfliche Zentralbibliothek und Bischöfliches Zentralarchiv (Msgr. Dr. Paul Mai, Dr. Werner J. Chrobak, Dr. Barbara Möckershoff)
Evang.-Luth. Dekanat (Dekan Reinhard von Loewenich)
Evang.-Luth. Gemeinde Dreieinigkeitskirche (Pfarrer Dr. Gustav Rosenstein, Frau Christa Schmidt)
Evang.-Luth. Gemeinde Kreuzkirche (Pfarrer Friedrich Wilhelm Distler)
Evang.-Luth. Gemeinde Neupfarrkirche (Dekan Reinhard von Loewenich, Pfarrer Friedrich Wilhelm Distler, Herr Walter Scheiner)
Evang.-Luth. Gemeinde St. Markus (Pfarrer Rudolf Grell)
Landeskirchliches Archiv, Zentrales Kirchenbucharchiv (Herr Walter Oelschläger)
Evangelische Wohltätigkeitsstiftung (Herr Ulrich Landskron)
Historischer Verein für Oberpfalz und Regensburg (Dr. Werner J. Chrobak)
Staatliche Bibliothek Regensburg (Dr. Gisela Urbanek, Herr Siegfried Maresch)
Stadtarchiv Regensburg

Stuttgart
Evang. Hospitalkirchengemeinde (Pfarrer Helmut A. Müller)
Württembergisches Landesmuseum (Prof. Dr. Claus Zoege von Manteuffel, Dr. Sabine Hesse)

Würzburg
Martin-von-Wagner-Museum der Universität (Prof. Dr. Stefan Kummer, Dr. Tilman Kossatz)

sowie allen privaten Leihgebern.

Für Rat und Hilfe danken wir

Herrn Günther Barthel, Evang.-Luth. Gesamtkirchenverwaltung Regensburg; Herrn Karl Bauer, Regensburg; Frau Philippine Bauer, München; Herrn Harald Berghoff, Regensburg; Herrn Dr. Georg Brenninger, Schröding; Herrn Dr. Werner J. Chrobak, Regensburg; Herrn Prof. DDr. Walter Dürig, München; Herrn Superintendent Hansjörg Eichmeyer, Linz; Oberschwester Emma, Evang. Krankenhaus Regensburg; Herrn Dr. Hubert Emmerig, Olching; Herrn Dr. Eberhard Gutegunst, Stuttgart; Herrn Dr. Johannes Halkenhäuser, Würzburg; Herrn Prof. Dr. Karl Hausberger, Regensburg; Herrn Dr. Clemens Jöckle, Speyer; Herrn Dr. Robert Kittler, Österreichische Nationalbibliothek Wien; Herrn Ulrich Landskron, Evang. Wohltätigkeitsstiftung Regensburg; Msgr. Dr. Paul Mai, Regensburg; Frau Karin Mair, Regensburg; Herrn Dr. Hermann Reidel, Regensburg; Herrn Prof. Dr. Hans Schwarz, Regensburg; Frau Claudia Seidl, Oberschölnach; Herrn Dombaumeister Helmut Stuhlfelder; Herrn Prof. Dr. Jörg Traeger, Regensburg; Herrn Prof. Dr. Wilhelm Volkert, Regensburg; Frau Gertrud Voll M.A., Neuendettelsau; Frau Dr. Reingard Witzmann, Museum der Stadt Wien; sowie allen Autoren.

Grußwort der Oberbürgermeisterin der Stadt Regensburg

Die Stadt Regensburg und ihre evangelische Gemeinde waren über Jahrhunderte hinweg aufs engste aufeinander bezogen. Der Stadtrat war es, der unter der behutsamen Führung seines Ratskonsulenten Dr. Johannes Hiltner, der Reformation zum Durchbruch verhalf. Der Rat war es dann auch, der die Gemeinde organisierte und der sie als "Summepiscopus" auch kontrollierte. Zwar konnte in Regensburg nie die Ausschließlichkeit der evangelischen Konfession durchgesetzt werden, wie dies in anderen Reichsstädten der Fall war, doch dominierte das evangelische Element im bürgerlichen Bereich.

Die bürgerlich-evangelische Gemeinde schuf jenes Stadtregiment, das bereits erhebliche sozialstaatliche Komponenten kannte. Das Erziehungswesen, das Armenwesen oder die Waisenproblematik wurden im Geiste des protestantischen Humanismus mit großer Energie vom Rat unter maßgeblicher Beteiligung der evangelischen Geistlichen vorbildlich geordnet und bis zum Ende des Alten Reiches fortentwickelt.

Noch heute spüren wir diese Aufeinanderbezogenheit von evangelischer Gemeinde und Stadt in der Evangelischen Wohltätigkeitsstiftung. Zwar wurde das jetzt existierende rechtliche Konstrukt erst im 19. Jahrhundert geschaffen, doch ist dessen historische Basis das Almosenamt, jenes reichsstädtische Amt also, das aus dem Geist der evangelischen Nächstenliebe als Fürsorgeverwaltung für diejenigen, die auf der Schattenseite des Lebens standen, geschaffen worden ist. Nicht daß es vor der Reformation keine solchen Bestrebungen gegeben hätte, doch die Totalität der städtischen Verpflichtung wurde noch nicht so stark empfunden. Es gab schon seit dem frühen 14. Jahrhundert nachweisbar große bürgerliche Stiftungen, die von der kirchlichen Hierarchie unabhängig waren, doch deren Betreuung wurde nicht als Aufgabe der Kommune verstanden. Erst das Zeitalter der Reformation brachte jene stringente Ordnung all dieser sozialen, bürgerlichen Einrichtungen, wodurch ein System geschaffen wurde, das uns an den heutigen Sozialstaat gemahnt.

Auch als die Freie Reichsstadt Regensburg aufhörte, als selbständiges politisches Gebilde innerhalb des Verbandes des Heiligen Römischen Reiches Deutscher Nation zu existieren, lebten jene liberalen, fortschrittlichen Gedanken in der Regensburger Bürgerschaft fort. So verwundert es nicht, daß im Revolutionsjahr 1848 der Regensburger Bürgermeister, Gottlieb Carl Freiherr von Thon-Dittmer, der jahrelange "Oppositionsführer" im bayerischen Landtag, als leitender Minister ins Kabinett des bayerischen Königs berufen wurde.

Auch in den folgenden Jahrzehnten bis in unsere Tage erwies und erweist sich das evangelische Bürgertum als zentrale Komponente im öffentlichen Leben unserer Stadt. So empfinde ich es als Selbstverständlichkeit, daß die Stadt Regensburg zum vierhundertfünfzigsten Jahrestag der Einführung der Reformation in Regensburg diese Leistungen der evangelischen Mitbürger über die Jahrhunderte hinweg durch eine Ausstellung ehrt.

Mein besonderer Dank gilt all denen, die mit großem Engagement jenes wichtige Kapitel bayerischer und Regensburger Geschichte für diese Ausstellung aufbereitet haben.

Regensburg, im Oktober 1992

Christa Meier

Grußwort von Oberkirchenrat Gotthart Preiser

Alte Schätze hervorholen

Alte Schätze hervorholen, das war das Anliegen der Reformation im 16. Jahrhundert: Urgestein freilegen, das, was verschüttet war unter erstarrtem Geröll kirchlicher Formen, unter lebensferner Dogmatisierung oder unter einem eingerissenen Lebensstil, der dem Evangelium praktisch widersprach. Ursprüngliches ans Licht bringen aus der Anfangszeit des Christentums, aus der Unmittelbarkeit dessen, was Gott in der Bibel den Menschen zu sagen hatte oder wie die ersten Christen ihren Glauben zu leben suchten.

Die Menschen staunten, wie kraftvoll und überzeugend das Alte war und wie jung es wieder wurde: Das noch nicht überlagerte Wort der Bibel, die neuentdeckte Kraft, die im Singen der Gemeinde steckt, die Verantwortung der Laien in der Kirche, das Gewicht des einzelnen an Gott gebundenen Gewissens.

Alte Schätze hervorholen, Früheres, Ursprüngliches, Unmittelbares ans Tageslicht bringen, das geschieht auch in der Jubiläumsausstellung zur Reformation in Regensburg, die mit großer Sorgfalt, viel Liebe und bewundernswerter Fachkompetenz erarbeitet wurde. Auch in dieser Ausstellung werden viele staunen über die Leuchtkraft der alten Schätze, über die Lebendigkeit des Glaubens früherer Generationen, über ein konsequentes Verhalten, über Treue zum Evangelium bis in den Tod. Daß die dunklen Seiten in der Geschichte nicht ausgeblendet werden, ehrt die Wahrheit und die Sache. Kirche ist nicht vollkommen, solange das Reich Gottes nicht endgültig angebrochen ist. Schuld und Irrtümer sind in ihre Geschichte hineinverwoben wie in unser eigenes Leben auch.

Eine Grunderkenntnis der Reformation war aber, daß die Kirche und der Einzelne durch die Gnade Gottes leben darf trotz aller Mängel: die "Rechtfertigung" nicht durch menschliche Qualität, sondern durch das Verdienst Christi.

Möge die Jubiläumsausstellung, für die der Stadt Regensburg, insbesondere dem Städtischen Museum und vielen, die zum Gelingen beigetragen haben, großer Dank gebührt, für die Besucher zum staunenden und den Glauben fördernden Erlebnis werden.

Regensburg, im September 1992

Gotthart Preiser
Oberkirchenrat

Grußwort von Bischof Manfred Müller

Die alte Verbindung, daß der jeweilige Bischof von Regensburg auch Abt des ehrwürdigen Klosters St. Emmeram war, wirkte nach der Trennung dieser Personalunion auch deshalb u.a. so lange fort - im Grunde bis in unsere Tage -, weil der alte Prozessionsweg wegen dieser historischen Wurzeln immer wieder vom Kloster St. Emmeram zur Kathedrale St. Peter seinen Weg nahm, und damit die Gläubigen dieser Stadt von der ersten christlichen Kultstätte hinführte zum Sitz des Bischofs von Regensburg im Dom St. Peter.

Auch heute ist es eine schöne und ehrwürdige Tradition, daß bei großen Feierlichkeiten dieser Weg zwischen St. Emmeram und der Kathedrale gegangen wird.

Unsere Vorfahren im Glauben konnten nicht ahnen, daß dieser Weg in diesen unseren Tagen vorbeiführt an den markanten Stätten reformatorischen Christentums in der ehemals Freien Reichsstadt.

Sinnbild und Symbol reformierten Christentums ist und bleibt die Neupfarrkirche, die wie ein Block in der Mitte dieses Weges von St. Emmeram zur Kathedrale steht.

Auf dem Weg sein - dies war Kennzeichen und Charakteristikum der ersten Christen und dieses Auf-dem-Weg-sein war auch Sinnbild und Symbol, als vor 450 Jahren hier in der Stadt Regensburg "der neue Glaube", die Reformation, Einzug halten konnte. Im vergangenen Jahr konnte stilvoll daran erinnert werden, daß das Regensburger Religionsgespräch im Jahre 1541 ein letzter Versuch war, den Glaubensstreit auf dem Verhandlungsweg beizulegen.

Wenn nun in diesem Jahr in geziemender Weise die 450-Jahr-Feier der Einführung der Reformation gefeiert wird und diese Tatsache auch durch eine wohlvorbereitete Jubiläumsausstellung hier im Stadtmuseum von Regensburg gewürdigt wird, dann ist dies in unseren Tagen eine Feier, die - Gott sei Dank - nicht mehr ein Gegeneinander betont, sondern im Respekt voreinander dieses Ereignis feiern läßt - entsprechend dem Motto dieses Jubiläums: "Aus Grenzen Brücken".

Als katholischer Bischof dieser Stadt Regensburg und der Diözese weiß ich mich in ganz besonderer Weise hineingestellt in diese historischen Ereignisse, weil der damalige Bischof einer der katholischen Reichsstände war, die innerhalb der Stadtmauern durch die reformatorische Bewegung unangetastet geblieben sind. "Kaum eine zweite Stadt des alten Reiches" - so urteilt der Regensburger Kirchengeschichtler, Professor Dr. Karl Hausberger - "mochte das verhängnisvolle Durcheinander von geistlicher und weltlicher Jurisdiktionsgewalt, heraufbeschworen durch das den Reichsständen im Augsburger Religionsfrieden garantierte Recht der freien Religionswahl, so eindrucksvoll widerspiegeln wie Regensburg".

Wenn dieses historische Ereignis nun in vielfältiger Weise gefeiert und begangen wird, dann ist es sicher wichtig, sich dieser historischen Wurzeln und Begebenheiten erinnernd zu stellen; eine Ausstellung ist dazu immer eine treffliche Gelegenheit, notwendig ist aber auch der Blick nach vorne, um wirklich im gegenseitigen Respekt und in gegenseitiger Achtung das Gemeinsame zu fördern und das Unterschiedliche respektvoll zu achten.

Regensburg, im September 1992

+ Manfred Müller
Bischof von Regensburg

Inhalt

13	Vorwort (Martin Angerer)
15	*Die Reformation in Regensburg* (Günter Lottes)
29	*Regensburg um 1500* (Heinrich Wanderwitz)
41	*Volksfrömmigkeit in und um Regensburg am Vorabend der Reformation* (Walter Hartinger)
51	*Von der Wallfahrtskirche zur Schönen Maria zur protestantischen Neupfarrkirche. Der rechtliche Hintergrund* (Martin Weindl)
59	*Die Reformation in Regensburg bis zur Konkordienformel* (Hans Schwarz)
71	*Die Regensburger Religionsgespräche. Ein vorprogrammiertes Scheitern* (Jens-Dietmar Colditz)
79	*Michael Ostendorfers Altar in der Neupfarrkirche* (Susanne Rothmeier)
89	*Neues zur Entstehung von Ostendorfers Reformationsaltar* (Carolin Schmuck)
97	*Die Dreieinigkeit über dem Altar. Ostendorfer und Raphael* (Jörg Traeger)
109	*Die Dreieinigkeitskirche in Regensburg. Ein protestantischer Kirchenbau* (Karl Möseneder)
153	*Das Verhältnis der Konfessionen in der Reichsstadt Regensburg* (Karl Hausberger)
16	*450 Jahre evangelische Kantoren, Organisten und Tonsetzer. Ihr Wirken und ihre Bedeutung für die Musikgeschichte Regensburgs* (Raimund W. Sterl)
221	**Katalog**
222	Die Freie Reichsstadt und ihr geistiges Umfeld
227	Spätmittelalterliche Frömmigkeit. Vertreibung der Juden und Wallfahrt zur Schönen Maria
246	Das Reifen evangelischer Gesinnung in Regensburg
265	Das Entscheidungsjahr 1542. Errichtung der Neuen Pfarre
279	Die evangelisch-lutherische Neupfarrkirche
286	Die Konsolidierung in der Reichsstadt bis 1577
297	Die Regensburger Religionsgespräche nach 1541
303	Die Dreieinigkeitskirche. Bau und Ausstattung
333	Das Wohlfahrtswesen der evangelischen Reichsstadt
349	Die Regensburger Gemeinde und Österreich. Exulanten in Regensburg
360	Kirchenmusik, Bildung und Wissenschaft
386	Kirchliches Gerät und liturgische Bücher
406	Die Organisation der Gemeinde
439	Regensburger Reformationsjubiläen
457	Katholisch vs. protestantisch. Annäherungen und Kontroversen
478	Abkürzungen
479	Abgekürzt zitierte Literatur
484	Abbildungsnachweis

Vorwort

"Als D. Martin Luther wider Tetzels unverschaemten Ablaßkram und wider des Pabsts Geldgier eifernd auftrat, bei erfolgtem Widerstand noch freimuethiger predigte und durch viele kecke Behauptungen wider das Ansehen des roemischen Stuhls die Fürsten des Reichs auf sich aufmerksam machte; war die Verfassung des gemeinen Wesens in Regensburg in einer kritischen Lage...Die Geschichte Regensburgs hat, so wie in allen Zeitlaeufen, vorzueglich in Hinsicht auf das Reformationswerk, viel sonderbares." Diesen kurzen Situationsbericht gibt Carl Theodor Gemeiner im Vorwort zu seiner "Geschichte der Kirchenreformation in Regensburg", der ersten zusammenfassenden Abhandlung dieses Themas, die vor genau 200 Jahren gedruckt wurde.

Die Sonderstellung Regensburgs bezüglich des sehr späten Übertritts zum neuen Glauben im Vergleich mit anderen süddeutschen Reichsstädten wie Nürnberg (1525), Ulm (1529) und Augsburg (1534) liegt in der Beschränkung auf das relativ kleine Stadtgebiet mit sehr geringem Umgriff, das gänzlich vom Herzogtum Bayern umschlossen war. Mit dem wirtschaftlichen Niedergang war auch verstärkt die Abhängigkeit vom "umgebenden Nachbarn" und damit von der Politik der Wittelsbacher gegeben.

"Viel sonderbares" spielte sich innerhalb von dreizehn Jahren auch auf dem Platz der heutigen Neupfarrkirche ab. Auf den Trümmern der geschleiften jüdischen Synagoge entwickelte sich eine der größten Wallfahrten des Spätmittelalters. Der noch im selben Jahr projektierte monumentale Kirchenbau aus Stein, der die hölzerne Kapelle ersetzen sollte, wurde nur zum Teil fertiggestellt. Der Grund hierfür lag in den reformatorischen Strömungen, die sich langsam aber stetig in der Stadt verstärkten. So manifestiert sich in der Neupfarrkirche der Wendepunkt zweier Glaubenswelten: geplant als Großprojekt für eine Wallfahrtskirche wurde der am 10. Oktober 1540 geweihte Chor das erste Gotteshaus der evangelischen Gemeinde. Als der Rat der Stadt diesen Bau in den modernen Formen der Renaissance in Auftrag gab, war dessen "moderne" Nutzung noch nicht vorherzusehen.

Für den Aufbau des neuen Kirchenwesens wurde der erste Superintendent Hieronymus Noppus, der von Luther und Melanchthon dem Rat vorgeschlagen wurde, zusammen mit Nikolaus Gallus von zentraler Bedeutung. Mit diesen Persönlichkeiten an der Spitze konnte die folgende schwierige Zeit überstanden werden. Am 14. April 1552 konnte die Neupfarrkirche nach dem Interim wieder geöffnet werden und mit dem Aufbau des Kirchenwesens unter Justus Jonas und Nikolaus Gallus begonnen werden. Zwei Jahre später wird Michael Ostendorfer mit dem Flügelaltar, dem sogenannten Reformationsaltar für die Neupfarrkirche beauftragt.

In der Folgezeit hatte Regensburg eine Schlüsselfunktion für den Aufbau und die Organisation der evangelischen Kirche im gesamten österreichischen Raum. Dies hatte dann zur Folge, daß Regensburg die Anlaufstation für viele Exulanten wurde, von denen manche hier - wie auch die Vertriebenen nach dem Zweiten Weltkrieg - eine neue Heimat fanden.

Mitten in den Wirren des Dreißigjährigen Krieges, am 18. Februar 1627, wagte der Rat der Stadt den Beschluß, eine neue Kirche zu bauen. Für die vier Jahre später eingeweihte Dreieinigkeitskirche, eine der ersten großen Kirchen, die in Deutschland als evangelische Neubauten errichtet wurden, verpflichtete man mit Johann Carl und Leonhard Kern den führenden Architekten und den begehrtesten Bildhauer in Süddeutschland.

Ein zentrales Thema der Ausstellung ist dieser Frühzeit in der Geschichte des evangelischen Kirchenwesens in Regensburg gewidmet. Vierhundertfünfzig Jahre evangelische Kirche in Regensburg heißt aber auch viereinhalb Jahrhunderte Kulturgeschichte der Stadt, wobei ein Aspekt - auf das Thema bezogen - im Vordergrund steht, dieser jedoch nur verständlich wird in dem Gegen- und Miteinander in den historischen Epochen.

Vor fünfzig Jahren war eine derartige "Jubiläums-Ausstellung" geplant, sie konnte jedoch wegen der Zeitverhältnisse und der Kriegsjahre nicht stattfinden. Als man sie 1958 anläßlich der Evangelisch-Lutherischen Landessynode 1958 nachholte, konnte aufgrund der vorhandenen Mittel nur eine kleine Publikation erstellt werden. Mit ein Ziel der diesjährigen Ausstellung ist es, nicht nur der evangelischen Gemeinde, sondern der gesamten Bürgerschaft eine moderne Abhandlung zu den verschiedenen Themenbereichen vorzulegen und damit einer evangelischen Tradition zu folgen, nach der zu jeder 100-Jahr-Feier der Einführung der Reformation eine Festschrift erschien.

Daß diese in der vorliegenden Form erscheinen konnte, verdanken wir zahlreichen engagierten Autoren der Universitäten Regensburg und Passau sowie fast aller Kulturinstitute in Regensburg. Die konkrete Auseinandersetzung mit diesem Thema bewies jedoch aufs Neue, daß die Geschichte der Stadt Regensburg noch lange nicht endgültig geschrieben ist.

Ein herzlicher Dank darf an alle Mitarbeiter der evangelischen Kirchengemeinde ausgesprochen werden, die uns den Zugang zu allen erhaltenen Realien ermöglichten; damit können viele Objekte, die ansonsten in gut verschlossenen Schränken schlummern, den interessierten Bürgerinnen und Bürgern vorgestellt werden. Ein besonderer Dank ergeht auch an alle Museen, Archive und Bibliotheken, die mit ihren Leihgaben halfen, dieses Kapitel Regensburger Geschichte zu veranschaulichen.

Der evangelischen Landeskirche in Bayern darf für einen großzügigen Zuschuß gedankt werden, ohne den der Katalog nicht in der nun vorliegenden Form hätte erscheinen können. Ein weiterer Dank darf der Sparkasse Regensburg ausgesprochen werden, die - wie schon so oft - ein kulturelles Projekt unterstützte. Termine sind wichtig und gut, können jedoch, gerade bei einem größeren Projekt selten in der vorgesehenen Form eingehalten werden. Daß der Katalog in der Qualität und rechtzeitig zur Ausstellungseröffnung erscheinen kann, wäre ohne das nicht hoch genug einzuschätzende Engagement der Herren Heubl sen. und jun. von Studio Druck und allen daran beteiligten Mitarbeitern nicht möglich gewesen.

Ein letzter ganz besonderer Dank ergeht an alle Mitarbeiter im Hause, die - trotz der "Alltagsarbeit" - auch diese außerordentliche Problematik, die nicht nur in den unzulänglichen Ausstellungsräumlichkeiten liegt, souverän bewältigten. Stellvertretend für alle darf ich mich bei Herrn Dr. Peter Germann-Bauer und Herrn Dr. Eugen Trapp bedanken, auf deren Schultern die Hauptlast ruhte.

Als wenige Tage vor dem 15. Oktober 1542 die Rechtfertigung der Stadt anläßlich ihres Übertritts zum neuen Glauben in gedruckter Form erschien, unterlief dem damaligen Drucker bereits im ersten Wort der Überschrift ein Druckfehler; daß wir auch heute möglicherweise noch nicht gänzlich dagegen gefeit sind, dafür bitten wir um ihre Nachsicht.

Dr. Martin Angerer
Leiter der Museen der Stadt Regensburg

Günther Lottes

Die Reformation in Regensburg

Vor 450 Jahren, am 15. Oktober 1542, wurde in der Neupfarrkirche zum feierlichen Abschluß der Einführung der Reformation der erste offizielle evangelische Abendmahlsgottesdienst in Regensburg gefeiert. Die Weichen waren nach fast zwei Jahrzehnten des Zögerns schließlich innerhalb weniger Tage gestellt worden:
Den Beschluß faßte der Rat formal auf eine Bürgerpetition vom 28. September hin und wandte sich zwei Tage später an den Nürnberger Rat um eine Abendmahlsvermahnung und einen Prediger. Am 10. Oktober machte der Rat seine Gründe der Öffentlichkeit in einer von dem Ratskonsulenten Dr. Johann Hiltner (Abb. 1) verfaßten Rechtfertigungsschrift bekannt. Drei Tage später, am 13. Oktober, legten alle Beschlußorgane der Stadtregierung, der Innere Rat, der Äußere Rat und der Ausschuß der Gemeinde, den 15. Oktober als Termin für den ersten evangelischen Gottesdienst mit Abendmahlsfeier unter beiderlei Gestalt fest. Dieser 19. Sonntag nach Trinitatis begann mit einer Predigt Erasmus Zollners in der Dominikanerkirche. Für den Abendmahlsgottesdienst, den der Regensburger Prediger Erasmus Zollner, der aus Nürnberg gesandte Georg Forster und der aus Beratzhausen kommende Prädikant Leopold Moser hielten, zog man in die Neupfarrkirche.[1]
Ein Vierteljahrhundert zuvor, zwar nicht auf den Tag genau, aber auch im Monat Oktober, hatte Martin Luther in Wittenberg den Anstoß für die Glaubensbewegung gegeben, welche die Einheit der westlichen Christenheit auflöste und das politische Gesicht Deutschlands nachhaltig veränderte. Ich will diese Beinahekoinzidenz von 450 Jahren Regensburger Reformation und 475 Jahren Thesenanschlag zum Anlaß nehmen, die Einführung der Reformation in Regensburg im folgenden im weiteren Kontext des Reformationsgeschehens zu betrachten, und im besonderen der Regensburger Verhältnisse das Allgemeine des großen Glaubensumbruchs zu Beginn des 16. Jahrhunderts sichtbar machen. Ich möchte dabei die Regensburger des Jahres 1542 selbst zu Worte kommen lassen und meinen Ausführungen eine Quelle zugrundelegen. Ich habe die bereits erwähnte Rechtfertigungsschrift des Ratskonsulenten Hiltner vom 10. Oktober gewählt, deren genauer Titel lautet: *Wrahaffiger [sic!] Bericht eines Erbarn Camerers und Rats der Stat Regenspurg, Warumb und aus was ursachen sie des Hern Abentmal, nach der einsatzung Christi, bey ihnen fürgenomen und auffgericht, auch mit was form, weyse und ordnung das selbig gehalten wirdet.*[2]

Der religiöse Umbruch

Gleich der erste Grund von fünfen, die Hiltner angibt, führt uns in das Zentrum des Reformationsgeschehens:
Die erste und furnembste ursach ist, das solchs die unwidersprechenliche lere, ordnung und ernstlicher bevelch unsers Gots und Herrn Jesu Christi ist, denen ein jeder, nit allein fur sich selb zu geleben, sonder auch seine undertanen dahin zu weisen und zu fürdern, schuldig ist.[3]
Der Regensburger Rat hatte also auf Gottes Befehl hin gehandelt. Das war nicht bloß eine Redeweise in einem Zeitalter, das Gott gerne und häufig im Munde führte. Schon in seinem Sendschreiben *An den Christlichen Adel deutscher Nation von des christlichen Standes Besserung* aus dem Jahre 1520 hatte Luther das Anliegen der Reformation den weltlichen Obrig-

keiten anvertraut. Denn so total und unbezweifelbar ihm der Legitimitätsbankrott der Amtskirche auch schien, so wenig unterschätzte er ihre institutionelle Beharrungskraft und die Gefahr, die von ihrem Machtapparat für die junge evangelische Bewegung ausging. Unter den gegebenen Umständen war an eine Erneuerung der Kirche von der Gemeinde her nicht zu denken, obgleich dies Luthers Begriff von der Kirche als der Gemeinschaft der Gläubigen in ihrer jeweils realen soziologischen Gestalt eigentlich entsprochen hätte. Statt dessen setzte Luther auf die weltliche Gewalt mit ihren Zwangsmitteln als Ersatzkirche. Sie sollte gleichsam als Notbischof auf den Plan treten, um die Frommen vor den Machenschaften des im Priestergewand auftretenden Antichrist zu schützen und ihnen die Möglichkeit zu geben, Gottes Wort zu hören und danach zu leben. In den folgenden Jahren erwies sich die obrigkeitliche Verankerung der Reformation noch aus einem weiteren Grund als unverzichtbar. Denn in der Kirchenbildung von unten entfaltete der Gedanke des allgemeinen Priestertums eine zentrifugale Dynamik, die nicht nur allerlei Schwarmgeister hervorbrachte, sondern auch die Kraft der evangelischen Herausforderung zu zersplittern drohte.

Letztlich nützte das Bündnis der Reformation mit der weltlichen Gewalt den Obrigkeiten indes mehr als der evangelischen Bewegung. Denn sie wurden für die Unterstützung, die sie der Sache der Reformation gewährten, überreichlich belohnt - und das nicht nur durch Luthers herrschaftsfreundliche Obrigkeitslehre oder durch den Verzicht auf das Kirchenvermögen zugunsten des Staates. Die neue evangelische Kirche empfahl sich als eine organisatorisch durchgebildete gesamtstaatliche Institution mit einem direkten Zugriff auf die gesamte Bevölkerung und durch ein vergleichsweise qualifiziertes und vor allen Dingen loyales Personal, für das Kirchendienst und Staatsdienst ineinander übergingen.

Die Rolle der Reformation bei der Konsolidierung der frühneuzeitlichen Staatlichkeit stellte indes nur eine Seite ihrer historischen Bedeutung dar. Eine zweite, geradezu gegenläufige Wirkungslinie ist für die europäische Zivilisationsgeschichte im Sinne von Norbert Elias bedeutsam geworden. Gottes Gebot erging nämlich, wie auch Hiltner bemerkte, nicht nur an die christliche Obrigkeit für ihre Untertanen, sondern ebenso an jeden einzelnen Gläubigen für seine eigene Person und Lebensführung. Aus der Perspektive des Regensburger Rats, der soeben die Reformation eingeführt und damit einem eigenen Wunsch und einer Forderung der Bürgerschaft entsprochen hatte, lag in dieser Doppelverpflichtung kein Widerspruch. Das *nit allain - sonder auch* diente Hiltner als Stilmittel, um die evangelische Verantwortung des Rates nur noch nachdrücklicher herauszustellen. Dem Grundsatz nach bestand zwischen der individuellen und der obrigkeitlichen Verantwortung in Glaubensdingen jedoch ein Spannungsverhältnis, das uns in Regensburg in einer untypischen, aber deshalb nicht weniger aufschlußreichen Variation entgegentritt.

Die Reformation definierte die Beziehung des Menschen zu Gott nämlich neu. Luthers Abrechnung mit der römischen Kirche ging ja weit über die Beseitigung von allseits bekannten und vielfach beklagten Mißständen hinaus. Sie bestritt die Mittlerrolle der Kirche zwischen Gott und den Gläubigen schlechthin. Gott wandte sich im Verständnis der Reformatoren nicht über eine Instanz der Heilsvermittlung, sondern direkt an den einzelnen Gläubigen. Jeder Christenmensch stand deshalb vor Gott in einer ganz persönlichen Glaubenspflicht, die ihm kein Priester abnehmen und die durch keinerlei Ritualvollzug abgegolten werden konnte. Die Sorge der zum Lehr- und Verkündigungsamt Berufenen für den Gläubigen beschränkte sich im strengen Sinn darauf, ihn in die Lage zu versetzen, Gottes Botschaft ungehindert und rein zu hören.

In diesem Gedanken lag ein enormes Entwicklungspotential, das Luther wohl selbst nicht vollständig übersehen hat. Denn natürlich begründet eine Pflicht immer auch ein Recht, diese Pflicht auch zu erfüllen - ganz besonders dann, wenn das Seelenheil des Pflichtigen auf dem

Spiel steht. So erwuchs aus der Glaubensverpflichtung des einzelnen vor Gott ein Grundrecht der religiösen Selbstverantwortung, das mit dem obrigkeitlichen Verantwortungsanspruch inhaltlich zusammenfallen, aber eben auch kollidieren konnte. Dieser Sachverhalt fand schließlich sogar in einem Reichsgrundgesetz förmliche Anerkennung. Der Augsburger Religionsfrieden von 1555, der die Konfessionshoheit des Landesherrn festschrieb, räumte nämlich dem einzelnen Untertanen ein Abwanderungsrecht ein, wenn er es mit seinem Gewissen nicht vereinbaren konnte, sich dem Bekenntnis seines Landesherrn anzuschließen.[4]

Auch in Regensburg wird das neue Gottes- und Glaubensverhältnis sichtbar, obwohl wir aus dieser Zeit nicht über viele Zeugnisse verfügen, die uns einen Blick in das Bewußtsein der Menschen tun lassen. Ich will mich auf zwei Beispiele beschränken, die zeigen sollen, daß Luthers Lehre quer durch alle sozialen Schichten und bei den unterschiedlichsten Charakteren Aufnahme fand.

Mein erstes Beispiel ist der Doktor der beiden Rechte Johannes Hiltner, der Verfasser des Wahrhafften Berichts, der dieser Betrachtung zugrundeliegt.[5] 1523/24 trat er aus den Diensten des Bamberger Bischofs kommend als Ratskonsulent in die der "Regensburger Republik" und wurde schnell zu einer Schlüsselfigur der Regensburger Reformationsgeschichte. Hiltner war ein nüchterner, politisch denkender Mann, der den beschränkten Handlungsspielraum Regensburgs niemals aus dem Auge verlor und in Kompromissen zu denken gewohnt war. Gleichwohl hielt er es während der zwei Jahrzehnte bis zur Einführung der Reformation für seine Gewissenspflicht, wenigstens innerhalb dieses Rahmens etwa durch die Berufung geeigneter Prediger für evangelische Verhältnisse zu sorgen. Dies hat die evangelische Bewegung als Bürgerbewegung unzweifelhaft erhalten und gestärkt.

Mein zweites Beispiel ist der Blaufärber Blabhans oder Plohanns. Er steht für eine alltäglichere, sehr viel weniger faßbare, weil als weniger aufzeichnungswürdig erachtete Betroffenheit, aus der aber die Reformation als Volksbewegung ihre Kraft bezog. Die Affäre verdankt ihren Bekanntheitsgrad im Schrifttum sicherlich nicht zuletzt Luthers brieflicher Fürsprache für den Blaufärber.[6] Am Sonntag Judica, dem 22. März 1523, geriet Plohanns zusammen mit dem Krämer Rostock mit dem Domprediger Augustin Marius aneinander. Es kam während der Predigt zu einem heftigen Wortwechsel über Schmähschriften gegen den Papst, der fast zu einem Tumult geführt hätte. Plohanns war kein Unbekannter: Er hielt in seinem Haus private Lese- und Andachtsstunden ab und war schon im Jahr zuvor mit der Forderung nach dem Abendmahl unter beiderlei Gestalt aufgefallen. Als er sich schließlich für seinen Auftritt in der Kirche vor dem Rat verantworten mußte, rechtfertigte er sich ganz im Geiste der Reformation: *"Ich will meiner Sache im Glauben gewiß sein. Da in den Predigten so ungereimte Dinge gebraucht werden, so muß ich wohl die Bücher lesen, in welchen ich Gott sei Dank, mehr Trost des Gewissens finde, als vorher mein Leben lang in allen Predigten. Darum lese ich sie und lese sie denen, die zu mir kommen ohne alle ärgerliche Meinung vor"*. Und er fügte hinzu: *"Ich kann es selbst nicht wissen, wie ich aus Gottes Gnade ins Spiel kommen bin. Einer aber muß die Hand anlegen. Es wird aber die Gemeinde auch dazu tun"*.[7] Der Rat verbannte Plohanns aus der Stadt, doch kehrte er schon nach kurzer Zeit zurück und brachte "fesser voll lutterischer bücher her".[8]

Hand in Hand mit der Personalisierung des Gottes- und Glaubensverhältnisses ging eine Verinnerlichung des religiösen Empfindens, die aus dem Frömmigkeitsaufbruch des ausgehenden Mittelalters hervorging. Die Wendezeit vom 15. zum 16. Jahrhundert stand im Zeichen einer religiösen Sensibilisierung der Bevölkerung auf breiter Front, die aus dem von Luther selbst erfahrenen und geschilderten Zusammenwirken von Lebensgefährdung und Heilsverunsicherung erwuchs. Die Kirche bekam diese Frömmigkeitsbewegung teils nur mit Mühe, teils gar nicht mehr in den Griff, obwohl sie sich zunächst noch ganz in den traditionellen Bahnen der

Gnadensuche durch gute Werke, durch fromme Stiftungen, Gelübde, Wallfahrten, Ablaß- und Reliquienerwerb bewegte.[9] Natürlich lag dies auch daran, daß das Interesse am lukrativen Gnadenhandel der Erfüllung des seelsorgerischen Auftrags immer wieder im Wege stand. Doch darf dieser Gesichtspunkt, den die Reformationspropaganda selbstverständlich nach Kräften ausschlachtete, nicht überbewertet werden. Die Reaktionsschwäche der Kirche hatte tiefere Gründe; diese sind in den Organisations-, Kommunikations- und Spiritualitätsdefiziten zu suchen, die schließlich erst unter dem Druck der reformatorischen Herausforderung beseitigt wurden.

In diese Spannungslage traf Luthers Lehre von der Rechtfertigung durch den Glauben. Sie zerschlug das, wie er sagte, "gleißnerische" Blendwerk der spätmittelalterlichen Frömmigkeit mit all den merkwürdigen Spiegelungen, welche die Überhitzung der religiösen Gefühle hervorbrachte. Luthers Antwort auf die Heilsnot seiner Zeitgenossen war eine radikale, aber wirksame: Wozu die Jagd nach der Gnadenvermittlung der Kirche, wenn selbst das größte Gnadenkapital gegen die Sündhaftigkeit des Menschen letztlich nichts ausrichtete? Wozu die Veräußerlichung des Heilsverlangens, wenn es doch auf die innere Heilsbereitschaft ankam? Die Lösung, postulierte Luther, könne gar nicht in der Überwindung der Sünde in dieser Welt liegen. Denn der könne der Mensch aus eigener Kraft ohnehin nicht entrinnen. Auch lasse sich Gott von den Menschen, seien sie Laien oder Priester, nicht in Heilsgeschäfte verwickeln, schon gar nicht in solche, bei denen die sündigen Menschen selbst als seine Geschäftsführer, also als Richter in eigener Sache, aufträten. Der Mensch bleibe vielmehr der Gnade Gottes ausgeliefert. Allerdings gebe ihm der Opfertod Christi Grund, auf Gottes Gnadenbereitschaft zu hoffen und zu vertrauen. Über den Glauben an das Erlösungswerk des Gottessohnes und nur über diesen - *sola fide* - führe der Weg zur Barmherzigkeit Gottes.[10]

Die Bedeutung dieses Neuansatzes wird deutlich, wenn wir auf die Psychologie hinter der Theologie blicken: Denn Luther erklärte die Glaubensgewißheit zum Weg aus der Heilsungewißheit, die ihn und seine Zeitgenossen quälte. Diese Glaubensgewißheit machte den Gläubigen von allen Äußerlichkeiten des kirchlich regulierten Gnadenmarktes unabhängig und verwies ihn auf sich selbst, auf sein Gewissen, vor dem allein er sich über seinen Glauben Rechenschaft ablegen konnte und mußte. Die Folgen dieses Umbruchs im theologischen Denken gingen weit über die Zerschlagung der mehr als tausendjährigen Glaubensorganisation der Christenheit hinaus. Die Personalisierung des Gottesverhältnisses und die Verinnerlichung des religiösen Empfindens, die das Gewissen zum Ort der Gewißheit machte, waren entscheidende Schritte nicht nur auf dem Weg zur Glaubensmündigkeit des Christenmenschen, sondern auch in der Entwicklungsgeschichte der Individualität in der abendländischen Kultur, die mit der Ausfaltung des reformatorischen Prinzips im Verlauf der Reformation in ihrer ganzen Tragweite zutage treten sollten.

Überall in Deutschland - auch in den Landesteilen, die später altgläubig bleiben werden - finden wir Zeugnisse für die neue religiöse Bewußtseinslage. Regensburg macht da keine Ausnahme. Im Gegenteil: Das Ineinandergreifen von spätmittelalterlicher Frömmigkeit und evangelischer Bewegung trat in der Stadt der Schönen Maria besonders deutlich zutage. Es schien nämlich zunächst nicht für die evangelische Zukunft Regensburgs zu sprechen, daß es just während der Formationsjahre der Reformation zu einem bedeutenden Marienwallfahrtsort wurde, der die Menschen mit ihren Lebensängsten und unerfüllten Heilssehnsüchten weit über die Region hinaus wie ein Magnet anzog. Alle Züge der spätmittelalterlichen Frömmigkeitskrise traten deutlich zutage: das Zusammenspiel von Lebensangst und Heilssuche, das in den Wunderberichten faßbar wird, die Verquickung von Frömmigkeit und Geschäftsinteresse im Streit zwischen Bischof und Rat um die Anteile am Wallfahrtsgewinn, die Frömmigkeitsausbrüche am Wallfahrtsort, die schließlich selbst den Initiatoren des Spektakels unheimlich wurden.[11]

Indes finden sich unter den frühen Anhängern der evangelischen Bewegung nicht wenige, die kurz zuvor bei der Schönen Maria ihr Heil gesucht haben. Der spektakulärste Fall ist sicherlich der des Balthasar Hubmaier. 1519 trat dieser Schüler von Luthers großem Rivalen Eck als charismatischer Prediger gegen die Juden auf. Er war es, der den Gedanken ins Spiel brachte, auf den Trümmern der Synagoge eine Marienkapelle zu errichten, um den Kaiser daran zu hindern, seine Pflicht als Schutzherr der Juden in seinem Reich zu erfüllen und ihre Vertreibung wieder rückgängig zu machen. Aber schon ein Jahr später wich Hubmaier selbst erschreckt vor dem Ausufern der Wallfahrtsreligiosität zurück, als er die Pilger um die Mariensäule wie um ein Goldenes Kalb tanzen sah. 1522 wurde sein Name in Verbindung mit evangelischen Zirkeln genannt, die eifrig über Luthers Schriften diskutierten. Wenige Jahre später wandte sich Hubmaier zunächst kurz Zwingli, dann den Wiedertäufern zu. 1528 wurde der einstige Prediger der Schönen Maria in Wien als Ketzer verbrannt.[12]

Hubmaier war gewiß ein Ausnahme-, aber kein Einzelfall. Auch in anderen Bekehrungsgeschichten - etwa in der des Pressather Kaplans Georg Heber oder des Vikars von St. Ulrich Johann Gruner - können wir beobachten, wie die Marienfrömmigkeit unter dem Eindruck des Wallfahrtsgeschehens in evangelische Gesinnung umschlägt. Oder nehmen wir den Ratsherrn und späteren Kämmerer Hans Portner: Vom Wormser Reichstag, auf dem er die Stadt vertrat, erkundigte er sich in einem Brief beim Rat über den Fortgang der Bauarbeiten an der Kapelle zur Schönen Maria; für den Altar stiftete er ein Gnadenbild. Wenig später gehörte er zu den führenden Parteigängern der Reformation, der in der neuen Almosenordnung evangelische Positionen zum Tragen brachte und sich um einen evangelischen Prediger für die Regensburger Bürgerschaft bemühte.[13] Auch sonst gingen das Nachlassen der Begeisterung für die Schöne Maria und die Zunahme des Interesses an Luthers Ideen Hand in Hand. Seine Schriften waren bei den reisenden Buchhändlern gefragt, die in Regensburg Station machten, und wurden in privaten Gesprächszirkeln vorgelesen und eifrig diskutiert. Schließlich nutzte auch der Regensburger Drucker Paul Kohl die Konjunktur des Wittenberger Reformators. In Schottenlohers Verzeichnis der Regensburger Druckerzeugnisse finden sich für die Jahre 1522/23 allein zwölf Lutherdrucke, darunter die Predigten *Ein Sermon zu Wittenberg gepredigt von den Bildnissen* und *Ein Sermon, zu Wittenberg gepredigt, in was Mittel allein die Seligkeit zu erlangen*.[14]

Luther selbst war sich dieser Zusammenhänge wohl bewußt: Im Oktober 1523 legte er dem Regensburger Rat die Berufung eines evangelischen Predigers ans Herz, damit *"dem armen Volk das heilsame Wort Gottes"* nicht länger vorenthalten werde. Dabei kam er auf die Schöne Maria zu sprechen: *"Nu höre ich, es läge das im Wege, daß die schöne Maria nicht leiden will, so man sie antastet; Und doch das Evangelium nicht kan schön werden, die schöne Maria werde denn häßlich."* Und er fuhr fort, *"daß der Teufel nachdem die Juden vertrieben sind, sich selbst an ihrer Stat gesetzt und durch den hochgelobten Namen Maria falsche Zeichen thut und euch samt vielen andern betrügt."*[15]

Die gesellschaftliche Bewegung

Der Regensburger Rat hat sich in den Sturmjahren der Reformation aus politischen Gründen bekanntlich nicht an die Spitze der evangelischen Bewegung gestellt. Er hat dem Prozeß des Bewußtseinswandels in den beiden folgenden Jahrzehnten bis zum Übertritt ins evangelische Lager andererseits aber auch nicht entschieden gewehrt. Ja er hat diesen sogar sanft und ohne großes Aufsehen zu fördern gesucht. Nichtsdestoweniger war die Durchsetzung der Reformation in Regensburg keine Veranstaltung der Obrigkeit. Sie blieb, während in ganz Deutschland an die Stelle der Volksreformation die Fürstenreformation trat, das Produkt einer gesellschaftlichen Bewegung, der wir uns nun zuwenden müssen.

Die Aussagen des Wahrhafftigen Berichts über die konfessionelle Lage bis zur Einführung der Reformation sind widersprüchlich. In seiner zweiten Begründung für die Einführung der Reformation in Regensburg erweckt Hiltner den Eindruck einer großzügigen Handhabung der Religionsaufsicht, die einer evangelischen Bürgerbewegung recht günstige Entfaltungsbedingungen hätte bieten können: *"daß solches [der evangelische Gottesdienst mit der Abendmahlfeier unter beiderlei Gestalt] auch kein neuerung zu Regenspurg ist, sondern lenger dann sechzehen jar doselbst im brauch gewesen und niemands, der anders priester hat bekomen mögen, die es ime geraicht haben, jemalns gewert worden, dasselwig, wie obstet, in zweierlei gestalt zu empfahen ... ".* Der Regensburger Rat duldete demnach seit 1526 evangelische Abendmahlsfeiern, zwar, wie Hiltner formuliert, *"in keiner gemeinen kirchen offenlich"*, wohl aber *"in abgesonderten capellen und burgerheusern"*.[16]

In der vierten Begründung des Wahrhafftigen Berichts, deren Behandlung ich hier vorziehe, ist dagegen davon die Rede, daß *"ein erber rate in grüntliche erfarung kommen, das etliche aus irer burgerschaft, so dises sacrament oder nachtmal anders nit dann nach der einsatzung und dem bevelch Christi in zweierlei gestalt nemen wöllen und, als si es aber dermaßen nit haben bekomen mögen, gar ohne dasselbig mit großer ungedult, zorn und unwillen abgestorben sein, unter welchen auch gewesen, die an irem letzten end uber einen erbern rate als ir oberkait rach geschrien, gleich sam dieselbig an ihrem verderben schuldig were."* Weil Gott drohe, fuhr Hiltner fort, die Obrigkeit in Sachen ewiger Seligkeit für die Versäumnisse der Untertanen zur Rechenschaft zu ziehen, wolle der Rat diese fremden Sünden nicht länger auf sich laden. Und ganz lutherisch fügte er hinzu, ein jeder habe ja ohnehin mit seiner eigenen Sündenlast genug zu schaffen.[17] Es war also offensichtlich doch nicht so einfach, im Regensburg der späteren zwanziger und dreißiger Jahre des 16. Jahrhunderts an das Abendmahl unter beiderlei Gestalt zu kommen. Zumindest deckte das Angebot der privaten evangelischen Abendmahlsfeiern, die der Rat stillschweigend duldete, die Nachfrage, die danach bestand, nicht.

Natürlich müssen diese beiden Textstellen in ihrem rhetorischen Kontext interpretiert werden: Zum einen wollte Hiltner, der politischen Rhetorik und dem politischen Denken seiner Zeit folgend, der Entscheidung des Rates den Geruch der Neuerung nehmen und die Legitimität der Dauer geben, auch wenn dies bei nur 16 Jahren nicht eben überzeugend klang. Zum anderen mußte er die Seelennot der Regensburger Bürger besonders drastisch schildern, um das Eingreifen des Rates aus der schon eingangs angesprochenen Verantwortung der Obrigkeit für das Seelenheil ihrer Untertanen möglichst zwingend erscheinen zu lassen.

Dennoch tritt hinter diesen rhetorischen Absichten das Problem der Zeit im Umgang mit der Religionsausübung hervor, das die Epoche der Glaubenskämpfe am Ende in Krieg und Unterdrückung münden ließ. Die Religionsausübung galt nämlich weder den Alt- noch den Neugläubigen als Privatsache. Zum einen waren Religion und Ordnung auf das dichteste miteinander verwoben, ob nun der Legitimitätsanspruch eines Fürsten oder Rates die letzte, sakrale Weihe erhielt oder den Untertanen bei Strafe des Verlusts ihrer ewigen Seligkeit Gehorsam gegenüber einer von Gott gesetzten Obrigkeit eingebleut wurde. Zum anderen prägte die Religion durch ihr Sittengesetz und ihre kultische Tradition das gesellschaftliche Leben. Sie war das universelle Bindemittel der Gesellschaft, sei es, daß es sich um die Organisation der Armenpflege oder die Grundregeln der Wirtschaftsethik handelte, sei es, daß es um die Inszenierung des Gemeinschaftslebens oder um die Demonstration von Statushierarchien in Prozessionen oder in der Sitzordnung in der Kirche ging. Wer sich der gemeinsamen Religionsausübung entzog, der kündigte der Ordnung den Gehorsam auf und nahm sich gleichsam aus der Gesellschaft heraus. Das Ringen um die Einheit des Kultus war insofern immer auch ein Ringen um die Einheit der Gesellschaft.

Die Duldung evangelischer Praktiken durch den Regensburger Rat war denn auch keine Vorwegnahme der Toleranz gegenüber Andersgläubigen und der Privatisierung der Religion, die erst im Zeichen der Aufklärung diskutabel wurden. Der Rat ließ die evangelische Religionsausübung zu, weil er die Reformation mit Rücksicht auf die politische Lage der Stadt nicht einführen konnte, gegen den neuen Glauben aber mit Rücksicht auf die Verbreitung evangelischer Glaubensüberzeugungen in der Bürgerschaft auch nicht vorzugehen wagte. Hinzu kam, daß sich im Laufe der Zeit auch im Rat eine evangelische Disposition herausbildete, die sich in einer vorsichtigen, oft versteckten Förderung der evangelischen Sache niederschlug. So nutzte der Rat die Zeit zwischen dem Aufbruch der Reformation und der Konfessionalisierung, in der der Standort des einzelnen Geistlichen nicht immer sofort und eindeutig erkennbar war, um Prediger zu gewinnen, die das Evangelium lauter und rein verkünden würden. Als es 1534 um den Augustiner Georg Teschler zum Konflikt kam, blieb er trotz des erbitterten Widerstands des Administrators und unmißverständlicher Drohungen der bayerischen Herzöge erstaunlich standhaft, bis der Kaiser eingriff.[18] Ein anderes Beispiel ist die Errichtung des städtischen Gymnasium Poeticum, für die Hiltner 1530 den Magister Andreas Tanzelin, einen von Melanchthon empfohlenen Schulmeister, gewann. Auch dessen Nachfolger Caspar Naevius wurde 1537 auf Empfehlung Melanchthons eingestellt.[19] Es gibt sogar Anzeichen, daß sich der Rat beim Umgang mit dem Stadtwappen, den gekreuzten Schlüsseln, Zurückhaltung auferlegte, solange er befürchten mußte, daß dadurch ein falscher Eindruck des religionspolitischen Standorts der Stadt erweckt würde. In der protestantischen Bildpropaganda stand das Emblem der gekreuzten Schlüssel nämlich für den Anspruch der römischen Kirche und ihres Oberhaupts und wurde entsprechend karikiert. Nach der Einführung der Reformation bediente sich der Rat des Stadtwappens dann augenscheinlich wieder ohne Bedenken und deutete das Schlüsselemblem als Hinweis auf das Evangelium.[20]

Ungeachtet dieser Sympathien für die evangelische Sache forderte jedoch die Logik der Einheit des öffentlichen Kultus ihr Recht. Der evangelischen Religionsausübung mußte die Öffentlichkeit verweigert werden. Sie mußte der Privatinitiative überlassen und auf einen privaten Kreis beschränkt bleiben, auch wenn dadurch vielen evangelisch gesinnten Bürgern die Teilnahme am evangelischen Kultus verwehrt blieb.[21] Die Popularität der "evangelischen Wallfahrten" ins benachbarte Beratzhausen des protestantischen Reichsritters Bernhardin von Stauf, um dort das Abendmahl unter beiderlei Gestalt zu empfangen, erklärt sich nicht zuletzt daraus, daß hier eine öffentliche, allgemein zugängliche Anlaufstelle gegeben war.[22]

Die Politik der inoffiziellen Duldung, die der Regensburger Rat verfolgte, barg freilich ungeahnte Risiken. Hiltner kam darauf in seiner dritten Begründung für die Einführung der Reformation zu sprechen: *"Nachdem aber ein erber rate befunden, das gleichwohl durch disen wege solche erschrockenliche secten und irrtumb nit aller ding haben verhütet werden mögen, sonder das nichtzit dester weniger in solchen abgesonderten versamlungen etliche verfürer ire falsche leren und giften under dem schein des guten unvermerkt eingeschleicht, ..., so hat ein erber rate obgemelt solcher geferlichkeit hinfüro durch kein ander mitl zu begegnen gewüst dann, das alle heimliche oder abgesunderte versamlung verboten und der unwidersprechlich recht gebrauch des Herrn abentmals in einer gemeinen kirchen offenlich furgenommen und aufgericht würde, domit die rechtglaubigen, so den obberürten secten nit anhengig, sich nit zu beclagen haben, als ob man si an der warhait und Gottes ordnung verhindern wolte, und die andern nit leichtlich mer also unvermerkt ire verfürerische leren und irtome einschlaichen oder fürdern möchten, ..."* Darum, fuhr Hiltner fort, hätten die Regensburger Bürger ihren Rat im übrigen schon mehrmals und zuletzt nach dem Reichstag von

1541 gebeten.[23] Wer die evangelische Bewegung sich selbst überließ, der lief in der Tat Gefahr, die Kontrolle über die Glaubensinhalte zu verlieren, welche die Gläubigen in ihren individuellen Gottesbeziehungen produzierten. Für diesen Fall drohte eine Glaubensvielfalt, die mit dem von Alt- wie Neugläubigen hochgehaltenen Prinzip der Einheit von Glauben, Kultus und Gesellschaft ganz und gar unvereinbar war.

Dies galt natürlich nicht nur für Regensburg, sondern weist auf ein Strukturproblem der Reformation überhaupt: Die Personalisierung des Gottesverhältnisses durfte nicht als Privatisierung, das Prinzip der religiösen Selbstverantwortung nicht als Freibrief für Glaubenswillkür mißverstanden werden. Einerseits bestand für Luther kein Zweifel, daß Gottes Botschaft eindeutig war und unabhängig von den Gläubigen existierte, an die sie sich richtete. Andererseits stellte sich diese Eindeutigkeit im Glaubensprozeß der vielen einzelnen eben nicht selbstverständlich her. Wenn Gottes Wort seine Bedeutung nicht erst durch die verstehende Aneignung durch den Gläubigen erhalten sollte, bedurfte es nach der Absage an das Vermittlungsamt der Kirche eines neuen Deutungsgerichts mit Interpretationshoheit. In den Anfangsjahren der Reformation übernahmen die großen Reformatoren, allen voran Luther selbst, diese Rolle. Späterhin trat an ihre Stelle der Theologendiskurs mit seinem Regelwerk aus Statushierarchie, Standesethik und wissenschaftlichen Interpretationsvorschriften, dessen Urteilen die Obrigkeit Geltung verlieh. Weder die eine noch die andere Form der Interpretationskontrolle hat indessen verhindern können, daß die evangelische Bewegung immer wieder Abspaltungen hinnehmen mußte und gleichsam an ihren Rändern ausfranste.

Der Regensburger Rat war mit dieser Problematik in erster Linie in Gestalt der Wiedertäufer konfrontiert, die wegen ihrer Radikalisierung reformatorischer Prinzipien sowohl von den Alt- als auch von den Neugläubigen als Bedrohung nicht nur der Glaubenseinheit, sondern der gesamten politischen und sozialen Ordnung empfunden wurden.[24] Das erste Mandat gegen sie aus dem Jahre 1527 richtete sich wohl noch gegen die Werbungen von Täufern, die sich auf der Durchreise nach Mähren befanden. Unter dem Eindruck des Täuferreiches in Münster folgte ein weiterer Erlaß, der eine klarere Vorstellung von der Vorgehensweise und den Wirkungsbedingungen der Täufer gibt. Sie wurden nun davor gewarnt *"jn den winckeln und sonstn woe sy jr vertrauen gelegenhait und sicherhait wissen oder vermuten ... einfeltige menschen desselben jres vergifften irthumbs zuunterichten und sie damit von der warhait und rechten wege der selickait auff ir ungegrunte mainung in allerlay gfar jrer selen hayls zu weysen und böslich zuverfüren ... "*.[25] Dessen ungeachtet scheint das Wiedertäufertum in Regensburg in der zweiten Hälfte der 30er Jahre größeren Zulauf bekommen zu haben: 1537 notierte Widmann, daß *"der Wiedertauf hier sehr eingerissen"* sei.[26] Gleichzeitig mehrten sich die Bittgesuche aus der Stadt verbannter Wiedertäufer und die Fürbitten für dem Täufertum anhängende Verwandte. 1539 schätzte der Rat die Zahl der Wiedertäufer auf mehrere Hundert.[27] Je weiter sich Regensburg vom alten Glauben entfernte, desto dringlicher wurde es, die Glaubensbewegung zu kontrollieren. Insofern steckt hinter Hiltners Argument, daß der Rat der Stadt mit der Einführung der Reformation auch das Ziel verfolgte, den reformatorischen Prozeß zu disziplinieren, wohl doch mehr als die Absicht, durch Abgrenzung gegenüber den Wiedertäufern die eigene Respektabilität zu unterstreichen.

Als die Abkehr vom alten Glauben schließlich politisch möglich wurde, wurde das Prinzip der Einheit und Öffentlichkeit der Religionsausübung sofort wieder uneingeschränkt in Geltung gesetzt. Niemand dachte daran, es bei einer rechtlichen Gleichstellung der Konfessionen bewenden zu lassen. Vielmehr mußte die Stadt als ganze den Glauben wechseln. Am Vorabend des ersten evangelischen Gottesdienstes wurden alle häuslichen Abendmahlsfeiern verboten. Das richtete sich zwar vorderhand gegen die Schwärmer, verweigerte aber auch etwaigen altgläubigen Dissidenten den Freiraum, in dem sich in den vergangenen zwei Jahrzehnten eine evangelische Bürgerbewegung hatte entfalten können. Die Einheit des öffentlichen Kultus sollte ohne Abstriche wiederhergestellt werden.

Angesichts der Haltung des Rates kam den gesellschaftlichen Triebkräften der evangelischen Bewegung natürlich besondere Bedeutung zu. Seit Max Webers Thesen zur Arbeitsethik des Protestantismus und zur Rolle der Reformation bei der Herausbildung des kapitalistischen Geistes stellt sich hier stets die Frage nach der ökonomischen Motivations- und Wirkungslage. Der Befund ist in Regensburg freilich negativ. Zwar haben wirtschaftliche Schwierigkeiten entscheidend zu der Krisenstimmung beigetragen, die um die Wende vom 15. zum 16. Jahrhundert herrschte und sich mehrfach entlud. Für den von Weber angesprochenen Zusammenhang zwischen Protestantismus und Wirtschaftskultur finden sich indes keine Belege. Weder wurde die evangelische Bewegung zum Gesinnungsrahmen einer ökonomischen Selbstbefreiung. Noch hatte sie im nachreformatorischen Regensburg entsprechende Wirkungen, obwohl der Glaubenswechsel sich auf die Lebensweise der Stadt ansonsten nachhaltig ausgewirkt hat.[28] Die Impulse für die Rezeption des reformatorischen Anliegens waren spiritueller Art und wurzelten soziologisch eher in der religiös vermittelten Entdeckung der eigenen Individualität.

Ganz anders verhielt es sich dagegen mit dem Regensburger Antiklerikalismus, der übrigens schon vor der Reformation zu beobachten ist. Er erwuchs aus der zunehmenden Unzufriedenheit über die Standesprivilegierung des Klerus in Steuerfragen. Angesichts des wirtschaftlichen Niedergangs und der finanziellen Notlage der Stadt wurde seine Steuerbefreiuung als krasser Widerspruch zur tatsächlichen Lebensgemeinschaft von Klerikern und Laien empfunden. Empörung rief hervor, daß Geistliche aus dem Verkauf des von der Ungeldabgabe befreiten und deshalb billigeren Pfaffenweins Profit zogen und so die Existenz ihrer Laienkonkurrenten gefährdeten. Das Verhältnis zwischen Klerus und Einwohnerschaft entspannte sich durch die Judenaustreibung von 1519 nur kurzfristig. Als sich die Geistlichen weigerten, die Folgelasten der von ihnen so willig unterstützen Aktion in Gestalt einer Entschädigungszahlung an die Juden und einer Abfindung für die dem Kaiser als Schutzherrn der Juden entgehenden Einnahmen mitzutragen, kam es zum Konflikt. Was im Fasching 1522 mit volkskulturellen Rügeritualen begann, endete im Mai 1525 mit der zwangsweisen Inventarisierung und steuerlichen Veranlagung des geistlichen Besitzes.[29] Darüber hinaus wurde der Regensburger Klerus bei öffentlichen Arbeiten im Stadtgraben und beim Wachdienst zum Gespött der Regensburger sinnfällig in die Bürgerpflicht genommen.[30] Luthers Kritik am Sonderungsanspruch der Geistlichkeit mußte unter diesen Umständen unmittelbar einleuchten und bereitete den Boden für seine weitreichenderen reformatorischen Schlußfolgerungen. In den folgenden 17 Jahren bis zur Einführung der Reformation ist es zwar nicht mehr zu ähnlich spektakulären Zusammenstößen gekommen. Der Antiklerikalismus blieb jedoch eine Grundströmung, die durch Streitigkeiten mit dem Administrator und das Auftreten seiner Geistlichen immer wieder neue Nahrung erhielt. Noch 1539 kam es erneut zu Streitigkeiten über den Mißbrauch des Weinprivilegs. Im gleichen Jahr resümierte der Chronist Widmann : *"Es ist zwischen hund und kaz mer freindtschaft dan zwischen den pfaffen und bürgern. si beclagen (wen si sonst nichz wissen), so künden vor den pfaffen in irer stat in nichtig kain ordnung machen, dy pleib, geben den pfaffen dy schuld."*[31]

Schließlich sei auf eine dritte Schubkraft der evangelischen Bewegung aufmerksam gemacht, die freilich schwerer zu fassen ist. Die Reformation bezog ihre Durchschlagskraft nicht zuletzt daraus, daß sie mit der Kommunikationsrevolution zusammenfiel, die die Verbreitung der Drucktechnik auslöste. In Regensburg etwa gingen die Einrichtung der Druckerei des Paul Kohl, die später von seinem Verwandten Hans Kohl übernommen wurde, und die erstmalige Veröffentlichung der Ratsdekrete im Druck dem reformatorischen Aufbruch unmittelbar voraus.[32] Luthers enorme Breitenwirkung ist jedenfalls ohne die Druckerpresse überhaupt nicht vorstellbar: Das Wort Gottes wurde in den Durchbruchsjahren der Reformation zwar nicht Fleisch, aber bedrucktes Papier.

Der Wandel in der Kommunikationskultur zu Beginn des 16. Jahrhunderts wurde in den Städten besonders intensiv erfahren.[33] Während die Partizipation am christlichen Erlösungsmysterium bis dahin an einen sakralen Ort, an eine sakrale Person, an den Kontakt mit sakralen Gegenständen sowie an den Vollzug einer sakralen Handlung gebunden war, wurde sie nun nicht nur frei, sondern auch individuell verfügbar. Gewiß stieß die Wirkung des geschriebenen Wortes in der beschränkten Lesefähigkeit der Bevölkerung an eine deutliche Grenze. Der Protestantismus hat sich nicht umsonst stets um die Verbesserung der Elementarbildung bemüht. Dennoch waren auch die, die nicht lesen konnten, in die Verschriftlichung und Vertextlichung der religiösen Erfahrung einbezogen. Zum einen konnten Bibelstellen und Texte aus den Schriften Luthers und anderer Reformatoren vorgelesen werden. In diesem Zusammenhang erwiesen sich sowohl der illustrativ-textunterstützende Charakter der protestantischen Bildpropaganda auf Flugblättern als auch die Abkehr der Reformation von der lateinischen Ritualsprache als besonders hilfreich.[34] Zum anderen brachte die neue Schriftlichkeit auch eine neue Mündlichkeit hervor, die von dem Heer der evangelischen Prädikanten geprägt wurde. Hauptaufgabe der evangelischen Predigt, um deren Zulassung gerade auch in Regensburg so intensiv gerungen wurde, war es, das Wort durch das Wort zu vermitteln. Jedenfalls zerstörte die Druckerpresse das Monopol der Kirche auf den sakralen Ort, weil sie es jedem erlaubte, Gott im Zwiegespräch mit den Texten, die sein Wort verkündeten, oder auch mit Bildern, die solche Texte übersetzten, zu suchen und so der Verinnerlichung des religiösen Empfindens einen entsprechenden Rahmen gab.

Die Fortschritte der evangelischen Bewegung in den zwei Jahrzehnten von den ersten reformatorischen Regungen bis zum Glaubenswechsel im Oktober 1542 sind nicht einfach einzuschätzen. Die chronikalischen Nachrichten aus den zwanziger und dreißiger Jahren sind sich sehr ähnlich und sagen über Entwicklungen nicht sehr viel aus. Wir hören von Auseinandersetzungen über die Anstellung evangelisch gesinnter Prediger, von gelegentlichen Störungen des Gottesdienstes, von privaten Abendmahlsfeiern, deren Teilnehmern der Klerus im einen oder anderen Fall das christliche Begräbnis verweigerte.[35] Erst die im Rahmen des Reichstags von 1541 stattfindenden evangelischen Gottesdienste, die in die "abgesonderten capellen und buergerheuser" die Öffentlichkeit des Reichstags und der Reichspolitik trugen, machen deutlich, daß die evangelische Bewegung eine neue Qualität erreicht hatte und nur noch dieses Bewußtseins- und Selbstbewußtseinsschubs bedurfte, um aus dem Schatten der Privatheit herauszutreten.[36]

Ein besserer Indikator für den Umfang des Bewußtseinswandels sind die Veränderungen in der Volkskultur Regensburgs, die immer mehr altgläubige Formelemente abstreiften. Umgangsprozessionen wurden eingestellt, Zünfte gaben wie die Bäcker ihre Bruderschaften auf, die Kirchweihfeiern wurden von den Toren der Kirche an einen eigenen Festplatz verlegt.[37] Als die Wachsfiguren der Pilger in der Kapelle der Schönen Maria 1536 eingeschmolzen wurden, erhob sich kein Protest. Im Umkreis des Administrators spürte man diesen Stimmungswandel wohl. Als zwei Figuren aus einer Kreuzigungsgruppe verschwunden waren, weil man sie zur Reparatur gegeben hatte, verdächtigte er die Regensburger gleich bilderstürmerischer Absichten.[38]

Noch aufschlußreichere Hinweise für die Fortschritte des evangelischen Bewußtseins enthält die Sprache der Testamente der Regensburger Bürger, die für das 15. und 16. Jahrhundert in so großer Zahl überliefert sind, daß sie sich als quantifizierbare mentalitätsgeschichtliche

Quelle nutzen lassen. Kirstin Zapalac hat sie in ihrer Studie über die Reformation und den Wandel in der politischen Ikonographie in Regensburg ausgewertet und kann die allmähliche Hinwendung weiter Teile der Bürgerschaft zu lutherischen theologischen Vorstellungen dokumentieren. So tritt etwa der Hinweis auf das Jüngste Gericht in dem Maße zurück, in dem sich Luthers Vorstellung vom gnädigen Gott in der Vorstellungswelt der Menschen festsetzt.[39]

Die politische Dimension

Erst in seiner fünften und letzten Begründung für die Einführung der Reformation beruft sich Hiltner auf das Recht Regensburgs, die Religionsfrage wie die anderen Reichsstände auch zu entscheiden: *"Zum fünften, so lest auch der negst durch die rö[mische] kai[serliche] maj[estät], auch churfürsten, fürsten und gemeine stende des heiligen reichs zu Regenspurg aufgericht abschid einem erbern rate doselbst als einem glid von den gemelten reichsstenden solchs lauter zu, also das er sich desselben abschids wie andere des heiligen reichs stende und glider nit unbillich gebrauchen möge: dann: Warzu wurden reichstag gehalten. beschlus und abschid gemacht und aufgericht, wen man sich derselben nit gebrauchen dürfte."*[40] Gemeint ist der Reichsabschied von 1541, dem eine kaiserliche Erklärung beigeben war, die es den Reichsständen freistellte, sich der Augsburger Konfession anzuschließen. Hiltner verkündete den Beschluß des Regensburger Rats gleichwohl nicht im Brustton der Überzeugung, sondern brachte die Rechtslage ganz defensiv und fast entschuldigend ins Spiel. Hier wirkte die prekäre politische Lage Regensburgs nach, die die Einführung der Reformation zu einem früheren Zeitpunkt immer wieder verhindert hatte.

Regensburgs religionspolitischer Handlungsspielraum wurde gleich mehrfach eingeengt. Erstens ist die Tatsache, daß die Stadt im geographischen Sinne außer dem Territorium der Reichstadt noch das des Bischofs, des Klosters St. Emmeran und der Damenstifte Ober- und Niedermünster umfaßte, für die Regensburger Reformationsgeschichte bedeutsam geworden. Solange die Seelsorge nämlich ausschließlich in den Händen dieser Reichsstände lag, fehlte für die Inanspruchnahme des landesherrlichen *ius reformandi* die Grundlage. Die Voraussetzung hierfür schuf ironischerweise erst die Errichtung der Kapelle zur Schönen Maria, die der Rat noch ganz im Geist altgläubiger Frömmigkeit unternommen hatte. Zweitens war die Freiheit der Freien Reichsstadt seit dem Ende des 15. Jahrhunderts angeschlagen. 1485 hatte Regensburg angesichts seiner katastrophalen Finanzlage den Versuch unternommen, sich Bayern anzuschließen. Dies hatte jedoch der Kaiser verhindert und 1492 die Unabhängigkeit der Reichsstadt unter kaiserlichem Schutz wiederhergestellt. Dieser Schutz äußerte sich vor allem in der Einsetzung eines Reichshauptmanns, der über die Einhaltung der kaiserlichen Regimentsordnung für die Stadt zu wachen hatte und die kaiserlichen Interessen vertrat. Das Verhältnis von Reichshauptmann und Rat läßt sich freilich eher als ein Aufsichts- denn als ein Unterstellungsverhältnis beschreiben. Jedenfalls agierte der Rat eher neben als unter dem kaiserlichen Kommissar. Drittens mußte Regensburg mit der Reaktion der bei der Verteidigung des alten Glaubens besonders engagierten bayerischen Herzöge rechnen. Ihr Territorium reichte bis vor die Mauern Regensburgs, und sie zögerten nicht, Regensburg in der Religionspolitik massiv unter Druck zu setzen. Sie begnügten sich auch nicht wie der Kaiser damit, gegen die Einführung der Reformation zu protestieren, sondern antworteten mit einer Wirtschaftsblockade, die Rat und Einwohnerschaft in die Knie zwingen sollte.[41]

Der Regensburger Rat hat die Grenzen seines Handlungsspielraums in den zwanziger und dreißiger Jahren sehr ernst genommen und mit Rücksichtnahme auf Kaiser, Herzog und Bischof und der fördernden Duldung der evangelischen Bewegung einen politischen Drahtseilakt gewagt. Als er sich 1542 endlich zur Einführung der Reformation durchrang, bestätigten sich zwar zumindest hinsichtlich der Antwort Bayerns alle Befürchtungen. Längerfristig hat die konfessionelle Sonderung Regensburgs von seiner katholischen Umgebung die gefährdete Unabhängigkeit der Stadt aber eher bekräftigt. Regensburg ist kein schlechtes Beispiel dafür, daß die Reformation ihren Beitrag zur Konsolidierung der frühneuzeitlichen Staatlichkeit in Deutschland nicht auf der Ebene des Reiches leistete, dessen Oberhaupt, der in Regensburg wohlbekannte Karl V. im alten Glauben fest blieb. Sie versetzte der Staatlichkeit des Alten Reiches vielmehr - sehr zur Irritation der nationalkonservativ-protestantischen deutschen Historikerzunft, die sich dem Nationalstaatsgedanken und dem evangelischen Glauben gleichermaßen verbunden fühlte - einen schweren Schlag und brachte eine in Europa einmalige staatlich-politische Gemengelage hervor, die schließlich eine Säkularisierung der Reichspolitik erzwang.[42]

Hand in Hand mit dem Unabhängigkeitsgewinn nach außen ging ein Hoheitsgewinn nach innen, der sich nicht nur in einem allgemeinen Autoritätsgewinn der Obrigkeit, sondern vor allem auch in der Entstehung evangelischer Landeskirchen als territorialer Staatskirchen niederschlug. Verfassungsgeschichtlich bedeutsam ist dies wohl in erster Linie in den großen Territorien geworden, was die Gewichte in der deutschen Verfassungsentwicklung weiter zugunsten des Territorialstaats verschoben hat. Die Auswirkungen der Einreihung von Religion und Kultus unter die Herrschaftsgegenstände der Obrigkeit sind jedoch auch in den Reichstädten spürbar, gerade auch in Regensburg, wo der Aufbau eines eigenen Kirchenwesens schon mit den Gottesdienstvorschriften des *Wahrhafftigen Berichts* begann und 1543 mit der Kirchenordnung des Hieronymus Noppus wesentlich vorangebracht wurde. Diese Ordnung des Kultus stand zudem am Anfang der Entwicklung einer spezifisch protestantischen Kultur, die erst unter dem Druck der sozialen und demographischen Entwicklungen des 19. Jahrhunderts ihren prägenden Einfluß auf das Stadtleben eingebüßt hat.[43]

Anmerkungen

1 Eine genaue Beschreibung der Zeremonie bei THEOBALD I, 266ff.
2 Abgedruckt bei SIMON: Reichsstadt Regensburg, 389-393.
3 Ebd. 389.
4 Vgl. hierzu H. SCHOLLER: Zum Verhältnis von (innerer) Gewissensfreiheit zur (äußeren) religiösen Bekenntnis- und Kultusfreiheit, in: G. BIRTSCH (Hrsg.): Grund- und Freiheitsrechte im Wandel von Gesellschaft und Geschichte. Beiträge zur Geschichte der Grund- und Freiheitsrechte vom Ausgang des Mittelalters bis zur Revolution von 1848, Göttingen 1981, 183-204.
5 Zu Hiltner s. TRENKLE, 1-15, 33-52, 81-90 sowie SCHLICHTING: Hiltner.
6 Der Brief findet sich bei GEMEINER: Kirchenreformation I, 18.
7 Zit. nach THEOBALD I, 120. Den ersten Teil des Zitats habe ich nicht auffinden können.
8 WIDMANN, 55.
9 Vgl. zu diesem Komplex die immer noch höchst anregende Studie von W. ANDREAS: Deutschland vor der Reformation. Eine Zeitenwende, 7. Aufl. Berlin 1972, bes. Teil I.
10 Vgl. für eine gute Kurzcharakteristik des theologisch-ideengeschichtlichen Kontextes A. E. McGRATH: Reformation Thought. An Introduction, Oxford 1988 sowie T. GEORGE: Theology of the Reformers, Nashville 1988, Kap. 3.
11 S. auch G. B. WINKLER: Die Regensburger Wallfahrt zur Schönen Maria (1519) als reformatorisches Problem, in: Albrecht Altdorfer, 103-122.
12 Zu Hubmaier s. J. MAURER: Prediger im Bauernkrieg, Meisenheim/Glan 1979, 329-340, sowie T. BERGSTEN: Balthasar Hubmaier. Seine Stellung zu Reformation und Bauernkrieg 1521-1528, Kassel 1961.
13 THEOBALD I, 106.
14 SCHOTTENLOHER, 182 f.
15 GEMEINER: Kirchenreformation I, 18 f.

16 SIMON: Reichsstadt Regensburg, 389.
17 Ebd. 390.
18 THEOBALD I, 212 ff.
19 Vgl. G. SCHLICHTING: Das Regensburger reichsstädtische Gymnasium und sein Alumneum, in: DERS.: Schatz im Acker der Zeit, 288-318.
20 Vgl. ZAPALAC, 95 ff.
21 Vgl. den Text einer entsprechenden Supplik Regensburger Bürger bei GEMEINER: Kirchenreformation I, 121 f.
22 Vgl. ebd. 118 ff.
23 SIMON: Reichsstadt Regensburg, 390.
24 Vgl. H. NESTLER: Die Wiedertäuferbewegung in Regensburg. Ein Ausschnitt aus der Regensburger Reformationsgeschichte, Regensburg 1926; zur jüngeren Forschung R. van DÜLMEN: Reformation als Revolution. Soziale Bewegung und religiöser Radikalismus in der deutschen Reformation, München 1977.
25 Abgedruckt bei NESTLER, 49 ff.
26 WIDMANN, 145.
27 Hiltner an den Nürnberger Rat, abgedruckt bei NESTLER, 109.
28 Zur ökonomischen Situation Regensburgs vgl. F. BLAICH: Wirtschaft und Gesellschaft in der Reichsstadt Regensburg zur Zeit Albrecht Altdorfers, in: Albrecht Altdorfer, 83-102.
29 Vgl. hierzu sowie zur politischen Situation in Regensburg an der Wende vom 15. zum 16. Jahrhundert im allgemeinen M. A. PANZER: Sozialer Protest in süddeutschen Reichsstädten 1485 bis 1525. Anhand der Fallstudien Regensburg, Augsburg und Frankfurt am Main, München 1982.
30 GEMEINER: Chronik, 541 f.
31 WIDMANN, 153.
32 Vgl. hierzu die reiche Studie von SCHOTTENLOHER.
33 Vgl. grundsätzlich zum Kontext Reichsstadt und Reformation mit ausführlicher Würdigung der Forschung B. MÖLLER: Reichsstadt und Reformation. Bearbeitete Neuausgabe, Berlin 1987.
34 Vgl. hierzu allgemein R. SCRIBNER: For the Sake of Simple Folk. Popular Propaganda for the German Reformation, Cambridge 1981.
35 Vgl. THEOBALD I, Kap. 3 und 4. Ein knapper Überblick bei DOLLINGER, 131-155.
36 Über die Wirkung des Reichstags GEMEINER: Kirchenreformation, 107 ff.
37 THEOBALD I, 223, 229 f.; WIDMANN, 146.
38 THEOBALD I 208 f.
39 Vgl. ZAPALAC, Kap.1, bes. 52.
40 SIMON: Reichsstadt Regensburg, 390.
41 Vgl. zu den politischen Rahmenbedingungen der Regensburger Reformation die Skizze bei VOLKERT: Luthers Reformation.
42 Vgl. St. SKLAWEIT: Reich und Reformation, Berlin 1967.
43 Vgl. hierzu den allgemeinen Überblick über die evangelische Kirchen- und Kulturgeschichte Regensburg bei DOLLINGER.

Abb.1 Anonym: Ratskonsulent Dr. Johann Hiltner. 17. Jahrhundert (Kat.30)

Heinrich Wanderwitz

Regensburg um 1500

Ehe wir uns den politischen, wirtschaftlichen und sozialen Verhältnissen in Regensburg um 1500 zuwenden, seien einige Zahlen genannt. Man kann nicht von statistischen Zahlen in dieser Zeit sprechen, dazu fehlen alle wissenschaftlichen Voraussetzungen, wie man sie seit dem 19. Jahrhundert kennt. Regensburgs Mauern umschlossen ein Gebiet von circa 100 ha[1], damit stand die Reichsstadt an der Donau Nürnberg mit 161 ha nur wenig nach; Köln allerdings, dessen schon 1220 fertiggestellte Stadtmauer 401 ha einschloß, war unvergleichlich größer. Ulm hatte nur etwa 66 ha mit seinen Mauern umgeben. Wichtiger war das Gebiet, das die Stadt als ihr Territorium beherrschte. Regensburgs Hoheitsgebiet umfaßte ungefähr 20 qkm, eben einen kleinen Streifen um die Stadt, das von Ulm betrug 830 qkm, das von Nürnberg sogar 1200, es war das größte städtische Territorium im Reich. Es gab allerdings nicht wenige Reichsstädte, deren unmittelbare Hoheit an ihren Mauern endete, allen voran Köln. Doch wurde Regensburg noch dadurch eingeengt, daß hier zusätzlich bestimmte Stadtteile der Kommune nicht unterstanden, nämlich die Reichsstifte St. Emmeram, Ober- und Niedermünster, dann der Bischofshof sowie der Herzogshof am Kornmarkt und der Hof des Salzburger Erzbischofs neben dem Dom. Das war zwar nicht ganz singulär, St. Ulrich und Afra in Augsburg, St. Johann in Lübeck sind ähnliche Fälle, doch war die Regensburger städtische Hoheit so vielfach durchbrochen, daß der Rat der Stadt nur über Bruchstücke Regensburgs wirklich gebieten konnte, eine merkwürdige und für die Geschichte der Stadt folgenreiche Situation. Deshalb zerfiel auch die Einwohnerschaft Regensburgs in einen zahlenmäßig größeren Teil, welcher dem Regiment der Reichsstadt unterstand, und eine kleinere Gruppe, die den Stiften zugehörte. Wieviel Einwohner Regensburg damals insgesamt hatte, darüber haben wir keine Nachricht. Man hat sie für 1488, in welchem Jahr man 2382 männliche Laien ausmachen kann, auf etwa 10 000 geschätzt[2]. Für die 30er Jahre des 16. Jahrhunderts beläuft sich eine andere vorsichtige Schätzung auf 10 - 12 000 Einwohner[3]. Wenn das richtig ist, so stand Regensburg in Deutschland in einer Mittelgruppe größerer Städte, wieder weit abgeschlagen von Köln mit etwa 40 000 Einwohnern und Nürnberg, das man auf 36 000 schätzt, doch etwa von der Größe der Reichsstadt Ulm. Wichtiger wäre es für unser Thema zu wissen, ob die Bevölkerung im 15. Jahrhundert zu- oder abnahm, doch lassen uns hier die Quellen im Stich. Damit sind wir mit der Statistik schon am Ende, über die zahlenmäßige Zusammensetzung der Bevölkerung wissen wir fast nichts. Nur daß es in Regensburg noch 1525 230 Weltgeistliche, 66 Mönche und 85 Nonnen gab, ist überliefert, aber die Zahl der Geistlichkeit ist damit eher klein. München zählte ca. 700 geistliche Personen, einschließlich der Pfründner. Die Zahl der Juden in der Stadt wird für 1519 mit 580 angegeben.[4]

Nach außen zeigte die reichsstädtische Kommune um 1450 noch das alte Bild wohlgeordneten Aufbaus.[5] Die Reichsstadt wurde regiert von einem Rat, der in einen wichtigeren Inneren Rat mit 16 Mitgliedern (Abb. 2) und einen Äußeren Rat zerfiel, denen der jeweilige Kammerer vorstand. Das Bürgermeisteramt hatte man, als der Stadtfreiheit gefährlich, 1429 endgültig abgeschafft, später, um 1500, bestimmte man auch den jährlichen, dann vierteljährlichen Wechsel des Kammerers, der ursprünglich, wie der Name sagt, ein Finanzorgan gewesen war. Für die Ratstätigkeit kamen nur Patrizier in Frage, also Familien, die ein entsprechendes Vermögen und das notwendige Sozialprestige besaßen, oder Personen, die in eines dieser großen Geschlechter einheiraten konnten. Ein Zunftregiment wie in Köln gab es hier nicht, doch war auf dem angezeigten Weg ein Aufstieg auch von Handwerkern in den Rat grundsätzlich nicht ausgeschlossen. Waren Rat und Kammerer die Spitze der Stadtregierung, so hatte sich im Laufe der Zeit, von den Verwaltungsnotwendigkeiten erzwungen, ein ganzer Kranz städtischer Ämter ausgebildet, angefangen von den Steuerherren, dem Bau- und dem Brückenmeister bis zu den Wachtmeistern, die den acht Stadtvierteln, Wachten genannt, vorstanden. Seit dem beginnenden 15. Jahrhundert unterstand auch die Hanse dem Rat, sie war seitdem für die Kontrolle des innerstädtischen Handels und für die Gewerbeaufsicht zuständig.[6] Das Schultheißengericht, die oberste Justizbehörde, befand sich zwar in städtischer Hand, aber als ein vom Herzog erkauftes Pfand, ebenso wie das bischöfliche Propstgericht, das für die Untertanen der geistlichen Stifte zuständig war. Ein klar durchschaubares, wohl eingerichtetes Regiment, so schien es wenigstens. Welche Macht es ausüben konnte, sieht man nicht nur daran, daß mehrfach im Jahr Todesurteile gefällt wurden - gegen die Stadt gab es keine Appellationsinstanz mehr -, sondern vielleicht noch besser an Einzelfällen, etwa als der Rat den Adeligen Erasmus Sattelpoger 1440 wegen Mordes an einem Juden zum Tode verurteilte, sich von den Interventionen seiner adeligen Freunde nicht beeindrucken ließ und erst nach vielen Bitten fürstlicher Frauen und sogar des Königs sich bereiterklärte, ihn freizugeben, und auch das nur, wenn sich der Täter für zehn Jahre aus Deutschland weg ins Exil begeben würde, was man freudig akzeptierte.[7] Das war 1440, doch bald sollten sich die Verhältnisse gründlich ändern. Diese geordneten Verfassungszustände, die noch nachwirkende Handelsmacht und die fürstengleiche Stellung des Rates waren allerdings vielfach nur Außenseite, die die eigentlichen Probleme verhüllte. Der Klerus in der Stadt war in seiner Macht ungebrochen und stand der Kommune ohne Reformwillen gegenüber. Der Halt am Kaiser fehlte. Die Verhältnisse der Kaufmannschaft waren schwankend. Überdies hielt die Stadt wichtige Rechte und fast das ganze außerhalb der Stadtmauern gelegene Territorium nur als Pfandbesitz[8]. All das mußte verheerende Folgen haben, wenn sich die äußere und innere Situation änderte.

Im Jahre 1484 erhob der Rat der Stadt Regensburg eine neue Haussteuer: Jeder, der *"eigenen Rauch"* besaß, mußte einen halben Gulden entrichten. Außerdem wurde eine Art Zwangsanleihe für die Bürgerschaft verordnet, um verschiedene Ewiggelder, die erhebliche, jährlich anfallende Zinszahlungen für die Stadtkammer bedeuteten, abzulösen. Der Rat sah sich zudem nicht in der Lage, das 1479 erhöhte Ungeld, wie versprochen, auf den alten Satz herabzusetzen. Ursache für dieses Finanzgebaren des Rates waren neuerliche Reichsabgaben, die man nicht anders finanzieren zu können glaubte[9]. Damit löste der Rat heftige Unruhen aus, die über dreißig Jahre mit wechselnder Intensität und unterschiedlichen Machtkonstellationen fortdauerten. Der tiefere Grund hierfür war die stetige Verarmung der bürgerlichen Mittelschicht Regensburgs im Gefolge des wirtschaftlichen Niederganges des Regensburger Fernhandels[10].

Das Regensburger Wirtschaftsleben im Mittelalter wurde schon des öfteren untersucht, vom Waffen- und Sklavenhandel des 9. und 10. Jahrhunderts bis zum großen Fernhändlertum des 11. und 12. Jahrhunderts[11]. Verbindungen der Regensburger Händler nach allen Seiten, besonders aber nach Osten und Süden, sind vielfach bezeugt. Das Gewerbe dagegen, das es natürlich auch in Regensburg gab und von dem bald die verschiedenen Zünfte zeugten, war in die Aktivitäten der Fernhändler nicht eingebunden[12]. Noch in der ersten Hälfte des 14. Jahrhunderts handelten Regensburgs Kaufleute hauptsächlich mit Gold, Silber, Tuchen, Gewürzen, Fellen und Wein[13]. Wie das Handelshaus der Runtinger beispielhaft zeigt - der letzte, Matthäus, starb 1407 -, spielten die Regensburger Kaufleute vor allem im Osthandel noch zu Beginn des 15. Jahrhunderts eine bedeutende Rolle[14]. Die Runtinger hatten dabei in Regensburg schon einen neuen Typ des Handelskaufmanns begründet; sie fuhren nicht mehr über

Land, um ihre Geschäfte abzuschließen, sondern unterhielten ein Handelshaus am Ort mit vielen auswärtigen Kontoren, über die schriftlich der Geschäftsanfall abgewickelt wurde. So hatten es die Nürnberger Handelshäuser vorgemacht, so haben dieses System später die Fugger in Augsburg zur Vollendung geführt[15]. Sicher waren die Runtinger, deren Geschäftsbuch ein Prozeß der Nachwelt erhalten hat, nicht das größte Unternehmen Regensburger Kaufleute; welcher Reichtum aber auch hier noch zu einer so späten Zeit angehäuft werden konnte, zeigen die Testamente ihrer Nachkommen bis 1428, die einen ganzen Schatz von Gold, Edelsteinen und Pelzwerk vor unseren Augen ausbreiten, das zeigt auch, daß der große Umgang, der Vorläufer der Fronleichnamsprozession, von den Runtingern gestiftet wurde[16], und natürlich auch das großartige Haus, das sich erhalten hat. Nach den Runtingern wird es freilich in den Regensburger Handelsstraßen ruhiger. Regensburgs Kaufleute verschwinden zunehmend von den großen Handelsplätzen Europas, ein Prozeß, der um die Mitte des 15. Jahrhunderts abgeschlossen ist.[17] So verwundert es nicht, daß 1471 Regensburg dem italienischen Humanisten Patrizzi, der den Kardinallegaten zum Großen Christentag hierher begleitete, eher als eine Stadt der Handwerker denn des Großhandels erschien[18].

Besonders interessant ist die Frage, wie es mit der Kapitalkraft der Regensburger Kaufleute stand[19]; auch Regensburg war ja schon früh, gleich den Städten am Rhein, Geldgeber von Fürsten und Herren geworden. Der Regensburger Patrizier Friedrich Daum etwa hatte, zusammen mit einem Konsortium, die gesamten Einnahmen der österreichischen Lande von König Rudolf von Habsburg 1276 verpfändet erhalten.[20] Derartige Darlehensgeschäfte hatten auch politische Aspekte, wenn etwa die Löbel Heinrich von Kärnten, den vertriebenen König von Böhmen, finanzierten oder der berühmte Rüdiger Reich 1354 aus seiner Position als Gläubiger heraus sogar Streitigkeiten zwischen Karl IV. und dem bayerischen Herzog Ludwig dem Brandenburger beilegen konnte.[21] Auch die Stadt selbst beteiligte sich schließlich am Darlehensgeschäft, vor allem um ihr Territorium auszubauen. 1385 erwarb man um 21 000 Gulden und 200 Pfund die Herrschaft Donaustauf, 1408 konnte man den Regensburg gegenüberliegenden Brückenkopf, das wittelsbachische Stadtamhof, um 2400 Dukaten an sich bringen.[22] Dann bricht die Reihe der Erwerbungen ab. Natürlich blieb auch weiterhin Regensburg ein bescheidenes Zentrum des Kapitalmarktes, Einlagen und Darlehen waren im Umlauf, doch wird hier ein langsames Versanden deutlich.

Damit ist ein Problem angesprochen, das, wie bereits einleitend erwähnt, die inneren Verhältnisse Regensburgs in den letzten Jahrzehnten des 15.Jahrhunderts in dauernde Unruhe versetzte, nämlich die immer mehr sich steigernde Verschuldung der Kommune. Die Fakten dafür hat schon vor einem Jahrhundert Striedinger zusammengestellt.[23] Danach nahm Regensburg seit den dreißiger Jahren immer mehr Darlehen auf, um seine Ausgaben abzudecken, meist in Form von Leibrenten und Ewiggeldern. Bis 1486 hatte man 130.000 Gulden allein an Ewiggeldern zu verzinsen, was zusammen mit anderen Anleihen eine jährliche Zinssumme von ca. 12 000 Gulden ergab - die Einnahmen lagen jedoch gewöhnlich nur bei etwa 10 000 Gulden -, der Stadt drohte also über kurz oder lang, wenn sie keine Darlehen mehr erhielt, der Bankrott. Jetzt wurde jede kleine Belastung, jede Forderung des Kaisers und jeder verlorene Prozeß zu einem Problem, jetzt sah man auch mit anderen Augen auf die Juden, deren Kapitalien in vielen Nachbarstädten zur Sanierung der Finanzen beigetragen hatten. Vor allem aber wurden die Zünfte unruhig. So kam es 1485 erstmals zum Aufruhr, wie einleitend berichtet. Die Zünfte traten bewaffnet zusammen, besetzten Stadtmauern und Tore und zwangen den Rat zuzugestehen, einem schnell gebildeten Handwerkerausschuß bis zu 100 Jahren zurück Rechnung zu legen, die genannten Auflagen abzuschaffen und ein ständiges Mitregierungsorgan der Gemeinde zu dulden. Als Gründe für die gewaltige Verschuldung nennt Gemeiner die Vermehrung der allgemeinen Ausgaben, die Erpressungen, denen man sich von allen Seiten, vom kleinen Landadel bis zum Kaiser, ausgesetzt sah, und die Kriege gegen Franzosen und Türken, zu denen man beitragen mußte[24] - Gründe also, die andere Städte genauso betrafen, die aber Regensburg in der Phase des allgemeinen Abstiegs besonders schwer erschüttern mußten.

Der Bedrohung von innen entsprach eine solche von außen, die sich schon seit Jahren deutlich abgezeichnet hatte: Bayern und der Kaiser entwickelten sich zu einer Gefahr für die Stadt, und zwar zu einer doppelten, da deren Politik vielfach gegeneinander gerichtet war.

Nachdem bereits Mitte des 13. Jahrhunderts die Königspfalz bei St. Emmeram zerstört worden war[25], beschränkte sich die räumliche Repräsentanz von König und Herzog auf das Gebiet um den Alten Kornmarkt. Um 1450 war dort alles leer. Es gab keine königliche Repräsentanz mehr in Regensburg, die Zeit der Reichstage war seit 200 Jahren vorbei[26], und nur selten betrat noch ein Kaiser auf der Durchreise die Stadt. Regensburg, das von König Wenzel die Freiheit von außerordentlicher Steuer bestätigt erhalten hatte (1387)[27], rühmte sich sogar, nicht Reichsstadt, sondern Freistadt und *"mehr denn andere Städte genädiglich gefreit"* worden zu sein (1459)[28]. Einer der Ruhmestitel Regensburgs, auch ein Charakteristikum der hochmittelalterlichen Stadt, nämlich civitas regia und sedes augustorum zu sein[29], bei sich also König und Kaiser zu beherbergen, lag damit brach, ja es sah zeitweise so aus, als hätten seit dem Tod Karls IV., der Regensburg noch in den Umriß seines böhmischen Königreichs einzugliedern versucht hatte, die Reichsoberhäupter alles Interesse an Regensburg verloren. Auch die Präsenz des Herzogs, für den die Stadt lange die *metropolis Bavariae* gewesen war, war auf ein Minimum zusammengeschrumpft, die Bischofshöfe, die im Kranz um den Herzogshof lagen, waren verliehen und verkauft[30]. Zwar waren die bayerischen Herzöge, deren Dynastie sich zeitweise in sieben Linien - einschließlich der Oberpfalz - aufgespalten hatte, nicht selten in Regensburg, das für sie als Treffpunkt und als Einkaufsort zentral lag, doch stärkeren Einfluß übte selbst Ludwig der Reiche von Niederbayern nicht aus, der zwar 1475 Regensburg unter seinen Schutz nahm, aber, vielleicht da die alten Herrschaftsrechte des Herzogs in der Stadt bei Oberbayern lagen[31], keine Folgerungen daraus zog. Selbst die glänzenden Turniere hatten aufgehört, seit 1434, als man Albrecht III. wegen seiner Verbindung zu Agnes Bernauer an den Schranken des Festes zurückgewiesen hatte, gab es nur noch kleinere Spiele und Lanzenstechen. Was herzoglich blieb, waren ein paar Häuser und der Herzogshof, der jetzt als Mautstelle diente. Den Platz davor, den Alten Kornmarkt, benützten die Bürger als Holzablage und Mistschütte, wogegen der Herzog Ludwig 1452 vergebens protestierte[32]. Nur die Tatsache, daß der Schultheiß, der oberste Richter der Stadt, für sein richterliches Wirken jeweils den Blutbann in München einholen mußte, erinnerte daran, daß die alten Rechte des bayerischen Herzogs auf seine Hauptstadt wenigstens noch auf dem Papier bestanden[33]. Es hatte den Anschein, als sei auch Regensburg konsequent den Weg der meisten Reichsstädte gegangen, die ihre früheren Herren erst an Reichtum übertroffen, dann ausgekauft und aus der Stadt verdrängt hatten, um so an ihre Stelle, unter dem nominellen Schutz des Kaisers, die eigene Macht der Kommune zu setzen. Doch dies schien nur so, und es mochte so lange gelten, als der vierte Pfeiler, auf dem die Stadt ruhte, die Kaufmannschaft, Regensburg wirklich beherrschte, den alten Mächten, Kaiser, Bischof und Herzog pari bieten konnte.

War also vor 1450 von den übrigen Rechtsträgern in Regensburg kaum die Rede gewesen, so mußte der Rat plötzlich mit Mißvergnügen zusehen, wie der Habsburger Friedrich III. zuerst die Regensburger Juden, dann die Reichsstadt selbst mit immer neuen Geldforderungen belegte, die Behauptung der Leistungsfreiheit nicht achtend. Zur gleichen Zeit, etwa seit 1470, forderte der Münchner Herzog Albrecht IV., in dessen Hand die alten, scheinbar vergessenen Rechte Bayerns in Regensburg gekommen waren, von der Stadt die Zusage, daß er die Pfänder einlösen könne; sie betrugen 22 360 Gulden, von denen der Herzog 10 000 in bar sogleich, den Rest in Raten abzahlen wollte.[34] Das war ein Vorgang, den man, bei der allgemein bekannten Geldnot der Münchener Herzöge, für ganz unmöglich gehalten hatte. Wurde dies aber Wirklichkeit, so mußten nicht nur Stadtamhof und Donaustauf, der Obere Wörth und die Zölle, sondern vor allem das Schultheißengericht, die oberste Justizbehörde also, wieder herzoglich werden, dann war es mit der reichsstädtischen Freiheit vorbei, gerade jetzt, wo sich die Zunftvertreter als deren besonders hartnäckige Verteidiger hervortaten. Was folgte, war vorauszusehen: Die Wirren 1485 nutzend, löste Albrecht 1486 tatsächlich die Pfänder aus, auswärtige Adlige übernahmen die Gerichtsbarkeit in der Reichsstadt, die Stadt, die nicht einmal einen ausgewiesenen Burgfrieden hatte, war ganz durch Bayern abgeschnürt. So blieb ihr nichts anderes übrig, als sich dem Herzog zu unterwerfen: Am 6. August dieses Jahres zog Albrecht feierlich in Regensburg als Stadtherr ein[35]. Doch schon vorher hatte der Kaiser eingegriffen, er hatte die Stadt scharf ermahnt und die Rücknahme dieses Schrittes gefordert. Nun folgten sechs Jahre lang Krieg, die Ächtung der Stadt und schließlich auch des Herzogs, bis 1492 der Kaiser die Rückgabe Regensburgs ans Reich erzwingen konnte.[36] In Wirklichkeit war dies freilich nicht eine einfache Wiederherstellung der früheren Stadtfreiheit, vielmehr erfolgte 1492 eine Inanspruchnahme durch den Kaiser und das Haus Habsburg: Man mußte sogleich dem Kaiser huldigen, in Zukunft wieder Reichsanschläge erlegen und für Jahrzehnte einen kaiserlichen Reichshauptmann in der Stadt dulden und bezahlen. Der Frieden mit Bayern, den man 1496 schloß, brachte zwar das Schultheißenamt zurück an die Stadt, die Vorstädte waren jedoch verloren, Regensburg auf ein minimales Territorium reduziert und damit den Schikanen Bayerns weiterhin hilflos ausgeliefert.[37] Im Innern aber ging der Kampf weiter: die Zunftabgeordneten gegen den Rat, die Kaiserlichen gegen die ehemals Bayerischen, und noch 1513 empörte sich die Handwerkerschaft wegen einer Rechnungskontroverse und zwang den 73jährigen Ratsherrn Lyskircher an den Galgen[38]. Die kaiserliche Strafe war noch härter, 40 Handwerker sollten 1514 hingerichtet werden, und an sechs war das Urteil schon vollstreckt, darunter an dem Dombaumeister Wolfgang Roritzer und dem Bildschnitzer Michel Loyen, ehe man Einhalt gebot[39]. Die 1514 erneuerte kaiserliche Regimentsordnung bildete dann gewissermaßen den Schlußpunkt dieser aufgeregten Zeit, in der sich das bürgerliche Regensburg untereinander paralysierte.

Doch die Ursachen dieser inneren Zwistigkeiten waren nicht beseitigt, lediglich gewaltsam verdeckt. So verwundert es nicht, daß sich der Unmut der Bürger gegen andere Gruppen richtete: zuerst gegen die Juden. Gerade Regensburg hatte, anders als die meisten deutschen Städte, stets eine ausgesprochen judenfreundliche Politik betrieben, die Juden gefördert und als eine der Grundlagen ihrer wirtschaftlichen Blüte vor allen Nachteilen beschützt[40]. Zu Ende des 14. Jahrhunderts, spätestens aber seit 1450, als das benachbarte Niederbayern zu antijüdischen Maßnahmen schritt, verschlechterte sich das Verhältnis zu den Juden zusehends[41]. Schon 1474, als sich das Gerücht erhob, ein Regensburger Rabbiner habe ein Christenkind gekauft und geschlachtet, war es nur noch der Rat allein, der die Juden in Schutz nahm, da die Bürger, die ihnen verschuldet waren, und Teile des Klerus sie angriffen. Dann drang 1476 die Nachricht von einem angeblichen Kindsmord in Trient durch Deutschland, und als dortige Aussagen auf Verbindungen zu Regensburg deuteten, hier daraufhin verhaftete Juden unter der Folter aussagten, verschiedene Kinder ermordet zu haben, und man auf dem von ihnen bezeichneten Platz tatsächlich Kindergebeine fand, war kein Halten mehr: Es gab weitere Verhaftungen, man besetzte das Getto und beschlagnahmte ihr Vermögen. Doch beim darauffolgenden Prozeß - der Kaiser beanspruchte die Schutzherrschaft über die Juden, in Konkurrenz übrigens zum Herzog von Niederbayern, dem sie einst verpfändet worden waren - verloren alle: Die Stadt mußte die Juden freilassen und 8000 Gulden Strafe zahlen, außerdem für weitere 10 000, welche man der Judenschaft auferlegte, bürgen, weitere Summen verschlangen die Prozeßkosten[42]. Dreißig Jahre lang schwelte die Auseinandersetzung weiter, ohne zum Ausbruch zu kommen, doch kaum hatte die kaiserliche Kommission 1514 ihr Blutgericht gehalten, wurde schon eine regensburgische Abordnung beim Kaiser vorstellig und forderte unter anderem die Ausweisung der Juden[43]. In Regensburg wurde die Situation durch die aufpeitschenden Predigten des Dompredigers Dr. Balthasar Hubmaier weiter angeheizt. 1516 und 1518 beschwerten sich die Regensburger Gewerbe beim Rat über die sie beeinträchtigende Wirtschaftstätigkeit der Juden. Man forderte die Ausschaffung der Juden, um Handwerk und Kleinhandel wieder aufzuhelfen. Doch das Reichsregiment in Innsbruck verweigerte die Zustimmung zu einer derartigen Aktion. Als dann der Tod Kaiser Maximilians, am 12. Januar 1519, in Regensburg gemeldet wurde, glaubte man in der Stadt, zur Tat schreiten zu können. Von der Geistlichkeit gedeckt, vom Volk gefordert, teilte eine Ratskommission am 21. Januar der Judengemeinde mit, daß sie binnen vier Tagen die Stadt verlassen müsse. Die folgenden Exzesse brauchen wir hier nicht weiter auszuführen[44]. 1521 wurde das städtische Vorgehen von Kaiser Karl V. sanktioniert. Doch geholfen war mit der ganzen Aktion letztlich niemandem, und so verwundert es nicht, daß sich der "Volkszorn" gegen eine andere Gruppe in der Stadt richtete, die Kleriker und ihre Steuerprivilegien.

Regensburg um 1500 war, wie alle großen Bischofsstädte des Reichs, dem äußeren Aussehen nach eine geistliche Stadt. An die 200 kirchliche Gebäude, darunter 70 Hauskapellen, zählte man hier, und alle Kirchen waren voll von Altären. Das bedeutete ständige Anwesenheit geistlichen Lebens im Alltag, bedeutete das ganze Wesen und Unwesen spätmittelalterlicher Frömmigkeit, bedeutete auch Rivalität und Streit des Klerus untereinander und mit der Stadt. In Regensburg hatte dieser um 1500 besonders heftigen Charakter angenommen, da der Klerus, vor allem die großen Reichsstifte, nicht nur das Privileg der Steuerfreiheit besaß, sondern auch auf wirtschaftlichem Sektor Vergünstigungen in Anspruch nahm: Man behauptete nämlich für den Ausschank des Weins, der damals Alltagsgetränk war, Abgabenfreiheit. Man kann sich heute kaum vorstellen, welche Erbitterung bei den Wirten, die von den Klöstern im Preis unterboten wurden, und bei den Stadtvätern, denen damit Steuern vorenthalten wurden, gerade diese Ausschankfrage hervorrief. Daß es dabei nicht um kleine Beträge ging, läßt die Tatsache erkennen, daß 1506 St. Emmeram ein Drittel seiner gesamten Einnahmen aus dem Weinverkauf bezog[45], natürlich nicht nur in der Stadt und in der beanstandeten Weise. 1484 mußte sogar ein päpstlicher Legat einen Kompromiß in dieser Sache finden, der jedoch die Stadt nicht befriedigte, so daß sich die Auseinandersetzungen unvermindert hinzogen, eine Änderung erreichte man bis zur Reformationszeit nicht. Auch sonst war das Verhältnis der reichsstädtischen Kommune zum Klerus oft gespannt, nicht nur wie überall wegen des Asylrechtes und der dauernden Vermehrung der geistlichen Güter, sondern wegen der gerade hier kaum zu lösenden Streitigkeiten um die gegenseitige Abgrenzung. So kam unter der Regierung des Bischofs Rupert II. (1493-1507) eine so geringfügige Angelegenheit, daß nämlich der Rat der Stadt Steinmaterial zum Dombau, das an der Johanniskirche lagerte, anderswohin schaffen ließ, weil er hier Läden bauen wollte, bis vor das Reichskammergericht, weil sowohl die Stadt die Hoheit über den Domplatz beanspruchte, da er von ihr gepflastert worden sei, als auch der Bischof, da sich unter dem Domplatz die Domfundamente befänden, bei deren Bau die Stadt nicht protestiert habe[46]. Mit den Bischöfen hatte Regensburg damals wenig Glück, seit 1457 waren sie zumeist Angehörige des wittelsbachischen Fürstenhauses, vielfach blieben sie ohne Bischofsweihe, waren also zuerst Fürsten und dann Geistliche; die Regensburger adeligen Domherren (24 von 35) galten als besonders zuchtlos, Raufereien, nächtliche Ruhestörungen und sogar 1507 ein Fall von offenem Raub sind überliefert[47]. Doch war das nur die eine Seite spätmittelalterlichen Lebens mit der Geistlichkeit: Genauso verdient festgehalten zu werden, daß Bischöfe, Prälaten und niederer Klerus mit der Stadt und ihrem Leben zutiefst verbunden waren. Die großen Feste feierte man gemeinsam, zumeist in St. Emmeram oder Niedermünster, Prozessionen und Heiltumsweisungen - zuerst 1487 - kamen zu unserer Zeit auf, Bruderschaften, wie die des hl. Wolfgang und der hl. Anna, bezeugen die Frömmigkeit der Bürger und waren ebenso zeittypisch wie die Errichtung einer Dompredigerstelle 1478[48]. Nicht selten griffen Bischof und Klerus auch ins politische Leben ein, nicht nur als Reichsstände. In den großen sozialen Auseinandersetzungen um 1500, als eine Partei gegen die andere stand, war es oft die Geistlichkeit, die um Milde bat, 1486 machte sie gar den Vorschlag, durch ein gemeinsames finanzielles Opfer den drückenden Schulden abzuhelfen[49]. Dabei zeichneten zwei Besonderheiten das Verhältnis der Stadt zum Klerus aus. Einmal gelang es dem Rat nicht, eine geistliche Institution, ein Kloster also oder auch nur eine Kirche, in sein Verfügungsrecht zu bringen - beides Voraussetzungen der späteren reformatorischen Kirchenherrschaft der meisten Reichsstädte. Zwar griff der Rat mehrfach ein, um Mißstände und Streitigkeiten in den Klöstern zu beheben, in St. Jakob etwa, er konnte sich aber auf die Dauer nicht durchsetzen; und an Präsentationsrechten hatte er nur solche über armselige fünf Hauskapellen, während zum Beispiel Nürnberg seit 1514 das volle Präsentationsrecht über die beiden großen Stadtpfarreien besaß. In Regensburg verhinderte der Sitz von Bischof und Domkapitel - die Dompfarrei war ja bischöfliche Pfarrei, die obere Pfarre St. Rupert war Pfarrei von St. Emmeram - wie in allen Bischofsstädten eine Ausdehnung der städtischen Hoheit. Eine zweite Besonderheit war, daß in Regensburg bis zum Ende des Mittelalters der Bischof die Stadt nicht verließ. Während der Bischof von Augsburg nach Dillingen, der von Straßburg nach Zabern, der von Köln nach Bonn auswich, damit der Stadt, die seine Herrschaft abgeschüttelt hatte, den Rücken kehrte oder kehren mußte, blieb der Regensburger Bischof im Bischofshof, war also selbst oder mit seiner Kurie immer präsent - erst zu Beginn der Neuzeit wurde das nahe Wörth ausgebaut und sein zeitweiliger, aber nicht ständiger Aufenthaltsort.

Doch zurück zu den Ereignissen von 1519. So wie bei der Judenvertreibung Bürgerschaft und Klerus Hand in Hand gearbeitet hatten, so auch bei der sich jetzt rasch entwickelnden Wallfahrt zum Gnadenbild der Schönen Maria in der schnell errichteten Kapelle auf den Trümmern der ehemaligen Synagoge. Regensburg erlebte nun einen Pilgerzustrom, der damals seinesgleichen suchte und der die Kassen zu füllen versprach[50]. Doch die Hoffnung trog: Bereits 1520 war der Höhepunkt überschritten und 1525 die Wallfahrt fast zum Erliegen gekommen. Zwischen der Stadt und dem Bistumsadministrator aber kam es sehr schnell zum Streit um die Einnahmen aus der Wallfahrt und um das Patronatsrecht über die Kapelle zur Schönen Maria. Zwar konnte die Stadt diese Auseinandersetzung in einem Vertrag 1522 für sich entscheiden[51], doch zur Ruhe kamen die Verhältnisse nun nicht mehr. Es sollte dem Klerus wenig Nutzen bringen, daß er die aus wirtschaftlicher Not gespeiste Unzufriedenheit der Regensburger Bürger auf die Juden gelenkt hatte und die Wallfahrt mehr unter finanziellen, denn unter geistlichen Gesichtspunkten gefördert hatte. Es sollte sich nun das prophetische Wort des Juden Mosse, das der Chronist und Vikar zur Alten Kapelle mit eigenen Ohren gehört haben will, erfüllen: *"Nun wolan ir pfaffen, habt auch darzu geraten, das man uns arm juden hat außgeschafft sc., ir solt aber got gepeten haben, das wir dinnen weren bliben, dy von Regensburg haben kein feir ..., und so sy uns juden nimmer haben, so wirdt es an euch pfaffen sein."*[52] Die Forderungen nach der Abschaffung der finanziellen Privilegien für die Geistlichkeit und die Unterwerfung des Klerus unter die bürgerlichen Pflichten, wie Steuer, Ungeld und Wacht, wurden nun immer lauter. Zweifelsohne spielte bei diesen Forderungen von seiten der Bürger auch bereits reformatorisches Gedankengut eine gewisse Rolle. Als Bistumsadministrator Johann III. am 1. Mai 1525 mit einer Schar Bewaffneter in die Pfalz zog, um seinen Verwandten gegen die aufrührerischen Bauern beizustehen, forderte der Rat alle Geistlichen am Tag darauf in die Minoritenkirche und eröffnete ihnen, daß sie ab sofort alle bürgerlichen Leistungen zu erbringen hätten. Der Klerus mußte sich den Forderungen des Rates wohl oder übel beugen. Damit war scheinbar eine jahrhundertealte Forderung der Kommune erfüllt. Doch schon 1528 mußte die Stadt einlenken, zwar zahlte fürderhin die Regensburger Geistlichkeit jährlich zweihundert Gulden in die Stadtkammer, war aber ansonsten von allen bürgerlichen Leistungen frei[53]. Doch nun stand die Reichsstadt Regensburg vor einer neuen Entwicklung: der Einführung der Reformation.

Die geschilderten Ereignisse und Verhältnisse in Regensburg um 1500 zeigen tieferliegende Entwicklungen an. So wurde durch sie etwa deutlich, daß die sozialen Verhältnisse in Regensburg nicht konfliktfrei waren, daß hier der Auer-Aufstand des 14. Jahrhunderts und seine Beilegung offenbar keine Lösung für die Frage der Beteiligung der Handwerker am Regiment gebracht hatte, sondern diese nur hinausgeschoben worden war; jetzt, da die finanzielle Lage der Kommune und die soziale Lage der Mittelschicht kritisch und für jeden spürbar wurden, brachen die Gegensätze um so heftiger auf. Weiter haben die Ereignisse gezeigt, daß die rechtliche und politische Grundlage der Reichsstadt, wie sie im 13. Jahrhundert gelegt worden war, nicht mehr ausreichte. Die mittelalterlich - stadtherrlichen Interessen von Bischof und Herzog existierten nicht mehr, das Bündnis zwischen Kaiser und Kommune war damit bedeutungslos geworden, und eine neue Basis hatte die reiche und bedeutende Stadt weder gefunden noch gesucht. In der Krise brach das alte Fundament, das nur noch ein leeres Gehäuse war, auseinander. Längst war auch der Status der Freistadt, wie sie sich im Mittelalter in den Bischofsstädten am Rhein herausgebildet hatte, im 15. Jahrhundert und im Osten des Reiches, mitten unter den aufsteigenden Territorien von Habsburg und Wittelsbach, überholt, und nur die lange Schwäche des oberbayerischen Herzogtums wie des weit entrückten Kaisers hatten das Weiterexistieren Regensburgs in den alten Formen noch ermöglicht. Auch die Kirchenfrage und das Problem des Verhältnisses zu den Juden war ungelöst, und das Ringen um diese Bereiche füllte die Jahrzehnte um 1500 aus. Durch die Regimentsordnung und die kaiserliche Präsenz wurde zwar eine neue verfassungsrechtliche Grundlage gelegt, doch wurden dadurch die sozialen und finanziellen Probleme nicht gelöst. Regensburg wurde durch die Inanspruchnahme durch den habsburgischen Kaiser sogar anfänglich zusätzlich belastet, es erhielt aber im Laufe der Zeit sichtbaren Ausgleich, 1503 schon für kurze Zeit das Reichskammergericht, 1532 den ersten Reichstag in seinen Mauern, und kaiserliche Protektion wie bayerische Bindungen führten schließlich zu jener politischen Neutralität, der sich Regensburg nach dem Dreißigjährigen Krieg erfreute und wodurch schließlich der Reichstag seinen dauernden Sitz in Regensburg erhielt.

Anmerkungen

1. Bayerisches Städtebuch 2, hrsg. von E. KEYSER und H. STOOB (Deutsches Städtebuch 5,2) 1974, 574f.
2. W. ZIEGLER: Regensburg am Ende des Mittelalters, in: Albrecht Altdorfer, 61-83, hier 63.
3. F. BLAICH: Wirtschaft und Gesellschaft in der Reichsstadt Regensburg zur Zeit Albrecht Altdorfers, in: Albrecht Altdorfer, 83-102, hier 84.
4. ZIEGLER (wie Anm. 2), 64.
5. Zur Verfassung Regensburgs im 15. Jahrhundert vgl: B. RITSCHER: Die Entwicklung der Regensburger Ratsverfassung in der gesellschaftlichen und wirtschaftlichen Struktur der Zeit von 1245-1429, in: VHVOR 114 (1974), 7-126; 115 (1975), 7-64; 116 (1976), 7-110.
6. Th. ENGELKE: Entstehung und Struktur des "Gelben Stadtbuches" der Stadt Regensburg. Mag.-Arbeit, Regensburg 1989.
7. ZIEGLER (wie Anm. 2), 71.
8. D. SCHMID: Regensburg 1. Das Landgericht Stadtamhof, die Reichsherrschaften Donaustauf und Wörth (Historischer Atlas von Bayern, Teil Altbayern 41) 1976, 169-190. Zur Burgenpolitik in nächster Umgebung von Regensburg vgl. jetzt A. BOOS: Die Früh- und Hochmittelalterlichen Burgen im Süden der Oberpfalz. Untersuchungen zu Topographie und Typologie, Geschichte und Bedeutung befestigter Adels- und Ministerialensitze sowie frühgeschichtlicher Wallanlagen des Regensburger Umlandes, masch. Diss. Regensburg 1992, 63f.
9. I. STRIEDINGER: Der Kampf um Regensburg 1486-1492, in: VHVOR 44 (1890), 36; vgl. dazu auch GEMEINER: Chronik III, 669 ff.
10. Vgl. zu diesen Zusammenhängen M. A. PANZER: Sozialer Protest in süddeutschen Reichsstädten 1485 bis 1525 anhand der Fallstudien Regensburg, Augsburg und Frankfurt am Main (Miscellanea Bavarica Monacensia 104) 1982, 39-127.
11. R. SCHÖNFELD: Regensburg im Fernhandel des Mittelalters, in: VHVOR 113 (1973), 7-48, oder K. BOSL: Die Sozialstruktur der mittelalterlichen Residenz- und Fernhandelsstadt Regensburg. Die Entwicklung ihres Bürgertums vom 9.-14. Jahrhundert (Abhandlungen der Bay. Akad. d. Wiss., phil.-hist. Klasse NF 63, 1966), 12 ff et passim.
12. Zur mittelalterlichen Entwicklung der Regensburger Gewerbe vgl. H. HEIMPEL: Das Gewerbe der Stadt Regensburg im Mittelalter. Mit einem Beitrag von Franz Bastian: Das Textilgewerbe (Vierteljahresschrift für Sozial- und Wirtschaftsgeschichte Beiheft 9) 1926.
13. Vgl. hierzu das älteste Hansgrafenbuch Bay HStA Reichsstadt Regensburg Lit. Nr.ROB 2, Nr. 855.
14. W. EIKENBERG: Das Handelshaus der Runtinger zu Regensburg (Veröffentlichungen des Max-Planck-Instituts für Geschichte 43 (1976), 100-119.
15. EIKENBERG (wie Anm. 14), 60 ff.
16. EIKENBERG (wie Anm. 14), 33 ff.
17. Zum Niedergang des Regensburger Fernhandels vgl. jetzt K. FISCHER: Der Regensburger Fernhandel und der Kaufmannstand im 15. Jahrhundert, masch. Diss. Erlangen 1991; diese Arbeit wird demnächst in der Reihe Studien und Quellen zur Geschichte Regensburgs erscheinen.
18. ZIEGLER (wie Anm. 2), 68.
19. Vgl. zum folgenden Abschnitt ZIEGLER (wie Anm. 2), 68f.
20. F. MORRÉ: Ratsverfassung und Patriziat in Regensburg bis 1400, in: VHVOR 85 (1935), 43.
21. MORRÉ (wie Anm. 20), 49 und 85.
22. GEMEINER: Chronik II, 377ff, vgl. dazu insbesondere SCHMID (wie Anm. 8), 180-190.
23. STRIEDINGER (wie Anm. 9), 31ff.
24. GEMEINER: Chronik III, 94ff, vgl dazu oben Anm. 9.
25. P. SCHMID: Regensburg. Stadt der Könige und Herzöge im Mittelalter (Regensburger Historische Forschungen 6) 1977, 80, die Texte zur Zerstörung der Pfalz sind zusammengestellt bei A. KRAUS: Civitas regia. Das Bild Regensburgs in der deutschen Geschichtsschreibung des Mittelalters (Regensburger Historische Studien 3) 1972, 115.
26. SCHMID (wie Anm. 25), 406.
27. G. MÖNCKE: Zur Problematik des Terminus "Freie Stadt" im 14. und 15. Jahrhundert, in: Bischofs- und Kathedralstädte des Mittelalters und der frühen Neuzeit, hrsg. von F. PETRI (Städteforschungen A1) 1976, 88f; vgl. dazu GEMEINER: Chronik II, 331f.
28. GEMEINER: Chronik III, 298; zum Problem Regensburg als "Freie Stadt" vgl. jetzt J. SCHMUCK: Ludwig der Bayer und die Reichsstadt Regensburg, masch. Diss. Regensburg 1991, 16-20 (diese Arbeit wird demnächst in den "Studien und Quellen zur Geschichte Regensburgs" erscheinen).
29. Vgl. dazu grundsätzlich KRAUS (wie Anm.25) passim.
30. Vgl. R. STROBEL: Der Brixener Hof und die mittelalterlichen Bischofshöfe in Regensburg, in: Jahrbuch der bayerischen Denkmalpflege 28 (1970/71), 30-82, und F. ZAISBERGER: Der Salzburger Bauer und die Reformation, in: Mitteilungen der Gesellschaft für Salzburger Landeskunde, 124. Vereinsjahr, 1984, 375 ff.
31. Zu den bei den beiden wittelsbachischen Linien befindlichen Rechten vgl. SCHMUCK (wie Anm. 28), 50-68.

32 G. OTTL: Die Rechte des bayerischen Herzogs am Alten Kornmarkt, masch. Diss. München 1952, 23, und SCHMUCK (wie Anm. 28), 65-68.
33 SCHMUCK (wie Anm. 28), 51f.
34 STRIEDINGER (wie Anm. 9), 54.
35 Herzog Albrecht war durchaus bereit für Regensburg handfeste Verbesserungen zu errichen; vgl. hierzu W. ZIEGLER in: KRAUS/PFEIFFER, 68.
36 PANZER (wie Anm. 10), 41.
37 Ebd. 41f.
38 Ebd. 43-46.
39 Ebd. 47f und 83-88.
40 A. SCHMID: Die Judenpolitik der Reichsstadt Regensburg im Jahr 1349, in: ZBLG 43 (1980), 594ff.
41 Für die Geschichte der Regensburger Juden in der 2. Hälfte des 15. Jahrhunderts sind die Quellen zusammengestellt bei STRAUS: Urkunden. Eine knappe Zusammenfassung zu den Verhältnissen der spätmittelalterlichen Judengemeinde bietet VOLKERT: Judengemeinde; vgl. dazu auch W. GRAU: Antisemetismus im späten Mittelalter. Das Ende der Regensburger Judengemeinde 1450-1519, München-Leipzig 1934, und HAUSBERGER I, 257-266.
42 P. HERDE: Gestaltung und Krisis des christlich-jüdischen Verhältnisses in Regensburg am Ende des Mittelalters, in: ZBLG 22 (1959), 359-395.
43 Vgl. zum Folgenden VOLKERT: Judengemeinde, 139-145, und PANZER (wie Anm. 10), 48-52, 66-71, 87-89. 1512 hatte der Bistumsadministrator Johann durch ein Diözesanmandat gegen das wucherische Zinsnehmen die antijüdische Stimmung kräftig angeheizt (GEMEINER IV, 312).
44 Vgl. dazu STRAUS: Urkunden, Nr. 1049 und 1052.
45 W. ZIEGLER: Das Benediktinerkloster St. Emmeram zu Regensburg in der Reformationszeit (Thurn und Taxis-Studien 6) 1970, 254.
46 JANNER III, 612.
47 THEOBALD I, 20.
48 STABER, 91.
49 GEMEINER: Chronik III, 714.
50 Vgl. dazu STAHL.
51 K. HAUSBERGER: Leidliches Auskommen und offene Feindseligkeit. Zum Verhältnis von Bischof und Reichsstadt im spätmittelalterlichen Regensburg, in: 1250 Jahre Bistum Regensburg, hrsg. von H. BUNGERT (U.R. Schriftenreihe der Universität Regensburg 16) 1989, 92.
52 WIDMANN, 159.
53 HAUSBERGER (wie Anm. 51), 92f.

Abb.2 Hans Mielich: Sitzung des Inneren Rates. 1536 (Kat.31)

| H.VRBAN.TRVNCKL. | H.FRIDRICH.STVCHS. | H.HANNS.HECZER. | H.WILHELM.WIELANDT. | H.WOLFGANG.STEIRER. | H.HANNS.WEINZIRL. |

H.GEORG.SALLER.

H.AMBROSI.AMMAN.

H.ALBRECHT.ALTDORFFER.

H.KARL.GARTNER.

H.GEORG.WALTMAN.

H.CRISTOFF.GLOCKENGIESSER.

H.GEORG.PAVMGARTNER.

H.MICHAEL.FVRSICH.

H.MATHEVS.AICHINGER.

H.THOMAN.KVRCZ.

H.IOHANN.HILTNER.
DOCTOR.DER.RECHTIN.

H.HANS.REISOLT.
STAT.SCHREIBER.

39

Walter Hartinger

Volksfrömmigkeit in und um Regensburg am Vorabend der Reformation

Während man sich andernorts mit den Thesen des Augustinermönches Martin Luther auseinandersetzte, mit dessen Kritik an der herrschenden Ablaßpraxis und mit anderen Formen des aktuellen Frömmigkeitslebens, kannte man in der Regensburger Öffentlichkeit nur ein Thema: die Vertreibung der jüdischen Gemeinde. Wir vermögen heute unschwer die wirtschaftlichen Motive der Regensburger Kaufleute, Händler, Handwerker und Pfandgeber hinter dieser Absicht zu erkennen, damals freilich wurde die Aktion ganz als frommes Werk interpretiert und inszeniert. Bezeichnenderweise ist denn auch die mitentscheidende Kraft der damalige Domprediger Balthasar Hubmaier, den man 1516 nach Regensburg geholt hatte.[1] Für ihn sind die vielfältigen Plagen, unter denen die Menschen damals in Regensburg zu leiden hatten - Krieg, epidemische Seuchen, wirtschaftliche Not - nichts anderes als die gerechte Strafe Gottes dafür, daß man es noch immer hinnahm, daß die Feinde des Herrn und seiner göttlichen Mutter Maria, eben die Juden, ungefährdet in Regensburg leben durften.

Am 21. Februar 1519 beschließt dann der Regensburger Magistrat wider Reichs- und Landesrecht und entgegen vielfachen eigenen älteren Zusicherungen die Ausweisung der Juden innerhalb weniger Tage, angeblich um größerem Unheil angesichts des kaum mehr zähmbaren Volkszornes zuvorzukommen.[2] Dem Stadtschultheißen, der es einigen Juden durch eine rechtzeitige Warnung ermöglichte, sich in Sicherheit zu bringen, hat seine Handlung wenig später den Kopf gekostet.[3]

Die Regensburger Bevölkerung aber macht sich unverzüglich an das fromme-unfromme Werk: *"Die armen juden und jüdinen, etlich krank, lam, kindtpetterin, da es über die mass vast gewaet und geschneydt hat, [wurden] on menschliche erbarmdt verachtlich vertriben, etlich auf das wasser, etlich auf landt, als zwo kindtlpetterin darundter, sind gestorben"*.[4] Das religiöse Selbstverständnis der entfesselten Masse aber äußerte sich vor allem in den Aktionen gegen die religiösen Monumente der jüdischen Gemeinde, gegen ihre Synagoge und gegen den Friedhof: Tausende von Regensburgern fielen über die Synagoge her und rissen sie nieder, nachdem der Magistrat gerade noch ein paar Tage Aufschub durchgesetzt hatte, damit sein Gremiumsmitglied Albrecht Altdorfer Zeit hatte, sich Notizen für zwei Kupferstiche zu machen - unsere einzigen bildlichen Quellen für dieses bedeutende Beispiel mittelalterlicher Sakralarchitektur (Kat. 13).[5] Dann aber werkelten täglich drei- bis viertausend Menschen am Zerstörungswerk, sogar der Bischof und das Domkapitel legten Hand an, von den Verbänden der Handwerker, Frauen und Jungfrauen ganz zu schweigen. *"Es war schier jedermann toll"*.[6] In wenigen Tagen war das stolze Bauwerk verschwunden.

Womöglich noch schlimmer wütete man im jüdischen Friedhof, in den vorausgehenden Jahrzehnten Begräbnisstätte auch für diverse jüdische Gruppen in Oberpfälzer Märkten und Städten, welche nicht zahlreich genug gewesen waren, um eine echte kultische Gemeinde zu bilden. *"Auch die todten leich [hat man] ausgraben lassen, dieselben umbschlayfen, darein hauen, stechen, das wider alle gesatz und natur ist"*.[7] Mancher Regensburger Bürger hat sich als Souvenir einen jüdischen Grabstein mit nach Hause geführt und ihn in den folgenden Jahrzehnten in die Wände seiner Wohn- und Wirtschaftsgebäude einbauen lassen, wo er heute noch Zeuge für jenes traurige Kapitel der Regensburger Geschichte ist.

Es ist zweifellos richtig, wenn die gegenwärtige geschichtswissenschaftliche Forschung betont, daß das Juden-Pogrom von 1519 nicht symptomatisch für die vielhundertjährige Geschichte der Juden in Regensburg ist; daß die meiste Zeit über Normalität, Kooperation, gegenseitiger Respekt, Wahrung berechtigter Interessen, wirtschaftliche Zusammenarbeit und gelegentlich sogar partnerschaftliche Beziehungen möglich gewesen sind.[8] Trotzdem werden an den Vorgängen von 1519 Elemente des religiösen Lebens im reichsstädtischen Alltag von Regensburg sichtbar, welche für die Generationen vor Ausbruch der Reformation typisch gewesen sind.

Hierzu zählt auch, daß man im Verlauf der Zeit immer weniger bereit war, die gemeinsame Verankerung von Juden und Christen im Alten Testament zu sehen und Jesus als jüdischen Mitbruder, oder daß man sich den wichtigen Beitrag der jüdischen Händler, Geldverleiher, Dolmetscher und Gelehrten für das wirtschaftliche und kulturelle Leben der Christen klar machte, sondern statt dessen immer mehr auf die Unterschiede in Kult und Religion starrte. Während des späten Mittelalters verdichtete sich diese zunehmende Gewichtung der religiösen Verschiedenheit zu völlig abstrusen und irrationalen Vorstellungen, welche zur rechten Zeit nichtsdestoweniger auf verhängnisvolle Weise handlungsleitend für die christliche Mehrheitsbevölkerung geworden sind. Allenthalben kursierten Gerüchte, daß die Juden darauf aus seien, christlicher Kinder habhaft zu werden, um diese in den Synagogen zu erstechen und aus dem Blut wertvolle Zaubermittel gegen Aussatz und andere Krankheiten zu gewinnen; ein besonderes Anliegen aber sollte es ihnen sein, konsekrierte Hostien zu erwerben, um an diesen durch Stechen, Schlagen oder Brennen die Passion Christi von neuem aufleben zu lassen.[9] An derlei Überzeugungen von der Lebenswelt der jüdischen Minderheit hatten auch die Bürger der Reichsstadt und die Menschen im übrigen Ostbayern am Vorabend der Reformation Anteil. 1477/78 hatte man in Passau einer Reihe von Juden den Prozeß gemacht, weil sie angeblich einige von einem Tabernakel-Einbruch herrührende Hostien geschändet hatten.[10] Die durch Folter "überführten" Missetäter wurden hingerichtet, die gesamte jüdische Gemeinde ausgewiesen, die Synagoge - der Ort des "Verbrechens" - wurde niedergelegt und an ihrer Stelle eine christliche Kirche gebaut, St. Salvator gewidmet, weil man sich an dem Erlöser der Welt vergriffen hatte. Jener Generation von Regensburgern, welche den Beginn der Reformation erlebten, standen also die Passauer Ereignisse noch ganz frisch im Gedächtnis und gaben ein denkbares Modell für ein analoges Vorgehen in der Reichsstadt (Abb. 3). Jedenfalls wurde 1519 noch mit großem Aufwand an der Salvatorkirche in Passau gebaut, einer Kirche, welche zum glänzendsten Beispiel spätgotischer Architektur in Ostbayern werden sollte.[11]

Denkbar ist auch, daß man sich in Regensburg noch an ältere Vorkommnisse erinnerte: an die Ermordung und Vertreibung der Juden in Deggendorf im Jahre 1337 etwa, wo man ebenfalls zur Sühne eines angeblichen Hostienfrevels mitten im ehemaligen jüdischen Ghetto am Ort des Sakrilegs eine Kirche gebaut hatte (zum Heiligen Grab), welche als Gnadenkirche wie ihr Passauer Gegenstück zu Beginn des 16. Jahrhunderts in höchster Blüte stand und von Gläubigen aus nah und fern aufgesucht wurde.[12] In Deggendorf hatte man mangels Masse 1337 keine jüdische Synagoge niederreißen können, wohl aber wenig später in Amberg, Eger, Nürnberg und Würzburg, als in den Jahren 1348/49 die erste Pestepidemie durchs Deutsche Reich fegte und überall die absurde Behauptung hervorbrachte, die Juden hätten die Brunnen vergiftet und damit das große Sterben unter den Christen ausgelöst.[13]

Irrationalität und Vorurteile prägten also die Haltung der spätmittelalterlichen Christen im Raum Regensburg, als Luther von neuem die theologischen Diskussionen entfachte. Religiöse Kontroversen waren offensichtlich so intensiv von den Menschen dieser Zeit aufgenommen worden, daß ihre Beobachtungsgabe und ihr klares Denkvermögen leicht außer Kraft gesetzt werden konnten. Die Ritualmordlegende wurde 1519 in Regensburg zwar nicht bemüht, um eine Handhabe gegen die Judengemeinde zu bekommen, doch hatte man hier schon ein Menschenalter vorher versucht, mit diesem Argument die Juden loszuwerden. 1476, ein Jahr bevor man den Juden in Passau den Prozeß machte, hatte man in Regensburg mehrere Juden in Ketten gelegt und der Folter unterworfen; man wollte von ihnen wissen, ob das Gerücht zuträfe, das der Regensburger Bischof von einer Romreise heimgebracht hatte: In Trient hatte nämlich ein peinlich befragter Jude gestanden, daß es auch in Regensburg in der Vergangenheit immer wieder Ermordungen von Christenkindern gegeben habe.[14] Tatsächlich bestätigten einige Regensburger Juden unter dem Eindruck der Folter die ihnen zur Last gelegten Verbrechen, und es bedurfte der massiven Intervention des Kaisers und einer Reihe von hohen böhmischen Adeligen, daß es damals zu keinen Hinrichtungen oder zur Vertreibung der gesamten Gemeinde kam. Die mehrjährige Haftzeit haben einige der Gefolterten jedoch nicht überlebt, und ohne eine massive "Straf"-zahlung an Kaiser und Reichsstadt kam die jüdische Gemeinde auch nicht davon!

Der Weg zur Vertreibung der Juden in Regensburg im Jahr 1519 war also bestens vorbereitet. Die internalisierte Überzeugung von der ausschließlichen Richtigkeit der eigenen religiösen Lehre und der eigenen Erlösungsmöglichkeit, jedoch von der grundsätzlichen Verdammung der Juden und anderen Ketzer konnte die Grundlage für zutiefst inhumanes Handeln abgeben. Die Dominanz des religiösen Elementes nötigte den Menschen bei dieser Auseinandersetzung mit einer Minderheit religiöse Aktionen ab, welche uns Stand und Art einstiger Frömmigkeit offenbaren. Die Synagoge wurde nicht einfach abgerissen, um einen vielleicht dringend benötigten innerstädtischen Markt schaffen zu können oder wichtiges Baugebiet zu gewinnen, sondern um einer Marienkirche Platz zu machen. So stand es im Kalkül des Dompredigers Hubmaier (Kat. 15).

Die Masse ließ sich von der Notwendigkeit hierzu umso leichter überzeugen, als bei den Abbrucharbeiten ein offensichtliches "Wunder" geschah: Mit dem niedergehenden Gewölbe der Kirche stürzte der Steinmetzmeister Jakob Kern in die Tiefe und wurde für tot aus den Trümmern hervorgezogen. Doch zum allgemeinen Erstaunen konnte er bereits am nächsten Tag schon wieder auf dem Plan erscheinen.[15] Die Nachricht davon machte schnell die Runde, und es setzte nun in den nächsten Monaten und Jahren ein Zulauf zu dieser Stelle, an der sich zunächst eine Marienkapelle (Abb.4), bald aber eine respektable Marienkirche erhob, ein, wie er innerhalb der europäischen Wallfahrtsgeschichte einzigartig ist. Schon die Zeitgenossen gebrauchten bei ihrer Beschreibung Ausdrücke, die an pathologische Zustände oder an Massenpsychose denken lassen: *"Da ward ein zulauff von allen orten, als weren die leut bezaubert, von weib, kind, knecht und mägdt, herren geystlich und weltlich, so den langen weeg [zurücklegten] etwann ongessen, etliche kind, die den weeg nit wüßten, kamen mit einem stuckbrot von weitten her, und kamen die leüt mit so mancherley rüstung [Ausstattung], wie es eins, da es in der arbeit war, ankumen was: das mit einer gelten [Gefäß] mit Milch, das mit einer strohgabel, etlich hetten in grosser kelt kaum an, daß sy die scham bedeckten, etlich liefen viel meil weegs ongeredt als weren sy besessen oder unsinnig. Etlich kämen barfuß mit rechen, beyheln [Beilen], sichlen von dem feld an außgelauffen, von jhrer herrschafft außgestandten, etlich in eim hembd, das sy ongefärlich erwüscht hetten, als sy auffgestanden waren. Etlich kam es zu mitternacht an, etlich lieffen tag und nacht und war in summa ein solch zulauffen auß allerley landen, daß etwan allein auff ein tag vil tausent menschen dar kamen."*[16]

Zur Freude von Bischof und Stadtmagistrat brachten jährlich Hunderttausende von Wallfahrern reichlich Opfergaben in Form von Geld und Naturalien; man geriet deswegen sogar in Streit und bemühte den mittlerweile zur nationalen Berühmtheit aufgestiegenen Mönch Martin Luther in dem fernen Wittenberg um ein Gutachten.[17]

Was in Regensburg damals abläuft, unterscheidet sich allenfalls in der Intensität, jedoch nicht im Grundsatz von den Verhältnissen im Land. Überall ist die gläubige Bevölkerung bereit, das wundermächtige Wirken Gottes und seiner Heiligen zu erkennen. Die allgemeine Wundergläubigkeit und -erwartung läßt Gnadenstätten aus dem Boden schießen, unabhängig von den Gebeinen der Heiligen oder von konsekrierten Hostien. Dabei betätigt sich als aktive Kraft meist die Laienschaft, nicht selten in Opposition zu den vorgesetzten kirchlichen Behörden. Als etwa 1417 die Kunde aufkam, in Laaberberg südlich von Regensburg würden sich bei einer Quelle Wunder ereignen, ließ der Regensburger Bischof durch einige Ordinariatsmitglieder eine Untersuchung anstellen, die zu einem negativen Schluß kam: *"Die hielten solchen zuelauf für einen aberglauben und abgötterei, liessen den prun einwerfen und schlagen, auch verschütten und schluegen offenlich den pan an uber all die, so dahin luffen."* Doch auch diese massive geistliche Sanktion konnte die gläubige Bevölkerung nicht abhalten: *"Da lief von stund an jedermann zue, edel und unedel, reich und arm /: herzog Ludwig von Landshuet kam auch dahin :/ tranken, padten, wueschen sich daraus, die kranken waren gesundt."*[18] Die Gnadenstätte "Unser Lieben Frau" existiert noch heute.[19]

Dabei finden sich in den Regensburger Chroniken noch genügend Beispiele dafür, daß die ältere Form der Pilgerschaft zu weit entfernten Zielen damals gepflegt wurde. Man suchte die heiligen Stätten der Christenheit auf (Jerusalem, Rom, Bari, Lucca, Loreto, Santiago di Compostela, Aachen etc.), weniger um in persönlichen Anliegen Erhörung zu finden als vielmehr, um ein Leben der Entbehrung und des Gebetes in der Nachfolge Christi zu führen und allenfalls um Gott die großen Anliegen der Zeit vorzutragen. 1508 etwa trat der Regensburger Stadtschreiber Kolb von seinem Amt ab, dem Theodor Gemeiner bescheinigt, daß er *"lieber zur hl. Maria von Loretto kirchfahrtete als seinem Berufe oblag."*[20]

Nachdem 1453 Konstantinopel in die Hand der Türken gefallen war und mohammedanische Truppen sich anschickten, nach Westen vorzustoßen, sah man regelmäßig in Regensburg größere Gruppen von ungarischen Pilgern durchpassieren, welche auf dem Weg nach Aachen, einer der wichtigsten Heilsstätten des mittelalterlichen Reiches, waren, um dort Befreiung von der Türkengefahr zu erflehen.[21] Gleichzeitig wurde die religiöse Leidenschaft der Regensburger von wortgewaltigen Predigern wie dem Johannes von Capistrano oder dem einheimischen Dominikanerpater Dr. Kalteisen angestachelt, den bedrängten Mitchristen in Ungarn und auf dem Balkan zu Hilfe zu eilen. Man sah Kreuzerscheinungen am Himmel oder beobachtete gar kreuzförmige Staubflocken, die auf den Schleiern der Frauen hängenblieben und diese einfärbten. Was wunder, daß sich immer wieder Hunderte zu diesem hoffnungslosen Unternehmen begeistern ließen; sie wurden - meist widerstrebend - vom Rat der Reichsstadt notdürftig mit Kriegsgerät ausgerüstet und auf dem Wasserweg Richtung Südosten abgeschickt, von wo sie nach kurzer Zeit, erbärmlich dezimiert und ohne etwas ausgerichtet zu haben, wieder zurückkehrten.[22] Der Krieg gegen die "Ungläubigen" ist im ausgehenden 15. Jahrhundert in Regensburg ein Dauerthema. Die Teilnahme daran gilt als besonders verdienstvolle Form christlicher Pilgerschaft.

Die alte Tradition der Pilgerschaft wird auch noch von der reichsstädtischen Rechtspraxis aufrechterhalten; bei mancherlei Totschlägen - Ausfluß u. a. von den innerstädtischen Unruhen dieser Zeit - gehört es nach wie vor zu den gängigen Gepflogenheiten, die Übeltäter eine Bußfahrt nach *"Rom, Ach [Aachen] und nach S. Jakob [de Compostela] zu Fuß oder durch andere auf eigene schwere Kosten machen zu lassen"*.[23] Pilgerschaft war dem vorreformatorischen Jahrhundert noch ganz selbstverständlich und ungebrochen ein sicherer Weg zum Heil. So wollten immer wieder auch Kinder diese Möglichkeit der eigenen Heilung erproben. In Regensburg wurde man vor allem konfrontiert mit Gruppen, welche dem Mont St-Michel in der Normandie zustrebten oder von ihm zurückkehrten. Der Magistrat und der Bischof haben zwar gelegentlich versucht, dem Anwachsen des Pilgerfiebers innerhalb der eigenen Jugend entgegenzutreten oder zumindest dessen Ausgreifen auf die Mädchen zu verhindern, standen aber in der Regel der Erscheinung machtlos gegenüber.[24]

Ließ sich in diesem Punkt die allgemeine Frömmigkeit schon nicht von den geistlichen und weltlichen Obrigkeiten steuern, so noch viel weniger in der Überzeugung, daß die Wundermacht Gottes und seiner Heiligen auch in der eigenen Heimat und nicht nur an den weit entfernten Punkten sichtbar werde. Seit dem 13. Jahrhundert entstehen in einem atemberaubenden Tempo neue Gnadenstätten in und um Regensburg. Von einigen war bereits die Rede, doch mehrere Dutzend müßten ihnen an die Seite gestellt werden. Gelegentlich ist uns die zeitgenössische Überzeugung von der Wunderkraft einzelner Orte wohl nachvollziehbar, etwa dort, wo die Verehrung den Gebeinen von Heiligen galt, wie in Regensburg selbst (Emmeram, Erhard, Albert, Wolfgang) oder in St. Engelmar, Michaelsbuch (St. Gamalbert), Windberg (St. Sabinus), Prüfening (sel. Erminold), Eichstätt (hl. Walburga), Metten (St. Utto), Ebrantshausen (St. Heinrich), Griesstetten (die drei "elenden" Heiligen) u. a.

Auch ist es verständlich, daß man solche Orte besonders verehrte, an denen konsekrierte Hostien durch wunderbare Zeichen auf sich aufmerksam gemacht hatten: Bettbrunn, Neukirchen b. Hl. Blut, Deggendorf, Walderbach, Kehlheim, Donaustauf, Naabsiegenhofen, Mainburg etc.[25] Nun aber können zunehmend auch bloße Abbildungen von Gottvater, Christus, Maria und den anderen Heiligen als Garanten für wunderbare Vorkommnisse erlebt werden. Durch die Rekondierung von geweihten Hostien in den Bildnissen wie in der Niedermünsterkirche zu Regensburg oder auf dem Bogenberg oder durch die Fiktion von der Porträtechtheit der Abbildung wie in der Alten Kapelle zu Regensburg wird diese Revolutionierung der Volksfrömmigkeit zwar gelegentlich verschleiert, doch insgesamt wird sie nun über lange Zeit hin zu einem der auffallendsten Kennzeichen des christlichen Alltags.[26]

Selbstverständlich hebt sofort eine neue Wallfahrt an, als 1476 ein junger Bursche in St. Emmeram einen Kelch mit konsekrierten Hostien stiehlt und diese in der Hahnengasse in einen Keller schüttet.[27] Doch gleichzeitig wachsen im gesamten Bistum neue Gnadenstätten *ohne* Hostie und *ohne* Reliquie; ein bloßes Bild genügt der Masse der Bevölkerung, die von dem unmittelbaren Eingreifen Gottes in diese Welt überzeugt ist und Belege dafür allenthalben zu erkennen bereit ist. Die fromme Zuwendung gilt jetzt in der Hauptsache der Gottesmutter Maria; für sie entstehen vor der Reformation bereits Gnadenorte in Mariaort, Irlbach, Weltenburg, Haindling, Sossau, Frauenbiburg, Deggendorf-Geyersberg, Stadlern, Fahrenberg, Neuses, Dechbetten, Kager, Kneiting, Adlersberg u. v. a. Die Voraussetzungen für den kometenhaften Aufstieg der Wallfahrt zur "schönen Maria" an der Stelle der einstigen jüdischen Synagoge waren also bestens gelegt.

Das Wallfahrten ist so in den vorreformatorischen Regensburger Alltag einbezogen, daß der Magistrat wie selbstverständlich seinen jährlich nach dem Bogenberg ziehenden Bürgern *"eine schöne tapfere Wachskerze"* mitgibt[28] oder nach glücklichem Abschluß der Rechnungslegung 1513 nicht nur ein Lobamt in St. Emmeram lesen läßt, sondern auch noch zwei von Wolf Seidennatter verfertigte Fahnen zur Gnadenstätte des hl. Sixtus nach Pollenried bei Eichstätt schickt.[29] Als eben dieser Magistrat die Verwaltung der neuen Gnadenstätte zur "schönen Maria" übernehmen will, muß er sich allerdings vom Ordinariat vorhalten lassen, derlei weltliche Eingriffe ins geistliche Wesen seien auch bei anderen berühmten Wallfahrtsorten rund um Regensburg nicht üblich, so in Inchenhofen, Altötting, Münchsmünster, auf dem Bogenberg und in St. Wolfgang am Abersee.[30]

Letztlich hat sich der Magistrat in diesem Konflikt durchgesetzt, und er konnte dies umso mehr, als auch sonst ganz allgemein religiöses und weltliches Handeln eng miteinander verschlungen waren. So haben die Stadtväter immer wieder bei bestehenden oder drohenden

Gefahren Prozessionen mit den "drei Leibern" angeordnet, d. h. mit den Reliquienschreinen der hll. Wolfgang, Emmeram und Erhard, welche zu den herausragenden geistlichen Schätzen der Reichsstadt gehörten. *"Item in pfingstfeyertagen am irchtag [Dienstag] ließen die reth ein procession mit den drey sergen halten und sonst aller solemnitet, wie auch umb die stat get [= wie bei der Fronleichnamsprozession], da got fleissig piten umb kayserliche majestet und ein glückseligs ruelichs regiment."*[31] Gar nicht so selten kam es vor, daß die Mönche von St. Emmeram oder die Stiftsdamen von Niedermünster einen der Särge aufs Rathaus führen ließen, um ihrer Bitte auf Freilassung eines Gefangenen oder Abgeurteilten Nachdruck zu verleihen; eine Maßnahme, die regelmäßig die Ratsherrn schwer beeindruckte.[32]

Als der bayerische Herzog 1486 Herr der Reichsstadt wurde, verwandte er sich beim Papst nicht nur sofort zur Erleichterung der Fastengebote (Milch und Eierspeisen sollte man nun auch an Fasttagen zu sich nehmen dürfen), sondern auch dafür, daß jährlich an einem bestimmten Termin die Heiltümer der Stadt feierlich dem Volk gewiesen werden dürften und es hierzu reichlich Ablässe geben sollte. Diese Maßnahme war eindeutig als Hilfe für die bankrotte Stadt gedacht; und der Magistrat ließ nun regelmäßig auf seine Kosten die Zurichtungen zu diesem Fest erledigen, bei welchem von hohem Schaugerüst (Albrecht Altdorfer malte dafür 1517 einen Vorhang) nicht nur die zahlreichen Heiligenreliquien der Regensburger Stifte und Klöster vorgezeigt wurden, sondern auch noch manche andere Kostbarkeit wie Splitter und Dornenkrone Christi, Stücke aus den Kleidern Mariens, ein Zahn von Maria Magdalena u. v. a. m.[33] Die Regensburger und Tausende aus der Umgebung ließen sich diese Chance zum Erwerb geistlicher Gnaden nicht entgehen und fanden sich am Domplatz ein, sehr zur Freude der Wirte, Bäcker, Metzger, Kaufleute, Krämer und anderen Handwerker. Erst 1521, schon unter dem Eindruck der Reformation, wurden diese Heiltumsweisungen in Regensburg eingestellt.[34]

Am Vorabend der Reformation zeigt sich uns in Regensburg eine Bevölkerung, welche für Religiöses mehr als aufgeschlossen ist. Religiöse Aktionen gehören unverzichtbar zum öffentlichen Leben. Man geht wallfahrten, beteiligt sich an Prozessionen, besucht die Heiltumsweisungen, erwirbt Ablässe, trägt und betet Rosenkränze. Als man 1476 einige Mitglieder der jüdischen Gemeinde wegen der erwähnten Ritualmordbeschuldigung ins Gefängnis warf und deren Hausrat versiegelte, da fand man bei jedem der Juden eine Anzahl von "Paternoster" als Pfandgabe.[35] Sie werden wenig später durchweg als "Rosenkränze" bezeichnet und signalisieren die Trendverlagerung von der christozentrischen Frömmigkeit hin zur Marienverehrung. Kaum eines dieser christlichen Pfänder ist ein einfaches Zählgerät aus "pain" [Knochen] gewesen, die meisten waren aus "karallen" [Korallen], Silber, "perlein", "calcedon [Halbedelstein], "perlmutter" oder anderen wertvollen Materialien, sie waren nicht dazu bestimmt, in stillen Kämmerlein angebetet zu werden, sondern öffentlich an Kleidung, Hals oder Hand zur Schau gestellt zu werden, wie es zur nämlichen Zeit der Chronist in einer anderen süddeutschen Reichsstadt anmerkt: *"Jedermann hat patternoster tragen und darahn bettet, jung und alt... wer khain patternoster tragen hat oder bey ihm gehabt hat, den hat man nit für einen christenmenschen gehabt."*[36]

Diese stark bekenntnishafte Religiosität in Regensburg war sicherlich nicht nur eine oberflächliche Frömmigkeit, welche von den Zentralpunkten christlicher Verkündigung wegrückte, etwa hin zur Heiligenverehrung und zum Patronatswesen; sie hatte ein ausgesprochen altruistisches Gegenstück u. a. in dem reich entfalteten Stiftungswesen dieser Zeit, das uns in vielen testamentarischen Vermächtnissen entgegentritt. Mochte dabei auch die Sorge für das eigene Seelenheil im Vordergrund stehen, bei den reichen Patriziern ebenso wie bei den Bäckergesellen und anderen Handwerkern, so äußerte sie sich doch regelmäßig in der konkreten Fürsorge für Arme und Kranke, für Waisenkinder, heiratswillige mittellose Mädchen, für Witwen und alte Frauen, für Bettler und Aussätzige, für Pilger und Wallfahrer, für arbeitslose Handwerker, freizukaufende Gefangene, Mönche, Nonnen, Seelweiber, Eremiten, Beginen und andere Notleidende.[37]

Die Angst vor der ewigen Verdammnis steckte offensichtlich zutiefst in den Menschen; sie wurde ständig von neuem geschürt durch die schweren Verhängnisse, mit denen (nach zeitgenössischer Interpretation) Gott die Menschen damals immer wieder heimsuchte: mit Kriegen (Hussiten, Türken, Löwlerkrieg, bayerischer Erbfolgekrieg), mit Unwetter, Mißwachs und Teuerung, vor allem aber mit epidemischen Seuchen wie der Pest, welche im Jahrhundert vor der Reformation wiederholt die Regensburger Bevölkerung dezimierte.[38] Teil dieser umfassenden Sündenangst war auch die Aggressivität gegenüber allen, die von der christlichen "Normalität" abwichen: gegen Bogumilen, Waldenser, Beginen, Bogarden und andere möglichen "Ketzer", gegen welche man am Vorabend der Reformation auch im Bistum Regensburg predigte oder die Inquisition bemühte.[39] Namentlich der Hussitismus im benachbarten Böhmen, dem traditionellen Partner der reichsstädtischen Wirtschaft, kam wiederholt in Regensburg selbst zum Vorschein und machte der Bevölkerung die Gefahr des "Abfalls" vom Glauben begreifbar.[40] Sogar jener Domprediger Balthasar Hubmaier, der 1519 die religiöse Leidenschaft der Regensburger angestachelt hatte, wurde wenig später als ketzerischer Wiedertäufer auf dem Scheiterhaufen verbrannt. Und in dem seit mehreren Generationen schwelenden Türkenkrieg waren immer wieder Regensburger bereit gewesen, ihr Leben für den "rechten" Glauben einzusetzen. Wie sollte es uns da wundern, daß nun auch die Juden in die zunehmend militante Ausgrenzung andersgläubiger Minderheiten einbezogen wurden?

Auch wenn die Regensburger Gläubigen 1517 ff nicht sofort die Diskussion von Luthers Thesen aufnahmen, so waren sie doch bereit für theologische Kontroversen, bereit auch, theologischen Fragen ein solches Gewicht zuzumessen, daß sie dafür mit Leib und Leben einstanden.

Anmerkungen

1   HAUSBERGER I, 257 ff. und STAHL.
2   VOLKERT: Judengemeinde; STRAUS: Urkunden; A. ANGERSTORFER: Die jüdische Gemeinde in Regensburg. Die Geschichte bis zum Holocaust, in: Regensburger Almanach 1986, 167-176.
3   GEMEINER: Chronik IV, 356 ff.
4   STRAUSS: Urkunden Nr. 1049 und 1052.
5   Dazu Albrecht Altdorfer.
6   GEMEINER: Chronik IV, 364.
7   STRAUS: Urkunden Nr. 1052; WIDMANN, 31 f.
8   A. SCHMID: Die Judenpolitik der Reichsstadt Regensburg im Jahre 1349, in: ZBLG 43 (1980) 589-612; P. HERDE: Gestaltung und Krisis des christlich-jüdischen Verhältnisse in Regensburg am Ende des Mittelalters, in: ZBLG 22 (1959) 359-395.
9   Ch. DAXELMÜLLER: Folklore vor dem Staatsanwalt. Anmerkungen zu antijüdischen Stereotypen und ihren Opfern, in: Stereotypenvorstellungen im Alltagsleben. Festschrift für Georg Schroubek, hrsg. von H. GERNDT, München 1988, 20-32; Ch. DAXELMÜLLER: Jüdische Kultur in Franken, Würzburg 1988.
10   F. MADER: Wallfahrt im Bistum Passau, München 1984, 31 f.
11   V. VIERTLBÖCK: St. Salvator in Passau. Historische und baugeschichtliche Untersuchung, in: Ostbairische Grenzmarken. Passauer Jahrbuch für Geschichte, Kunst und Volkskunde 26 (1984) 98-125.
12   H. UTZ/K. TYROLLER: Wallfahrten im Bistum Regensburg, München 21989, 63-65; E. FRIEDL: Geschichte der Deggendorfer "Gnad", in: Ostbairische Grenzmarken (wie Anm. 11) 33 (1991), 64-75.

13 A. HAVERKAMP: Der Schwarze Tod und die Judenverfolgungen von 1348/49 im Sozial- und Herrschaftsgefüge deutscher Städte, in: Trierer Beiträge, Sonderheft 2 (1977) 78-86.
14 GEMEINER: Chronik III, 567 ff; VOLKERT: Judengemeinde.
15 STAHL, 60 ff.
16 Zit. nach HAUSBERGER I, 264.
17 GEMEINER: Chronik IV, 374.
18 AVENTIN, zit. nach R. KRISS: Volkskunde der altbayerischen Gnadenstätten, 3 Bde, München 1953-1956, hier Bd. II, 293.
19 H. UTZ/ K: TYROLLER (wie Anm. 12), 158 f.
20 GEMEINER: Chronik IV, 142.
21 Ebd. III, 228; GUMPELZHAIMER I, 469.
22 GEMEINER: Chronik III, 245; GUMPELZHAIMER I, 471 ff.
23 GEMEINER: Chronik II, 125.
24 Ebd. III, 302; U. GÄBLER: Die Kinderwallfahrten aus Deutschland und der Schweiz zum Mont-Saint-Michel 1456-1459, in: Zeitschrift für Schweizerische Kirchengeschichte 63 (1969), 221-331.
25 Vgl. hierzu W. HARTINGER: Zur Geschichte des Wallfahrtswesens im Bistum Regensburg, in: 1250 Jahre Kunst und Kultur im Bistum Regensburg. Berichte und Forschungen, München 1989, 229-243; dort die entsprechende Literatur genannt.
26 H. DÜNNINGER: Zur Frage der Hostiensepulcren und Reliquienrekondierung in Bildwerken, in: Jahrbuch für Volkskunde 9 (1986) 72-84; H. BELTING: Bild und Kult. Eine Geschichte des Bildes vor dem Zeitalter der Kunst, München 1990.
27 GEMEINER: Chronik III, 582 f.
28 Ebd. IV, 148.
29 Ebd. IV, 226.
30 Ebd. IV, 390.
31 So zum Jahr 1514; WIDMANN, 25.
32 GUMPELZHAIMER, 414 ff.
33 GEMEINER: Chronik III, 748 ff.; HAUSBERGER I, 245 f.; H. MOSER: Brauchkundliches vom Ende des 14. Jahrhunderts, in: Volkskunde. Fakten und Analysen. Festschrift für Leopold Schmidt zum 60. Geburtstag, hrsg. von K. BEITL, Wien 1972, 224-245, hier 228 ff.
34 WIDMANN, 37: "Den 4. Aprilis, montag nach quasi modo geniti hat man nach altem löblichen brauch das heylthumb gewisen, und so ist es auß, von stund an fiell man den heiltumbstul, warff in über ein hauffen etc. und hat es darnach nit mehr gewisen, piß got dise und andre (oder villeich pessere) cermonien wider wirt pauen und einsetzen."
35 W. VOLKERT: Das Regensburger Judenregister von 1476, in: Festschrift für Andreas KRAUS (= Münchner hist. Studien Bd. 10), Kallmünz 1982, 115-141.
36 Zit. nach W. HARTINGER: Rosenkranz und Gebetszählgerät, Passau 1983, 1.
37 F. BASTIAN/J. WIDEMANN: Regensburger Urkundenbuch, München 1956; L. KOLMER: Spätmittelalterliche Testamente. Forschungsergebnisse und Forschungsziele. Regensburger Testamente im Vergleich, in: ZBLG 52 (1989) 475-500; A. HILZ: Eine Regensburger Seelgerätstiftung von 1520, in: VHVOR 127 (1987) 153-163; DIES.: Die Minderbrüder von St. Salvator in Regensburg 1226-1810, Regensburg 1991 (= BGBR 25); G. FISCHER: Ordnung der Bäckergesellen zu Regensburg 1341 bis etwa 1840, in DERS.: Volk und Geschichte. Studien und Quellen zur deutschen Sozialgeschichte und historischen Volkskunde, Kulmbach 1962, 286-316.
38 GEMEINER: Chronik III u. IV; A. WOLFSTEINER: Die Pest in der Oberpfalz, Weiden 1990; W. HARTINGER/W. HELM: "Die laidige Sucht der Pestilentz". Kleine Kulturgeschichte der Pest in Europa, Passau 1986.
39 GEMEINER (wie Anm. 38); P. SEGL: Häresie und Inquisition im Bistum Passau im 13. und beginnenden 14. Jahrhundert, in: Ostbairische Grenzmarken (wie Anm. 11) 23 (1981) 45-65; DERS.: Spätmittelalterliche Frömmigkeit im Spiegel von Antiketzertraktaten und Inquisitionsakten des 13. und 14. Jahrhunderts, in: P. DINZELBACHER/D. R. BAUER (Hrsg.) Volksreligion im hohen und späten Mittelalter, Paderborn 1990, 163-176.
40 GEMEINER: Chronik III, 427, 512 ff. u.a.

Abb.3 Hostienfrevel. Detail eines Altarflügels aus Regensburg. (Nach) 1476 (Nürnberg, Germanisches Nationalmuseum)
Abb.4 Michael Ostendorfer: Die Wallfahrt zur Schönen Maria. 1520 (Kat.16)

49

Contrafactur der Kirchen zu Regenspurg / welche zu der schönen Maria genannt

Martin Weindl

Von der Wallfahrtskirche zur Schönen Maria zur protestantischen Neupfarrkirche.
Der rechtliche Hintergrund

Die Einführung des evangelischen Bekenntnisses in der Reichsstadt Regensburg steht im engen Zusammenhang mit den Aufsichtsrechten, die der Rat der Stadt über die Kirche zur Schönen Maria besaß. Die Kirchenhoheit der Stadt tritt in diesem Fall im Patronatsrecht in Erscheinung, dessen Entstehung und Wesen zu Anfang kurz skizziert werden sollen.

Vorläufer des Kirchenpatronats war das Eigenkirchenwesen des frühen Mittelalters. Hier wurde der Laie bei Stiftung einer Kirche deren Kirchenherr, er behielt sich weitreichende Verfügungsrechte vor. Er bestimmte über die Verwendung des gestifteten Kirchenguts und setzte mittels weltlicher Benefizialleihe einen Geistlichen seiner Wahl ein. Aufgrund dieser Praxis konnte der jeweilige Bischof der Investitur nur mehr zustimmen.[1]

Im Zuge der kirchlichen Reformbewegung des 11. Jahrhunderts wurde die Kirchenherrschaft durch Laien mehr und mehr zurückgedrängt. Am Endpunkt dieser Entwicklung standen die Lateransynoden von 1123 und 1139. Nun wurde festgelegt, daß die Benefizienverleihung nur noch durch den Bischof erfolgen dürfte und daß kein Eigentum von Laien am Kirchengut mehr bestehe. Für die Einsetzung einer jetzt rechtlich selbständigen Kirchenstiftung habe der Stifter nur noch die Dankbarkeit der Kirche zu erwarten.[2] Es entstand so das Patronatsrecht, das Papst Alexander III. (1159 - 1181) als *"ius spirituali annexum"* bezeichnete.[3] Das heißt, daß die kirchlich-geistige Grundlage des Patronats uneingeschränkten Vorrang vor der weltlich-wirtschaftlichen Umsetzung der sich daraus ergebenden Rechte genießen muß, und daß nicht etwa wie im Eigenkirchenwesen Kirchenstiftungen fast ausschließlich unter ökonomischen Gesichtspunkten vorgenommen werden dürfen.[4]

Nach dieser neuen Rechtsauffassung blieben dem Kirchenpatron nur wenige Vorrechte übrig, die ihm die Kirche aus Dankbarkeit zugestanden hatte. Er nahm als wichtigstes vor allem das Präsentationsrecht wahr, konnte also bei einer fälligen Neubesetzung seiner Patronatskirche einen Geistlichen vorschlagen, den der Bischof einführen mußte. Außerdem blieben ihm verschiedene Ehrenrechte, wie bevorzugte Positionen in der Kirche oder bei Prozessionen. Wichtigste Pflicht des Kirchenpatrons war die subsidiäre Baulast am Kirchengebäude.[5]

War dies die neue theoretische Begründung des Patronatsrechts in den päpstlichen Dekretalien, so blieb jedoch noch für lange Zeit die Praxis des Eigenkirchenwesens mit massiver Beeinflussung durch Laien - lediglich unter dem neuen Namen des Patronats - bestehen.[6]

Eine Sonderform im Patronatsrecht bildete das Patronat der Städte. Im Spätmittelalter traten zunehmend Städte und deren Räte als Patronatsherren auf. In Süd- und Westdeutschland waren dies vor allem die Reichsstädte.[7] Hier vollzog sich allmählich ein Wandel des Verhältnisses der Geistlichen zu ihren städtischen Patronatsherren. Sie wurden nun als weisungsgebundene *"officiales civitatis"* angesehen, von denen man Loyalität zu ihrem Patron auch gegen kirchliche Obere, wie zum Beispiel Bischöfe, erwartete.[8] Auch durch ihr Präsentationsrecht bei der Neubesetzung von Pfarrstellen erlangten die Städte mehr Einfluß auf die kirchliche Organisation im Stadtbereich. Ein verstärktes Streben der Städte nach Kirchenpatronaten war die Folge. Und wo alte Kirchen nicht in städtische Gewalt gebracht werden konnten, sicherte man sich durch Kirchenneugründungen das Fundationspatronat, was vor allem in der Zeit der Glaubensspaltung ein beliebtes Mittel zur Einführung der evangelischen Konfession darstellte.[9]

Mit der - theoretischen - Aufhebung des Eigenkirchenrechts und der Einführung des Kirchenpatronats durch die Synoden des 12. Jahrhunderts wurde das den früheren Kirchenherren unterstehende Kirchengut in rechtlich selbständige Kirchenstiftungen überführt.[10] Im 12. und 13. Jahrhundert kam es dann zur treuhänderischen Verwaltung dieses Kirchen- oder Fabrikguts, besonders der Baukosten und des Unterhalts der Kirche, durch Kirchenpfleger beziehungsweise Zechpröpste. Sie waren der Kirchengemeinde oder dem Patronatsherrn verantwortlich.[11] Seit dem 13. Jahrhundert wurden auch Stiftungen und Opfer der Gläubigen und Ablaßgelder verwaltet. Wo Städte Kirchenpatrone waren, geschah das im Auftrag des Stadtrats, so daß allmählich die Kirchenverwaltung durch Pfleger dem Rat unterstellt und in die städtische Verwaltungsorganisation eingebunden wurde.[12]

In Regensburg war es entscheidend für die spätere Einführung der Reformation in der Reichsstadt, daß der Rat mit dem Patronat und der städtischen Verwaltung des Kirchenguts einen Sakralraum in seine Verfügungshoheit nehmen konnte. Dies ist eng mit der Judenvertreibung und der Entstehung von Kirche und Wallfahrt zur Schönen Maria verknüpft.

Den Ausgangspunkt für die Wallfahrt zur Schönen Maria stellte ein Beschluß des Inneren und Äußeren Rats und des Gemeindeausschusses der Reichsstadt Regensburg vom 21. Februar 1519 dar, die jahrhundertealte israelitische Gemeinde aufzulösen und die Juden aus der Stadt auszuweisen. Noch am selben Tag verkündete eine Ratsabordnung - darunter Albrecht Altdorfer - den Juden, daß ihre Synagoge binnen zweier Stunden für den Abriß geräumt werden müsse und sie selbst die Stadt innerhalb von fünf Tagen zu verlassen hätten.[13]

Man begann sofort mit dem Abriß der Synagoge, um vollendete Tatsachen zu schaffen. Dabei verunglückte der Steinmetzmeister Jakob Kern so schwer, daß man um sein Leben fürchtete. So mußte man seine - anfänglich - schnelle Genesung für ein Wunder halten, das man der Gottesmutter Maria zuschrieb.[14] Hierdurch begründete sich eine der letzten großen Volkswallfahrten des Mittelalters.

Der Rat Regensburgs ergriff sofort die günstige Gelegenheit und übernahm Leitung und Organisation der entstehenden Wallfahrt. Das ermöglichte ihm, die vollendete Tatsache der Judenvertreibung vor allem gegenüber dem neuen Kaiser - die kaiserlose Zeit nach dem Tod Maximilians I. am 12. Januar 1519 hatte der Rat in seinem Sinne zur Ausweisung der Juden geschickt genutzt - und dessen Forderungen nach der Judensteuer zu festigen, da kein Kaiser nunmehr die vorherigen Zustände fordern konnte. Außerdem stellten die Wallfahrtseinnahmen einen willkommenen Zuschuß für die maroden Stadtfinanzen dar.[15]

Verschiedene Maßnahmen durch den Rat Regensburgs zur Organisation der Kirche zur Schönen Maria zeigen dessen starkes Interesse an der Wallfahrt.

Ab 21. März 1519 errichtete man eine Holzkapelle an der Stelle der abgebrochenen Synagoge,[16] von der eine Altarweihe durch Weihbischof Dr. Peter Krafft am 25. März 1519 überliefert ist.[17] Als Patrozinium der Wallfahrtskapelle wählte man den Titel *zur Schönen Maria*, was häufig bei Kirchen festzustellen ist, die auf zerstörten Synagogen errichtet worden sind (zum Beispiel in Nürnberg). Möglicherweise erinnert der Titel auch an die frühere Predigerstelle des Wallfahrtsmitinitiators Balthasar Hubmaier an der Marienkirche in Ingolstadt.[18]

Die Verwaltung der Kapelle übernahm der Stadtrat durch Wahl von Kirchenpröpsten aus seinen eigenen Reihen: Simon Schwäbl war Kammerer, Kaspar Amman Mitglied des Inneren Rats und Heinrich Toll Mitglied des Gemeindeausschusses.[19] Am 22. Mai 1519 wurde Christoph Pronner durch den Rat als erster eigener Priester an der Kapelle angestellt. Er mußte für einen halben Gulden wöchentlich viermal die Messe lesen.[20] Einen noch größeren Zustrom von Gläubigen und Wallfahrern erreichte der Rat durch eine Ablaßbulle Leos X. vom 2. Juni 1519, die den Gläubigen bei der Schönen Maria einen Ablaß von 100 Tagen gewährte.[21] Außerdem wurden wichtige Kirchenfeste, vor allem die Marienfeste und Jahrtage der Judenvertreibung und Kapellenweihe, sowie die von der Stadt gestifteten Messen durch den Rat in die Wallfahrtskirche gelegt.[22]

Um die Wallfahrt zu institutionalisieren, wurde schon am 9. September 1519 der Grundstein zur Errichtung einer steinernen Wallfahrtskirche gelegt.[23] Nach einem Architektenwettbewerb hatte man sich für die Pläne des Augsburger Baumeisters Hans Hieber entschieden.[24]

Als zweiter Geistlicher an der Kapelle zur Schönen Maria wurde im November 1520 Kilian Winterspeck, Kaplan bei St. Kassian, für wöchentlich 1 fl berufen. Ihm wurde auch ein Haus im Kramwinkel als Wohnung zur Verfügung gestellt, das der Rat für 100 fl angekauft hatte.[25] 1521 erscheint in den Quellen Hans Weinzierl als dritter Priester an der Wallfahrtskapelle.[26] Der Rat erhoffte sich vielleicht einen noch stärkeren Zustrom der Gläubigen, als er am 22. Dezember 1522 einen Vertrag mit dem Mitinitiator und eifrigen Förderer der Wallfahrt Balthasar Hubmaier schloß. Dieser wurde als Prediger bei der Schönen Maria für 75 fl angestellt, wobei er sich verpflichtete, dreimal wöchentlich die heilige Messe zu lesen und an Feiertagen für Wallfahrer und auf Wunsch des Rats zu predigen.[27]

Daß dieses starke Engagement des Regensburger Rats für die Wallfahrt zur Schönen Maria nicht uneingenützig gewesen sein kann, sieht man an den großen Einnahmen, die die Kirchenpröpste des Rats und damit die Stadt verwalten mußten. Die Einkünfte aus der Wallfahrt setzten sich aus den Opfergaben der Wallfahrer, vor allem bäuerliche Gerätschaft, Kleider, Naturalien und Wachs,[28] und aus dem Verkauf von Wallfahrtszeichen zusammen.[29] So wurden 1519 bis 1525 insgesamt 30 774 fl eingenommen,[30] wobei jedoch bis 1528 wieder 16 602 fl für den Bau der steinernen Wallfahrtskirche ausgegeben werden mußten.[31] Der Rest floß der Stadtkasse zu.

Die Rigorosität, mit der die Stadt bei der Verwaltung der Wallfahrtseinnahmen vorging, mag an den drakonischen Strafen bei Zweifeln an der einwandfreien Opferverwaltung durch die Kirchenpröpste des Rats abzulesen sein. Jedenfalls berichtet der Chronist jener Zeit, Leonhart Widmann, von Johannes Gartner und einem gewissen Pleniger, die dafür am 8. Juli 1521 am Pranger standen und darauf geblendet wurden.[32]

Wie die Abrechnungen der städtischen Kirchenpröpste an der Kirche zur Schönen Maria zeigen, stellte die Wallfahrt mit ihrem hohen Aufkommen an Opfergeldern eine erkleckliche Einnahmequelle für den dar, der die Spenden verwaltete. Daß dies der Rat der Reichsstadt Regensburg frühzeitig erkannte, hat die Schilderung der Verwaltungsübernahme durch die Stadt gezeigt. Als auch der bischöfliche Administrator Regensburgs Ansprüche auf die Wallfahrtseinnahmen erhob, kam es zum Konflikt.

Schon kurz nachdem die Wallfahrt zur Schönen Maria ihren Anfang genommen hatte, forderte Johann III., Pfalzgraf bei Rhein, und von 1507 bis 1538 bischöflicher Administrator Regensburgs durch seine Räte eine Mitwirkung bei der Verwaltung der Opfergelder. Konkret wollte er eigene Räte den städtischen Kirchenpröpsten beiordnen und bestand auf einem Drittel der Einnahmen, das ihm persönlich zustünde.[33] Der Rat der Reichsstadt sah sich jedoch im vollen Patronatsrecht über die Wallfahrtskirche und wollte dem Administrator nur die geistliche Aufsicht gestatten.[34] Grundfrage des Streits war also, wer das Patronatsrecht an der Kirche zur Schönen Maria besaß und welche Konsequenzen daraus gezogen werden durften.

Die Stadt holte nun bei verschiedenen Stellen Rat in dieser Sache ein - unter anderem auch beim Nürnberger Rat -, wobei das Streben nach einem gütlichen Vergleich mit dem Administrator Tenor der Antworten war.[35] Auch eine Anfrage des Regensburger Reichshauptmanns Thomas Fuchs von Schneeberg bei Martin Luther beantwortete dieser in einem Brief von 23. Dezember 1519 mit dem Bibelzitat *"Wer mit dir hadern und rechten will, daß er dir den Mantel nehme, dem laß auch den Rock dazu"* (Matth. 5, 40) und empfahl dem Rat eine nachgiebige Haltung.[36]

Im Juni 1520 vertrat der Domprediger Balthasar Hubmaier nochmals die Position des Administrators vor dem Rat. Der Rat könne kein Patronat beanspruchen, da die Wallfahrtskirche nicht aus städtischem Vermögen, sondern mittels Almosen der Gläubigen errichtet worden sei. In der schriftlichen Rechtfertigung darauf bestand der Rat aber weiterhin auf sein volles Patronatsrecht.[37]

Anfangs versuchten beide Parteien, die päpstliche Kurie auf ihre Seite zu ziehen. Urban von Linsingen, der Unterhändler des Regensburger Rats, erwirkte zum 1. Mai 1520 einen päpstlichen Indult Leos X. (1513 - 1521) auf freie Verwaltung der Kirche zur Schönen Maria. Dessen Ausfertigung wurde aber vom bischöflichen Geschäftsträger in Rom, Wirt, verschleppt, so daß es nur bei einer mündlichen Zusage blieb.[38] Währenddessen erlaubte jedoch ein Breve des Papstes vom 28. Mai 1520 dem Administrator Johann III. die Anwendung von Bann und Interdikt im Streit.[39]

Diese unentschiedene Lage änderte eine Kampagne der bischöflichen Seite, die den Rat reformatorischer Neigungen bezichtigte.[40] Zwei päpstliche Breven vom August 1521 hoben nun den Indult für den Rat auf und sprachen dem Administrator das Patronat über die Wallfahrtskirche zu.[41]

Im Reich setzte Administrator Johann III. vor allem auf die Unterstützung durch seinen Bruder, den Kurfürsten Ludwig V. von der Pfalz (1508 - 1544), der nach dem Tod Kaiser Maximilian I. 1519 Reichsverweser war.[42]

Am 10. Juni 1520 erhob der Administrator Anklage gegen den Rat vor dem königlichen Kommissariat in Augsburg. Dieses erteilte schon am 15. Juni 1520 einem Bescheid an die Kontrahenten. Der Rat müsse dem Administrator eine Abrechnung der bisherigen Opfereinnahmen vorlegen und künftige Opfer sollten durch den Rat, den Administrator und den Reichshauptmann gemeinsam verwaltet und für den Bau einer steinernen Wallfahrtskirche verwendet werden. Künftige Streitfälle sollten der Erzbischof von Salzburg und der Reichshauptmann schlichten. Während der Regensburger Rat den Spruch grundsätzlich anerkannte, ihn aber dennoch nicht in die Tat umsetzte, blieb der Administrator bei seinen alten Forderungen nach einem Drittel der Opfergelder als persönliche Einnahme.[43]

Nach dem Eintreffen des neuen Kaisers Karl V. (1520 - 1556) in Deutschland wandte sich der Administrator Johann III. auch sogleich an ihn. Karl V. forderte darauf den Rat der Reichsstadt Regensburg in einem Reskript[44] von 9. November 1520 und einem Poenalmandat[45] vom 13. Mai 1521 bei einer Strafe von 20 Mark Gold auf, dem Bescheid des Kommissariats in Augsburg Folge zu leisten.

Dem entgegnete seinerseits der Rat am 28. August 1521 mit einer Anklage vor dem neu eingerichteten Reichsregiment in Nürnberg[46]. Vor diesem scheiterten jedoch mehrere gütliche Verhandlungen endgültig am 13. Januar 1522.[47]

Der Beschluß des Rats, nunmehr vor das Reichskammergericht zu ziehen, kam nicht mehr zur Ausführung,[48] denn nach unentschiedenen Schlichtungsversuchen vor dem Papst und auf Reichsebene bahnte sich nun die Lösung des Konflikts um das Patronat über die Kirche zur Schönen Maria vor den bayerischen Herzögen an.

Zu Verhandlungen über den Streit um die Wallfahrtskirche lud Pfalzgraf Friedrich in Neumarkt am 17. Juli 1521 Abordnungen der bayerischen Herzöge, des Erzbischofs von Salzburg und der Bischöfe von Freising und Passau ein.[49] Deren Treffen vom 20. bis zum 24. August 1521 in Regensburg blieb jedoch erfolglos,[50] bildete aber zugleich den Auftakt zu Vermittlungsbemühungen durch die bayerischen Herzöge Wilhelm IV. und Ludwig X. Deren Hauptunterhändler war Leonhard Eck, Kanzler Wilhelms IV. in München.

Während seine zwei Vermittlungsversuche vom 21. Oktober und 22. Dezember 1521 scheiterten, brachten nochmalige Verhandlungen den Erfolg.[51] In Form einer herzoglichen Urkunde[52] der Brüder Wilhelm IV. und Ludwig X. vom 25. August 1522 wurde der Vergleich der streitenden Parteien niedergelegt.

Dem Rat der Reichsstadt Regensburg wurde das alleinige Patronatsrecht an der Kirche zur Schönen Maria zugesprochen. Ihm stand also das Präsentationsrecht bei der Pfründebesetzung und die volle wirtschaftliche Verwaltung mit freier Verwendung der Gefälle und Opfer zu. Der bischöfliche Administrator besaß nun lediglich die geistliche Oberaufsicht über die Kirche und deren Priester mit der geistlichen Investitur und dem Bestätigungsrecht aller Stiftungen und Pfründen. Als Ausgleich für die verlorenen Einnahmen aus Opfergeldern mußte ihm der Rat eine einmalige Abfindungssumme von 5 400 fl und jährlich den Judenzins von 30 Pfund Regensburger Pfennigen zahlen.[53]

Die Bestimmungen des Vergleichs wurden sofort in die Tat umgesetzt. Der Administrator Johann III. übertrug einem Vikar die geistliche Aufsicht über die Priester an der Kirche zur Schönen Maria und nahm die Präsentation Kilian Winterspecks durch den Rat an.[54]

Beschränkt man sich auf die politisch-rechtlichen Aspekte der Einführung des evangelischen Bekenntnisses in der Reichsstadt Regensburg, so läßt sich eine Folge von Ereignissen feststellen, die entscheidende Voraussetzungen für diesen Schritt waren. Es war die durch die vorhandenen reichsunmittelbaren Stände vielfach durchbrochene Einfluß- und Machtstruktur des Rats der Stadt, die es ihm unmöglich machte, durch eine strikte und umfassende Aufsicht über kirchliche Institutionen frühzeitig die Reformation einführen zu können, so wie das z. B. in Nürnberg schon 1524 gelang. So war es entscheidend, daß der Rat nach 1519 in den Besitz einer ihm in der Verwaltung und Organisation unterstellten Kirche kam, der Kirche zur Schönen Maria.

Ausgangspunkt dafür war die Judenausweisung durch Ratsbeschluß vom 21. Februar 1519, mit der die Grundstücke der Juden auf dem und um den heutigen Neupfarrplatz mit der Synagoge wie in einer Konfiszierung an den Rat fielen. Dadurch sah sich der Rat im Recht, auf zukünftige Gebäude an dieser Stelle, wie zum Beispiel die zur Schönen Maria, Anspruch zu erheben.

Die einsetzende Wallfahrt zur Wunderstätte der abgebrochenen Synagoge förderte und unterstützte der Rat tatkräftig, wohlweislich, daß er durch die städtische Verwaltung der Wallfahrt und Gnadenkapelle durch vom Rat bestellte Kirchenpröpste nicht nur vollendete Tatsachen schuf, sondern auch eine neue Einnahmequelle für die marode Stadtkasse erschloß.

Daß auch der bischöfliche Administrator seinen Vorteil in der Wallfahrt sah, zeigt der erbitterte Rechtsstreit mit dem Regensburger Rat, der nach jahrelangen Verhandlungen vor den verschiedensten Instanzen letztendlich zugunsten des Rats ausging. Die Schlichtung vom 25. August 1522 stellte dabei die endgültige Rechtsgrundlage für die weitere Zukunft dar, da mit der Zusicherung des alleinigen Patronatsrechts an der Kirche zur Schönen Maria dem Rat die Verfügungsgewalt sowohl über die Geistlichen als auch das Kirchengut überlassen wurde.

Auf der Grundlage dieser Rechtstitel konnte der Rat 1541 den evangelischen Prediger Erasmus Zollner anstellen und am 15. Oktober 1542 die Reformation in der Reichsstadt Regensburg einführen, indem in der Kirche zur Schönen Maria mit dem ersten öffentlichen Abendmahl unter beiderlei Gestalt die neue, evangelische Pfarrei errichtet wurde. Aus der Wallfahrtskirche zur Schönen Maria war die protestantische Neupfarrkirche geworden.

Anmerkungen

1. H. E. FEINE: Kirchliche Rechtsgeschichte. Die katholische Kirche, Köln ⁵ 1972, 164 f.
2. Ebd. 397.
3. Nach P. HINSCHIUS: System des katholischen Kirchenrechts (= Das Kirchenrecht der Katholiken und Protestanten in Deutschland II), Bd. 2, Berlin 1878, 629, Anm. 3 in "c. 14 decret. Alex. III. tit. 53"; weiter erwähnt im Corpus iuris canonici, decretalium Gregorii IX., liber III, titulum XXXVIII de iure patronatus, cap. XVI.
4. HINSCHIUS (Anm. 3), 629 f.
5. FEINE (Anm. 1), 398; A. WERMINGHOFF: Verfassungsgeschichte der deutschen Kirche im Mittelalter (= Grundriß der Geschichtswissenschaft II, 6), Leipzig ² 1913, 93.
6. FEINE (Anm. 1), 406 f.; HINSCHIUS (Anm. 3), 631 ff.
7. FEINE (Anm. 1), 408.
8. WERMINGHOFF (Anm. 5), 109.
9. E. JACOBI: Patronate juristischer Personen (= Kirchenrechtliche Abhandlungen 78), Stuttgart 1912, 31.
10. FEINE (Anm. 1), 398.
11. Ebd. 405.
12. Ebd. 419; WERMINGHOFF (Anm. 5), 199.
13. Eine zeitgenössische Quellenschrift über die Ereignisse in Regensburg ist das Tagebuch des Regensburger Weihbischofs Dr. Peter Krafft von 1500 bis 1530. Um 1470 in Blaubeuren als Sohn eines Rates Herzog Georgs des Reichen von Bayern-Landshut geboren, studierte er von 1491 bis 1500 in Ingolstadt und erreichte den philosophischen Magister- und juristischen Doktorgrad. 1493 zum Priester geweiht, wurde er 1501 Weihbischof in Regensburg und 1508 Kanonikus an der Alten Kapelle. Er starb am 16. März 1530. Zum 21. Februar 1519 schreib er: "auff heut hat herr Thoma Fuchs, ritter hauptmann, camerer und rat und gemain hier zu Regensburg den juden angesagt auf den negsten freitag mit kindern, leib und gut zur statt auß ze ziehen. O quam repentina mutatio, sed profecto mutatio dextrae excelsi [Ps. 76,11]" (Tagebuch KRAFFT, 687 ff.). WIDMANN, 31; STRAUS: Urkunden, Nr. 1040-44; GEMEINER: Chronik 354 ff.; GUMPELZHAIMER, 687 ff.; THEOBALD I, 43.
14. Eine weitere Quelle zur behandelten Zeit neben Kraffts Tagebuch ist die "Chronik von Regensburg" des Leonhart Widmann, die die Jahre 1511-43 und 1552-55 enthält. Der Autor, dessen Familie in Tegernheim östlich von Regensburg Güter des Damenstiftes Obermünster besaß, scheint 1511 zum Priester geweiht worden zu sein. Bis zu seinem Tod am 30. März 1557 war er Vikar am Kollegiatsstift zur Alten Kapelle. Er berichtet über die Judenvertreibung: "Diß jars am 21. februarii kathedra Petri ist den juden verkündt, das sich in 8 tagen kainer mer hie finden laß, montag desselben tags ir sinagog (dy gewelbt was) abbrochen mit unvernünfftiger hizigkait, das ein steinmez, maister Jacob, verfiel, das man ine mit eisnen stangen heraus must gewinnen, trug in für todt haim auf einer holztragen, am awend ging er wider und sach zu der arwait" (WIDMANN, 31). STRAUS: Urkunden, Nr. 1057; GEMEINER: Chronik, 357 f.; GUMPELZHAIMER, 689 ff.; THEOBALD I, 50 f.
15. THEOBALD I, 51; STAHL, 61; HAUSBERGER, 263.
16. "Capellen. Am 21. marci fing man an und sezet ein hulzene capellen zur pitt, eben fast an stat der sinagog" (WIDMANN, 32). GEMEINER: Chronik, 367.
17. "1519, 25. März: Item in die sanctissimae Mariae Virginis consecratum est altare auf dem judenplatz per me cum magna solemnitate in praesentia administratoris episcopi Ratisponensis, capitanei et civium atque in praesentia populi in maxima copia. Laus Deo" (Tagebuch KRAFFT, 35). "Anheut den 25. marci ist der altar in der hultzen capellen geweihet worden durch herren Peter Krafft, Weichpischofen, got zu lob das erst götlicher ambt gehalten worden, item es gefiel groß gut dazu ec. und nach tisch hat doctor Walthasar Hiebmair, thumbprediger, auff dem plaz gepridigt" (WIDMANN, 32). GEMEINER, 367; GUMPELZHAIMER, 691; THEOBALD I, 54 f.
18. "Demselben erber doctor [Balthasar Hubmaier] muest es zu der schönen Maria heissen" (WIDMANN, 32). Wahrscheinlich erscheint auch die Möglichkeit, daß überhaupt von Hubmaier die Initiative zur Errichtung einer Kirche an der Stelle der Synagoge ausging. In einem Verhör 1526 in Waldshut sagte er aus: "Da riete er innen, das sy die sinagog nit schließind, sonnder ein kapell drauß machtind inn der ere unnser lieben frowen", ediert in: Quellen zur Geschichte der Täufer in der Schweiz, hrsg. von L. von Muralt u. W. Schmid, Zürich 1952, 392; GEMEINER: Chronik, 358; THEOBALD I, 44; STAHL, 60.
19. STRAUS: Urkunden, Nr. 1093; GEMEINER: Chronik, 372; THEOBALD I, 52; VOLKERT: Luthers Reformation, 111 f.
20. THEOBALD I, 60 f.
21. Ediert bei RIED II, 1120 f., Nr. 1181; STRAUS: Urkunden, Nr. 1079; GEMEINER: Chronik, 387 f.; THEOBALD I, 62.
22. "1524, 22. Jan.: ain grosse procession hic a cathedrali ad s. Erhardum, dehinc ad Veterem Capellam, ad s. Emmeramum et ad beatam Virginem in area Judeorum" (Tagebuch KRAFFT, 44). GEMEINER: Chronik, 382; GUMPELZHAIMER, 698 f.; THEOBALD I, 61 f.

23 "1519, 9. Sept.: die nona huius mensis, quae fuit s. Gorgonii, posui ego Petrus Krafft, episcopus Jerapolensis et suffraganeus Ratisponensis, primum lapidem pro fundamento in cellulam beatissimae Mariae virginis auf dem Judenplatz praesentibus ibidem reverendissimo et reverendis dominis domino Johanne administratore ecclesiae Ratisponensis, comite Palentino Reni Bavariae duce, abbatibus s. Emmerami, in Prüfling, Walderbach, Cellae Mariae et toto clero totius urbis cum maxima solemnitate et multitudine populi christiani magna" (Tagebuch KRAFFT, 36 f). GEMEINER: Chronik, 375; GUMPELZHAIMER, 696 f.; THEOBALD I, 72 f.
24 THEOBALD I, 69 f.
25 Ebd. 79.
26 Ebd. 85.
27 "...er [Balthasar Hubmaier] waß eine gute zeit nit hie gewesen, da brediget er zu unser frauen am blaz, und so es regnet, so predigt er zu den augustinern ..." (WIDMANN, 50). GEMEINER: Chronik, 466; THEOBALD I, 88; KAGERER, 104 f.
28 STAHL, 72 f.
29 "Man saget glaublich das diß jars an sant Jörgen tag [23. April 1520] i dy 50000 kirchferter werden hie gewesen, man hat die zaichen gemerck, 27 tausend außergeben, hat kaum der dritt mensch eins gehabt, das volck wainet umb zaichen, es war ein groß gleuff" (WIDMANN, 34). THEOBALD I, 63, 76, 85.
30 Es waren 24 339 fl an Bargeld vorhanden, wozu noch 6 435 fl aus dem Verkauf von Opfern kamen; STAHL, 76.
31 THEOBALD I, 90.
32 "Augen. Montag am tag Kiliani hat man eines bürgers son, Johannes Gartner genandt. ein jung mensch, wolgelert, camerer derzeit zu sandt Emeran und N. Pleniger genandt, phreiter dasselbst, früe auff den branger gestellt von redwegen; sie sollen gesagt haben, es gefall ein groß gut zu unser lieben frauen (wie dann geschach), nimand west, wo es hin kem. der phreiter gestund der red, das ander jung mensch wainet nur und wollt drauf sterben, er het solchs nie gedacht. in summa: man stach inen baiden dy augen aus, ach got, man war dem abt feindt" (WIDMANN, 39).
33 "also was kaum grosser unrat zwischen bischoffs und stat gewest, und wugsen hart inainander diser handlung und auch der capellen halb, der pischoff wolt sein jurißdiction sambt seiner porcion bey der capellen haben, das was der drittail in allem, so gefiel, wie auch pillich, war grosser unlust und vill tagens darzwischen, wie nur eins tails geschriben ist, interim tett ein tail dem andern, was im laid was" (WIDMANN, 42). STRAUSS: Urkunden, Nr. 1069; GEMEINER: Chronik, 372 f.; GUMPELZHAIMER, 693 f.; THEOBALD I, 91.
34 THEOBALD I, 91.
35 GEMEINER: Chronik, 373 f.; GUMPELZHAIMER, 694.; THEOBALD I, 91 f.
36 Anfrage in LUTHER, WA, Briefwechsel I, 573, Nr. 229.; Antwort ebd. 598 f., Nr. 233.
37 GEMEINER: Chronik, 389 ff.; GUMPELZHAIMER, 703; THEOBALD I, 92.
38 STRAUS: Urkunden, Nr. 1108; GEMEINER: Chronik, 387 ff.; THEOBALD I, 92; STABER, 100 f.
39 THEOBALD I, 93; STABER, 100 f.
40 GEMEINER: Chronik, 417 f.
41 Ebd. 434 f.; GUMPELZHAIMER, 718; THEOBALD I, 94 f.
42 GEMEINER: Chronik, 387; THEOBALD I, 92.
43 GEMEINER, ebd. 391-396; GUMPELZHAIMER, 705; THEOBALD I, 93.
44 GEMEINER, ebd. 398; GUMPELZHAIMER, 706; THEOBALD I, 94.
45 GEMEINER, ebd. 421; GUMPELZHAIMER, 716; THEOBALD I, 95.
46 Das Reichsregiment tagte von 1521 bis 1524 in Nürnberg und war ein ständiger Ausschuß des Reichstags mit 23 Mitgliedern unter dem Pfalzgrafen Friedrich mit der Aufgabe der Reichsverwaltung bei Abwesenheit Karls V.; GEMEINER: Chronik, 433; GUMPELZHAIMER, 723 f.; THEOBALD I, 95.
47 "Anno domini 1522 am 13. januarii ist zu Nürnberg vor dem regiment ein gütlich tag zwischen dem pischoff und stat gehalten worden, aber nichz außgericht. Item dy gesandten vom rath wasend Sigmund Schwebl, Hans Hezer, Hans Kiztaler, doctor Renfurt" (WIDMANN, 44).
48 GEMEINER: Chronik, 449 ff.; GUMPELZHAIMER, 723; THEOBALD I, 96.
49 GEMEINER, ebd. 423 f.; THEOBALD I, 95.
50 "Hertzog Ludwig von Bairen. Am sontag nach Galli [16. Oktober 1521] ist hertzog Ludwig von Bairen ec. hi eingeriten, zu sant Emeram gelegen des sterben halben, ist auch dy verhör daselbs gelesen, auch so seind sonst etlicher fürsten reth hie gewesen, piß in 100 pferd, und gehandelt, mitl und weg gesucht, damit alle sachen gericht weren worden, aber man kundt nichz schaffen, den das die sach auff einen monat ward eingestellt. Am pfinztag yederman hinweg ec. denn man wolt den pischoff nichz gelten lassen, sonderlich bei der capellen" (WIDMANN, 42 f.). - "Ein andere taglaistung. Pfinztag den 21. novembris ist hertzog Ludwig ec. sambt seiner brüder und ander fürsten rethen hi wider zu sant Haymeran eingeriten, laut deß nägsten abschids halb, den es was das monat auß. also freitag, sambstag, sontag, montag gehandlt. Item am montag sant Katherinen tag [25. November 1521] dy fürsten ire reth, ein rath, alles in des Tumners haus auff der haid das nachtmal mittanander geessen. Und am irchtag darnach hertzog Ludwig ec. sambt andern rethn all hinwegk und kundten dy sachen nit erheben oder zu bericht bringen, dan die von Regenspurg kains wegs am recht nichtz begeben und puten das recht, darvon man nimand schaffen kan. und kam dy sach also für das kayserlich regiment, welchs derzeit zu Nürnberg was. und dazwischen flissen sich dy von Regenspurg vill kurzer griff, was inen möglich war" (WIDMANN, 43 f.). GEMEINER: Chronik, 427-432; GUMPELZHAIMER, 718 f.; THEOBALD I, 95.

51 GEMEINER, ebd. 438 f., 457 f.; THEOBALD I, 95 f.
52 Regest davon bei RIED II, 1126 f., Nr. 1585.
53 "Bayrn. Am tag Alexi [17. Juli 1552] ist doctor Liehart von Egk, hertzog Wilhalms rath, in sachen dy geistlichen und pürgerschafft belangend, sonderlich der irsal mit der capellen, etlich tag in sachen getedingt und dahin bracht (er allain), yedoch es wolt dy kaz pfinnig werden, das es am sontag den 20. junii von baiden tailn volchomlich compromittirt und denselben verpennt ist worden, und alle sach piß auff einen ausspruch in geuten fried gestelt, das tor zu sant Emeram wider auffgethan, und wurden paid tail fro, dan es was zeit, die zirung was zu baider seit groß. - Ausspruch des vertrags. Nach dem compromiß ist der anlas gewesen, das bede tail, der pischoff und ein rath sollen ire anwelden und pottschafften mit ganzen volmechtigen gevaldt gein München khomen ec., das also geschach. daselbst wardt aller irsall, zwitracht und speen in beysizen hirtzog Wilhalms hingelegt und zu guten fründen gesprochen, dem pischoff die capellen, alles gefeell darzue ganz und gar abgesprochen und denen von Regenspurg in nichtig ze reden ec., dagegen dem pischoff dritthalb tausend gulden gesprochen, darauff soll ein tail dem andern than, was im lieb sey, und dy sach noch dem pesten wol verbrüfft und versigellt. Es het schir ein weill geholfen" (WIDMANN, 47). STRAUS: Urkunden Nr. 1135; GEMEINER: Chronik, 460 f.; GUMPELZHAIMER, 724 f.; THEOBALD I, 97.
54 GEMEINER: Chronik, 462 ff.

Hans Schwarz

Die Reformation in Regensburg bis zur Konkordienformel

"Die Reformation hat erst spät in Regensburg Eingang gefunden."[1] Erst als das lutherische Bekenntnis reichsrechtlich nicht mehr außerhalb der Legalität stand, hat sich Regensburg offiziell dem evangelischen Glauben zugewandt. Damit wurde äußerlich dokumentiert, was innerhalb der Mauern dieser Reichsstadt schon lange Wirklichkeit geworden war. Der 15. Oktober 1542, an dem die erste evangelische Abendmahlsfeier in der Neupfarrkirche stattfand, markierte die Durchsetzung des Bürgerwillens in Regensburg und öffnete gleichzeitig die Möglichkeit eines segensreichen Wirkens im Sinne der Reformation weit über die Stadtgrenzen hinaus.

Das Anwachsen der evangelischen Bewegung

Die freie Reichsstadt Regensburg war in den entscheidenden Jahren der Reformation alles andere als frei. Ende des 15. Jahrhunderts war sie unter habsburgische Herrschaft gekommen und 1499 wurde dem Rat der Stadt ein Reichshauptmann mit weitgehenden Vollmachten zur Seite gestellt. Zwar konnte Regensburg auf eine stolze Vergangenheit zurückblicken, aber die wichtigen Handelswege hatten sich im Spätmittelalter zugunsten von Augsburg und Nürnberg verlagert. Außer der Steinernen Brücke und dem Brückenkopf im heutigen Stadtamhof samt dem Katharinenspital gehörten zu Regensburg nur die beiden Donauinseln und einige Ländereien in nächster Nähe der Stadt. Regensburg hatte nicht genug Hinterland, um sich selbst zu ernähren. Es besaß weder Wald noch einen Steinbruch für Baumaterialien. Zudem lag es fast ständig im Streit mit Bayern, das über den Fürstbischof kräftigen Einfluß auf die Geschicke Regensburgs ausübte. Neben dem Fürstbischof mit Domkapitel waren noch die drei unabhängigen Reichsstifte St. Emmeram, Niedermünster und Obermünster in der Stadt zugegen. Dazu kamen der Münchner Herzog, sieben auswärtige Bischöfe und viele auswärtige Klöster, die Niederlassungen in Regensburg besaßen. Auch Adelige hatten sich dort Häuser erworben, so daß der freien Reichsstadt kaum die Hälfte ihres Stadtgebiets gehörte und nicht einmal ein Drittel von ihr besteuerbar war.[2] Somit konnte der Rat der Stadt nicht immer den Kurs steuern, den er wirklich verfolgen wollte. Zudem hatte man sich 1521 in den "ewigen Schutz und Schirm" des Hauses Österreich begeben, weil man sich dadurch Vorteile für die bankrotten Stadtfinanzen erwartete.[3]

Die Vielgestaltigkeit Regensburgs bewirkte allerdings auch, daß alles Neue seinen Einwohnern nicht lange verborgen blieb. Deshalb ließ Johannes, der bischöfliche Administrator (Kat. 9) - zum Bischof wollte er sich nicht weihen lassen - die päpstliche Bulle "Exsurge Domine", die ihm vom Ingolstädter Professor Eck überbracht worden war, 1521 von den Kanzeln verlesen, um der lutherischen Lehre Einhalt zu gebieten, und verbot zugleich "allen Verkauf oder Nachdruck der Schriften Luthers".[4] Doch bereits zwei Jahre später kam es zu einem Eklat im Dom. Zu der Zeit gab es schon Zirkel, in denen man die Schriften der Reformatoren las. Besonders eifrig war ein Blaufärber namens Hans, der in seinem Haus Andachtsstunden hielt, an denen auch Geistliche und der von Waldshut zurückgerufene Balthasar Hubmaier teilnahmen, der nochmals zum Prediger an der Wallfahrtskirche zur Schönen Maria berufen worden war. Als der Blaufärber Hans das Abendmahl unter beiderlei Gestalt empfangen wollte, erfuhr davon der Domprediger Marius. Blauhans und ein gewisser Krämer Hans aus Rostock, ebenfalls eine Hauptgestalt der Evangelischen, widersprachen dem Domprediger während einer Predigt, so daß es zum Disput kam. Unter den Umstehenden waren auch die gegen den Domprediger gerichteten Worte zu hören: *"Schlagt ihn tot!"*[5]

Der bischöfliche Administrator verlangte sofort vom Rat die Bestrafung von Blauhans und Rostock. Die beiden waren ihm jedoch zuvorgekommen, hatten sich an den Rat gewandt und unterwarfen sich freiwillig einem ordentlichen Gerichtsverfahren. Blauhans meinte zur Entschuldigung, es sei schicklicher gewesen, den Domprediger in der Kirche als auf einem öffentlichen Platz anzureden. Er gab in der Verhandlung freimütig zu: *"Ich will meiner Sache im Glauben gewiß sein. Da in den Predigten so ungereimte Dinge gebraucht werden, so muß ich wohl die Bücher lesen, in welchen ich, Gott sei Dank, mehr Trost des Gewissens finde, als vorher mein Leben lang in allen Predigten. Darum lese ich sie und lese sie denen, die zu mir kommen, ohne alle ärgerliche Meinung vor."* In einer Verantwortungsschrift, die zugunsten von Blauhans dem Rat übergeben wurde, stand weiter zu lesen: *"Nichts kann die Seele mehr vergiften als unnützes Geschwätz auf dem Predigtstuhl."*[6] Die Strafe fiel relativ milde aus. Blauhans wurde aus der Stadt verwiesen, und Rostock kam für einige Zeit ins Gefängnis auf dem Wasserturm. Blauhans pilgerte nach Wittenberg, nicht nur um evangelische Schriften zu lesen, sondern auch um evangelische Predigten zu hören. Luther gab ihm einen Empfehlungsbrief an den Rat der Stadt mit, so daß er schon nach wenigen Wochen wieder nach Regensburg zurückkehren durfte und als Bürger aufgenommen wurde.[7] Die Widmannsche Chronik berichtet, er habe ganze Fässer lutherischer Bücher mitgebracht.[8]

Die Anhänger Luthers wandten sich nun an den Rat mit der Bitte, einen evangelischen Prediger anzustellen, der das Wort Gottes lauter und klar verkündige. Dr. Johann Hiltner (Abb.1), 1522 auf Anraten des Reichshauptmanns als Ratskonsulent berufen, gab zu bedenken, daß man am besten einen solchen Prediger im Barfüßerkloster (Augustinerkloster) anstellen könne, damit er als Ordensmann vor Verdächtigungen und Beleidigungen sicher sei. Vertreter der Bettelorden (Augustiner und Franziskaner) waren ja bereits in Regensburg der evangelischen Lehre zugetan. Ein weiterer Schritt auf die Reformation hin war die Regensburger Bettelordnung vom 7. Mai 1523, die sich stark auf die Nürnberger Ordnung stützte und das Betteln nur noch an zwei Tagen des Jahres erlaubte, d. h. an Allerheiligen und Allerseelen. Die Armenversorgung sollte von nun an von der Stadt ausgeübt werden. Bei der Versorgung dachte man auch an Geistliche, die aus Regensburg stammten und hier ihrer Pfründe beraubt wurden, also evangelisch geworden wären.

Der Reichshauptmann Thomas Fuchs wollte jedoch nicht, daß Regensburg der Reformation Raum gab. Auch die vom Rat an den bischöflichen Administrator gerichtete Bitte um einen evangelischen Geistlichen wurde an Erzherzog Ferdinand weitergegeben, der strikt befahl, sich an das Wormser Edikt (1521) zu halten, in dem Neuerungen untersagt waren. Bei der trostlosen finanziellen Lage der Stadt durfte man es sich nicht mit Ferdinand verderben. Außerdem mußte man an Bayern denken, mit dem die Stadt wegen der Steinernen Brücke und der Abgaben, die Regensburger Bürger bei Kaufmannsgeschäften auf bayerischem Boden leisten mußten, ständig Probleme hatte. So wurde die evangelische Sache wieder hintan gestellt. Erst 1525 wandte sich die Stadt offiziell an Martin Luther mit der Bitte, ihnen einen evangelischen Barfüßermönch zu schicken. Luther versprach, diesem Anliegen nachzukommen, sobald einer zur Verfügung stünde, was aber momentan nicht der Fall sei.[9] Somit blieb der Fortgang der Reformation in den Händen der Bürger.

Wie weit man sich schon vom alten Glauben abgewandt hatte, zeigte sich daran, daß Pfarrer den ohne Genuß der Kirchensakramente oder im neuen Glauben Verstorbenen die Absolution und das kirchliche Begräbnis verweigerten, so daß auch angesehene Familien genötigt waren, ihre Toten auf dem Siechenfriedhof St. Lazarus zu bestatten. Eine Inschrift auf einem Grabstein bezeugt die damalige Situation:

"Gertraud Schmiderin liegt da begraben;/ Priester wolten sie in ihrem Freudhof nicht haben / darumb, sie nahm das Sacrament beider Gestalt,/ glaubt, Christi Sterben hilft ihr allein bald."[10]

Selbst Brautleute wurden nicht mehr kirchlich getraut, da sie sich weigerten, zuvor bei einem katholischen Priester zu beichten, und ehelichten ohne Einsegnung. Ein Zwischenfall, den genannten Blauhans betreffend, spricht für sich: Als dieser eines Tages am Dom vorbeiging, sah er einen Mitbürger weinend aus der Pfarrkirche herauskommen. Dessen Verlobte schaute ebenfalls traurig daher. Blauhans vernahm, daß sie der Pfarrer nicht trauen wolle, wenn sie nicht vorher gebeichtet hätten. "Sogleich rief Blauhans allen Vorübergehenden zu, sie sollten zu ihm treten und Zeugen sein. Als sich nun viel Volk versammelte, nahm er des Bräutigams Ring und steckte ihn der Braut an den Finger und schrie, so laut er konnte: Was Gott zusammengefügt, das soll kein Mensch scheiden; im Namen des Vaters, des Sohnes und des Heiligen Geistes."[11] Obwohl sich der Bischof schriftlich beim Magistrat über diesen Vorfall beschwerte, gab ihm dieser nur zur Antwort, er solle auf seine Untergebenen acht geben und der Domprediger solle nicht täglich über die weltliche Obrigkeit lästern.

Der Rat der Stadt setzte seine Hoffnungen noch immer auf ein künftiges Konzil, damit er dann die Glaubensfragen legal entscheiden könnte. Dies war auch die Instruktion, die er seinen Abgesandten für den 2. Reichstag zu Speyer von 1529 mitgab. Als selbst der Reichstag zu Augsburg 1530 immer noch alle Neuerungen auf ein bevorstehendes Konzil verschob, bat Hiltner Philipp Melanchthon, der als Mitstreiter Luthers in Augsburg anwesend war, einen christlich gesinnten Lehrer nach Regensburg zu senden, damit die Jugend im evangelischen Geist erzogen werden könnte. So wurde Magister Andreas Tanzelin als Schulmeister angestellt. Die Schule war anfänglich im Klostergebäude der Augustiner untergebracht, die unter besonderem Schutz der Stadt standen.

Für Regensburg gab es kaum andere Möglichkeiten, den Weg zur Reformation zu beschreiten. Dies wird auch darin deutlich, daß wenige Wochen nach dem Reichstag zu Augsburg eine Tagung des Bayerischen Kreises in Regensburg stattfand, in dem alle Angehörigen des Kreises verpflichtet wurden, die Augsburger Beschlüsse zu halten, also keine Neuerungen in religiösen Angelegenheiten durchzuführen. Zwei Augustinermönche, Georg Teschler und Wolfgang Kallmünzer, predigten aber schon mit Billigung des Rats und unter großem Zuspruch der Bevölkerung im evangelischen Sinn. Als Teschler 1534 am Dienstag nach Ostern verkündete, er werde von jetzt ab außer sonntags auch dienstags und freitags predigen, wurde der bischöfliche Administrator aktiv und protestierte dagegen über den Generalprovinzial des Augustinerordens bei König Ferdinand. Der Rat wandte sich daraufhin an Luther. Dieser meinte, man könne auch die evangelische Sache fördern, ohne die Augsburger Konfession und seine Lehre mit Namen zu nennen. Aber etliche hätten die Zeit bereits "verschlafen".[12] Der Rat der Stadt antwortete nun dem Administrator, die Stadt wolle sich in dieser wichtigen und gefährlichen Sache, die das Seelenheil und das Gewissen der Menschen berühre, jetzt nicht festlegen, da die Entscheidung über die neue Lehre auf ein neues Konzil verschoben worden sei. Daraufhin wandte sich der Administrator an die bayerischen Herzöge, die gerne wieder gegen Regensburg aktiv wurden und Gewalt androhten, falls die Unruhen in dieser Stadt weiterhin bayerische Untertanen im Glauben verwirren sollten. Schließlich konnte man sich nicht anders helfen, als die beiden Mönche der Stadt zu verweisen. Man empfahl sie aber nach Nürnberg und versprach, finanziell für sie zu sorgen.[13] Ein weiterer Vorstoß der Bürger und des Rats der Stadt von 1535 um Erlaubnis, einen evangelischen Prediger anstellen zu dürfen, blieb ebenfalls erfolglos.

Um das Gymnasium Poeticum war es besser bestellt. Als Tanzelin 1535 starb, sandte Melanchthon Kaspar Nävius als Nachfolger. Die Schule mußte zwar auf Befehl des Kaisers das Augustinerkloster verlassen, doch fand man sofort ein neues Schulgebäude, in dem zunächst drei Klassen unter zwei Lehrern untergebracht waren. Bereits 1541 bat der Rat Melanchthon, er möge sich um die jungen Leute, die aus diesem Gymnasium hervorgingen und die Wittenberger Universität besuchen wollten, kümmern und ihnen gute Lehrer zuführen. Inwieweit 1540 Regensburg schon evangelisch war, zeigt sich darin, daß der Rat gestattete, die Bibel nach Luthers Übersetzung frei und öffentlich zu verkaufen. Auch kostbare Meßgewänder, die von Stuttgart hierhergebracht wurden, da im Württembergischen die Reformation bereits vollzogen war, wurden öffentlich auf dem Mark feilgeboten.[14]

Der entscheidende Umschwung im Denken des Rats hatte sich schon einige Jahre vorher vollzogen. Als für 1537 ein Konzil nach Mantua angekündigt wurde, aber nicht stattfand, war es den Regensburgern klargeworden, daß mit einem offiziellen, ernsthaften Bemühen von seiten der Kirche und des Kaisers um das Anliegen der Evangelischen nicht mehr gerechnet werden konnte.

Der Regensburger Reichstag von 1541 und das damit verbundene Religionsgespräch gaben den Evangelischen weiteren Auftrieb. Philipp Melanchthon wurde *"als ein neuer evangelischer Kirchenprälat mit dem gewöhnlichen Ehrenwein und einem vergoldeten Trinkgeschirr, 16 Gulden an Wert, beschenkt."*[15] Dem päpstlichen Nuntius Contarini reichte man ebenfalls den Ehrenwein. Als die Geistlichkeit auf des Kaisers Befehl ihn unter dem Peterstor empfangen mußte, ließ er sie vier Stunden lang warten. Der Rat der Stadt beteiligte sich nicht an diesem Empfang. Dem Kurfürsten von Brandenburg verweigerte der Kaiser zwar, in der Dominikanerkirche predigen zu lassen, doch wurden überall in den Unterkünften der Fürsten Gottesdienste von deren Geistlichen gehalten. *"Haufenweise strömten die Leute, auch katholische Geistliche und Mönche waren darunter, zu den Gottesdiensten. So zahlreich kamen sie, daß sie manchmal vom Hofe aus zuhören mußten."*[16] Obwohl Contarini am Ende des Religionsgesprächs vom Kaiser ein Dekret versprochen bekam, daß zu Regensburg niemand ohne Erlaubnis des Bischofs predigen dürfe, "vergaß" der Kaiser dies schlichtweg. Er hatte erkannt, daß sich die evangelische Bewegung in Regensburg nicht mehr aufhalten ließ.

Die reformatorische Wende

Der Reichstagsabschied, der am 29. Juli 1541 unterschrieben worden war, bestimmte, daß bis zu einem einzuberufenden allgemeinen oder nationalen Konzil, das in etwa 18 Monaten tagen sollte, der Besitzstand der Katholiken nicht angetastet werden dürfe. Dabei war besonders an Regensburg gedacht, das nach den Wünschen von Rom, den bayerischen Herzögen und dem Kaiser nicht an die Evangelischen fallen sollte. In einer eigenen Deklaration wurden jedoch den Protestanten viele Zugeständnisse gemacht, u. a., daß ein freiwilliger Anschluß an die Lehre der Augsburger Konfession unbenommen sein solle und die christliche Reform von Klöstern und Stiften möglich sei.[17] Auf diese letzteren Bestimmungen beriefen sich die Evangelischen Regensburgs, als es um die Einführung der Reformation ging, denn was bedeutete ein Reichstagsabschied, wenn er nicht auch für sie gelten sollte.

Ende 1541 bestellte der Rat als neuen Prediger für die Kirche zur Schönen Maria den Regensburger Erasmus Zollner (Kat. 60), bisher Pfarrer zu St. Emmeram und schon dort hochgeschätzt. Als er 1542 am 5. Sonntag nach Epiphanias erstmals an seiner neuen Wirkungsstätte predigte, änderte sich die offizielle Meinung über ihn, da er zu evangelisch predigte. Er wurde bei König Ferdinand und den Herzögen in München verleumdet. Doch die Menge hielt zu ihm. *"Haufenweise strömte die Bürgerschaft und das gemeine Volk herzu, um ihn zu hören. Es war in der engen neuen Pfarrkirche nicht Raum genug für seine Zuhörer. Man ließ drei Seitentüren brechen, um der Menge, die vor den Türen stehen bleiben mußte, Gelegenheit zu machen, an seinen Predigten sich zu erbauen. Sein Ruf war weit verbreitet; denn er hatte schon vor der Zeit, sonderlich während des Reichstags, vor Hohen und Geringen oftmals gepredigt. ... [Er] führte sein neues Lehramt, wie Luther den Rat gegeben hatte, vorsichtiglich und klug. Er verdammte und verketzerte nicht, gedachte der Religionsparteien und des Reformator Luthers mit keinem Wort, sondern wies das Volk auf Jesum hin und predigte, indem er die Sittenverderbnis seiner Zeitgenossen strafte, mit großer Frucht."*[18]

Als König Ferdinand den Rat wegen der Anstellung Zollners zur Rede stellte, berichtete ihm der Rat ausführlich, daß der gewählte Prediger ein rechtschaffener und tugendhafter Mann sei, der bei seiner Majestät verleumdet worden wäre und nichts predige, was er nicht unbeanstandet 1541, zur Zeit der Anwesenheit des Kaisers und des Königs auf dem Reichstag, gepredigt habe.[19] Falls man ihm die Predigtstelle entziehen würde, gäbe es Unzufriedenheit und Aufruhr unter der Bürgerschaft. Außerdem könnte man sich nicht ohne einen solchen Prediger vor dem Umsichgreifen der Wiedertäufer schützen. Um diesen Punkt zu bekräftigen, legte der Rat eine Predigt Zollners bei, in der er die Wiedertäufer scharf angriff. Bezüglich des Abendmahls unter beiderlei Gestalt wies man darauf hin, daß bereits seit 16 Jahren ein Teil der Bürger das Abendmahl der Einsetzung Christi gemäß unter beiderlei Gestalt heimlich genommen hatte und nun einen öffentlichen Gottesdienst verlangt hätte. Der Kaiser hätte selbst beim Religionsgespräch den Genuß des Abendmahls unter beiderlei Gestalt für christlich und billig angesehen, und dieses würde auch in naheliegenden Fürstentümern und Herrschaften so gehandhabt. Mit diesem letzten Hinweis wollte man wahrscheinlich an das benachbarte Pfalz-Neuburg erinnern, das unter dem Eindruck des Religionsgesprächs am 22. Juli 1542 den evangelischen Glauben einführte. Zollner hatte als Ordensmann von St. Emmeram schon zwei Jahre zuvor einem Verurteilten das Abendmahl in beiderlei Gestalt gereicht und später an der Schönen Maria über den schriftgemäßen Gebrauch des Abendmahls gepredigt.

Der Reichsfreiherr Bernhardin von Stauf, der in Regensburg ein Haus besaß, wollte am 17. April durch seinen Prediger Leopold Moser das Abendmahl auf evangelische Weise empfangen und alle evangelisch gesinnten Regensburger, die es wünschten, daran teilnehmen lassen. Der Bischof erfuhr davon und intervenierte beim Rat, der seinerseits den Freiherrn bat, davon Abstand zu halten. Der Freiherr wollte den Gottesdienst um einen Tag verschieben, ließ aber die Ratsherren unzweideutig erkennen, daß sie in seinem Freihaus nicht zu gebieten hätten und er keinen Bürger hindern würde, an der Abendmahlsfeier teilzunehmen. Die Ratsherrn könnten von sich aus ihren Mitbürgern die Teilnahme verbieten. Zudem wären auf dem letzten Reichstag in Regensburg ebenfalls solche Feiern abgehalten worden. Der Rat intervenierte am selben Tag nochmals, und der Reichsfreiherr gab zur Antwort, er würde gerne in einer Kirche das Abendmahl feiern, wenn dies möglich sei, wenn nicht, so werde er dies sicher am nächsten Tag in seinem Haus tun, denn "daran lasse er sich weder vom Bischof noch von der Bischofin noch vom Rat hindern".[20] Die Bezeichnung "Bischofin" gebrauchte er im Blick auf die allgemein bekannte Tatsache, daß der Regensburger Bischof Pangraz von Sinzenhofen einen Sohn hatte. - Der Bischof hatte ihn 1541 auf dem Reichstag in Regensburg legitimieren und ihm ein Wappen verleihen lassen. - Am nächsten Morgen versammelte sich vor dem Haus Bernhardins eine große Anzahl Bürger. Der Rat schickte zwei Ratsherrn, um die Regensburger von der Teilnahme abzuhalten, aber die Abgesandten fanden niemanden mehr vor, sie waren wahrscheinlich schon alle eingelassen worden.

Am 8. Juni, dem Fronleichnamstag, ließ Bernhardin von Stauf wiederum in seinem Haus das Abendmahl unter beiderlei Gestalt feiern. Sogar der Stadtkämmerer Andreas Wolf nahm daran teil. Er schien damit öffentlich gegen die Ängstlichkeit eines Teils der Ratsherrn zu protestieren und dem wiederholten Bitten der Bürger Nachdruck verleihen zu wollen. Nun wollte der Rat wissen, wie man die Reformation einführen könne, und fragte Nürnberg um Rat, das auch entsprechende juristische und praktische Hilfestellungen gab. Doch die andere Seite gab sich noch nicht geschlagen. Man sandte zwei päpstliche Emissäre nach Regensburg, die nicht nur bei den Evangelischen für Aufsehen und Aufregung sorgten, sondern auch bei der katholischen Geistlichkeit, die um den Bestand ihres alten Lebenswandels fürchtete. Bayern drohte mit Wirtschaftsboykott, falls Regensburg zur neuen Lehre überträte. Doch die Ereignisse, die zur Einführung der Reformation führen sollten, überschlugen sich.

Kaum die Hälfte derer, die Zollners Predigten hören wollten, hatten in der Kirche zur Schönen Maria Platz. So bat man die bischöflichen Räte, daß für die Predigten Zollners die Dominikanerkirche zur Verfügung gestellt würde. Als diese eine kleine Bedenkzeit forderten, hielt der Rat die erbetene Frist nicht ein, sondern ließ am 3. September verkündigen, daß Zollner ab 8. September an allen Sonn- und Feiertagen in der Dominikanerkirche predigen werde. Die Mönche hielten weiterhin ihre Gottesdienste im Chor der Kirche. Auch vielen katholischen Geistlichen gefielen die Predigten Zollners, und einige der Domherren erboten sich sogar, für ihn an den König zu schreiben. Als der Kaiser dem Reichshauptmann befahl, gegen die evangelisch gesinnten Ratsmitglieder einzuschreiten, erklärte der Rat: *"Wir wollen euch unverhalten lassen, daß wir entschlossen sind, des Herren Abendmahl nach dem Befehl und der Einsetzung Christi in unserer Kirche zu Unserer Lieben Frau allhier öffentlich aufzurichten."*[21] Hier war nichts mehr von einer Zurückhaltung einzelner Ratsmitglieder zu spüren. Auch der König konnte kaum eingreifen, denn er war durch den Türkenkrieg gehindert, und der Kaiser stand in einer ähnlich prekären Lage.

Schließlich erbat der Regensburger Rat von der Stadt Nürnberg, den Propsteiverwalter von St. Lorenz, Dr. Johann Forster, für einige Wochen nach Regensburg auszuleihen (Kat. 61). Dieser Bitte wurde stattgegeben, und er kam am 8. Oktober hier an. Innerhalb von drei Tagen war die offizielle Schrift des Rats *Wahrhafter Bericht eines ehrbaren Kämmerers und Rats der Stadt Regensburg. Warum und aus welchen Ursachen sie des Herrn Abendmahl nach der Einsetzung Christi bei ihnen vorgenommen und aufgerichtet, auch mit welcher Form, Weise, und Ordnung daselbe gehalten werde* gedruckt. Am Freitag, dem 13. Oktober, versammelten sich der Innere und Äußere Rat und Ausschuß aus der Gemeinde in Anwesenheit des Reichshauptmanns Georg von Loxan, um den Beschluß zur Einführung der Reformation zu fassen, der im Druck bereits vorlag. In der Nacht vorher war ein Eilbote mit einem Schreiben aus Wien eingetroffen, in dem der König in scharfen Worten jede Änderung verbot und auf das Konzil zu warten befahl. Doch die Regensburger blieben standhaft, auch wenn vier Mitglieder des Inneren Rates an diesem Tag der Versammlung fernblieben. Die übrigen Mitglieder stimmten für den Beschluß. Der Hauptmann mußte dies bestätigen und sandte sofort einen Bericht an den Kaiser. Am 14. Oktober wurde der Ratserlaß der ganzen Einwohnerschaft bekanntgegeben. Auch die Kommunion in den Hauskapellen wurde verboten, ausgenommen für kranke Menschen, damit man dem Sektenwesen und dem Zwinglianismus keinen Raum gebe. Ausdrücklich machte der Rat öffentlich bekannt, daß niemandem aus der Einführung der Reformation finanzieller Schaden erwachsen solle.

Schon vorher hatte man sich für die erste öffentliche evangelische Abendmahlsfeier um einen dritten evangelischen Geistlichen bemüht, und der Reichsfreiherr Bernhardin von Stauf hatte seinen Prediger, Leopold Moser, zur Verfügung gestellt. Am selben Abend nahmen die drei Geistlichen die Beichte derer ab, die am nächsten Tag zum Abendmahl gehen wollten. Am Sonntag, dem 15. Oktober, predigte Erasmus Zollner wie üblich in der Dominikanerkirche. Danach zogen die Gemeindemitglieder in großer Zahl in die Kirche zur Schönen Maria zur ersten öffentlichen evangelischen Feier des Hl. Abendmahls. Dabei wirkten die drei Geistlichen, sowie der Kantor und die Chorschüler mit. Zum Abendmahlsempfang *"knieten sich die Mannspersonen vor dem Altar und empfingen einer nach dem anderen das Abendmahl; zuerst Herr Zollner und Herr Leopold Moser, allsdann Herr Andreas Wolf, der Kammerer, der hochverdiente D. Hiltner und ungefähr noch dreißig Personen. Nachdem die Mannspersonen gespeist waren, nahmen die Frauenspersonen den Platz ein und erstere gingen auf die linke Seite, wo Herr Zollner den Kelch gereicht. Herr Moser hielt rechter Hand das Tuch, damit niemand das geweihte Brot zur Erde fallen ließ. Zuletzt reichte sich Herr Dr. D. Forster selbst das Sakrament."*[22]

Am Tag vorher hatte man den Bischof, der in seinem Schloß in Wörth a. D. residierte, über dieses Vorhaben informiert, der sogleich nach Wien weiterberichtete. Ein königliches Reskript vom 5. November gebot dem Rat, wieder alles in den alten Stand zu setzen. Zugleich kam eine bayerische Gesandtschaft ins Rathaus und drohte, daß im Falle des Beharrens auf der evangelischen Lehre die Fürsten ihren Untertanen bei schwerer Strafe verbieten würden, einen Fuß in die Stadt zu setzen oder zum Gewerbe und Handel dorthin zu gehen. Doch Regensburg blieb standhaft, auch wenn der Wirtschaftsboykott die Stadt schwer traf. Dem König, den Herzögen und dem Bischof antwortete man, daß alles zur Ehre Gottes geschehen sei und um die Gewissen nicht zu beschweren. Man verwies fernerhin auf den Reichstagsabschied von 1541. Doch Bayern errichtete sofort in Stadtamhof einen Markt, der Regensburg schweren Schaden zufügen sollte. Der Rat hingegen hielt an der Einführung der Reformation fest und benannte die Kirche zur Schönen Maria nun zur "Neuen Pfarr" oder zur "Neuen Kapelle".[23]

Im Bericht an den König wies man darauf hin, daß die Darreichung des Abendmahls mit Brot und Wein keine Neuerung sei, sondern seit 16 Jahren in Regensburger Privatkapellen üblich wäre. Um das heimliche Einschleichen von Sekten zu verhüten, habe man dies, wie es der Reichstagsabschied freistellte, öffentlich in einer einzigen Kirche eingeführt.[24] Der Rat bestellte aus eigenen Mitgliedern Kirchenpröpste für die äußere Ordnung und die Aufsicht über die Kirche und berief mehrere Geistliche zum Kirchendienst und zur Seelsorge, wobei Dr. Forster einen Hieronymus Nopp aus Wittenberg zum Pfarrherrn und Superintendenten empfahl. So war schließlich der Wille der Mehrheit der Bevölkerung zum Willen der Stadt geworden. Regensburg war offiziell evangelisch, wenn auch die Mehrzahl der Kirchen katholisch blieb, da der Regensburger Rat über sie keine Jurisdiktion besaß und Andersgläubigen ihre Kirchen nicht wegnehmen wollte. "Die Einführung der Reformation bedeutete daher auch nicht die Verdrängung oder Unterdrückung des katholischen Bekenntnisses."[25] Den Evangelischen wurde allerdings ihr Beharren im Glauben nicht leichtgemacht.

Zwischen Hoffen und Bangen

Die Regensburger hatten nicht nur die Wittelsbacher und die Habsburger zu fürchten, sondern auch ihren eigenen Bischof. Er verbot am 14. Januar 1553 den Bürgern zu Stadtamhof, zur Predigt in die Stadt hereinzukommen, und ließ bei ihnen lieber den Domprediger und den Pfarrer zu St. Mang predigen, um Regensburg völlig zu isolieren. Allerdings bekamen die Evangelischen in Regensburg gute geistliche Hilfe durch Dr. Hieronymus Nopp aus Wittenberg und Magister Nikolaus Gallus, der ein großer Verfechter des evangelischen Glaubens in Wort und Schrift wurde.[26] Wie sehr sich auch die Zeiten geändert hatten, zeigte die Fronleichnamsprozession 1543, als sich der Rat der Stadt beim Domkapitel entschuldigte, er würde dieses Mal nicht den Himmel über der Monstranz tragen. Die Stadt Regensburg bekam auch Hilfe aus dem Norden, da Kurfürst Ludwig und Pfalzgraf Friedrich in der Oberpfalz und in Pfalz-Neuburg die Reformation erlaubten. So erhielten Amberg, Neuburg, Neumarkt, Schwandorf, Vilseck, Cham und Burglengenfeld, sowie die Märkte Regenstauf, Regendorf, Zeitlarn und Sallern evangelische Kirchen. Auch Nabburg suchte nach 1543, einen evangelischen Prediger aus Regensburg zu bekommen. Doch brachte das Anwachsen des evangelischen Umfelds für Regensburg kaum eine Erleichterung. Obwohl sich sogar der König bei den

Bayern für Regensburg verwandte, wollten sie auch für die evangelischen Oberpfälzer den Zugang zur Stadt unmöglich machen, um diese auszuhungern. Aus Mangel an Verdienst kam es sogar zu einer Abwanderung von Regensburger Bürgern. Bayern hatte geltendes Recht gebrochen, als es in Stadtamhof einen Markt errichtete, denn es sollte kein Markt näher als zwei Meilen an einem Nachbarort errichtet werden. Der Rat fuhr aber entschlossen mit seinem Reformationswerk fort.

Am 14. Juli 1544 wurde die Säule mit der Schönen Maria, die vor der Neupfarrkirche stand, abgetragen. Im selben Jahr wurde ein evangelisches Konsistorium errichtet, so daß Ehesachen nicht mehr vom bischöflichen Konsistorium entschieden werden mußten. Die Barfüßermönche übertrugen ihr Minoritenkloster dem Rat gegen Zusicherung ihres lebenslänglichen Unterhalts. Hans Kohl verlegte seine Druckerei dorthin, wo die ersten evangelischen Erbauungsbücher gedruckt wurden. Auch im Katharinenspital wurde die evangelische Lehre eingeführt. Immer wieder versuchte jedoch der Bischof, Regensburg beim Kaiser zu verklagen, wobei alte Sachen neu aufgewärmt wurden und nicht immer die Wahrheit gesagt wurde. So beklagte er sich etwa auf dem Reichstag 1545, daß der Rat Bettelklöster einziehe, die Kirche zur Schönen Maria in eine Pfarrkirche verwandle, den Zehnten verweigere und neue Friedhöfe errichte. Dagegen berichteten die Regensburger Abgeordneten dem Kaiser, daß der Gottesdienst in der Kirche zur Schönen Maria schon 18 Jahre lang unverändert gehalten werde, daß St. Lazarus schon seit undenklichen Zeiten ein Begräbnisort gewesen sei und der Zehnte noch nie verweigert worden wäre. 1546 hatte der Kaiser endlich die Aufhebung der Blockade durch Bayern bewirkt. Doch bald schon braute sich wieder ein neues Unwetter über der Stadt zusammen.

Anläßlich des Reichstags von 1546 wurden spanische Truppen in die Stadt verlegt, und der Feldprediger verlangte die Minoritenkirche zum Gottesdienst. Der einzige noch vorhandene Mönch Leonhard Kirchmayer, der sich selbst zum evangelischen Glauben bekannte und mit Frau und Kind dort wohnte, sagte, die Kirche sei Eigentum des Rats und es gäbe auch andere Kirchen. Durch Intervention des Reichsvizekanzlers Dr. Navis blieb die Kirche dem Rat erhalten. Da jedoch der Kurfürst von Sachsen und der Landgraf von Hessen mit Reichsacht belegt worden waren, hatte man Angst, wie mit Regensburg wegen der Einführung der Reformation verfahren würde. Der Kaiser blieb hingegen der Stadt gnädig und äußerte, er wüßte nicht, worüber er sich zu beklagen hätte, außer daß mit der Religion eine Änderung gemacht wurde. Die spanischen Truppen wurden nach Landshut und Straubing verlagert, und die Gefahr ging noch einmal vorüber.

Am 14. Mai 1548 ließ der Kaiser auf dem Reichstag von Augsburg die sogenannte Interimsverordnung verlesen, die bis zu einem Konzil den katholischen Gottesdienst mit Messe, Bilder- und Heiligenverehrung und die Jurisdiktion der Bischöfe wieder herstellte und den Protestanten nur die Priesterehe und den Genuß des Abendmahls unter beiderlei Gestalt zugestand. Zögerlich wie Regensburg bei der Einführung der Reformation war, zeigte es sich jetzt auch bei der Rückgängigmachung und versuchte, das Bestmögliche herauszuhandeln. Der Hansgraf Christoph Amman (d. h. der beamtete Richter) wurde mit der Bitte zum Kaiser geschickt, dieser möge dem Rat und der Bürgerschaft bis zum verheißenen allgemeinen Konzil die jetzige Religionsausübung gestatten oder zumindest ihren Geistlichen Zeit geben, das Interim noch einmal gründlich überdenken lassen. Das Interim sei an vielen Stellen für ihre Gewissen beschwerlich, und man habe mit solch einschneidenden Veränderungen nicht gerechnet. Dem Hansgrafen Amman wurde in Gegenwart des Königs vom Vizekanzler Bescheid erteilt, daß sich die Stadt durch ihren Ungehorsam der kaiserlichen Gnade und des Schutzes unwürdig mache und sich in unübersehbares Verderben stürze.[27] Der Hansgraf war jedoch ein aufrichtiger Mann und schrieb aus Augsburg einen Bericht an die Stadt. Doch wurde ihm angedeutet, daß für eine Antwort höchstens vier Tage Zeit blieben, sonst würde die Stadt bittere Folgen verspüren. Der Regensburger Syndikus Syndersleter wurde ebenfalls wie der Hansgraf auf offener Straße vom Bischof von Arras wegen der angeblichen Treulosigkeit der Regensburger zur Rede gestellt. Da die Regensburger Geistlichen Schlimmes ahnten, wurden sie vom Rat beurlaubt und flohen nach Nürnberg. So konnten die Regensburger endlich dem Kaiser eine Bittschrift überreichen, in der sie darstellten, daß der evangelische Gottesdienst durch den Abschied der Geistlichen aufgehört hatte, das Interim ohne allen Vorbehalt angenommen worden war und man seine Majestät bitten würde, *"sich nicht abwenden zu lassen unser allergnädigster Kaiser und Herr wieder zu sein und zu verbleiben."*[28]

Wer vermutet hätte, die Evangelischen wären daraufhin wieder zum alten Glauben zurückgekehrt, der sollte sich irren. Die evangelische Bürgerschaft "besuchte in dieser Zeit keine Kirche, hörte keine Messe, starb ohne Zuspruch, und ließ gerne geschehen, daß kein Geistlicher ihre Verstorbenen zum Grabe begleite. Nur in der Ansehung der Taufe der neugeborenen Kinder und der ehelichen Einsegnung entstand große Bedenklichkeit."[29] Auch hier riet Dr. Nopp, der seiner verlassenen Gemeinde brieflich Trost zukommen ließ, daß man Taufe und Trauung unbedenklich auf bessere Gelegenheiten verschieben könne. Man bezahlte den Geistlichen weiterhin ihr Gehalt und erlaubte ihnen sogar, bis auf weitere Berufung in fremde Dienste zu gehen.

Als sich der Kaiser erkundigte, wie das Interim durchgeführt werde, antwortete der Rat, er sei folgsamer als es je einer der protestantischen Stände gewesen sei. Er habe alle Prediger bereits beurlaubt und die Kirche geschlossen. Allerdings war der Bischof unzufrieden, da die Bürger nicht in seine Gottesdienste zurückkamen. Da Pfalz-Neuburg wieder völlig katholisch wurde, erboten sich Pfarrer von dort, in Regensburg den Gottesdienst in der Neuen Pfarre nach Verordnung des Interims zu halten. Man versuchte, sich mit dem Bischof so zu arrangieren, daß man ihn höflichkeitshalber fragte, ob er diese Geistlichen in der Neuen Pfarre erlauben würde, obwohl man sie zur Durchführung des Interims schon berufen hatte. Der Kammerer Andreas Wolf ersuchte zugleich das Wohlgefallen des Königs in Prag zu erreichen, damit der Bischof diese Gottesdienste nicht boykottieren könne. Auch als Bischof Georg wieder die alten Klagen vorbrachte, hielt der König seine beschützende Hand über Regensburg. So genoß man 1550 relative Freiheit und konnte mit Sebastian Paleus und Eustachius Wolff zwei weitere evangelische Geistliche anstellen.

Besonders wichtig wurde zu dieser Zeit das Gymnasium Poeticum. Dort wurde 1551 eine Bibliothek zum Kirchen- und Schulgebrauch eingerichtet und Nikolaus Agricola als Vorsteher und erster Lehrer berufen. Er gab Schulgesetze (*Leges disciplinae et studiorum*) heraus und stand als Gelehrter in großem Ansehen. Der Bischof verklagte wiederum die Stadt, daß sie das Interim nicht genau einhielt, und so wurden die Schulmeister und Prädikanten (Pfarrer) vom Kaiser 1551 nach Augsburg zitiert. Für den Bischof hatte diese Klage zudem die unerwartete Folge, daß er aus der Reichskanzlei einen scharfen Verweis bekam, da die Sittenlosigkeit des Regensburger Klerus mehr als in jeder anderen deutschen Stadt verschrieen war. Dem Rat blieb nichts anderes übrig, als seine zwei Prediger Wolff und Paleus sowie einen Mitarbeiter und die Schulmeister zusammen mit dem Syndikus nach Augsburg zu senden. Die Geistlichen wußten jedoch, was sie erwartete, und gingen nach Nürnberg statt nach Augsburg. Der Syndikus fand wenig Glauben mit der Entschuldigung, die Geistlichen hätten sich aus dem Staub gemacht. Doch man wollte auch den Vorsteher der Schule befragen.

So mußte Nikolaus Agricola nach Augsburg reisen. Auf die Frage, was er die Kinder lehrte, antwortete er: "Ich lehre Sprachen, Griechisch und Lateinisch und den Katechismus. Die Schule, der ich vorstehe, ist schon vor den Religionsveränderungen errichtet gewesen und wird ohne Rücksicht auf Religion von vielen Edelleuten aus dem nahen Bayern und von vielen aus den Domherren und Hofräten gerne besucht. ... Ich habe die Deklaration des Interims bisher gehalten und bitte, für meine Person und für die gemeine Stadt, daß man uns dabei lasse."[30] Da man nichts gegen ihn vorbringen konnte, ließ man es mit dem Verhör bewenden. Allerdings durfte Regensburg die Prädikanten, da sie der Ladung nicht nachgekommen waren, nicht mehr anstellen. Dr. Johann Hiltner mußte auch den Eid darauf leisten, daß sich die Stadt Regensburg streng an die Interimsverordnung halten würde. Einige Handwerksburschen hielten dann selbst wieder Andachten, bis der Rat auf Vorstellung des Bischofs auch dagegen einschreiten mußte.

Schließlich kam es 1552 zu einem überraschenden Ende des Interims durch den Verrat Moritz von Sachsens am Kaiser, der ihn in große Bedrängnis brachte. Kaiserliche Soldaten wurden nach Regensburg verlegt. Das Kommando darüber hatte Heinrich, Burggraf zu Meißen und Herr auf Plauen. Er bemerkte, daß die Bürgerschaft sehr ungehalten wegen der Besatzung war und sich lieber mit den Glaubensgenossen außerhalb der Stadt vereinigt hätte, die aus den evangelischen Gebieten heranrückten. Da Regensburg strategisch sehr wichtig war, versuchte Heinrich von Plauen, die Bürgerschaft für sich zu gewinnen. Er vermittelte beim Bischof, daß der evangelische Glaube wieder gestattet und nachbarliche Freundschaft hergestellt würde. Der Bischof konnte sich dem nicht widersetzen, und die Stadt hielt dafür weiterhin dem Hause Habsburg die Treue. Schon nach ein paar Tagen war Pfarrer Zollner wieder in Regensburg. Am 15. April wurde die Neue Pfarr geöffnet und der evangelische Gottesdienst wiederhergestellt, wobei man auf ausdrücklichen Befehl des Magistrats öffentlich die Heuchelei des Interims als Sünde bekannte und ernstlich Buße tat.

Der Rat wandte sich nun an den Kaiser, der in Innsbruck Hof hielt, und bat um Einverständnis zur Wiedererrichtung des evangelischen Gottesdienstes. Um sich der Stadt Regensburg zu versichern, durfte dieser keine abschlägige Antwort geben. Er rühmte deshalb die unerschütterliche, standhafte Treue des Rats und versprach der Stadt in Feindesgefahr den möglichsten Beistand. Bezüglich des Gottesdienstes gab er durch den Kanzler folgende Antwort: *"Dieweil die Kaiserliche Majestät aus des Burggrafen zu Meißen Schreiben vernommen, daß dieselben Prädikanten allbereit in der Stadt Regensburg seien, so sei es von unnöten, sie darein zu erlauben."*[31] Der Kaiser mußte also gute Miene zur neuen Situation machen. Allerdings war für Regensburg die Lage äußerst gefährlich, da jetzt die Evangelischen heranrückten. In letzter Minute kam es am 2. August 1552 zum Passauer Vertrag, in welchem der Kaiser innerhalb eines halben Jahres einen Reichstag versprach und mittlerweile es nicht mehr duldete, daß die Augsburgische Konfession und deren Anhänger weiterhin unterdrückt würden. Noch im selben Jahr wurde Nikolaus Gallus (Kat. 77,78) zum Superintendenten bestimmt, und auch Justus Jonas war einige Monate in Regensburg.

Schließlich kam es 1555 zum Augsburgischen Religionsfrieden, worin beschlossen wurde, daß Religionsfreiheit herrschen sollte, so daß jeder Stand frei war, die ihm entsprechende Lehre anzunehmen. Auch sollten die Evangelischen der bischöflichen Gerichtsbarkeit entzogen werden. Regensburg verlor zwar die drei Bettelklöster und stand auch weiterhin unter österreichischem Schutz. Schon ein Jahr vorher veranlaßte der Superintendent Gallus, daß die bis dahin noch gebrauchten Levitenröcke und Meßgewänder abgeschafft und einige kirchliche Feste gestrichen wurden. Auch Mädchenschulen wurden errichtet, und Gallus ließ seinen Katechismus drucken.

Doch in Regensburg herrschte immer noch kein echter Religionsfriede. Der Bischof stritt immer wieder mit der Stadt, wenn auch meist vergeblich und oft wegen alter Sachen, die neu aufgewärmt wurden, z. B. wegen des Gottesdienstes in der Neupfarrkirche oder wegen der Ehegerichtsbarkeit. Zusätzlich gab es Beschwerden über den losen Lebenswandel der Geistlichkeit. 1562 wurden z. B. der Prior und Konventuale der Augustiner vor den Rat zitiert und es den Augustinern bei höchster Strafe untersagt, weiterhin ein sittenloses Leben mit Frauen bei Tag und bei Nacht in ihrem Kloster zu treiben.[32] Auf der evangelischen Seite war ebenfalls nicht alles in Ordnung. So wurde 1558 der Prediger Martin Schalling ermahnt, nicht öffentlich seine eigene Meinung zu predigen, und wenn er davon nicht Abstand nehme, solle ihm *"sein Urlaub verkündet werden."*[33] 1563 gebot der Rat, *"daß man sich des Schwatzens und Lesens in der Kirche enthalten und Ärgernis der Gemeinde vermeiden soll."*[34] Auch hatte man immer noch gehörigen Respekt vor der katholischen Seite. Als 1569 Bischof David Kölderer eine Synode der gesamtem Geistlichkeit nach Regensburg einberief, befürchteten die Evangelischen, daß dabei etwas Gefährliches herauskomme, so daß man aus diesem Anlaß öffentliche Gebete verfaßte, die in den Kirchenagenden abgedruckt wurden.[35] Auf der anderen Seite schien man ebenfalls nicht ohne Angst gewesen zu sein, denn sonst wäre nicht im selben Jahr ein besonderer kaiserlicher Schutz- und Schirmbrief für Bischof David, seine Untertanen und Dienerschaft ausgestellt worden. Doch mußten die verschiedenen Konfessionen wohl oder übel friedlich miteinander zusammenleben.

1558 kam es zu einem Vertrag zwischen Herzog Albrecht von Bayern und der Stadt, in dem man weitgehend auf den früheren Vertrag von 1496 zurückgriff. Viele Einzelheiten, besonders wirtschaftlicher Art, wurden dabei geregelt. Ein ähnlicher Vertrag wurde 1571 zwischen der Stadt und dem Bischof geschlossen, um den vielen Streitigkeiten ein Ende zu bereiten. Eine kaiserliche Bestätigung verlieh ihm besonderes Gewicht. Nachdem die evangelische Lehre offiziell gebilligt worden war, beschloß 1556 der Magistrat zusammen mit dem Konsistorium, bei der Lehre, wie sie in der Augsburgischen Konfession von 1530 festgelegt wurde, zu bleiben und sich und die Bürgerschaft darüber entsprechend zu informieren. Damit sollten alle Sekten und andere Lehren aus der Stadt verbannt werden.[36] Hinter diesem Betreiben stand natürlich Nikolaus Gallus, der eifrige Restaurator und Reformator der Regensburger Kirche. 1560 wurde von den damaligen evangelischen Predigern in Regensburg ein kurzes Glaubensbekenntnis unterschrieben, das sie im Druck herausgaben. Um der Neuen Pfarrkirche eine entsprechende Auszeichnung zukommen zu lassen, wurde im selben Jahr eine Uhr an ihr angebracht.

Ein Jahr später kamen Emigranten aus Salzburg, die aus ihrer Heimat vertrieben worden waren, in Regensburg an und wurden hier aufgenommen. Auch mehrere Bürger aus Straubing, die der Religion wegen verjagt worden waren, fanden im darauf folgenden Jahr Aufnahme in Regensburg. Unter ihnen ist Ulrich Schmidl zu nennen, der als Mitentdecker Brasiliens und Miterbauer von Buenos Aires zu Ruhm gelangte und sich in der Nähe des Neuen Pfarrplatzes ein Haus baute (Kat. 140).[37] Die Emigranten, die in Regensburg Zuflucht fanden, waren nicht nur eine Belastung. Sie brachten oft neue Gewerbe mit und waren in vielerlei Weise eine Bereicherung. Der häufig zitierte Chronist Gumpelzhaimer (Kat. 182) entstammte ebenfalls einer Emigrantenfamilie.

Da die Zahl der Protestanten immer mehr wuchs, reichte die Neupfarrkirche nicht mehr aus, um die Gottesdienstbesucher zu fassen. So dachte man wieder an die Dominikanerkirche, die man schon vor 1548 benutzt hatte. Man bat die Mönche um Erlaubnis, die Kirche benutzen zu dürfen und Predigten darin zu halten. Als diese sich weigerten, öffnete man die Kirche für den evangelischen Gottesdienst durch einen Gang vom Gymnasium Poeticum her (heute Alumneum). Die Mönche konnten weiterhin im vorderen Chor ihre Gottesdienste abhalten. So fand dort am 16. Mai 1563 die erste evangelische Predigt statt. Der Bischof führte sogleich beim Kaiser dagegen Beschwerde. Als die Stadt dem Kaiser zu wissen gab, daß man dies nicht aus Mutwillen, sondern aus Notwendigkeit tat, ließ er sie gewähren. Doch hatte die "Besetzung" für die Dominikaner auch etwas Gutes. Die Kirche war 1568 äußerst reparaturbedürftig, aber dem Kloster fehlten die Mittel zur Instandsetzung. So kam es zu einem förmlichen

Vertrag zwischen dem Kloster und dem Rat. Die Stadt stellte alle Baumaterialien unentgeltlich zur Verfügung, und der Prior übernahm die Lohnkosten. Dabei wurde auch festgehalten, daß diese Kirche weiterhin für die evangelischen Gottesdienst zur Verfügung stehen würde.[38]

Als 1570 Nikolaus Gallus starb und auf dem Friedhof von St. Peter begraben wurde, markierte das das Ende der evangelischen Konsolidierung. Gallus war der herausragende Theologe der Reformationszeit für Regensburg und weit darüber hinaus gewesen, der in ähnlicher Weise theologisch wie der Ratskonsulant Hiltner juristisch und politisch die Weichen für die Einführung und das Aufblühen der neuen Lehre stellte. Es war nicht überraschend, daß das Einigungsdokument der lutherischen Lehre, die Konkordienformel von 1576, als sie 1580 in Dresden zu Druck gegeben wurde, auch die Unterschrift des Kämmerers und Rats der Stadt Regensburg enthielt. Die Aufbauphase des evangelischen Glaubens in Regensburg war zu Ende. Es lag nun daran, das zu pflegen und zu bewahren, was man von den Vorfahren ererbt hatte, damit es weiter gedeihen konnte.

Anmerkungen

1 So LANDAU, 23.
2 Vgl. THEOBALD I, 2.
3 S. dazu den "Erbschutzvertrag zwischen dem hochlöblichsten Erzhauß Oesterreich und der Stadt Regenspurg", in: GUMPELZHAIMER II, 711-714.
4 GEMEINER: Kirchenreformation, 13.
5 So GUMPELZHAIMER II, 731.
6 Nach THEOBALD I, 120.
7 "Luther an Bürgermeister und Rat der Stadt Regensburg, Wittenberg, 26. August 1523", in: WABr 3, 141 f. (Kat. 32).
8 Nach GUMPELZHAIMER II, 733.
9 "Luther an den Rat zu Regensburg, Wittenberg, 8. Mai 1525", in: WABr 3, 490 (Kat. 38).
10 Abgedruckt in GEMEINER: Kirchenreformation, 103.
11 Ebd. 55.
12 "Luther an den Rat zu Regensburg. [Wittenberg,] 30. Juni 1534", in WABr 7, 84 f. (Kat. 40).
13 Vgl. dazu THEOBALD I, 215.
14 Vgl. dazu GEMEINER: Kirchenreformation, 104.
15 So ebd. 106.
16 So THEOBALD I, 240.
17 Vgl. dazu ebd. 238.
18 So GEMEINER: Kirchenreformation, 115 u. 117.
19 Zur Antwort des Rats s. ebd. 125-127.
20 So THEOBALD I, 248.
21 Nach ebd. 262.
22 So GEMEINER: Kirchenreformation, 138.
23 GUMPELZHAIMER II, 849.
24 So GEMEINER: Kirchenreformation, 140.
25 So zu Recht LANDAU, 23.
26 Vgl. dazu "Der Ausbau unter Nikolaus Gallus", in: SIMON, Kirchenordnungen, 377-383.
27 Nach GEMEINER: Kirchenreformation, 211.
28 Nach ebd. 221 f.
29 Ebd. 225.
30 Nach ebd. 256.
31 Nach ebd. 263.
32 So GUMPELZHAIMER II, 928.
33 Ebd. 918.
34 Ebd. 932.
35 Zum Folgenden vgl. ebd. 943 f.
36 Vgl. dazu ebd. 905.
37 So ebd. 927.
38 Vgl. dazu ebd. 942.

Jens - Dietmar Colditz

Die Regensburger Religionsgespräche - Ein vorprogrammiertes Scheitern

Die Bedeutung des Begriffs "Religionsgespräch"

Seine Wurzeln hat der Begriff "Religionsgespräch" in den schriftlichen Formen zur Verteidigung des frühen Christentums. Die mündliche Methode zeigt sich in lebendiger Rede und Gegenrede; dafür gibt die klassische ars disputandi, der akademische Brauch zur Klärung einer wissenschaftlichen Streitfrage, Beispiel. Diese Form der Auseinandersetzung kam während der Reformationszeit zwischen den katholischen und evangelischen Parteien wieder in Übung. In jüngster Zeit hat im Zuge der ökumenischen Bewegung eine Diskussionsform des "interkonfessionellen Gesprächs" zwischen den christlichen Konfessionen wieder an Ansehen gewonnen.

Die Regensburger Religionsgespräche heben sich freilich sehr deutlich von den Disputationen der ersten Reformationsjahre, wie sie etwa in Leipzig 1519 oder in Baden 1526 stattgefunden haben, ab. In diesen Disputationen standen sich ausschließlich Theologen gegenüber, um sich in akademischer Form mit einem bestimmten theologischen Problem auseinanderzusetzen. Bei einem Religionsgespräch verhandeln dagegen Politiker, Juristen und Theologen als Vertreter der beiden Religionsparteien, um Klarheit über die vorhandenen Gegensätze zu gewinnen.[1]

Die Regensburger Religionsgespräche waren schon im Vorfeld der inhaltlichen Auseinandersetzungen zum Scheitern verurteilt. Das lag wohl daran, daß die jeweilige Positionstreue ein Verständnis für die Haltung des Kontrahenten nicht mehr erlaubte, obwohl noch vorhandene gemeinsame Grundlinien dies ermöglichen hätten können. *"Daß die Gespräche erfolglos waren, weiß jeder: daß sie es sein mußten, darf man behaupten. Allein damit ist die Sache nur oberflächlich betrachtet. Die denkwürdige Klarstellung, daß man zwar kirchenpolitisch unendlich tief geschieden war, dogmatisch aber sich im Kern noch sehr nahe stand, blieb Grund für die Tatsache, daß diese Unionsversuche immer wieder auftreten können, freilich niemals zum Ziel führten."*[2] Die politischen Machtstrukturen bedingten die Trennung und gaben den inhaltlichen Parallelen keine Chance. Unüberwindbare methodische und formale Gegensätze begleiteten die Gespräche und programmierten ihr Scheitern.

Das erste Regensburger Religionsgespräch von 1541: Ein unüberbrückbarer konfessioneller Graben

Das Religionsgespräch von 1541 war das kirchlich bedeutsamste Ereignis eines Reichstages; Kaiser Karl V. selbst nahm den Vorsitz ein. Die Stände hatten zu den Vergleichsverhandlungen geteilte Meinungen, so daß von Anfang an bereits Differenzen bestanden. Kurfürst Johann Friedrich von Sachsen wollte nur auf der Grundlage der Confessio Augustana verhandeln. Die bayerischen Herzöge, Wilhelm IV. und Ludwig X., suchten dagegen die Beseitigung der Religionsspaltung auf dem Reichstag zu erreichen, sahen aber als einzigen Weg die Rückführung der Protestanten zum "alten Glauben".[3] In der Teilnahme des päpstlichen Legaten Gasparo Contarini, der auf Ausgleich bedacht und zudem ein Kenner der lutherischen Theologie war, kam der Papst einem Wunsch des Kaisers nach.

Anläßlich der Eröffnung des Religionsgesprächs wurde das Regensburger Buch vorgelegt. Es ist eine Sammlung aller Artikel, die in der Zeit vom 27. April bis zum 22. Mai 1541 verhandelt wurden. Inhaltlich mußte diese Gesprächsgrundlage Auseinandersetzungen geradezu herausfordern, da dieses Buch von der Struktur her keine Einigung, sondern Differenzen bedingte. Auf Wunsch des Kaisers wurden die Artikel stets einzeln vorgenommen; alle wich-

tigen blieben aber unverglichen oder boten Anlaß zu scharfen Auseinandersetzungen.
Die inhaltlichen Kontroversen des Gesprächs von 1541 wurden in der Kluft der Kirchengemeinschaft deutlich. Die Themen über Urstand und freien Willen, Sünde und Ursache der Sünde schienen zunächst nahezu keine Probleme zu bereiten. Zudem überraschte die Versammlung mit einer Einigung über die Rechtfertigungslehre, die in Artikel 5 des Regensburger Buches festgehalten ist: *"Also ist auch dies allen Christen gewiß und ohne jeden Zweifel zu glauben und zu halten, daß der Mensch mit Gott nicht versöhnt, noch von der Dienstbarkeit der Sünden erlöst werden möge, denn allein durch Jesum Christum, unsern einigen Mittler zwischen Gott und dem Menschen, durch dessen Gnade wir, wie der Apostel an die Römer bezeugt, nicht allein mit Gott versöhnt, und von der Dienstbarkeit der Sünden erlöst, sondern auch der göttlichen Natur teilhaftig und Kinder Gottes werden."*[4] Die Gerechtigkeit Christi ist in diesem Kompromißartikel der wesensmäßig bestimmende Grund für die Rechtfertigung, mit der gleichzeitig *"die Liebe eingegossen"* wird, *"die den Willen von seiner sündigen Unvollkommenheit heilt"*.[5] Nach evangelischem Verständnis bleibt der Mensch mit der Liebe und den Werken der Liebe *"Sünder und gerecht zugleich"*. Die katholische Auffassung sieht das Werk als Vollendungsmodus der Gnade im Menschen, denn es stammt ursächlich vom Heiligen Geist; der freie Wille wirkt nur als Teilursache noch an ihm mit.[6] Das Konzil von Trient hat in der Frage der Rechtfertigung eine wesentlich schärfere Trennung gezogen. Einigung erreichte man noch in den Artikeln über die Ehe und die letzte Ölung.
Der teilweise erzielte Konsens geht auf das Konto der sogenannten Vermittlungstheologen, insbesonders Gasparo Contarini und Martin Bucer. Durch deren relative Offenheit wurden aber gerade im Artikel über die Rechtfertigung zwei grundverschiedene Lehrauffassungen zu einem in der Sache selbst nicht haltbaren Kompromiß vermischt, der weder der einen noch der anderen Seite entsprechen konnte.
Nach dieser plötzlichen Einigung sind die Verhandlungen dann auch tatsächlich in der Frage nach dem Abendmahlsverständnis ins Stocken geraten. Contarini hatte ohne Wissen und Zustimmung der protestantischen Kollokutoren in Artikel 14 des Regensburger Buches über das Abendmahl einen Zusatz eingefügt, der die Transsubstantiationslehre beinhaltete.[7] Diesen Eingriff konnte eine Textveränderung zugunsten der evangelischen Lehre nicht aufwiegen, die das Verhältnis der Sündenvergebung zum Abendmahl erläuterte. Bucer wollte nach evangelischem Verständnis eine solche Auffassung nicht zulassen: *"Wir bekennen eine große Veränderung, wenn schon die Substanz des Brotes nicht verändert wird."*[8] Die Transsubstantiationslehre wurde von den Verhandlungspartnern als *"unaufgebbare bzw. unannehmbare Deutung des Abendmahlsgeschehens angesehen."*[9] Das Argument der Protestanten war, daß diese Lehre nicht in der Alten Kirche, sondern erst seit dem 4. Laterankonzil von 1215 galt. Contarini pochte dagegen auf die lehramtlichen Bestimmungen dieses Konzils.[10] Er konnte keiner Vergleichsformel zustimmen, die den Eindruck erweckte, als sei an dieser Lehre noch irgendetwas zweifelhaft. Die inhaltlichen Differenzen in der Auseinandersetzung über die Transsubstantiation bestimmte der unterschiedliche Kirchenbegriff der beiden Parteien. *"Angelpunkt bei alledem war im wesentlichen der Gegensatz zwischen einer Kirche, die primär die von Papst und Bischöfen als richtig garantierte communio sacramentorum ist, und der Kirche als communio sanctorum, gemeint im Sinne von communio fidelium."*[11] Mit Artikel 20 über die Messe war das Gespräch inhaltlich endgültig gescheitert.
Der Gesprächsgang über die Abendmahlsauffassung zeigt, daß die Teilnehmer nicht dazu gekommen sind, die wesentlichen Differenzen aufzudecken und einander gegenüberzustellen. Der Einschub Contarinis hatte zur Folge, daß sich die Auseinandersetzung von den kontroversen Abendmahlsfragen zum Verständnis der Kirche hin verlagerte und damit die Frage nach der Autorität konziliarer Lehrbestimmungen aufnahm.[12] Ähnlich wie 1551 in Trient

wurde der Begriff *"transsubstantiatio"* auch in Regensburg 1541 auf Grund seiner lehramtlichen Autorität von 1215 zur "Parteifahne des rechten Glaubens"[13] erhoben; er wurde aber theologisch nicht begründet und verdeutlicht. Der Zusatz Contarinis zeigt, wie unbesorgt man die geschichtliche Relativität der kirchlichen Tradition dieses Begriffes zugeben konnte. Das Gespräch scheiterte 1541 an dem unterschiedlichen Kirchenbegriff der beiden Seiten. Das Thema der Rechtfertigung ist eben "zu schmal" für den Einigungsversuch. Das ergeht aus der Tatsache, daß man trotz "guten Willens" keinen Konsens in den ekklesiologischen und sakramentalen Fragen erringen konnte.[14] Später wurden auch die Übereinstimmungen immer wieder in Frage gestellt, so daß das Gesamtergebnis die Spaltung eher vertiefte.

Durch das Gefühl der jeweiligen Positionstreue mußte sich der konfessionelle Graben vertiefen. Eine Überwindung konnte nicht gelingen, da gerade in der Auseinandersetzung die unterschiedliche Position voll zum Bewußtsein kam.

Das zweite Regensburger Religionsgespräch von 1546: Eine organisatorische Fehlplanung

Das Religionsgespräch von 1546 kam ebenfalls auf Initiative des Kaisers zustande. Mit Hilfe der Protestanten konnte er über Franz I. triumphieren. Möglicherweise wollte er nach Hagenau (1540), Worms (1540) und Regensburg (1541) die Religionsgespräche erfolgreich zu Ende bringen. Die Unterhändler waren *"Männer zweiter Ordnung, die der Entwicklung im Sinne des Kaisers dienlich sein sollten."*[15] Die Absage der katholischen Stände lassen die Versammlung als Verhandlungen zwischen kaiserlichen und protestantischen Teilnehmern erscheinen, mit der die katholischen Reichsstände nichts zu tun haben wollen.

Die katholische Seite vertrat der Spanier Petrus Malvenda, Kaplan und persönlicher Berater des Kaisers. Schon vor Beginn des Kolloquiums zeigte er sich von der Notwendigkeit eines solchen nicht überzeugt, da die dort zu verhandelnden Angelegenheiten seiner Meinung nach in ein Konzil gehörten.[16] Die sogenannte Einigung über die Rechtfertigung auf dem Religionsgespräch von 1541 mußte sich spätestens bei den Verhandlungen im Jahre 1546 als Täuschung erwiesen haben, als nämlich diese wiederum zum Problem wurde. Auf katholischer Seite erwartete man sich wohl Zugeständnisse von den Evangelischen und damit Erfolg. Martin Bucer, unermüdlicher Verfechter des Einigungsgedankens und Haupt der evangelischen Seite, erkannte diesen inhaltlichen Knoten: *"Zudem hängt es alles an der Lehre der Justifikation; und fordern die Wittenberger auch, daß mit dieser Lehre angefangen werde, wäre auch daran keine Gefahr, wenn man nur den Gegenpart in der Handlung und den Gesprächen behalten könnte, bis man nach rechter Ordnung in die Materie der Sakramente und Kirchenordnungen und Zucht käme: davor hüten sie sich aber, das Beste, das sie je machen können, und schwingen sich inzwischen in die höheren und subtileren Disputationen, die der gemeine Verstand nicht so gut beurteilen kann, damit man sie nicht sähe, wie sie auf der Erde gehen."*[17]

Das Gespräch von 1546 war wegen seiner indisponierten Verlaufsstruktur zum Scheitern verurteilt. Ungeklärte formale Fragen, wie Protokoll, Verhandlungsgegenstand und Verbindlichkeitsgrad möglicher Ergebnisse für das Reich, standen noch vor den inhaltlichen Auseinandersetzungen im Raum.[18] *"Würden die Ergebnisse des Religionsgesprächs Regelungen sein, die von der politischen Körperschaft des Reichstags zu bestätigen und in Kraft zu setzen seien, wie die Protestanten forderten und wie in Regensburg verfahren worden war, oder aber sollten sie lediglich Material für einen Bericht liefern, den der Reichstag zur Kenntnis nahm, aber dann an das zuständige Forum, das Konzil, verwies, wie es der Auffassung der Katholiken entsprach? Zur vollständigen Nutz- und Ergebnislosigkeit war das Religionsgespräch schließlich von vornherein auch durch den Protest der katholischen Stände verurteilt, die es im Abschied ausdrücklich ablehnten."*[19]

Der erste Punkt der Auseinandersetzungen war der Verfahrensfrage gewidmet: *"Zuerst haben wir lange auf den Anfang des Kolloquiums gewartet, danach über Form und Maß des Kolloquiums also gestritten, so daß wir auch nicht Hoffnung gehabt haben, daß wir zum Kolloquium kommen würden."*[20] Zunächst entstand eine lebhafte Diskussion über die Geschäftsordnung. Die Protestanten verlangten die vollständige Protokollierung der Verhandlungen. Sie wollten den Gang der Gespräche schriftlich festgehalten haben und nicht ausschließlich die Inhalte der Verständigung und des Streits. Malvenda lehnte dies mit der Begründung ab, ein Streit über diese Vorgehensweise koste mindestens zwei Tage. Er berief sich auf eine kaiserliche Instruktion, nach der die einzelnen Artikel frei diskutiert werden sollten. Nur wenn eine Einigung nicht zustandekäme, sollte jede Partei ihre Meinung schriftlich vorlegen.

In der Wahl ausschließlich katholischer Präsidenten erfuhren die Evangelischen beim Gespräch von 1546 eine deutliche Benachteiligung. Somit war eine neutrale Leitung nicht gewährleistet. Bucer führte darüber Klage: *"Weil aber die Präsidenten beide des anderen Teils und die Kolloquenten jenes Teils solche Leute sind, haben wir anfänglich begehrt, daß Notare von beiden Teilen, wie im vorigen Wormser Gespräch geschehen ist, gesetzt und alle Eingaben und Antworten aufgeschrieben, und daß solche Schriften beiden Teilen offen stehen würden."*[21]

Die evangelische Seite glaubte mit Sicherheit vorherzusehen, daß es zu keiner Einigung käme. Darauf wiesen schon der fehlende Öffentlichkeitscharakter des Gesprächs und die mangelhafte Bereitschaft der Gesprächspartner hin. Die Protestanten waren überzeugt, die Gegner dächten nicht daran, über die Artikel der Confessio Augustana zu verhandeln, obwohl dies die kaiserlichen Äußerungen vorgesehen hatten.[22] War die protestantische Seite schon im voraus auf eine unweigerliche katholische Haltung eingestellt? Da die Verhandlungen 1546 von offizieller katholischer Seite nicht akzeptiert wurden, scheint hier der Begriff "Religionsgespräch" seiner ursprünglichen Bedeutung beraubt.[23]

Das Gespräch hatte kaum eine Wirkung. Auf der evangelischen Seite blieben die Confessio Augustana und ihre Apologie samt den Schmalkaldischen Artikeln ungeschwächt in Geltung, die katholische Seite legte sich in den unmittelbar folgenden Jahren durch die Tridentiner Beschlüsse fest.

Das dritte Religionsgespräch von 1601: Ein sprachliches Mißverständnis

Das Religionsgespräch von 1601 war eine "private fürstliche" Initiative des Neuburger Pfalzgrafen Philipp Ludwig und des bayerischen Herzogs Maximilian.[24] Wenngleich territorial begrenzt, hatte das Unternehmen offiziellen Charakter. Philipp Ludwig glaubte trotz aller Mißerfolge der letzten Jahrzehnte an den Nutzen der Religionsgespräche, die Wahrheit ans Licht zu bringen und die verirrten Gegner zu heilen.[25] Maximilian dagegen hielt seinen Vetter für das Opfer seiner protestantischen Umgebung und meinte, ihn für den katholischen Glauben zurückgewinnen zu können. Als Disputationsort wurde Regensburg vorgeschlagen, *"weil dort beide Religionen in Übung seien"*.[26]

Bei den Vorverhandlungen hatte sich Maximilian wesentlich durchgesetzt. Es zeigten sich aber schon in der Vorbereitung Schwierigkeiten um die Verhandlungssprache und das methodische Vorgehen in der Diskussion. So sollte lateinisch verhandelt und in syllogistischer Disputierform argumentiert werden. Nach Ansicht der teilnehmenden Jesuiten eignete sich diese Form am besten zur Findung der Wahrheit. Um das Religionsgespräch nicht schon im Vorfeld scheitern zu lassen, stimmten die Evangelischen zu, obwohl sie wußten, daß die Gegner diese

Disputationsform weitaus besser beherrschten. Dem Gespräch wurde ein von katholischer Seite vorgeschlagenes Thema zugrunde gelegt. Mit der Diskussion über die Heilige Schrift als Norm der Lehre und Richter in Glaubensdingen waren die Lutheraner gezwungen, ihr Schriftprinzip zu beweisen. Die *"Prinzipienfrage des Luthertums"* war damit Kernpunkt der Auseinandersetzung.[27] Die Frage, ob die Schrift allein oder die Tradition neben dieser in Religionsstreitigkeiten wertend sein solle, wurde immerhin schon ein ganzes Jahrhundert lang diskutiert.[28]

Noch vor Beginn des Gesprächs wiesen die bayerischen Theologen das Schriftprinzip zurück und betonten, wie unverzichtbar Tradition und Autorität der katholischen Kirche zur Schriftauslegung sei. Damit berührten diese Theologen den Kern der Differenzen und kündigten von vornherein jede inhaltliche Übereinstimmung auf.

Hintergrund der Verhandlungen von 1601 waren verschiedene Fehden, wobei der Versuch nach Einigung nicht unterlassen bleiben sollte. *"Es ist selbstverständlich, daß literarische und persönliche Fehden auch in der Reichsstadt auszutragen waren. Dabei waren bald die einen, bald die andern im Angriff oder in der Verteidigung."*[29] Tatsächlich arteten die Auseinandersetzungen bis zum Schluß immer wieder in einen Streit der beiden Parteien über die Disputierform aus. Die Jesuiten bestanden auf die forma syllogistica und kritisierten evangelische Ausführungen als Predigten. *"Die syllogistische Methode erwies sich für die Auseinandersetzungen zwischen Gegnern mit grundsätzlich verschiedenen theologischen Standpunkten als ungeeignet. Die Protestanten bestritten regelmäßig die Richtigkeit der theologischen Ober- und Untersätze, um die Schlußfolgerung als falsch zu verwerfen. Die Jesuiten mußten dann für die Ober- und Untersätze einen Beweis liefern, der aber empirisch nicht zu führen war. Die Protestanten waren ungehalten, daß die Jesuiten, die in der formalen Argumentation überlegen waren, ihnen Formfehler im Disputationsgang vorwarfen, ohne sich aber inhaltlich mit ihren Äußerungen auseinanderzusetzen."*[30] Das Frage- und Antwortspiel über das lutherische Schriftprinzip gegenüber der römischen Traditionslehre dehnte sich stets über den Tag bis weit in die Nacht hinein aus.

Den Abbruch des Gesprächs erklärte Maximilian und nannte dafür eine Reihe von Gründen. Er sei nicht bereit, die Beleidigungen des Papstes weiter anzuhören, zudem seien die Hauptgegenstände hinreichend erörtert worden. Möglicherweise wollte er verhindern, daß nach der Debatte über das Schriftprinzip der Protestanten nun das jesuitische Grundprinzip, das Problem der katholischen Kirche und des Papstes, in einer öffentlichen Diskussion in Frage gestellt werden würde.[31] Eine einseitige Beendigung war jedoch nicht vorgesehen; damit verstieß Maximilian gegen die Vereinbarung. Die protestantischen und jesuitischen Kolloquenten erklärten jeweils den Gegner für den Abbruch verantwortlich.

Das Gespräch von 1601 erscheint als Abglanz des einst so hochgesteckten Anspruchs der Gespräche in den vierziger Jahren des vorhergehenden Jahrhunderts. Das Ziel war bescheidener. Erwartung und Hoffnung auf einen Kompromiß fehlten. *"Die Fürsten lassen disputieren zur Ehre Gottes und zur Erbauung der Kirche."*[32] Die Auseinandersetzungen über das Schriftprinzip mußten erfolglos bleiben, da die formale Diskussionsebene der beiden Seiten nicht dieselbe gewesen ist.

Resümee: Das methodische Scheitern

Die methodische Bedeutung eines Religionsgesprächs in seiner literarischen, psychologischen und theologischen Eigenart legt die Wurzeln für das vorprogrammierte Scheitern in Regensburg frei.

Die *literarische Verbindlichkeit* des Begriffs "Religionsgespräch" erhebt den Anspruch auf einen öffentlichen Rahmen und auf die Abfassung eines Protokolls.

Die interne scholastische Disputation löst der offizielle Charakter eines Religionsgesprächs ab. So kam der Wille zu Verhandlungen, um Klärung und Einheit zu gewinnen, in allen drei Fällen von oberster weltlicher Instanz. Kirchliche Vorgaben standen nicht dahinter. Diese Bemühungen scheiterten aber an der Diskrepanz in Politik und Theologie.

Ein gemeinsames Protokoll ist in der Regel nicht vorhanden. Deshalb ist ein Konsens der beiden Seiten nicht vorauszusetzen. Dafür bietet das Gespräch von 1546 ein Beispiel. Zudem muß der subjektive Einfluß der einen Seite in der vorliegenden Abfassung des Protokolls berücksichtigt werden. Paradigmatisch steht dafür ein versuchter Unterschleif des jesuitischen Kolloquenten Tanner beim Gespräch von 1601.

Der *psychologische Aspekt* des Religionsgesprächs äußert sich darin, daß durch Rede und Gegenrede die Sprecher notwendig aufeinanderzugehen müssen. Das Thema ist vorgegeben. Begleitet von leidenschaftlichen Affekten muß die sachliche Darlegung von Gründen in Kürze und unter Zeitdruck geschehen. Einwände und Antworten haben unmittelbar zu folgen.

Die Personenauswahl bei allen Religionsgesprächen läßt auf beiden Seiten im wesentlichen Positionstreue erkennen. Wenngleich wenige Ausnahmen wie Bucer und Contarini 1541 noch Verständigungsbereitschaft signalisierten, konnte Mißtrauen unter den Teilnehmern nicht ausgeschaltet werden.[33] Eingewurzelte konfessionelle Feindbilder mußten dies schüren. Psychologisch gesehen bleibt man eben bereits seiner eigenen Organisationsstruktur verpflichtet. Diese Verpflichtung schließt auch ein hinter der thematischen Auseinandersetzung liegendes bestimmtes methodisches Vorgehen ein, das mit dem des Verhandlungspartners nicht zur Deckung gebracht werden kann.

Man wahrte die freie Form der Argumentation, aber hatte die Beschlüsse schon in den Akten. Das gilt insbesonders für 1546, als der Kaiser für seine Kriegsvorbereitungen Zeit gewinnen wollte. Die katholische Seite mußte dieses Gespräch als gefährliches Zugeständnis an die Protestanten werten, da nur ein Konzil über die kirchlichen Fragen verhandeln durfte. Nur dort könnten Entscheidungen in der Religionsfrage getroffen werden.

Jede Möglichkeit einer neutralen Leitung und überparteiischen Entscheidung fällt vollständig aus. Die Gesprächsteilnehmer erkennen sich nicht als Partner, sondern als Gegner, weil sie nicht miteinander, sondern gegeneinander reden. Das Gespräch bleibt im Vorfeld jedweder Aussöhnung: Die Parteien kommen allenfalls ins Gespräch. Erfolglosigkeit ist vor einem derartigen Verständnishintergrund vorprogrammiert. Nach den öffentlichen Verhandlungen schrieben sich in der Regel beide Parteien Überlegenheit und Sieg zu. Die Wirkung äußerte sich in einer Verhärtung der Fronten.

Im Zuge der Reformation wurde einerseits das kirchliche Lehramt in Frage gestellt, konsequenterweise dadurch aber das Lehramt der Universitäten für den protestantischen Bereich aufgewertet. Das bestimmt den *theologischen Hintergrund.*

Die gelehrte Disputation übernahm man in der universitären Form bei den Religionsgesprächen.[34] Die katholische Partei vertritt die allgemein-verbindliche Anschauung ihrer Kirche, die sich des Vollbesitzes der von Gott geoffenbarten Wahrheit rühmt. Auch im Gespräch von 1541 haben Abstriche und Zugeständnisse keinen Platz; vielmehr könnten solche durch Unglaubwürdigkeit das Gebäude der katholischen Partei ins Wanken geraten lassen. Die Bindung der katholischen Seite an lehramtliche Bestimmungen und an die Autorität konziliarer Äußerungen läßt eine reelle Gegenüberstellung inhaltlicher Argumente nicht zu. Einer gegenteiligen Stellungnahme haftet lediglich der Charakter eines offensichtlichen Widerspruchs zu den grundlegenden Dogmen der Kirche an.

Ein Unterschied zwischen den vor- und nachtridentinischen Religionsgesprächen zeigt sich darin, daß sich die katholische Seite 1541 und 1546 noch nicht auf die Definitionen des Konzils stützen konnte. Im Gespräch von 1546 ist allerdings eine gewisse Mittelstellung erkennbar. Das Konzil war schon angesagt, und das machte eine etwaige Entscheidung überflüssig und unnötig. Von seiten der alten Kirche bestanden von Anfang an Reserven gegen die konfessionellen Gespräche. Die Kurie konnte die Begegnungen von 1541 und 1546 lediglich dulden.[35] Die katholische Seite sah wohl das Gespräch von 1541 als Chance zur Rückführung der Protestanten. Auch in den Verhandlungen von 1546 kann der Zweck darin gesehen werden, die Protestanten zur Unterwerfung unter die bevorstehenden Konzilsbeschlüsse zu bewegen. Die Entscheidung fiel in der Tat in Trient, nicht in Regensburg.[36] Im Gespräch von 1601 dachte Herzog Maximilian daran, Philipp für die katholische Seite wiedergewinnen zu können. Mit letzterer Begegnung hat aber das Religionsgespräch seine Zielsetzung verändert. Der Stil einer theologischen Auseinandersetzung mit möglichen theologischen, kirchlichen und politischen Folgen entwickelte sich zu einer Selbstdarstellung mit missionarischen Aspekten.

Der ökumenische Dialog hat im 20. Jahrhundert den Wert von Religionsgesprächen neu entdeckt. Kontroverse Themen, wie Rechtfertigungslehre, Primat des Papstes oder Kirchenverständnis, werden von Theologen aller Konfessionen auf ihren exegetischen, historischen und systematischen Sachgehalt hin untersucht. Ein möglicher Konsens kann jedoch nicht in einem begrenzten Zeitraum erzwungen werden, wie man es sich zur Reformationszeit erhoffte. Deshalb erstrecken sich derartige bilaterale Gespräche heute über Jahre hinweg.

Anmerkungen

1 Vgl. H. JEDIN: An welchen Gegensätzen sind die vortridentinischen Religionsgespräche zwischen Katholiken und Protestanten gescheitert?, in: Theologie und Glaube 48 (1958), 50.
2 K. BRANDI: Deutsche Geschichte im Zeitalter der Reformation und Gegenreformation, München 4 1969, 225.
3 Acta Reformationis Catholicae Ecclesiam Germaniae concernantia (=ARC), hrsg. v. G. Pfeilschifter, Regensburg 1968, Bd. III, 358 ff., 362.
4 HERGANG, 101. Vgl. auch CR IV, 190-238. Neue kritische Edition in ARC VI, 21-88.
5 K.-H. ZUR MÜHLEN: Die Einigung über den Rechtfertigungsartikel auf dem Regensburger Religionsgespräch 1541 - eine verpaßte Chance?, in: Zeitschrift für Theologie und Kirche 76 (1979), 342.
6 CR IV, 201: "...sed quatenus in fide fiunt, et sunt a Spiritu sancto, qui habitat in nobis concurrente libero arbitrio, tamquam partiali agente..."
7 HERGANG, 155-157. Der lateinische Zusatz lautet: "...pane et vino in corpus et sanguinem domini transmutatis et transsubstantiatis distribuatur...", in: CR IV, 217.
8 "Aitingers Protokoll über die Berathungen der Schmalkaldischen Stände", in: Briefwechsel Landgraf Philipps des Grossmüthigen von Hessen mit Bucer, hrsg. v. M. Lenz, Osnabrück 1965 (Neudruck der Ausgabe von 1880 ff.), 3. Teil, 21.
9 J. MEHLHAUSEN: Die Abendmahlsformel des Regensburger Buches, in: Studien zur Geschichte der Reformation, FS Ernst Bizer, Neukirchen 1969, 189.
10 Enchiridion Symbolorum, hrsg. v. H. Denzinger u. A. Schönmetzer, Freiburg i. Breisgau 1965, Nr. 802.
11 C. AUGUSTIJN: Die Religionsgespräche der vierziger Jahre, in: Religionsgespräche der Reformationszeit, hrsg. v. G. Müller, Gütersloh 1980, 51 f.
12 MEHLHAUSEN (Anm. 9), 195.
13 Ebd. 195.
14 AUGUSTIJN (Anm. 9), 51.
15 DOLLINGER, 189.
16 Vgl. Bucer an den Landgrafen, Brief v. 5. April 1546, in: Lenz (Anm. 8) 2, 422.
17 Bucer an den Landgrafen, Brief v. 15. März 1546, in: Lenz (Anm. 8) 2, 409.
18 Vgl. M. HOLLERBACH: Das Religionsgespräch als Mittel der konfessionellen und politischen Auseinandersetzung im Deutschland des 16. Jahrhunderts, Frankfurt am Main 1982, 171.
19 Ebd.
20 Bucer an den Landgrafen, Brief vom 15. März 1546, in: Lenz (Anm. 8) 2, 412.
21 Ebd. 407.

22 Vgl. F. ROTH: Der offizielle Bericht der von den Evangelischen nach Regensburg Verordneten 1546, in: Archiv für Reformationsgeschichte 5 (1907/08), 9.
23 Darauf weist zu Recht HOLLERBACH (Anm. 18), 172, hin.
24 Vgl. ebd. 242.
25 Ebd. 243.
26 HERBST, 55.
27 Vgl. ebd. 83.
28 Vgl. ebd. 3.
29 DOLLINGER, 325.
30 HOLLERBACH (Anm. 18), 257.
31 HERBST, 166 ff.
32 HOLLERBACH (Anm. 18), 251.
33 "Aitingers Protokoll", in: Lenz (Anm. 8) 3, 21: "Sie beschweren uns mit großem Neid, als sollten wir halsstarrig sein."
34 WINKLER, 15.
35 Ebd. 15, 17.
36 Bucer an den Landgrafen, Brief vom 5. April 1546, in: Lenz (Anm. 8) 2, 418, wo er darauf hinweist.

Susanne Rothmeier

Michael Ostendorfers Altar für die Neupfarrkirche
Michael Ostendorfer und Regensburg

Urkundliches Material über Geburtsort, Geburtsjahr und den frühen Lebensweg Michael Ostendorfers liegt nicht mehr vor. Bekannte Lebensdaten erlauben eine ungefähre Alterserrechnung:[1] 1520 wird Michael Ostendorfer in einer Regensburger Kirchenrechnung erstmals erwähnt und dort "Maler und Meister" genannt. Da der Meistertitel nur bei vorhandenem Bürgerrecht, und letzteres erst mit 25 Jahre erworben werden konnte, muß sein Geburtsjahr spätestens auf 1494 festgelegt werden.[2] Als Geburtsorte werden Ostendorf, Osterdorf und Hemau diskutiert.

Über seine künstlerische Ausbildung ist nichts bekannt. Entlehnungen einzelner Motive lassen eine Begegnung mit Lucas Cranach d. Ä. vermuten und könnten bedeuten, daß Ostendorfer Albrecht Altdorfer auf dessen zweiter Donaureise 1511 begleitet hat.[3]

Wann Ostendorfer in Regensburg ansässig wurde, ist nicht belegt. Wahrscheinlich ist, daß er schon vor der Bürgerrechtserwerbung in Regensburg tätig war, möglicherweise sogar seine Lehrzeit bei Altdorfer verbrachte, der 1515 bis 1520 einen größeren Werkstattbetrieb unterhielt. Sein erstes signiertes Werk, 1519 datiert, ist jedenfalls von Altdorfer abhängig.

Erste eigenständische Arbeiten stammen aus den frühen zwanziger Jahren. Die Dokumentation der Wallfahrt zur "Schönen Maria von Regensburg" und die Darstellung der Anbetung dieses Gnadenbildes[4] zeigen seine ersten Stoffe. Durch ihre Umsetzung in den zu dieser Zeit stark aufkommenden Holzschnitt und die dadurch mögliche Vervielfältigung kam er besonders kommerziellen Interessen am Wallfahrtswesen entgegen.

Ab 1522 arbeitete er für den reformatorischen Belangen gegenüber aufgeschlossenen Regensburger Drucker Paul Kohl, ab 1532 für Hans Kohl.[5] (Das 1524 ausgesprochene Verbot aller lutherischen Bücher wurde in Regensburg, zumindest in den Anfangsjahren, nicht beachtet.[6]) Nach längerer Tätigkeit als Hofmaler in Neumarkt und Amberg und als Holzschnittlieferant für Drucker, kehrte er wahrscheinlich im Jahr 1549 ins inzwischen reformierte Regensburg zurück. Daß er selbst sich der neuen Lehre zugewandt hatte, ist - neben der Tatsache, daß das Bürgerrecht im allgemeinen an das protestantische Bekenntnis geknüpft war - an seinen Illustrationen zu Werken des Regensburger Reformators Nicolaus Gallus[7], und nicht zuletzt an seinem Reformationsaltar zu erkennen. 1552 erschien die 'Summa der wahren Lehre' des Gallus, 1554 sein 'Catechismus', dem - wie im folgenden noch gezeigt werden wird - Ostendorfer die zentralen Bildgedanken seines Reformationsaltares entnahm. Die Illustrationen zeigen bereits die Auseinandersetzung, die Ostendorfer seinem malerischen Hauptwerk angedeihen ließ. Die Methode seiner Haupttätigkeit, die Illustrierung literarischer Werke[8], findet so Eingang in das Konzept des Altares.

Ostendorfers letzte nachweisbare Werke sind wieder Holzschnitte zur zweiten Folge der 'Summa der wahren Lehre' des Gallus. Anfang Dezember 1559 stirbt Michael Ostendorfer in Regensburg.

Was macht Ostendorfers Altar zum "Reformationsaltar"?

Sicherlich auch aufgrund der Nachvollziehbarkeit seiner religiösen Gesinnung wurde Michael Ostendorfer 1554 vom Rat der Stadt mit einer Anfertigung des Flügelaltares für die gerade wiedereröffnete Neupfarrkirche beauftragt.[9] Dem Geist der neuen reformatorischen Lehre entsprechend sollte der Altar sinnfällig die Funktion der Neupfarrkirche als evangelische Hauptkirche[2] unterstreichen. Das *"im altbayerischen Kunstraum einzigartige protestantische Rechtfertigungsbild"*[3] ist uns nur als Triptychon erhalten.[4]

Ostendorfer zeigt Anliegen und zentrale Themen lutherischen Gedankengutes. Inhaltlicher Schwerpunkt ist die Auffassung vom Handeln Gottes, wie es sich in der Bibel offenbart und wie es schließlich in der gegenwärtigen Welt und lutherischen Kirche Anwendung findet. Durch die Darstellung der evangelisch neu definierten Sakramente kam es zu einer umfassenden Darstellung des Neuen, das im lutherischen Bereich entstanden war. *"Ewigkeit, Geschichte und Gegenwart umgreifend"*, zeigt das Retabel *"den Weg des Wortes Gottes zu den Menschen"*.[12]

Die Vorderseite

Im waagrecht zweigeteilten Mittelteil sind in der oberen Bildhälfte zwei biblische Szenen vereint. Aus dem Himmel zeigt Gottvater auf seinen Sohn Christus im irdischen Leben. Durch die Heilig-Geist-Taube in ihrer Mitte wird die senkrechte Mittelachse in der Darstellung der Trinität betont. Die zwölf Apostel stehen um Christus, dessen Haupt durch das Aufeinandertreffen symmetrisch angelegter Kompositionslinien als Mittelpunkt betont wird.

Ostendorfer erklärt die Szene durch Spruchbänder:[13] Das obere Band weist auf das Lukasevangelium. *"Diß ist Mein Lieber Son Den solt ir Hören. LVC. 9."* Dadurch wird der Inhalt der ganzen Szene auf biblischer Grundlage bestimmt: Das Zitat (Lk 9, 35) ist der Szene der *Verklärung Jesu* (Lk 9, 28-36) entnommen. Die Bibel berichtet hier von Jesus, wie er in strahlendem Licht Mose und Elija auf einem Berg begegnet und durch die Stimme Gottes auch vor den anwesenden Jüngern Petrus, Johannes und Jakobus als Gottes Sohn ausgewiesen wird. Ostendorfer modifiziert die Szene: Er zeigt Gottvater, den Heiligen Geist und die ganze Jüngerschar, ohne jedoch Christus als Verklärten zu zeigen und ohne Mose und Elija. Doch das Augenmerk soll nicht auf das Zitat allein gerichtet werden. Man ist auf das gesamte Lukas-Kapitel 9 verwiesen. Sein Anfang *"... Und er sandte sie aus mit dem Auftrag, das Reich Gottes zu verkünden und zu heilen"* (Lk 9, 2) erklärt die Szene als Aussendung der Apostel. Dabei ist die Weisung an die Apostel einer anderen Perspektive entnommen. Biblisch-historisch nach der Auferstehung erscheint Christus den Jüngern und spricht seinen Auftrag an sie aus. Das zweite, kleinere Schriftband nennt den Auftrag aus den letzten Kapiteln bei Markus und Matthäus: *"Gehet prediget das Euang. Allen Creaturen - und leret sie halten - was ich euch befohlen hab etc MATTH - MAR - VLT -"*.[14] Ostendorfer verweist also mit Spruchbändern auf die Grundlage der von ihm dargestellten Szenen: die Heilige Schrift. Er zieht damit den direkten Bezug zwischen dem geschriebenen Wort und dem gegebenen Bild: Das Wort wird auf das Altarretabel projiziert, welches sich damit inhaltlich ganz der Schrift unterwirft, auch wenn Ostendorfer sich erlaubt, zwei biblische Szenen zu einer zu vereinen.

Im unteren Bildabschnitt setzt sich die oben durch die Trinität gegebene Mittelachse zwar in einer Person fort, mündet aber in eine nicht näher bestimmbare Personengruppe, die erst durch ihre Vielzahl die beabsichtigte Bedeutung als Gemeinde erhält. Ostendorfer präsentiert sie in zeitgenössischer Kleidung und gab dem Betrachter so die Möglichkeit, sich selbst in der Gegenwart wiederzufinden. Von zwei Szenen wird die Gemeinde als darin integrierter Bestandteil umschlossen. Rechts nimmt ein protestantischer Pastor, als solcher durch seinen Verzicht auf das *"Bapstische ergerliche Meßgewand"*[15] gekennzeichnet, die Beichte ab. Er ist im Begriff, dem Beichtenden die Hand aufzulegen, und wird ihm so seine bereuten Sünden vergeben. Ein Spruchband unterstreicht durch die Worte *"Dir sind dein Sünde vergeben LUC.7"* das bildlich Dargestellte. Die Begebenheit, der diese Worte entnommen sind, die Begegnung Jesu mit der Sünderin im Haus des Pharisäers Simon (LK 7, 36-50) enthält darüber hinaus durch die Worte *"Dein Glaube hat dir geholfen"* (LK 7, 50) den wesentlichen Grund der Sündenvergebung, der besondere Bedeutung in der evangelischen Rechtfertigungslehre erlangt hat. Während das Spruchband über der Beichtszene den unteren und oberen Bildteil nur miteinander verbindet, bildet die linke Szene durch den in der Kanzel erhöht stehenden Prediger eine auffallende Überleitung von oben nach unten. Der Prediger als stiller Teilhaber an der oberen Szene wendet sich aus der Einsicht, die er dort gewonnen hat, und der Aufgabe, mit der er konfrontiert wurde, an das unter ihm versammelte Volk. Der Inhalt seiner Predigt auf der Grundlage der Bibel, die geöffnet vor ihm liegt, wird wieder durch ein Spruchband vermittelt: *"Thut Busse - Und glaubt Dem Evangelio - MAR 1."* Dies sind verkürzt die Worte Jesu, die er bei seinem ersten Auftreten in Galiläa sprach, als er selbst das Evangelium Gottes verkündete (Mk 1, 14 - 15). (Luther schlug sie als die erste seiner 95 Thesen 1517 an der Wittenberger Stadtkirche an.) Über das genannte Zitat hinaus enthält das Kapitel Markus 1 den Bericht über die Taufe Jesu (MK 1, 9 - 11) und leitet so zum linken Seitenflügel über.

Auch die Seitenflügel sind in der Heiligen Schrift verwurzelt, obwohl sich Ostendorfer hier nicht mittels Schriftbändern der biblischen Quellenangaben bedient. Der waagerecht in drei Einzelbilder untergliederte linke Flügel widmet sich in drei Etappen dem Thema der Taufe. Der oberste Bildabschnitt zeigt die Beschneidung eines Neugeborenen im Tempel. Ostendorfer setzt diesen im Alten Testament begründeten Brauch, der als Bundeszeichen für jedes männliche Mitglied Vorbedingung zur Zugehörigkeit zum auserwählten Volk der Israeliten ist (Gen 17, 10 ff; Apg 7, 8)[16], in das Leben Jesu (Lk 1, 59; 2, 21). Die Taufe Christi durch Johannes im Jordan auf dem mittleren Bild zeigt Ostendorfer - wie im Mittelbild - in Anwesenheit Gottvaters und der Heilig-Geist-Taube. Das untere Bild einer Kindertaufe setzt Ostendorfer wieder aus eigenen Beobachtungen seiner Zeit zusammen.

Parallel zum linken, ist der rechte Seitenflügel waagerecht in drei Bildszenen unterteilt. Thematisch gehören sie zum letzten Abendmahl. Das obere Bild zeigt das Passahmahl, zu dem Christus und die Jünger versammelt sind. Gemäß der Anweisung zum Essen von Brot und Lamm in der Passahfeier[17] zeigt sie Ostendorfer. Aus der Verankerung des Passahmahles[18] im Leben Jesu leitet Ostendorfer - wie bei der Beschneidung Jesu - auf das Neue Testament über. Das letzte Abendmahl[19] ist hier im Moment der Weitergabe des Weins an die Apostel dargestellt. Der untere Bildteil bezieht sich wiederum auf die von Ostendorfer erlebte Gegenwart, wie er sie auf dem linken Seitenflügel durch die am Taufstein vollzogene Kindertaufe und im Mittelteil durch die Predigt und Beichte präsentiert hat. Hier stellt er die Spendung des Abendmahls nach dem protestantischen Ritus unter beiderlei Gestalt dar, wie sie am 14. Oktober 1542 in Regensburg zum ersten Mal vollzogen wurde.[20] Zwei Pastoren teilen das Abendmahl durch Kelch und Hostie an die Gemeindemitglieder aus. Bezeichnend ist, daß Ostendorfer das letzte Abendmahl des mittleren Bildes in den Moment setzt, in dem Jesus den Kelch und nicht das Brot nimmt. Aus dem Handeln Christi erfährt die untere Szene ihre Rechtfertigung. Was in der bisherigen kirchlichen Praxis keine Anwendung fand, wird bei Ostendorfer ins Geschehen gesetzt.

Es ist wahrscheinlich, daß Ostendorfer die für Taufe, Predigt, Buße und Abendmahl ausschlaggebenden Schriften Luthers[21] oder die entsprechenden Passagen der Confessio Augustana von Melanchthon[22] kannte. Nicht zwangsläufig aber mußte er sie zur Ausführung seines Altars gelesen haben. Der Katechismus des Gallus von 1554[23] (Kat. 79, Abb. 5a,b;6) enthielt die zentralen Bildgedanken.[24]

Zunächst macht sich Ostendorfer in seinem Altar diejenigen Bibelstellen nutzbar, die den Wahrheitsgehalt der reformatorischen Lehre belegen. Schon damit setzt er die bei Gallus gegebene Herleitung der neuen kirchlichen Praxis in seinen Altar um. Gallus nämlich erklärt, *"was die Sacrament in der Christlichen kirchen eigentlich heissen und sein/ was aus Gottes wort darzu gehoere/ warzu sie sind eingesetzt und eigentlich dienen. ... welche und wieviel Sacrament seien im newen Testament."*[25] Der wörtlichen Übersetzung von *"sacrae rei signum"* gemäß definiert er das Sakrament als *"eins heiligen dinges zeichen"*[26] und zwar als *"sichtbarliche zeichen/ der unsichtbarn gnade Gottes."*[27] Diese Bedeutung bestimmt er aus der Tradition, wobei er besonders den Kirchenvater Augustinus als wegweisende Kraft nennt.[28]

Die Gegner des *"Sacraments"*, so wie es vom *"stiffter Abraham"* eingesetzt worden war, bezeichnet er genau: *"unsere Papisten"* und ihr *"Abgott der Roemische Antichrist"*[29] finden bei ihm Anstoß, denn was in *"dieser"* Kirche, als Sakrament gilt, *"wie der Bapst mit seiner firmelung und oelung/ ... mit fewr/ wasser/ saltz/ äschen/ gewürtz/ kreuter/ beinlin/ wachs/ agnus Dei/ und dergleichen than hat/ das da nit allein kein Sacrament/ sondern für Gott eitel Abgoetterei/ und ware zauberei ist."*[30] Dieses falsche Verständnis von Sakrament führt er nicht nur als Warnung an. Ihm ist daran gelegen, die wahren Sakramente aus dem bisher falschen Gebrauch herauszuheben und die neue Lehre auf biblischer Grundlage zu bestimmen. Und genau dieser Methode bedient sich auch Ostendorfer - abgesehen von der polemisierenden Argumentation des Gallus gegen das Papsttum.

Der *"heiligen Tauff"* kommt die wichtigste Rolle zu, *"als dadurch wir Christo und seiner kirchen erst eingeleibt werden"*.[31] Die von Gallus gelieferten Bibelangaben illustriert Ostendorfer in einem Holzschnitt[32] und verwendet die Bildkomposition im Altar wieder. Dem mittleren Bild des linken Seitenflügels liegt das Schema des Holzschnittes der Taufe Christi im Jordan zugrunde - im Hintergrund ist bereits die zeitgenössische Kindertaufe angedeutet. Nach den Worten, die zur Spendung der Taufe gesprochen werden müssen[33], nennt Gallus Ursprung[34] und Tradition[35] der Taufe. Der wahre *"nutz und brauch der tauff"* ist klar, denn wenn jemand nicht getauft ist, *"so kan er nit in das reich gottes kommen."*[36] Warum die Taufe solche Bedeutung hat, warum sie *"also noetig sei zum himelreich/ und einem jeden zu seiner seelen seligkeit/ zeigen Christus und Paulus eben auch damit/ dz sie die tauff ein widergeburt nennen."*[37]

"Vom gewalt der schlüssel/ und in sonderheit von der Absolution"[38] spricht Gallus vor der Erklärung des Abendmahls. Aus der von ihm angeführten biblischen Grundlage[39] erklärt Gallus die Gewalt, die in diesem Amt der Schlüssel liege, nämlich *"die busfertigen sünd ... durch die Absolution zu entbinden/ ... die unbusfertigen aber zu binden/ und durch die excommunication von dem reich Gottes auszuschliessen."*[40] Den praktizierten Ablaßhandel, *"des greulichen misbrauchs ... wie der Bapst sich dadurch angemasset hat aller tyrannei/ über die gantze Christliche kirche"*[41], verurteilt er aufs schärfste. Ostendorfer veranschaulicht in einem Holzschnitt (Abb. 5a)[42], wie die Beichte vonstatten gehen soll, und arbeitet die Komposition wiederum in das Retabel ein.

Gallus' letzte *"Predigt"* im Katechismus handelt *"Vom abendmal des leibs und bluts Christi"*.[43] Er nennt hier die Worte zur Einsetzung, die jede weitere Erklärung erübrigen: *"Unser HERR Jhesus/ in der nacht da er verraten ward/ nam er das brod/ dancket und brachs/ gabs seinen Juengern/ und sprach: Nemet/ esset/ das ist mein leib/ der für euch gegeben wird/ Solchs thut zu meinem gedechtnis. Desselben gleichen nam er auch den Kelch/ nach dem Abendmal/ dancket/ gab ihn den/ und sprach: Trincket alle daraus. Dieser Kelch ist das newe Testament/ in meinem blut/ das fuer euch vergossen wird/ zur vergebung der suenden/ Solchs thut/ so offt irs trincket/ zu meinem gedechtnis."*[44] Die Praxis der Abendmahlsfeier wird von Ostendorfer illustriert (Kat. 79)[45] und findet ebenso ins Retabel Eingang. Gallus erklärt zusammenfassend die Wichtigkeit der gegebenen Elemente: *"Aus diesen Worten haben wir alle stück zum Sacrament gehoerig/ Den stiffter Christum/ die wort der stifftung/ und verheissung von vergebung der sünden/ sampt den eusserlichen zeichen brods und weins/ einem jeden zum trost der ver-*

gebung seiner sünden/ von Christo eingesetzt."[46] Es wird deutlich, daß die bei Gallus genannten Grundlagen und Deutungen von Ostendorfer zunächst ganz in seine Holzschnitte aufgenommen und anschließend inhaltlich und kompositorisch in seinem Altar ausgearbeitet wurden. Auf dem Retabel bedient er sich dabei immer der untersten Ebene, um etwas zeitgenössisch Neues stattfinden zu lassen. Die Erklärung und Rechtfertigung dieses Gegenwartsbezuges entnimmt Ostendorfer nach Gallus' Vorbild der Bibel. Vom Alten Testament und seiner Verflochtenheit im Neuen Testament, das die Grundlage für die hier gezeigten Glaubensgrundsätze darstellt, leitet er über auf die neue reformatorische Lehre, die, und das nicht nur im Bild, auf unterster Ebene Anwendung findet. Die Taufe führt das Kind in die Gemeinde ein. Als ihr Mitglied gelangt es über die durch die Predigt vermittelte Heilsbotschaft (Kat. 79)[47] zum Glauben und zur Einsicht seiner Sünden. Bereut und beichtet es diese aufrichtig, darf es schließlich als reines, von Sünden befreites Mitglied der Kirche an der Abendmahlsfeier teilhaben. Das Titelblatt des Katechismus (Abb. 6) verweist den Leser bereits auf diesen Inhalt, indem es die zentralen Punkte in einer Bildfolge um den Titel vereint. Hier verwirklicht Ostendorfer bereits die Komposition seines Altares: die Verwurzelung der Lehrsätze in der Bibel und ihre Präsentation in der Gegenwart.

Mit Ausnahme der linken oberen Szene des auch durch die Inschrift *"Sinite parvulos ad me venire"* bestimmten Themas *"Lasset die Kindlein zu mir kommen"*[48], liegt dem Altar der hier vorbestimmte Inhalt zugrunde: Die Taufe (rechts oben), die durch die Inschrift *"Remittentur tibi peccata"* unterstrichene Sündenvergebung durch Christus und die lutherische Kirche (links des Titels), das durch die Einsetzungsworte *"Hoc est corpus meum"* und *"Hic est sanguis meus"* bestimmte Abendmahl (rechts des Titels) und nicht zuletzt der Künder des Wortes, Christus. Durch die Schriftbänder *"Hic est filius meus dilectus"* und *"ipsum audite"* wird das umstehende Volk von Gottvater auf Christus als Garant der neuen Lehre verwiesen. Vielsagend schließen die Worte *"So jemand zu euch kümpt/ und bringet diese lere nit/ den nemet nit auff/ Can. Johan. 2."* das Titelbild ab.

Die Rückseite

Von Gallus wissen wir, daß die Kommunikanten beim Abendmahlsempfang um den Altar herumgingen.[49] Sie sahen also die Rückseite und wurden dort ebenso belehrt wie durch die ihrer Gegenwart entnommenen programmatisch-reformatorischen Szenen der Vorderseite. Auch die Rückseite komponierte Ostendorfer inhaltlich aus Gallus' Katechismus. Der *"inhalt der Artickel Christlichs glaubens"*[50] weist alle bei Ostendorfer gegebenen Szenen auf. Die im Glaubensbekenntnis genannte Herkunft Christi und sein irdisches Leben zeigt Ostendorfer in den Seitenflügeln: *"empfangen ... vom heiligen Geist"* wurde Christus in der Verkündigung an Maria (rechter Seitenflügel, obere Bildhälfte), er ist *"geborn von der jungfrawen Maria"* (links oben), er wurde *"gecreutziget"*[51] (rechts unten) und ist *"gestorben und begraben"*[52] (links unten). Nach der Auferstehung und Himmelfahrt *"von dannen er wider kommen wird/ zu richten die lebendigen und die todten"*[53], wie Ostendorfer uns im Mittelbild zeigt. Gallus erklärt, daß der Mensch nur durch den *"glauben an Jhesum Christum"*[54] der *"erloesung ... teilhaftig"*[55] werden kann. Und diese durch den Glauben mögliche Erlösung und die Konsequenz des Unglaubens, die Verdammnis, stellt Ostendorfer dem Kommunikanten sehr dramatisch im Jüngsten Gericht vor Augen. Richter ist jedoch nicht nur Christus, sondern die Dreieinigkeit: Wie Luther[56] definiert Gallus die Dreieinigkeit *"Vater/ Son und heiliger geist"* als *"drei unterschiedliche Personen"*.[57] Und als solche zeigt sie Ostendorfer. Neben der Rechtfertigung der Dreigestalt Gottes aus den Bibelstellen, die wir von der Vorderseite kennen - der Verklärung und der Taufe Christi -, erklärt Gallus die mit der Dreieinigkeit gleichgesetzte Teilung in drei

"Wercke"[58]: In Schöpfung, Erlösung und Heiligung offenbart Gott sein Wesen. Als Schöpfer hält er die Weltkugel in Händen, als Erlöser wurde Christus in die Welt gesandt, und die Heiligung erfolgt *"in wort und sacrament"*[59] durch den Hl. Geist, um *"die menschen zu der erworbenen seligkeit zu fordern"*.[60]

Summa

Michael Ostendorfers Altarretabel für die Regensburger Neupfarrkirche ist ein Erstlingswerk in dieser Stadt. Es ist ein Werk, das zwar noch vom Kontext religiöser und religionspolitischer Auseinandersetzungen geprägt ist, das aber bereits den tiefen Wandel und seine Folgen für definitive Glaubensaussagen in der reformatorischen Kirchenauffassung vollkommen verarbeitet hat. In seiner klar gegliederten Bildfolge kann in Ostendorfers Altarretabel nicht nur ein reformatorisches Bildprogramm erkannt werden, sondern die Methode des Definierens reformatorischer Glaubensaussagen schlechthin. Ein in der Schrift verwurzelter Ursprung findet seine gerechtfertigte Wiederaufnahme in der sich wieder auf diesen Ursprung besinnenden Kirche. Alles, was sich von der traditionellen kirchlichen Praxis gelöst hat, findet in den hier formulierten reformatorischen Glaubensgrundsätzen eine neue Perspektive. Im gegenseitigen Durchdringen von Wort und Bild geht Ostendorfers Retabel den Weg zum Betrachter und seinem Verständnis. Der Betrachter, nicht mehr mit dem Kampf, sondern den Errungenschaften der neuen reformatorischen Lehre konfrontiert, sieht sich zu einem neuen Umgang mit der Glaubenslehre aufgerufen. Die Sakramente Taufe, Abendmahl und Buße manifestieren sich für ihn in neuer Bedeutung, da sie - auch über die Predigt - zum Wort und Ursprung zurückgeführt wurden. Zur positiven Stellungnahme war er motiviert, da er sich als Gemeindemitglied ganz in die Glaubensaussage des Altars eingebunden sehen konnte.

Anmerkungen

1   Zu Ostendorfer grundlegend WYNEN. S. auch THIEME/BECKER XXVI, 77-79 und BAUER, 151-155.
2   WYNEN, 7, 31. Beginn, Verlauf und Ergebnisse der Forschung um Michael Ostendorfers Reformationsaltar werden im Beitrag von Carolin Schmuck kritisch betrachtet. Da dort Quellen und Literatur bearbeitet wurden, erfolgt hier kein erneuter Nachweis. Der Schwerpunkt soll hier auf Ikonographie und Rekonstruktion der inhaltlichen Grundlage des Reformationsaltares liegen.
3   Dazu WYNEN, 9.
4   S. Kat. Hamburg 1983 I, 132 f.; H. BOOCKMANN: Die letzte Wallfahrt vor der Reformation, in: Kat. Nürnberg 1983, 70-72.
5   SCHOTTENLOHER, 17-20.
6   WYNEN, 11, 206.
7   SCHOTTENLOHER, 17-20; WYNEN, 18, schreibt Ostendorfer in Verbindung mit diesen Illustrationen das Verdienst zu, die cranachschen Rechtfertigungsbilder auch im bayerischen Raum verbreitet zu haben.
8   s. WYNEN, Werkverzeichnis.
9   Zur Auftragslage, Arbeitsfortgang und zur zeitlichen Situierung s. C. SCHMUCK in diesem Band.
9   Im Dezember 1542 wurde die ehem. Kapelle zur Schönen Maria auf Beschluß des Rates als Gegensatz zur Alten Pfarrkirche St. Ulrich in Neupfarrkirche umbenannt. Sie sollte Mittelpunkt des evangelischen Gottesdienstwesens in Regensburg werden. Die deutliche Aussprache des Entstehens einer neuen Kirchengemeinde,

nicht nur einer religiös-geistig verbundenen Gruppe, kennzeichnete den Neubeginn bei Bekanntgabe der Umbenennung zu Beginn des Kirchenjahres. Die Verkündigung der Funktion der Neupfarrkirche, in der nun alles kirchliche Handeln, insbesondere Predigt, Taufe, Abendmahl und Trauung stattfinden sollte, verlangt auch nach einer sichtbaren Änderung im Kircheninnern, das noch ganz vom Wallfahrtskult um die Schöne Maria geprägt war; THEOBALD II, 11, 17-21.

10 WYNEN, 66.
11 Hier wird nur das auf uns gekommene Triptychon besprochen. Zur ursprünglichen Altargestalt s. den Beitrag von C. SCHMUCK.
12 Zit. nach Kat. Nürnberg 1983, 400.
13 Dem Wortlaut der Zitate nach könnte Ostendorfer das Septembertestament Luthers (Das Newe Testament Deutzsch, Wittenberg 1522) verwendet haben.
14 s. Mt 28, 19f; Mk 16, 15f. U. a. durch die dort ausgesprochene Aufgabe an die Jünger zu taufen, greifen die Textstellen über die gegebene Szene in den gesamten inhaltlichen Zusammmenhang des Altares hinein.
15 N. GALLUS: Catechismus (Kat. 79), f. A recto.
16 J. A. JUNGMANN: Art. Beschneidung, in: LThK 2, 289-292 (hier 290).
17 "So aber sollt ihr es essen: eure Hüften gegürtet, Schuhe an den Füßen, den Stab in der Hand. Eßt es hastig! Es ist die Passahfeier des Herrn" (Ex 12, 11).
18 Benannt bei H. HAAG: Art. Passah, in: LThK 8, 133-137.
19 Mk 14, 12-26; Mt 26, 27-30; Lk 22, 7-38; Jo 13, 1 - 17, 26.
20 Vgl. u. a. DOLLINGER, 167f.
21 In eindeutig thematischem Zusammenhang stehen: Von der Beichte, ob der Papst die Macht habe, sie zu gebieten, Der 118 Psalm (1521), WA 8, 138-204. Ein Unterricht der Beichtkinder über die verbotenen Bücher (1521), WA 7, 290-298. Ein Sermon von dem Sakrament der Buße (1519), WA 2, 713-723. Vom Abendmahl Christi Bekenntnis (1528), WA 26, 261-509; 59, 198-200. Von Ablaß und Gnade (1517), WA 1, 243-246. Sermo de poenitentia (1518), WA 1, 319-324.
22 s. J. LORZ (Hrsg.): Das Augsburger Bekenntnis, Göttingen 1980.
23 s. Anm. 8.
24 In einem seiner Briefe zum Altar weist Ostendorfer darauf hin, er habe "... Nach keines andern Meisters Hand gesudlet Sonder von Freier Hanndt diese Matering gemacht..." (WYNEN, 413: Brief vom 19. September 1555). Er betont damit die Eigenständigkeit seiner Arbeit. Ob er Lucas Cranachs Stadtkirchenaltar in Wittenberg kannte, ist nicht belegt. Cranachs Altar zeigt Taufe, Abendmahl, Buße und Predigt unter Miteinbeziehung der reformatoren Luther, Melanchthon und Bugenhagen ins Bildgeschehen (s. O. THULIN: Cranach-Altäre der Reformation, Berlin 1955).
25 Ebd. fol. x iij verso.
26 Ebd.
27 Ebd. fol. x iiij verso.
28 Ebd. fol. x iiij recto/verso.
29 Ebd. fol. x iiij verso.
30 Ebd. fol. y verso.
31 Ebd. fol. y iiij verso.
32 Ebd. fol. z recto.
33 "...tauffet sie/ im namen des Vatters/ und des Sons und des heilige Geists..." (Ebd. fol. z. verso).
34 "Was nu die substanz der tauff belanget/ ist erstlich Christus da der stiffter" (Ebd. fol. z verso).
35 "Das von den Aposteln in geschichten sonst geschrieben stehet/ sie haben im namen/ oder auff den namen Christi getaufft/ dz heist nichts an der tauff verendert/ sondern eben soviel/ als das sie eben auff den befelh und nach dem befelh Christi/ im namen des Vatters/ Sons und heiligen geists/ und nit anders getaufft haben" (Ebd. fol. z ij recto).
36 Ebd. fol. ziiij recto.
37 Ebd. fol. A a recto. Hiervon ausgehend, versäumt Gallus nicht, darauf hinzuweisen, daß dies nichts mit der Lehre der Wiedertäufer gemein habe.
38 Ebd. fol. B b iij recto.
39 "Jhesus blies seine Juenger an/ und sprach zu jnen. Nemet hin den heiligen geist/ Welchen ir die suende vergebet/ den sind sie vergeben/ ... welchen ir sie behaltet/ den sind sie behalten" (Ebd. fol. B b iij recto).
40 Ebd. fol. B b iiij recto.
41 Ebd.
42 Ebd. fol. B b iij verso.
43 Ebd. fol. D d ij recto.
44 Ebd. fol. D d ij verso; D d iij verso.
45 Ebd. fol. D d iij recto.
46 Ebd.
47 Auch zur Predigt liefert Ostendorfer einen Holzschnitt in Gallus' Katechismus. Sie ist innerhalb der Erklärung der zehn Gebote in das Gebot der Ehrung des Sabbat eingegliedert und wird so als Mittelpunkt des Sonntags ins Bild gesetzt (fol. I verso).
48 In dieser Form wurde es erstmals von Lucas Cranach verwirklicht; s. THULIN (wie Anm. 25), 163.

49 Kat. Nürnberg 1983, 402.
50 GALLUS, fol. b iiij recto ff.
51 Die Kreuzigung Christi wurde von Ostendorfer auch im Katechismus dargestellt (fol. f. verso).
52 Ebd. fol. f ij recto.
53 Ebd. fol. fij recto.
54 Ebd. fol. i iiij verso.
55 Ebd. fol. i iij recto.
56 WA 7, 215.
57 GALLUS: Katechismus, fol. c ij recto.
58 Ebd. fol. c ij recto.
59 Ebd. fol. m iij verso.
60 Ebd. fol. k iij verso.

Abb.5a Beichte. Holzschnitt aus dem Katechismus des Gallus (Kat.79)

Abb.5b Predigt. Holzschnitt aus dem Katechismus des Gallus (Kat.79)

Abb.6 Titelblatt des Gallus-Katechismus (Kat.79)

CATECHIS-MVS

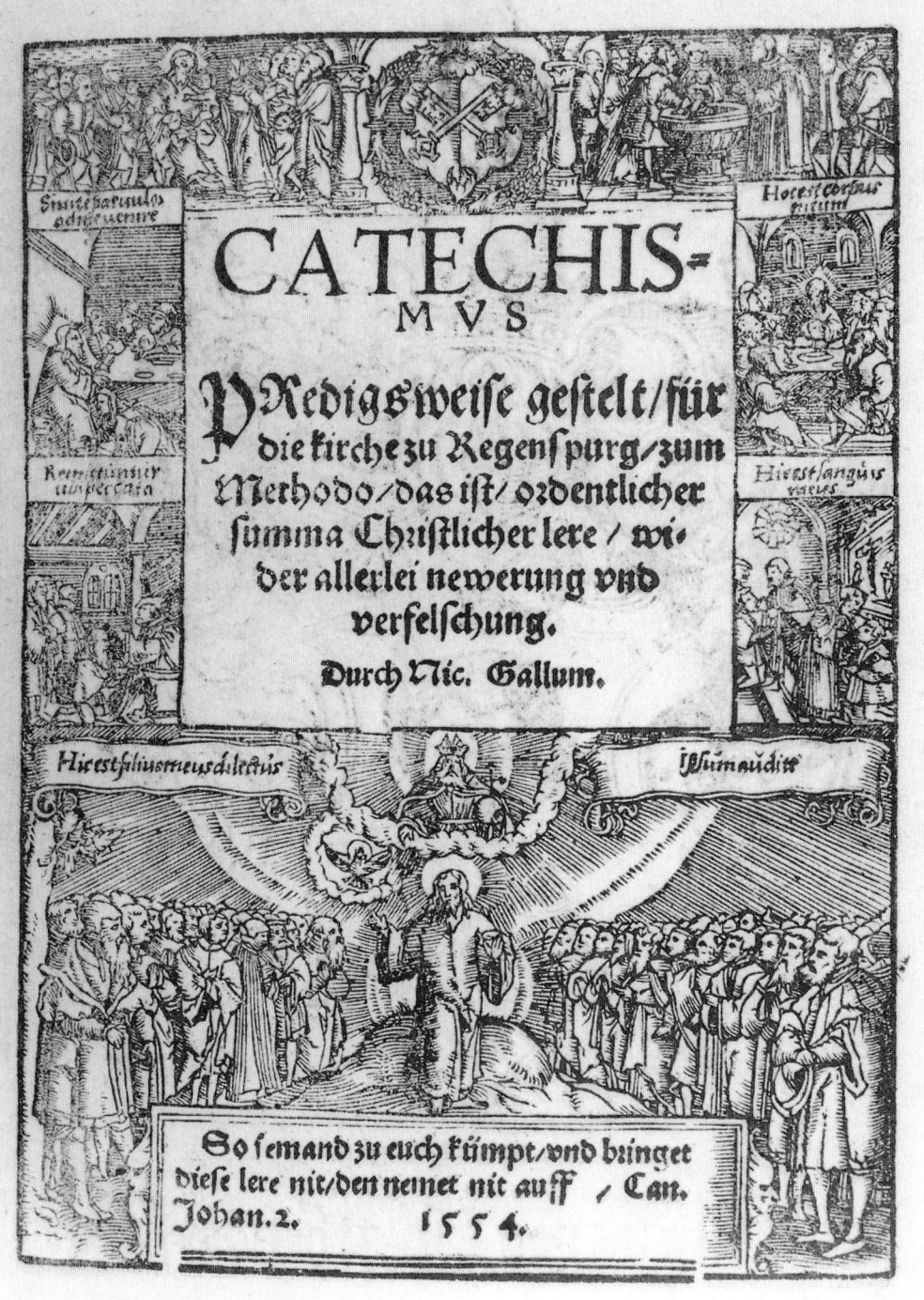

Predigsweise gestelt/für die kirche zu Regenspurg/zum Methodo/das ist/ ordentlicher summa Christlicher lere/wider allerlei newerung vnd verfelschung.

Durch Nic. Gallum.

Hic est filius meus dilectus *Ipsum audite*

So jemand zu euch kümpt/vnd bringet diese lere nit/den nemet nit auff, Can. Johan. 2.

1554.

Carolin Schmuck

Neues zur Entstehung von Ostendorfers Reformationsaltar[1]

Durch die Wallfahrt zur Schönen Maria und den damit zusammenhängenden Kirchenbau, der weitgehend vom Rat getragen wurde, gewann der Regensburger Magistrat erstmals ein Pfarrpatronat. Die Entwicklung zur "Neuen Pfarr" sowie der Aufbau der evangelischen Gemeinde verliefen jedoch aufgrund der politischen Umstände auch nach Einführung der Reformation 1542 nicht geradlinig. Erst nach Überwindung der äußeren Hindernisse konnte sich die evangelische Gemeinde entwickeln. In diesem Zusammenhang steht auch die Ausführung des ersten Retabels für die Neupfarrkirche in Regensburg.

Der Entstehungsprozeß des Reformationsaltars[2] ist durch eine Reihe von Briefen des Malers Michael Ostendorfer recht gut dokumentiert.[3] In diesen Schreiben an den Rat der Stadt bzw. zum Teil an den Ratskonsulenten Dr. Hiltner nahm er öfters Bezug auf das Werk, teilte seinen Arbeitsstand mit und bat um Geld, Arbeitsmaterial und sonstige Unterstützung. Wann er den Auftrag für sein malerisches Spätwerk erhalten hatte, läßt sich aus diesen Quellen jedoch nicht entnehmen.

Der erste Brief, der sich auf die Arbeit an dem Retabel bezieht, ist undatiert. Als erster ging Schuegraf[4], gestützt auf diesen Brief Ostendorfers, davon aus, daß der Rat der Stadt bereits Ende 1553 den Auftrag erteilt habe.[5] Doch findet sich darin kein konkreter Anhaltspunkt für den Zeitpunkt der Auftragsvergabe.

Da sich diese Datierung des Reformationsaltars auf 1553/1555 wie ein roter Faden durch die nachfolgende Literatur zieht,[6] sich aber aus den Briefen nicht ableiten läßt, ist eine Prüfung der zur Verfügung stehenden Quellen geboten.

Als Ostendorfer den genannten ersten Brief[7] an Dr. Hiltner schrieb, waren nach seinen Worten verschiedene Vorarbeiten - Anfertigung der Tafeln durch den Schreiner, Grundierung und Vorzeichnung auf den Tafeln - abgeschlossen. Die zeitliche Einordnung dieses Briefes ist daher von einiger Bedeutung. Ostendorfers dringende Bitte nach Blattgold, die in dem folgenden Brief vom 24. Juli 1554 wieder ausgesprochen wurde,[8] um die Vergoldung verschiedener Partien vornehmen zu können, läßt uns annehmen, daß zwischen dem ersten und zweiten Brief nicht allzuviel Zeit verstrichen war. Die Anbringung von Blattgold erfordert einen speziell vorbereiteten, empfindlichen Untergrund, der rasch bearbeitet werden muß.[9]

Aus den beiden ersten Briefen Ostendorfers ist also relativ sicher abzuleiten, daß die Planungsphase und die konkrete Vorarbeit an den grundierten Tafeln kurz vor dem 24. Juli 1554 abgeschlossen war.

Versuchen wir also, das Werk Ostendorfers dahingehend zu untersuchen, welche weiteren Aussagen sich davon für die Vorarbeiten ableiten lassen.

Wie er in dem undatierten Brief mitteilte, wurde die Unterzeichnung (*"die aufgerissenen materien"*) bereits durch den Ratsherrn Andreas Wolff und den Stadtschreiber besichtigt.[10] Da die Vergoldung nur partiell angewendet worden war, darf man bereits von einer genauen kompositorischen Aufteilung auf den Tafeln ausgehen. Da zudem die beiden Ratsherren in die Werkstatt gekommen waren, ist anzunehmen, daß es sich nicht um eine Planung auf Papier handelte, sondern tatsächlich um die Vorzeichnung in den Kreidegrund. An manchen Stellen des Altarbildes ist die Unterzeichnung bereits bei natürlichem Licht, durch chemische Umwandlung der Farben, sichtbar. Photographische Aufnahmen im infraroten Bereich lassen jedoch erheblich besser erkennen, wie Ostendorfer seine Komposition angelegt und in der Ausführung verändert hat.[11]

Der Blick auf diese Zeichnungen Ostendorfers zeigt, daß es sich dabei um ein rein lineares Instrument zur Fixierung des Raums und vor allem der Personen, ihrer Gestik und Aussage

gehandelt hat. Schraffierungen zur Plastizität fehlen weitgehend.[12]
Der Vergleich mit der fertigen Ausführung zeigt darüberhinaus, daß seine Konzeption in der Zeichnung nahezu ausgereift war und nur wenige Verbesserungen gemacht wurden, die sich meist im kompositionellen Bereich bewegten oder problematische Stellungen der Figuren variierten.[13]
Im wesentlichen ist also davon auszugehen, daß die Komposition der einzelnen Bildtafeln bereits in der Planungsphase festgelegt war.

Man darf annehmen, daß der Künstler sich auch durch sein bisheriges Werk für diesen Auftrag empfohlen hat. Deshalb muß sein graphisches Schaffen berücksichtigt werden, das - nahezu zeitgleich - ebenfalls von reformatorischen Inhalten geprägt war.
1547 wurde bei Hans Kohl in Regensburg, in seiner Druckerei in der Minoritenkirche, die 'Kurtze ordenliche Summa der rechten waren Lehre'[14] des Nikolaus Gallus gedruckt. Sie war mit Holzschnitten Ostendorfers ausgestattet. 1554 wurde der 'Catechismus'[15] abgeschlossen, dessen Illustrationen ebenfalls von Ostendorfer geschaffen wurden (Kat. 79).[16]
Nikolaus Gallus, der Autor der beiden Schriften, war 1543 als einer der beiden Diakone mit Dr. Noppus aus Wittenberg in die Stadt gekommen. Als 1548 das sog. Interim als 'Kompromißformel' zwischen katholischem und evangelischem Bekenntnis verkündet wurde, verließ Gallus mit den anderen protestantischen Geistlichen heimlich die Stadt, blieb aber mit ihr in Verbindung, als er in Wittenberg und Magdeburg seinen Dienst versah. Nach dem Passauer Vertrag und einer Übergangszeit mit dem angesehenen Wittenberger Reformator Justus Jonas bestellte der Rat erneut den früheren Diakon Nikolaus Gallus aus Magdeburg. Er traf am 12. September 1553 in Regensburg ein[17] und übernahm das Amt des Superintendenten.
Die Illustrationen der beiden Schriften von 1547 und 1554 zeigen enge Bezüge untereinander und zum Altar der Neupfarrkirche. Die Zusammenarbeit von Nikolaus Gallus und Ostendorfer hat also bereits vor dem Interim (1548 - 1552) begonnen.
Für unsere Fragestellung sind in der Schrift von 1547 vor allem vier Holzschnitte interessant, die den evangelischen Ritus thematisieren.[18] Die für den Reformationsaltar charakteristische Typisierung der Sakramente im historischen Sinne und im evangelischen Gebrauch[19] kündigt sich im Holzschnitt des Abendmahls bereits an. Dort wird die Szene des Letzten Abendmahls der Darstellung der Austeilung in beiderlei Gestalt logisch eingefügt, indem es als Altarbild im Hintergrund der Szene erscheint.
Die Illustrationen für den Katechismus von 1554 gehen gestalterisch einen noch engeren Konnex zwischen Heilsgeschehen im Leben Christi und dem aktuellen Ritus in der evangelischen Kirche ein.[20] Gallus' Vorrede auf den Bll. 2 - 6 des Katechismus trägt das Datum des 15. September 1554. Die Arbeiten Ostendorfers an den Illustrationen und am Altar könnten sich somit überschnitten haben. Ostendorfer bat jedoch in einem Brief vom 18. September 1554 um weitere Unterstützung, mit der Begründung, daß er keine anderen Aufträge annehmen konnte und könne, so daß man davon ausgehen kann, daß die Holzschnittvorlagen für den Katechismus fertiggestellt waren.[21]
Bei der offensichtlichen formalen Parallelität in der Darstellung der drei Sakramente Taufe, Buße und Abendmahl und des Titelholzschnittes (Abb. 5) aus dem Katechismus von 1554 bleibt festzuhalten, daß Ostendorfer die passenden Szenen leicht variiert für den Reformationsaltar verwendet hat. Illustrationen, die so dezidiert den theologischen Aussagen folgen müssen, sind nicht ohne Rücksprache mit dem Verfasser denkbar.[22]
Die bisherige Annahme, der Rat habe Ende 1553 - vielleicht im Zusammenhang mit der Rückkehr des Nikolaus Gallus nach Regensburg - einen Auftrag zur Schaffung eines neuen Altars

erteilt, hat sich als nicht stichhaltig erwiesen. Es wurde außerdem deutlich, daß Ostendorfer in einer künstlerischen Zusammenarbeit mit den Theologen Gallus sich bereits einige Jahre zuvor ein Schema erarbeitet hatte, das dann auf den Auftrag des Altarwerks anzuwenden war. Schließlich sollen noch drei Textpassagen herangezogen werden, um die genannten Indizien in ihrer Aussage zu unterstützen.

Am 4. April 1554 schrieb Nikolaus Gallus an den Rat von den *"Bedencken etlicher kleinen enderungen halben in ceremonien vnser kirchen"*. Die Ausstattung der Kirche solle - in Anbetracht der gewandelten Verhältnisse - verändert werden und *"an stat des steinern, mag ein gemalen tafel mit wenigem kosten zugericht werden, darin das gantz ministerium, predig, tauff, absolution und abendmhal verfasset werde, davon in sonderheit weiter zureden."*[23] In diesen wenigen Angaben wird das Programm des späteren Reformationsaltars geschildert.[24]

In dem undatierten Brief von 1554 berichtet Ostendorfer, er sei *"bisher mit strenger arbeit umgeben"*.[25] Am 29. September 1555 faßte er seine Arbeitszeit so zusammen: *"Nach dem ich e. w. alls meinen geliebten herren mit schwachem leibe gedient habe etwas pis in 5 viertl jarß über eur ernvest daffl in die neue pfarr gehörig ..."*.[26] Demnach müßte der Beginn der Malarbeiten Ostendorfers im Frühjahr oder Frühsommer 1554 liegen.[27]

Aus einigen Einzelheiten kann man schließen, daß der theologische Berater auch während des Entstehungsprozesses noch eingegriffen hatte. So hatte Nikolaus Gallus in einem Brief an den Rat von Anfang April 1554 empfohlen, bei den Gottesdiensten die bis dahin gebräuchlichen (katholischen) Meßgewänder abzuschaffen und nur den Chorrock beizubehalten. Diese Regelung wurde in einem Schreiben vom 29. April 1554 erläutert.[28] In den Bildern Ostendorfers sind die Pfarrer nur mit Chorhemd dargestellt.

Die meisten Korrekturen der Ausführung gegenüber der Vorzeichnung können als kompositionelle, also formale Veränderungen angesehen werden. Ein Beispiel hierfür ist die Beichtszene rechts unten auf der Mitteltafel. Umfassende Änderungen gegenüber der Vorzeichnung lassen erkennen, daß Pfarrer und Beichtender, dem etwas ungelenk die Hand aufgelegt wird, ursprünglich nicht in einer nach zwei Seiten hin geschlossenen Bank saßen. Die Zweiergruppe war um einige Zentimeter nach rechts verschoben, auf der linken Seite war die junge Frau, die jetzt von dem Holzaufbau des Beichtstuhls überschnitten ist, bis zur Taille sichtbar. Der skizzierte Mann scheint um einiges jünger zu sein und sitzt auf einem Hocker. Der Beichtstuhl des Pfarrers weist Ähnlichkeiten mit dem baldachinartigen Überbau des Holzschnitts aus dem Katechismus (fol. Bbiiiv) (Kat. 79) auf.[29] Die optische Herauslösung der Szene durch den relativ massiven Aufbau des Beichtstuhls dürfte ein Grund für die Korrektur in der endgültigen Ausführung gewesen sein.

Anderer Art war die folgende Korrektur. Von theologischer Relevanz sind die Schriftbänder in den Darstellungen, die das gemalte Bild durch das Wort Gottes eindeutig verständlich machen sollen.

Die Beschriftung des oberen Bandes (*"Dis ist mein lieber Son, Den solt ir hören. LVC.9"*) im Mittelblatt war ursprünglich in Capitalis-Buchstaben und ohne die Belegstelle vorgesehen.[30] Ihr jetziges Erscheinungsbild ist in Frakturschrift und mit der Angabe des Evangelisten. Da kaum vorstellbar ist, Ostendorfer habe nicht berechnen können, welchen Umfang diese Zeile einnehmen würde, und daß die Zitierstelle keinen Platz gefunden habe und deshalb verändert worden sei, ist eher zu vermuten, daß hier ein inhaltlicher Eingriff vorliegt. Demnach könnte die ursprüngliche Absicht, diese Zeile durch die andere Schriftart optisch hervorzuheben, der anderen untergeordnet worden sein, die betreffende Bibelstelle anzugeben. Um dies zu realisieren, um also mehr Platz auf dem Schriftband zu haben, dürfte Ostendorfer die schmälere Fraktur verwendet haben.

Die schon öfter betonte enge Verwandtschaft zwischen den Holzschnitten Ostendorfers und dem Reformationsaltar war also nicht nur das Resultat künstlerischer Reproduktion, sondern Ausdruck einer intensiven Zusammenarbeit zwischen dem Reformator und dem Künstler. Sie hatte einen bestimmten Inhalts- und Darstellungskanon hervorgebracht, die Vorstufe und gleichzeitig Bedingung für die Schaffung des Altars gewesen war.[31]

Nikolaus Gallus hat in seine Kirchenordnung von 1567 auch eine Beschreibung des Reformationsaltars eingefügt, die uns seinen ganzen Gehalt vor Augen führt.[32] Gallus bezeichnet darin die Darstellung des Mittelbildes *"das ganz ministerium als das einige, von Gott verordnete mittel zu sammlung seiner kirchen und austeilung der verdienst Christi"*. Der Ausdruck *"ministerium"* verweist wiederum auf Gallus' Anweisung vom April 1554, man möge *"das gantz ministerium, predig, tauff, absolution und abendmhal"* in dem neuen Altar darstellen lassen.[33] Man darf also davon ausgehen, daß das Ergebnis, *"die summa der evangelischen predigten altes und neues testaments"*, seinem Wunsch nach einem Lehrbild in der Kirche entsprochen haben dürfte.

Der recht ausführlichen Beschreibung in der Kirchenordnung können wir auch entnehmen, daß der Altar nur fragmentarisch erhalten ist. Sprach schon Ostendorfer in seinem Brief vom 18. September 1554[34], davon, er wolle *"den sarch überantworten und etwas mer damit"*, so erfahren wir von Gallus auch die Szenenfolge, die das vollständige Retabel zeigte. Die Ansicht des geschlossenen Altars schildert er so: *"Am vordern teil auf den zween flügeln auswendig und dem untern teil des sargs ist die ganze fürneme historia Christi als des verdiensts unser seligkeit: sein empfengnis, geburt, beschneidung, opferung im tempel, creuzigung, begrebnis, auferstehung, himelfart, sendung des Heiligen Geists."*[35]

Im heutigen Zustand zeigt die Außenseite nur noch auf den beiden Flügeln die vier Szenen von Verkündigung und Geburt, Kreuzigung und Grablegung.[36] Eine Vorstellung von dem harmonischen Aufbau des gesamten Altars ermöglicht uns eine Skizze des Künstlers (Abb. 7), die entstand, als das Werk fast vollendet war. In dem Brief von 3. Mai 1555[37] berichtet Ostendorfer, er lasse die Mitteltafel zu den anderen Stücken ins Rathaus bringen, damit man sich ein Bild davon machen könne. Die Zeichnung gibt wohl die zu dieser Zeit fertigen Teile wieder - die Flügel, an denen der Künstler noch arbeitete, fehlen deshalb. Diese Skizze wurde von der neueren Forschung nicht beachtet.[38] Sie zeigt zu dem Schrein eine breite, in drei Szenenfelder geteilte Predella und einen Aufsatz, der ein weiteres Feld aufweist.

Kennt man nun die heute fehlenden Bestandteile des Retabels, so ist doch die Rekonstruktion des Gesamtaufbaus nicht völlig geklärt. Die Überlegung, welchen Platz die restlichen Szenen aus dem Leben Christi auf der Außenseite des Retabels eingenommen haben könnten, muß sich auch mit der Konzeption des geöffneten Triptychons auseinandersetzen.[39]

Nachdem das Retabel Anfang des 17. Jahrhunderts durch das Kreuzigungsbild des Johann Hermann Wiwernitz ersetzt worden war, führte es ein unbeachtetes Schattendasein im Rathaus der Stadt Regensburg.[40] In der ersten Hälfte des 19. Jahrhunderts gab der Magistrat den Altar an den 1830 gegründeten Historischen Vereins ab. Dieser ließ den beschädigten Altar restaurieren, allerdings offenbar in einer Weise, die den Tafelbildern nicht zuträglich war.[41] Erst seit dieser Zeit wird in den Standardwerken zur Kunstgeschichte auf den Altar und dessen Schöpfer Bezug genommen.[42]

Anmerkungen

1 Der vorliegende Aufsatz ist die überarbeitete und gestraffte Form einer Seminararbeit bei Prof. Dr. H. Boockmann, Göttingen/Berlin. Ihm sei an dieser Stelle herzlich gedankt.
2 Kat. 64.
3 Ediert bereits von J. R. SCHUEGRAF: Lebensgeschichtliche Nachrichten über den Maler und Bürger Michael Ostendorfer, in: VHVOR 14, 1850, 1-76. Diese Edition wurde durch A. WYNEN: Michael Ostendorfer (um 1492-155). Ein Regensburger Maler der Reformationszeit. Diss. phil. Freiburg i. Br. 1961 (masch.) bereinigt und ergänzt um bislang unbekannte Aktenauszüge. Die Briefe waren 1842 als Geschenk des Juweliers Koch, Regensburg, in den Besitz des Historischen Vereins gekommen, s. VHVOR 6, 360, Nr. 16. Sie wurden später jedoch wieder zurückgezogen und im Auktionshaus Weigl, Leipzig, versteigert, s. WALDERDORFF, VHVOR 27, 344, Anm. **; vgl. dazu SCHUEGRAF, 27. Nur ein Teil dessen (13 Dokumente zu Michael Ostendorfer, 2 Briefe von Ulrich Ostendorfer) konnte 1901 bei der Fa. Friedrich Cohen in Bonn für das Archiv des Germanischen Nationalmuseums angekauft werden, registriert unter der Zugangsnummer ZR 5351f, heute GNM, Historisches Archiv, Rst. Regensburg, Nr. 206. Der Aufenthalt einiger Stücke in den USA konnte nicht verifiziert werden, vgl. WYNEN, 390 f. - Einschlägig für die Enstehung des Reformationsaltars sind die Briefe 1554/55, in der Edition SCHUEGRAFs Nrr. 12-18 (=WYNEN Nrr. 26-32).
4 SCHUEGRAF, 34, s.a. Nr. 12, WYNEN, Nr. 26. "Beiläufig 1554", jedoch sicher vor dem 24. Juli 1554, dem Zeitpunkt des nächsten Briefes. Zwischen 10. August 1553 und diesem undatierten von 1554 existieren keine Briefe. Die folgenden sind allerdings in Monatsabstand überliefert.
5 So auch WYNEN, 64, der sicher von einem Auftrag Ende des Jahres 1553 ausgeht und daraus folgert: "Nach der Übernahme des Auftrages vergingen erst einmal mehrere Monate. Das bestellte Altarwerk war überhaupt noch nicht begonnen, da Ostendorfer zunächst nicht in der Lage war, die Holztafeln für die einzelnen Gemälde ohne Vorschuß sich anzuschaffen." Auch die gesamte Literatur geht von diesem Datum aus, außer G. SEEBASS, in: Kat. Nürnberg 1983, Nr. 539; vgl. dazu eine Stellungnahme Schuegrafs während seiner intensiven Studien über Ostendorfer aus dem Jahr 1848, "aus dessen Briefen nimmt man wahr, daß er es i.J. 1554 im Auftrage des Magistrats für den Hauptaltar der Neupfarrkirche gefertigt habe", in: Conversationsblatt, Beilage zum Regensburger Tagblatt, Nr. 132, 5.Nov. 1848.
6 Neben den einschlägigen Seiten bei Schuegraf bzw. Wynen vgl. DOLLINGER, 220; PFEIFFER: Neupfarrkirche, 12; Bayern Kunst und Kultur, München 1972, Nr. 518; Kat. München 1980, Nr. 10; MORSBACH, 14; jüngst E. VOGL in Kat. Sulzbach 1992, 150 ff.
7 SCHUEGRAF Nr. 12, WYNEN Nr. 26.
8 Die erste Bitte, auf die Ostendorfer im zweiten Brief vom 24. Juli 1554 Bezug nimmt (SCHUEGRAF Nr. 13, WYNEN Nr. 27), wurde nach seinen eigenen Worten nicht erfüllt.
9 Bei Glanzvergoldung benötigt Blattgold zur Haftung auf den Tafeln einen Kreidegrund, auf dem das sog. Poliment oder Bolus, ein saugkräftiges Erdpigment, aufgetragen wird. Vgl. dazu J. KLINGER/R. THOMAS: Die Kunst zu Vergolden. Beispiele, Techniken, Geschichte, München 1989, 34-36. Diesen Schritt hatte Ostendorfer schon abgeschlossen, wenn er sagt, er habe "alls gepollmentet vnd zubereit zu malen vnd vergulden", s. SCHUEGRAF: Nr. 12, WYNEN Nr. 26. Nach dem Augenschein ist die Vergoldung der Rahmenteile mit Bolus aufgetragen, die Nimben und kleinere goldene Partien auf den Tafeln aber sind wohl ölvergoldet, d.h. die Anbringung des Blattgoldes geschah mittels haftfähiger flüssiger Substanzen. Für die ausführlichen Gespräche über die maltechnischen Voraussetzungen danke ich der Restauratorin Frau A. Kurella, Museen der Stadt Regensburg.
10 Andreas Wolff war in den betreffenden Jahren 1553 bis 1555 (aber auch vorher) Mitglied des Inneren Rates in Regensburg, und wie in den Jahren zuvor turnusgemäß in der Zeit zwischen Reminiscere (18.Feb.1554) und Pfingsten (13.Mai.1554) Camerer, was dem (fehlenden) Bürgermeisteramt nahekommt. Außerdem ist er als Rechenherr aus dem Innern Rat belegt, SAR, I Ac 2, Ratswahlbuch II, zu den Jahren 1553-55 fol. 45-57. Laut dem zeitgenössischen Chronisten Leonhart Widmann war Wolff zwischen 18. Mai und 2. Juni nicht in Regensburg, sondern in München, s. Chroniken der baierischen Städte. Regensburg, Landhut, Mühldorf, München. Leonhart Widmanns Chronik von Regensburg, 1511-43, 1552-55 (Chroniken der deutschen Städte vom 14. bis 16 Jht. 15) Leipzig 1878, Nachdruck Stuttgart 1967, hier 242. Der Besuch in Ostendorfers Werkstatt könnte also entweder in seiner Amtszeit als Kämmerer oder nach dem 2. Juni erfolgt sein.
11 Für die komplette Serie von Infrarot-Aufnahmen, die im Juni/Juli 1991 aufgenommen wurden, bin ich Frau A. Kurella und Herrn P. Ferstl, Städt. Lichtbildstelle, sehr dankbar. Ihre Veröffentlichung ist zu einem späteren Zeitpunkt geplant.
12 Dieser Stil herrscht auch in den wesentlich kleineren Holzschnitten Ostendorfers vor; vgl. WYNEN, 181.
13 Einige Veränderungen gegenüber der Vorzeichnung, die später auch besprochen werden, dürften allerdings anders zu begründen sein.
14 Eine kurtze ordentliche summa der rechten waren lehre vnsers heiligen christlichen glaubens, welche lere ein yeder christlicher haußvatter nit allain für sich selb zuwissen, sonder auch seine Kinder vnd Ehalden zuleren,

oder leren zulassen schuldig ist. Sampt einem kurtzen außzug einer gotseligen Haußhaltung, 1547 (Regensburg, Hans Kohl), StBR, Rat. civ. 675; nachgedruckt 1552, ein Exemplar befindet sich in der Staatl. Bibliothek (Provinzialbibliothek) Amberg, Theol. asc. 612. (SCHOTTENLOHER Nr. 102).

15 Catechismus predigsweise gestelt für die kirche zu Regenspurg zum Methodo das ist ordentlicher summa Christlicher lere wider allerlei newerung und verfelschung. Durch Nic. Gallum. 1554. (Regensburg, Hans Kohl). StBR, Rat. civ. 444. (SCHOTTENLOHER, 203, Nr. 112).

16 Vgl. hier den Beitrag Susanne Rothmeiers in diesem Band. Analogien zwischen den Holzschnittfolgen für Gallus und dem Altar sind bereits bei WYNEN, 78, PFEIFFER: Neupfarrkirche, 12, und im Kat.München 1980, 10 f. kurz angedeutet, eine Begründung für diesen engen Zusammenhang wurde jedoch nicht angestrebt. Vielleicht ist in dieser Weise auch die Formel Morsbachs zu verstehen, der Altar sei von zwei Schriften des Gallus beeinflußt (MORSBACH, 14).

17 THEOBALD II, 215.

18 Fol. (C iii)r zeigt einen Prediger vor der Gemeinde (1552: (C iii)v), fol. (D)r die Taufe (1552: (C vi)v), fol. (D iii)v eine Beichtsituation (1552: (D iii)r), fol. (D vii)r die Austeilung des Abendmahls in beiderlei Gestalt (D vii)v).

19 Vgl. hier den Beitrag von Susanne Rothmeier.

20 Von den 24 Holzschnitten sind v.a. diejenigen interessant, die den aktuellen Kultus oder eine Vorstufe dessen darstellen. Dies sind, numeriert mit SCHOTTENLOHER, Nr.1 (Titelbild), 4 (Gottesdienst), 19 (Gleichnis vom unbarmherzigen Knecht), 22 (Taufe Christi), 23 (Beichte), 24 (Kommunion). Der enge Zusammenhang ist in der Arbeit von Susanne Rothmeier dargestellt.

21 SCHUEGRAF, Nr. 15; WYNEN, Nr. 29.

22 Im übrigen ist auch bekannt, daß die Illustrationen der Lutherbibeln auf textgetreue Gestaltung geprüft wurden und z.T. auch eine Umarbeitung erfahren mußten, vgl. K. GALLING: Die Prophetenbilder der Lutherbibel, in: Evangelische Theologie 6, 1946/47, 273-301, bes. 274 ff. - Für einen späteren Fall ist belegt, daß Gallus Texte entwarf, die bildlich umgesetzt werden sollten. Vgl. Kat. 208, SAR Eccl. I, 22, 58, p. 13420-13515, undatiert. Es handelt sich bei dem Text um die Erläuterung von 62 Szenen, die zut Gestaltung des früheren evang. Friedhofes St. Lazarus in Regensburg verwendet werden sollten.

23 SAR, Eccl. I, 11, 74 (p. 6551-6558), hier p. 6556 f. Bereits bei THEOBALD II, 226, Anm. 20, zitiert.

24 Der Regensburger Rat hat lt. Vermerk seine Entscheidungen, die er auf diesen Brief hin gefällt hat, im Ratsbuch protokolliert. Von den Protokollen des Rats sind nur mehr zufällige Bruchstücke erhalten.

25 SCHUEGRAF, 12; WYNEN, 26.

26 SCHUEGRAF, Nr. 18; WYNEN, Nr. 32.

27 Die Stationen von Ostendorfers Arbeitsfortschritt sind die Vollendung der Predella (Brief vom 18. Sept. 1554, SCHUEGRAF Nr. 15, WYNEN Nr. 29), der Mitteltafel innen (Brief vom 28. Okt. 1554, SCHUEGRAF Nr. 16, WYNEN Nr. 30), Arbeit an den Flügeln (Brief vom 3. Mai 1555, SCHUEGRAF Nr. 17, WYNEN Nr. 31) und die Aussicht gestellte Fertigstellung der Mitteltafel hinten (Brief vom 29. Sept. 1555, SCHUEGRAF Nr. 18, WYNEN Nr. 32).

28 SIMON: Kirchenordnungen III, 13. (Warum die Leviten- und meßgewand ..., 1554), 432 f.

29 Vgl. SIMON: Kirchenordnungen, 436, Anm. 14.

30 Diese Beobachtung läßt sich auch bei natürlichem Licht machen.

31 Daher kann auch ausgeschlossen werden, daß der Altar als "Antrittsgeschenk" des Rates für den neuen Superintendenten Gallus gewertet werden könne; so die Vermutung von SIMON: Kirchenordnungen, 377.

32 SAR, Eccl. I, 22, 45; SIMON: Kirchenordnungen III, 19, 452 ff. Vgl. Simons Erläuterungen zur Datierung der Kirchenordnung ebd. 380 ff. Die folgenden, kursiv gesetzten Partien in der Edition 481 f.

33 In der Terminologie der Zeit wurde darunter das Kirchenamt oder Kirchenregiment verstanden, d.h. die evangelische Geistlichkeit, vgl. SIMON: Kirchenordnungen III, 19 (Kirchenordnung 1567), 484, und III, 21 (Kirchenregimentsordnung 1572/1588), 493.

34 SCHUEGRAF, Nr. 15; WYNEN, Nr. 29.

35 Diese neun Einzelszenen der Vorderseite nähern sich den festa Christi an, den Feiertagen, die seit dem 1.11.1554 neben den "aposteltage[n]" und dem Fest des Johannes Bapt. bzw. des Michael bestehen blieben, vgl. SIMON: Kirchenordnungen III, 19 (Kirchenordnung 1567), 474. Die Reglementierung der Feiertage war auf Anregung von Gallus vom 12. Okt. vom Rat beschlossen worden (SIMON: Kirchenordnungen, 377).

36 WYNEN, 80, diskutiert den ikonographischen Gehalt der Außenansicht, Leben und Tod als Eckpunkte, als "Anfangs- und Endereignis der öffentlichen Wirksamkeit Christi auf Erden", kannte jedoch die - damals noch unedierte - Kirchenordnung von 1567 nicht. Die Frage nach dem ursprünglichen Aussehen wurde zuerst aufgeworfen in: Kat. München 1980, Nr. 10, und SEEBASS, in: Kat. Nürnberg 1983, Nr. 539.

37 SCHUEGRAF, Nr. 17; WYNEN, Nr. 31.

38 Brief vom 3. Mai 1555, GNM Historisches Archiv, Rst. Regensburg 206. SCHUEGRAF, 39, erwähnte diese Skizze bereits, bezog sie aber nicht in seine Betrachtung des Altars mit ein. In seiner handschriftlichen Fassung, HV MsR 134, findet sich sogar eine Nachzeichnung bei der Abschrift des entsprechenden Briefes. Wynen edierte den Brief zwar neu, ohne aber die Skizze zu erwähnen. An dieser Stelle möchte ich Herrn Grünbauer vom Archiv des Germanischen Nationalmuseums für die freundliche Betreuung herzlich danken.

39 Ein umfassender Rekonstruktionsversuch des Gesamtaufbaus ist in Vorbereitung.

40 Vgl. PFEIFFER: Neupfarrkirche, 12. Insofern folgte man hier einem Modetrend des frühen 17. Jahrhunderts. Von einem Verschwinden in den Museen der Stadt Regensburg, so WOPPMANN, 30, kann deshalb keine

Rede sein, wenn man auch den Funktionsverlust durch die Musealisierung im Blick haben sollte.
41 SCHUEGRAF, 42 f.; WYNEN, 65 f.
42 Nur zwei der frühen Stimmen dazu, vgl. G. F. WAAGEN: Kunstwerke und Künstler in Deutschland, Bd. 2, Leipzig 1845, 125 f.,"ehedem auf dem Rathhause befindliche Altar der Goldschmiede, ein sicher beglaubigtes Werk des Michael Ostendorfer ...". (Hier liegt eine Verwechslung mit einem Altar vor, den die Goldschmiede Regensburgs für die Kirche St. Rupert gestiftet haben sollen; vgl. SCHUEGRAF, 13 f. Die Nürnberger Tafeln Gm 317-324 wurden als ehem. Flügel des Goldschmiedealtars identifiziert, vgl. W. PFEIFFER: Ein Frühwerk Michael Ostendorfers? Die Nürnberger Tafeln des Monogrammisten I, in: Alte und Moderne Kunst, 80, 1965, 20-22) A: WOLTMANN/K. WOERMANN (Hrsg.): Geschichte der Malerei, Bd. 2. Leipzig 1882, 417: "Von seinen Gemälden ist das 1553 vollendete Altarwerk im historischen Vereine zu Regensburg, dessen Schwerpunkt in der Einsetzung des Abendmahls in beiderlei Gestalt liegt, nur fachlich interessant, ... Alles in allem ist er ein ziemlich charakterloser Ausläufer der selbständigen deutschen Richtung."

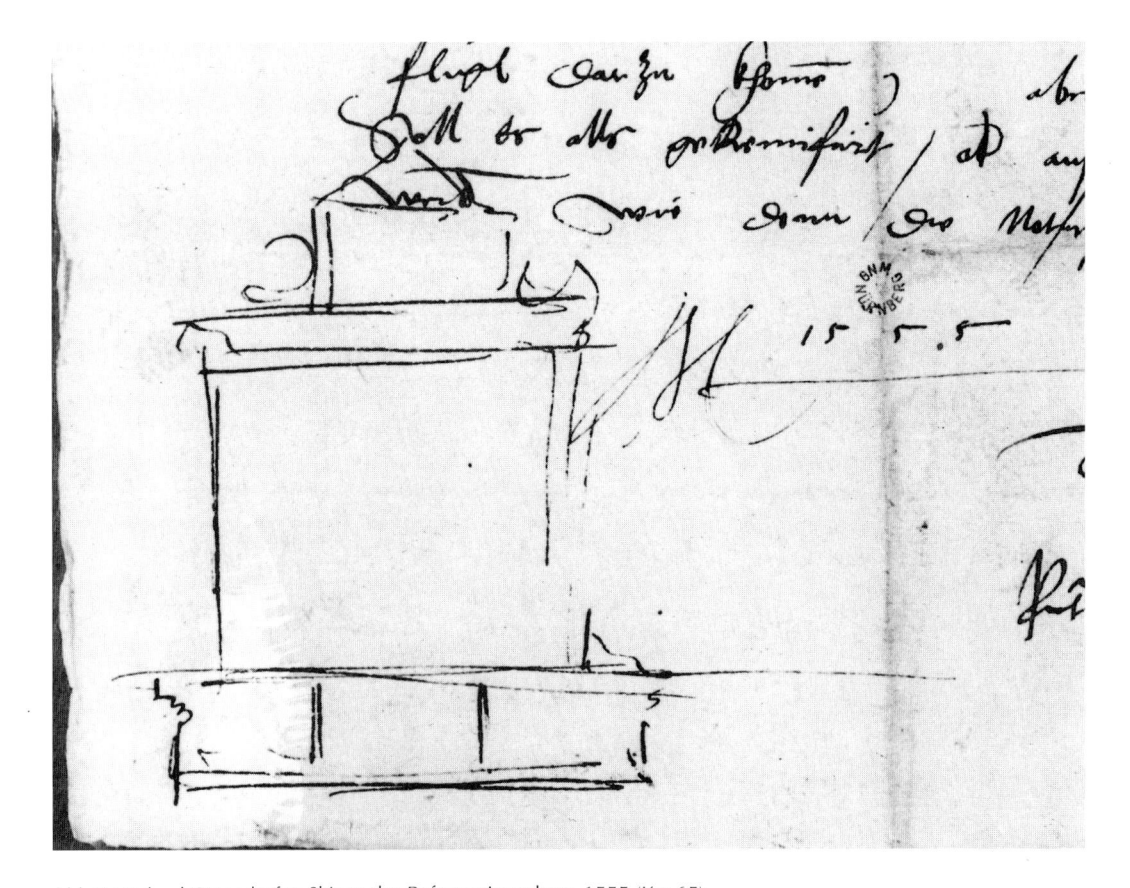

Abb.7 Michael Ostendorfer: Skizze des Reformationsaltars. 1555 (Kat.65)

Jörg Traeger

Die Dreieinigkeit über dem Altar
Ostendorfer und Raphael

Protestantische Programmatik im Bilde auf den Altar zu bringen, darin bestand die schwierige Aufgabe, vor die sich die junge Regensburger Gemeinde und ihr Maler Michael Ostendorfer gestellt sahen. Die Programmatik betraf nicht nur die Ikonographie, sondern auch die Funktion des Bildes.

Luther, ansonsten hinsichtlich der Bilder tolerant, hatte ihre Zerstörung lediglich an Wallfahrtsorten gutgeheißen, da sie "des teuffels herberge" seien. Waren die Bilder jedoch erst einmal aus dem Herzen gerissen, so konnten sie auch da den Augen keinen Schaden mehr tun. Sie sollten eine didaktische Aufgabe erfüllen, nicht mehr, aber auch nicht weniger.[1] Im Hinblick auf die geistige Umwälzung war die Regensburger Situation in seltener Weise symbolträchtig. Denn die Neue Pfarre etablierte sich bekanntlich am Ort einer ehemaligen Marienwallfahrt.[2]

Diese Wallfahrt hatte eine intensive, wenn auch nur kurzlebige religiöse Bildtradition entwickelt. Die aus der Alten Kapelle entliehene Lukas-Madonna des 13. Jahrhunderts (Abb. 10) ist in Ostendorfers Holzschnitt von 1519 im Türdurchblick des hölzernen Kirchleins zu sehen (Abb. 11). Eine dichte Menschenmenge drängt hinein. Auf dem Vorplatz steht die 1516 von Erhardt Heydenreich gemeißelte Marienskulptur auf runder Säule. An sie klammern sich inbrünstig hilfesuchende Wallfahrer. Das Gnadenbild im Innern wurde alsbald durch eine vollplastische ganzfigurige "Kopie" von Hans Leinberger ersetzt. Ein Holzschnitt Altdorfers, um 1520/1521, zeigt das hierfür von ihm für diese Madonnenstatue entworfene Steinretabel (Abb. 12).[3]

Maria hält das Jesuskind auf dem Arm. Zugleich erscheinen über ihr die beiden anderen Personen der Hl. Dreifaltigkeit, von denen sie die von Engeln gehaltene Krone empfängt. Die Gottesmutter ist integraler Bestandteil der achsialen Gruppierung. Wollte man sie herausnehmen, so wäre der Platz des Sohnes verwaist. Dies aber hieße, in der trinitarischen Konstellation den Stern der Erlösung auszulöschen. Der Rest ergäbe das Bild einer zweifaltigen Ruine.

Die Madonna des Gnadenaltars wurde nach Einführung der Reformation mit Tüchern verhängt, so daß die Augen davor geschützt waren. Die Mariensäule draußen auf dem Platz (Abb. 4) wurde am 14. Juni 1543 in Stücke geschlagen. An die Stelle des Kultbildes trat 1555 Ostendorfers Retabel (Abb. 8). Die trinitarische Achse war darin beibehalten, Maria jedoch ausgeschieden. Die Dreieinigkeit über dem Altar bezeichnete jetzt das Zentrum des evangelischen Glaubens. Nicht zufällig sollten die Regensburger Protestanten dann im 17. Jahrhundert ihr zweites großes Gotteshaus zu Ehren der Dreieinigkeit errichten. Marianische Anziehung wich christologischer Ausstrahlung, die Liebe der Gottesmutter der Ratio, die Verehrung des Bildes einer Belehrung durch das Bild. Die Regensburger Katholiken aber, die sich die "Schöne Maria" nicht aus dem Herzen reißen lassen wollten, pilgerten, wie ehedem, zum Gnadenbild in der Alten Kapelle (Abb. 10). Das ist bis heute so geblieben.

Die didaktische Absicht machte Ostendorfers Retabel zu einem gemalten Katechismus. Für die intellektuellen Vorgaben war durch den Superintendenten Nikolaus Gallus gesorgt. Die stilistische Abhängigkeit Ostendorfers von Altdorfer ist gleichfalls seit langem bekannt, ebenso die Orientierung an Reformationsaltären der Cranach-Werkstatt.[4]

Hier soll für die Mitteltafel der Vorderseite auf eine diametral entgegengesetzte, nämlich vatikanische Bildwurzel hingewiesen werden. Sowohl die "Aussendung der Apostel" im oberen Teil als auch "Predigt" und "Beichte" in der unteren Zone zeigen merkwürdige Anklänge an das Fresko der "Disputa del Sacramento", das Raphael 1509 für Julius II. in der Stanza della Segnatura des päpstlichen Palastes geschaffen hatte (Abb. 13). Wir vergleichen zunächst die "Aussendung der Apostel" mit der Disputa.

In beiden Fällen gliedert sich die Komposition in eine irdische und eine himmlische Zone. Bei Raphael sind in der irdischen Zone Gottesgelehrte und Gläubige, sämtlich männlichen Geschlechts, um den zentralen Altar versammelt, auf dem die Monstranz mit dem Corpus Christi steht. Die räumliche Anordnung der Gestalten wird gern als halbkreisförmig beschrieben. Halbkreisförmig scharen sich auch die zwölf Apostel bei Ostendorfer um Christus in der Mitte. Beide Versammlungen finden im Freien statt, bei Raphael auf einer Terrasse mit weiträumiger Aussicht, bei Ostendorfer auf einer Wiesenkuppe mit ebenso weiträumiger Aussicht. Grundsätzlich verwandte Züge weist auch die beidseitig gegebene bergige, von einem Fluß durchzogene Hintergrundlandschaft auf. In der Disputa ist sie rechts größtenteils durch den Steinsockel von Neu-St. Peter verstellt. Hier wie dort erfüllt die Weltlandschaft den gleichen inhaltlichen Zweck. Betont wird die universale Gültigkeit der göttlichen Thematik. Bei Raphael ist es die Macht der Eucharistie, bei Ostendorfer der Missionsbefehl Christi.

Auffallende Ähnlichkeiten bestehen auch in der himmlischen Zone. Das gilt besonders für das Motiv der zwei übereinander gestaffelten, von den Seiten zur Mitte hin kurvig einschwingenden Wolkenbänke. Dabei ist jeweils die obere kleiner gehalten als die untere. In beiden Fällen sind in der Mittelachse die drei Personen Gottes vertikal angeordnet, der Vater zuoberst. Nur die Abfolge darunter hat sich geändert. So scheint es jedenfalls auf den ersten Blick. Denn in der Disputa schwebt die Taube des Heiligen Geistes zu Füßen des in den Himmel entrückten Christus, also zwischen diesem und der Monstranz. Im Regensburger Retabel schwebt sie dagegen zwischen dem himmlischen Vater und dem auf irdischem Hügel stehenden Heiland. Der Grund für den Platztausch liegt auf der Hand. In der Disputa verkörpert die Hostie in der Monstranz die irdische Inkarnation Christi. Im Altarbild der Neupfarrkirche wird dagegen der geschichtliche Christus selbst in seinem Wirken auf Erden gezeigt. Demgemäß umgibt die himmlische Sonnengloriole jetzt nicht mehr Christus, sondern Gottvater.

Auch das wesentliche Bildelement des geschriebenen Wortes der Offenbarung war in der Disputa vorgeprägt. In beiden Fällen ist es in der Wolkenzone angesiedelt. Raphael läßt vier nackte geflügelte Putten die Textanfänge der vier Evangelien in Händen halten. Im Retabel der Neupfarrkirche sind daraus vier bekleidete geflügelte Putten geworden, welche die Schriftbänder mit den Bestätigungsworten (Luk. 9, 35f) und dem Missionsbefehl (Matth. 28, 19f; Mark. 16, 15) in Händen halten. Die inhaltliche Analogie zu Raphaels Evangelienbüchern wird durch die Worte *"prediget das Evang."* sowie durch die inschriftlich verankerten Namen dreier Evangelisten hergestellt.

Hat man diese Ähnlichkeiten gesehen, so fallen auch in Ostendorfers unterem Bildstreifen - "Predigt" und "Beichte" - einige Anklänge an die Disputa auf. In Raphaels Fresko befindet sich links am Geländer die Gestalt Bramantes, der mit rhetorischer Geste in das Buch auf dem Geländer weist. Dem entspricht Ostendorfers Prediger. Er hält die Hand dozierend über das offene Buch auf der Kanzelbrüstung. Bei Raphael ragt rechts eine Chorschranke ins Bild. Das ist an gleicher Stelle, und ähnlich vom Rand überschnitten, auch bei Ostendorfer der Fall. Die zoomorphe Gestaltung der Thronsessel Gregors des Großen und Augustins findet ein anschauliches Echo in der plastischen Ornamentik des Sessels, auf dem Ostendorfer vorn im Bild einen Predigtzuhörer hat Platz nehmen lassen.

Die tiefgreifenden Stilunterschiede bleiben von diesen Beobachtungen unberührt. Es ist, als hätte der Regensburger Künstler die grandiose räumliche Klarheit der Hochrenaissance zurückversetzt ins flächig-ornamentale Erbe der Spätgotik. Er leistete damit auf seine Weise einen Beitrag zum Problem "Italien und das deutsche Formgefühl".[5] Doch von dieser Verfremdung einmal abgesehen, kann die Beeinflussung durch die Disputa m. E. kaum zweifelhaft sein. Die Frage ist nur, wie Ostendorfer, der zwar bis nach Amberg, Neumarkt, Nürnberg, Passau und Wien gekommen ist, aber nie in Italien war, den Bildgedanken Raphaels kennenlernen konnte.[6]

Die Antwort liefert ein Kupferstich des Giorgio Ghisi nach der Disputa, der 1552 von Hieronymus Cock in Antwerpen herausgegeben wurde.[7] Eine Verbreitung nördlich der Alpen darf deshalb angenommen werden. Die Stichwiedergabe (Abb. 14) weist gegenüber dem römischen Fresko einige Änderungen auf, die man in Parallele zum Regensburger Retabel sehen kann. So hat Ghisi die Halbfigur Gottvaters zum ausstrahlenden Lichtzentrum der obersten Sphäre gemacht, während sie in Raphaels Wandbild ihrerseits von oben her angestrahlt wird. Die gemalte Chorschranke rechts im Bild ist in der Stanza della Segnatura nur ansatzweise zu sehen, da sie dort vom Türsturz beschnitten wird. Ghisis Kupferstich ergänzt sie zu voller Höhe. Zudem ist sie an der Stirnseite mit einer Inschrift ausgestattet.

Diese Inschrift bietet eine inhaltliche Erklärung für Raphaels Wandbild. Aufgelöst lautet sie: *"Collaudant hic trini uniusque Dei majestatem caelites, admirantur ac religiose adorant sacrosanctae ecclesiae proceres; quis vel istorum exemplo provocatus ad pietatem non inflammaretur?"* Zu deutsch: *"Die himmlischen Geister preisen die Majestät des dreifaltigen und einen Gottes. Die vornehmsten Glieder der heiligen Kirche beten sie in frommem Staunen an. Wer würde da durch ihr Beispiel nicht entflammt zur Frömmigkeit?"*[8]

Es fällt auf, daß der Text das für Raphaels Disputa zentrale, in protestantischen Augen aber anstößige Motiv der Monstranz unterschlägt. Stattdessen wird, obgleich der Stich die Monstranz richtig wiedergibt, die Verehrung der Gläubigen allein auf die göttliche Dreieinigkeit bezogen. Mit solcher Erläuterung mußten künstlerische Anleihen bei der Disputa auch in den Augen der Regensburger Protestanten legitimiert sein. Von der Inschrift belehrt, konnte Ostendorfer sich getrost auf den trinitarischen Gesichtspunkt konzentrieren.

Der entscheidende Achsialbezug des dreieinigen Gottes zum Altar darunter ist auch bei ihm gegeben. Nur handelt es sich hier nicht um einen gemalten, sondern um den wirklichen Altar, über dem sich das Retabel erhob. Die Linie der ikonographischen Überlieferung läßt sich über Ghisis Stich (Abb. 14) und Raphaels Fresko (Abb. 13) zurück ins Quattrocento verlängern. Im plastischen Schmuck einer Reihe von Sakramentstabernakeln und -altären erscheinen Gottvater, Sohn und Heiliger Geist achsial über der Eucharistie angeordnet. Auch die besondere Reihenfolge des Regensburger Retabels war in diesem kunstgeschichtlichen Bereich vorgezeichnet.[9]

Der thematische Bezug von Ostendorfers Dreieinigkeit muß in zweifacher Weise verstanden werden, zum einen innerbildlich, zum anderen grenzüberschreitend. Innerbildlich illustriert die Figuration den dargestellten Missionsbefehl: *"Gehet hin, lehret alle Völker und taufet sie im Namen des Vaters und des Sohnes und des Heiligen Geistes"* (Matth. 28, 19). Der grenzüberschreitende Bezug indessen ist immer dann zum sakramentalen Ereignis geworden, wenn der Pfarrer beim Abendmahl die Einsetzungsworte über Brot und Wein auf der Mensa sprach. Die Fiktion des Bildes fand dabei ihre Fortsetzung in der liturgischen Realität.

Denn in Leib und Blut Christi waren notwendig auch die anderen beiden Personen Gottes gegenwärtig. Artikel I des Augsburger Bekenntnisses legte 1530 fest, *"daß ein einziges göttliches Wesen sei, ... und daß doch drei Personen in diesem einen göttlichen Wesen sind: Gott Vater, Gott Sohn, Gott Heiliger Geist. Alle drei sind Ein göttliches Wesen, ewig, unteilbar, unendlich..."*. Beim ersten evangelischen Abendmahl am 15. Oktober 1542 in der Neupfarrkirche wusch der Pfarrer, damals noch "Priester" genannt, seine Hände, goß den Wein in den Kelch und bereitete die *"Partickl nach Anzahl derjenigen, die gespeist werden"* sollten. Dann sang er, nachdem das Evangelium verlesen worden war: *"Credo in unum Deum"*. Das Sakrament wiederum war ein *"Zeichen göttlichen Willens gegen uns"*. Es hatte zwei Bestandteile, ein Zeichen und ein Wort *("signum et verbum")*, wie es in der Apologie des Augsburger Bekenntnisses heißt (Artikel 24). Das Wort bot die Sündenvergebung dar, und die Zeremonie war ein Abbild des Wortes *("pictura verbi")*.[10] Insofern lag sie auf der gleichen Ebene wie das Altarbild.

In der Disputa wird Christus von Maria und Johannes d. T. eingefaßt (Abb. 13). Als Fürbitter der Menschheit kennzeichnen sie den Erlöser als Weltenrichter. Es ist das alte, aus der byzantinischen Kunst stammende Thema der Deesis.[11] Im Regensburger Retabel sind Maria und Johannes weggefallen. Das "Jüngste Gericht" auf der Rückseite (Abb. 9) zeigt Christus stattdessen zusammen mit den beiden anderen Personen der Dreieinigkeit. Im Gegensatz zur Vorderseite erscheinen hier alle drei als gleichaltrige männliche Gestalten. Für diese Form der Trinität gab es eine ikonographische Tradition (Abb. 15).[12] Ihre Rolle im Gerichtszusammenhang war jedoch ungewöhnlich. Sie lag auf der logischen Linie von Luthers drängender Frage: "Wie finde ich einen gnädigen Gott?" Diese Frage war so drängend, weil es eine helfende Vermittlung durch Fürbitter nicht gab. Nach Luther muß der sündige Mensch ganz allein vor seinen Richter treten. Eine mögliche Bildquelle für die Verknüpfung der Trinität mit dem Weltgericht ist der Titelholzschnitt einer 1517 in Nürnberg gedruckten Predigtsammlung. Ihr Verfasser war Luthers Freund und Ordensoberer Johann von Staupitz (Abb. 16).[13]

Den Regensburger Sündern wurde im Retabel die Gewißheit vor Augen geführt, daß es im Sakrament um das ewige Heil ging. Beim Empfang des Abendmahls schritten sie nämlich, wie Gallus überliefert, um den Altar herum.[14] Sie erblickten dann auf der Rückseite die richtende Dreieinigkeit ohne Fürbitter.

Gemäß lutherischer Lehre ereignete sich das Gedächtnis des Opfertodes Christi und damit des dreieinigen Gottes allein im Vollzug des Abendmahls, und zwar in beiderlei Gestalt. Ostendorfer hat den Vorgang im rechten Flügel des Triptychons dargestellt. Aus theologischen Gründen entfiel eine fortwährende stoffliche Realpräsenz in Gestalt der Hostie. Auf dem Altar kam daher weder eine Monstranz in Betracht, wie bei Raphael, noch ein Sakramentstabernakel, wie es sich seit dem Konzil von Trient in katholischen Kirchen allgemein eingebürgert hat.[15]

Mit dem Abendmahl hatte der Tisch des Herrn seinen Zweck jeweils erfüllt. Was auf dem Altar zurückblieb und fortwährte, war die Belehrung durch das Retabel. Die bildliche Botschaft war dabei höher angesiedelt als das Herz. Deshalb konnte sie den Augen auch keinen Schaden mehr tun.

Anmerkungen

1   M. LUTHER: Brief an die Christen zu Straßburg, Dezember 1524.WA 15, S. 393. Wider die himmlischen Propheten, von den Bildern und Sakrament. Ebd. 18, S. 62-125, bes. S. 68, 75. Dazu W. v. LOEWENICH: Bilder VI. Reformatorische und nachreformatorische Zeit, in: ThRE VI, 546 ff. Dazu J. TRAEGER: Raffael, Luther und die römische Kirche. Zur Reformation der Bilder, in: Martin Luther, 123-170, bes. 136 ff.

2   PFEIFFER: Neupfarrkirche. G. FRÜHINSFELD: Michael Ostendorfer und die Wallfahrt zur "Schönen Maria" von Regensburg, in: Michael Ostendorfer zum 500. Geburtstag. Festschrift zu Ehren des Namenspatrons der Schule, hrsg. von der Schulleitung und dem Verein der Freunde des Ostendorfer-Gymnasiums Neumarkt i. d. Opf. im November 1990, 7-32. MORSBACH, 5-15.

3   Ch. Altgraf zu SALM: Neue Forschungen über das Gnadenbild der Alten Kapelle in Regensburg, in: Münchner Jahrbuch der bildenden Kunst 3. Folge 13 (1962), 49-62. HUBEL. Zum gesamten Problemkreis H. BELTING: Bild und Kult. Eine Geschichte des Bildes vor dem Zeitalter der Kunst, München 1990; zum Regensburger Kultbild ebd. 505-509.

4   B. DENEKE: Altar der Neupfarrkirche in Regensburg, in: Kat. München 1980, 10 f., Nr. 10.

5   Vgl. H. WÖLFFLIN: Italien und das deutsche Formgefühl, München 2 1964.

6   Zur Biographie WYNEN, 7-24.

7   Ausst.kat. Raphael Invenit. Stampe da Raffello nelle Collezioni dell'Istituto Nazionale per la Grafica. Bearbeitet von G. BERNINI PEZZINI/S. MASSARI/S. PROSPERI VALENTI RODINO', Roma 1985, Nr. 1. Ghisi schuf 1550 auch einen Stich nach der "Schule von Athen". Dazu J. WOOD: Cannibalized Prints and Early Art History. Vasari, Bellori und Fréart de Chambray on Raphael, in: Journal of the Warburg and Courtauld Institutes 51 (1988), 210-220. Zu Ghisi ferner: The Engravings of Giorgio Ghisi. Introduction and entries by S. BOORSCH, Catalogue raisonné by M. and R. E. LEWIS (The Metropolitan Museum of Art), New York 1985; dazu Rezension in: Burlington Magazine 128 (1986), 41. Zu dem Künstler vgl. auch K. ORCHARD: Motive zwischen Jagd und Liebe - Zwei Kupferstiche Giorgio Ghisis, in: Idea 6 (1987), 31-38.

8   H. PFEIFFER S. J.: Zur Ikonographie von Raffaels Disputa. Egidio da Viterbo und die christlich-platonische Konzeption der Stanza della Segnatura (Miscellanea Historiae Pontificiae, vol. 37) Roma 1975, 48.

9   Beispiele bei H. CASPARY: Das Sakramentstabernakel in Italien bis zum Konzil von Trient. Gestalt, Ikonographie und Symbolik, kultische Funktion, Diss. München 1964, 18, 30, Abb. S. 194, 197.

10   H. G. PÖHLMANN (Bearb.): Unser Glaube. Die Bekenntnisschriften der evangelisch-lutherischen Kirche. Ausgabe für die Gemeinde, Gütersloh ²1987, 58, 401. Zum ersten Regensburger Abendmahl s. Wahrhafftiger Bericht (Kat. 62).

11   Th. v. BOGYAY: Deesis, in: Reallexikon zur deutschen Kunstgeschichte III, Stuttgart 1954, Sp. 1197-1206.

12   Beispiele bei W. BRAUNFELS: Die Heilige Dreifaltigkeit, Düsseldorf 1954, Abb. 20 ff.

13   Für die Gnadenfrage im Zusammenhang mit Bildern des Weltenrichters von besonderem Interesse O. SCHEEL (Hrsg.): Dokumente zu Luthers Entwicklung (bis 1519), Tübingen ²1929, Nr. 182, 194, 279, 312, 346, 358, 381, 383. Vgl. B. LOHSE: Christus als Weltenrichter, in: Kat. Nürnberg 1983, 129, Nr. 146. Für den Hinweis auf den Titelholzschnitt danke ich Herrn stud. phil. Martin Hoernes (Universität Regensburg).

14   G. SEEBASS: Altarretabel der Neupfarrkirche in Regensburg, Kat. Nürnberg 1983, 402, Nr. 539.

15   Vgl. Ch. CLAERR/M. JACOPS/J. PERRIN: L'autel et le tabernacle de la fin du XVIe siècle au milieu du XIXe siècle, in: Revue de l'art 71 (1986), 47-70. CASPARY (Anm. 9), 113 ff. Zur Vorgeschichte DERS.: Kult und Aufbewahrung der Eucharistie in Italien vor dem Tridentinum, in: Archiv für Liturgiewissenschaft 9 (1965), 102-130.

Abb.8 Michael Ostendorfer: Mitteltafel des Reformationsaltars, Vorderseite. 1553-55 (Kat.64; s.a. Farbabb.12).

Abb.9 Michael Ostendorfer: Jüngstes Gericht. Mitteltafel des Reformationsaltars, Rückseite (s.a. Farbabb.13).

Abb.10 Das Gnadenbild der Alten Kapelle in Regensburg. 1. Drittel 13. Jahrhundert.

Abb.11 Michael Ostendorfer: Die Wallfahrt zur Schönen Maria. Holzschnitt. Um 1519 (Detail).

Abb.12 Albrecht Altdorfer: Der Altar zur Schönen Maria mit von Engeln gekrönter Madonnenstatue; darüber Hl. Geist und Gottvater. Holzschnitt. Um 1520/21 (Kat.26).

Abb.13 Raphael: Disputa del Sacramento. 1509 (Vatikan, Stanza della Segnatura).

Abb.14 Giorgio Ghisi nach Raphael: Disputa del Sacramento. Kupferstich 1552.

Abb.15 Augsburger Meister: Die Heilige Dreifaltigkeit. Töpferaltar aus dem Wiener Stephansdom. Um 1515 (Baden bei Wien, Pfarrkirche St. Helena).

Abb.16 Hans Süß von Kulmbach (?): Titelholzschnitt zu *Ein nutzbarliches büchlein...*, Nürnberg 1517 (Kat. 67).

Karl Möseneder

Die Dreieinigkeitskirche in Regensburg
Ein protestantischer Kirchenbau

Vor dem Bau der Dreieinigkeitskirche verfügte die evangelische Gemeinde in Regensburg[1] kontinuierlich über drei Kirchen. Erstens die Neupfarrkirche, die zwar als Wallfahrtskirche begonnen und unvollendet 1540 als Kapelle zur Schönen Maria[2] geweiht wurde, jedoch zwei Jahre später zur ersten Abendmahlsfeier unter zweierlei Gestalten diente. Das war möglich, weil sie auf Kosten des Magistrats, der inzwischen weitgehend der neuen Lehre gefolgt war, errichtet worden ist. Zweitens zog man - seit 1553 - St. Oswald für Gottesdienste heran, weil die Stadt auch über die Kirche des Frauenspitals das Verfügungsrecht besaß. Dazu kam zehn Jahre später - weniger selbstverständlich - ein Teil der Dominikanerkirche. 1563 hatte nämlich ein Unwetter die für Predigten in Anspruch genommene Oswaldkirche längerfristig unbenutzbar gemacht. Daraufhin drang man am 16. Mai gewaltsam in die Klosterkirche ein und adaptierte das Langhaus als Predigtsaal.[3] Der Chor verblieb den Mönchen. Zwar wurden 1568 durch einen Vertrag die Simultanverhältnisse legalisiert, doch erreichten die Dominikaner unter Vermittlung des Reichshofrats in Wien am 1. Juli 1626 den Vergleich, daß gegen Bezahlung von 6000 Gulden innerhalb dreier Jahre die Kirche wieder gänzlich an sie zurückkommen müsse.[4]

So wurde die Errichtung einer eigenen Kirche für Predigten dringend notwendig, zumal die verbleibenden Räumlichkeiten, obgleich mehrmals umgestaltet, schon für die angestammten Gemeindemitglieder unzureichend waren. Dazu kamen in dieser Zeit noch so viele evangelische Exulanten aus Österreich und der Oberpfalz, daß selbst die Quartiere in der Stadt knapp wurden.[5]

Anfang Januar 1627, also noch vor dem Ratsbeschluß zum Kirchenbau am 18. Februar (Kat.98), begann man, ein erst 1613 errichtetes Gebäude gegenüber der reichsstädtischen Poetenschule - es diente als Fechtschule und wurde auch für Spiele genutzt - abzureißen.[6] Am 4. Juli legten Rat und Gemeinde mit "Bewilligung des Kaysers" die Grundsteine für die neue Kirche auf städtischem Grund und Boden, wie der Syndicus Johann Wolff in seiner Ansprache auch hervorhob.[7] Die Ratsherren setzten selbst die beiden mächtigen Quader - sie hatten Öffnungen für je eine Flasche mit Rot- und Weißwein[8] sowie für eine Schale mit Gold- und Silberpfennigen - als Ecksteine in den Grund (Kat.106).

Die Auswirkungen des Dreißigjährigen Krieges lernten die Bürger nicht nur in Gestalt der Exulanten kennen. Durch die militärischen Erfolge der Liga und die Rückgewinnung der Oberpfalz stärkte sich die Position des Fürstbischofs Albert von Törring. Deshalb konnte es 1629 der Rat nicht mehr wagen, die Fronleichnamsprozession zu behindern. Vielmehr sperrte der Bischof nun seinerseits einen wichtigen Zugang, nämlich zu jenem Gebiet, aus dem die zum Bau notwendigen Bruchsteine geliefert wurden. Durch die Öffnung eines neuen Steinbruchs innerhalb des Burgfriedens überwand man diese Schwierigkeit. Der Hindernisse und Gefahren waren damit noch nicht genug. 1630 wurde versucht, die evangelischen Pfründner des Katharinenspitals in Stadtamhof zum Religionswechsel zu zwingen. Außerdem zogen in diesem Jahr mit frischem Wind und dem Segen des Kaisers sowie des Kurfürsten von Bayern die Franziskaner in St. Kassian ein.[9] Der Bischof stellte sogar das grundsätzliche Ersuchen an Kaiser Ferdinand II., dafür zu sorgen, daß *"in dieser Stadt Regensburg, bey einem Cammerer, Rat Und Gemainer Bürgerschaft die Religion reformiert und die Catholische wiederumben introduciert, auch per consequens die geistliche Jurisdiction, samt den thails entzogenen, thails ohnen meinen Consens erpauten Kürche, Capellen Und deren Beneficien ... restituiert werde"*.[10]

Soweit ist es aber durch die Zeitläufe nicht gekommen. Am 5. Dezember 1631 weihte man - im Unterschied zum komplexen katholischen Ritus - nur mit einem schlichten Gebet[11] die Kirche der Hl. Dreifaltigkeit (Abb.18).[12] Aus diesem Anlaß erschienen wiederum zahlreiche Münzen. Mache wurden - ähnliches geschah schon mit den zur Grundsteinlegung geprägten - an die Jugend verteilt, *"damit ein Gedächtniß verursacht"* werde (Kat.107).[13] In auffallendem Gegensatz zum Datum der Weihe ist in den Glasfenstern über den beiden seitlichen Eingängen und im Chor sowie am Chorbogen die Jahreszahl 1630 zu lesen. Man darf vermuten, daß ihre Anbringung keinem Versehen, sondern einer Absicht entsprang, nämlich dem Willen, auf die vor hundert Jahren verfaßte Confessio Augustana, die grundlegende Bekenntnisschrift der lutherischen Kirche, hinzuweisen. Jedenfalls hatten der Rat und die Bürgerschaft von Regensburg als protestantischer Reichsstand, umgeben von den Gebieten der katholischen Reichsstände - dem bischöflichen Hochstift und den Klöstern St. Emmeran, Ober- und Niedermünster - sich ein von Grund auf eigenes Monument des Glaubens errichtet. Kurios ist allerdings, daß das Regensburger Stadtwappen die Schlüssel des hl. Petrus, die Attribute des ersten Papstes, aufweist und somit ausgerechnet dieses Zeichen auch die Dreieinigkeitskirche schmückt, den bedeutendsten Kirchenbau der neuen Konfession in Bayern (Abb.26,28).

"Wo das Wort hin erschallet, da ist eine heilige Stat"[14]

Protestantischer oder genauer, evangelisch-lutherischer Kirchenbau[15], was soll das heißen? Um an die Ursprünge der Neuerungen zu gelangen, fragt man am besten beim Reformator selber nach, was er über Sinn und Gestalt der Kirche gedacht hat. Den rechten Einstieg bietet die Predigt zur Einweihung der Torgauer Schloßkapelle am 5. Oktober 1544. Aus dem anscheinend abliegenden Predigtthema, nämlich dem Text des Evangelisten Lukas über die für die Juden anstößige Heilung des Wassersüchtigen am Sabbath, entwickelt Luther seine Auffassung vom Sonntagsgebot bzw. vom Gotteshaus. Weil nach Christus der Sabbath um des Menschen willen gemacht ist und nicht der Mensch um des Sabbath willen (Mk. 2, 27 f., Matth. 12, 8), hätten die Christen *"die freiheit"*, wenn *"der Sabbath oder Sontag nicht gefelt"*, *"den Montag oder einen andern tag in der wochen (zu) nemen und einen Sontag daraus (zu) machen"* (WA 49, S. 591). Dieselbe Freiheit besitzen die Christen auch gegenüber dem Kirchengebäude, denn es gilt, daß mit Christus der heilige Ort, der Tempel seine zwingende Kraft verloren hat: *"alle stette sind frey"* (WA 10, 2, S. 242).

Die befreiende Alternative zum Tempel lautet nun: *"Wo das wortt klingt, do ist Gott, do ist sein hauß, und wen ehr auffhörtt zu reden, szo ist auch nymmer sein hauß do"* (WA 14, S. 386). Kann deshalb die Verkündigung *"nicht geschehen unterm dach oder in der Kirchen, so geschehe es auff eim platz unter dem Himmel, und wo raum dazu ist"* (WA 49, S. 592). Wird ein ernstes Gebet unter einem Strohdach oder in einem Saustall gesprochen, so wird sich der Teufel vor einem solchen Gebäude mehr fürchten als vor allen hohen, großen, schönen Kirchen, Türmen, Glocken, die irgend sein mögen, wo solches ernstes Gebet nicht drin wäre (WA 6, S. 239). Selbst wenn eine Kirche zur Verfügung steht, sollte man, um den Irrtum von der Gebundenheit des Gottesdienstes an die besondere Stätte auszurotten, eine Zeitlang alle kultischen Handlungen in *"gemeinen Häusern"* oder unter freiem Himmel vollziehen (WA 10, I, S. 254).

Dieser befreiend verinnerlichten und im gehörten Wort zentrierten Glaubenshaltung entspricht auch die besonders vom jungen Luther vertretene Auffassung vom Gottesdienst. *"Sihe, das ist der rechte gottis dienst, datzu man keyner glocken, keyner kirchen, kenyeß gefeß noch* tzyerd, keyner lichte noch kertzen, keiner orgelln noch gesang, keyniß gemelds noch bildniß, keyner taffelln noch altar ... bedarff"* (WA 10, I, 1, S. 39). Noch zugespitzer heißt es ein andermal: *"Das Kind wiegen, die Windeln waschen, Betten machen, Gestank riechen, Stuben kehren oder Schuhe auswischen"* ist ein besserer Gottesdienst, *"denn aller Mönche Beten, Fasten, Messehalten und was sie mehr für hohe Gottesdienst rühmen"* - unter der Voraussetzung, daß die, die jenes tun, an Christus glauben. Konsequenterweise hat dann der Schüler Luthers und württembergische Reformator Johannes Brenz eine sprachliche Unterscheidung getroffen, nach der "Gottesdienst" "göttlich leben" im allgemeinen heißt und die Handlungen in der Kirche als "Kirchendienst" zu bezeichnen sind.[16]

Verständlich werden diese Formulierungen dann, wenn man weiß, wogegen sie sich richten - gegen die Vorstellung der Werkgerechtigkeit und Verdienstlichkeit des Kirchenbaues auf dem Weg aus drückend empfundener Schuldenlast zu Seelenheil. *"Nitt das es boß sey, kirchen pawen und stifften, sondern boß ists, das man drauff fellet und vorgist des glawbens unnd der liebe druber, unnd thutts der meynung, als sey es eyn gutt werck, damit man fur gott vordienen wolle"* (WA 10, I, 1, S. 252).

Die Ausführungen, die einerseits jene durch Christus gewonnene Freiheit in äußerlichen Dingen herausstellen, andererseits Mißbräuche der Werkgerechtigkeit anprangern, veranlassen jedoch Luther weder zu einer Ablehnung des Kirchenbaues schlechthin noch zur Aufhebung des Sonntags: *"umb der Kinder und einfeltigen Volcks willen ists fein, und gibt eine feine ordnung, das sie eine gewisse zeit, stet und stunde haben, danach sie sich richten und zu sammen finden können"* (WA 50, S. 649). *"Kein eusserlich ding fordert oder hilfft uns fur Gott, dennoch müssen wir eusserlich ding und geperde halten, so dazu dienen, das man die leute zu dem wort Gottes halte, Als das man einen ort welet, da man Gottes wort predigt und die Sakrament handlet"* (WA 24, S. 599). *"Ich möchte wol auff dem schlos oder Ratthaus predigen, wen ich in der kirche nicht predigen wolte. Dieweil aber die leute hierzu kommen undt geschicklicher oder besser in der kirchen geschehen kan, so bleiben wir mit der predigt in der kirchen"* (WA 47, S. 607 f.).

Diese Kirchen müssen freilich zum Predigen geeignet sein. Die Dome in Köln, Augsburg, Worms, Speyer, Frankfurt a. M. und Ulm erkennt Luther zwar als außergewöhnliche Bauten an, jedoch *"nec sunt apta aedificia pro contionibus percipiendis. Feine messige kirchen mit nidrigen gewölben sind die besten pro contionatoribus et pro auditoribus; non enim finalis causa est illorum templorum rugitus et boatus chorantium, sed verbum Dei illiusque praedicatio. Sanct Peters münster zu Rom, Coloniae et Ulm templa sunt amplissima et inopportuna"*, kurz "Predigermörderinnen". Die Wittenberger Schloßkirche findet Luther sehr winkelig und zur Predigt gleichfalls nicht geeignet.[17]

"Der glaub von dem hören her"

Man sollte in diesen Äußerungen nicht ausschließlich die Kritik eines Praktikers erblicken, sondern das theologische Fundament der Forderung nach akustischer Verständlichkeit mit bedenken. Das Grundanliegen des Reformators ist die Rechtfertigung aus dem Glauben. Doch zum Glauben kommt man durch das Wort. *"Aller Anfang unsers Heils hebt an am Zeugnis und gehört dem Munde. Durch den Mund zeugt das Wort des Predigers, darnach kommt der Heilige Geist ins Herz." "Es bleibt die Regel, daß der Heilige Geist niemand erleuchtet, es muß allzeit erst das leibliche Wort ins Ohr schallen."*[18] Weil es also ohne Predigt keinen Glauben, ohne Glauben keine Rechtfertigung gibt, ist die Predigt eine absolute Notwendigkeit. Nun wird ersichtlich, wieviel vom Hören des Wortes abhängig ist, und wird klar, weshalb Luther sagen kann, das vornehmste Werk eines wahren Christen sei das Hören (WA 3, S. 500).

"Solae aures sunt organa Christiani hominis", heißt es in der Vorlesung über den Hebräerbrief (WA 57, S. 222). *"Der glaub kompt von dem hören her. Das hören aber kompt von dem wort odder geschrey von Christo"*, betont er nach Paulus (Röm. 10) (WA 17,2, S. 73). *"Quia ex auditu fides, non ex visu"* (WA 3, S. 227), denn *"Mit augen ist wasser wasser, sed den augen mus ich nicht folgen, sed audire, quod ipse dicit"*, also hören, was Christus sagt (WA 37, S. 202).

Gemäß dieser auditiven Glaubenshaltung und Ausrichtung des Gottesdienstes ist es nur konsequent, wenn Luther dem "Verbum audible", der Predigt, das Sakrament als "Verbum visibile", als sichtbares Wort, zuordnet, wobei aber die Rangfolge zu beachten ist: *"Das Wort Christi ist das Testament, Brot und Wein sind das Sakrament. Wie aber mehr Kraft im Wort als im Zeichen liegt, so auch mehr im Testament als im Sakrament. Denn der Mensch kann das Wort oder Testament haben und brauchen auch ohne das Zeichen oder Sakrament. Glaube, sagt Augustin, so hast du gegessen"* (WA 6, S. 518).[19]

Wenn Luther auch an manchen Kirchenbauten um des Wortes, letztlich des Heils willen Kritik übt, an der traditionellen Dreiteilung des Kirchengebäudes möchte er festhalten. Er wünscht ausdrücklich, daß im Chor sich die Kommunikanten versammeln. Denn dazu ist der Altar und Chor erfunden worden, nicht daß es vor Gott etwas sei, hier oder dort zu stehen, oder als ob der Glaube etwa einen Vorteil davon hätte, sondern weil es sich schickt, daß die, welche am heiligen Abendmahl teilnehmen, von allen als solche gesehen werden. Denn eine Beteiligung am Abendmahl ist ein Bekenntnisakt (WA 12, S. 216). Eine Hervorhebung des Altarbezirks ist für Luther aber auch biblisch begründbar. Das Vorbild für diesen Raum enthält nämlich schon die Stiftshütte Mosis, und somit kann der Chor als "Sanctum Sanctorum" angesprochen werden (WA 7, S. 795). Außerdem, meint Luther, hätten sich auch die *"Aldten Christen, wen man das Abendtmahl hat empfahen wollen, ... allein im Chor verschlossen und das Sakrament gessen"* (WA 33, S. 260). So wirkt also auch die Urkirche vorbildhaft, ist die neue Kirche die wiederhergestellte erste.

Im 17. Jahrhundert wird häufig auch der Salomonische Tempel als exemplarisch angeführt. Der Bericht über das von Gott angeordnete Bauwerk (1. Könige 6ff.) vermag allmählich zu belegen, daß es erstens nicht verwerflich sein kann, überhaupt ein Gotteshaus zu bauen und daß zweitens die gottesdienstliche Raumaufteilung, die man mit den Katholiken teilt, biblisch zu begründen ist. So kann Philipp Arnoldi in seinen "Caeremoniae Lutheranae" 1616 schreiben: *"Die Form und Art aber unserer Lutherischen Kirchen ist gemeiniglich gerichtet / nach beschreibung des Salomonischen Tempels: Denn da ist 1. eine Halle oder Eingang. 2. Der Tempel an ihm selbst. 3. Das sacrarium der theil / da der Altar stehet / und vier Wende / welche die vier Theil der Welt respectieren und andeuten."*[20]

Früher protestantischer Kirchenbau in Deutschland und Frankreich

1524 hat Luther sich an die Bürgermeister und Ratsherren gewandt, damit sie christliche Schulen errichten. Daß er einen Aufruf zum Bau einer Kirche hätte ergehen lassen, ist nicht bekannt. Nach dem Gesagten wäre eine solche Initiative auch überraschend gewesen. Außerdem waren Neubauten nur selten notwendig, weil alte, nun reformierte Gotteshäuser übernommen werden konnten. Deshalb gibt es im 16. Jahrhundert in Deutschland keinen eigentlichen protestantischen Kirchenbau, denn auch die einzig bemerkenswerten neu errichteten Gotteshäuser - die Kapellen der lutherischen Schloßherren in Torgau, Augustusburg, Schmalkalden usw. - stehen in einer alten Tradition, so daß sie nicht als spezifisch protestantisch angesprochen werden können.[21] Das zeigt sich u. a. auch darin, daß ein Bischof der Gegenreformation wie Julius Echter die katholische Universitätskirche in Würzburg mit ähnlichen

Formen wie die protestantische Augustusburger Schloßkapelle hat erbauen lassen.[22]

Ganz anders war die Situation in Frankreich, hier konnten die Reformierten keine katholischen Kirchen adaptieren. So entstanden seit dem Januaredikt von 1562 Bauten, die sich einer königlichen Verordnung gemäß sehr deutlich von jenen der Katholiken unterschieden und auch nicht Kirche (église) sondern Tempel (temple) genannt wurden.[23] Der berühmte Tempel in Lyon, nur von 1564-66 existent, war ein Rundbau mit offenem Dachstuhl, Gestühl und einer Empore um die zentrale Kanzel (Abb.31). Auf einen festen Altar wollte man verzichten, weil entsprechend calvinistischer Regel nur viermal im Jahr Abendmahl gefeiert wurde und dazu ein einfacher Holztisch genügen sollte. Die radikale Ausrichtung auf den Wortgottesdienst hat einen Bau erstehen lassen, der Ähnlichkeiten mit Theaterbauten aufweist.[24]

Der Prototyp einer zweiten Reihe von Werken hugenottischer Baukunst stand vor den Toren der Stadt Paris, in Charenton (Abb.30) Salomon de Brosse hatte hier ab 1621 eine außergewöhnliche Architektur erstehen lassen: über rechteckigem Grundriß, mit zwanzig toskanischen Kolossalsäulen, Architrav und Pfeilerattika sowie Emporen, die auf zwei Ebenen den Raum umziehen. Das Vorbild für den Bau ist, wie man schon im 19. Jahrhundert wußte, bei Rekonstruktionen von Vitruvs Basilika in Fano zu suchen, bei einem antiken Profanbau also.[25] Doch diese Herkunft hat, falls sie bemerkt wurde, sicher niemand gestört, zumal nun - ein sehr bemerkenswertes Faktum - die Auswechselbarkeit oder Gleichwertigkeit von Profan- und Sakralbaukunst propagiert wurde, zumindest in einem Architekturtraktat, der 1602 auch in deutscher Sprache erschienen war. Jacques Perret stellte darin ein Modell vor (Abb.29), das sowohl für einen Hugenottentempel wie für ein Rathaus herangezogen werden konnte.[26]

Anders als die Hugenotten, die zur Errichtung von Versammlungsräumen gezwungen waren, sahen sich die deutschen Protestanten - abgesehen von den erwähnten Schloßkapellen - aus verschiedenen, oft repräsentativen Gründen erst Anfang des 17. Jahrhunderts zum Kirchenbau veranlaßt. Ab 1608 entstand z. B. nach dem Plan Paul Franckes die Marienkirche in Wolfenbüttel (Abb.32) im Anschluß an gotische Hallenkirchen.[27] Auch Süddeutschland hat um diese Zeit eine Reihe von neuen evangelischen Gotteshäusern aufzuweisen. 1591 baute man eine schlichte Kirche in Schnabelwaid (Krs. Bayreuth), 1604 eine einfache Saalkirche in Kaufbeuren, zwischen 1615 und 1619 in Ostheim vor der Rhön eine Hallenkirche.[28] Bekannter aus kunsthistorischen wie liturgiegeschichtlichen Gründen sind jene Kirchen, die Heinrich Schickhardt für Herzog Friedrich von Württemberg in Mömpelgard (1601-1607) und Freudenstadt (1601-1609) schuf (Abb.33).[29] Sie weisen zwar Altäre auf, doch keine Chöre. Darin offenbart sich eine Besonderheit Württembergs, das zwar der Lehre Luthers folgte, doch die Abendmahlsliturgie im Sinne der Schweizer zugunsten des Wortgottesdienstes zurückdrängte.[30]

Die Genese der Dreieinigkeitskirche

Regensburg sowohl räumlich wie liturgisch näher liegen jene Kirchen, die in Pfalz-Neuburg unter maßgeblicher Beteiligung des kaiserlichen Hofmalers in Prag, Joseph Heintz, aufgeführt wurden. Dies gilt für die 1609 vollendete Pfarrkirche in Haunsheim (Abb.35,36)[31] und besonders für die Hofkirche in Neuburg, wenngleich hierfür Heintz' erste Entwürfe von 1603 einer starken Modifikation unterzogen wurden.[32] Doch ist es lohnend, sich eine Rekonstruktion dieses ersten Konzepts (Abb.34) vor Augen zu halten. Geplant war eine Kirche mit Westturm, eingezogenem halbrunden Chor und einem Langhaus, dessen hohes, mit "Kalkschneidearbeit" (Stuck) verziertes hölzernes Tonnengewölbe von Wandpfeilern getragen werden sollte.[33] Der Kirchenrat brachte dagegen erhebliche Einwände vor: Das Gotteshaus sei zu klein, das Innere zu dunkel, der Bau mit zu vielen Türen ausgestattet. Besonders bezeichnend ist die Kritik an den Räumen zwischen den Wandpfeilern. Sie gleichen jenen in *"den alten päbstischen Kirchen ..., in welche allein zu dem End uff den Seiten sovil anguli kommen, damit sie hernacher mit Altären ausgefüllet werden, welche Eckh und Absätz aniezo bei uns in unseren Kirchen keinen sondern Nutzen mehr haben und dannocht sehr großen Uncosten verursachen. So kann man auch in solchen angulis die Predigt nit wol vernemmen".*[34] Auch bei einem späteren Plan stößt man sich an den *"zimblich viel anguli, so vor Jaren im Pabsttumb zu Altären, Seelmeßen, Begrebnusen und anderm gebraucht worden und bei uns nit mehr in usu, wie auch columnae zu finden, die den Zuhörern die Cantzel und faciem cancionatoris sehr benemen."*[35] Als gelungener Bau wird vom Kirchenrat die spätgotische Hallenkirche in Lauingen entgegengestellt. Ausgeführt wurde aber schließlich eine Freipfeilerhalle mit Emporen. Zur Nutzung der Hofkirche als protestantisches Gegenstück zur jesuitischen Michaelskirche in München (Abb.45), als "Trutzmichael", kam es allerdings nicht, weil Herzog Wolfgang Wilhelm konvertierte und die 1618 vollendete Kirche den Jesuiten überließ.

Vielleicht war in Regensburg noch Erinnerung an die ursprüngliche Bestimmung der Kirche wach, als man sich entschloß, den pfalzneuburgischen Baumeister Matthias Stang (Stangen) d. J. um Pläne zu ersuchen.[36] Zwei Zeichnungen im Regensburger Stadtmuseum lassen sich denn auch als Abwandlungen des Außenbaues der Neuburger Kirche "Unserer Lieben Frau" verstehen, wenngleich auch auf einem Blatt als Variante eine Doppelturmfassade vorgeschlagen ist (Kat.99). Für das Innere hat Stang offenbar keine Emporen vorgesehen oder, was man nicht annehmen möchte, die schlechte architektonische Lösung in Kauf genommen, daß sie einfach die Fenster überschneiden. Es ist deshalb wahrscheinlich, daß sich Stang bei der Gestaltung des Innenraums an der emporenlosen Saalkirche in Haunsheim (Abb.35,36) orientierte. Das würde auch das Fehlen der Rundfenster in den Regensburger Plänen erklären. Von Neuburg übernommen wurden jedoch die durchgehende Wandgliederung mit toskanischen Pilastern, die Fenster in vertieften Wandfeldern und die abgesetzte Chorapsis.

Gumpelzhaimer berichtet, Stang habe sich mit seinem Gutachten und Riß säumig erwiesen, und *"so ist von Nürnberg der Ingenieur Hanns Carl dazu berufen worden, aber wie es im Rathschluß heißt, damit die "posteri" sehen, daß man eines so kostbarlichen Gebäuds halber nicht nur auf eines Bauverständigen Gutachten und Vorschlag gegangen, beyder Meinung dabey berathen worden."*[37] Das Hauptbetätigungsfeld des Nürnberger Ingenieurs war bis dahin der Festungsbau und die Artillerie gewesen. Deshalb umgibt Sandrart sein Porträt (Abb.17) mit dem Instrumentarium eines Kriegsmannes. Sein einzig wirkliches Architekturwerk, die Dreieinigkeitskirche, erscheint im Hintergrund.[38]

Im ersten Planungsstadium dachte sich Carl den Regensburger Bau als hoch überdachte und gewölbte Hallenkirche mit Westturm, niedrigerem eingezogenem Chor mit Sechsachtelschluß und außen sichtbaren Strebepfeilern, die am Langhaus durch Vorlagen verstärkt werden (Kat.100). Auffallend und ohne Rückhalt bei der ansonsten tonangebenden spätgotischen Bautradition ist die Vielzahl der Eingänge - im Westturm, in der Mitte der Nord- und Südwand sowie in den vier abgeschrägten Enden der Seitenschiffe. Diese vier Schrägen geben dem Langhaus deutlich zentralisierendes Gepräge, wozu auch das hohe und an denselben Stellen abgewalmte Dach beiträgt.

Carl brachte das ungewöhnliche Motiv aus den Niederlanden mit, wo er längere Zeit in Diensten stand. Dort weist die hallenartig ausgeprägte Basilika St. Martin in Zaltbommel (ab Mitte 15. Jh.) gleichfalls einen eingebauten Westturm auf, dessen unterstes Geschoß sich in die mehreckig gebrochenen Seitenschiffsendigungen öffnet (Abb.37). In entsprechender Weise führen die schräg gestellten Wände der östlichen Joche umgangsartig auf den Saalchor hin.[39] Der Chor selbst sollte in Regensburg von einem Netzgewölbe überspannt und von zwei rechteckigen Anräumen flankiert werden. Sieht man den Bau vor dem Hintergrund der gotischen Bautradition, so käme nur der Regensburger Dom als Vorbild für diese Raumordnung in Frage (Abb.38). Er bietet diese einzigartige Anordnung, außerdem auch jene schrägen Wände, die zu den Außenwänden des Langhauses vermitteln, hier als Teile der Polygonalapsiden, in denen die Seitenschiffe enden. Im späten 16. und frühen 17. Jahrhundert waren allerdings ähnliche Raumkombinationen auch schon in der Münchner Michaelskirche, in Wolfenbüttel (Abb.32), in Neuburg a. d. D. usw. verwirklicht worden, so daß es nicht unbedingt der Regensburger Dom gewesen sein muß, der hier anregend wirkte. Rechts und links neben der Westseite des Turmes sind im Grundriß Wendeltreppen eingezeichnet. Vermutlich waren sie nicht nur als Zugänge zu den Stockwerken des Turmes, sondern auch für Emporen gedacht, die in den Seitenschiffen Platz gefunden hätten, ähnlich wie in Wolfenbüttel (Abb.32) und Bückeburg.[40]

Weshalb dieses Projekt nicht ausgeführt wurde, kann man erraten: wohl hauptsächlich wegen der hohen Kosten für die zuzurichtenden Werkstücke, wie Pfeiler, Gewölberippen und unnütze Portale. Tatsächlich weist ein schlichterer zweiter Entwurf diese Nachteile nicht mehr auf (Kat.101). Carl schlägt nun einen rechteckigen, tonnengewölbten Saalbau mit eingezogenem Chor vor, dem im Süden die Sakristei, im Norden ein quadratischer Turm so angefügt sind, daß beide leicht über die Flucht des Langhauses hinausragen und den halbkreisförmigen Chorschluß hervortreten lassen. Statt der aufwendigen Lösung mit dem zentralen Westturm wird nun eine einfache Giebelfassade ins Auge gefaßt. Strebepfeiler kommen nur mehr am Chor vor, ansonsten dominieren die glatten Wände, die durch Sockel, Dachgesimse und verzahnte Eckquader gerahmt sind.

Dieser zweite Entwurf sah den Einbau einer Emporenanlage vor, denn nur so läßt sich die Einzeichnung einer Treppe in der Südwestecke verstehen. Vermutlich hätte sie ähnlich wie in der Oswaldkirche nach dem Umbau zu Jahrhundertbeginn die Fenster durchschnitten.[41] Um diese zweifelhafte Lösung zu vermeiden, verkürzte Carl in einem nächsten Plan (Kat.101.1) die Rundbogenfenster, setzte sie höher und plazierte darunter querovale Ochsenaugen. So erhielt auch der Bereich unter den Emporen durch eine architektonisch motivierte Lösung ausreichende Helligkeit. Um der Zone unter den Westemporen Licht zu geben, hatte man schon seit dem Spätmittelalter an Kirchenfassaden zusätzliche Rundfenster angebracht, z. B. an der Stadtkirche in Wimpfen (Ende 15. Jh.), wo Ochsenaugen sogar auch die westlichen Langhausfenster begleiten.[42] Die Dreieinigkeitskirche weist Rundfenster nun durchgehend an Fassade und Langhaus auf (Kat.103). Diese Vereinheitlichung ist bemerkenswert, weniger die Tatsache, daß eine Emporenkirche durch zwei übereinanderliegende Fensterreihen belichtet wird.

Eine weitere wichtige Änderung - neben der Einfügung eines Vierpaß- statt eines Rundbogenfensters über den Seitenportalen und eines zweiten Fensters in der unteren Turmzone - betraf den Chor. Er wird nun gerade geschlossen und damit zur Giebelfassade an der Westseite in Beziehung gesetzt (Abb.19,20). Chöre mit rechteckigem Grundriß finden sich häufig bei kleinen Landkirchen, z. B. bei der 1591 gebauten evangelischen Pfarrkirche von Schnabelwaid im Landkreis Bayreuth. Derartige Bauten stellen späte Ausformungen eines verbreiteten mittelalterlichen Kirchentyps dar: der Saalkirche mit abgeschnürtem, rechteckigem und gewölbtem Chorraum, über dem ein Turm aufragt.[43] In Regensburg ist kein Ostturm vorhanden, statt dessen flankieren nun - vielleicht in Anlehnung an die unweit gelegene Jakobskirche - zwei schlanke Türme den Chor (Kat.103,115). Er ist somit am Außenbau deutlich sichtbar. Es ist durchaus vorstellbar, daß diese Grundrißlösung von keinem bestimmten Bau übernommen, sondern ohne direkte Anleihe entwickelt wurde. Das gilt auch für das Fenstermotiv an der Ostwand des Chores (Abb.19). Man findet ein ähnliches in der Amsterdamer Noorderkerk, die

1620-23 von Hendrik de Keyser erbaut wurde.[44] Auch diese Lösung ist keineswegs so einzigartig, daß sie nicht von Carl hätte erdacht werden können.

Man kann sich die Planungsfortschritte also ohne direkten Rückgriff auf ein bestimmtes Vorbild vorstellen. Vielleicht wirkte aber doch die Kenntnis eines Werkes fördernd und klärend. Die evangelische Pfarrkirche im hessischen Nidda, schon 1616 bis 1618 vermutlich von Jakob Wustmann erbaut, weist nämlich einige verwandte Züge auf (Abb.40a,b). Auch sie ist ein geräumiger Saalbau mit Satteldach, rechteckigem, eingezogenen Chor und südlich angesetzter Sakristei, allerdings mit Chorturm, dem genannten ländlichen Typ entsprechend. Wie in Regensburg (Abb.21) erhellen über und unter den Emporen, die an drei Seiten das Langhaus umziehen, Fensterreihen den Raum.[45] Trotz dieser Ähnlichkeiten gibt es auch markante Unterschiede. Anordnung und Form der Fenster sind in Regensburg wesentlich aufwendiger und differenzierter als am betont schlichten Bau in Nidda, der Chorbogen ist dort als Spitzbogen, hier als Rundbogen geführt und der weite Saal der Dreieinigkeitskirche von einer mächtigen Tonne, nicht von einer säulengestützten Flachdecke überspannt (Abb.21). Ein Riß Carls im Konvolut der Zeichnungen zur Dreieinigkeitskirche im Regensburger Stadtmuseum gibt Auskunft darüber, welches Bauwerk für diese Saallösung vorbildhaft war (Abb.39). Es ist, wie schon Wolfgang Pfeiffer erkannte, das Obergeschoß des einst berühmten Lusthauses in Stuttgart, das Georg Beer ab 1583 errichtete.[46] Auch dort setzte sich die weite hölzerne Tonne flach von den schweren Mauern ab, in die die Fenster eingeschnitten waren, und wird vom Dachstuhl des mächtigen Satteldachs gehalten.

Den Betrachtern des 17. und 18. Jahrhunderts erschien an der Dreieinigkeitskirche besonders bemerkenswert, daß - auch dies macht übrigens einen Unterschied zu Nidda aus - keine Stützen die Sicht der Kirchenbesucher beeinträchtigen. Denn die Emporen werden an den Langseiten nicht von Pfeilern oder Säulen getragen, sondern von Konsolen, die in den Wänden verankert sind - ähnlich wie in der Schloßkapelle von Neuburg a. d. D.,[47] mit dem wichtigen Unterschied allerdings, daß dort nur schmale Gänge, hier aber weite Sitzreihen aufliegen (Abb.18). Diese besondere Lösung hat Joachim Sandrart im Auge, als er 1675 schreibt, Carl hätte gezeigt, was er in diesem *"fürtrefflichen großen Bau ohne Seulen für schöne Gedanken, Invention und Vernunft gebrauchet"*.[48] 1711 meint der Architektenbiograph Marperger, Carl habe die Kirche *"so glücklich und zwar ohne Seulen vollzogen, daß man noch heutigs Tags denselben nicht anders als mit großem Verwundern betrachten kan"*.[49] Der vielgelesene und bedeutendste Theoretiker des protestantischen Kirchenbaus, Leonhard Christoph Sturm, schreibt 1718: *"Ich habe in meiner Jugend / da ich noch nichts von der Architektur verstunde / die neue Lutherische Kirche zu Regenspurg gesehen / weiß mich wohl zu erinnern / daß sie sehr groß / und dennoch kein Pfeiler darinnen / und daß sie wohl meist am Raum geviert war / daß ich daher nun sicher schliessen kan / es sey eines der besten Meister-Stücke in gantz Teutschland"*.[50]

Zusammenfassend läßt sich also sagen, daß die Dreieinigkeitskirche ein durchaus individueller Bau ist, auch wenn letztlich die Tradition der einfachen Saalkirche mit eingezogenem Chor, die in Nidda ihre markanteste protestantische Ausformung gefunden hat, nachwirkt. Denn alle vergleichbaren Züge haben in Regensburg, wie bemerkt, eine prägnante Ausprägung erfahren. Außerdem wurden die Dimensionen erheblich gesteigert. Die Länge des Baues beträgt nun über fünfzig gegenüber knapp dreißig Metern. Und die klare Raumform, die in Nidda und anderswo eher Anspruchs- und Mittellosigkeit entsprang, wird hier nun als Resultat eines gestalterischen Wollens interpretierbar. Dies bestätigen die Proportionsverhältnisse: das Langhaus ist gleich breit wie hoch, die Weite des Chores beläuft sich auf die Hälfte jener des Langhauses, die beiden Räume, über denen sich das Turmpaar erhebt, haben quadratischen Grundriß und ordnen sich dem Ganzen harmonisch unter. Aus diesen klaren und einfachen Verhältnissen resultiert u. a. jene *"merkwürdige Mischung von festlicher Weite und abstrakter Strenge"*, von der Engelbert Kirschbaum einmal sprach.[51]

Man kann erwägen, ob nicht die Münchner Michaelskirche (1582-97) als mächtige, tonnengewölbte Kirche römischen Zuschnitts[52] (Abb.45) zur Monumentalisierung des ländlichen Kirchentypus und zum Einbau eines Tonnengewölbes beigetragen hatte. Doch kaum weniger als die Ähnlichkeiten stechen die Unterschiede zwischen dem katholischen und protestantischen Gotteshaus ins Auge. Denn nicht Altarnischen, architektonisch ausgebildete Emporen, Pilaster, Skulpturen und reicher Stuck bilden die Raumgrenze, sondern glatte weiße Wandflächen, in welche die Fenster und Türen ohne rahmende Vermittlung so eingeschnitten sind, daß die Massigkeit der Mauern hervortritt (Abb.21). Insgesamt steht, so könnte man mit Sturm sagen, die "Pracht" der katholischen Kirche gegen die "Reinigkeit" der protestantischen.[53] Es kommt zu keiner Verschleifung von Wand und Gewölbe, nicht einmal - und das empfindet man als Mangel - zu einer durchgehenden Achsenabstimmung zwischen Stuckrippen, Konsolköpfen und Maueröffnungen; oben und unten sind wie Himmel und Erde säuberlich getrennt. Noch am nächsten kommt die Freudenstädter Kirche (Abb.33), auch dort setzt sich das Flachtonnengewölbe von der Wand ab, doch stützen Engelskonsolen die Gewölberippen in jeweils gleichen Abständen, exakt in der Wandmitte zwischen den Fenstern. Doch bleibt die Vergleichbarkeit bestehen, besonders wenn man weiß, daß erwogen wurde, in Regensburg auch die Gewölbe des weiten Saals und nicht nur des Chors mit schlingenförmigen Stuckrippen zu zieren (Abb.21,24). Ebenso sind die Emporen bzw. die Emporengänge beide Male als hölzerne Möbel in die Architektur eingehängt und nicht, wie in München, aus der Architektur entwickelt. Dieselbe Stilstufe, auf der Carl und Schickhardt stehen, offenbart sich auch in der Neigung zu einfacher Raumgliederung und zur Darstellung klarer Flächen, von denen sich, jeweils unter Betonung schlichter symmetrischer Verhältnisse, Einzelformen klar abheben.[54] In diesen Architekturgliedern wurde der Einfluß jenes Bauwerks wirksam, das Carl wohl am besten kannte, das Nürnberger Rathaus, 1616-22 von Jakob Wolff d. J. errichtet. Die Grundform der Portale kommt von dort (Abb.26,41), und die äußere Fensterrahmung mit der merkwürdig vorspringenden Fensterbank und den "Ohren" am Ansatz des Rundbogens läßt sich als Vereinfachung der dortigen mehrschichtigen präzisen Rahmung verstehen.[55] Das Maßwerk in den Fenstern ist mehr oder weniger Allgemeingut jener Zeit.[56] Nicht zuletzt im Hinblick auf dieses Formenrepertoire wird man aber auch Georg Dehio nicht widersprechen wollen, der die Kirche "gediegen, ehrbar" und "schwerfällig" nannte.[57]

Unterschiede zum katholischen Kirchenbau

Im Vergleich mit der Münchner Michaelskirche wurden einige Unterschiede zwischen den Kirchbauten der Konfessionen festgestellt. Bei einer solchen Konfrontation muß man sich aber immer der Gefahr bewußt sein, daß man ungerechtfertigt Stilunterschiede als Konfessionsunterschiede interpretiert, und deshalb soll nun ohne direkte Gegenüberstellung nach den Spezifica der Dreieinigkeitskirche als evangelisch-lutherisches Gotteshaus gefragt werden.

Man kann mit einem scheinbar peripheren Unterschied beginnen, mit dem Fehlen eines Sakramentshauses oder eines Altartabernakels, vor dem, wie seit 1614 vorgeschrieben, das ewige Licht brennt. Damit wird angezeigt, daß in einer katholischen Kirche in der Hostie das Allerheiligste ständig präsent ist. Aus dieser Gegenwärtigkeit resultierte die Ausbildung einer regelrechten Tabernakelfrömmigkeit, die von einzelnen in stiller Andacht oder von einer Gruppe außerhalb der Messen gepflegt wurde.[58] Dazu kniete man häufig vor dem ausgesetzten Sanktissimum nieder. Im evangelischen Gotteshaus ist solche Privatandacht grundsätzlich unmöglich, weil Brot und Wein nur "in actu", im Vollzug in der Gemeinde zu Leib und Blut Christi werden, ganz abgesehen davon, daß die Kirche außer für die Gemeindegottesdienste in der Regel geschlossen bleibt und die Kirchenstühle für die besondere körperliche Bezeugung der Verehrung durch Knien nicht angelegt sind.

Weil es kein "sanctissimum extra usum" gibt, das Sakrament nur im Kreis der glaubenden Gemeinde vollzogen werden kann, müssen auch die Messen mit dem alleinigen Kommunizieren des Priesters widersinnig erscheinen (WA 8, S. 438 f.), damit natürlich auch die Vielzahl jener Gottesdienste, die ein mit Pfründen ausgestatteter Priester an seinem Altar, häufig an einem der zahlreichen, Heiligen geweihten Seitenaltäre, zu lesen verpflichtet war.

Mit der Ablehnung dieser Praxis fielen, wie bereits am Beispiel Neuburg a. d. D. erwähnt, die Nischen und Apsiden für Seitenaltäre weg und vereinfachte sich der Grundriß der protestantischen Kirchen. Diese Simplifizierung ist nicht zuletzt die praktische Folge der theologischen Meinung, daß Opfer, die dem Glauben an eine Werkgerechtigkeit entspringen, für das Seelenheil nichts taugen. *"Es ist ... ein offenbarer gottloser Irrtum, die Messe für Sünden, für Genugtuungen, für Verstorbene oder für allerlei eigene oder fremde Nöte darzubringen oder zuzuwenden. Daß das unzweifelhaft richtig ist, ist leicht zu erkennen, wenn du unbeirrt festhältst, daß die Messe göttliche Verheißung ist, die niemand nützen, niemand zugewendet werden kann, für niemand bei Gott eintreten kann, niemand mitgeteilt werden kann als allein dem, der mit eigenem Glauben glaubt"* (WA 6, S. 521).[59] Um den Glauben an jene Verheißung, der den Opfergedanken der römischen Messe ersetzen soll, zu erwecken und zu stärken, sollte - nach Luther - die Messe in der Volkssprache gehalten werden (WA 6, S. 362). Im übrigen bietet die größtmögliche Angleichung der Abendmahlsfeier an das ursprüngliche Abendmahl Jesu mit den Aposteln die Gewähr für die Richtigkeit und Gültigkeit (WA 6, S. 355), weshalb auch Pfarrern empfohlen wird, *"sich ymer zum volck [zu] keren, wie on zweifel Christus ym abendmal gethan hat. Nu das erharre seyner zeyt"* (WA 19, S. 80).

Um ja den Altar nicht als Opferstätte, sondern als Tisch des Herrenmahles zu begreifen, meint Luther auch: *"Wer hie lust hette, tafeln auff den altar lassen zu setzen, der solte lassen das abendmal Christi malen"* (WA 31, 1, S. 415). So geschah es auch in Regensburg (Abb.23), allerdings erst 1637, nachdem durch eine Spende des Herzogs Franz Albert von Sachsen-Lauingen genügend Geldmittel für einen definitiven Altar - bis dahin behalf man sich mit einem Provisorium - vorhanden waren. Ein Augsburger Maler (Leonhard Schemel?) schuf die Abendmahlsdarstellung, Paul Johann Schwenter die Taufe Christi für die Predella, Leonhard Kern den bekrönenden Engel.[60]

Ein weiteres Merkmal fällt heute, nach der Liturgiereform, nur mehr kundigen Katholiken auf. Der Taufstein, der Ort des zweiten, durch das biblische Wort gestifteten Sakraments, ist nun nämlich nicht, wie vor der Glaubensspaltung die Regel, im Westen der Kirche[61] aufgestellt, sondern in oder knapp vor dem Chor, jedenfalls vor der Gemeinde. So war es z. B. in Nidda (Abb.40), so empfiehlt es Furttenbach, und so ist es auch in der Dreieinigkeitskirche, seitdem sie als Pfarrkirche dient, ab 1814 also.[62]

Als Konsequenz der Aufwertung des gesprochenen Wortes muß die nunmehr angestrebte Nähe von Altar und Kanzel gelten. Sehr häufig, wie wiederum in Nidda und Regensburg (Abb.21,40), findet jetzt die Kanzel am Chorbogen ihren Platz. Diese Stellung ist zwar prinzipiell nicht neu, doch wird sie nun die verbreitete und auch in großen Kirchen übliche. Die Kontraktion ermöglicht nun von allen Sitzen eine gleichermaßen gute Sicht auf Altar und Kanzel und bezeugt, daß die Gemeinde nicht weniger auf die Kanzel als auf den Altar ausgerichtet ist. Den prägnantesten Ausdruck für die sichtbare Aufwertung des Wortes fand man dort, wo die Kanzel über dem Altar zu stehen kam, so z. B. - noch ohne direkte Verbindung - in den Schloßkapellen von Rotenburg a. d. Fulda (1570-80) und Schmalkalden (1586-90), oder in den eigentlichen Kanzelaltären, bei denen der Kanzelkorb in das Altarretabel rückte, das Wort gewissermaßen das zentrale Bild ersetzte.[63] Ordnete man, wie wiederum in Schmalkalden oder entsprechend dem Vorschlag Furttenbachs von 1649 (Abb.43), noch die Orgel dem Altar und der Kanzel zu, so wurde zudem die besondere, letztlich theologisch begründete Hochschätzung des gesungenen Wortes und der Musik, Luthers erste Kunst nach der Theologie,[64] paradigmatisch deutlich.

Auf eine andere Eigenheit kommt der schon zitierte Architekturtheoretiker Sturm 1718 zu sprechen. Grundsätzlich der Meinung gewiß, daß es in "päpstlichen Kirchen" "mehr auf das Sehen / als auf das Hören" ankomme, führt er aus: "In der Römischen Kirche wird vornehmlich darauf gesehen / daß viel Capellen mit kleinen Altären können gemachet werden / und daß unten auf der Erde viel Volcks stehen könne / und vornehmlich in dem Schiff grosser Platz sey / damit wenn an sonderlichen Solennitäten in dem Chor das hohe Ampt verrichtet wird / eine grosse Anzahl Volcks hinein sehen könne. Hingegen in den Protestantischen Kirchen sihet man vornemlich darauf / daß eine grosse Menge einen einigen Prediger wohl sehen und hören könne / daher man die Stellen unmöglich auf der Erden recht gewinnen kan / weil bey gar grossen Kirchen / die weit von der Cantzel zu stehen kommen / nichts hören können / sondern man muß sie übereinander zu gewinnen suchen."[65]

Tatsächlich wurde die Existenz von Emporen immer wieder als Merkmal des protestantischen Kirchenbaus angesprochen.[66] Doch nennt Sturm nur einen von mehreren Gründen, die zum fast regelmäßigen Einbau von Emporen geführt haben. Dort und da veranlaßte sicher der schlichte Mangel an Sitzplätzen ihre Errichtung, z. B. in der Neupfarr- und Oswaldkirche in Regensburg.[67] Der Platzmangel ist aber seinerseits wiederum im Zusammenhang mit der Reduzierung der Zahl der Gottesdienste gegenüber katholischer Praxis zu sehen, also im Umstand begründet, daß zur selben Zeit mehr Gläubige zusammenströmten, letztlich freilich in einer anderen Auffassung von Sakrament. Jedenfalls war es das Bestreben, die ganze Gemeinde zu den wenigen Terminen zu versammeln und nach Geschlecht und Stand getrennt im Kirchenraum zu verteilen. Auch um diese Differenzierung vorzunehmen, wurden die Emporen genutzt, in den spätgotischen Hallenkirchen und erst recht in den Doppelkapellen der Schlösser und Burgen schon vor der Reformation.[68] In der Torgauer Kirchweihpredigt von 1544 kam Luther ausdrücklich auf die Rangunterschiede im Leben und in der Sitzordnung zu sprechen. Er meinte, es sei von "Gott also geordnet, das der inn hohem Stand ist, auch hoher sitze, denn die andern" usw. (WA 49, S. 606). In entsprechender Weise wurde bei der Einweihungszeremonie des Regensburger Neubaus die ständische Ordnung der Gemeinde sichtbar gemacht (Abb.18). Im Chor saßen der Innere Rat, auf der nördlichen Empore Personen des Herren- und Ritterstandes, gegenüber auf der südlichen die Doktoren, andere graduierte Personen und vornehme Bürger, zu ebener Erde an den Wänden entlang die Mitglieder des Äußern Rates, Vierziger und Amtspersonen, im blockweise geordneten Parkettgestühl vorne links Frauen des Rats und Ehrliche Bürger, vorne rechts Frauen- und Edelfrauen, dahinter bürgerliche und andere ehrliche Frauen sowie weitere Bürger.[69]

Eine Betonung der geschlechts- und standesspezifischen Sitzordnung der Kirchenbesucher sollte jedoch Grundsätzlicheres nicht übersehen lassen. Erstens nämlich, daß nun im Chor "Laien" ihren Platz haben, in einem Bereich also, der einst durch Konzilsbeschlüsse den Klerikern vorbehalten war. Zwar brachte man auch in der Dreieinigkeitskirche Chorschranken an (Abb.18), doch dienten sie offenbar nicht dazu, um "zwischen dem besonderen und allgemeinen Priestertum eine sichtbare Scheidewand" aufzurichten.[70] Zweitens sollte es nicht als selbstverständlich angesehen werden, daß Sitzbänke den ganzen Kirchenraum ausfüllen und der Besucher grundsätzlich einen festen Platz innehat. Zwar kannte man im Spätmittelalter neben dem Chorgestühl auch individuell gestaltete Repräsentationssitze, z. B. für die Herrschaft, die Ratsherrn oder Zünfte, nun aber sollte jedes Gemeindemitglied über seinen Platz verfügen.[71] So wurde tatsächlich der Errichtung eines festen planmäßigen Gestühls für die Laiengemeinde oft die einzige bauliche Maßnahme bei der Übernahme einer katholischen Kirche.[72]

Es mag vielleicht eine idealistische Sicht der Dinge bedeuten, wenn man den Einzug der Gemeinde in den Chorraum und das feste Gestühl für alle mit der neuen Auffassung eines allgemeinen Priestertums (vgl. z. B. WA 41, S. 213) zusammenbringt. Offenbar sicher ist, daß in katholischen Kirchen, wo natürlich auch Gläubige verschiedener Stände anwesend waren, doch zwischen dem allgemeinen und speziellen Priestertum unterschieden wurde, häufig noch bis weit ins 17. Jahrhundert keine Sitzplätze für alle zur Verfügung standen.[73] Eine Neubewertung der Gemeinde im evangelischen Bereich wird hier wohl von ausschlaggebender Bedeutung gewesen sein. Daß mit der Vermietung der Stühle - in Regensburg lief sie kurz nach der Fertigstellung am 9. Dezember 1631 an - nach dem Ausfall eines großen Teils der vorreformatorischen Einnahmequellen, z. B. aus Votivmessen, eine neue Finanzquelle erschlossen wurde, steht auf einem anderen Blatt.[74] Dieser Gewinn ist das pekuniäre Resultat einer Aufwertung der Gemeinde und ihrer angestrebten Präsenz.

Die Anwesenheit von Laien im Chor mag den Katholiken einmal anstößig erschienen sein, heute, nach dem Zweiten Vatikanischen Konzil, ist auch ihnen die Unterscheidung zwischen Sakral- und Profanraum in der Regel kein besonderes Anliegen mehr. So wird man auch kaum mehr verstehen, daß ein Kirchenbau der vielen Fenster wegen zu hell sein könnte; so erschien es jedenfalls einem Kritiker des Hugenottentempels in Charenton (Abb.30).[75] Er bemerkte durchaus etwas Neues und, wie es scheint, Protestantisches. So wendet sich der schon mehrmals zitierte Sturm gegen die bunten Glasfenster und meint, *"die finsteren Kirchen vermehren die Andacht soviel als die Nacht oder die Blindheit. In den Abergläubischen mag dadurch eine knechtische Furcht erweckt und können die betrüglichen Wunderwerke hierdurch artig ausgeführt werden. Der heiligen christlichen Gottesfurcht ist das Licht verwandt und die Finsternis streitet wider sie"* - Reformation als Aufklärung im engeren Wortsinn. Konsequent richtet sich Sturm nicht nur gegen die farbigen Fenster, sondern auch gegen die italienisch-katholische Praxis, Fenster der Seitenaltäre wegen nur in der oberen Mauerzonen einzusetzen, und lobt, daß man in Deutschland die hohen gotischen Fenster beibehalten hat und nur die spitzen Bögen in runde verwandelte. Da aber die großen Fenster schwer zu reinigen seien, empfiehlt er, mehrere kleinere übereinander zu setzen, je nach der Zahl der Emporen.[76] Ob er bei seinem Ratschlag an das Regensburger Beispiel dachte (Abb.21), ist nicht überliefert, aber immerhin denkbar. Daß jedoch mit hellen Kirchen allein bei den Menschen wenig auszurichten ist, mag man einer Klage des Regensburger Geschichtsschreibers und Kantors Raselius vom Ende des 16. Jahrhunderts entnehmen. Er meint: Obwohl nun das *"lautere helle und sonnenklar scheinende Licht des H. Wortes Gottes"* zu hören sei, ist die Opferbereitschaft zurückgegangen, so daß nun das Sprichwort gelte: "Die Alten hatten finstere Kirchen und helle Gemüter, jetzt haben wir helle Kirchen und finstere Herzen."[77]

Die Präsenz der Engel - Christus als Tür

Ist nun also die Dreieinigkeitskirche ein profanes Gebäude, zwar nach überliefertem Grundriß für eine Gemeinde errichtet, um das Wort Gottes zu hören und die Sakramente zu empfangen, aber dennoch grundsätzlich z. B. vom Reichstagssaal nicht unterschieden? Als erstes könnte man entgegnen, daß der Ort ein von den Engeln bewachter und insofern besonderer ist. Vier Engel sind an den äußersten und höchsten Ecken plaziert (Abb.25,Kat.115), und mehrere von ihnen flankieren die Portale (Abb.26). Sie sind die *"lieben Heyligen Engelein"*, die bilden die Schildwacht gegen die *"viel 1000. Teuffel / und heimblichen bösen Geister / die streiffen Tag und Nacht / lauffen herumb wie die brüllenden Löwen / und suchen wen sie verschlingen /*

oder den Weg verhindern / damit sie nicht hineinkommen" in die Kirche und dort ihre Freude finden, erläutert eine 1638 erschienene Schrift die Engelsdarstellungen an der Dreieinigkeitskirche.[78] Begründet ist diese Vorstellung von den Engeln als Widersacher der teuflischen Mächte durch die Bibel, genauer durch I. Moses 3, 24 und Apk. 21, 22, wo vom Türwächterdienst der Engel an der Paradieses- bzw. Himmelspforte gesprochen wird. Und sie hat schon längst bildliche Konkretisierung erfahren, z. B. in den Engeln an der Kathedrale von Reims oder, viel bescheidener, im Holzschnitt (Abb.44) von Matthias Gerung (zw. 1544 und 1553). Beide Male bewachen die Engel die Himmelsstadt.[79] Ob man allerdings die Dreieinigkeitskirche zu jenem himmlischen Vorbild in Beziehung sehen darf, ist mehr als fraglich. Denn ganz ähnliche Engelkonsolen finden sich auch an einem eindeutigen Nutzbau, am "Leeren Beutel" (Abb.42), dem Getreidespeicher der Stadt.[80] Und so wird man die Engel wohl als Abwehrgestalten in einem weniger spezifischen Sinn verstehen müssen. Gut lutherisch ist die Vorstellung vom apotropäischen Dienst der Engel jedenfalls. Engel sind dem Reformator, um nur eine der zahlreichen Aussagen zu zitieren, die von Gott eingesetzte Gewalt *"widder den Teuffel, die yhm stets wehre und abbreche"* (WA 32, S. 115 f.).[81]

Wäre das geplante und von Leonhard Kern weitgehend ausgeführte Skulpturenprogramm zur Aufstellung gelangt, so hätten sich die Wächterengel an den drei Portalen deutlich Christus zu- und untergeordnet (Abb.26,28), jenem Christus, der von sich sagte *"Ich bin die Tür. Wer durch mich eingeht, der wird selig werden"* (Joh. 10, 9). Er ist also als "ostium" zu verstehen, wobei entsprechend den Herleitungsmöglichkeiten des Wortes von obsistere, obsidere oder ostendere Christus als Tor in seiner geistigen Fassung bald mit Hilfe der Engel den Eingang verwehrt, bald den Freunden den Zutritt zu Kirche und Paradies zeigt.[82] Doch nicht leiblich wie in Amiens als "beau dieu" sollte Christus an den Portalen erscheinen, sondern zum Zeichen reduziert in Tiersinnbildern. Eine graphische Idealansicht (Kat.115) von Georg Hüpschmann (1636) zeigt im Westen einen Pelikan (vgl. Ps. 101, 7) mit den Personifikationen von Glaube und Hoffnung, im Norden eine Henne (Matth. 23, 37; Luk. 13, 34) und den Skulpturen der Liebe und vielleicht der Pietas. Im Süden sollte, wie wir von Gumpelzhaimer, der auch die entsprechenden Inschriften überliefert, wissen, ein Phoenix wohl mit Klugheit und Gerechtigkeit seinen Platz finden,[83] die Christus-Darstellung jedenfalls auch von Tugenden begleitet sein, entsprechend dem Schriftwort *"Wiltu aber zum Leben eingehen / so halt die Gebote"* (Matth. 19, 17). Über ihre unmittelbare ikonographische Aussage hinaus wäre mit den jeweils *drei* Skulpturen an den *drei* Portalen auch ein Hinweis auf die Dreieinigkeit gegeben worden; ganz besonders an der durch rote Marmorsäulen ausgezeichneten Westfront, weil dort auch die *drei* hohen Fenster über und seitlich der *drei* göttlichen Tugenden - der Pelikan tritt für Liebe ein - als Anspielung auf die Trinität verstanden werden könnten.

Man kann in diesem Programm durchaus den reformatorischen Kern erkennen. Er wird deutlich, wenn man einen Holzschnitt Sebald Behams heranzieht (Abb.46). *"Ich bin die thür in den Schawffstal"* läßt Hans Sachs im Erläuterungstext Christus sagen. Und so gewinnt eine Reihe von Gläubigen, die von rechts herantritt, mühelos Einlaß. Es gibt aber auch solche, es sind vor allem Nonnen und Mönche, die auf Umwegen in den Stall möchten. Ein jeder von ihnen *"steygt eyn an fremden ort"* und sucht sein *"hayl, hilft, trost und stercke / In den erdichten menschen wercke / Die doch vergebens syndt vor gott"*.[84] Der Glaube an Christus führt also durch die Tür zur ewigen Heimstatt, nicht der Glaube an die Verdienstlichkeit im allgemeinen und an die Kraft des Rosenkranzes im besonderen.

Das unmittelbare formale Vorbild für eine derartige Portalanlage ist in Nürnberg zu finden (Abb.41). Joachim Toppmann hat dort 1616 nach dem Entwurf von Christoph Jamnitzer die Liegefiguren Prudentia und Justitia sowie einen Pelikan für das mittlere Portal des Rathauses geschaffen.[85] Das sich aufopfernde Tier ist dort auf das Stadtregiment und nicht auf Christus zu beziehen, und somit fällt die für Regensburg bezeichnende Metaphorik des Paradiestores weg. Wenngleich nun Christus als das Tor zum ewigen Leben apostrophiert ist, wird man deswegen nicht behaupten können, daß das Kirchengebäude selbst im Inneren ein Bild des ewigen Lebens sei, das Himmlische Jerusalem darstelle, zu dem man durch Christus eintritt. Dazu fehlt dem kargen Raum nahezu jede formale Voraussetzung, z. B. das edelsteinhafte Leuchten der Wände usw. Nicht, daß die Vorstellungen vom Himmelsbau überhaupt verblaßt wären, im Gegenteil. In der schon zitierten Veröffentlichung von 1638 wird beredt ausgeführt, daß die Dreieinigkeitskirche wie das Neue Jerusalem der Apokalypse (21, 18 f.) auf zwölf Edelsteinen, auf Christus, gegründet sei.[86] Doch geschieht die Angleichung an das himmlische Vor- und Zielbild nur im Wort, nicht im Bild. Auch die Vorstellung von Kirchenbauten als Garten wird eindringlich beschworen, doch mit poetischen Wendungen, nicht, wie in der Spätgotik, durch gestalthafte Angleichung an den Himmelsgarten.[87] Die Figurationen, die Georg Vest nach dem Entwurf Carls an der hölzernen, vom Dachstuhl getragenen Tonne in Stuck ausführte (Abb.24), weisen zwar auch florale Motive auf, doch sind diese von den rahmenden Feldern in das Gefüge der Rippensterne eingepaßt und somit ins Unverbindliche zurückgenommen. Die weiße, nur durch wenige vergoldete Partien akzentuierte Farbigkeit tut das Ihrige, daß das Gewölbe weder als Laube noch als Abbild des Sternenhimmels gesehen werden kann.[88]

Wenn auch, im ganzen gesehen, mehr durch das Wort als durch die sinnliche Anschauung die Himmelsvorstellungen auf den Kirchenraum bezogen werden, so ist doch die Dreieinigkeitskirche auch im Inneren kein gewöhnliches Gebäude. Nicht nur wegen des Grundrisses, der nach Luther und Arnoldi auf den Tempel zurückweist. Wiederum sind es die Engel, die Spezifisches sagen, zunächst die zahlreichen Cherumbimgestalten am Chorgewölbe (Abb.23). Ihre Darstellung an diesem Ort ist nicht außergewöhnlich. Grundlegend ist neben dem biblischen Bericht, daß Cherubim im Salomonischen Tempel das Allerheiligste zierten (Abb.47), die seit den Kirchvätern gängige Vorstellung von der Anwesenheit der Engel beim kirchlichen Gottesdienst, von der Teilhabe der Engel an der Liturgie des Himmels und am Gottesdienst der Kirche. Sie umringen danach den Zelebranten, wenn er die Messe feiert. Eine ganz besondere Bedeutung kommt ihnen außerdem als Rufer des dreimaligen Sanctus nach Jes. 6, 3 zu.[89] Gemäß der Regensburger Kirchenordnung von 1567 (?) sang unmittelbar vor dem Genuß von Brot und Wein *"der chor das Sanctus lateinisch oder das deutsch[e Lied]: Jesaja dem propheten das geschah"*.[90] Daß auch für Luther die Engel in diesem Zusammenhang eine Rolle spielten, geht übrigens aus der schon zitierten Stelle der "Formula missae" von 1523 hervor, in der er die Teilnahme am Abendmahl als Bekenntnisakt sieht und zwar nicht nur vor Gott und den Menschen, sondern ausdrücklich auch vor den Engeln (WA 12, S. 216).

Der Chor ist somit ein ausgezeichneter Ort. Auch in dem Sinn, daß er sich gegen Osten öffnet und von dort das Licht durch helle Fenster einfällt (Abb.23). Philipp Arnoldi gab 1616 eine Anleitung zum Verständnis: *"Der Ort im Tempel / da die Altar stehet / ist nach des Tertulliani anzeigung / gemeiniglich / nach Aufgang der Sonnen gesetzet worden. Denn wir sollen in anschauung des Altar nach dem Morgen stehende / bedencken / die schreckliche Sünde die uns und unsere ersten Eltern / auß dem Paradiß / des nach dem Morgen gelegenen / heraus gestossen: Uns daneben erinnern des Mans vom Auffgang / Christi unsers Heilandes / der durch die Strahlen des heiligen Geistes / die Finsternuß auß unserm Hertzen treibet / und dagegen durch sein Wort im seligmachenden Glauben an sein tewres / einpflantzet."* Dazu kann man die Glasfenster mit den Engeln in Beziehung setzen, die Spruchbänder mit den Namen der Evangelisten in Händen halten, denn durch eben ihr Wort wird jener Glaube an den *"Man des Auffgangs"* bereitet. Und diesen Glauben, so heißt es weiter, stärkt Christus *"am selben orth im H. Abendmahl ... biß er endlich vom Morgen als ein Blitz mit seinem Gericht erscheinen wird"*.[91] So sind wohl auch Alpha und Omega nicht zufällig in den Lichtöffnungen des nach Osten gelegenen Raums angebracht.

Engel sind aber nicht nur beim Abendmahl über und am Altar anwesend (Abb.23,24). Da sie im ständigen Gefolge Gottes erscheinen, finden sie sich auch dort ein, wo man sein Wort verkündet (Abb.22) - um die Kanzel[92] also - und dort, wo man sich in seinem Namen versammelt, um jenes Wort zu hören. Das sagt deutlich die frühe protestantische Literatur[93] und natürlich auch Luther, in einer Passage der Torgauer Predigt übrigens, die auch die Regensburger Gegebenheiten erläutern lassen, denn hier sind im Langhaus nicht nur Engelsgestalten zu sehen, im Zentrum erstrahlt auch die Sonne der Trinität (Abb.24). *"Sein zween oder drey oder ein ganzer hauffe beieinander"*, da wird sicher auch Christus *"bey jenen gegenwertig sein, Da wird gewislich auch Gott der Vater und heiliger Geist nicht aussen bleiben und die heiligen Engel nicht weit davon sein, Der Teuffel aber mit seinen Hellischen hauffen nicht gerne nahe dabey sein"* (WA 49, S. 594).

Durch die Zeichen am Gewölbe wird also kundgetan, was eintritt, wenn die Gemeinde versammelt ist und dem Wort Gottes begegnet, und nur dann: die Anwesenheit Gottes und der Engel in einem ansonsten schlichten Haus. Diese Auffassung von der Ausschließlichkeit der Präsenz im gemeinschaftlichen Wortgottesdienst ist es wiederum in erster Linie, die die Dreieinigkeitskirche von einer katholischen Kirche unterscheidet, und nicht, wie deutlich wurde, ein Verzicht auf symbolische Bezüge. Vom Tempel der Hugenotten und den Versammlungsräumen der Reformierten hingegen ist das lutherische Gotteshaus, wie es scheint, nicht nur durch den festen Altar und schmückende Bildwerke abgesetzt, sondern auch durch die bewußte Fortführung der Formtradition der gottgefälligen Bauten des Alten Testaments, der Stiftshütte und des Salomonischen Tempels. Nach Luther sollte durch die Nutzung des Chores für die Kommunikanten auch der Rahmen der ursprünglichen Abendmahlsgemeinschaft wiederhergestellt werden. Durch diese Rückwendung wird die neue Kirche der ersten als der einzig verbindlichen angeglichen, baulich wie geistig. Deshalb kann Luther die Katholiken provozierend fragen: *"Wie aber, wenn ich beweiset, das wir bey der rechten alten kirche blieben / ja das wir die rechte alte kirche sind / Ihr aber von uns / das ist / von der alten kirchen abtrünig worden / eine newe kirchen angericht habt wider die alte Kirche"* (WA 51, S. 478 f.).

Das gesprochene und gemalte Wort als Kirchenschmuck

Predigten und Schriften zur Grundsteinlegung oder Weihe bieten traditionell Gelegenheit, Interpretationen der Kirche im geistigen wie materiellen Sinne auszubreiten.[94] 1631 geschah dies durch die Worte des Superintendenten Salomon Lenz. Von besonderem Interesse sind seine Ausführungen über den wahren Schmuck eines christlichen Tempels im Unterschied zu jenen der Heiden und Abergläubigen. Ein Christ müsse wissen, daß es *"zweyerley zierath eines Tempels"* gebe. *"Erstlich ist 'ornatus externus', der eusserliche schmuck / als daß ein Kirch herrlich gewölbt / lieblich gepflastert / und sonst in füglicher 'proportion' erbawt / wie denn auch dieser unser Newer Tempel hell und lieblich uns für augen stehet. Solcher Schmuck aber unterscheydt eigentlich Christliche Tempel nicht von den Heydnischen und Abgöttischen Kirchen / denn solcher schmuck kan sich auch in falschen Kirchen finden. Darnach findet sich 'Ornatus Templi internus & spiritualis', ein Innerlicher geistlicher Tempelschmuck / welcher eigentlich die Häuser Gottes von den Abgöttischen Tempel / unterscheidet"*.[95]

Generell bestimmt ist der Charakter des geistlichen Schmucks durch das Bibelwort: *"Heiligkeit ist die zierde deines Hauses ewiglich"* im 93. Psalm. Doch hat diese Heiligkeit mehrere Aspekte. Der erste Tempelschmuck besteht in der Heiligkeit Gottes, der zweite in der *"heilig-*

keit deß Verdienstes Jesu Christi". "Denn was wolten armen Sündern helffen gemahlte Altar / mit Seiden bedeckte Cantzeln / getäfelte gestül / marmersteinerne pflaster / und andere stück / wenn nicht Christi verdienst den armen Sündern darinn gepredigt würde".[96] "Das dritte heilige Stück und geistlicher Kirchenschmuck bey allen Christlichen Tempeln / ist Sanctitas verbi divini: die Heiligkeit göttliches Worts".[97] Durch die Anwesenheit Gottes im Wort erhält die Kirche also ihr wahrhaftes Ornament. Der vierte geistliche Ornat besteht in der Heiligkeit der heiligen Sakramente "als Sigel der Göttlichen gnaden / dadurch Uns der gnadenbundt im Wort bekrefftiget und versigelt wirdt".[98] Die fünfte Komponente bildet die "Heiligkeit der Anrufung", die Verwendung der Kirche als Bethaus; die sechste die Heiligkeit des Glaubens (im Unterschied zur Verdienstlichkeit), die siebente der christliche Lebenswandel: "Also zieret auch nichts mehr einen Tempel und Kirch / als wenn fromme / reine Gottseelige Christen darinn leben. Denn was helfen schöne Kirchen / wenn unsaubre Christen darinn sitzen".[99]
Unvergleichlich höheren Rang als der sinnlich wahrnehmbare Schmuck nimmt also die geistliche Zierde des Kirchengebäudes ein. Im Urchristentum hat man gemäß dieser Einsicht gehandelt: "Als anfänglich bekerte reiche Leuth Ihre eigne Wohnungen / und Schulen in Kirchenstellen verwandelten / unnd fürnehme Herrn ehrliche Gotteshäuser bawten / hat man Christum allein das einige rechte Kirchengeschmeid sein und bleiben lassen; Biß es hernacher / zum umbschlag kommen / daß man diesem Herrn in den meisten Tempeln gegonte zu widersprechen / unnd den stummen Götzen und verstorbenen Heiligen zudienen / und Ihre Kirchen nach Ihnen zunennen / und alles auff Creutz und Fahnen / auf Docken und Bilder / auff reuchern und schmücken / auff klingen und singen / mit underlassung deß reinen Gottesdiensts gesetzt".[100]
Vielleicht ist diese Sicht des Frühchristentums für die vergleichsweise bescheidene bildliche Ausstattung des Inneren der Dreieinigkeitskirche verantwortlich zu machen (Abb.21,23). Insgesamt gesehen hat die Reformation im Sinne einer Wiederherstellung der geistigen Zierde der Kirche aber nicht auf den sinnlich wahrnehmbaren Schmuck, auf die Bilder, verzichtet. Mit der zunehmenden Beachtung und Rekonstruktion von Kirchenausstattungen des späten 16. und 17. Jahrhunderts wird immer deutlicher, daß kahle, schmucklose Kirchen eher die Ausnahme als die Regel darstellen.[101] Zwar sind einige ikonographische Themen verschwunden, nicht jedoch das Bild schlechthin. Luther wußte, daß wir "nichts on bilde dencken noch verstehen können" (WA 37, S. 63) und betont gegenüber den Bilderstürmern den praktischen Wert: "Nu begeren wyr doch nicht mehr, denn das man uns eyn crucifix odder heyligen bilde lasse zum ansehen, zum zeugnis, zum gedechtnis, zum zyechen" (WA 18, S. 80).[102] Ereignisse der biblischen Geschichte könne man auch "ynn stuben und ynn kamern mit den sprüchen" malen, "damit man Gottes werck und wort an allen enden ymer fur augen hette" (WA 10, 2, S. 458). Er selbst hatte die Angewohnheit, um der Anschaulichkeit des Wortes willen Sprüche an die Wand oder anderswohin zu schreiben, nicht nur die Einsetzungsworte des Abendmahls auf den berühmten Tisch des Marburger Gesprächs.[103]
Will man tatsächlich das Neue, das Reformatorische in den Bildkünsten konstatieren, so ist es, neben dem grundsätzlichen Bemühen, Bilder im Bibelwort zu gründen, eben die Tatsache, daß nun das geschriebene Wort in wesentlich größerem Maße für bildwürdig erachtet wird als früher. Worte aus der Heiligen Schrift erscheinen nun oftmals - gerahmt oder ungerahmt - neben figurlichen Darstellungen an der Wand.[104] In Dinkelsbühl[105] ersetzte eine Inschrift sogar die gewohnte bildliche Darstellung im Altarretabel (Abb.48). Die Hamburger Jakobikirche wurde Mitte des 17. Jahrhunderts mit 229 Sprüchen, die kleine Dorfkirche von Türkheim (Kreis Ulm) 1606 mit 195 Bibelzitaten, davon 42 in hebräischer Sprache, geschmückt.[106] Das sind sicher extreme Konsequenzen, die aus der Bevorzugung des Wortes vor dem Bild erwachsen, doch sehr bezeichnende für die Auffassung, daß es doch letztlich das heilige Wort

ist, das den "köstlichen Zierath" der Kirche darstellt und "die Kirche machet".
Diese Betonung des Wortes - hier manifest geworden in der Bildwürdigkeit des Buchstaben - ist aber auch andererseits für das verantwortlich zu machen, was man mit einer Formulierung von Erasmus von Rotterdam "lutherana tragoedia artis" nennen könnte.[107] Luther selbst sah seine Zeit am Höhepunkt der Kultur und wollte, daß das Evangelium nicht allein durch das Wort vorwärtsgebracht würde - *"non tantum voce, sed scriptis, pictura, sculptura, psalmis, cantionibus, instrumentis musicis"*.[108] Doch ein Blick auf den Verlauf der Kunstgeschichte lehrt, daß die radikale Ausrichtung auf das gesprochene und geschriebene Wort letztlich entsinnlichend wirkte, so daß im späten 18. Jahrhundert tatsächlich das Bild zugunsten der reinen weißen Wand einer hellen Kirche zurücktritt, in der gepredigt, gesungen und gehört wird.

Anmerkungen

1   DOLLINGER. - THEOBALD. - SIMON: Kirchenordnungen, 361 ff.
2   BÜCHNER-SUCHLAND, 7 ff. - HUBEL.
3   SIMON: Kirchenordnungen, 366 ff., 371, 376, 380. - Kunstdenkmäler II, 99 ff., 287 ff. - B. MARNETTE: Die Dominikanerkirche in Regensburg, Phil. Diss. Regensburg 1982.
4   S. FEDERHOFER: Albert von Törring. Fürstbischof von Regensburg (1613-1649), in: BGBR 3, 1969, 40 ff.
5   Ebd. 50 ff. - SIMON: Kirchengeschichte Bayerns, 387 ff. - DOLLINGER, 343. - DERS.: Regensburg und die österreichische Protestantismus nach der Pax Augustana, in: ZBKG 28, 1959, 71 ff.
6   GUMPELZHAIMER, 1111 f. - WALDERDORFF, 444. - 1631, im selben Jahr als die Dreieinigkeitskirche vollendet wurde, hat man das evangelisch-reichsstädtische Gymnasium Poeticum (Poetenschule) durch eine Inschrifttafel mit Distichen, in denen die Dreieinigkeit gepriesen wurde, zur gegenüberliegenden Kirche in Beziehung gesetzt: Gloria sit Patri, sit maxima gloria Christo,/ Gloria sit Sancto Spirituique Deo./ S.P.Q.R./ Disce fidem moresque pios, et cetera vitae/ Subsidia humanae conferet ipse Deus. (Glorie sei dem Vater, die größte Glorie Christo, Glorie sei gleichfalls Gotte, dem heiligen Geist. Rath und Bürgerschaft Regensburg. Lerne den Glauben und ehrbare Sitten, dann schaffet das And're, Was zum Leben der Mensch nöthig hat, selber Dir Gott.) Text und Übersetzung nach KLEINSTÄUBER 1882, 96.
7   S. HEMMINGER: Kurtzer Summarischer Bericht Was auß befelch Eines Edlen Ehrw: Raths der Statt Regenspurg /bey legung der ersten Stein zu dem vorhabenden Gebäw einer newen Kirchen zu den Evangelischen Predigten / für Caeremonien und Solennien den 4. Julij An. 1627 fürgangen, Regensburg 1627. - P. HOMBERGERUS: Gratulatio harmonica ad ... Senatum Inclitae Reipublicae Ratisbonensis, cum lapidem Basilicum Templi sanctae Triadis primitus ponoret, Ratisbonae 1627. - Von einer Bewilligung des Kirchenbaus durch den Kaiser berichtet neben dem "Theatrum Europaei" (Bd 2, Frankfurt a. M. 1646, 503) der katholische Historiograph Coelestin VOGL (Mausoleum oder Herrliches Grab Des Bayrischen Apostels und Blutzeugens Christi S. Emmerami, Regensburg 1680, 352 f.): "Anno wie vorgemelt 1627. hat der Magistrat, und gemeine Statt allhie (wie man sagt) aus Kayserlicher Bewilligung den 5. Julij zu der neuen vorhabenden Kirchen underm Titel der Heiligen Dreifaltigkeit den ersten Stain mit sonderbahren in der Christlichen Kirchen nit gewohnlichen Ceremonien gelegt."
8   Flaschen mit Rot- und Weißwein wurden auch bei der Grundsteinlegung der Martinskirche in Mömpelgart 1601 verwendet; C. DUVERNOY: Note sur le temple Saint-Martin, in: Mémoires de la Société d'emulation de Montbéliard, 1902, 62. - Ganz ähnliches geschah auch bei der Grundsteinlegung zum Nürnberger Rathaus 1619. Es ist daher wahrscheinlich, daß dieser Punkt des Zermoniells vom Nürnberger Architekten Hanns Carl nach Regensburg gebracht wurde. Die Form einer Medaille zur Grundsteinlegung hat gleichfalls in Nürnberg das Vorbild; E. MUMMENHOFF: Das Rathaus in Nürnberg, Nürnberg 1891, 139, Abb. vor S. 179. Zu Carl s. Anm. 38.
9   GUMPELZHAIMER, 1123 ff.
10 FEDERHOFER (Anm. 4), 41.
11 Encaenia Ratisbonensia, 36, 58. - A. E. SCHENTHELIUS: Ara Dei immortalis hoc est Templum Sacrosanctae et individuae Trinitatis ... consecratum die V. Decembris Anno MDCXXXI Carmine vero deductum a ... Ratisponae 1633. - 1638 erschien noch die seltene Schrift: Christliche Dankgebetlein, welche in der Kirchen zur H. Dreyfaltigkeit / bey dem Fest der Einweyhung abgelesen worden, Regenspurg 1638. - Nur durch das hl. Wort weihte Luther auch die Torgauer Schloßkapelle 1544: WA 59, S. 588. - Zur Kirchenweihe P. GRAFF: Geschichte der Auflösung der alten gottesdienstlichen Formen in der evangelischen Kirche Deutschlands, Bd. 1, Göttingen 1937, 402 ff. - L. EISENHOFER: Handbuch der katholischen Liturgik, Freiburg i. Br. 1933, Bd. 2, 449 ff.
12 Der Name "Dreieinigkeitskirche" wurde erst später üblich. - Wieviel der Rat der Stadt Regensburg zur Deckung der Baukosten aufwendete - der Kostenvoranschlag belief sich auf 35 000 fl. - ist nicht genau zu sagen, jedenfalls hatte das gelieferte Baumaterial einen Wert von 4113 fl. (SAR, Historica II, Nr. 14). Der Zuschuß aus dem Ertrag des städtischen Weißen Brauhauses betrug 400 fl. Das Konsistorium wurde vom Rat ersucht, die Geistlichkeit zu veranlassen, von der Kanzlei herab die Bürgerschaft zu Spenden aufzurufen. Tatsächlich kamen von den beiden ersten Wachten sofort 4000 fl. ein. Außerdem wandte man sich - mit welchem Erfolg ist unbekannt

- an die in Regensburg wohnenden "Herren und Ritterstandspersonen" und an die zum Reichstag anwesenden Fürsten evangelischer Konfession, u. a. an den Kurfürsten von Sachsen. Sicher ist, daß die Ritterschaft ob der Enns 600 Thaler spendete, zum Dank dafür, daß die Stadt sich der Exulanten angenommen hatte; T. TRENKLE: Allgemeine Beschreibung des gesamten Kirchenwesens in der evangelisch-lutherischen Pfarrei Regensburg ob. Stadt, Masch. 1913, 26 ff. - Wenig ergiebig sind die Schriftstücke im Stadtarchiv Regensburg: Bauamtschronica Bd. 2 (I Ae 1, Nr.9) sowie PLATO/WILD: Regensburgische Chronica 1400-1699 (I Ae Nr.35). Einige Archivalien befinden sich im Evangelisch-Lutherischen Pfarrarchiv. - Zum Kirchenschatz der Dreieinigkeitskirche s. SCHLICHTING III. - Über den Kirchhof der Dreieinigkeitskirche als Begräbnisstätte T. TRENKLE: Verzeichnis der im Kirchhof der Dreieinigkeitskirche in Regensburg beerdigten adeligen und bürgerlichen Personen, in: Heraldisch-Genealogische Blätter für adelige und bürgerliche Geschlechter 6, 1909, 141 ff.

13   HEMMINGER (Anm. 7), o. S., (fol. 18). - ENCAENIA, 85 f. - G. G. PLATO: Regensburgisches Münz-Cabinett, Regensburg 1779, 88 ff.
14   WA 16, S. 40.
15   P. BRATHE: Theorie des evangelischen Kirchengebäudes, Stuttgart 1906. - H. PREUSS: Martin Luther, der Künstler, Gütersloh 1931, 66 ff. - K. WESSEL: Symbolik des protestantischen Kirchengebäudes, in: K. GOLDAMMER: Kultsymbolik des Protestantismus (= Symbolik der Religionen, Bd. 7), Stuttgart 1960, 83 ff.
16   O. SÖHNGEN: Der kultische Raum nach lutherischem Verständnis, in: Theologische Literaturzeitung 73, 1948, Sp. 418 f.
17   WA: Tischreden, Nr. 3781. - G. KUNZE: Lehre, Gottesdienst, Kirchenbau in ihren gegenseitigen Beziehungen, Göttingen 1960, 233.
18   G. BUCHWALD (Hrsg.): Predigten D. Martin Luthers, Bd. 1, o.O. 1925, 399. - Vgl. L. FENDT: Der reformatorische Gottesdienstgedanke, in: C. HORN (Hrsg.): Grundfragen des evangelischen Kultus, Berlin 1927, 20 ff. - Vgl. auch den Abschnitt über das Predigtamt in der Confessio Augustana: Die Bekenntnisschriften der evangelisch-lutherischen Kirche, Göttingen 1967, 59.
19   Übersetzung nach H. GRASS: Die evangelische Lehre vom Abendmahl, Lüneburg 1961, 11.
20   PH. ARNOLDI: Caeremoniae Lutheranae, Das ist Ein christlicher, gründlicher Unterricht von allen fürnembsten Caeromonien, Königsperg 1616, 260. - In den Schriften zur Grundsteinlegung und zur Einweihung wird gleichfalls immer wieder auf den Salomonischen Tempel verwiesen: HEMMINGER (Anm. 7), fol. 29. - Encaenia, 56, 95 u. ö. - Über Rekonstruktion des Salomonischen Tempels H. ROSENAU: Visions of the Temple. The Image of the Temple of Jerusalem in Judaism and Christianity, London 1979, bes. 91 ff.
21   K. E. O. FRITSCH: Der Kirchenbau des Protestantismus von der Reformation bis zur Gegenwart, Berlin 1893. - W. OHLE: Die protestantischen Schloßkapellen der Renaissance in Deutschland im Anschluß an die Kapelle des Schloßes Hartenfels in Torgau, Phil. Diss. Leipzig 1936. - P. FINDEISEN/H. MAGIRIUS: Die Denkmale der Stadt Torgau, Leipzig 1976, 188 ff. - H. R. HITCHCOCK: German Renaissance Architecture, Princeton 1981, 101 ff., 126 f., 167 f., 204 f. 215 f.
22   R. HELM: Die Würzburger Universitätskirche 1583-1973 (= Quellen und Beiträge zur Geschichte der Universität Würzburg, hrsg. von P. Baumgart, Bd. 5), Neustadt a. d. Eisch 1976.
23   M. D. MUELLER: L'influence du classicisme français sur l'architecture des temples protestants du XVIIe siècle dans l'ouest de la Suisse, in: Gazette des Beaux-Arts 83, 1974, 126 ff. - W. RICHARD: Untersuchungen zur Genesis der reformierten Kirchenterminologie der Westschweiz und Frankreichs, Bern 1959, 83 ff.
24   G. GERMANN: Der protestantische Kirchenbau in der Schweiz von der Reformation bis zur Romantik, Zürich 1963, 25 ff.
25   Ebd. 35 ff. - J. PANNIER: L'église réformé de Paris sous Louis XIII, Paris 1931, 142 ff. - R. COOPE: Salomon de Brosse and the Classical Style in French Architecture from 1565 to 1630, London 1972, 183 ff., Abb. 214 ff. - S. WEYRAUCH: Die Basilika des Vitruv. Studien zu illustrierten Vitruvausgaben seit der Renaissance mit besonderer Berücksichtigung der Rekonstruktion der Basilika von Fano, Phil. Diss. Tübingen 1976, 165 ff.
26   J. PERRET: Architectura et Perspectiva etlicher Festungen, Städte, Kirchen, Schlösser und Häuser, Frankfurt a. M. 1602.
27   F. THÖNE: Wolfenbüttel in der Spätrenaissance. Topographie und Baugeschichte unter den Herzögen Heinrich Julius und Friedrich Ulrich (1589-1634), in: Braunschweigisches Jahrbuch 35, 1954, 1 ff.
28   Zu Schnabelwaid G. DEHIO: Handbuch der deutschen Kunstdenkmäler. Franken, bearb. von T. Breuer, F. Oswald, F. Piel und W. Schwemmer, Berlin 1979, 752. - T. BREUER: Stadt und Landkreis Kaufbeuren (=Bayerische Kunstdenkmäler Bd. 9), Kurzinventar, München 1960, 24 f. - Zu Ostheim vor der Rhön DEHIO-Franken, 666. - A. RESS: Aufgedeckte Malereien in Unterfranken, in: 22. Bericht des Bayerischen Landesamts für Denkmalpflege, 1963, 66 ff., Abb. 6 ff.
29   J. BAUM: Forschungen über die Hauptwerke des Baumeisters Heinrich Schickhardt in Freudenstadt, Mömpelgard und Stuttgart, sowie über die Schlösser in Weikersheim und Aschaffenburg, Straßburg 1916. - A. SCHAHL: Heinrich Schickhardt. Architekt und Ingenieur, in: Zeitschrift für Württembergische Landesgeschichte 18, 1959, 28 ff. - Zur Nachfolge der Freudenstädter Kirche s. H. NIESTER: Die evangelische Kirche in Unterschüpf (Kr. Tauberbischofsheim), in: Nachrichtenblatt der Denkmalpflege in Baden-Württemberg 4, 1961, 68 ff.
30   H. WALDENMAIER: Die Entstehung der evangelischen Gottesdienstordnungen Süddeutschlands im Zeitalter der Reformation, Leipzig 1916. - Chr. KOLB: Die Geschichte des Gottesdienstes in der evangelischen Kirche Württembergs, Stuttgart 1913. - DERS.: Luthertum und Calvinismus in Württemberg, in: Blätter für württembergische Kirchengeschichte, N. F. 32, 1928.

31 A. SCHRÖDER: Pfarrkirche und Schloß zu Haunsheim, in: Jahrbuch des Historischen Vereins Dillingen a. D. 30, 1917, 120 ff.
32 A. HORN/W. MEYER: Die Kunstdenkmäler von Schwaben, Bd. 5. Stadt und Landkreis Neuburg an der Donau, München 1958, 82 ff. - J. ZIMMER: Hofkirche und Rathaus in Neuburg a.D. (= Neuburger Kollektaneenblatt 124), Neuburg 1971.
33 Ebd. 19, Abb. 12.
34 Ebd. 32 f., 114.
35 Ebd. 35, 120.
36 Ebd. 18, 22, 38, Anm. 55. - Obgleich Zimmer die Regensburger Risse im Text jeweils mit dem Namen Stang verbindet, erscheint unter den Abb. 14 u. 15 - sie geben die Risse wieder - der Name von Heintz' mit einem Fragezeichen. Bei Hitchcock (Anm. 21) 334, Pl. 430, wird eines der Regensburger Blätter wohl deshalb als Plan von Heintz für Neuburg ausgegeben. Die Provenienz der Zeichnungen ist aber so eindeutig regensburgisch - sie stammen aus der Städtischen Bauamtschronik -, daß kein Zweifel bestehen kann, daß es sich bei den Rissen um die von Stang eingereichten Entwürfe handelt; vgl. Kat. Regensburg 1958, 15 f.
37 GUMPELZHAIMER, 1111.
38 Das Gedicht unter dem Kupferstich Sandrarts (1662) stammt von Sigmund von Bircken, einem Mitglied des Pegnesischen Blumenordens in Nürnberg. Zu Hanns Carl s. K. PILZ in: NDB III, Berlin 1957, 140. - E. KÖNIGER: Das Kleine Nürnberger Zeughaus (= Bildhefte des Germanischen Nationalmuseums), Nürnberg 1967. - TRENKLE (Anm. 12) 25 ff. - Eine Stammbucheintragung von Carl für Johann Krimlis vom 2. Juli 1645 befindet sich in der Sammlung Walter Zacharias in Regensburg. - In der älteren Literatur (z. B. C. GURLITT: Geschichte des Barockstils und des Rokoko in Deutschland, Stuttgart 1888, Bd. 1, 48) ist gelegentlich zu lesen, Johann Carl Ingen sei der Architekt der Kirche gewesen. Dies resultiert aus einer mißverstandenen Auflösung des Wortes "Ingen" z. B. auf der Gedächtnismünze (Kat.108). "Ingen" ist als Abkürzung für Ingenieur zu lesen.
39 Kunstreisboeck voor Nederland, Amsterdam-Brüssel 1960, 388 f., 508 f. - Eine ähnliche Lösung bietet St. Adelgundis in Emmerich; H. M. SCHWARZ: Die kirchliche Baukunst der Spätgotik im klevischen Raum, Bonn 1938, 54 ff.
40 J. HABICH: Die künstlerische Gestaltung der Residenz Bückeburg durch Fürst Ernst 1601-1622, Bückeburg 1969, 135, vgl. Anm. 27.
41 GUMPELZHAIMER, 1036.
42 F. ARENS/R. BÜHRLEN: Die Kunstdenkmäler in Wimpfen am Neckar, Mainz 1954, 62 ff.
43 Zu Schnabelwaid s. Anm. 28. - E. BACHMANN: Artikel "Chorturm", in: Reallexikon zur Deutschen Kunstgeschichte, Bd. 3, Stuttgart 1954, Sp. 567 ff. - H. THIEL: Studien zur Entwicklungsgeschichte der Markgrafenkirche (= Die Plassenburg Bd. 9), Kulmbach 1955, 14 f. - Gerade Chorschlüsse weisen u. a. auch die Eisenacher Georgenkirche sowie die Regler- und Augustinerklosterkirche in Erfurt auf.
44 M. D. OZINGA: De Protestansche Kerkenbouw in Nederland van Hervorming tot Franschen tijd, Amsterdam 1929, 34 ff., Pl. 11 f. - Vgl. J. ROSENBERG/S. SLIVE/E. H. ter KUILE: Dutch Art and Architecture 1600-1680, Harmondsworth 1972.
45 G. DEHIO: Handbuch der Deutschen Kunstdenkmäler. Hessen, bearb. von M. Backes, München-Berlin 1966, 620. - HITCHCOCK (Anm. 21) 335.
46 W. PFEIFFER: Addenda, 93 f. - Eine nahezu gleiche Zeichnung befindet sich im Baumeisterbuch des Wolf Jakob Stromer (1561-1614), so daß angenommen werden muß, daß beide dieselbe Vorlage kopierten. Abb. der Zeichnung Stromers in W. FLEISCHHAUER: Renaissance im Herzogtum Württemberg, Stuttgart o. J. 57, Abb. 31.
47 F. KAESS/H. STIERHOF: Die Schloßkapelle in Neuburg a. d. Donau, Weißenhorn 1977.
48 J. SANDRART: Academie der Bau-, Bild- und Mahlerey-Künste von 1675, hrsg. von A. R. Peltzer, München 1925, 265.
49 P. J. MARPERGER: Historie und Leben der berühmtesten Europäischen Baumeister, Hamburg 1711, 386.
50 L. Ch. STURM: Vollständige Anweisung alle Arten von Kirchen wohl anzugeben, Augsburg 1718, 38 f.
51 Die Maße sind errechnet aus dem Grund- bzw. Aufriß in Kunstdenkmäler II, 117. - E. KIRSCHBAUM: Deutsche Nachgotik. Ein Beitrag zur Geschichte der kirchlichen Architektur von 1550-1800, Maastricht, 1929, 104.
52 N. LIEB/H. J. SAUERMOST (Hrsg.): Münchens Kirchen, München 1973, 87 ff.
53 STURM (Anm. 50) 27.
54 BAUM (Anm. 29) 8 ff.
55 Carl wurde als Sachverständiger während des Baufortganges herangezogen. MUMMENHOFF (Anm. 8) 133, 167, 345 f. - HITCHCOCK (Anm. 21) 325 ff.
56 P. A. RIEDL: Die Heidelberger Jesuitenkirche und die Hallenkirchen des 17. und 18. Jahrhunderts in Süddeutschland, Heidelberg 1956, 231 ff.
57 G. DEHIO: Handbuch der deutschen Kunstdenkmäler, Bd. 3, Süddeutschland, Berlin 1908, 404.
58 P. BROWE: Die Verehrung der Eucharistie im Mittelalter, München 1933, 11, 141 f. - R. FATTINGER: Liturgisch-praktische Requisitenkunde, Freiburg i. Br., 1955, 92 f. - Vgl. M. S. WEIL: The Devotion of the Fourty Hours and Roman Baroque Illusions, in: Journal of the Warburg and Courtauld Institutes 37, 1974, 218 ff. - K. NOEHLES: Visualisierte Eucharistietheologie. Ein Beitrag zur Sakralikonologie im Seicento Romano, in: Münchner Jahrbuch der Bildenden Kunst, 3. F., 29, 1978, 92 ff.
59 Übersetzung nach GRASS (Anm. 19) 11.

60 PFEIFFER: Addenda, 95 ff. - DERS.: Dreieinigkeitskirche, 9 ff. - Vgl. O. THULIN: Der Altar in reformatorischer Sicht, in: Reich Gottes und Wirklichkeit. Festschrift für Alfred Dedo Müller, Berlin 1961, 193 ff.
61 B.MAURMANN: Die Himmelsrichtungen im Weltbild des Mittelalters (= Münstersche Mittelalter-Schriften Bd. 33), München 1976, 134.
62 Es ist deshalb nicht ganz richtig, wenn es im Band "Deutsche Kunstdenkmäler. Ein Bildhandbuch. Bayern südlich der Donau" (hrsg. von R. HOOTZ, Berlin-München 1967, 395 f.) heißt, die Dreieinigkeitskirche sei "1627-33(!) als 2. prot. Pfarrkirche" erbaut worden.
63 P. POSCHARSKY: Die Kanzel. Erscheinungsform im Protestantismus bis zum Ende des Barocks, Gütersloh 1963, 90 ff. - Vgl. H. MAI: Der evangelische Kanzelaltar, Halle 1969. - K. LANKHEIT: Dürers "Vier Apostel", in: Zeitschrift für Theologie und Kirche 49, 1952, 250 ff.
64 Zu Schmalkalden: POSCHARSKY (Anm. 63) 92 ff. - J. FURTTENBACH d. J.: Kirchengebäw. Der erste Theil, Augsburg 1649, Taf. A, B. _ Aussagen Luthers über die Musik bringt PREUSS (Anm. 15) 119 ff.
65 STURM (Anm. 50) 9, 4.
66 Z. B. GRAFF (Anm. 11), Bd. 1, 94 f.
67 DOLLINGER, 262 f. - Ähnliches gilt für die Leipziger Thomaskirche und für Pirna; H. M. von ERFFA: Artikel "Empore", in: Reallexikon zur Deutschen Kunstgeschichte, Bd. 5, Stuttgart 1967, Sp. 302.
68 H. MEUCHE: Zur gesellschaftlichen Funktion der Emporen im obersächsischen Kirchenbau um 1500, in: Evolution générale et développement régionaux en histoire de l'art (= Actes du XIIe congrès international d'histoire de l'art, Budapest 1969), Budapest 1972, Bd. 1, 552 ff.
69 Vgl. die Bildlegende im Stich M. Merians (Abb.18) sowie PFEIFFER: Addenda, 98.
70 J. SAUER: Symbolik des Kirchengebäudes, Freiburg i. Br. 1924, 127. - FATTINGER (Anm. 58) 79 f.
71 H. OTTE: Handbuch der kirchlichen Kunstarchäologie, Leipzig 1883, Bd. 1, 293. - A. REINLE: Die Kunstdenkmäler des Kantons Luzern, Bd. 2, Basel 1953, 137 f. - C. JÖCKLE: Vom rechten Sitzen in der Kirche. Die Einrichtung der Gemeindestühle reformierter und lutherischer Kirchen der Pfalz im 18. Jahrhundert, in: Der Turmhahn. Blätter vom künstlerischen Schaffen und Bauen in der pfälzischen Landeskirche 26, 1982, 2 ff. - A. GEBESSLER: Gestühlsordnung und Emporen in den protestantischen Barockkirchen Frankens, in: 25. Bericht des Bayerischen Landesamtes für Denkmalpflege, 1966, 388 ff.
72 R. BÜRKNER: Grundriß des deutsch-evangelischen Kirchenbaus, Göttingen 1899, 15. - W. SCHLIEPE: Über Zusammenhänge in der Entwicklungsgeschichte protestantischer Emporenkirchen bis zu Georg Bähr, Diss. Th. Dresden 1957, 18 f. mit Anm. 29.
73 W. LOOSE: Das Chorgestühl des Mittelalters, Heidelberg 1931, 12 f. - H. SACHS: Mittelalterliches Chorgestühl, Heidelberg 1964, 20 f.
74 POSCHARSKY (Anm. 63) 65 f., 289. - DERS.: Kirchenbau und Gesellschaft, in: Die Mitarbeit. Evangelische Monatshefte zur Gesellschaftspolitik 12, 1963, 373 f.
75 PANNIER (Anm. 25) 190 f.
76 GRAFF (Anm. 11) 91.
77 Zit. nach DOLLINGER, 173 f.
78 Hortus Ratisbonensium sacrarum deliciarum animi refertissimus. Das ist / Regenspurger Lustgart / Mit einem schönen Lust- oder Bethauß: der Evangelischen Christlichen Newen Kirchen zur Heiligen Dreyfaltigkeit daselbst /...verfertigt durch I. G. H. patriotam quendam ... zu Regenspurg, Regensburg 1638, fol. Cii. v.
79 K.- A. WIRTH: Artikel "Engel", in: Reallexikon zur Deutschen Kunstgeschichte, Bd. 5, Stuttgart 1967, Sp. 384 f., 396 f., 447.
80 Kunstdenkmäler III, 115.
81 Vgl. U. MANN: Das Wunderbare. Wunder - Segen und Engel (= Handbuch Systematischer Theologie Bd. 17), Gütersloh 1979, 51 ff.
82 Vgl. SAUER (Anm. 70) 119.
83 GUMPELZHAIMER, 1114, 1130. Die Inschriften: 1. "Ut gallina fovet pullos sic Christus amore Nos miseros gratum par pietate refer. (Christus ein recht Glück Henne ist, Fürcht Gott in Lieb zu aller Frist.)" 2. "Jam moriens Phoenix vitam recipe moriendo, Sic vincit mortem religionis amans. (Durch den Tod Christus ins Leben geht, Wer überwindt im Tod besteht.)" 3. "Blanditur cedit, caesis dat sanguine vitam credas vitae spes nec inanis erit. (Er tödt und gibt's Leben durch sein Blut, Glaubs fest, hoff stark, du hast es gut.)" Vgl. PFEIFFER: Addenda, 99 ff. - E. GRÜNENWALD: Leonhard Kern. Ein Bildhauer des Barock, Schwäbisch Hall 1969, 18, 45, Taf. 36 f.
84 M. GEISBERG: The German Single-Leaf Woodcut: 1500-1550, hrsg. von W. L. STRAUSS, New York 1974, Bd. 1, Nr. 221. - G. STUHLFAUTH: Neue Beiträge zum Schrifttum des Hans Sachs, in: Zeitschrift für Bücherfreunde, N. F. 11, 1920, 200 ff.
85 MUMMENHOFF (Anm. 8) 134 f. - Auf Christus zu beziehen ist jedoch sicher die Pelikandarstellung (Ende 16. Jh.) über der "Schönen Tür" (1512) von Hans Witten an der Annenkirche in Annaberg; G. DEHIO: Handbuch der deutschen Kunstdenkmäler, Bd. 1, Mitteldeutschland, Berlin 1905, 11.
86 Zur Edelsteinmetaphorik s. K. M.: Lapides Vivi. Über die Kreuzkapelle der Burg Karlstein, in: Wiener Jahrbuch für Kunstgeschichte 34, 1981, 39 ff.
87 Hortus Ratisbonensium (Anm. 78), fol. Bii v ff. - K. OETTINGER: Laube, Garten und Wald. Zu einer Theorie der süddeutschen Sakralkunst 1470-1520, in: Festschrift für Hans Sedlmayr, München 1962, 201 ff.
88 PFEIFFER: Addenda, 94. - Vgl. G. MIES VAN DER ROHE: Die ornamentale Innendekoration der Kirche von

	Karthaus-Prüll, in: 950 Jahre Karthaus-Prüll in Regensburg, hrsg. von G. ZIRNGIBL, Regensburg 1947, 31.
89	WIRTH (Anm. 79), Sp. 411, 391.
90	SIMON, 462.
91	ARNOLDI (Anm. 20) 260. - Vgl. MAURMANN (Anm. 61) 135 ff. - R. SUNTRUP: Die Bedeutung der liturgischen Gebärden und Bewegungen in lateinischen und deutschen Auslegungen des 9. bis 13. Jahrhunderts (= Münstersche Mittelalter-Schriften Bd. 37), München 1937, 224 ff.
92	Die erste Kanzel der Dreieinigkeitskirche hatte sich nicht bewährt. Deshalb wurde 1656 eine neue aufgestellt. Der Schalldeckel der alten Anlage blieb erhalten; PFEIFFER: Addenda, 97 f.
93	WIRTH (Anm. 79), Sp. 506 f.
94	H. BRINKMANN: Mittelalterliche Hermeneutik, Darmstadt 1980, 126 ff. - E. PANOFSKY (Hrsg.): Abbot Suger on the Abbey Church of St-Denis and its Art Treasures, Princeton, 2.Aufl 1979. - P. BREBACHIUS: Christliche Dedications oder Kirchweyh Predigt. Zu Mümpelgart ... den 18. tag Octobris im 1607. jar, Mümpelgart 1608. - A. VERINGER: Ein Christliche Predigt / Von der newerbawten Kirchen zur Frewden-Statt ... Anno 1608, Stuttgart 1608.
95	Encaenia, 60 f.
96	Ebda. 63.
97	Ebda. 65.
98	Ebda. 68.
99	Ebda. 73 f.
100	Ebda. 100 f.
101	R. LIESKE: Protestantische Frömmigkeit im Spiegel der kirchlichen Kunst des Herzogtums Württemberg, Berlin-München 1973. - E. ANTON: Studien zur Wand- und Deckenmalerei des 16. und 17. Jahrhunderts in protestantischen Kirchen Norddeutschlands, München 1977.
102	Vgl. W. von LOEWENICH: Artikel "Bild", in: TRE VI, Berlin-New York 1980, 546 ff.
103	PREUSS (Anm. 15) 264 f.
104	LIESKE (Anm. 101) 74. - ANTON (Anm. 101) 159 ff.
105	H. EGGERT: Artikel "Altarretabel, protestantisch", in: Reallexikon zur Deutschen Kunstgeschichte, Bd. 1, Stuttgart 1937, Sp. 564.
106	M. SCHARFE: Evangelische Andachtsbilder, Stuttgart 1968, 321.
107	A. RÜSTOW: Lutherana tragoedia artis, in: Schweizer Monatshefte 39, 1959, 891 ff.
108	PREUSS (Anm. 15) 62.

Abb.17 Joachim Sandrart: Portrait Johann Carl. 1662 (Kat.104)

Johann Carl, Zeuchmeister, und INGEnieur in Nürnberg, ward geborn A° 1587. 13. Januar.

Wann vor Heerd und vor Altar soll der Erden-Donner spielen
auf die Feind: erfindet Stücke dieser Teutsche Archimed
Wann der Andacht Feuerpfeil will zu Gott gen Himmel zielen:
Durch des Teutschen Hirams hände dort ein Bet-Tempel steht.
Schau und ehre dessen Bild: seinen Geist das Werck dir weiset.
Jene Witz Er aus dem Kriege und aus Holland hat geholt:
Diese Er vom Vatter erbte, der in Ihm noch leben wolt.
Pania, weil Kunst Kunst wird seyn, diesen Sohn und Vatter preiset.

Seinem Geehrten Herrn Schwehrvattern zu J. Sandrart sculp.   Zu freundschuldigem Ehrendienst hinzu
Ehren überreichet durch Michael Endter.   Anno 1662.   gethan durch Sigmund von Birken, C.P.

Abb.18 J.P. Schwenter und M.Merian: Einweihung der Dreieinigkeitskirche. 1631 (Kat.110).

Abb. 19 Johann Carl: Ostansicht der Dreieinigkeitskirche. 1627 (Kat. 102b).

Abb. 20 Johann Carl: Westansicht der Dreieinigkeitskirche. 1627 (Kat.102a).

Abb.21 Dreieinigkeitskirche. Innenansicht nach Osten.

Abb. 22 Dreieinigkeitskirche. Kanzel. 1631 bzw. 1636.

Abb.23 Dreieinigkeitskirche. Chor und Altar von 1637.

Abb. 24 Johann Carl: Plan der Langhausdecke (Kat. 102c).

Abb.25 Engel an der Nordwestecke der Dreieinigkeitskirche

Abb.26 Nordportal der Dreieinigkeitskirche

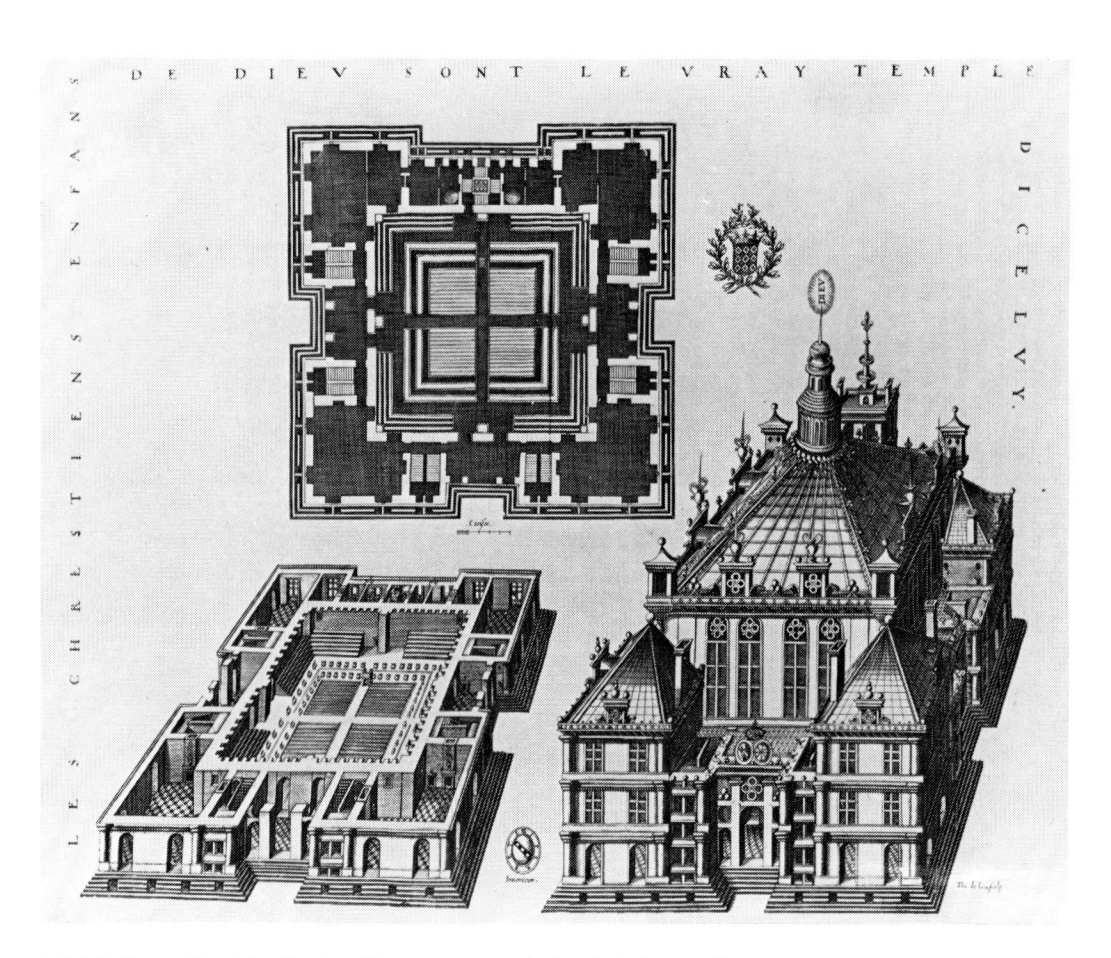

Abb.29 J.Perret: Vorschlag für einen Hugenottentempel oder ein Rathaus. 1602.

Abb.27,28 G.Hüpschmann: Geplantes Nord- und Westportal der Dreieinigkeitskirche. 1636 (Detail aus Kat.115).

Abb.30 J.Marot: Längsschnitt durch den Temple in Charenton von S. de Brosse. Begonnen 1621.

Abb. 31 J. Perrissin (?): Der Temple de Paradis in Lyon. 1564 (Genf, Bibliothèque publique et universitaire).

Abb.32 P.Francke: Marienkirche in Wolfenbüttel. Begonnen 1608.

Abb.33 H.Schickhardt: Evang. Stadtpfarrkirche in Freudenstadt. 1601-09.

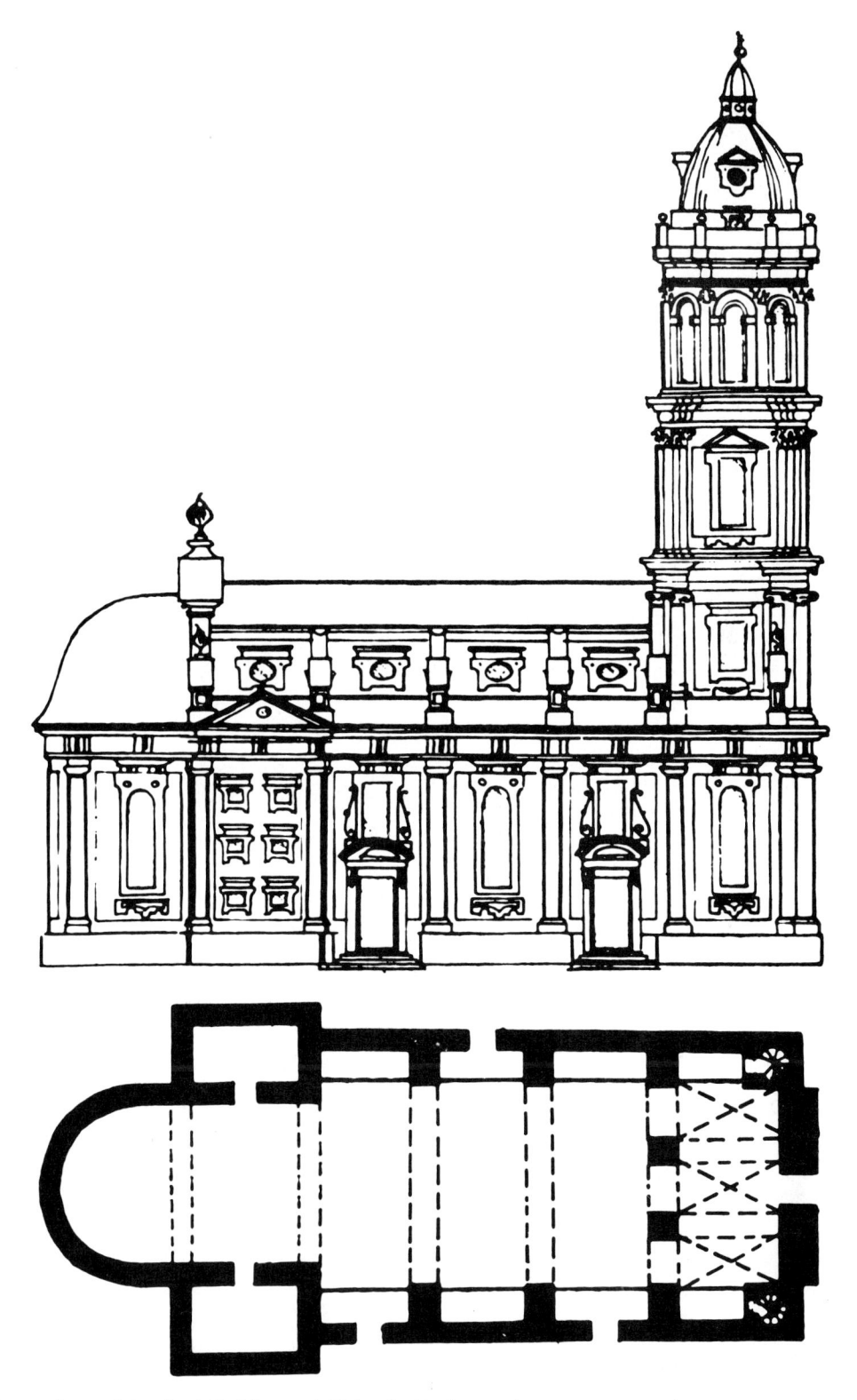

Abb.34 Rekonstruktion des 1. Projekts von J. Heintz für Neuburg a. d. Donau, 1603 (nach J. Zimmer).

Abb. 35/36 J. Heintz, J. Alberthal, E. Holl: Evang. Pfarrkirche in Haunsheim. Vollendet 1609.

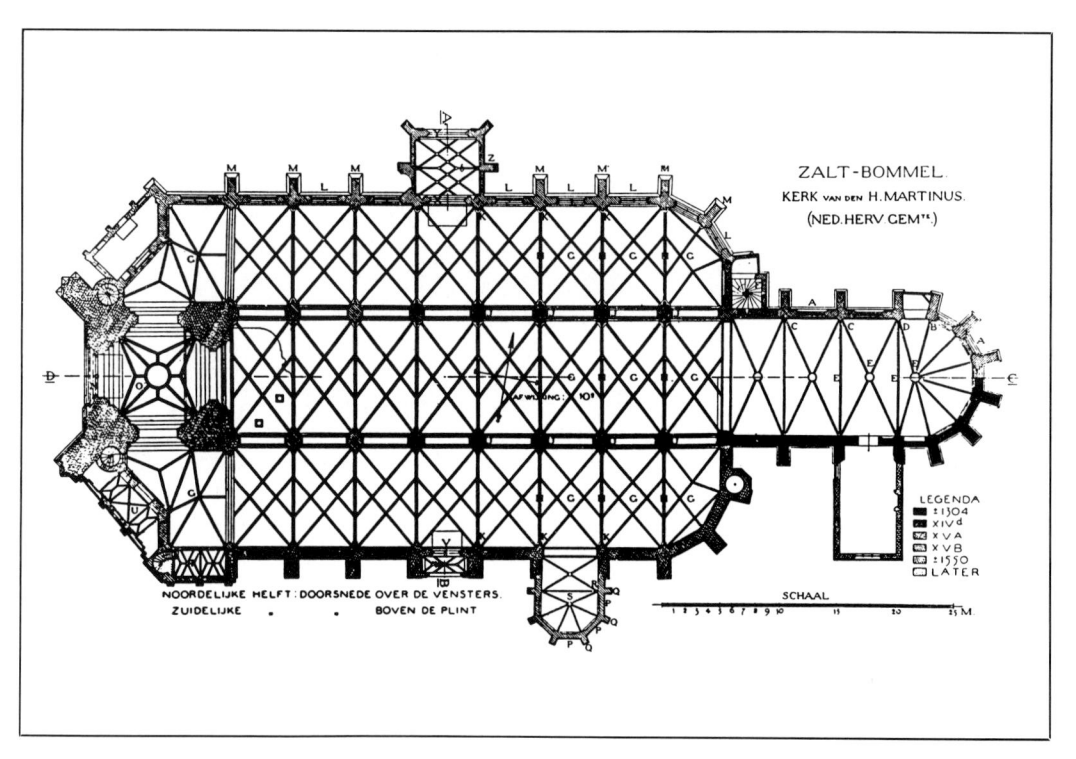

Abb.37 Zaltbommel, St.Martin, Grundriß. Ende 15.Jahrhundert (nach F.A.J. Vermeulen).

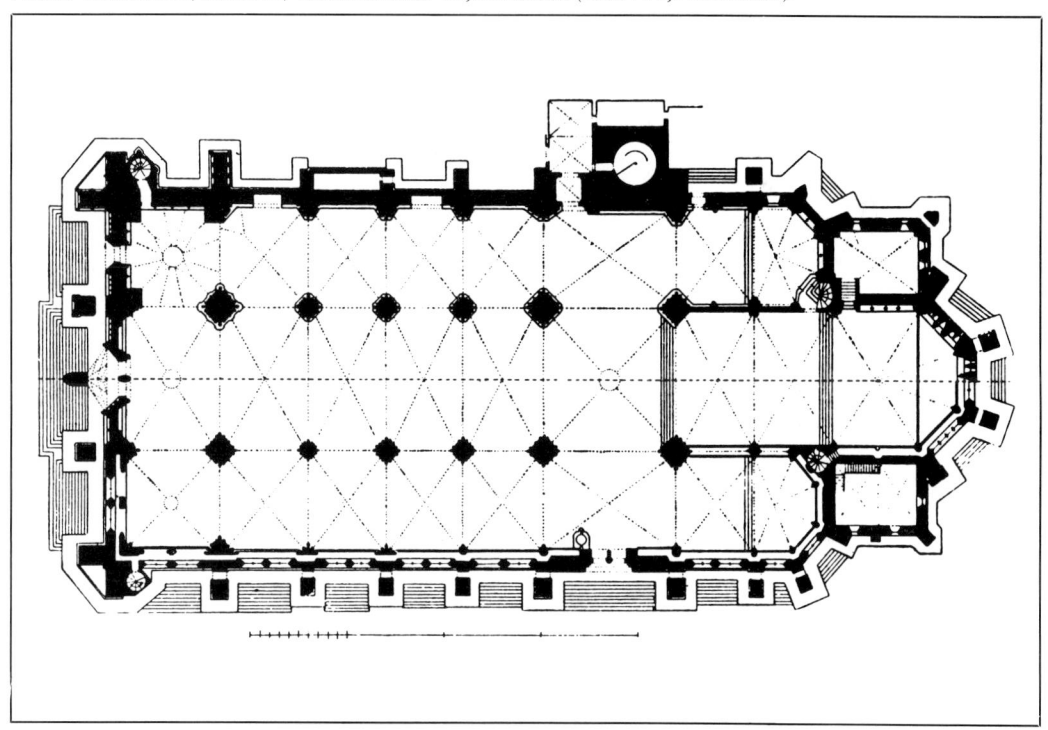

Abb.38 Regensburg, Dom, Grundriß. Begonnen Mitte 13.Jahrhundert (nach Dehio-Bezold).

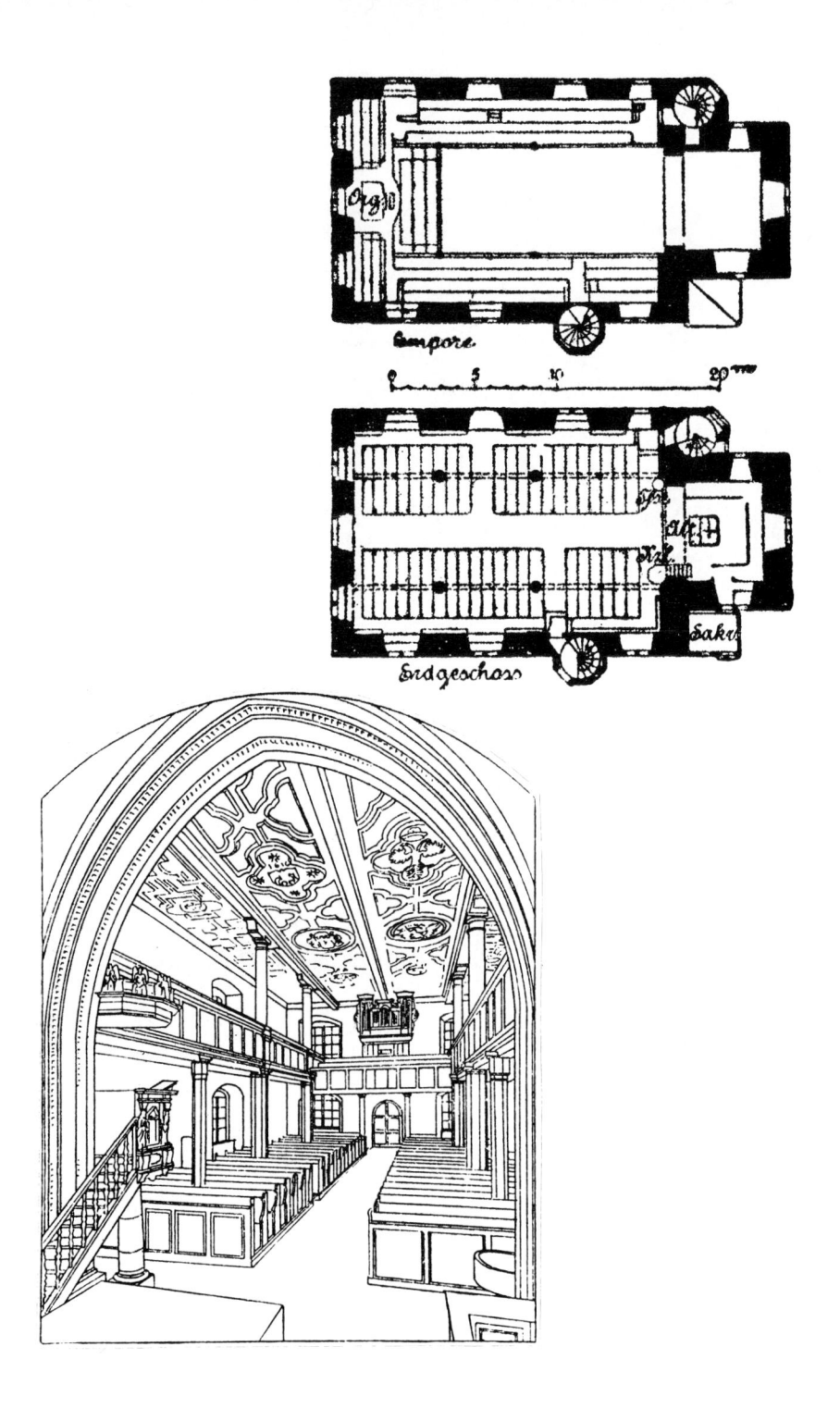

Abb.40a,b J.Wustmann (?): Evang. Pfarrkirche in Nidda. 1616-18. Grundriß nach Innenansicht (nach K.E.O. Fritsch).

Abb.42 M. Dietlmaier: Engel am „Leeren Beutel" in Regensburg. 1597/98.

Abb.39 J. Carl: Querschnitt des Lusthauses in Stuttgart.

Abb.41 J. Wolff d. J. und J. Toppmann: Mittelportal des Nürnberger Rathauses. 1616.

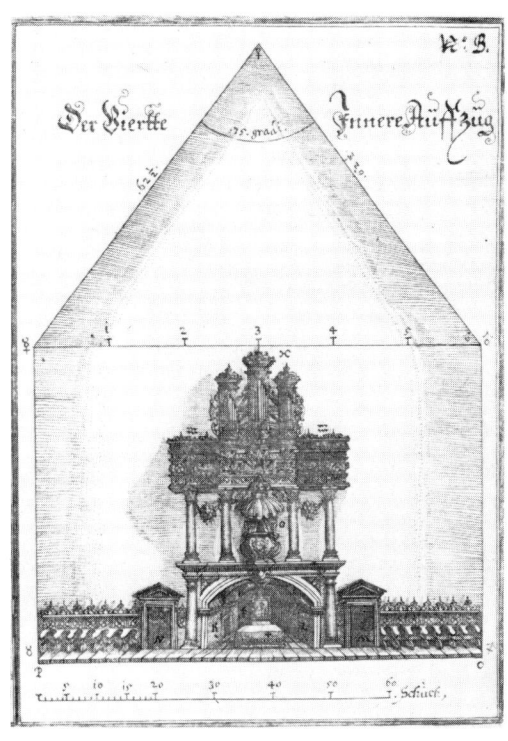

Abb.43 J. Furttenbach: Vorschlag für die innere Ostwand einer evang. Kirche. 1649.

Abb.44 M.Gerung: Die Himmelsstadt. 1544-53.

Abb.45 F.Sustris u.a.: Michaelskirche in München. 1583-97.

Christus spricht.

Kumpther zů mir ir Christenleüt
All die jr schwach müselig seyt
Wañ ich will euch erquicken all
Ich bin die thür in den Schawff stal
Vnd bin von ewernt wegen kummen
Han ewer sünd auff mich genommen
Bin vor euch an dem Creütz gestorben
Euch bey dem vatter huld erworben
Darumb wer nun durch mich eynge et
Der wirt selig on wider ret
Wer aber anderst wo steygt eyn
Der můß ain dieb vnd mörder seyn
Wañ all ewer werck die seind entwicht
Ich han allain es außgericht
Ich bin der weynstock · jr die reben
Bin ewer weg · warhayt vnd leben
Vnd ewer aynige hoffnung
Gerechtigkayt vnnd selligung
Alle die da glawben in mich
Werden nit sterben ewigklich
Sonder hand den Tode überspringen
Seynd hyndurch in das leben drungen
Darinn sy leben ewigkleych
Bey mir in meynes vatters reych

Der Engel spricht:

O blinde gotloser hauff sage an
Was hat euch der frum Christus than
Das jr nit glawbet seynem wort
Sonder steygt eyn an frembdem ort
Sůcht ewer hayl · hilff · trost · vñ stercke
In den erdichten menschen wercke
Die doch vergebens seynde vor got
Weyl jr volgt menschen leer vnd pot
Die all mit lůgen seynd vergyffe
Darumb durch sůcht die haylig schrifft
Die zayger euch allain Christum
Durch den ir werde gerecht vnd frum
Dem Christo last allayn die Eer
Er sey das hayl sonst nyemant mer
Zů dem kerteüch wider gentzlich
Er nympt euch auff gnedigklich
Vnd lest euch durch sich selb eyngan
Wenn er ist der genaden tran
Gůttig vnd sänfftmütig von hertzen
Volge jr jm nit · jr kumpt mit schmertzen
Wie frum vnnd haylig jr yetzt gleyße
Wie hoch die welt euch lobt vnnd preyße
So werde jr doch endtlich verderben
Mit sampt den wercken ewig sterben

Hans Sachß Schůster:
M. D. XXIIII.

Der Gotloß hauff spricht

O Engel schweyg sag vns nit mer
Von dyser newen ketzer leer
Die vnser gůtte werck veracht
Sam hab vns Christus sellig gemacht
Vnnd sey vns gar kayn werck mer not
Zur säligkayt das ist ain spot
Vnd spricht das Euangeli weyß
Das sey allayn der seelen speyß
Darinn sy hab jr gaystlich leben
Verachte all menschen leer darneben
Vnd vernichtet vnsern Gotßdienst
Der doch gestanden ist auff so minst
Bey drey oder vier hundert jaren
Vil haylig leüte die vor vns waren
Die sölche werck vns hand gelert
Die wir täglichen hand gemeert
Das haißt die new leer gleyßnerey
Wie haylig schon vnd gůt das sey
Sam vermög wir nichts gůts auff erdñ
Dardurch wir ewig sälig werden
Wir lassen euch schreyben vnnd sagen
Auff vnsere werck da wölln wirs wagen
Vnd darinn auch verharren gang
Vñ den schopff lassen bey dē Schwantz

Abb. 46 S. Beham und H. Sachs: Der Schafstall Christi. 1524.

Abb.47 J.B. Villalpando: Das Allerheiligste des Salomonischen Tempels. 1594-1605.

Abb. 48 Dinkelsbühl. Altarretabel in der Heiliggeistkirche. 1537.

Karl Hausberger
Zum Verhältnis der Konfessionen in der Reichsstadt Regensburg

Es liegt nur dreißig Jahre zurück, daß unsere Frage nach dem Verhältnis der Konfessionen in der Reichsstadt Regensburg zum Gegenstand einer heftigen literarischen Fehde wurde.[1] Den vordergründigen Anlaß hierzu bot ein aus den Quellen gearbeiteter Beitrag des damaligen Stadtarchivars Jürgen Sydow zum genannten Problem, in dem dieser die These vertrat, die definitive Hinwendung Regensburgs zur Reformation sei ein vielschichtiger, erst nach dem Westfälischen Frieden zum Abschluß gekommener Vorgang gewesen, so daß man von Regensburg als einer evangelischen Reichsstadt füglich nicht vor der Mitte des 17. Jahrhunderts sprechen könne. Dem entgegnete protestantischerseits Matthias Simon in einer Art und Weise, von der man meinen mochte, der altgediente Archivar und Verfasser einer "Kirchengeschichte Bayerns"[2] habe seine emsige Schreibfeder mit der Streitaxt verwechselt. In der Rückschau wird man die Schärfe der seinerzeitigen Auseinandersetzungen nur verstehen können vor dem aktuellen Hintergrund, auf dem sie ausgetragen wurden. Es ging damals um Bestrebungen der hiesigen evangelischen Gemeinde, an der Verwaltung der sogenannten Evangelischen Wohltätigkeitsstiftungen beteiligt zu werden - Bestrebungen, die man den Stadtvätern gegenüber an der Vergangenheit Regensburgs als einer "pur evangelischen" Reichsstadt dingfest zu machen suchte.

Zuletzt mündete zumindest der literarische Schlagabtausch in einen schiedlich-friedlichen Ausgleich. Simon gestand seinem Kontrahenten nicht nur zu, daß er das strittige Problem *"aus rein wissenschaftlichem Interesse vom Standpunkt des unvoreingenommenen Historikers aus"* behandelt habe, sondern ging mit ihm auch darin einig, daß die Entwicklung der Religionsverhältnisse im Regensburg des konfessionellen Zeitalters noch einer sorgfältigen Erforschung bedürfe.[3] Weil aber dieses Desiderat bis zum heutigen Tag in wissenschaftlich befriedigender Weise nicht eingelöst ist, obschon seither der eine oder andere Gesichtspunkt eine gründlichere Beleuchtung erfuhr[4], tragen nachstehende Ausführungen notgedrungen auf weiten Strecken die Signatur des Vorläufigen.

Rechtliche und zahlenmäßige Entwicklung des konfessionellen Verhältnisses
Albrecht Christoph Kayser, ein Kenner der Regensburger Verhältnisse, schrieb wenige Jahre vor dem Ausgang der reichsstädtischen Epoche: *"Zur richtigen Beurtheilung Regensburgs darf man schlechterdings nie aus den Augen verlieren, daß diese Stadt ein Inbegriff größerer und kleinerer politischen (!) Körper ist, die sich in ihren inneren und äußeren Verhältnißen so sehr durchkreuzen, als es nur in wenig Städten der Welt geschehen mag."*[5] Sicherlich greift Kayser mit seinem "weltweiten" Vergleichsmaßstab arg hoch; aber im Blick auf das Heilige Römische Reich, dessen "Immerwährenden" Gesandtenkongreß die einstige bayerische Donaumetropole seit 1663 in ihren Ringmauern beherbergte, trifft sein Urteil zweifellos zu. Im alten Reich hatte Regensburg hinsichtlich seiner komplizierten Verfassungs- und Rechtsstruktur kaum eine Entsprechung.

Jede Beschäftigung mit dem Gang der Glaubensneuerung in unserer Stadt hat von den Herrschaftsverhältnissen auszugehen, wie sie sich in einem jahrhundertelangen Prozeß ausgebildet und gefestigt hatten und die Situation an der Schwelle zur Neuzeit kennzeichneten.[6] Um 1500 lebten auf dem kleinen städtischen Terrain Regensburgs, das außerhalb des Mauerrings nur wenige Äcker und Wiesen umfaßte, gut 10 000 Einwohner. Etwa zwei Drittel der Bevölkerung unterstanden unmittelbar dem Rat der Reichsstadt, während sich das restliche Drittel aus Angehörigen der vier geistlichen Reichsstände zusammensetzte, nämlich des bischöflichen Hochstifts, des Reichsklosters St. Emmeram und der gleichfalls reichsunmittelbaren adeligen Damenstifte Ober- und Niedermünster. Daneben beherbergte Regensburg noch eine Anzahl von Klöstern, Kommenden und Kollegiatstiften, die ebenfalls vom Stadtregiment unabhängig waren. Eine gebietsmäßige Trennung des städtischen Territoriums in Bereiche der Reichsstadt, also des an Bedeutung größten politischen Körpers, und der jeweils kleineren geistlichen Reichsstände gab es nicht.

Als der Rat nach langen Jahren des Zögerns und Lavierens im Herbst 1542 den Übertritt der Stadt zum protestantischen Glauben beschloß und die 1519 entstandene Wallfahrtskirche zur Schönen Maria als Pfarrkirche der evangelischen Bürger Regensburgs deklarierte, geschah dies zu einem Zeitpunkt, da das neue Bekenntnis zwar reichsrechtlich noch nicht definitiv anerkannt war, mit Blick auf den "Nürnberger Anstand" von 1532 aber auch nicht außerhalb der Legalität stand. Zudem vermied Regensburg in der Folgezeit den Anschluß an den Schmalkaldischen Bund der Protestanten, hauptsächlich mit Rücksicht auf seine exponierte, rings vom mächtigen Bayern umgebene Lage, das seinerseits auf die Einführung der Reformation unverzüglich mit einer Handels- und Verkehrsblockade antwortete. Der Ratsbeschluß vom Herbst 1542, der der wachsenden Zahl von Einwohnern, die sich zur lutherischen Konfession bekannten, obrigkeitlich Rechnung trug, gab daher nicht wie in anderen Reichsstädten das Signal zur Verdrängung oder Unterdrückung des katholischen Bekenntnisses. *"Vielmehr hat das katholische Bekenntnis in Regensburg auch nach 1542 kontinuierlich fortbestanden und ist stets die Mehrzahl der Regensburger Kirchen katholisch geblieben."*[7]

Was das zahlenmäßige Verhältnis der Konfessionen angeht, so kam es bei dessen Berechnung in der Vergangenheit häufig schon deshalb zu massiv auseinanderklaffenden Ergebnissen, weil man nicht klar zwischen reichsstädtischen und reichsstiftischen Belangen unterschieden hat.[8] Wenn wir zunächst nur die reichsstädtische Bevölkerung ins Auge fassen, also die Mitglieder und Untertanen der reichsunmittelbaren geistlichen Institutionen ausklammern, dürfen wir davon ausgehen, daß sich nach dem durch den obrigkeitlichen Mehrheitsbeschluß von 1542 möglich gewordenen Auf- und Ausbau eines evangelischen Kirchenwesens eine zunehmende Zahl von Bürgern der "Neuen Pfarr" zugehörig fühlte. Gleichwohl verblieb eine auf reichsstädtischem Boden wohnende Minderzahl, Klosterinsassen wie sonstige Bürger, beim alten Glauben. Dabei sind einigermaßen zutreffende Angaben für das erste Jahrzehnt nach Einführung der Reformation nicht zuletzt deshalb äußerst schwierig, weil die protestantische Kultausübung nach dem Inkrafttreten des sogenannten Augsburger Interims von 1548 für etliche Jahre zum Erliegen kam. Als dann der "Fürstenkrieg" von 1552 die Position der Schmalkaldener im Reich erneut gekräftigt hatte und auch in Regensburg die zwischenzeitlich geschlossene Neupfarrkirche wieder eröffnet werden konnte, bekannte sich hier die überwiegende Mehrzahl der reichsstädtischen Bevölkerung zum Luthertum. Der Anteil der Katholiken auf reichsstädtischem Boden dürfte damals noch etwa fünf bis sechs Prozent, innerhalb der Stadtmauern, d. h. unter Einbeziehung der reichsstiftischen Bevölkerung, um die fünfundzwanzig Prozent betragen haben.[9]

Kurze Zeit danach schuf der Augsburger Religionsfriede von 1555 eine erste Ordnung der Koexistenz zwischen den Konfessionen im Reich. Sein "Städteartikel" (§ 27) bestimmte: *"so sollen ... derselben Frey- und Reichs-Städt Bürger und andere Einwohner, geistlichs und weltlichs Stands, friedlich und ruhig bey- und neben einander wohnen und kein Theil des andern Religion, Kirchengebrauch oder Ceremonien abzuthun oder ihn darvon zu dringen unterstehen, sonder jeder Theil den andern laut dieses Friedens bey solcher seiner Religion, Glauben,*

Kirchengebräuchen, Ordnungen und Ceremonien, auch seinen Haab und Gütern und allem andern ... ruhiglich und friedlich bleiben lassen."[10]

Damit war für Reichsstädte mit gemischtkonfessioneller Bevölkerung die Aufrechterhaltung des konfessionellen Status quo und die Duldung beider Bekenntnisse festgeschrieben. Die Obrigkeiten dieser Städte - und Regensburg war zweifellos 1555 eine solche - hatten also im Unterschied zu anderen Reichsständen kein ius reformandi. Gleichwohl gestalteten sich in Regensburg - um die in der Literatur heißumstrittene Paritätsfrage wenigstens kurz anzuschneiden - die Dinge nachmals erheblich anders als in gemischtkonfessionellen Reichsstädten wie Augsburg, Dinkelsbühl oder Kaufbeuren, weil hier das tatsächliche Verhältnis der Konfessionen zum Zeitpunkt des Augsburger Religionsfriedens von einem Paritätszustand, sofern man darunter mit dem Westfälischen Frieden die "genaue und wechselseitige Gleichheit" (aequalitas exacta mutuaque) versteht, weit entfernt war. Schon um diese Zeit wurden nämlich die führenden Positionen in der Stadt, namentlich die Ratssitze, *"ganz überwiegend, wenn nicht ausschließlich, von Evangelischen eingenommen"*, so daß *"in diesem (begrenzten) Sinne Regensburg bereits seit der Mitte des 16. Jahrhunderts als evangelische Reichsstadt bezeichnet werden kann."*[11]

Es war dann wohl in erster Linie die normative Kraft des Faktischen, die die Donaustadt auch de jure zu einer "pur evangelischen" Reichsstadt werden ließ, nachdem man die Katholiken aus dem Stadtregiment gänzlich ausgeschaltet und schließlich, durch den umstrittenen Ratsbeschluß von 1651, selbst das Bürgerrecht auf die Protestanten beschränkt hatte. Mir jedenfalls will es scheinen, daß sich eine einigermaßen befriedigende Antwort auf die heikle, bislang völlig unzureichend erforschte Frage, ob Regensburg nach dem Buchstaben des Reichsrechts eine paritätische oder eine Stadt unius religionis war, nur finden läßt, wenn man einen längeren, eben durch die normative Kraft des Faktischen bestimmten Entwicklungsprozeß annimmt, welcher anfänglich noch mancherlei paritätsähnliche Züge an sich getragen haben mag, nach einem Jahrhundert des konfessionellen Neben- und Gegeneinanders aber das Ergebnis einer Reichsstadt unius religionis gezeitigt hatte. Dann könnte auch jener scheinbare Widerspruch aus dem Weg geräumt werden, der darin besteht, daß sich Regensburg dem Kaiser gegenüber zunächst wiederholt als paritätische Stadt erklärte,[12] jedoch im Staatsrecht des 18. Jahrhunderts eindeutig als "pur evangelisch" gehandelt wird, mit dem erläuternden Zusatz freilich, die Stadt sei von Rechts wegen nicht konfessionell gemischt, wohl aber "physice", sprich faktisch.[13]

Daß die Einführung der Reformation nicht die Unterdrückung des katholischen Bekenntnisses bedeutete und die Behauptung Simons, die katholische Kultausübung habe in Regensburg nach der Mitte des 16. Jahrhunderts ausschließlich auf bischöflichem bzw. geistlichem Hoheitsgebiet stattgefunden[14], ins Leere geht, zeigt allein schon die Fortexistenz der zahlreichen Klöster auf reichsstädtischem Boden. In Regensburg blieben tatsächlich alle nicht-reichsunmittelbaren geistlichen Institutionen bestehen, mochten sie auch vorerst großenteils ein beklagenswertes Bild bieten und sich nur allmählich vom Tiefstand der Reformationsjahre erholen: so die männlichen Mendikantenniederlassungen der Augustinereremiten, Dominikaner und Minoriten, die weiblichen Bettelordensklöster der Dominikanerinnen und Klarissen, die sich übrigens während der ganze Epoche des Umbruchs auf beachtlicher Höhe hielten, die Ritter-Kommenden der Deutschherren zu St. Ägid und der Johanniter zu St. Leonhard, dazu noch das nahezu leerstehende irische Benediktinerkloster St. Jakob, welches durch Mönche aus Schottland neue Kraftzufuhr erhielt.[15] Von den beiden Kollegiatstiften zu St. Johann und zur Alten Kapelle befand sich ersteres ohnehin auf bischöflichem Territorium, während das letztere dem Hochstift Bamberg inkorporiert war und als solches eine nicht unumstrittene Reichsunmittelbarkeit in Anspruch nahm. Zu diesen seit Jahrhunderten bestehenden Klöstern und Stiften traten im Zuge der Gegenreformation und Katholischen Reform noch drei neue monastische Niederlassungen. Mit Hilfe des bayerischen Herzogs Wilhelm V. und gegen alle Widerstände des Magistrats wie des Domkapitels hielten 1586 die Jesuiten in Regensburg Einzug und übernahmen 1589 das niedergebrochene Kanonissenstift Mittelmünster - St. Paul, um dort ein alsbald regen Zuspruch findendes Gymnasium als Pendant zur reichsstädtischen Poetenschule zu etablieren. Im Oktober 1613 konnte dank kaiserlicher Fürsprache auf einem Gelände des Damenstifts Niedermünster der Grundstein für das Regensburger Kapuzinerkloster gelegt werden, und seit 1641, wiederum durch besondere Gunst des Reichsoberhaupts, entstand nach und nach eine Niederlassung der Unbeschuhten Karmeliten mit der Ordenskirche St. Joseph am Kornmarkt. Dies alles führte zu der eigenartigen, den Besucher der "pur evangelischen" Reichsstadt gewiß überraschenden und wohl auch schwer zu vermittelnden Tatsache, daß den drei protestantischen Kirchen Regensburgs - der Neupfarre, St. Oswald und der 1631 vollendeten Dreieinigkeitskirche - fünfmal soviel katholische Gotteshäuser gegenüberstanden.

Das Überdauern der bestehenden und die Errichtung neuer Klöster waren auch ein Faktor - gewiß nicht der entscheidende -, der das zahlenmäßige Verhältnis der Konfessionen in der Reichsstadt Regensburg zugunsten der Katholiken beeinflußt hat. Jedenfalls ist die Entwicklung schon während des Dreißigjährigen Krieges, aber dann vor allem in den letzten 150 Jahren der alten Ordnung dadurch gekennzeichnet, daß der katholische Bevölkerungsanteil auf reichsstädtischem wie auf reichsstiftischem Boden beträchtlich anwuchs, während zur selben Zeit die Einwohnerzahl der Protestanten zunächst mehr oder minder stagnierte, bald sogar einen merklichen Rückgang zu verzeichnen hatte. *"Die Ursachen der protestantischen Stagnation sind nicht oder kaum erkenntlich. Das Anwachsen der Katholiken lag zu einem guten Teil in der Zuwanderung aus dem katholischen Umland und in dem Zustrom von katholischen Bediensteten und Handwerkern im Zusammenhang mit dem Gesandtenkongreß des Immerwährenden Reichstags seit 1663 begründet. Ungeachtet der Tatsache, daß die Reichsstadt als ein begehrtes Refugium für verfolgte Protestanten natürlich immer auch protestantischen Zuzug aus dem katholischen Bayern und aus Österreich erhielt, überwog doch bereits am Ende des 17. Jahrhunderts die Zahl der Katholiken auf reichsstädtischem Boden diejenige der Protestanten."*[16] Wie rasch sich das zahlenmäßige Verhältnis der Konfessionen im Ablauf von nur zwei Generationen verändert hat, mag folgende Gegenüberstellung verdeutlichen. Um 1650 lebten in Regensburg nach dem "Status ecclesiae et dioeceseos Ratisbonensis", den der damalige Fürstbischof Franz Wilhelm von Wartenberg veranlaßt hat, neben den geistlichen Personen der vier katholischen Reichsstände sowie der Klöster nur 1710 katholische Laien, die hauptsächlich als Dienstboten der Stifte und der protestantischen Bürger tätig waren.[17] Die Situation dann im Jahr des letzten großen Wütens der Pest 1713: Von der zu etwa einem Drittel hinweggerafften Gesamtbevölkerung Regensburgs, die sich zwischen 20 000 und 25 000 Einwohnern bewegte, starben auf evangelischer Seite 2792, auf katholischer 5063 Personen. Die hierin sich widerspiegelnde Tendenz einer beträchtlichen Zunahme der katholischen Bevölkerung prägt sich im Verlauf des 18. Jahrhunderts immer deutlicher aus. Neben zahlreichen Unwägbarkeiten, die eine derartige Entwicklung in sich birgt, war die Tatsache, daß Regensburg während des Dreißigjährigen Krieges von jedem evangelischen Hinterland abgeschnitten wurde und seither eine Zuwanderung von Protestanten aus der Umgebung ausblieb, waren ferner die Konstituierung des Immerwährenden Reichstags in der Donaustadt und die durch die Anwesenheit der Gesandtschaften geweckten neuen Bedürfnisse für das starke Anwachsen der katholischen Bevölkerung von entscheidender Bedeutung.[18]

Die wachsende zahlenmäßige Überlegenheit der Katholiken zeitigte jedoch keineswegs Konsequenzen für deren rechtliche Besserstellung. Hier ist vielmehr eine gegenläufige Entwicklung zu konstatieren. Die im Regensburger Stadtrecht seit dem Spätmittelalter verankerte Unterscheidung zwischen Bürgern im Vollsinne und Bürgern minderen Rechts, Beisassen oder Beisitzer genannt, wurde im Jahrhundert zwischen der Einführung der Reformation und dem Westfälischen Frieden in konfessioneller Hinsicht dahingehend wirksam, daß sich der Anteil von katholischen Bürgerrechtsinhabern auf ein Minimum reduzierte. Mag sein, daß diese Entwicklung ihren Hauptgrund im Anschluß nahezu aller Bürgerrechtsinhaber an das Luthertum hatte. Vielleicht aber auch, daß bei der Verleihung und Handhabung des Bürgerrechts mit zweierlei Maß gemessen, sprich die protestantische Bevölkerung bevorzugt wurde, was seinerseits im Laufe der Jahre, insbesondere während des Dreißigjährigen Krieges, zu einer verstärkten Auswanderung katholischer Bürgerrechtsinhaber beigetragen haben könnte. Doch wie immer es um die noch völlig unzureichend erhellten Ursachen bestellt war: 1651 besaßen jedenfalls neben den katholischen Pfründnern des St. Katharinenspitals jenseits der Steinernen Brücke bloß mehr drei katholische Familien das Bürgerrecht - die Inhaber der Gastwirtschaften zum Spiegel und zum Schwarzen Bären sowie die Glockengießerfamilie Schelchshorn.[19] Im gleichen Jahr faßte der reichsstädtische Magistrat den schon erwähnten Beschluß, inskünftig das Bürgerrecht nur noch an Angehörige der Augsburger Konfession zu verleihen. Ob man nun diese Ratsverordnung, die bis 1803 Geltung haben sollte, als Verstoß gegen die Religionsbestimmungen des Westfälischen Friedens wertet oder nicht: Unumstritten ist in jedem Falle, daß sie für die Zusammensetzung der Regensburger Bürgerschaft bis tief ins 19. Jahrhundert von erheblicher politischer und gesellschaftlicher Bedeutung blieb, weil der Besitz des Bürgerrechts zum einen Voraussetzung für die Beteiligung an der kommunalen Verwaltung war, zum anderen Bedingung für den Erwerb von Grundbesitz in der Stadt und für die Ausübung eines Handwerks oder Gewerbes. Freilich gab es, wenn wir letzteren Gesichtspunkt ins Auge fassen, in Konkurrenz zu den bürgerlichen Handwerkern stets auch nichtbürgerliche als "Schutzverwandte" oder Beisassen im Dienst der geistlichen Institutionen oder von Reichstagsgesandten. *"Aber prinzipiell und aufs Ganze gesehen hatte die Bindung von Handwerksgerechtigkeit und Grunderwerb an die Bürgerrechtsfähigkeit die Folge, daß die Inhaber des Bürgerrechts - und das heißt eben zugleich: die protestantischen Bürger der Stadt - zugleich den vermögenderen Teil der Einwohnerschaft darstellten, während die Beisassen, überwiegend Katholiken, überwiegend die städtische Mittel- und Unterschicht bildeten. Es bestand also ein enger Zusammenhang zwischen Konfession und sozialem Status."*[20]

Probleme des konfessionellen Nebeneinanders
Zwar hat der Augsburger Religionsfriede, wie oben angedeutet, eine erste Ordnung der Koexistenz zwischen den Konfessionen geschaffen, doch darf man von seinen zunächst nur auf geduldigem Papier stehenden Maßgaben nicht ohne weiteres auf eine spannungsfreie Atmosphäre im konfessionellen Nebeneinander schließen, zumal nicht bei Verhältnissen wie in Regensburg, wo die rechtlichen Gegebenheiten verwickelter kaum hätten sein können und Menschen beiderlei Kultzugehörigkeit auf engstem Raum, ja vielfach - man denke nur an die Pfründner des von Bischof und Stadt gemeinsam verwalteten St. Katharinenspitals! - in ein und demselben Hause zusammenlebten. Wenn irgendwo und irgendwann, dann mußte sich gerade hier und zu einer Zeit, die Toleranz im Religiösen noch als Widerspruch empfand, Schillers geflügeltes Wort von den dicht beieinanderwohnenden Gedanken, doch hart im Raume sich stoßenden Sachen bewahrheiten. In der Tat durchziehen konfessionelle Konflikte die Geschichte Regensburgs bis zum Ende der alten Ordnung (und darüber hinaus) wie ein roter Faden. Der Anlässe hierfür waren Legion, angefangen von Kompetenzstreitigkeiten in der

Rechtsprechung über Fragen des Abgaben- und Steuerwesens bis hin zur Kultausübung außerhalb des eigenen Hoheitsbereichs. Um gleich ein Beispiel für letztere Kategorie anzufügen: Als Fürstbischof Albert von Törring im Schicksalsjahr 1618 die Karfreitagsprozession auch über reichsstädtisches Pflaster führte, ließ ihm der Magistrat den Prozessionsweg beim Rathaus kurz entschlossen mit einer Eisenkette versperren, was die Teilnehmer wohl fürs erste verärgert haben mag, jedoch am Weiterziehen keineswegs zu hindern vermochte: *"man schlupfte unten durch und reichte sich zum Teil die Fahnen über die Ketten weg, und versuchte dieses Spiel im nächsten Jahr wieder, da dann die Ketten verdoppelt wurden ... "*[21]
"Neckereyen" solcher und ähnlicher Art waren nach dem Chronisten Gumpelzhaimer zumindest bis zur Mitte des 17. Jahrhunderts an der Tagesordnung. Aber es gab auch wiederholt den redlichen Versuch, Konfliktstoffe durch vertragliche Übereinkunft zu beseitigen oder wenigstens zu verringern. Einen wichtigen Meilenstein in dieser Richtung bildete der "Augsburger Vertrag" von 1571, durch den der schon im späten 15. Jahrhundert einsetzende und dann an immer neuen Zwischenfällen aufflammende Streit um die weltliche Gerichtsbarkeit des Bischofs, das sog. Propstgericht, um den eigenen Gerichtsstand des Klerus (privilegium fori) und seine Befreiung von Lasten aller Art (privilegium immunitatis) sowie um die Steuerpflicht jenes Personenkreises, der in Häusern der geistlichen Immunitätsbezirke wohnte, beigelegt werden sollte.[22] Der Bischof trat darin die Belange des einträglichen Propstgerichts an die Stadt ab, während die Geistlichkeit bei ihren Immunitäten und Privilegien verblieb und außerdem von der 1528 vereinbarten jährlichen Zahlung von 200 Gulden an den kommunalen Säckel befreit wurde. Doch wie so oft saß auch bei diesem Vertrag der Teufel im Detail. Wer sollte fortan für jenen schon erwähnten Personenkreis zuständig sein, der nicht in der Pflicht und Besoldung der Geistlichen stand, jedoch auf deren Hoheitsbereichen wohnte? Städtischerseits vertrat man wohl nicht zu Unrecht die Ansicht, daß man mit der Übernahme des Propstgerichts auch die Gerichtsbarkeit über diesen Personenkreis erlangt habe. Der Klerus hingegen stellte sich auf den Standpunkt, *"daß die Geistlichen, deren Räth, officier, Diener und Dienerinnen von der Bürgerlichen Jurisdiction exempt sein sollen, hätte keines vertrags bedurft, weil selbige ipso iure hiervon ausgenommen sind. Es köndte aber die Stat a Contrario sensu nit inferirn, dass die Unbesold und ungebrödte Inwohner in geistlichen Häyßern vnter Potmässigkeit gehörig sein sollen, in dem sie von dem Personal-Recht, dessen die Diener von den Geistlichen Jure ipso participiren, ganz abstrahiren vnd sich iure immunitatis localis fundiren"*.[23]
Der Klerus wollte also auch die "ungebrödten und unbesoldeten" Personen in geistlichen Häusern seiner Jurisdiktion mit unterworfen sehen, und so führte die Umsetzung des Vertrags von 1571 in den gelebten Alltag zu vielerlei Irrungen und Wirrungen. Bereits zwölf Jahre danach hatte die Geistlichkeit gegen die Stadt nicht weniger als zweiundvierzig Beschwerdepunkte zusammengetragen, die im Januar 1583 und abermals 1590 vor dem als Schlichter angerufenen Herzog Wilhelm V. von Bayern in München verhandelt wurden, ohne daß ein Vergleich der zerstrittenen Parteien herbeigeführt werden konnte. Die unerquicklichen Differenzen zwischen Klerus und Reichsstadt - hauptsächlich, aber nicht nur wegen der Inwohner-Frage - dauerten somit fort und nahmen während des Dreißigjährigen Krieges besonders heftige Formen an. Mehr als einmal drohte man seitens des Magistrats Gewaltmaßnahmen gegen den genannten Personenkreis an, und die Geistlichkeit wandte sich stets aufs neue an den Kaiserhof in Wien, um dort gegen ungezählte, ihrer Ansicht nach vertragswidrige Übergriffe der Regensburger Bürgerschaft Beschwerde zu führen.[24] Zuletzt wurden die Streitigkeiten über das Inwohner-Problem so heiß gekocht, daß eine kaiserliche Kommission eingesetzt werden mußte, welche die Differenzpunkte 1654 in einem Hauptrezeß und mehreren Nebenrezessen regelte.[25]

Der am 27. Mai 1654 in Regensburg geschlossene Vertrag nahm, wie schon die Abmachung von 1571, die Geistlichen und ihre Diener von der städtischen Jurisdiktion aus. Bezüglich der *"ungebrödten und unbesoldeten Incolae"* in geistlichen Häusern unterschied man zwischen solchen *"ehrsamen"* und *"gemeinen"* Standes. Für erstere sprach der Vertrag dem Klerus die Jurisdiktion in Zivilsachen, der Stadt die Gerichtsbarkeit in Kriminalsachen zu; trat indes jemand aus dem genannten Personenkreis als Kläger gegen Inwohner und Bürger der Stadt auf, so war hierfür in jedem Falle ausschließlich die Stadt zuständig. Letztere, also vor allem die Handwerker und Tagelöhner in geistlichen Häusern, sollten in Zivil- wie Strafsachen allein der städtischen Gerichtsbarkeit unterworfen sein. Neben dieser grundsätzlichen Regelung der Jurisdiktionsfrage enthält der Vertrag von 1654 zahlreiche Bestimmungen, die den fiskalischen Bereich betreffen. So sollten sich die Geistlichen und deren Diener inskünftig der *"Wirthschafften vnd Beherbergung"* enthalten und weder Bier noch Wein ausschenken. Auch wurden sie verpflichtet, für Besucher, die länger als drei oder vier Tage verblieben, das sog. Ungeld, eine Art Getränkesteuer, zu entrichten oder ihre Gäste zum Trinken zu den Bürgern zu schicken, und überhaupt bei der Aufnahme von Personen in ihre Häuser zur Vermeidung von Auswüchsen Mäßigung zu üben. Sofern aufgenommene Personen bürgerliche Gewerbe und Handlungen betrieben, was tunlichst nicht statthaben sollte, hatten sie hierfür Ungeld, Brückenzoll und Lendgeld zu zahlen, waren dafür jedoch des Beisitz- und Schutzgeldes, der Steuern, des Wachtgeldes und anderer Lasten enthoben. Damit der Magistrat jederzeit einen Überblick über die fremden Personen in geistlichen Häusern hatte, wurde zwischen ihm und der Geistlichkeit vereinbart, jede Veränderung bei den Inwohnern bekanntzugeben. Daß sich der Klerus pflichtgemäß an die mehr oder minder regelmäßige Erstellung solcher Inwohner-Verzeichnisse gehalten hat, belegt deren Vorhandensein in den städtischen Akten. Von besonderer Bedeutung für die Zukunft aber war jene andere Vertragsbestimmung, wonach Vertreter der Geistlichkeit und des Magistrats viermal im Jahr zusammentreten wollten, um die wechselseitigen Beschwerdepunkte und die Listen der Inwohner zu erörtern. Gerade diese regelmäßigen Quartalskonferenzen haben offenbar nicht wenig dazu beigetragen, daß sich nach der Mitte des 17. Jahrhunderts das Verhältnis der Konfessionen in Regensburg spürbar verbesserte. Jedenfalls versuchten die fünf Reichsstände jetzt häufiger als vorher, die zwischen ihnen zur Beanstandung Anlaß gebenden Vorfälle nicht auf dem Streitwege auszutragen, sondern durch Bitten um deren Abstellung und künftige Verhinderung aus der Welt zu schaffen.

Just zu diesem Zeitpunkt verlor auch ein anderer Gegenstand, der das konfessionelle Nebeneinander seit drei Generationen belastete, mehr und mehr an Bedeutung: der 1582 durch die von Papst Gregor XIII. vorgenommene Zeitkorrektur - sie ließ auf den 4. den 15. Oktober folgen - ausgelöste Kalenderstreit.[26] Wie andere protestantische Territorien und Reichsstädte lehnte der Regensburger Rat die Einführung der verbesserten Zeitrechnung schon deshalb ab, weil sie nicht vom Kaiser, sondern vom Papst geschaffen worden war. Zur Übernahme des neuen Stils ließ sich die Stadt weder durch den bayerischen Herzog bewegen, der ihre "Widerspenstigkeit" in der Fastenzeit des Jahres 1595 durch eine Sperre von Fleisch-, Wild- und Geflügelzufuhr brechen zu können glaubte, noch durch den Hofastronomen Johannes Kep(p)ler, der während des Regensburger Reichstags von 1613 mit beredter Zunge auf die vielfältigen nachteiligen Konsequenzen der doppelten Kalenderführung hinwies. So liefen in Regensburg auch in den folgenden Jahrzehnten ungeachtet wiederholter Versuche des Kaiserhofs und des langregierenden Bischofs Albert von Törring (1614 - 1649), welch letzterer beispielsweise im Februar 1616 mit dem Ansuchen an die Stadt herantrat, daß wenigstens im paritätisch verwalteten Katharinenspital *"der neue Calender fürterhin ... durchgehendt möge gehalten werden"*, zwei Zeitrechnungen nebeneinander her. Zu welch grotesken Erscheinungen dies führen mußte, angefangen von der doppelten Begehung der Feiertage mit ihren

Nachteilen für Handel und Gewerbe über die Veranstaltung von Gerichtsterminen und anderen Zusammenkünften bis hin zur Datierung des Schriftverkehrs, liegt auf der Hand. Gewiß hatten sich für den Schriftverkehr entsprechend der konfessionellen Zugehörigkeit von Absender und Empfänger Spielregeln eingebürgert, die man behördlich einigermaßen problemlos zu handhaben wußte. Trotzdem berührt es noch heute eigenartig und macht zugleich den ganzen Unfug dieses völlig überflüssigen Streites schlaglichtartig deutlich, wenn man ein Schriftstück in Händen hält, das Bayerns Kurfürst Maximilian unterm 5. April 1632 an den Regensburger Magistrat adressierte, welches dieser aber laut Eingangsdatum bereits am 28. März erhalten haben will.

Teilweise in zeitlicher Parallele zum Kalenderstreit überschatteten die Auseinandersetzungen um das Predigerkloster und dessen Kirche St. Blasius das Nebeneinander der Konfessionen in Regensburg.[27] Schon im Herbst 1542 hatten sich Magistrat und Bürgerschaft der Dominikanerkirche bemächtigt, mußten diese aber im Gefolge des Augsburger Interims und des Religionsfriedens von 1555 wieder freigeben. Dafür zog man, weil die protestantische Gemeinde mit dem Raum der Neupfarrkirche nicht auszukommen glaubte, seit 1553 die Kirche des Frauenspitals St. Oswald, über die die Stadt das Verfügungsrecht besaß, zur Abhaltung von Gottesdiensten heran. Als dann aber im Frühjahr 1563 ein Unwetter die Oswaldkirche längerfristig unbenutzbar machte, drang man am 16. Mai gewaltsam in die Dominikanerkirche ein und adaptierte deren Langhaus als Predigtsaal; lediglich der Chor verblieb den Mönchen. Da ein Vertrag von 1568 diesen offenkundigen Rechtsbruch und damit die Simultanverhältnisse zu St. Blasius legalisiert hatte, hielt sich die Stadt auch nach der 1588 abgeschlossenen Instandsetzung und Erweiterung von St. Oswald für berechtigt, die Dominikanerkirche weiterhin zu benutzen. Doch begannen bereits fünf Jahre später, unter dem energischen Provinzial Konrad Sittard, gegenläufige Bemühungen, die nach Jahrzehnten zäher Verhandlungen endlich zum Ausgleich führten. Ein am 1. Juli 1626 vor dem Reichshofrat in Wien geschlossener Vertrag verpflichtete die Stadt zur Räumung der Kirche binnen zwei bzw. drei Jahren, während dem Orden die Rückvergütung der seither aufgewandten Instandhaltungskosten in Höhe von 6000 Gulden auferlegt wurde. Als diese Schuld Ende Juni 1630 dank einer großzügigen Spende des spanischen Gesandten beim Kurfürstentag, des Herzogs Carlo d'Avila, zur Gänze abgegolten werden konnte, kam St. Blasius wieder in die ausschließliche Verfügungsgewalt der Dominikaner. Schon im Jahr darauf wurde die Dreieinigkeitskirche ihrer Bestimmung übergeben. Als Denkmal frühbarocker Kirchenarchitektur war sie in einer kriegerischen und auch innerstädtisch höchst angespannten Atmosphäre nicht allein für die evangelische Bürgerschaft Regensburgs erbaut worden, sondern - so der Magistrat bei den Einweihungsfeierlichkeiten in Anspielung auf die zahlreichen Exulanten aus der Oberpfalz und den Habsburger Landen - auch für *"andere, hohen und niederen Standes Christen, so bey uns sich um des reinen Gottesdienstes willen aufhalten."*[28]

Als die Dreieinigkeitskirche eröffnet wurde, stand man mitten im großen Religionskrieg. Sein wechselhaftes Auf und Ab, zumal in den frühen dreißiger Jahren, hat selbstredend auch das konfessionelle Geschehen in Regensburg aufs schwerste belastet. Ohne näher auf die andernorts ausführlich dargestellten Ereignisse dieser harten Epoche in der Geschichte unserer Stadt einzugehen[29], sei hier nur summarisch festgestellt: Je nachdem, welche der beiden kriegsführenden Religionsparteien auf der großen Bühne des Reiches die Oberhand hatte bzw. unterlegen war, veränderte sich die Szenerie auch auf der kleinen Bühne Regensburgs zum Vorteil der einen und zum Nachteil der anderen Konfession. Dazwischen gab es freilich auch Phasen gemeinschaftlichen Handelns, etwa, um die immer neuen Beschwernisse durch bayerische, kaiserliche und schwedische Truppen einigermaßen erträglich zu gestalten; doch waren diese meist nur von kurzer Dauer, um dann wieder vom alten Geist der Rivalitäten abgelöst zu werden. Namentlich die im Spätjahr 1633 anhebende Zeit der schwedischen Besatzung unter Bernhard von Weimar brachte für den katholischen Bevölkerungsteil härteste Bedrückung: Die Kirchen einschließlich des Doms wurden profaniert, und die Mehrheit des Klerus mußte die Stadt verlassen, voran Bischof Albert von Törring, den man im März 1634 nach Würzburg verschleppte, wo er auf der Feste Marienberg bis zum Januar 1635 in schmachvoller Haft gehalten wurde.[30] Allerdings hatte sich gerade er dem protestantischen Rat der Stadt gegenüber alles andere denn als Muster konfessioneller Duldsamkeit geriert, solange die Zeitläufte der katholischen Partei günstig gewesen waren. Seine im November 1630 dem Kaiser und dem bayerischen Kurfürsten ernstlich bekundete Absicht, die evangelische Bürgerschaft Regensburgs zum katholischen Glauben zurückführen zu wollen - ein gegenreformatorischer Plan, dessen Verwirklichung hauptsächlich der alsbald erfolgte politische Umschwung vereitelte -, ist hierfür sprechender Beleg.[31]

Ungeachtet der konfessionellen Konflikte, die, wie dargelegt, ein zentrales Thema der Regensburger Geschichte im Jahrhundert nach dem Augsburger Religionsfrieden bildeten, hatte sich die Stadt unter geschickter Ausmünzung des alten habsburgisch-wittelsbachischen Gegensatzes durch unbedingte Kaisertreue und engen Anschluß an Wien bewährt, was ihr ihre Sonderstellung als einzige Reichsstadt des deutschen Südostens behaupten half und auch sonst des Lohnes nicht entbehrte. Seit 1594 haben die habsburgischen Herrscher sämtliche Reichstage nach Regensburg ausgeschrieben, und als sich die Reichsversammlung von 1663, vom Kaiser in der Not der Türkenkriege zusammengerufen, zu einer permanenten konstituierte und Regensburg zu ihrem ständigen Tagungsort erwählte, rückte die verkehrsgünstige Metropole an der bayerischen Donau noch einmal für knappe anderthalb Jahrhunderte in das Rampenlicht der europäischen Politik. An die siebzig auswärtige Gesandtschaften hatte die rund 20 000 Einwohner zählende Stadt bis zum Ende der alten Ordnung zu beherbergen. Höfischer Prunk, festlich zeremonielles Gepränge, klingende Namen, ein buntes Gemisch von Völkern und Sprachen, Feste von verschwenderischer Pracht in den großen Repräsentativbauten und galante Abenteuer hinter den Kulissen prägten Regensburgs Antlitz im Zeitalter des Barock und der Aufklärung, ohne freilich das stolze bürgerliche Selbstbewußtsein von einst und die wirtschaftliche Blüte der mittelalterlichen Glanzperiode wiederzubringen.[32]

Im Gefolge der grundstürzenden Umwälzungen seit der Französischen Revolution ging dann auch Regensburgs herausgehobene Stellung klanglos zu Ende. Die vom Kaiser im August 1802 hierher einberufene achtköpfige Reichsdeputation zur Neuordnung der politischen Landkarte Deutschlands durch Säkularisation und Mediatisierung entzog der Stadt ihren reichsstädtischen Status und wies sie, zusammen mit dem bischöflichen Hoheitsbereich und den Reichsklöstern, dem letzten Erzkanzler und Mainzer Kurfürsten Carl Theodor von Dalberg zu, dessen Sitz nach Regensburg transferiert wurde.[33] Damit hatten über 6000 Einwohner lutherischen Bekenntnisses mit einem Mal einen katholischen "Summus episcopus" bekommen, der freilich stets bestrebt war, die Gegensätze zwischen den Konfessionen zu überbrücken und möglichst wenig in die Rechte der evangelischen Gemeinde einzugreifen, der auf der anderen Seite aber jetzt auch den Katholiken den Einstieg in die Schicht der Vollbürger ermöglichte und damit dem katholischen Bevölkerungsanteil in kommunalpolitischen Fragen einen größeren Einfluß als bisher zukommen ließ.[34] Außerdem ging der neue Landesherr, wie ein Schuldentilgungsplan von 1803 augenscheinlich macht, mit Umsicht und Tatkraft an die Sanierung der zerrütteten ökonomischen Verhältnisse, die trotz widriger Zeitumstände rasch voranschritt und die Basis abgab für heute noch greifbare kulturelle Leistungen. Auf sie des Näheren eingehen, hieße den thematischen Rahmen sprengen. Für das Verhältnis der Konfessionen aber darf man abschließend mit Fug und Recht feststellen, daß gerade die kurze Dalberg-Ära Regensburgs geprägt war vom Geist religiöser Toleranz und einem friedlichen

Neben-, ja Miteinander wie keine Epoche zuvor - und auch so manche danach nicht. Ein überaus eindrucksvolles Zeugnis hierfür ist uns in jener Dankesadresse erhalten geblieben, welche das Regensburger Evangelische Konsistorium Augsburger Konfession am 20. März 1810, wenige Wochen vor der Inbesitznahme der Stadt durch Bayern, an seinen scheidenden Landesherrn gerichtet hat:

"So drückend die Ereignisse des Zeitalters auf die Menschen wirkten, so zerstörend Bürgerglück und häuslicher Wohlstand von mehr als einer Seite untergraben wurden, so ist doch unter Euer Königl. Hoheit weiser Regierung, selbst unter nicht selten beengenden Verhältnissen von außen, alles Mögliche aufgeboten worden, dem zerrütteten Wohlstand wieder aufzuhelfen und, wo es sich nicht ganz tun ließ, doch wenigstens [zu] lindern, den Balsam in die Wunden zu gießen. Besonders haben die kirchlichen Verhältnisse der evangelisch-lutherischen Religion das beneidenswerte Los gehabt, den Druck des Zeitalters weniger als jedes andere bürgerliche Verhältnis zu fühlen. Die uns durch die Reichsgesetze zugesicherten Rechte sind in einem Zeitalter, wo soviele Privilegien und Freiheiten zusammenstürzten, so manches Institut der Vorzeit zugrunde ging, auch nicht im geringsten angetastet worden. Ja es sind sogar durch so humane als wohltätige Freigebigkeit von Eurer Königl. Hoheit die protestantischen Kirchen- und Schulanstalten durch Vermehrung ihrer Dotation für die Zukunft sichergestellt, und zu diesem Zwecke, ohngeachtet der auch anderwärts von sovielen Seiten andringenden Staatsausgaben, mehrere Tausende verwendet worden. Gegenstände, die die kirchlichen Verhältnisse der Protestanten berührten oder auch nur entfernten Bezug auf dieselben zu haben schienen, sind unter Euer Königl. Hoheit gerechten, humanen Regierung mit einer Zartheit behandelt worden, die ihnen leider in unsern Zeiten selbst in protestantischen Ländern selten zuteil wird."[35]

Anmerkungen

1. J. SYDOW: Die Konfessionen in Regensburg zwischen Reformation und Westfälischem Frieden, in: ZBLG 23 (1960), 473-491; M. SIMON: Beiträge zum Verhältnis der Konfessionen in der Reichsstadt Regensburg. Eine notwendige Entgegnung, in: ZBKG 33 (1964), 1-33; J. SYDOW: Fragen zum Verhältnis der Konfessionen in Regensburg, ebd. 34 (1965), 187-193; M. SIMON: Schlußwort zur Frage der Konfessionsverhältnisse im alten Regensburg, ebd. 34 (1965), 194-197.
2. M. SIMON: Evangelische Kirchengeschichte Bayerns, Nürnberg 2 1952.
3. SYDOW-SIMON: Zur Frage des Konfessionsverhältnisses im alten Regensburg, in: ZBKG 35 (1966) 231 f.
4. Hier ist vor allem hinzuweisen auf die nachfolgend wiederholt zitierte Regensburger Dissertation von W. R. HAHN: Ratisbona Politica. Studien zur politischen Geschichte der Reichsstadt Regensburg im 17. Jahrhundert bis zum Beginn des Immerwährenden Reichstages, in: VHVOR 125 (1985), 7-160, und 126 (1986), 7-98. Wie aus dem Untertitel hervorgeht, liegt der Schwerpunkt von Hahns Untersuchung auf den reichsstädtisch-regensburgischen Verhältnissen in der ersten Hälfte des 17. Jahrhunderts. Nach wie vor fehlt jedoch eine gründliche Monographie zum Regensburger 16. Jahrhundert. Die ältere Arbeit von L. THEOBALD: Die Reformationsgeschichte der Reichsstadt Regensburg, 2 Bde., München 1936 bzw. Nürnberg 1951, basiert ungeachtet ihrer Materialfülle auf einseitiger Quellenauswahl und weist eine arg polemische Tendenz auf. Ähnliches gilt für die einschlägigen Abschnitte bei R. DOLLINGER: Das Evangelium in Regensburg. Eine evangelische Kirchengeschichte, Regensburg 1959.
5. Chr.A. KAYSER: Versuch einer kurzen Beschreibung der Kaiserlichen freyen Reichsstadt Regensburg, Regensburg 1797, 73.
6. Vgl. hierzu und zum Folgenden VOLKERT: Luthers Reformation, bes. 111 f.
7. P. LANDAU: Die Dreieinigkeitskirche in Regensburg - Toleranz und Parität in der Geschichte der Stadt, in: Studien und Quellen zur Geschichte Regensburgs 3 (1985), 23-33, hier: 23 f.

8 Dies gilt vor allem für die Berechnungen bei SIMON (Anm. 1) über das zahlenmäßige Verhältnis von Katholiken und Protestanten nach 1648.
9 So ALBRECHT, 73; Albrecht stützt sich dabei auf die "akzeptablen Ergebnisse der Kontroverse Jürgen Sydow und Matthias Simon um den konfessionellen Charakter der Reichsstadt Regensburg nach 1542." - Vgl. zum Ganzen auch VOLKERT: Luthers Reformation, 119 f.
10 H. H. HOFMANN (Hrsg.): Quellen zum Verfassungsorganismus des Heiligen Römischen Reiches Deutscher Nation 1495-1815 (Ausgewählte Quellen zur deutschen Geschichte der Neuzeit, Bd. 13), Darmstadt 1976, 105.
11 ALBRECHT, 73.
12 Vgl. W. ZIEGLER, in: SPINDLER III/2, 1432.
13 Näheres hierzu bei LANDAU (Anm. 7), 30, der sich in seiner Argumentation auf den großen Staatsrechtler Johann Jacob Moser und dessen Abhandlung "Von der Reichs-Stättischen Regiments-Ordnung" (1772) stützt.
14 SIMON: Beiträge (Anm. 1), 17.
15 Einzelbelege hierzu und zum Folgenden bei HAUSBERGER II, 271-342.
16 ALBRECHT, 73 f.
17 Vgl. G. SCHWAIGER: Kardinal Franz Wilhelm von Wartenberg als Bischof von Regensburg (1649-1661) (Münchener Theologische Studien, I. Historische Abteilung, Bd. 6), München 1954, 255.
18 K. HAUSBERGER: Gottfried Langwerth von Simmern (1669-1741), Bistumsadministrator und Weihbischof zu Regensburg. Ein Beitrag zur Geschichte des Bistums Regensburg in der Barockzeit, in: BGBR 7 (1973), 63-370, hier: 295; DERS.: Geschichte des Bistums Regensburg I, 314.
19 SYDOW: Konfessionen (Anm. 1), 487. - Siehe zum Ganzen auch: H. HUBER: Das Bürgerrecht der Reichsstadt Regensburg, in: VHVOR 79 (1929), 99-113; R. SCHÖNFELD: Studien zur Wirtschaftsgeschichte der Reichsstadt Regensburg im achtzehnten Jahrhundert, ebd. 100 (1959), 5-147.
20 ALBRECHT, 74.
21 GUMPELZHAIMER II, 1070.
22 Näheres hierzu und zu den Hintergründen bei H. MARTIN: Das Probstgericht in Regensburg bis zum Jahre 1571, Kallmünz 1928; Th. LIEGEL: Reichsstadt Regensburg und Klerus im Kampf um ihre Rechte, München (Diss. masch.) 1950, bes. 121-143; K. HAUSBERGER: Leidliches Auskommen und offene Feindseligkeit. Zum Verhältnis von Bischof und Reichsstadt im spätmittelalterlichen Regensburg, in: 1250 Jahre Bistum Regensburg (Schriftenreihe der Universität Regensburg, Bd. 16), Regensburg 1989, 81-100.
23 Zit. nach LIEGEL (Anm. 22), 127.
24 Belege hierzu und zum Folgenden bei LIEGEL (Anm. 22), 130-143; HAHN (Anm. 4) 1986, 75-83.
25 Abtruckh Der Zwischen gemainer Löbl. Geistlichkeit vnd des H. Reichs Freyen Statt Regenspurg in Anno 1654. auffgerichten/ auch von der Röm: Kayserl. Mayest. allergnädigst confirmirt: vnd verpönter Haupt: vnd Neben-Recessen/ sambt darzu gehörigen alten Vergleichen als Beylagen/ auff welche sich obige Recess referirn. Gedruckt in des Heyl. Reichs Freyen Statt Regenspurg/ bey Christoff Fischern/ Im 1656. Jahr (u. a. ein Exemplar im Bischöflichen Zentralarchiv Regensburg).
26 Siehe hierzu das Kapitel "Der Kalenderstreit als Ausdruck konfessioneller Differenzen" bei HAHN (Anm. 4) 1985, 28-36.
27 Vgl. A. KRAUS: Beiträge zur Geschichte des Dominikanerklosters St. Blasius in Regensburg 1229-1809, in: VHVOR 106 (1966), 141-174, hier: 156 f; HAHN (Anm. 4) 1985, 147-150.
28 Zit. nach LANDAU (Anm. 7), 29. - Zur Genese und Baugestalt der Dreieinigkeitskirche siehe den Aufsatz von K. MÖSENEDER in diesem Band.
29 Siehe vor allem HAHN (Anm. 4) 1986, 8-75.
30 Zu Törring s. S. FEDERHOFER: Albert von Törring, Fürstbischof von Regensburg (1613-1649), in: BGBR 3 (1969), 7-120; HAUSBERGER I, 332-336; DERS.: Artikel "Törring, Albert Reichsfreiherr (seit 1630 Reichsgraf) von (1578-1649)", in: Die Bischöfe des Heiligen Römischen Reiches 1648 bis 1803, hrsg. von E. Gatz, Berlin 1990, 517 f.
31 Vgl. den Abschnitt "Ein Gegenreformationsversuch" bei HAHN (Anm. 4) 1985, 150-157.
32 Näheres bei W. FÜRNROHR: Der Immerwährende Reichstag zu Regensburg. Das Parlament des alten Reiches, Regensburg 1963; R. REISER: Adeliges Stadtleben im Barockzeitalter. Internationales Gesandtenleben auf dem Immerwährenden Reichstag zu Regensburg (Miscellanea Bavarica Monacensia, Bd. 17), München 1969.
33 Über Dalberg zuletzt FÄRBER und HAUSBERGER II, 94-104 u. 299 (mit Lit.).
34 Zu den Bürgerrechtsverleihungen der Dalbergzeit unter konfessionellem Gesichtspunkt s. ALBRECHT, 74 f.
35 Zit. nach G. SCHWAIGER: Das dalbergische Fürstentum Regensburg (1803-1810), in: ZBLG 23 (1960), 42-65, hier: 53 f.

Raimund W. Sterl

450 Jahre evangelische Kantoren, Organisten und Tonsetzer. Ihr Wirken und ihre Bedeutung für die Musikgeschichte Regensburgs.

Mit der Einführung der Reformation wurde in Regensburg ein neues Kapitel Musikgeschichte aufgeschlagen. Von 1542 an bestimmte es das Musikleben in der Stadt entscheidend mit, zum einen bis zum heutigen Tag durch das evangelische Kantorat, zum anderen durch die Musikpflege an der städtischen Lateinschule bis zum 11. November 1811, dem Zeitpunkt der Vereinigung mit dem Gymnasium zu St. Paul zu einer paritätischen Studienanstalt. Wie anderswo - im süddeutschen Raum bietet sich die Reichsstadt Nürnberg als Parallele an - zeigte sich auch das Regensburger Kantorenamt als Berufsgattung mit mehrseitiger Zweckverhaftung.[1] In ihr repräsentierte sich die evangelische Musikkultur und erfüllte sich die Berufsethik des protestantischen Künstlers. Die Aufgaben des Kantors bezogen sich, wie noch heute, in ihrer gottesdienstlich-liturgischen Art auf den Kirchenmusikdienst, das Orgelspiel und die Leitung des Schülerchores, seit 1888 der Kantorei. Dazu kam bis in das 19. Jahrhundert die Lehrtätigkeit an der Lateinschule. In der Hand des verantwortlichen Kirchenmusikers lagen von Anbeginn die Ämter des Kantors an der Neupfarrkirche (ab 1542), an der Oswaldkirche (ab 1553) und später auch an der 1631 eingeweihten Dreieinigkeitskirche; in Personalunion damit verbunden war die Kollaboratoren- (Hilfsgymnasiallehrer-)stelle am Gymnasium Poeticum. Hier wurde der Grundstock für das Musizieren in der Kirche gelegt. Von hier gingen und gehen entsprechende Impulse für die Musik und das Kulturleben der Stadt Regensburg aus.[2] Spätestens zu Beginn der zweiten Hälfte des 16. Jahrhunderts wirkten neben hervorragenden Kantoren und Komponisten an der Poetenschule auch tüchtige Musiktheoretiker. Zwei von ihnen seien besonders erwähnt:

Zunächst der humanistisch gebildete und musikalisch beschlagene Nicolaus Agricola.[3] Er stammte aus Thüringen, war 1545 Magister liberalium artium an der Wittenberger Universität, dann 1546 Praezeptor (ordentlicher Gymnasiallehrer) an der Chorschule des Heilig-Geist-Spitals in Nürnberg, dort Lehrer von Nicolaus Selnecker, dem bekannten Dichter evangelischer Gesangbuchlieder. Im Frühjahr 1551 übernahm Agricola als Rektor die Lateinschule in Regensburg. Aus Nürnberg holte er 1551 und 1553 Verstärkung für den Lehrkörper: Magister Hieronymus Jacob und seinen eigenen ehemaligen Schüler Lazarus Peuschel, beide aus Musikerfamilien hervorgegangen. In seiner 1553 im Druck erschienenen 'Oratio de Musica' nahm der belesene Musiktheoretiker kräftig Anleihen bei griechischen und lateinischen Schriftstellern der Antike.[4] Agricola pries die Musik als Gottesgabe und hielt sie in ganz besonderem Maße für naturgemäß. Seinen Schülern empfahl er sie, weil sie ihnen *"zur höchsten Zier gereiche"*. Er nahm damit auf die Entwicklung der Musikpädagogik Einfluß, ähnlich wie dies Sebald Heyden in Nürnberg überragend für den gesamten süddeutschen Raum getan hat.[5]

Ein Amtsnachfolger Agricolas war Magister Hieronymus Osius, ebenfalls ausgebildet und promoviert an der Universität Wittenberg. In Regensburg war er bereits vor seiner Anstellung als Rektor 1556 bekannt.[6] Von ihm gingen durch eine Schulordnung aus dem Jahre 1567 Anregungen aus, der Musik im Unterricht mehr Bedeutung zukommen zu lassen und damit auch die Kirchenmusik zu verbessern.[7] Ein Kernpunkt von Osius' Schulordnung sah vor, daß samstags gegen Ende der letzten Stunde die der Musik kundigen jungen Leute mit dem Kantor und den übrigen musikalisch gebildeten Lehrkräften an einem bestimmten Ort zusammenkommen sollten, um die kirchlichen Festgesänge einzuüben. Nach den Fächern Latein und Deutsch hatte für Osius die Musik mit jeweils vier Stunden in allen Klassen Vorrang gegenüber Griechisch, Religionslehre und anderen Fächern. Osius' Ausführungen ähneln in gewisser Weise denen Agricolas.[8]

Am Anfang der langen Reihe der evangelischen Kantoren steht Johann Stengel.[9] Erstmals leitete er den aus Schülern des Gymnasium poeticum bestehenden Chor bei der Vesper am 14. Oktober 1542 und am darauffolgenden Tag bei der ersten öffentlichen evangelischen Abendmahlsfeier. Außer den Schülern verfügte Kantor Stengel auch über die sogenannten Adstanten (Beisteher, Mithelfer des Kantors), die sich dem Ratsbeschluß vom 16. Oktober 1542 zufolge weiterhin im Gottesdienst betätigen sollten. Bei jedem Gottesdienst war die Anwesenheit der Chorschüler am oder vor dem Altar erforderlich. Unterstützung im Orgeldienst wurde Stengel durch den Organisten Hans Laimpeck zuteil. Als Mitarbeiter von Rektor Nicolaus Agricola unterrichtete Stengel an der Poetenschule die unterste Klasse. In der Regel betreuten die Kantoren im Zeitraum von 1526 bis 1781 als Gymnasiallehrer die 2. Klasse. Den Gesangsunterricht erteilte Stengel allerdings für die gesamte Schule. Von ihm stammt auch die Eingabe zur Regelung der Dienstaufgaben *"wie und was Gestalt der Chor, so man alle Tage Amt und Vesper halten wollte, versehen mocht sein".*[10] Unter anderem schlug er darin vor, daß zwölf Schüler des Gymnasiums den Stamm des Chores bilden und in einem der Schule angeschlossenen Internat untergebracht werden sollten. Während des Kirchendienstes müßten der Schulmeister und sein Helfer den Kantor im Gymnasium vertreten. Inwieweit dies realisiert wurde, entzieht sich unserer Kenntnis. Das Alumneum und die sogenannten Alumnen aber waren damit ins Leben gerufen. Für ihr Singen wurden sie mit freier Kost und Wohnung, Schulgeldförderung und auch gelegentlich mit einem kleinen Taschengeld bedacht.

Stengel benützte in der Kirchenmusik u. a. Johann Spangenbergs enzyklopädisches Gesangsbuch, die in den *'Cantiones ecclesiasticae'* enthaltenen lateinischen liturgischen Gesänge, die ihm 1549/50 übergeben worden waren. Er studierte auch das von Hieronymus Noppus angeregte und vom Rat gestattete Umsingen der Schüler an Sonntag- und Mittwochnachmittagen ein. Die Gymnasiasten sangen dabei in genau bestimmten Straßen geistliche Lieder, auch das konfessionelle, 1541 im Druck erschienene Streit- und Spottlied *"Nun treiben wir den Papst hinaus"* und sammelten dafür Spenden ein.[11] Stengel trug sich auch als Kopist von Handschriften in die Musikgeschichte Regensburgs ein. Durch den Vermerk *"Ingrossatus per Ioannem Stengl. Anno 1548"* auf der letzten Seite eines Chorbuches[12] ist die Autorschaft des Kantors bezeugt.[13] In dieser Handschrift kopierte Stengel acht Messen, sechs Motetten und zwei Magnificat, unter anderem auch die "Missa super Kyrie Paschale" von Conrad Rein, der als Schulmeister 1502 bis 1515 am Heilig-Geist-Spital in Nürnberg unterrichtete. Erneut lassen sich Verbindungen zum Musikwesen der fränkischen Reichsstadt aufzeigen.

Die unmittelbare Amtsnachfolge Stengels trat Kantor Stephan Consul an, der 1521 in Pinguent (Istrien) geboren und 1549 wegen seiner evangelischen Gesinnung aus Krain vertrieben wurde. Auf eine Lehrerstelle 1553 in Cham folgte seine Berufung als Kantor nach Regensburg.[14] Im Januar 1559 betätigte er sich offenbar auch als Prädikant. Später arbeitete Konsul an der Herausgabe einer illyrischen Bibelübersetzung, ließ 1560 in Nürnberg glagolitische (kirchenslawische) Typen anfertigen und überbrachte im Mai 1563 dem Regensburger Rat als Geschenk des Freiherrn Hans Ungnad mehrere slawische Übersetzungen. 1568 gab er in Regensburg auch eine kroatische Postille heraus. Von diesem Jahr bis zu seinem Tode 1579 wirkte er in Eisenstadt als evangelischer Prediger.[15] In einem Baßstimmbuch hat sich Consul 1554 mit einer Widmung empfohlen.[16]

Ein weiterer bedeutender Kirchenmusiker und Komponist kam 1556 mit Johannes Buchmayer (um 1520 - 1591), der 1550 bis 1553 bereits Kantor am Heilig-Geist-Spital in Nürnberg gewesen war, in das evangelische Regensburg.[17] Buchmayer widmete am Heiligen Abend 1560 dem Rat der Stadt ein Chorbuch, das je fünf eigene Introitus- und Ordinariumsvertonungen, Bearbeitungen von Werken Josquin Desprez' (1537 bis um 1560 kam es in Deutschland mit Nürnberg als Zentrum zu einer wahren Josquin-Renaissance), Pierre Moulus und Heinrich Isaacs sowie Kopien von Messen und Motetten von Georg Vogelhuber, Clemens non papa und Heinrich Isaac enthält.[18] Um 1550/60, also während der Zeit, aus der noch eigene Kompositionen vorhanden sind, soll Buchmayer den Höhepunkt seines Schaffens erreicht haben. In der Folgezeit kam es immer wieder zu Klagen über seine Trunksucht. 1564 mußte er, obwohl er in Nicolaus Gallus keinen besseren Fürsprecher hätte finden können, auf Anweisung des Rates sein Amt in Regensburg zur Verfügung stellen. Doch zu Pfingsten 1565 hatten ihn Schule und Kirche schon wieder angestellt, freilich unter der strengen Auflage, sich des Trinkens zu enthalten.[19] Nach seiner endgültigen Entlassung 1566 zog er sich nach Nürnberg zurück, wo er am Heiligen-Geist-Spital abermals Aufgaben fand (1572 - 1583). Dort starb er am 6. Dezember 1591.[20]

Die überkommenen eigenen Werke, die es durchaus verdienten, der Vergessenheit entrissen zu werden, weisen Buchmayer als einen bedeutenden Kontrapunktiker seiner Zeit und begabten Komponisten der Othmayr-Generation aus.

Von 1560 bis 1565 fungierte der gebürtige Regensburger Wolfgang Küffer, in Wittenberg und Heidelberg ausgebildet, ein bekannter Musiksammler, als Agricolas Konrektor. Wohl noch vor seiner Anstellung schrieb er in Wittenberg und in Regensburg an einer Sammlung lateinischer, deutscher, französischer und italienischer Stücke, an Chansons, Madrigalen, Motetten und Liedern, die als *"das bedeutendste Dokument humanistischen Musizierens im deutschen Raum um die Mitte des 16. Jahrhunderts"* angesehen werden.[21] Am 29. März 1565 erschien Küffer dann als Erbbürger, *"Saliterer und Hypodidascalus in gemeiner Statt Schuel"*; er übernahm bald das Geschäft seines Vaters und rückte zum Stadtgerichtsassessor auf, nachdem er schon 1561/62 Beisitzer im Schultheißenamt gewesen war.[22]

Während Buchmayers Abwesenheit wurde Balthasar Nusser, am 12. März 1551 an der Universität Ingolstadt immatrikuliert,[23] 1564 als Gymnasiallehrer, 1566 auch als Kirchenmusiker tätig. Als *"Ecclesiae et scholae Evangeliae Ratisbonensium Cantor"* trat er im Januar 1578 zusammen mit Rektor Johannes Wolf, Prorektor Johannes Rosinus, dem Gymnasiallehrer Christoph Münderlein, David Gallus und Schulmeister Paul Schachtner in den *"Bedencken der Kirchen- und Schuldiener zu Regensburg von Unterschreibung der formulae concordie"* auf.[24] Als Komponist trat Nusser im Gegensatz zu seinen Vorgängern nicht an die Öffentlichkeit. Dafür verfaßte er 1568 ein zweibändiges Werk heroischer Gesänge *"Die Belagerung Wiens unter dem Türkenherrscher Soliman"*. In seine Amtsperiode fiel 1572 die Bestellung eines eigenen Inspektors am Alumneum, da er mit der Beaufsichtigung der Knaben offenbar (zu) viel Zeit verbrachte. 1573 wurde ihm Erasmus Zollner, der Sohn des ersten Regensburger evangelischen Predigers, zur Seite gestellt. Nussers Todesjahr wird wohl um 1579 anzunehmen sein. Am 18. Juni des gleichen Jahres wurden für seine vier Söhne Balthasar, Michael, Anton und Steffan zwei Vormünder bestellt.[25]

Zu Nussers Nachfolger Konrad Judex gibt es keine besonderen Nachrichten. Lediglich die ältere Literatur erwähnt ihn als Kantor am 22. Juni 1579.[26] In seinem Gedicht *"Epithalamion in coniugium Pauli Hirnpein et Barbarae, Georgii Hofstetteri filiae"* (im Druck erschienen bei H. Burger, Regensburg 1581) bezeichnete er sich als *"Collega et Cantor Gymnasii Ratisbonensis"*.[27]

Die bedeutendste Musikerpersönlichkeit Regensburgs im ersten Jahrhundert der Reformation war der 1561 in Hahnbach bei Amberg als Sohn eines evangelischen Pfarrers geborene Andreas Raselius.[28] Seine erste musikalische Ausbildung erhielt er bei Leonhard Pfaffreuther (1544 - 1603) und bei Mathias Gastritz (gest. 1596).[29] Am 23. November 1581 immatrikulierte er sich in Heidelberg und war bereits im Juni des darauffolgenden Jahres zum Baccalaureus artium promoviert. 1583 folgte die Bestellung als Praezeptor am kurfürstlichen Pädagogium und am 18. Februar 1584 die Promotion zum Magister artium der Universität. Glaubensgründe veranlaßten ihn, nach Regensburg überzuwechseln. Im Mai 1584 übernahm er die zweite Klasse am Gymnasium poeticum sowie die Kantorenämter an der Schule und der Neupfarrkirche. Unter ihm erweiterte sich auch der Personalstand. Als Organisten fungierten Gottfried Kirchstain[30] bei St. Oswald und Tobias Wipacher[31] an der Neupfarrkirche, als Kantoren zu St. Oswald Nicolaus Regius[32] (um 1594) und Daniel Gumprecht[33] (um 1598 - 1600). In Würdigung seiner Verdienste erhielt er 1590, wie später auch Paul Homberger, die vierte Klasse übertragen. Raselius' sehr umfangreiches kompositorisches Werk entstand fast ausschließlich in Regensburg, das er erst 1600 verließ, um die Stelle eines Hofkapellmeisters in Heidelberg bei Kurfürst Friedrich IV. von der Pfalz anzutreten, eine Tätigkeit nur von kurzer Dauer. Raselius verstarb am 6. Januar 1602. Seine Kompositionen schließen stilistische Züge Hans Leo Haßlers (1564 - 1612) wie Orlando di Lassos ein (ca. 1532 - 1594).[34] Die *"Deutschen Sprüche aus den sonntäglichen Evangeliis"* (1594) und die *"Deutschen Sprüche auf die fürnehmsten jährlichen Feste und Aposteltage"* (1595) waren für die Zeit um die Jahrhundertwende grundlegende Jahrgänge von Evangelienkompositionen in deutscher Sprache. Mit dem *"Regensburgischen Kirchenkontrapunkt"* bekam die evangelische Gemeinde ein gedrucktes Gesangbuch. Nach dem Vorbild Lukas Osianders (*"Fünfzig Geistliche Lieder und Psalmen"*, 1586) und analog der weltlichen mehrstimmigen Liedkunst liegt die führende Melodie in der Oberstimme des Chorals. Für das Gymnasium poeticum erschien 1589 bei Dietrich Gerlach in Nürnberg sein *"Hexachordum seu Quaestiones Musicae"*. Das Lehrwerk weist hauptsächlich auf die evangelischen Kirchenlieder, die gregorianischen Gesänge, die Psalmodie von Lucas Lossius (1508 - 1582), auf Werke von Jacob Regnart (1540/45 - 1599), Ludwig Senfl (ca. 1486 - 1542/43), Lasso und andere hin. Es war noch in der zweiten Hälfte des 17. Jahrhunderts zur gründlichen Ausbildung der Schüler und Sänger im Lehrplan vorgeschrieben.

Andreas Raselius wurde von seinen Zeitgenossen hoch geschätzt. In lateinischer und deutscher Sprache verfaßte er eine bis 1545 reichende Chronik, die *"Annales Ratisponenses"*. In seinem Nachlaß befanden sich nahezu 600 Werke zahlreicher Wissensgebiete der damaligen Zeit, musikalische und theologische, aber auch juristische und mathematische Abhandlungen, griechische und römische Klassiker, altsprachliche Ausgaben der Heiligen Schrift.[35] Wie kein anderer Kantor und Komponist prägte Raselius die Musikstadt Regensburg im Jahrhundert der Reformation. In seiner *"Grundlage einer Ehrenpforte"* würdigt ihn Johann Mattheson: *"Andreas Rasel ist übrigens ein ungemein gelehrter, in vielen schönen Wissenschaften, vornehmlich in der Musik geübter und berühmter Mann gewesen, der wegen seiner guten Aufführung sowohl bei Protestanten als auch bei Katholiken sich sehr beliebt gemacht hat"*.

Leonhard Pfaffreuthers Kirchendienste dauerten nur kurz. Um 1544 in Weiden i. d. Opf. geboren wurde er am 13. Februar 1570 in Amberg Kantor und vermutlich dort auch Lehrer von Raselius. Da er dem Kalvinismus ablehnend gegenüberstand, enthob man ihn 1598 des Dienstes. Am Regensburger Gymnasium poeticum erhielt er im August 1600 seine Anstellung als *"Cantor scholae et musicae professor"*.[36] Ob er das Amt 1601 niederlegte[37] - er verstarb erst am 11. November 1603 - ließ sich bislang nicht verifizieren.

Wenig später betritt eine schillernde Musikerpersönlichkeit die Regensburger Szene. Johann Kraut (Johannes Brassicanus), um 1570 in Murau (Steiermark) geboren, wurde 1603 Kantor in Regensburg, wohl am Gymnasium Poeticum.[38] 1604 unterschrieb er die Konkordienformel, 1606 rückte er am Gymnasium zum Präzeptor auf. 1609 war er an der wieder eröffneten evangelischen Landschaftsschule in Linz tätig, in einem Amt, um das sich auch Paul Homberger beworben hatte. In der oberösterreichischen Stadt wirkte er bis zur Auflösung der Schule im Jahre 1624. Als *"Musicus et Collega"* gehörte er von 1627 bis zu seinem Tod im September 1634 wieder dem Regensburger Gymnasium an. Der Prediger Clemens Anomaeus bezeichnete ihn 1609 zwar nur als *"mediocriter doctus"*, das kompositorische Werk hebt Kraut jedoch weit über manche Fachkollegen hinaus. Es enthält lateinische Motetten ebenso wie deutsche Kantionalliedsätze für den liturgischen Gebrauch, Gelegenheitsgesänge und leider verschollene weltliche Lieder. In seine geistlichen Kompositionen sind Stilelemente der ausgehenden Renaissancepolyphonie und des beginnenden Barocks einbezogen.[39] Spätestens zur Zeit von Raselius und Kraut zeigt sich, daß sich ungeachtet der trennenden Konfession am Ende des 16. und zu Beginn des 17. Jahrhunderts die glanzvolle Vokalpolyphonie eines Lasso oder de Vento durchgesetzt hat, im Einzelfall (Plenigers Orgeltabulatur) die sich anbahnenden wechselseitigen Verbindungen mit den österreichischen Kantorenkomponisten, vornehmlich denen aus dem Land ob der Enns, die teilweise bei Raselius ausgebildet, in der ersten Hälfte des 17. Jahrhunderts als Exulanten nach Regensburg zurückkehrten.[40]

Nach Raselius und Kraut ist für die Lokalmusikgeschichte und die evangelische Kirchenmusik Regensburgs Paul Homberger wichtig.[41] 1559 oder 1560 als Sohn des evangelischen Theologen Dr. Jeremias Homberger (1529 - 1595) und dessen Ehefrau Susanna in Regensburg geboren, besuchte er vermutlich die Lateinschule in Frankfurt am Main, der sein Vater in den Jahren 1563 bis 1568 als Rektor vorstand. Unter dem 28. Januar 1589 nennt ihn die Wittenberger Universitätsmatrikel mit dem Zusatz *"Ratisbonensis"*. Nach den Angaben seines späteren Schülers Johann Crüger war er als einer der frühesten Italienfahrer der deutschen Musik Schüler bei Giovanni Gabrieli in Venedig, *"dem in gantz Europa Berümbtesten Musico"*. Unter dem 25. Januar 1595 ist Homberger wiederum als *"Ratisbonensis"* in der Paduaner Matrikel *"della Nazione Germanica Artista"* eingetragen. 1598 übte er ein Praezeptorenamt am Gymnasium in Graz aus, mußte jedoch im gleichen Jahr die Stadt als Exulant verlassen und erschien dann um die Jahrhundertwende in Verbindung mit den Lateinschulen in Spitz an der Donau und Weißenkirchen bei Krems. 1601 kam Homberger nach Regensburg, wo er am 11. Juni die Konkordienformel unterzeichnete. Er wurde Lehrer am Gymnasium Poeticum und erhielt 1603 das Kantorat als Nachfolger von Leonhard Pfaffreuther sowie 1606 die vierte Klasse. Am 14. August 1604 heiratete er die Regensburger Bürgerwitwe Margareta Portenburger. Dabei überreichten ihm Freunde eine Sammlung von Gratulationsgedichten, die von Otto Gryphius, von Superintendent Christoph Donauer und von Alumneninspektor Sebastian Klibhan verfaßt worden waren. 1618 starben innerhalb weniger Tage zwei Familienmitglieder an der Pest, am 22. April seine Ehefrau, am 26. April der Sohn Christoph.

Das Kantorenamt behielt Homberger bis an sein Lebensende am 19. November 1634. Am 23. November wurde er auf dem Friedhof St. Lazarus begraben. Wenige Tage später trat Johannes Seulin die Nachfolge als Kantor an.

Paul Homberger verfaßte Gedichte und Musik zu Ehren des Einzugs von Kaiser Matthias in Regensburg (1612) und anläßlich des Aufenthalts von Kaiser Ferdinand II. (1630). Auch die bei der Grundsteinlegung und Einweihung der Dreieinigkeitskirche (Kat. 106) aufgeführte Musik stammt von ihm. Wegen seiner vielseitigen musikalischen Kenntnisse trug er auch für das Festprogramm zum Reformationsjubiläum vom 31. Oktober bis 2. November 1617 die Verantwortung und leitete die hervorragenden musikalischen Aufführungen.[42] Unter anderem erklangen damals sein eigener zwölfstimmiger Festhymnus, Messeteile des Kapellmeisters von S. Barbara in Mantua, Stefano Nascimbeni, lateinische Motetten und Magnificat des kaiserlichen Kapellmeisters Lambert de Sayve (1549 - 1614) und des Benediktiners Sebastian Ertel (1580/90 - ?) aus dem oberösterreichischen Stift Gersten sowie deutsche Kantionalsätze und Orgelchoralvorspiele von Michael Praetorius (1572 - 1621) und Andreas Raselius. Zu dieser Zeit führte Homberger den Titel *"Senatus populusque Ratisbonensis Cantor und College der Poetenschul daselbst"*.

Hombergers Werk umfaßt *"alle kleineren Formen evangelischer Kirchen- und Gebrauchsmusik des 16. Jahrhunderts: Vesper-Psalmen im Falsobordonestil, Brautlieder und Hochzeitsgesänge von höchst unterschiedlicher Form und Länge (freie Liedgattungen bis zur Motetten- und Canzonettenform); venezianische Vielchörigkeit ist ebenso vertreten wie strenge Polyphonie."*[43] Stilistisch steht sein Werk, beeinflußt von seinem mutmaßlichen Lehrer Andreas Raselius, dessen Kantionalbücher ihm als Vorbild gedient haben dürften, in unmittelbarer Nähe Hans Leo Haßlers. Mehr als die Hälfte seines kompositorischen Schaffens gilt heute leider als verschollen. Ein zeitgenössischer Bericht des Clemens Anomaeus aus Regensburg vom 10. Juli 1609 schilderte Homberger als guten Komponisten, *"Sonnsten auch eruditus genueg, neben dem Cantorat auch Conrectoris officium zu vertretten"*.

Johann (Reinhard) Seulin (um 1582 - 1649), geboren in Monheim in Pfalz-Neuburg, war Praezeptor am Gymnasium illustre in Lauingen, ehe er aus Glaubensgründen vertrieben, vom 3. Dezember 1634 an bis zu seinem Tod als Lehrer der ersten Klasse und Kantor an der Poetenschule wirkte.[44] Seulin trat die Nachfolge Paul Hombergers an; er starb am 28. Mai 1649. Im Juli beerbte Sohn Philipp Jakob seinen Vater und bekam das Kantorenamt und die Praezeptorenstelle. Bis zu seinem Tode am 19. Juli 1692 diente er als Kantor.[45] Weder von ihm noch von seinem Vater sind Kompositionen überliefert. Namenszüge der beiden Seulin weisen verschiedene Manuskripte und Druckbände auf, die in der Sammlung Proske in der Bischöflichen Zentralbibliothek Regensburg verwahrt sind. Ph. J. Seulins Autograph (A. R. 781 - 785), ein geistliches Drama, scheint lediglich von ihm geschrieben worden zu sein oder sich in seinen Besitz befunden zu haben. Denn Textdichter und höchstwahrscheinlich auch Komponist dürfte der Jesuitenpater Johann Paul Silbermann (Johannes Paullinus, 1604 - 1671) gewesen sein.[46]

Das Gymnasium Poeticum muß als musikalische bzw. musikwissenschaftliche Ausbildungsstätte im süddeutschen Raum in der zweiten Hälfte des 17. Jahrhunderts besonderes Ansehen genossen haben. 1646 ging der junge Sebastian Knüpfer (1633 - 1676), der spätere Leipziger Thomaskantor, für acht Jahre an die Schule. Dort *"scheint der Organist Kradenthaller für ihn wichtig geworden zu sein"*.[47] Mit der älteren Regensburger Musiktradition machte er durch die Werke des Andreas Raselius Bekanntschaft.

Johann Pachelbel (1653 - 1706) wurde im Frühjahr 1670 *"in Ansehung seiner herrlichen Eigenschaften"* als Alumnus in das Gymnasium Poeticum aufgenommen.[48] Neben den wissenschaftlichen Vorlesungen förderten ihn hier musikalisch die Kantoreidienste unter Philipp Jakob Seulin und der Privatunterricht bei dem katholischen Organisten Kaspar Prentz. Dieser hat nicht nur in Regensburg Psalmkonzerte als Alauda sacra herausgebracht,[49] sondern konnte durch seine frühere Zugehörigkeit zur Münchener Hofkapelle unter Johann Kaspar Kerll (1627 - 1693) südliche Orgelkunst an Pachelbel weiterreichen. In dieser Zeit bis zum Frühjahr 1673 ist *"der junge Nürnberger"*, nach Erfahrungen in seiner Heimatstadt und in Altdorf, *"hier nun vollends in die evangelische Kantoreitradition hineingewachsen"*,[50] ehe er nach Wien ging. Übrigens war der spätere Weißenfelser Konzertmeister und Sänger Johann Beer (1655 - 1700), der sich auch als Komponist, Theoretiker und Romanschriftsteller einen Namen erwarb, im Regensburger Alumneum Pachelbels Kommilitone.[51]

Musikalisch, insbesondere kompositorisch, nichts bewegt zu haben scheint der Nachfolgekantor Seulins, Georg Siegmund Baumgartner, der von 1692 an amtierte und den im August 1713 die Pest hinwegraffte.

Ein anderer, am 27. September 1637 geborener Regensburger hingegen sollte ein tüchtiger Musiker werden, der eine Reihe von Liedsammlungen herausbrachte, die ihn als den südlichsten Vertreter der protestantischen deutschen Liedkunst ausweisen: Hieronymus Kradenthaller.[52] Der Sohn des Organisten Augustin Kradenthaller ging durch die musikalische Schule des Gymnasium Poeticum.[53] Um *"die Orgelkunst"* zu erlernen, bewilligte ihm die Stadt Regensburg für die Jahre 1656 - 1658 ein Stipendium. Zum Lehrmeister Kradenthallers wurde der Nürnberger Organist David Schädlich (1607 - 1687). 1659 kehrte er in seine Vaterstadt zurück, schloß mit einer Regensburger Bürgerstochter die Ehe, war im gleichem Jahr noch Substitut des Organisten Johann Baptist Häberl und erhielt am 23. Februar 1660 als Erbbürger in Regensburg das Bürgerrecht verliehen.[54]

Als sein Vater am Neujahrstag 1660 starb, übernahm er das Organistenamt an St. Oswald.[55] Innerhalb der Stadtverwaltung Regensburgs fungierte Kradenthaller auch noch als Assessor des Städtischen Vormundschaftsamtes. Nach Wolfgang Caspar Printz (*Historische Beschreibung der Edelen Sing- und Klingkunst*, 1690) zählte er zu den *"neueren und berühmteren Komponisten dieses Jahrhunderts"* und auch Johann Gottfried Walther führt in seinem '*Musikalischen Lexikon*' 1732 gebührend auf, Kradenthaller vertonte die Psalmen Davids für eine Singstimme und Continuo im *"Lust- und Artzeney Garten"* 1675. Von dem gleichaltrigen Regensburger Dichter und Mitglied des Inneren Rats Johann Ludwig Prasch (1637 - 1690) verfaßte er *"kunstreiche Melodeyen"* in den Sammlungen *"Astrea"* (1681), *"Lobsingende Harfe"* (1682) und *"Geistlicher Blumenstrauß"* (1685); mit seinem *"Deliciarum Musicalium"* (1676) für Instrumente nahm er nicht unbedeutenden Einfluß auf die Entwicklung der Instrumentalsuite. Kradenthaller starb am 19. Juli 1700.[56]

Das 18. Jahrhundert der Regensburger evangelischen Kirchenmusik wurde von Vater und Sohn Stoltzenberg sowie Johann Kaspar Schubarth geprägt. Die bedeutendste Musikerpersönlichkeit scheint der am 21. Februar 1690 in Wertheim geborene Christoph Stoltzenberg, Sohn eines Schul- und Rechenmeisters, gewesen zu sein. Der junge Stoltzenberg genoß seine erste musikalische Ausbildung bei dem Wertheimer Kantor N. Nothnagel, besuchte dann 1701-03 die Heilig-Geist-Schule in Nürnberg, ging nach Worms, 1706 nach Frankfurt a. M. und 1708 wieder nach Nürnberg. Nach mehrjährigen Reisen, die ihn über Hamburg, Lüneburg, Dresden, Böhmen und Mähren zuletzt nach Salzburg führten, fand er über Regensburg und Altdorf 1708 erneut in die fränkische Reichsstadt zurück. Dort studierte er bei dem Organisten und Kantor Nicolas Deinl Komposition. Bald stellte er sich in Konzerten als *"vielseitiger und kunstfertiger Instrumental-Solist"* vor.[57] 1711 bis 1714 hatte Stoltzenberg sein erstes Kantorenamt an der Christuskirche in Sulzbach-Rosenberg inne. Am 5. März 1714 erging an ihn der Ruf auf ein Kollaboratorenamt und das Kantorat am Gymnasium Poeticum; die Stelle trat er am 16. April an.[58]

Stoltzenberg wurde in Regensburg - dazu zwang ihn schon die damalige Kantorenpraxis - zum Komponisten von jahrgangsweise vertonten Kirchenkantaten. Bei der Textauswahl griff er auf Erdmann Neumeister (1671 - 1756) (Leipzig 1716) und Tobias Heinrich Schubart (1699 - 1747) (Hamburg 1733), auch auf entsprechende Textbearbeitungen Regensburger evangelischer Theologen zurück. Wenigstens 11 Kantatenjahrgänge lassen sich nachweisen, zumeist nur als Texte und bruchstückhaft in Partitur und Stimmensatz. Stoltzenberg schrieb in süddeutscher Barockmanier reizvolle, knapp gehaltene Arien, Rezitative und Chöre für die Hochfeste des Kirchenjahres in kontrastreichen vokal-instrumentalen Besetzungen, volkstümlich in ihrer einfallsreichen musikalischen Phrasierung, schon durchdrungen von der neuen Stilrichtung der Mannheimer Schule. Jedenfalls weisen ihn die überlieferten Werke als den wohl bedeutendsten süddeutschen Kantatenkomponisten seiner Zeit aus. Mit seinen Werken fand Stoltzenberg allgemeine Anerkennung. Dies hatte zur Folge, daß ihm auch die Jesuitengymnasien in Amberg, Landshut, Straubing und anderswo Komposition und Leitung der Chöre und Schuldramen in ihren Schulen übertrugen.[59]

Stoltzenbergs Aufgaben erschöpften sich nicht in seiner Tätigkeit als Gymnasiallehrer, Kantor und Komponist. Er war auch zuständig für die Beschaffung neuer Instrumente für Kirchen und Schule.[60] Auch als eine Art Orgelsachverständiger darf Stoltzenberg gesehen werden. In einer Eingabe vom 11. September 1719 zur Verbesserung des Orgelwerks in der Neupfarrkirche beklagte er die Mängel des Instruments, das ungenügend ausgebaute Manual, den unzeitgemäßen Prospekt, den Standort der Orgel überhaupt und vieles andere mehr. Zugleich brachte er zwei Reparaturvorschläge ein, die im wesentlichen auf Registererweiterung, Pedalerneuerung und neuen Aufstellungsort sowie eine Prospektkorrektur abzielten.[61] Erneut referierte er am 13. Juni 1729 über die *"Kleine und schwache"* Neupfarrkirchenorgel.[62] Im Dezember 1748 erstattete er dem Bauamt Bericht über die Verbesserung der alten Orgel in der Oswaldkirche.[63] Zumindest an der Projektierung der neuen Orgel für die Dreieinigkeitskirche hatte Stoltzenberg Anteil gehabt. Die Orgelweihe erfolgte am 21. Mai 1758.[64]

Stoltzenbergs Verdienste als Kantor der Poetenschule wurden bei seinem 50. Amtsjubiläum am 5. März 1764 mit einer festlichen Akademie gewürdigt.[65] Ihm zu Ehren erschien eine Festschrift mit der Rektorenrede *"Über die Tonkunst der Alten"*, dem Text der Festkantate und dem Namensverzeichnis all jener Schüler - es waren insgesamt 990 -, die Stoltzenberg je unterrichtet hatte. Drei Monate später, am 11. Juni, starb er.[66] Ein Trauergedicht auf ihn findet sich in der Staatlichen Bibliothek Regensburg.[67]

Stoltzenbergs Amtsnachfolger wurde noch 1764 sein Sohn Ehrenreich Karl (1721 - 1785). Am 10. Februar 1721 in Regensburg geboren und am Gymnasium Poeticum ausgebildet, studierte er in Leipzig und 1745 in Wittenberg. Nach seiner Rückkehr nach Regensburg 1747 übte er sich besonders im Predigen. Am 8. Mai 1750 wurde er als Praezeptor der oberen Abteilung der ersten Klasse und als Kantor zu St. Oswald angestellt. 14 Jahre später bekam er das Kantorat seines Vaters, 1776 rückte er in die 2. Klasse vor.[68] Als Tonsetzer erscheint er am besagten Jubeltag seines Vaters (5. März 1764), zu dessen Feierlichkeiten er eine eigens komponierte Kantate zur Aufführung brachte.[69] Am 2. Juni 1778 erwarb er das Erbbürgerrecht.[70] Warum er 1781 um Entlassung aus seiner Lehr- und Kantorentätigkeit gebeten hat, ist nicht bekannt. Er starb in Regensburg 1785, seine Ehefrau Margaretha Klara 54jährig am 18. August 1786.[71]

Noch einmal folgte auf einen Kleinmeister eine jener Persönlichkeiten, die ihr Amt, die Schule und das Musikleben der Stadt Regensburg entscheidend geprägt haben: Johann Kaspar Schubarth,[72] der am 1. August 1756 in Rodach bei Coburg geborene Sohn des bürgerlichen Glasermeisters Johann Georg Schubarth und dessen Ehefrau Anna Margaretha, geb. Götz. Durch J. G. Wirsing, den Kantor seiner Vaterstadt, erhielt er ersten Unterricht im Gesang, Violin- und Klavierspiel. 1776 trat er in die fünfte Klasse des Gymnasium Poeticum ein, wenig später fand er sich in den Schar der Alumnen wieder. Zusätzlich in Musiktheorie unterwies ihn Joseph Riepel, der Begründer der klassischen Formenlehre. Die Empfehlung Riepels ebnete ihm 1781 den Weg zur Kantorenstelle an der Neupfarrkirche. Er verehelichte sich am 6. November 1787 mit Anna Margaretha Beck, der Tochter des Wundarztes Johann Stephan Beck. Der tatkräftigen Unterstützung des österreichischen Direktorialgesandten verdankte er 1802 die Berufung in das Amt des Alumneumsinspektors.[73] Ihm war damit aufgetragen, *"auf die mores und studia der Alumnen in der Schule, bei Tisch, in Kirchen und anderswo fleißig Achtung zu geben"*. Seine Wohnung bezog er im Gebäude des Gymnasiums.[74] Als er am 22. April 1817 starb,[75] erhielt sein Sohn Christian Michael das Kantorat.

Schubarth läßt sich darüber hinaus als Organist an der Dreieinigkeitskirche ab 1780 durch die Stadtrechnung belegen.[76] Dieses Amt behielt er auch nach der Bestallung zum Stadtkantor an der Neupfarrkirche 1781 bei.[77] Im selben Jahr erhielt er am Heiligen Abend das Bürgerrecht.[78] 1802 trat er in die Regensburger Freimaurerloge *'Carl zu den drei Schlüsseln'* ein.[79] Wichtig

erscheint seine Bewerbung vom 15. Januar 1808 um die vakante Stelle eines Musikdirektors an der Regensburger Theaterschule, die August Burgmüller und Joseph Koller zur Ausbildung von Sängern, Schauspielern und Tänzern am 14. Oktober 1805 eröffnet hatten.[80] Obwohl sich Franz Xaver Sterkel (1750 - 1817), den Fürstprimas Carl von Dalberg bei der Übersiedlung als Musikdirektor und Kapellmeister der ehemaligen Mainzer Hofmusikkapelle mit nach Regensburg genommen hatte, dafür aussprach, die Stelle des Singmeisters Schubarth zu übertragen, kam es nicht zur Anstellung des evangelischen Kantors.[81] Die Theaterkommission entschied sich in einem ausführlichen Gutachten, wobei Schubarths Fähigkeiten und Kenntnisse durchaus anerkannt wurden, für den Musikdirektor der Theatergesellschaft, Ignaz Walter.[82]
Schubarth wirkte als Stadtkantor, Musikpädagoge, insbesondere aber als Initiator und Veranstalter geistlicher und weltlicher Konzerte sowie als fruchtbarer Komponist.[83] Zum Namensfest von Kaiser Joseph II. am 19. März dirigierte er in der Dreieinigkeitskirche sein *Te Deum*, ein Werk, das uns heute nur noch in einer Bearbeitung des späteren Stadtkantors Jakob Kaspar Andreas Bühling überliefert ist. Alljährlich brachte Schubarth in der Fastenzeit, seit 1782 mit Erlaubnis des Rates, hauptsächlich im Goldenen Kreuz, Passionsoratorien, unter anderem von Johann Heinrich Rolle (1718 - 1785), Karl Heinrich Graun (1701 - 1759), Joseph Alois Schmittbauer (1718 - 1809) und Franz Anton Rößler (Rosetti, 1750 -1792), sowie 1801 *'Die Schöpfung'* und 1803 *'Die Jahreszeiten'* von Joseph Haydn zur Aufführung. Von seinen eigenen Kirchenkantaten, die sich zu seiner Zeit auch außerhalb Regensburgs im bayerisch-fränkischen Raum großer Beliebtheit erfreut haben sollen, sind - entgegen früherer Annahme[84] - wenigstens zwei erhalten geblieben; bereits 1962 wurde ein Teil seiner *'Trauermusik zum Tode Kaiser Leopolds II'* (1792), ein dem Stile nach klassizistisches, im Chor mit bescheidener Polyphonie ausgestattetes Opus, in Regensburg aufgeführt. Am Palmsonntag 1782 erklang seine *'Passionskantate'* für Soli, Chor und Orchester. Am 9. April 1786 wiederholte er sie nach dem Erfolg von 1782 im Goldenen Kreuz. Das Originalmanuskript konnte das Stadtarchiv Regensburg 1965 von einem Berliner Antiquariat erwerben.[85] Schubarth hatte es nach beiden erfolgreichen Regensburger Aufführungen 1787 dem Rat seiner Vaterstadt Rodach gewidmet. Durch die dortige Konzertgemeinschaft gelangten am 26. April 1936 mehrere Sätze daraus wieder zur Aufführung. Die Musikforschung ist nun in der Lage, an Hand dieser beiden ziemlich umfangreichen Werke eine kritische Teilbewertung des Schaffens eines Komponisten vorzunehmen, bei dem stilistische Züge der Zeit und Landschaft deutlich ausgeprägt sind. Auch ein Vergleich mit der Tabulatur AN 63 a (4. Viertel 18. Jahrhundert) in der Proske Musikbibliothek,[86] die von J. K. Schubarth stammen und in Zusammenhang mit A. R. 778 - 779 zu sehen sein dürfte, wäre aufschlußreich.
Auf einen Befehl von König Max I. hin wurden gemäß einem am 23. Oktober 1811 erlassenen und am 1. November unter dem General-Kreiskommissariat des Regenkreises bekannt gemachten Vereinigungs- und Organisations-Dekret am 11. November 1811 die beiden Gymnasien, das Gymnasium poeticum und das Gymnasium St. Paul, zu einer paritätischen Studienanstalt im Gebäude der reichsstädtischen Poetenschule vereinigt.[87] Die große Zeit der Kantoren an der Lateinschule, die immerhin von 1526 bis 1811 dauerte, war zu Ende. Singunterricht wurde nunmehr zum sogenannten fakultativen Lehrgegenstand, wie beispielsweise auch Turnen, Stenographie und andere Fächer.[88]
Nach dem Tode des Schubarthsohnes Christian Michael im Jahre 1816 wurde Jakob Kaspar Andreas Bühling Kantor am Alumneum und der oberen Pfarrei.[89] Bühling kam am 24. November 1785 in Sulzbach-Rosenberg als Sohn des dortigen Organisten und Praezeptors der dritten Lateinklasse Johann Kaspar Bühling zur Welt. Mit fünfzehn Jahren bezog er die dritte Klasse des Gymnasium poeticum und wurde Alumne. Bei einer Organistenvakanz 1811 in Sulzbach machte nicht der jüngere Bruder Johann Leonhard (1790 - 1848) unter den Bewer-

bern das Rennen, sondern das Generalkommissariat entschied sich am 31. März 1811 für Jakob Kaspar Andreas,[90] der bereits 1809 in Regensburg seine Ausbildung beendet hatte und als Kammermusiker in die Dienste Herzog Carls von Württemberg getreten war. Jakob Kaspar wurde in Zeugnissen als *"äußerst geschickter, meisterhafter, gelehrter und geübter Musiker"* bezeichnet.[91] Erneut kreuzten sich die Wege der Brüder Bühling, als es galt, die durch den Tod Christian Michael Schubarths freigewordene Stelle am Gymnasium Poeticum zu besetzten. Abermals lag Jakob Kaspar vorn. Am 10. März 1817 wurde er zum Kantor am Alumneum und an der Oberen Pfarrei der Stadt Regensburg und am 18. März desselben Jahres auch zum Gesangslehrer an der Studienanstalt bestellt.[92]

Unter Bühlings Leitung fanden ab 1820 immer wieder größere musikalische Aufführungen statt, die dem damals nicht gerade strahlenden Regensburger Kulturleben wenigstens zeitweise Lichter aufsetzten.[93] In den Diarien waren die Ereignisse jeweils angekündigt, etwa Georg Friedrich Händels *'Messias'*,[94] Ludwig van Beethovens Oratorium *'Christus am Ölberg'* zusammen mit der Kantate *'Die Erlösung'* von Stuntz,[95] *'Die Befreiung Jerusalems'* von Max Stadler,[96] sowie am Palmsonntag 1830 Joseph Haydns Oratorium *'Die Schöpfung'*, zu dessen Aufführung im Saal des Gesellschaftshauses *"die verehrlichen Dilettanten ihre gütige Mitwirkung zugesichert"* hatten.[97] Für Bühling war es auch eine Selbstverständlichkeit, sich nach gelungenem Werk öffentlich mit einer Anzeige im Diarium zu bedanken: *"Ergebensten Dank allen hochverehrten Freunden der Tonkunst, welche so wesentlich zur gelungenen Aufführung des kürzlich statt gefundenen Oratoriums beigetragen haben"*.[98]

Nach fünfzigjähriger Amtsführung erhielt er 1861 die Ehrenmünze des Ludwigsordens, 1865 in Anerkennung seiner langjährigen Dienste die goldene Ehrenmünze des Verdienstordens der bayerischen Krone. Erst im Herbst 1871 trat er in den endgültigen Ruhestand, den er - noch zwei Jahre vor seinem Tode am 30. April 1882[99] - in einem für dieses hohe Alter seltenen Wohlbefinden erlebte.[100]

Als Kantor und Musikdirektor an den drei protestantischen Kirchen Oberer Stadt und des Katharinenspitals und als Lehrer am protestantischen Alumneum folgte auf Bühling Carl Hacker, am 14. November 1820 in Bayreuth geboren. Seine Anstellung in Regensburg geschah zum 8. Januar 1872. Am 3. Mai 1875 erhielt er das Bürgerrecht.[101] Wohnung nahm er in Litera C 144 (= Am Ölberg 2), im Alumneum.[102] Vor seiner Berufung nach Regensburg hatte er als Lehrer und Chorregent in Pressath und Muggendorf, 1860 bis 1871 als Oberlehrer und Organist in Kitzingen gewirkt. In dem Jahrzehnt, in dem Hacker hier tätig sein konnte, führte er die Arbeit seines Vorgängers weiter. Hacker starb am 21. April 1882.[103]

Unter dem 1851 geborenen Christian Friedrich Graner, seit 1. September 1882 Kantor und Musikdirektor an den evangelischen Kirchen und Alumneum, begann ein entscheidender, die evangelische Kirchenmusik in Regensburg wie die öffentlichen Musikdarbietungen prägender Abschnitt. Unter Graners Leitung trat am 30. April 1888 der protestantische Kirchenchor zugunsten der Opfer einer Überschwemmungskatastrophe in Norddeutschland erstmals in der Dreieinigkeitskirche öffentlich auf, jetzt nicht mehr aus Alumnen bestehend sondern auch von Gemeindemitgliedern durchsetzt. Es war die Geburtsstunde der Regensburger Kantorei, wenn diese auch erst später so bezeichnet wurde.[104]

Die Konzerttätigkeit des protestantischen Kirchenchors gewann zusehends an Bedeutung unter dem neuen Musikdirektor Karl Geiger, der am 13. September 1855 in Wassertrüdingen zur Welt kam und am Palmsonntag (9. April) 1922 auf der Orgelbank *"in der Dreieinigkeitskirche vom Schlag getroffen"* wurde.[105] Er war unter den Regensburger Kirchenmusikern seiner Zeit wohl der erste, der die musikalische Ökumene suchte und praktizierte. Entsprechende Zeichen setzte er, als er bei einem Geistlichen Konzert am 28. Mai 1900 die 2. Sonate in c-moll (Opus 56) des katholischen Domorganisten Joseph Renner jun. (1868 - 1934) mit ins

Programm nahm. Denkwürdig auch das Konzert mit Georg Friedrich Händels *Debora* 1910 und die Regensburger Erstaufführung von Karl Reinthalers (1822 - 1896) Oratorium *'Jephta und seine Tochter'*, 1905. Das 25jährige Bestehen feierte der Chor mit einem Wettbewerb der Gesangsvereine der evangelisch-lutherischen Kirchen Bayerns, der mit dem Oratorium *'Christus - Tod und Sieg des Herrn'* von Felix Draeseke (1835 - 1913) begann. In den letzten Lebensjahren bot Karl Geiger - wie sein Nachfolger in Amt feststellen mußte - keine größere Aufführung mehr. Die Kirchenchorproben ließen sehr zu wünschen übrig. So fand Friedrich Högner (1897 - 1981) nicht die idealen Voraussetzungen vor, um sogleich wieder einen leistungsfähigen Chor im Gottesdienst und Konzert zu präsentieren. Der spätere Landeskirchenmusikdirektor und Professor für Orgelspiel an der Akademie der Tonkunst in München machte seine Sänger in dieser Situation mit Motetten von Heinrich Schütz (1585 - 1672) vertraut und gewann die Begeisterungsfähigkeit des Chores zurück. Sein Plan, ein Heinrich Schütz-Fest in Regensburg durchzuführen, scheiterte, nicht zuletzt am Desinteresse der Regensburger Konzertträger.[106]

Das auf seine Anregung 1926 zustande gekommene Max Reger-Fest in Regensburg dagegen war erfolgreich und trug dazu bei, Regers Durchbruch in seiner engeren Heimat zu sichern. Nach dem Weggang Högners 1929 wurde der 1900 in Frankfurt am Main geborene Ralf von Saalfeld, ein Sohn des Prinzen Ernst von Sachsen Meiningen, evangelischer Kantor und Leiter des Protestantischen Kirchenchores in Regensburg.[107] Von Saalfeld studierte bei Hermann Zilcher (1881 - 1948), Heinrich Kaminski (1886 - 1946) und Carl Orff (1895 - 1982). Vier Jahre wirkte er an der Apostelkirche in München. Zu Allerheiligen 1929 kam er nach Regensburg als Stadtkantor und brachte den Chor durch die schwierige Zeit des Dritten Reiches und des Zweiten Weltkriegs. Ein Jahr vor seinem frühen Tode am 22. Juli 1947 in Weilheim gelangte unter ihm Johann Sebastian Bachs Matthäuspassion an zwei Tagen in der überfüllten Dreieinigkeitskirche zu einer imposanten Aufführung. Mitglieder des Damengesangsvereins und des Liederkranzes verstärkten den Protestantischen Kirchenchor, vom Orchester des Stadttheaters Regensburg begleitet. Saalfeld machte sich nicht nur als Kantor, sondern auch als Herausgeber von Werken Hans Leo Haßlers (1564 - 1612), als Konzertorganist und als Komponist einen Namen, womit er an die Vorgänger-Kantoren des 17. und 18. Jahrhunderts erinnert. Pfarrer Max Seidel übernahm dann für fünf Jahre den Chor. 1925 wurde die Stelle mit Kirchenmusikdirektor Heinz Neubauer, einem Schüler Friedrich Högners besetzt, dessen Arbeit für die kirchenmusikalische Praxis ebenso verdienstvoll war wie seine Orgelkonzerte Beachtung fanden.

1967 konnte die freie Stelle des Stadtkantors mit Walter Opp besetzt werden. Er gab dem protestantischen Kirchenchor, der stark an Mitgliederschwund litt, den neuen Namen *Regensburger Kantorei*[108], führte als erstes Händels *Messias* auf und konnte mit dem Erfolg die Mitgliederzahl wieder steigern. Von nun an wurde die Regensburger Kantorei zur festen Einrichtung innerhalb des Musiklebens der Stadt, junge Menschen wurden schon früh an die Musik herangeführt, ein Kinderchor entstand und konnte sich auch bald schon in der Öffentlichkeit hören lassen. 1972 wechselte Walter Opp zur Landeskirchenmusikdirektion der evangelischen Kirche Kurhessen-Waldeck. Sein Nachfolger Klaus Uwe Ludwig führte ab 1973 das Aufgebaute mit Erfolg fort.[109]

Seit 1978 leitet Christian Kroll die Regensburger Kantorei. Er machte den Chor über den lokalen und regionalen Bereich hinaus bekannt. So gastierte das Ensemble mehrmals in den achtziger Jahren in Bologna mit Bachs Johannespassion. 1984 war der a cappella-Chor in Schottland vertreten und sang in Aberdeen Chorsätze und Motetten aus fünf Jahrhunderten. Im Dezember 1990 und zum Jahreswechsel 1991/92 reiste die Kantorei zu Konzerten nach Israel, um nur einige Beispiele zu nennen. Neben den großen Aufführungen in der Dreieinigkeitskirche mit den Passionen von J. S. Bach, dem *Deutschen Requiem* von Johannes Brahms, Ludwig van Beethovens C-Dur-Messe, den *Vespere Solennes*, der *Krönungsmesse* und dem *Requiem* von W. A. Mozart und mit Anton Bruckners *Te Deum* sang der Chor auch bei vielen Kantatenabenden. Außerdem wirkte das Ensemble bei weltlicher, konzertant ausgeführter Musik mit, etwa 1984 in Willbald Glucks *Orpheus und Eurydike* oder 1985 in Arthur Honeggers *Johanna auf dem Scheiterhaufen*. Neue Konzertreihen wie *"Bach in der Karwoche"*, das *"Konzert in der Silvesternacht"*, die *"Regensburger Orgelwochen"* entstanden. Nach der Errichtung der neuen Jann-Orgel in der Neupfarrkirche erklang 1986 das gesamte Orgelwerk von César Franck, 1987 das von Dietrich Buxtehude, 1988 das von Felix Mendelssohn-Bartholdy. Seit Oktober 1991 kann auch die restaurierte Späth-Orgel von 1750 in St. Oswald wieder in die Konzerte mit einbezogen werden.

Die Regensburger Kantorei ist nicht nur als ein wichtiger Faktor im Kulturleben der Oberpfalzmetropole zu werten. In ihren vielfältigen Aktivitäten an eine langwährende Tradition gebunden, verweist sie gleichsam als eine Art Aushängeschild im Ausland auf die Stadt Regensburg. So hat jedes Jahrhundert der jetzt 450jährigen evangelischen Musikgeschichte Regensburgs, geprägt durch seine jeweilgen Kantoren, Organisten und Komponisten, eine bestimmte Ära. Und daß in letzter Zeit auch die Kantorenkomponisten des 16. bis 19. Jahrhunderts eine Renaissance erleben und auf den Programmen geistlicher Musik und des weltlichen Konzerts stehen, darf als eine Rückbesinnung auf das Werk vieler kleinerer, aber auch bedeutender, in die Musikgeschichte Deutschlands eingegangener Meister gesehen werden.[110]

Anmerkungen

1   STERL: Kantorat, 89 f.; K. W. NIEMÖLLER: Untersuchungen zu Musikpflege und Musikunterricht an den deutschen Lateinschulen vom ausgehenden Mittelalter bis um 1600 (Kölner Beiträge zur Musikforschung 54), Regensburg 1969, 641 f.
2   STERL: Regensburger Musik, 85; DERS.: Musiker und Musikpflege in Regensburg bis um 1600, Regensburg 1971, 81; dazu A. SCHARNAGL: Artikel Regensburg, in: Die Musik in Geschichte und Gegenwart. Allgemeine Enzyklopädie der Musik (MGG), Kassel-Basel, Bd. XI (1963), Sp.113. Besonders, aber zum Teil korrekturbedürftig KLEINSTÄUBER 1882, 69.
3   R. u. R. STERL: Magister Nicolaus Agricola und seine Oratio de Musica (1553). Ein Beitrag zur Musik- und Schulgeschichte Regensburgs im 16. Jahrhundert, in: VHVOR 122 (1982), 291-308.
4   Abgedruckt mit deutscher Übersetzung ebd. 302 ff.
5   F. BRUSNIAK: Neue Aspekte der Messenkomposition und Werküberlieferung Conrad Reins, in: Augsburger Jahrbuch für Musikwissenschaft I (1984), 25-59, hier 36, Anm. 59; dazu STERL: Musikstadt Regensburg, 615.
6   STERL: Regensburger Musik, 85 f.
7   STERL: Magister Hieronymus Osius und seine Schulordnung (1567). Neues zur Schul- und Musikgeschichte Regensburgs im Reformationsjahrhundert, in: VHVOR 124 (1984), 365-368.
8   KLEINSTÄUBER 1880, 24 f.
9   STERL: Regensburger Musik, 87 f.; DERS.: Musikstadt Regensburg, 612 f.
10 SAR, Ecclesiastica I 5, Nr. 60.
11 Vgl. F. BLUME: Geschichte der evangelischen Kirchenmusik, Kassel-Basel ²1965, 21: "Das Lied machte sich den archaischen Brauch der Jahreszeitenbeschwörung ('Nun treiben wir den Winter aus') zunutze und appellierte zugleich in einer uns heute skrupellos erscheinenden Weise an die dem Archaischen nahen Schichten des kindlichen Gemüts".
12 BZBR, Musiksammlung Proske A.R. 772 (C 99).
13 F. BRUSNIAK: Neue Aspekte der Messenkomposition und Werküberlieferung Conrad Reins, in: Augsburger Jahrbuch für Musikwissenschaft I (1984), 25-59, hier 31. Brusniak hat bei seinen Studien in der BZBR in den achtziger Jahren die Kopien Stengels entdeckt.
14 STERL: Musiker und Musikpflege (wie Anm. 2), 76; dazu F. BRUSNIAK: Der Kodex A.R. 773 (C 100) von Johann Buchmayer in der Proske-Bibliothek zu Regensburg. Ein Beitrag zur Geschichte der Vokalpolyphonie

	in Deutschland um 1560, in: Bericht über den Internationalen Musikwissenschaftlichen Kongreß Bayreuth 1981, hrsg. von Ch. H. MAHLING u. S. WIESMANN, Kassel 1984, 288-294.
15	G. LOESCHE: Geschichte des Protestantismus, Leipzig 1930, 273; G. REINGRABER: Protestanten in Österreich, Wien-Köln-Graz 1981, 154.
16	BZBR, A:R. 956-959; dazu HABERKAMP/REUTTER, XVII.
17	Über ihn vgl. STERL: Kantorat, 93; DERS.: Musiker und Musipflege (wie Anm. 2), 77.; DERS.: Musikstadt Regensburg, 614.; J. THAMM/E. KRAUS: Die Musikgeschichte der Stadt Regensburg. Typoskript für eine Sendung des Bayerischen Rundfunks, [Regensburg] 1962, 4; W. BRENNECKE: Die Handschrift A.R. 940/41 der Proske-Bibliothek zu Regensburg. Ein Beitrag zur Musikgeschichte im zweiten Drittel des 16. Jahrhunderts, Kassel-Basel 1953, 104 ff., besonders 111 und Anm. 102 a; Kleinstäuber 1886, 71.
18	BZBR, Musiksammlung Proske A.R. 773 (C 100); dazu BRUSNIAK (wie Anm. 14), 288-294; HABERKAMP/REUTTER, XXVIII.
19	HStA, Reichsstadt Regensburg, Lit. 598, fol. 77.
20	Totengeläutbuch 13/200 St. Lorenz. - Über die Nürnberger Jahre Buchmayers enthalten die im Staatsarchiv Nürnberg aufbewahrten Ratsverläße wichtige Nachrichten.
21	BRENNECKE (wie Anm. 17), 20-26. Weitere Nachrichten über Küffer bei STERL: Musiker und Musikpflege (wie Anm. 2), 85 f.
22	SAR, Politica III Nr. 6, fol. 143' sowie Politica III Nr. 58, fol. 126' und Ratswahlbuch.
23	G. Frhr. v. PÖLNITZ (Hrsg.): Die Matrikel der Ludwig-Maximilians-Universität. Ingolstadt-Landshut-München. Teil I: Ingolstadt 1472-1600, München 1937, Sp. 672.
24	Seit 1577 leistet jeder lutherische Organist und Kantor seinen Amtseid auf die Konkordienformel. F. BLUME: Artikel Deutschland, D. Barock, in: MGG (wie Anm. 2) III (1954), Sp. 311; SAR, Ecclesiastica I 43 a, fol. 84.
25	SAR, Juridica IV Nr.8, fol. 76.
26	KLEINSTÄUBER 1882, 51 und Anm. 1.
27	SCHOTTENLOHER, 261; STERL: Kantorat, 94.
28	A. SCHARNAGL: Artikel Raselius, in: MGG (wie Anm. 2) XI (1963), Sp. 1-3; STERL: Musiker und Musikpflege (wie Anm. 2), 79 f.; DERS.: Regensburger Musik, 90 f.
29	H. SCHWÄMMLEIN: 300 Jahre Musik in Amberg, Amberg 1967, 191: "Der bedeutendste Schüler von M. Gastritz in Orgelspiel und Komposition war Andreas Raselius". Über den Lehrer von Raselius vgl. DERS.: Mathias Gastritz, ein Komponist der "Oberen Pfalz" im 16. Jahrhundert. Leben und Werk (=Regensburger Beiträge zur Musikwissenschaft 7) I und II (Text und Noten), Regensburg 1985.
30	Belegt für die Zeit von 1594 bis 1601 durch die städtischen Einnahmen- und Ausgaberegister. Hierzu SAR, Eccl. I 54 und 55. Der Bauamtschronik zufolge ist ihm jedoch schon 1573 "ain Stuben und Chammern in der Müntz gebautt" worden, was Kosten von 132 fl. verursacht hat (SAR I AE1 Nr.6, fol. 104).
31	SAR, Eccl. I 54 und 55. Wipacher starb am 7. Mai 1619 in Regensburg (Landeskirchl. Archiv, Außenstelle Regensburg, Beerdigungen 1612-1627, S. 350;) vgl. K. SCHWÄMMLEIN: Die liebliche Kunst der Musica ... Die Musikgeschichte Sulzbachs im 16. Jahrhundert. Teil II, in: Amberger Stadtnachrichten, 22. August 1985.
32	SAR, Eccl. I 54.
33	SAR, Eccl. I 54 und 55.
34	Autographe von Raselius befinden sich in der StBR, der Universitätsbibliothek Göttingen und insbesondere in der BZBR, Musiksammlung Proske. Dazu HABERKAMP/REUTTER, XII-XVI.
35	Archiv des Historischen Vereins für Oberpfalz und Regensburg, Archivakten Oberpfalz 8.
36	STERL: Musiker und Musikpflege (wie Anm. 2), 81.
37	So KLEINSTÄUBER 1882, 72, Anm. 1.
38	K. SCHWÄMMLEIN: "Johannes Brassicanus, ein feiner Poet und Musicus". Ein österreichischer Exulant in Regensburg, in: Die Oberpfalz 78 (1990), 171-179.
39	O. WESSELY: Artikel Kraut, in: MGG VII (1958), Sp. 1723-1724); STERL: Kantorat, 98; DERS.: Musiker und Musikpflege (wie Anm. 2), 81 f. (mit Lit.); zudem R. FLOTZINGER/G. GRUBER: Musikgeschichte Österreichs, Bd. 1, Graz-Wien-Köln 1977, 301 ff.
40	A. SCHARNAGL: Die Orgeltabulatur C 119 der Proske-Musikbibliothek Regensburg, in: Festschrift für Bruno Stäblein zum 70. Geburtstag, Kassel 1967, 206-216; STERL: Kantorat, 106.
41	E. BADURA-SKODA: Artikel Homberger, in: MGG (wie Anm. 2) VI (1957), Sp. 665-669; STERL: Musiker und Musikpflege (wie Anm. 2), 82-84 (Quellen und Lit.). Zuletzt beschäftigte sich ausführlich mit dem Komponisten Erich Zrenner mit seiner Staatsexamensarbeit für das Lehramt an Gymnasien "Paul Homberger und seine Gelegenheitskompositionen", München 1983.
42	A. SCHARNAGL: Regensburg - eine bayerische Musikstadt, in: Musikstadt Regensburg, hrsg. von B. MEYER, Regensburg 1985, 27-38, hier 32.
43	MGG (wie Anm. 2) VI, Sp. 668.
44	HABERKAMP/REUTTER, XIII. HABERKAMP bezweifelt, daß Seulin tatsächlich "wegen der Religion" aus Lauingen vertrieben wurde. Das dortige Gymnasium illustre wurde 1616 aufgehoben, der Katholizismus bereits im ersten Jahrzehnt des 17. Jahrhunderts eingeführt. Johann Seulins Sohn Philipp Jakob kam jedenfalls um 1627 noch in Lauingen zur Welt. In der Regensburger Schülerliste von 1641 ist Joh. Reinhard Seulin als "Grabensis Rhen." aufgeführt (SAR, Eccl. III, 15, 6); ebenso in der Matrikel der Straßburger Philosophischen Fakultät im

April 1644. So darf mit Recht vermutet werden, "daß die Familie Seulin zunächst vielleicht erst nach 1627 nach Graben ging, bevor sie sich 1634 in Regensburg niederließ" (HABERKAMP, ebd.).

45 KLEINSTÄUBER 1882, 58, 60. Vgl. auch STERL: Musiker und Instrumentenbauer in den Totenregistern der Stadt Regensburg, in: Blätter des Bayerischen Landesvereins für Familienkunde 36 (1973), 126-139, hier 130.
46 HABERKAMP/REUTTER, XIV f. und die in Anm. 18 genannte Literatur.
47 W. SERAUKY: Artikel Knüpfer, in: MG (wie Anm. 2) VII (1958), Sp. 1282 ff. Im Catalogus Alumnorum 1647 wird Knüpfer erwähnt (SAR, Eccl. III, 15,9). Es besteht jedoch keine Verbindung zu dem Regensburger Stadtpfeifer gleichen Namens, der dort 1656 (SAR, Eccl. III 15, 30 und 31) als "Musicus Instrumentalis" begegnet und am 12. Oktober 1657 im Bürgerbuch verzeichnet ist (SAR, Bürgerbuch 1620-1667, fol. 270; vgl. STERL: Musiker und Instrumentenbauer in den Bürgerbüchern Regensburgs, in: Blätter des bayerischen Landesvereins für Familienkunde 28 (1965), 335-338, hier 336).
48 H. H. EGGEBRECHT: Artikel Pachelbel, in: MGG (wie Anm. 2) X (1962), Sp. 540-552; dazu A. SANDBERGER: Biographische Vorbemerkungen zu: Denkmäler der Tonkunst in Bayern (= DTB), II. Jg., 1. Bd., Leipzig 1901, IX-XV.
49 H. J. MOSER: Die Musik der deutschen Stämme, Stuttgart-Wien 1957, 761.
50 F. KRAUTWURST: Johann Pachebel (1653-1706), in: Fränkische Lebensbilder 12 (1986), 125.
51 Ebd. 125.
52 THAMM/KRAUS (wie Anm. 17), 8.
53 Als Alumne finden sich Erwähnungen im SAR, Eccl. 15, 10-19, 22.
54 SAR, Bürgerbuch 1620-1667, fol. 285. Ergänzungen und Berichtigungen hierzu ebd. 36 (1873), 155-157, hier 156.
55 SAR, Totenregister 1650 ff., fol. 114; dazu STERL: Musiker und Instrumentenbauer in den Totenregistern (wie Anm. 45), 127.
56 SAR, Totenregister 1696 ff.; dazu STERL: ebd. 131. Bereits zehn Tage nach seinem Tode findet die Orgelprobe von Andreas Danninger statt (Landeskirchliches Archiv, Außenstelle Regensburg, Scholarchatsprotokoll 182, fol. 149'). Zu Kradenthallers Werk s. auch A: SCHARNAGL: Artikel Kradenthaller, in: MGG (wie Anm. 2) VII (1958), Sp. 1674-1676; DERS: Musik- und Kulturgeschichte, 332.
57 A. SCHARNAGL: Artikel Stoltzenberg, in: MGG (wie Anm. 2) XII (1965), Sp. 1397-1398; STERL: Christoph Stoltzenberg (1690-1764), Gymnasiallehrer, Kantor, Komponist und Orgelsachverständiger, in: Musik in Bayern, Halbjahresschrift der Gesellschaft für Bayerische Musikgeschichte e.V., Heft 11 (1975), 5-9.
58 KLEINSTÄUBER 1882, 64, 72.
59 W. WOLLENWEBER: Die evangelische Kirchenmusik und die Kantoren in Regensburg von 1542-1888, in: Festschrift 100 Jahre Regensburger Kantorei, Regensburg 1988, 7-12, hier 11.
60 Entsprechende Einträge in den städtischen Rechnungsbüchern (SAR, Cam. 162, fol. 139', Cam. 164, fol. 139', Cam. 167, fol. 140 und 142, Cam. 172, fol. 137'); dazu STERL: Stoltzenberg (wie Anm. 57), 7 und Anm. 16-23.
61 Landeskirchliches Archiv, Außenstelle Regensburg, Akten Reichsstädtische Zeit Nr. 249 (Bauwesen Neupfarrkirche).
62 Ebd.; s. auch R. W. STERL: Die ersten Orgeln der Regensburger Neupfarrkirche, in: Die Oberpfalz 54 (1966), 161-164.
63 Ebd., Akten Reichsstädtische Zeit Nr. 255.
64 Disposition der Orgel bei E. KRAUS: Cantantibus Organis, Heft 3, Regensburg 1959, 42; DERS.: Regensburgs Orgeln, 79 f.
65 THAMM/KRAUS (wie Anm. 17), 9.; STERL: Stoltzenberg (wie Anm. 57), 6 f.
66 SAR, Totenregister 1761 ff., fol. 92; dazu STERL: Musiker und Instrumentenbauer in den Totenregistern (wie Anm. 45), 136. Stoltzenberg heiratete in Sulzbach-Rosenberg am 20. Oktober 1711 in erster Ehe Kunigunde Wuttig, die jedoch mit 33 Jahren bereits am 6. Januar 1717 in Regensburg verstarb (SAR, Totenregister 1714 ff., fol. 39), in zweiter Ehe am 3. August 1717 in Regensburg Christina Anna Thill, die ihn fast 14 Jahre überlebte und am 8. Mai 1778 starb (SAR, Totenregister 1775 ff., fol. 93').
67 Rat. civ. 598/27; O. FÜRNROHR: Die Leichenpredigten der Kreisbibliothek Regensburg, in: Blätter des Bayer. Landesvereins für Familienkunde, 26. Jg., 1963, Nr. 3, 359.
68 KLEINSTÄUBER 1882, 65.
69 DERS. 1880, 150; STERL: Stoltzenberg (wie Anm. 57), 7.
70 SAR, Bürgerbuch 1715-1831/32, fol. 491; vgl. auch STERL: Musiker in den Bürgerbüchern (wie Anm. 47), 338.
71 SAR, Totenregister 1783 ff., fol. 63 und 107; STERL: Musiker in den Totenregistern (wie Anm. 45), 137 f.
72 A. SCHARNAGL: Artikel Schubarth, in: MGG (wie Anm. 2) XII (1965), Sp. 99 f.; STERL: Neue Quellenfunde zur Biographie und zum Werk J.K. Schubarths, in: VHVOR 110 (1970), 255-261. Die biographischen Daten nach der Leichenpredigt (StBR, Rat. civ. 417/133); dazu FÜRNROHR: Leichenpredigten (wie Anm. 67), 336.
73 SAR, Ratsprotokoll vom 6. April 1802, fol. 17 f.; KLEINSTÄUBER 1880, 94, Anm. 7.
74 Staats-Adress-Kalender von Regensburg, Regensburg 1809, 45.
75 SAR, Totenbuch (Pol. III Nr. 54, fol. 411 bzw. 55, fol. 246).
76 SAR, Cameralia 212, fol. 137.

77 Die Stadtrechnungen (SAR, Cameralia 213, fol. 138; 214, fol. 131; 215, fol. 134) werfen jährlich 150 fl. für das Kantoren- und 50 fl. für das Organistenamt aus, ein Gesamtbetrag, der Schubarth einkommensmäßig auf die Stufe eines Gymnasiallehrers stellte.
78 SAR, Bürgerbuch 1715 ff., fol. 526; STERL: Musiker in den Bürgerbüchern (wie Anm. 70), 338.
79 SAR, Vereine 1 a.
80 J. Th. SCHERG: Das Schulwesen unter Karl Theodor von Dalberg, besonders im Fürstentum Aschaffenburg 1803-1813 und im Großherzogtum Frankfurt 1810-1813, 2.T., München-Solln 1938, 598.
81 Schubarths Bewerbungsschreiben an Dalberg abgedruckt bei STERL: Neue Quellenfunde (wie Anm. 72), 257 f.
82 Vgl. Theatersammlung ohne Sign., Akten Theaterschule.
83 E. KRAUS: Johann Caspar Schubarth (1756-1810). Organist und Stadtkantor, Initiator der großen Oratoriumsaufführungen, in: Altbayerische Heimat 8 (1965); KLEINSTÄUBER 1882, 72, 75.
84 MGG (wie Anm. 2) XI (1957), Sp. 665 ff. Noch 18 Jahre nach der Beschreibung der Passionskantate (1782) und Veröffentlichung dieser Beschreibung (STERL: Neue Quellenfunde [wie Anm. 72], 259 ff.) stellt WOLLENWEBER lapidar fest: "seine Werke sind verloren"! (W. WOLLENWEBER: Die evangelische Kirchenmusik und die Kantoren in Regensburg von 1542-1888, in: Festschrift 100 Jahre Regensburger Kantorei, Regensburger 1988, 7-12, hier 11).
85 SAR, Manuskriptensammlung Nr. 223.
86 HABERKAMP/REUTTER, 149, 152, 158.
87 R. POMPL: Das Königlich bayerische Gymnasium in Regensburg von 1811 bis 1865, in: Albertus-Magnus-Gymnasium, 245. Dazu KLEINSTÄUBER 1883, 84.
88 Ebd. 1884, 97.
89 STERL: Zur Genealogie der Kantoren Bühling, in: Blätter des Bayerischen Landesvereins für Familienkunde 34 (1971), 418-424. Vgl. auch WOLLENWEBER (wie Anm. 84), 12.
90 Staatsarchiv Amberg, Regierung Kammer des Innern Nr. 12 887.
91 SAR, Genealogische Sammlung Nr. 82.
92 KLEINSTÄUBER 1885, 144 f., 171. Dafür rückt Johann Leonhard Bühling auf die Stelle nach, die Jakob Kaspar vor ihm in Sulzbach-Rosenberg innehatte.
93 STERL (wie Anm. 89), 422.
94 Regensburger Wochenblatt, 22. März 1820 (12. Stück), 183.
95 Ebd. 19. März 1823 (12. Stück), 150.
96 Ebd. 7. April 1824 (15. Stück), 170.
97 Ebd. 31. März 1830 (13. Stück), 180.
98 Ebd. 7. April (14. Stück), 198.
99 SAR, Familienbogen Bühling.
100 KLEINSTÄUBER 1885, 171.
101 SAR, Familienbogen Hacker.
102 Adreßbuch 1876, XXXIX, und 1881, 49.
103 Wie Anm. 100 und 101.
104 R. SCHÖNFELD: 100 Jahre Regensburger Kantorei. Evangelische Musiktradition, in: Festschrift 100 Jahre Regensburger Kantorei, Regensburg 1988, 13-18, hier 13.
105 SAR, Familienbogen Geiger.
106 SCHÖNFELD (wie Anm. 104).
107 Biographische Daten nach dem Familienbogen im SAR.
108 Ch. KROLL: Regensburger Kantorei, in: Musikstadt Regensburg (wie Anm. 42), 197-200, hier 198.
109 SCHÖNFELD (wie Anm. 104), 16.
110 Um Herausgabe und Aufführung von Werken evangelischer Kantorenkomponisten hat sich der Regensburger Domorganist Eberhard Kraus (geb. 1931) ein bleibendes Verdienst erworben. Die Programme der heuer im 40. Jahre durchgeführten Sonntäglichen Orgelstunden im Museum der Stadt Regensburg weisen seit den fünfziger Jahren fast alljährlich Aufführungen von Kompositionen eines Raselius, Homberger, Brassicanus, Kradenthaller, Stoltzenberg, Schubarth und Bühling auf, viele Jahre, ehe dies auch durch die evangelischen Kantoren geschehen ist.

Abb.49 Motette "Wohl dem, der den Herren fürchtet." Auszug aus einem Stimmbuch, als dessen Hauptschreiber Raselius gilt (Bischöfliche Zentralbibliothek AR954)

1 Hans Hieber: Modell der Wallfahrtskirche zur Schönen Maria. Um 1521 (Kat.24)

2 Lukas Cranach d.Ä.: Martin Luther. 1532 (Kat.28)

3 Lukas Cranach: Philipp Melanchthon. 1532 (Kat.29)

6 Lukas Cranach d.J.: Allegorie von Sündenfall und Erlösung. Um 1540 (Kat.50)

3 Lukas Cranach: Philipp Melanchthon. 1532 (Kat.29)

4 Donauschule: Gekreuzigter mit Maria und Johannes. 1525-30 (Kat.52)

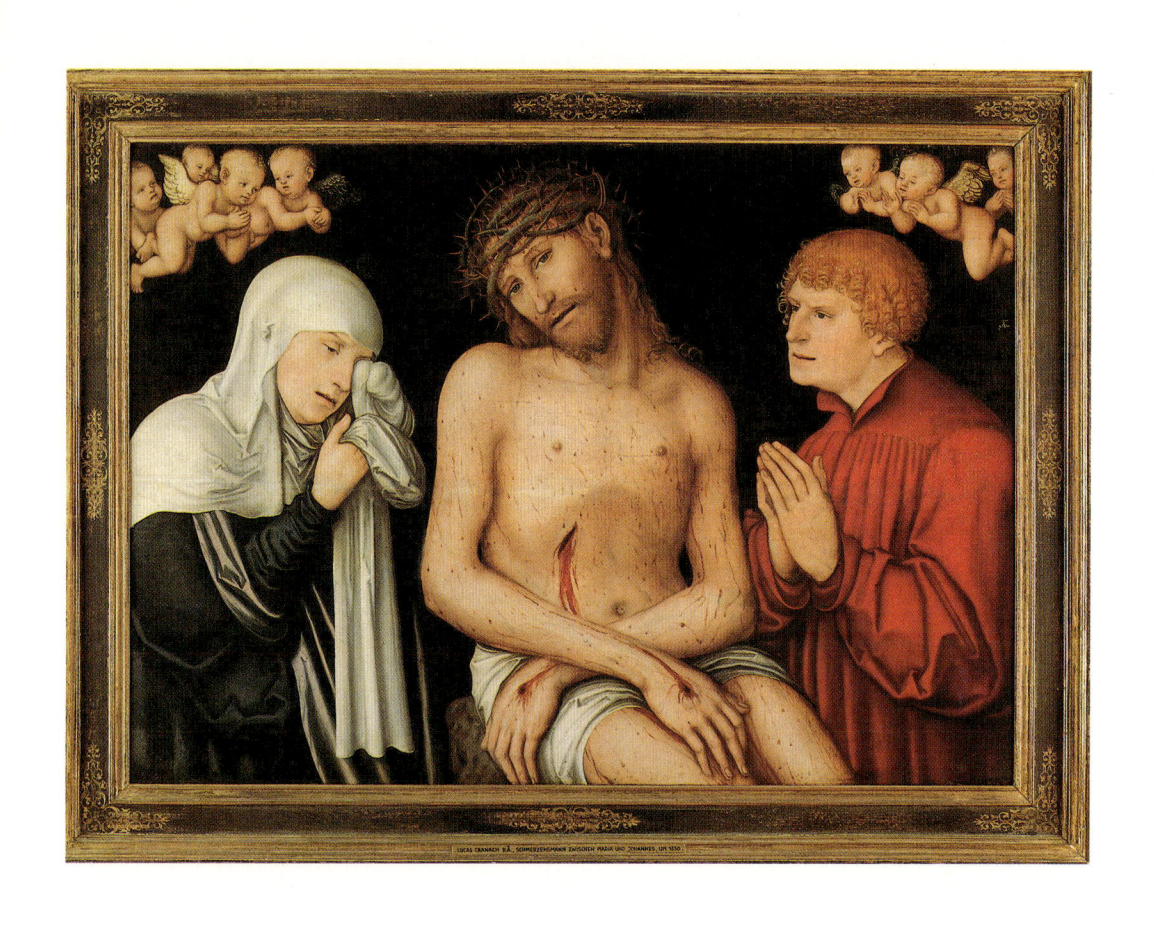

5 Lukas Cranach d.J.: Christus als Schmerzensmann zwischen Maria und Johannes. Nach 1537 (Kat.51)

6 Lukas Cranach d.J.: Allegorie von Sündenfall und Erlösung. Um 1540 (Kat.50)

7 Sog. Lutherziborium. Um 1530/40 (Kat.48)

8 Reformationskelch aus der Neupfarrkirche. 1542 (Kat.57)

9 Flußhartsches Taufbecken. 1645 (Kat.190)

10 Michael Ostendorfer: Reformationsaltar aus der Neupfarrkirche, Vorderseite. 1554/55 (Kat.64)

11 Michael Ostendorfer:
Reformationsaltar,
Rückseite (Kat.64)

12 Michael Ostendorfer: Reformationsaltar, Mittelbild (Kat.64)

13 Michael Ostendorfer: Reformationsaltar. Rückseite, Mittelbild (Kat.64)

14 Michael Ostendorfer: Reformationsaltar, Seitenflügel (Kat.64)

15 Michael Ostendorfer: Reformationsaltar im geschlossenen Zustand (Kat.64)

16 Regensburger Religionsgespräch. 1601 (Kat.94)

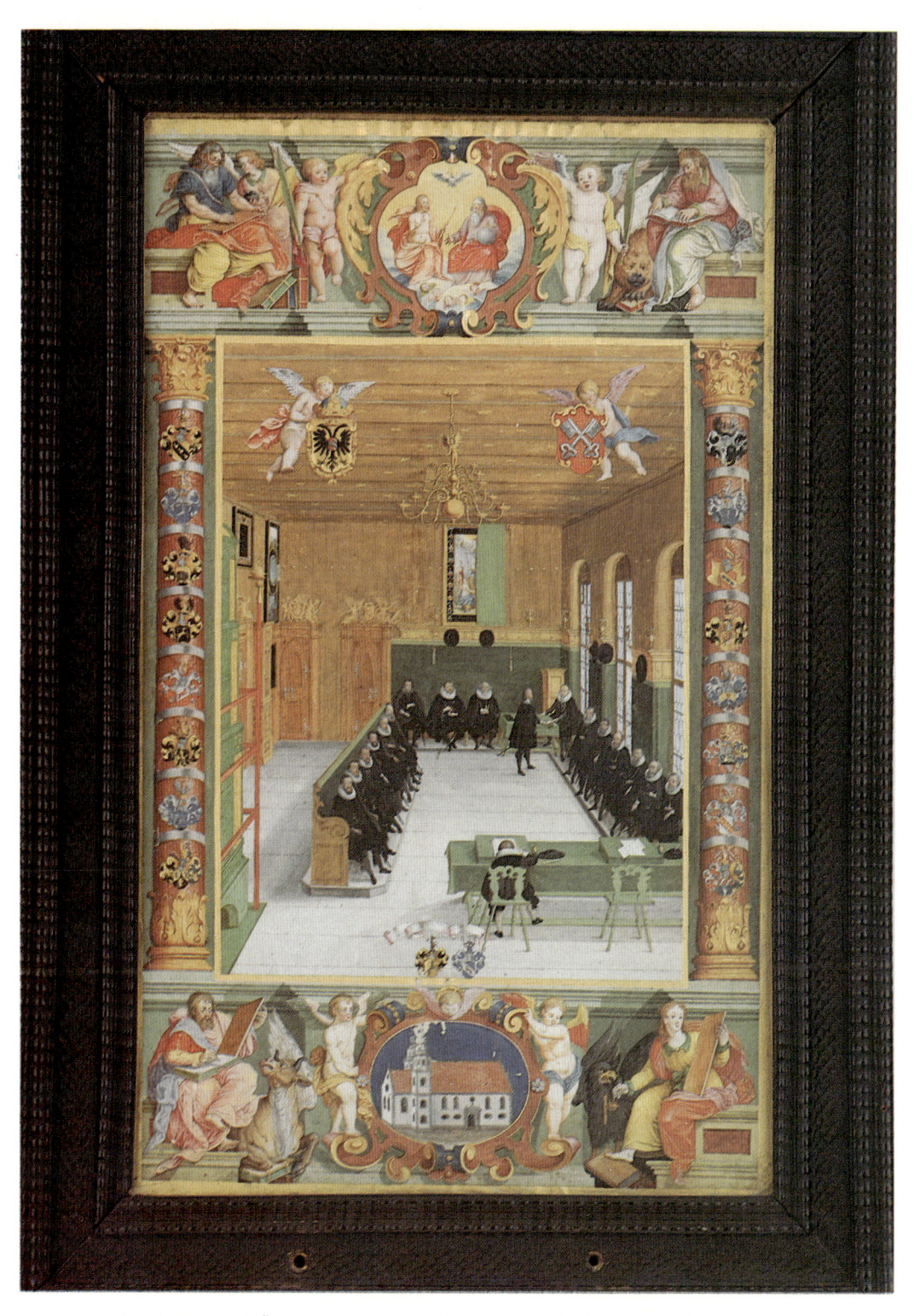

17 Georg Christoph Eimmart d. Ä.: Der Innere Rat beschließt den Bau der Dreieinigkeitskirche. 1627 (Kat.98)

In diser deß Heyl: Röm: Reichs Freyen Statt Regenspurg Volhergebrachtem Löbl: Regiment, seind der Zeit nachfolgende HErrn

Herr Andreas Krännöst, deß Innern Geheimen Raths, E. E. Vngeltsambts-Director, vnd E. Wolfer. Consistorii Assessor, auch zum Reichs Statt Collegio Deputatus vnd pro tempore Regierender Statt Cämmerer.

Herr Joachim Kerscher, ältester deß Innern Geheimen Raths, E. E. Steuerambts Director, vnd Obrister Kriegsherr.

Herr Emmeran Syroth, deß Innern Geheimen Raths, Hauptz Graff, vnd E. Wol Ehrw. Consistorii Director, auch Obrister Scholarcha.

Herr Johann Friderich Berger, deß Innern Raths, vnd Obrister Zeugherr.

Herr Tobias Adler, deß Innern Raths, E. E. Almosenambts Director vnd Kriegsherr.

Herr Johann Wolffgang Grünewaldt deß Innern Raths, vnd E. E. Almosen Ambts Con-Director.

Herr Johann Albrecht Portner, deß Innern Geheimen Raths, vnd E. E. Vormundt Ambts Director.

Herr Ruprecht Schorer, deß Innern Geheimen Raths, vnd E. E. Bau Ambts Director.

Herr Johann Caspar Lentz, deß Innern Geheimen Raths.

Herr Sigmund Ludwig Borer, deß Innern Raths.

Herr Johann Paul Dimpffel, deß Innern Raths.

Herr Bartholomæus Frentzl, deß Innern Raths.

Herr Johann Georg Fuchs, deß Innern Raths.

Herr Tobias Sigmund Hammann, deß Innern Raths.

Herr Wolff. Christoph Hamminger deß Innern Raths.

Herr Johann Ludwig Prasch, deß Innern Raths.

Syrachami 4. Cap:
Halt dich gegen die Waisen wie ein Vatter vnd gegen Ihrer Mutter wie ein Haußherr, so wirst du seyn, wie ein Sohn deß Allerhöchsten, vnd er wird dich lieber haben, dann dich deine Mutter hat.

Deuter: am 14. Cap:
Sattige den Waisen, auff daß dich der Herr dein Gott segne, in allen Wercken seiner Hande.

19 Totenkrone des Almosenamts. Um 1700 (Kat.134)

18 Deckblatt des Waisenhausbuches. 1666 (Kat.129)

20 Johann Kupezký: Portrait des Predigers Johann Wilhelm Seyboth. 1710-14 (Kat.147)

21 Salzburger Exulanten. Kupferstich aus der Dimpfel-Chronik. 1732 (Kat.148)

Hanns Klammer aus Bischoffshofen.

Ach Herr laß unsre Flucht im Winter nichtgeschehen
dies war sonst meine Bitt und meiner Wünsche Ziel,
doch nun bin ich getrost im Winter auch zu gehen,
weil Gottes warme Lieb uns selbst bedecken will.

22 Michael Kirchmaier: Chorbuch des Emmeramer Konventualen Ambrosius Mairhofer. Titelblatt. 1567 (Kat.151)

23 Michael Kirchmaier: Miniaturen aus dem Chorbuch des Emmeramer Konventualen Ambrosius Mairhofer. 1567 (Kat.151)

24 Miniatur aus dem Stammbuch des Johann Christian Breuning. 1750-55 (Kat.155)

25 Leonhard Bleyer: Johann Christoph Gottlieb Weiß, Lehrer am Gymnasium Poeticum. 1821 (Kat.169)

1821

Herr Instruktor Weiß
Preceptor in der I Clas auf
dem gymnasium Poeticum

28 Portnersches Taufbecken. 1630 (Kat.184)

29 Portnersche Taufkanne. 1630 (Kat.184.1)

30 Abendmahlskanne. Meisterstück des Georg Christoph Busch. 1777 (Kat.195)

31 Heilsbrunnen-Relief. 1.Hälfte 17. Jahrhundert (Kat.199)

32 Taufe in einer Hauskapelle. Ende 16. Jahrhundert (Kat.198)
   a. Einführung des Täuflings

b. Taufzeremonie

33 Kelchtuch mit Salvator-Mundi-Darstellung. Mitte 17. Jahrhundert (Kat.201)

34 Altarbehang aus dem Stubenberg-Ornat. Gestiftet 1716 (Kat.202)

215

37 Anonym: Abendmahl. Um 1700 (Kat. 222)

38 Anonym: Portrait Dr. Gustav Adolf Wiener. Um 1880 (Kat.260)

39 Horst Meister: Die Neupfarrplatz-Geschichte. 1979 (Kat.76)

Katalog

Bei den Maßangaben steht Höhe vor Breite. Sie beziehen sich bei Gemälden auf das Bildformat (ohne Rahmen), bei Druckgraphik auf die Bildgröße.
Literaturkürzel werden in der Bibliographie aufgelöst, Autorensiegel auf S.4.

Die Freie Reichsstadt und ihr geistiges Umfeld

Siehe dazu auch den Aufsatz von Heinrich Wanderwitz (S.29ff).

1 Karte der Freien Reichsstädte im süddeutschen Raum

Regensburg war 1245 reichsunmittelbar geworden. Bis 1803 blieb es die einzige Freie Reichsstadt in Bayern.

Einziges und nur der kaiserlichen Autorität unterstelltes Regierungsorgan einer Freien Reichsstadt war der Rat. Er entschied auch über die Einführung der Reformation. In Regensburg geschah dies, vergleichsweise spät, 1542. Von da an war das Bekenntnis zur Lehre Luthers Voraussetzung für den Erwerb des Bürgerrechts.

E. T.

2 Regensburg von Norden. 1493

Michael Wolgemut (1434-1519) und Wilhelm Pleydenwurff (+1494)
Holzschnitt (3 Stöcke); Bild 20 x 52 cm
Bez. o.l.: RATISBONA
Museum der Stadt Regensburg (G1929,46)

Diese früheste graphische Darstellung des Regensburger Stadtbildes entstand als Illustration der Weltchronik des Humanisten und Arztes Hartmann Schedel (1440-1514), erschienen 1493 in Nürnberg in einer deutschen und einer lateinischen Ausgabe. Im Gegensatz zu den meisten Stadtansichten der Chronik wurde bei der Darstellung Regensburgs trotz der summarischen Wiedergabe auf zahlreiche Details geachtet, die eine Identifizierung eindeutig machen.

W. PFEIFFER: Eine frühe Regensburger Stadtansicht, in: Der Zwiebelturm 12 (1963), 269. - BAUER, 862f.

E. T.

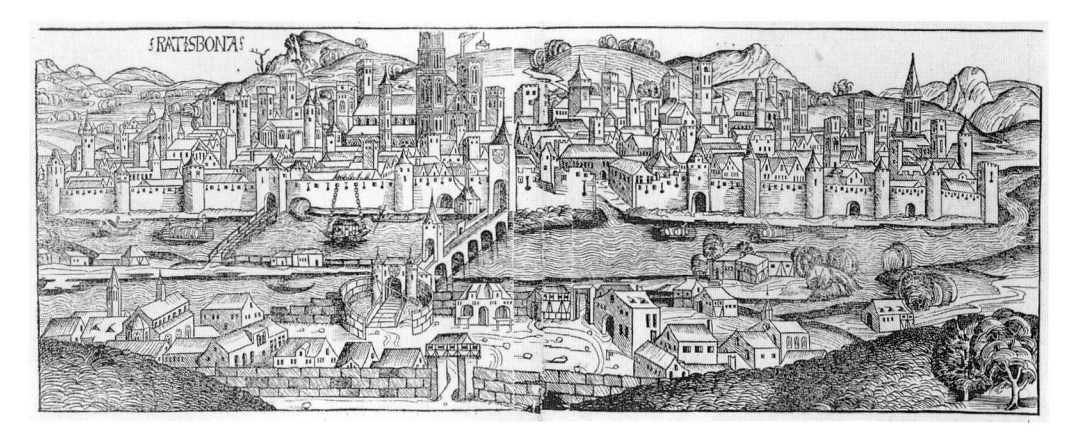

3 Regensburg als Elsula Alpina. 1502

Hans von Kulmbach (um 1480 - 1522)
Holzschnitt (Neuabzug) ; 21,5 x 15 cm
Museum der Stadt Regensburg (GN 1992, 18)

Der Humanist Conrad Celtis (1459 - 1508), von Kaiser Friedrich III. als erster Dichter Deutschlands 1487 zum Poeta laureatus gekrönt, verfaßte in Anlehnung an Ovid 'quattuor libri amorum'. Für diese 1502 erschienene allegorische Beschreibung von vier deutschen Landschaften im Bild von vier Mädchengestalten schuf Hans von Kulmbach die Illustrationen.

Regensburg ist als Zentrum des süddeutschen Raumes dargestellt. Von Franken her schweift der Blick über die Donau mit der stilisierten Stadtansicht weiter über das fruchtbare, von erntenden Bauern bevölkerte Alpenvorland zwischen Inn und Lech. In seiner Mitte erkennt man, durch eine Mauer vom topographischen Kontext abgegrenzt, einen Garten, in dem der Dichter im Beisein von Venus sein "alpenländisches Elschen" besingt.

In der Alpenkette sind die damals noch überwiegend deutschsprachigen Orte Tridentum (Trient) und Iulia cl[austra] (Chiusaforte im Friaul) als südlichste Bezugspunkte eingezeichnet.

Diese frühe bildliche Darstellung Regensburgs will nicht den Anspruch auf topographische Exaktheit erheben. Dennoch ist die Stadt anhand ihrer baulichen Charakteristika (Steinerne Brücke, Dom, Wohntürme) zu identifizieren.

Conradus Celtis Protucius. Quattuor libri amorum secundum quattuor latera Germaniae, hrsg. von F. Pindter, Leipzig 1934. - F. WINKLER: Hans von Kulmbach, Bayreuth 1959, 37. - KRAUS/PFEIFFER, Abb. 201. - S. WIEDL: Regensburger Stadtansichten vom 15. bis 19. Jahrhundert im Stadtmuseum. Ein Bestandskatalog, Masch. Mag.Arbeit Universität Regensburg 1986, 19-22.- Kat. Regensburg 1989, 79.- BAUER, 863.

E. T.

4 **Kaiser Friedrich III.** 2.Viertel 17.Jahrhundert

CAES: FRIDERICUS III. COGNOMENTO. PULCHER. ALB. CAES. FIL. REX. ROMANORUM

Sebastian Furck (um 1600 - 1655)
Kupferstich ; 17,7 x 12,6 cm
Bez. u. l. G. Lot sc., u. r. S.F. fe.
Unterschrift: Si mihi Boiorum nucuit Violentis quondam, Dum Consanguineos mavors committit iniquuos, Auseret haec eadem nostros ut spero Nepotes Cum revolutus erit seclis fatalibus Orbis.
Museum der Stadt Regensburg (G1979, AB 167).

Friedrich III. (1415 - 1493) war der erste Habsburger, der die Kaiserkrone des Heiligen Römischen Reiches trug. Sein Interesse an dem relativ nahe am österreichischen Kernland gelegenen Regensburg war groß, war es doch die einzige Freie Reichsstadt im wittelsbachischen Herzogtum Bayern. Konsequent trat er, auf finanziellen Gewinn bedacht, als Schutzherr der Regensburger Juden auf. Als sich die Stadt 1486 aus wirtschaftspolitischen Gründen Herzog Albrecht IV. von Bayern-München unterwarf, tat der Kaiser alles, um sie für das Reich zurückzugewinnen. Dieses Ziel erreichte er 1492. Regensburg wurde zwei kaiserlichen Kommissaren (seit 1498 einem Reichshauptmann) unterstellt.

Furcks Stich, der Teil seiner sog. Kaiserserie ist, zeigt den noch jugendlichen Friedrich im nach halbrechts gewandten Profil. Über dem Bildnismedaillon links das Motto ADHUC STAT, rechts die auf einem Sockel stehende untere Hälfte einer antiken (Herkules-?)Statue. Dieses Motiv tritt in der Emblematik meist als Ikon zum Lemma Isaias 2,17 ("Gott allein wird an jenem Tag erhoben werden und all die Götterbilder werden der Vernichtung anheimfallen") auf. Hier dürfte im Hinblick auf die beigegebenen Texte allerdings auch auf den trotz aller Attacken standhaften Friedrich angespielt werden.

B. MÜLLER: Sebastian Furck, in: Archiv für Frankfurts Geschichte und Kunst, 3. Folge, 6. Bd., Frankfurt/Main 1899, 187-252, bes. 232.- STRAUS: Judengemeinde, 3-20.- Ausst.kat. Friedrich III., Wiener Neustadt 1966, 372 f.- A. KRAUS in SPINDLER II, 289-291. - G. LESKY: Frühe Embleme aus der Steiermark, Graz 1973, 12 f.

E. T.

5 **Kaiser Maximilian I.** Um 1515/20

Deutscher Monogrammist SME
Öltempera auf Holz ; 28 x 21 cm
Bez. rechts MAXIMILI/ANVS, darunter das Monogramm
München, Bayerische Staatsgemäldesammlungen, Alte Pinakothek (4696/6914)

Maximilian I., Sohn Friedrichs III., war von 1508 bis zu seinem Tod 1519 Kaiser des Heiligen Römischen Reiches. In seiner Politik gegenüber Regensburg zeigte er sich unnachgiebig und auf eine Wahrung der bestehenden Verhältnisse bedacht. Von einer Vertreibung der Juden wollte er nichts wis-

224

sen. Auf die innerstädtischen Parteikämpfe, in deren Verlauf die jeweiligen Anführer hingerichtet wurden (darunter der letzte Dombaumeister Wolfgang Roritzer), reagierte er 1514 mit der Einführung einer neuen Regimentsordnung. Die Durchführung seiner Interessen gewährleistete der Reichshauptmann. In dieser Eigenschaft weilte der kaiserl. Rat Thomas Fuchs 1518 auf dem Reichstag in Augsburg und erwies dort Luther einen Dienst: Er verhalf durch seine Beziehungen zur kaiserlichen Regierung dem Reformator zu freiem Geleit - ohne allerdings die Tragweite der Geschehnisse verstanden zu haben (THEOBALD I,100).

Dieses Profilbildnis zeigt Maximilian mit Erzherzogshut und Pelzkragen. Das graue Haar legt eine Entstehung in den letzten Lebensjahren nahe.

THEOBALD I, 6,42f.,99f. - STRAUS: Urkunden, passim.- Ausst.kat. Maximilian I. (Tiroler Landesmuseum Ferdinandeum Innsbruck, 1.6.-5.10.1969),Innsbruck 1969, Nr. 560. - HAUSBERGER I, 221.

E. T.

6 **Aventinus.** *1597/98*

Theodor de Bry (1528 - 1598)
Kupferstich ; 13,7 x 10,8cm
Museum der Stadt Regensburg (G1963, 5a)

Der große bayerische Geschichtsschreiber Johann Thurmair (1477 - 1534), gen. Aventinus, lebte seit 1528 ständig in Regensburg. Hier verfaßte er seine in der Tradition des mittelalterlichen Städtelobs stehende Abhandlung 'Von dem herkomen der statt Regensburg'. Er begründet darin die Würde der "mueterstat" Bayerns allein aus ihrer ruhmreichen Geschichte. In Regensburg verdichte sich die Geschichte Bayerns, in Bayern die des gesamten Reichs.

Der Lütticher Kupferstecher de Bry mußte als Protestant 1570 seine Heimat verlassen und ließ sich in Frankfurt nieder. In seinen letzten Lebensjahren arbeitete er dort an den Humanistenportraits für Boissards 'Icones virorum illustrum' (4 Teile, Frankfurt 1597-99).

Repertorium für Kunstwissenschaft VII, 416 ff. - THIEME/BECKER V, 162f. - G. STRAUSS: Historian in age of crisis. The life and works of Johannes Aventinus, Cambridge, Mass. 1963. - A. KRAUS: Civitas Regia. Das Bild Regensburgs in der deutschen Geschichtsschreibung des Mittelalters, Kallmünz 1972, 2-5. - G.H. SITZMANN (Hrsg.): Aventinus und seine Zeit 1477-1534, Abensberg 1977.- KRAUS/PFEIFFER, Abb. 202.

E. T.

7 **Regensburger Missale.** *1485*
Liber missalis secundum breviarium chori ecclesiae Ratisponensis

Pergament und Papier ; 320 gez. Bll.
41 x 28,2 cm
Schweinsledereinband
Staatl. Bibliothek Regensburg (Rat. ep. et. cl. 363 a)

Bis zur Meßbuchreform im Zuge des Tridentinums besaß auch die Diözese Regensburg ihr eigenes Missale. Es stimmte weitgehend mit den Ausgaben von Freising und Aquileia überein.

6

Den Druck des Regensburger Meßbuches ließ Bischof Heinrich IV. 1485 von Johannes Sensenschmidt aus Eger und Johann Beckenhaub aus Mainz besorgen. Das nötige Gerät hatte man aus Bamberg kommen lassen. Auf diese Weise führte der sonst vor allem wegen seiner Bemühungen um die Reform des Klerus bedeutende Bischof Heinrich den Buchdruck in Regensburg ein. Bis dahin nämlich hatten Regensburger Drucker ihr Handwerk nur auswärts, vornehmlich in Venedig, ausgeübt. Seit 1520 gab es ständig eine Druckerei in Regensburg.

PANGKOFER/SCHUEGRAF, 20-22. - A. BECK: Kirchliche Studien und Quellen, Amberg 1903, 210-256. - SYDOW, 7, 10, 12. - K. GAMBER: Aus der Liturgie des Regensburger Domes, in: BZGBR 10, Regensburg 1976, 135-187, bes. 139-147.

E. T.

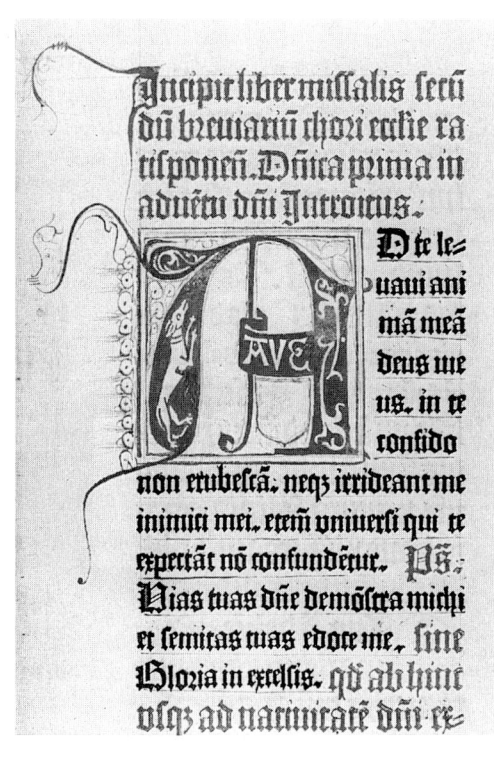

8 Bruderschaftsbuch der St. Wolfgangsbruderschaften ab 1377

158 S.
Pergament ; 14,4 x 34,4 cm
Staatliche Bibliothek Regensburg (Rat. ep. 208)

Die aufgeschlagenen Seiten sind ein Ausschnitt eines Traktats von Friedrich Wirsing, der als Kanoniker der Alten Kapelle Meister der dortigen Wolfgangsbruderschaft war. Friedrich schreibt hier über das Geläute bei den Jahrtagen, beim Begräbnis und über Begräbnis und Friedhof. Dieses Bruderschaftsbuch enthält auf 158 Seiten neben dem aufgeschlagenen Traktat u. a. ein Zinsregister, Anweisungen zur Feier der Jahrtage, Verzeichnisse der Mitglieder und die Neuaufnahmen.

Als Vorstufe der Bruderschaften können Gebetsverbrüderungen gelten. Ihr Hauptanliegen ist das Totengedächtnis und die liturgische Fürsorge um den verstorbenen Mitbruder.

Die bedeutendste Bruderschaft Regensburgs war die St. Wolfgangsbruderschaft. Sie umfaßte acht einzelne Bruderschaften, die an acht verschiedene Kirchen der Stadt gebunden waren.

J. SYDOW: Ein Bruderschaftsbuch der Regensburger Wolfgangsbruderschaften, in: Ostbayerische Grenzmarken 9 (1967), 174-182. - P. MAI: Die acht Regensburger Bruderschaften zum Hl. Wolfgang, in BZGBR 6 (1972), 105-117. - P. MAI: Bruderschaften und Benefizien am Regensburger Dom, ebd. 10 (1976), 399-418.

J. S.

Spätmittelalterliche Frömmigkeit. Vertreibung der Juden und Wallfahrt zur Schönen Maria

Siehe dazu auch den Aufsatz von Walter Hartinger (S.41-50).

9

9 Johann III., Administrator des Bistums Regensburg. *1515*

Hans Wertinger (1465/70-1533)
Öl(tempera ?) auf Holz; 66 x 45,5 cm
Bez. o.: 1515; im Bogenfeld: IOHAN / ADMINISTRATOR / ZV REGENSPURG PFAL / ZGRAF B REIN
Museum der Stadt Regensburg (AB 193)

Am 7. Mai 1488 wurde Johann in Heidelberg als Sohn des Kurfürsten Philipp von der Pfalz und seiner Gemahlin Margarethe geboren. Zum geistlichen Stand bestimmt, erhielt er Kanonikate in Würzburg, Passau und Straßburg sowie die Abtei Klingenmünster bei Bergzabern. Nach dem Tode des Bischofs Rupert II. von Simmern Sponheim bestätigte Papst Julius II. 1507 die Postulation des neunzehnjährigen Pfalzgrafen zum Bischof.

Auf die Unruhen um die Aufstellung des Reichshauptmanns Thomas Fuchs in den Jahren 1511 - 13 versuchte er mäßigend einzuwirken, konnte jedoch nicht verhindern, daß mehrere der Anführer, darunter der Dombaumeister Wolfgang Roritzer, im Frühjahr 1514 hingerichtet wurden. Durch seine Diözesanverordnungen von 1512 und 1518 über das wucherische Zinsnehmen trug er zur antijüdischen Stimmung in der Stadt bei, die in der Vertreibung der jüdischen Gemeinde 1519 endete. Durch Maßnahmen versuchte er, innerkirchliche Reformen, die dringend geboten schienen, durchzusetzen. So 1512 die Untersagung von kostspieligen Primizfeiern und 1531 durch ein oberhirtliches Mandat, in dem er Mißstände beim Klerus, namentlich das Konkubinat, das Zechen und Spielen in Wirtshäusern und die standeswidrige Kleidung anprangerte. Johann selbst jedoch schien seinen Lebensstil hiervon auszunehmen.

Seit 1517 kämpfte er um die Steuerfreiheit des Klerus und ab 1519 um die einträglichen Einkünfte aus der Wallfahrt "Zur Schönen Maria". Am 2. Mai 1525, als Johann seinem Bruder, dem Pfalzgrafen Philipp von Neumarkt gegen die aufständischen Bauern zu Hilfe geeilt war, entschied der Rat der Stadt, daß künftig die Geistlichkeit alle bürgerlichen Lasten wie das Ungeld (Mobilien- und Immobiliensteuer), den Aufschlag auf Wein und Bier und die Stadtwacht mitzutragen habe, eine Regelung, die allerdings nur drei Jahre Bestand hatte und durch eine jährliche Geldleistung von 200 Gulden abgelöst wurde. Aufgrund seiner Bemühungen gegen die in weiten Teilen des Bistums sich verbreitende reformatorische Bewegung konnte er die Einführung der Reformation in Regensburg hinauszögern und bis zu seinem Tode (3.2.1538) nach außen den Eindruck wahren, als ob die Reichsstadt gut katholisch geblieben sei. *"Er blieb somit über dreißig von religiöser Krisenstimmung und heftigen Glaubenswirren erfüllte Jahre hin bloßer Administrator der Regensburger Kirche, die Pontifikalgeschäfte seinen Weihbischöfen Peter Krafft und Johann Kluspeck überlassend"* (Hausberger).

Johann war, vor allem in seinen letzten Jahren, der Kunst sehr zugetan. So initiierte er den repräsentativen Haupttorbau des neuen bischöflichen Schlosses in Wörth an der Donau und beauftragte Albrecht Altdorfer mit der Ausmalung seiner Badestube, den sog. Kaiserbadfresken.

Sein Porträt ist die Wiederholung eines Gemäldes im Bayerischen Nationalmuseum, das wiederum zu einer Serie von sechs Tafeln gehört, für die Wertinger 1517 von Philipp von Freising bezahlt wurde.

THEOBALD I, 11-19, 226f. - HUPP, 127-129 (m. Abb). - J. STABER, in: NDB 10, 519. - Kataloge des Bayerischen Nationalmuseums, Bd. VIII, K. VOLL/H. BRAUNE/H. BUCHHEIT: Gemälde-Katalog des Bayerischen Nationalmuseums (1908), Nr. 80. - STABER, 96-114. - G. EHRET: Hans Wertinger. Ein Landshuter Maler an der Wende der Spätgotik zur Renaissance, München 1976, 55f., 155. - HAUSBERGER I, 316-319.

M. A.

10 Armeseelenaltar des Sigmund Graner. 1488

Regensburger Meister
Holz, Außenseiten bemalt, Mittelteil und Flügelinnenseiten als Relief; 124 x 188 cm
Stifterinschrift am Rahmen u.: herr . Zigmund . graner . Elizabeta . sein . hausfraw . Mo . cccc . lxxxviii
Museum der Stadt Regensburg (HV 1415)

Nach der Inschrift wurde der Flügelaltar im Jahre 1488 von Elisabeth Graner (gest. 1491), der Witwe des 1484 verstorbenen Regensburger Ratsherrn Sigmund Graner, gestiftet. Sein ursprünglicher Aufstellungsort dürfte in der nordöstlichen Ecke des Querschiffs der Kollegiatkirche U.L. Frau zur Alten Kapelle gewesen sein, wo noch heute das Familienwappen am Gewölbe zu sehen ist.

Im oberen Feld der Mitteltafel kniet die Stifterin mit ihrem Mann und ihren beiden Töchtern unter der Darstellung des Jüngsten Gerichts. Von ihren Schutzpatronen, den hll. Bartholomäus und Simon, werden sie dem Weltenrichter empfohlen. Die Darstellungen der Patrone mit den Stiftern wiederholen sich auf den Außenseiten der Flügel. Die Darstellungen auf den Seitenflügeln - Meßopfer, Gebet und "Werke der Barmherzigkeit" - verdeutlichen die Hoffnung der Stifter: nach ihrem Ableben einen gnädigen Richter zu finden und eine Abkürzung der Pein, die nach mittelalterlicher Vorstellung die Seelen der Verstorbenen zur Buße für ihre noch nicht gesühnten Sünden im Fegefeuer zu erleiden haben. Die Schutzmantelmadonna und der Schmerzensmann mit den armen Seelen vor der "Fons Vitae", dem Lebensbrunnen mit dem erlösenden Blut Christi, erfüllen die Funktion der vermittelnden Fürbitter zwischen Gottvater und den Menschen.

Der gesamte Altar ist nach dem Schema einer "Biblia pauperum" aufgebaut, die anhand von Bildern den des Lesens unkundigen Gläubigen die Glaubensinhalte vermittelte. So zeigen die beiden unteren Reliefs in einer belehrenden Gegenüberstellung das Fegefeuer und die Hölle. Aus dem gefängnisartigen Gebäude holen Engel die geläuterten Seelen heraus und überbringen ihnen Gaben, Almosen, Gebete und Seelenmessen, die die Hinterbliebenen zum Wohl der "Armen Seelen" leisteten. Die Hölle, die an mittelalterliche Schmelzöfen erinnert, wird vom Teufel verschlossen, während ein bewaffneter Engel als Vollstrecker des letzten Urteils auftritt.

Auf dem linken oberen Flügelrelief ist der Höhepunkt der Eucharistie, die Elevation der Hostie als symbolhafte Annahme der für die armen Seelen gestifteten Messe, veranschaulicht. Gegenüber sieht man die Darstellung des guten und schlechten Gebets, der wohl ein um 1460 entstandener Holzschnitt (Schreiber, Nr. 968) als Vorlage diente: Während der links unter dem Kreuz knieende Kleriker ein "gutes Gebet" verrichtet, bleibt der Laie sogar während des Gebetes in Gedanken bei seinen irdischen Gütern und Lastern, die man in den einzelnen Kammern seines Hauses erkennt.

Die darunterliegenden Reliefs zeigen Werke der Barmherzigkeit, wie sie nach dem Evangelisten Matthäus (Matth. 25, 31-46) Christus denjenigen bei seiner Wiederkunft versprochen hat, die Gottesliebe mit Nächstenliebe verbinden: "Die Nackten kleiden", "Hungrige speisen, Durstige tränken und Fremde beherbergen", "Tote begraben", worauf der Karner oder das Gebeinhaus Bezug nimmt, und "Gefangene befreien", worauf das Gebäude mit den vergitterten Fenstern hinweist.

Dieses Zeugnis spätmittelalterlicher Frömmigkeit stellt der Strenge des zu erwartenden Gerichts die Mittel gegenüber, durch die der einzelne Gläubige schon zu Lebzeiten Gnade für sich erwirken konnte.

Ph. M. HALM: Ikonographische Studien zum Armenseelen-Kultus, in: Münchner Jahrbuch der bildenden Kunst 12, 1921/22, 14 ff. - Ders., in: RDK I, Sp. 1087f. u. 1463. - Kunstdenkmäler I, 30, Anm. 1. - Ausst.kat. Ars Sacra. U.L. Frau zur Alten Kapelle, Regensburg 1964, Nr. 74. - C. HARBISON: The Last Judgment in Sixteenth Century Northern Europe. A Study in the Relation between Art and the Reformation, 1976, 106 ff., Abb. 1,2 u. 49 ff. - V. LIEDKE, in: Ars Bavarica 8, 1977, 14 ff. - Kat. Nürnberg 1983, Nr. 443 (D. KOEPPLIN).- Ausst.kat. Dasein und Vision. Bürger und Bauern um 1500, Staatliche Museen zu Berlin, Altes Museum 1989/90, Nr. A 106 (F.M. KAMMEL).

M.A.

11 **Aharon**. 15. Jahrhundert

Bronze ; H. 13,2 cm
Museum der Stadt Regensburg (HV1752)

Die hohle Bronzefigur mit Spitzmütze ist von einem größeren Gegenstand abgebrochen. Sie wurde 1861 bei der Neupfarrkirche aus Bauschutt geborgen. Aufgrund der archäologischen Situation muß sie in die Zeit vor dem Pogrom von 1519 gehören.
Das Gesicht hat langes Haar, einen langen Bart und Pajjot (Schläfenlocken). Letzteres schließt eine christliche Interpretation aus.

Aharon trägt eine lange Albe, gebunden mit einem Gürtel, der in zwei Quasten endet. Auf Höhe der oberen Quaste sind gewellte Fäden erkennbar. Beide Arme kommen aus weiten Armlöchern hervor. Der Ephod (Ornat des Hohenpriesters) ist als Schultermantel in Dreiecken endend ausgeführt. Auf dem Rücken sind sechs, vorne zwei solcher Dreiecke erkennbar.

Die Gewandung der Figur entspricht Vorstellungen der Kleidung des Hohenpriesters, wie sie der berühmte Bibelkommentar von Rabbi Salomo ben Jishaq "Raschi" (1030/40 - 1105) bei der Auslegung von 2 Mose 28,4-7 erkennen läßt. An der linken und rechten Brustseite der Figur sind je zwei Ringe für die himmelblaue Schnur dargestellt, die Ephod und Choschen (Brustplatte) als unverrutschbar stabilisieren.

Die erhobene linke Hand hat einen übergroßen ausgestreckten Zeigefinger, der nach oben weist, vermutlich auf den dazugehörigen Chanukkaleuchter. Er mahnt zum Anzünden der Lichter des achtarmigen Leuchters (Chanukkia). Die waagrecht vorgestreckte rechte Hand hat ein längliches, zylindrisches Objekt eingeschraubt. Es ist kein Becher, da sich an der Oberseite ein Gewindeeinsatz für ein fehlendes Stück erkennen läßt. Vermutlich fehlt der dazugehörige Stab bzw. das Szepter Aharons (siehe 4 Mose 17,16-26), der die drei ersten Plagen über Ägypten herbeiführte.

Die Regensburger Aharonfigur dürfte die einzige erhaltene (spät-)mittelalterliche figürliche Darstellung aus einer jüdischen Werkstatt sein - ob lokal oder Import entzieht sich wegen fehlenden Vergleichsmaterials der Kenntnis. Durch ihr Alter und ihre Ausführung bleibt sie ein Einzelstück.

A. ANGERSTORFER: Eine mittelalterliche Figur des Hohenpriesters Aharon, in: Kat. Regensburg 1989/90, 38-42.

A. A.

12 Keramikreste aus einer Latrine des mittelalterlichen Gettos

Die Grabungen 1990/91 im Keller des ehemaligen Gummi-Schmauß-Gebäudes am Neupfarrplatz führten in 6 m Tiefe in einer verfüllten Latrine zur Entdeckung eines umfangreichen Keramikbestands. Die schon im 19.Jahrhundert halb abgegrabene Latrine wurde bei einem einzigen Anlaß gezielt mit vermutlich "Hunderten von Keramikgefäßen" (Dallmeier) ausgefüllt - wohl beim Pogrom von 1519 und der Zerstörung der Häuser des Gettos.

Für den Scherbenkomplex eines riesigen Geschirrbestandes gibt es mehrere Erklärungsmöglichkeiten:

(1) Fanatisierte Zerstörer füllten nach der Vertreibung der Juden und der Zerstörung ihrer Häuser diesen Abort mit dem Geschirr, das sie darin absichtlich zerwarfen. Doch hätten die christlichen Plünderer unversehrtes Geschirr vermutlich eher für sich geraubt, nicht sinnlos an eine Stelle zusammengetragen und dort fast "rituell" zerworfen. Ferner mußten die Vertriebenen ihren Hausrat umsonst an die Einwohner von Regensburg "hingeben", d. h. abliefern (STRAUS, Nr. 1049).

(2) Am Montag, dem 21. Februar 1519 beschlossen der äußere und der innere Rat der Stadt Regensburg die Vertreibung. Am nächsten Tag wurde die Synagoge abgerissen. Nach Christophorus Ostrofrancus profanierten die Juden selber das Mobiliar der Synagoge an dem Tag, der zwischen der Zustellung der Vertreibungsurkunde und dem Abriß der Synagoge blieb (STRAUS, Nr. 1040). Die Juden wurden in den Tagen vom 24. bis 26. Februar vertrieben (STRAUS, Nr.1049), ein Teil hauste noch zehn Tage in der Stadt bis zur endgültigen Vertreibung.

Analog dem Synagogenmobiliar, das die Juden selbst profanierten, warfen die Ausgewiesenen ihr Geschirr selbst in die Grube, damit die Plünderer es nicht ihrem Haushalt einverleiben und daraus ihre nichtkoscheren Mahlzeiten verzehren konnten. Vielleicht haben ein paar Familien einen größeren Bestand an Koch- und Eßgeschirr aus ihren Häusern absichtlich zerhauen. Sie warfen es am Abend vor ihrer Ausweisung nicht einfach aus dem Fenster. Wegen der angeordneten Konfiszierung trugen einzelne Frauen und Männer ihr Haushaltsgeschirr zu dieser Latrine und zerwarfen es darin.

Der Umfang des Gefäßbestandes läßt an ein größeres, einheitliches Set von Koch- und Eßgeschirr aus einer "Großküche" denken. Vielleicht stammen die vielen, relativ großen Gefäße aus der spätmittelalterlichen Talmudschule (Jeschiwa), die möglicherweise in dem "Judenhaus" (später das Meßnerhaus) untergebracht war, das erst 1856 abgerissen wurde (Kat. Regensburg 1989/90, 67f.).

Über einen umfangreichen Geschirrbestand verfügte auch das in Quellen bezeugte jüdische Hospital. Eine Nachricht vom Jahr 1476 bezeugt in der Nähe des Fundortes eine Bäckerei mit Weinfässern (STRAUS, Nr. 288) des Mayer Schalman. Bäckereien mit ihren lange warmbleibenden großen Öfen wurden von einzelnen Familien benutzt, so wohl auch, um ihre letzte Schabbatmahlzeit am Freitag/Samstag (25./26. Februar) des Jahres 1519 in Regensburg zu bereiten.

Die Keramik mit ihrem sehr großen Verzierungsreichtum ist in der mittelalterlichen Stadt ohne Parallele. Es sind normale Regensburger Gefäßtypen, sog. "Prebrunner Ware", nur auffällig reichhaltig verziert. Diese differenzierte Ornamentik läßt nicht an die getrennten Geschirrsets für Fleisch- und Milchprodukte denken. Die Muster sind mit ca. 40 - 50 Sonderformen (so der Ausgräber L.-M. Dallmeier, MZ am 2.12.1991) für zwei Grundtypen zu vielfältig. Die Verzierungen selbst sind alles andere als typisch jüdisch, einige sind auch sonst für Regensburger Keramik bezeugt.

Der große Reichtum an sekundär aufgesetzten Verzierungen auf relativ großer Keramik läßt am ehesten an das Kochgeschirr für Schabbatmahlzeiten denken, das die einzelnen Familien vor Erew Schabbat (Freitagabend) in die Öfen der Bäckerei brachten, um es in den noch lange warmbleibenden Backöfen köcheln zu lassen. Die abholenden Familienmitglieder konnten am Schabbat durch die Muster ihre Pötte leichter identifizieren, wenn sie ihr fertig gegartes Essen abholten. Spuren von Schriftzeichen oder Namen fanden sich bisher nicht.

STRAUS. - W. ENDRES /V. LOERS: Spätmittelalterliche Keramik aus Regensburg. Neufunde in Prebrunn, Regensburg 1981. - Kat. Regensburg 1989/90. - L. DALLMEIER: Stadtkerngrabungen am Neupfarrplatz, in: S. CODREANU-WINDAUER/U. OSTERHAUS (Hrsg.): Auf Spurensuche. Archäologische und baugeschichtliche Forschungen in der Oberpfalz, München 1992, 66-69.

A. A.

13b

13 Die Regensburger Synagoge. 1519

Albrecht Altdorfer (um 1480 - 1538)
a. Vorhalle der Synagoge
Inschrift: PORTICVS SINAGOGAE / IVDAICAE RATISPONEN / FRACTA. 21 DIE. FEB. ANN. 1519.
Radierung ; 15,7 x 11,65 cm
Martin-von-Wagner-Museum der Universität Würzburg (Inv.Nr. 231)
b. Inneres der Synagoge
Inschrift: ANNO.DNI.D.XIX / IVDAICA.RATISPONA / SYNAGOGA.IVSTO/ DEI IVDICIO FVNDIT(V)S / EST EVERSA
Radierung ; 17 x 12,5 cm
Museum der Stadt Regensburg

Die beiden Radierungen zeigen Innenansichten der mittelalterlichen Regensburger Synagoge, die nach "Gottes gerechtem Ratschluß" (s. Inschrift) am 21. Februar 1519 mit dem gesamten Judenviertel abgerissen wurde. Altdorfer war damals Mitglied des Rates gewesen, der den Beschluß gefaßt hatte, die seit langem friedlich in der Stadt lebenden Juden binnen fünf Tagen auszuweisen und ihre Synagoge innerhalb weniger Stunden zu zerstören. Beide Radierungen entstanden wohl nach Zeichnungen, die unmittelbar vor dem Abbruch angefertigt wurden. Altdorfers Haltung dazu zeigt sich in der Inschrift und der herausragenden Stelle seines Namenszeichens. Die ungewöhnliche bauaufnahmeähnliche Darstellung des

Innenraums ist jedoch auch Zeugnis des geschärften Bewußtseins über diesen exemplarischen Fall von Zerstörung eines Kunstwerkes.

Die Vorhalle, an der Südseite der Synagoge angebaut, zeigt ein Kreuzgewölbe mit Gurten aus der Mitte des 14. Jahrhunderts. Das Portal, das in den tiefer gelegenen Hauptraum führt, nimmt die etwa ein Jahrhundert älteren Bauformen des Hauptraumes auf. Die Ostwand durchbricht ein Sechspaßfenster, darunter eine Tür, die in einen ummauerten Hof führt. In der Vorhalle sind zwei Juden in langen Gewändern wiedergegeben; einer davon trägt einen beschlagenen Codex.

Das zweite Blatt zeigt den Innenraum, eine zweischiffige Halle mit rundbogigem Kreuzgewölbe auf hohen schlanken Säulen und Wandvorlagen. Die Wände sind horizontal nur durch Obergadenfenster gegliedert, was sich aus der engen Umbauung der Synagoge erklärt. In der hinteren Ostwand sind romanische Doppelarkaden zu erkennen, in denen wohl der Gesetzeskasten, genannt Aaron, aufbewahrt wurde. An der rechten Wand ist das Portal zu erkennen, das Vorhalle und Hauptraum verbindet. Auf derselben Höhe steht mitten im Raum der Almenor oder das Bima, eine Art Kanzel. Nach Winzinger befand sich westlich vom Standpunkt des Künstlers der Frauenraum der Synagoge, der wohl mit einem Gitter abgetrennt war.

WINZINGER, 114f. - Kat. Detroit 1983, 188f. - Kat. Hamburg 1983 I,133. - Kat. Berlin-Regensburg 1988, 224f. - Kat. Regensburg 1989/90, 29 f.,30.

U. M.

14 Die "Schöne Maria zu Regensburg". 1529

Michael Ostendorfer (Um 1492-1559)
Öl auf Holz; 56,2 x 44cm
Signiert l.o.: MO (ligiert), datiert r.o.: 1529
Inschrift (fragmentarisch erhalten und entstellend ergänzt): D. IESV. CRIST. FILIVS. DEI. ET MARIE NOSTRI. OIM. MISERERE
Privatbesitz

Das bisher unbekannte Gemälde zeigt die "Schöne Maria" in Halbfigur hinter einer mit grünem Tuch belegten Brüstung.

Obwohl es sich eindeutig um die "Schöne Maria zu Regensburg" handelt, worauf auch der Regensburger Maler Michael Ostendorfer schließen läßt, fällt diese Darstellung aus dem bisher bekannten Formenkanon. Der Jesuknabe ist gänzlich unbekleidet, die kleine Schriftenrolle, ansonsten in seiner Linken, hält er in seiner rechten Hand. Auch der Apfel, den Maria ihm anbietet, konnte bisher noch in keiner Darstellung nachgewiesen werden, lehnt sich jedoch möglicherweise an einen Kupferstich von Albrecht Altdorfer, in dessen Werkstatt Ostendorfer gelernt hat, aus dem Jahre 1509 an (WINZINGER, Graphik, 108). Ungewöhnlich ist auch die zärtliche Hinwendung Jesu zu seiner Mutter. Vergleichbar ist hier nur der Holzschnitt, der Ostendorfer zugeschrieben wird, im Titelblatt des Wallfahrtsliedes von Georg Harder (Kat. 17).

In der Farbgebung, die jedoch durch den Zustand des Gemäldes etwas beeinträchtigt ist, erkennt man noch das Vorbild von der Hand seines Lehrers Albrecht Altdorfer.

Wer Auftraggeber für diese sehr späte Darstellung der "Schönen Maria", zehn Jahre nach der Entstehung der Wallfahrt und in einer Zeit, als diese schon völlig erloschen war, gewesen sein mag, bleibt ungewiß.

Unpubliziert.

M. A.

IESV CRIST FIIIVS FILII MARIE NOSTI OIM
MISERITI   1529

BALTHASAR HVBMOR DOCTOR VON FRIDBERG.

15

15 Domprediger Balthasar Hubmaier. 1606 (?)

Christoffel Sichem (um 1546 - 1624)
Kupferstich ; 16,4 x 11,8 cm
Museum der Stadt Regensburg (G1972,34)

Das Porträt des "BALTHASAR HVBMOR DOCTOR VON FRIDBERG" ist erst nach dem Tode des Dargestellten entstanden und als Gedenkblatt zu verstehen. Früh nachträglich hinzugefügt wurde mit Feder auf Niederländisch die Vita des Theologen.
Hubmaier wurde um 1480/85 in Friedberg bei Augsburg geboren. Er studierte in Freiburg/Br. die artes liberales und anschließend Theologie. An der Universität Ingolstadt promovierte er bei seinem Freund Johannes Eck, ehe er 1516 die Stelle eines Dompredigers in Regensburg annahm. Durch seine antijüdischen Predigten forcierte er den städtischen Judenpogrom von 1519. Die Wallfahrtsbewegung zur Kapelle der Schönen Maria erhielt durch ihn ebenfalls starken Antrieb.

Völlig überraschend jedoch ging Hubmaier 1520 nach Waldshut in Vorderösterreich, wo er als Pfarrer mit dem Gedankengut der Reformatoren, besonders dem Ulrich Zwinglis, in Berührung kam. 1525 wurde er von Wilhelm Reublin getauft. Er trat damit zum Täufertum über. In der Auseinandersetzung mit der Lehre Zwinglis, dem er nur anfangs freundschaftlich verbunden war, entstehen zahlreiche theologische Handschriften. Im Verlaufe des süddeutschen Bauernkrieges wird Waldshut Ende 1525 von habsburgischen Truppen besetzt. Hubmaier flieht mit Elsbeth Hügline von Reichenau, die er im selben Jahr heiratet, nach Zürich. Dort wird er aufgrund seines Bekenntnisses in Haft genommen und gefoltert. Im April 1526 kann er Zürich verlassen. In Nikolsburg in Mähren, wo er im Sommer 1526 die Bevölkerung zum Täufertum bekehrt, wird er ein Jahr später von Ferdinand von Österreich in Kerkerhaft genommen und schließlich mit seiner Frau zum Tode verurteilt.

Wie die beiden Hintergrundszenen auf dem Kupferstich belegen, wurde Hubmaier als Ketzer in Wien auf dem Scheiterhaufen hingerichtet (10.3.1528), Elsbeth Hügline hingegen in der Donau ertränkt (13.3.1528).

THIEME/BECKER XXX, 585 f. - B. WINKLER: Die Regensburger Wallfahrt zur Schönen Maria als reformatorisches Problem, in: Albrecht Altdorfer und seine Zeit, 103-121, bes. 104-111. - CH. WINDHORST: Art. "Hubmaier, Balthasar" in:ThRE 15, 611-613 (mit Lit.). - HAUSBERGER I., 262-264, 266.

A. S.

16 Die Wallfahrt zur Schönen Maria. 1520

Michael Ostendorfer (um 1492 - 1559)
Holzschnitt ; 54 x 39,8 cm
Bez. an der Kirche l. u. mit dem Monogramm Ostendorfers
Museum der Stadt Regensburg (G1982,225 a-c)
Abb.4

Der Holzschnitt Ostendorfers zeigt die Pilgerscharen vor der hölzernen Wallfahrtskapelle. Durch die geöffnete Tür sieht man das wundertätige Marienbild. Doch auch und gerade um die auf einer Säule vor der Kirche stehende, von Dombaumeister Erhard Heydenreich geschaffene Marienstatue konzentriert sich das religiöse Treiben. Die Gefühlsäußerungen der Pilger reichen von extatischer Anbetung des Bildwerkes bis zu völliger Erschöpfung.

Welches Befremden diese auch literarisch mehrfach überlieferten Auswüchse des spätmittelalterlichen Wallfahrtsbetriebs schon bei Zeitgenossen hervorrufen konnten, zeigen die Worte, die Albrecht Dürer auf ein Exemplar dieses Holzschnitts notierte (Coburg, Kunstsammlungen der Veste, I 100,147): *"1523 / Dis gespenst hat sich widr dy heilig geschrift erhebst zu regenspurg / und ist vom bischoff ferhengt worden /czeitlichen nutz halben nit abgestellt / gott helff vns das wir / sein werde muter nit / also vnern sundr / in Cristo Jesu / amen / AD."* Die Wortwahl läßt einen Bezug zu Luthers Schrift 'An den christlichen Adel deutscher Nation' (1520) vermuten. Dort wird neben anderen Wallfahrten auch die Regensburger als "teuffels gespenst" bezeichnet, für das die Bischöfe einst Rechenschaft ablegen müßten. Daß Dürer den Reformator damals schon hoch ehrte, zeigt ein unter dem 17. Mai 1521 in sein niederländisches Reisetagebuch geschriebenes, ganz von Sorge um das Schicksal des auf die Wartburg gebrachten Luthers getragenes Gebet.

WYNEN, 115-117, 292 f. - STAHL, 92-94. - H. MAEDEBACH (Hrsg.).: Kunstsammlungen der Veste Coburg, Coburg 1969, 108. - Kat. Nürnberg 1971, 203 f. - Kat. Detroit 1983, 323-325. - Kat. Hamburg 1983 I, 132 f. - Kat. Nürnberg 1983, 70 f. - Zu Dürers Gebet s. H. RUPPRICH (Hrsg.).: Dürer. Schriftlicher Nachlaß, Bd.I, Berlin 1956, 170-172.

J. B. (E. T.)

17

17 Lied über die Entstehung der Wallfahrt. 1519

Wie die new Capell zu der schonen / Maria in Regensburg Erstlich auff kommen ist / nach Christi geburt. M.CCCCC.vn.xix. Jar
Text: Anonym (Georg Harder)
Druck: Jobst Gutknecht, Nürnberg
Titelholzschnitt: Michael Ostendorfer (?)
8 Bll.; 11,9 x 9,2 cm.
Staatl. Bibliothek Regensburg (Rat.civ. 303)

Noch 1519 verfaßte Georg Harder, Kaplan von Obermünster, den Text eines Liedes über den Ursprung der Wallfahrt zur Schönen Maria. Er beginnt mit den üblichen den Juden gemachten Vorwürfen (Wucher, Ritualmord etc.) und endet mit einem Schlußgebet an die "hymelische Kaiserin" und Fürbitten für die geistliche und weltliche Führung der Stadt.
Das Titelblatt zeigt die das Kind liebkosende und über zwei Schlangen auf der Mondsichel stehende Maria. Sie ist von einem Strahlen-

kranz hinterfangen und von vier Engeln umgeben. Die Sonne über ihr ist ein Zeichen für ihre Reinheit. Durch diese Symbolik und vor allem durch die Bildunterschrift sind hier seit dem 12. Jahrhundert gebräuchliche Elemente der Marienikonographie (Mondsichel, Strahlenkranz) mit dem um 1500 entstandenen Bildtypus der 'Tota Pulchra' verknüpft.

THEOBALD I, 68 f. - WYNEN, 121 f., 322 (m. Lit.). - STAHL, 80-84.

E. T.

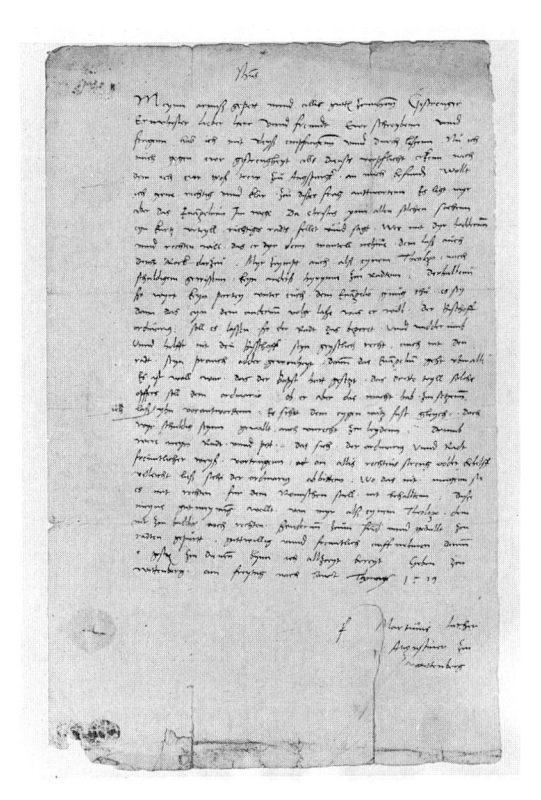

18 Brief Martin Luthers an den Regensburger Stadthauptmann Thomas Fuchs wegen der Einkünfte bei der Kapelle zur "Schönen Maria". 1519

Papier; 33,8 x 21,8 cm
Wittenberg, 23.12.1519
BZAR, Archiv des Bischöfl. Domkapitels

Der Regensburger Reichsstadthauptmann Thomas Fuchs von Schneeberg war Martin Luther auf dem Augsburger Reichstag 1518 begegnet. In der Auseinandersetzung um die Verwaltung und damit um die Einnahmen der Wallfahrt zur "Schönen Maria" zwischen Stadt und Bischof wandte sich Fuchs mit der Bitte um Rat an Martin Luther. Dessen Antwort, *"am Freitag nach Sanct Thomas 1519"* verfaßt und unterschrieben mit *"F. Martinus Luther Augustiner zu Wittenberg"* war keineswegs im Sinne des Rates, da er eine gütliche Einigung zwischen beiden Seiten vorschlug. Dieser Ratschlag stützt sich in seiner Kernaussage auf die Bergpredigt (Matth. 5,40): *"Da Christus ynn allen solchen sachen eyn kurtz vrteyll, richtiges radts fellet vnnd sagt: Wer mit dyr haddern vnnd rechten will, das er dyr denn manttell nehme, dem laß auch den Rock dazu. ... Derhalbenn so wyrt kein partey vnter euch dem Evangelio gnug thun. es sey dann das eyn dem anderrn volge laße was er will. Der Bischoff ordinarius: soll es lassen ßo der radt das begeret. Vnnd widderumb vnnd hilfft nit den Bischoff seyn geystlich recht: auch nit den radt seyn prauch odder gewonheyt: dann das Evangelio geht vber alle."*

GEMEINER: Kirchenreformation, 10f. - LUTHER, WA I, 598f., Nr. 233. - THEOBALD I, 99f. - VOLKERT: Reformation, 113. - Kat. St. Johann in Regensburg. Vom Augustinerchorherrenstift zum Kollegiatstift. 1127 / 1290 / 1990. Festschrift hrsg. im Auftrag des Stiftskapitels von P. MAI, München-Zürich 1990, Nr. 57 (B. MÖCKERSHOFF).- s. HARTINGER, 53.

M.A.

19 Votivgedicht zu Ehren der Schönen Maria. 1520(?)

AD FORMOSAM VIRGINEM MARIAM RATISPONAE IN AREA IVDEAORVM EXPVLSORVM GRATIOSE RESIDENTEM ET GRANDIBVS MIRACVLIS CORVSCANTEM IACOBI LOCHER PHILOMVSI ELEGIA VOTIVA
Einblattdruck (26,5 x 36 cm) mit
koloriertem Holzschnitt (H. 10,2 cm)
Druck: Andreas Lutz, Ingolstadt
Staatl. Bibliothek Regensburg (Rat.civ.295)

Der Ingolstädter Humanist Jakob Locher preist in dieser lateinischen Dichtung, die vermutlich in der Wallfahrskapelle aufgehängt war, die wundertätige Schöne Maria. Als Illustration zwischen den beiden Textblöcken dient eine Maria mit Kind auf der Mondsichel, Kopie einer Radierung Dürers aus den Jahren 1498 bis 1500.

SCHOTTENLOHER, 76. - THEOBALD I, 83. - STAHL, 84f.

E. T.

20 Titelblatt eines Mirakelbuchs. 1522

Wunderberliche czayche vergan-/ gen Jars beschehen in Regenspurg tzw der schönen Ma-/ ria der mueter gottes hye jn begriffen
Michael Ostendorfer (um 1492 - 1559)
kolor. Holzschnitt ; 16 x 10,5 cm
Bez. am Sockel der Säule halbl. u. 1522
Museum der Stadt Regensburg (HV 228)

Der Regensburger Magistrat hatte größtes Interesse, den Bekanntheitsgrad der jungen Wallfahrt zu steigern. Dies geschah hauptsächlich durch im Druck verbreitete Verzeichnisse der schon geschehenen Wunder. Das Titelblatt des 1522 bei Paul Kohl gedruckten Mirakelbuchs zeigt die hölzerne Wallfahrtskapelle mit der steinernen Mariensäule und vier Pilgern. Das Regensburger Stadtwappen verweist auf den Rat als Patronatsherrn der Wallfahrt.

PANGKOFER/SCHUEGRAF, 46.- SCHOTTENLOHER, 181.- THEOBALD I, 87.- WYNEN, 115, 324 (m. Lit.). - STAHL, 97-100.

E. T.

21 Wallfahrtszeichen zur Schönen Maria. Um 1520

Anonym, Regensburg
Silberguß ; 5,8 x 4cm
Museum der Stadt Regensburg (N1932,2)

Wie auch an anderen Gnadenorten, so konnte in Regensburg der Pilger als Nachweis für seine Wallfahrt Pilgerzeichen erwerben. Mit diesen Zeichen, die in Regensburg in Rahmenform überliefert sind, verband sich der mittelalterliche Wunderglaube an Amulette und Devotionalien. Man trug das Amulett mit Kette oder Band oder befestigte es am Hut oder Kleidungsstück.

Das gezeigte Beispiel entstand vermutlich nach einem Entwurf Albrecht Altdorfers: In einer hochrechteckigen Rahmung ist das in der Kapelle verehrte Marienbild zu sehen. In den oberen Ecken links das Reichswappen, rechts das Schlüsselwappen der Stadt Regensburg. Die Umschrift auf der Rahmung lautet "AMICA MEA /TO(TA) PULCHRA ES /1519 /REGENSPURG". Dieser Vers aus dem Hohen Lied lautet nach Luthers Übersetzung "Du bist allerdings schön, meine Freundin". Dieses sehr begehrte Pilgerzeichen wurde in verschiedenen Größen hergestellt: bleierne Zeichen und silberne Zeichen in zwei Größen, vergoldete Zeichen aus Silber in drei Größen. Aus der "Baurechnung der Kirche zur schönen Maria" sind nicht nur Details der Herstellungsverfahren, sondern auch Verkaufszahlen bekannt. Im Jahre 1520 wurden 109 198 bleierne und 9763 silberne Pilgerzeichen verkauft.

STAHL, 74 f. - HUBEL, 202. - Kat. Nürnberg 1983, 72. - Kat. München 1984, 48.

U. M.

21

22a

22a Gußform für Wallfahrtszeichen. Um 1520

Anonym, Regensburg
Schiefer, schwarz ; 16,4 x 8 x 3,3 cm
München, Bayerisches Nationalmuseum (D 953)
(Text s. Kat.22b)

Kat. München 1984, 48.

einem, für das wiederum ein Schreiner namens Valentin Seitz, ein Drechsler namens Jorgen Puecher und der Maler Ostendorfer entlohnt werden) um zwei zur Auswahl vorgelegte Planvariationen des Meisters handelt oder um einen Entwurf für die Außen- und einen für die Innenseite des gleichen Projektes" handelt (BÜCHNER-SUCHLAND, 19). Die am Chor eingeschriebene Jahreszahl 1523 dürfte demnach nachträglich hinzugefügt worden sein. Den erhaltenen Rechnungen zufolge lag ein vollständig ausgearbeitetes Holzmodell erst im März 1521 vor; dies würde die Annahme Pfeiffers stützen, daß es nicht als Arbeitsmodell, sondern tatsächlich als Schaustück, als Präsentationsmodell gedacht und gearbeitet war. Sinn und Zweck dieser Architektur en miniature lag wohl zum einen darin, mit einem dreidimensionalen Entwurf zum besseren Verständnis des Laien, d. h. bei Bauherren wie Pilgern, beizutragen. Zum anderen trat aber auch ein finanzieller Aspekt hinzu: Als bildhaft gewordener Spendenaufruf sollte das Modell Bürger wie Wallfahrer gleichermaßen zur finanziellen Unterstützung des Kirchenbaus bewegen.

Das zerlegbare Modell fügt sich aus zwei Baukörpern zusammen: einem sechseckigen Zentralbau mit großen Maßwerkrosettenfenstern und vorgelagerten zweigeschossigen Konchen sowie einer Vorhalle und einem Langchor mit ebenfalls zweigeschossigen Seitenkapellen. Als Vermittler zwischen Hexagon und Chor treten zwei über Grundriß rechteckig errichtete Türme auf. Gerade weil das Modell nicht als Arbeitsmodell, sondern als Präsentationsmodell dienen sollte, wurde hochwertiges Holz verwendet und auf ein detailliertes und minutiös ausgearbeitetes Gesamtbild des künftigen Gotteshauses Wert gelegt. Nicht einmal auf die aufwendige farbige Wanddekoration am Innen- und Außenbau wollte man verzichten; sie ist ein Werk Ostendorfers. Während das Innere der Ostapsis eine mit goldenen Rosetten geschmückte blaue Muschelkalotte überspannt, ziert das Äußere ein auf die Strebepfeiler aufgemaltes Figurenprogramm; aufgrund des schlechten Erhaltungszustandes läßt sich der Inhalt nur noch erahnen. Von den 41 Figuren lassen sich nur einige wenige bestimmen. Gerade weil es sich um eine Marienwallfahrt handelte, dürfte dem Bildprogramm die marianische Litanei zugrunde liegen. In deren letztem Abschnitt wird nämlich Maria als Königin der Apostel und Evangelisten, der Jünger des Herrn, Märtyrer und Bekenner, der hll. Jungfrauen und hll. Männer und Frauen apostrophiert. Auf die Gottesmutter selbst, die mit der Rose von Jericho in Verbindung gebracht wird, spielen die Rosettenfenster an; in Person erscheint Maria jedoch erst im Kircheninneren. Dort sollte das Wallfahrtsbild der Schönen Maria wohl nach dem Vorbild Ettals an der Mittelstütze des Zentralbaus ausgestellt werden: die Himmelskönigin inmitten ihres - an der Außenfassade aufgemalten - "Hofstaates". Konkret geworden erscheint damit der Gedanke von Schutz und Schirm, die Maria den Pilgern gewährt, während ihnen nach Johann von Lamsheim (1495) die Gemeinschaft der Heiligen "durch ihre Verdienste und Bitten von Gott im gegenwärtigen Leben Gnade und im zukünftigen Leben ewige Herrlichkeit erflehen..." (BEISSEL, 543).

Hans Hieber, der in einer Zeit gewaltigen Umbruchs künstlerisch wirkte, suchte Althergebrachtes mit dem Neuen, d. h. gotische Bautradition mit dem Formengut der Renaissance in einem ausgewogenen Verhältnis zu verbinden. Wahrscheinlich orientierte sich der Augsburger dabei weniger an italienischer Architektur - ist doch von ihm keine Italienreise überliefert - als vielmehr an den Bauten seiner Heimatstadt. So zeigt eine um 1520 datierte Ansicht der Kirche St. Ulrich und Afra deren Turmhelme mit ähnlich bizarrem Astwerk wie die Regensburger. Neu und kühn zugleich war die Konstruktion des Innenraums: Hier versuchte der Meister das riesige Zeltgewölbe mit einem einzigen Pfeiler zu stützen.

Das Modell zählt zu den frühesten Präsentationsmodellen nördlich der Alpen. Nach ihm führte Michael Ostendorfer seinen Holzschnitt (Kat.25) aus.

SAR, HV RI 46 fol. 172 - 174. - St. BEISSEL: Geschichte der Verehrung Mariens in Deutschland während des Mittelalters, Bd. 1, München 1909. - H. REUTHER: Zur "Schönen Maria", in: Erdkreis 1954, 4. Jg., Heft 2, 85. - BÜCHNER-SUCHLAND. - G. KRÄMER: Holzmodell der Kirche zur Schönen Maria, in: Kat. Augsburg 1980, Bd. 1, 127. - M. UNTERMANN: Der Zentralbau im Mittelalter. Form, Funktion, Verbreitung, Darmstadt 1989, 140 - 143. - F. BISCHOFF: "Hans Engelberg", der angebliche Sohn des Burkhard. Ein Beitrag zur Planungsgeschichte der Augsburger Dominikanerinnenklosterkirche St. Katharina und zu Hans Hieber, in: Zeitschrift des Historischen Vereins für Schwaben 1990, 2 - 29. - MORSBACH, 9 - 15.

R. S.

25

25 Idealprospekt der Wallfahrtskirche zur Schönen Maria. *Um 1520*

Michael Ostendorfer (um 1492 - 1559)
Holzschnitt (3 Stöcke)
61, 8 x 53,4 cm (BA), 65 x 53,8 cm (G)
Bez. o. r. im Wolkenkranz Mariens mit dem Monogramm Ostendorfers
Museum der Stadt Regensburg (G 1982,224)

Das Blatt zeigt den Idealprospekt der Wallfahrtskirche Zur Schönen Maria von Süden.

Bei der Wiedergabe des aus einem Zentral- und einem Langbau zusammengefügten Gotteshauses orientierte sich Ostendorfer streng an Hiebers Präsentationsmodell (Kat.24), das er minutiös zu schildern bemüht war. Über dem sowohl von gotischen als auch von renaissancehaften Stilelementen geprägten Sakralbau schwebt zu beiden Seiten der Türme ein mit einem Kreuzreif bekrönter Engel, der das Wappen des Reiches und das der Stadt Regensburg trägt, was als direkter Hinweis auf die bürgerlichen Bauherren der Kirche verstanden sein will. Zuoberst erscheint in der Blattmitte in einem Wolkenkranz die Schöne Maria, gerahmt von zwei Inschriften, die in lateinischer (rechts) und deutscher Sprache (links) den Bau und seine Entstehung kommentieren: *"Als man nach der Gepurdt christi gezelet hot / Tausendt fünfhundert neunzehn Jahr, also drob / Sint vertriben an Sant Peter Stuelfeyer abent / Auss Regenspurg, beschnitten wucherisch Knaben, / Die Judischheit, Weyb vnd Man, jung vn alt, ich main / Auch an jrer Synagog liess man gar kein stain. / Ain frume gmain, vnd ersamen weissen Rat / Vnleidlich last des wuchers sy bewegt hat. / Zu bawen nach diser visier vnd solicher arth Gott vnd der schönen Maria zu lob vnd Eern / Gross wunderzeichen teglich alda gescheen / Als unzelich pilger bey jrem aydt sagent vnd schreient / Krum lam plind kranck sy seind all hertzlich erfreyet."*

Trotz perspektivischer Schwächen gelingt dem Künstler ein anschaulicher Gesamteindruck der imposant geplanten Marienstätte: Über die bloße Wiedergabe des Holzmodells hinaus ist ihm an der Darstellung des Quadermauerwerks und des rankengeschmückten Dachs gelegen.

Der Prospekt, der sich zunächst im Besitz Hiebers befand und den später nach dessen Tod die Stadt von seiner Witwe erwarb, liegt uns heute in mehreren Varianten vor. Bereits 1519 wurde den Pilgern das Blatt zum Kauf angeboten; war es zunächst noch textlos im Umlauf, so wurde es ab 1522 mit einer Inschrift versehen. Die Bauherren verfolgten mit dem Verkauf des Holzschnitts nicht nur religiöse Absichten, nämlich den Pilgern ein Erinnerungsstück an die Wallfahrtsstätte anzubieten, sondern auch wirtschaftliche Ziele: Der wachsende Zustrom von Pilgern, den auch Ostendorfer in seinem Blatt andeutete, führte zu einem erhöhten Verkauf und damit zu steigenden Einnahmen für Stadt und Kirche.

Kat. Regensburg 1958, Nr. 326. - BÜCHNER-SUCHLAND, 18 f. - WYNEN, 118 - 121, 294. - HUBEL. - H. BOOCKMANN: Auf den Ruinen des ehemaligen Ghettos wurde eine neue Wallfahrtskirche errichtet, in: Kat. Nürnberg 1983, 71, Nr. 79. - Kat. Hamburg 1983 I, 132 f., Nr. 5.

R. S.

ner Skulpturen und Reliefs mit dem Motiv der "Schönen Maria". Danach sollte eventuell die von Leinberger ausgeführte Madonna, nun in St. Kassian, als Mittelfigur dienen.

Der Altaraufbau Altdorfers, der Bezüge zur Architektur venezianischer Grabdenkmäler des frühen 16. Jahrhunderts aufweist, wird ähnlich in dem Marmoraltar (1534-1540) für die Obermünsterkirche, gestiftet von der Äbtissin Wandula von Schaumburg, wieder aufgenommen.

BARTSCH, 50. - WINZINGER: Graphik Nr. 90 (mit Lit.). - STAHL, 178. - U.N. KAISER: Der skulptierte Altar der Frührenaissance in Deutschland, Frankfurt/Main 1978, 166 ff., 597 ff. - Kat. Berlin-Regensburg 1988, Nr. 114 (m. Lit.).

C. S.

26 *Entwurf zu einem Altar der Schönen Maria.* Um 1520

Albrecht Altdorfer (um 1480 - 1538)
Bez. oben in einer kleinen Kartusche
Holzschnitt ; 30,1 x 21,4 cm
Museen der Stadt Regensburg (G1954,57)
Abb.10

Dieser Holzschnitt gilt als Entwurf eines Gnadenaltars für die neue steinerne Wallfahrtskirche zur Schönen Maria, die bereits ab 1519 neben der hölzernen Kapelle entstand. Im Zentrum des dreiteiligen Architekturretabels sollte eine plastische Ausführung der "Schönen Maria" Platz finden. Dies deckt sich wohl mit der These Stahls, daß, je länger die Wallfahrt dauerte, der eigentliche Anziehungspunkt nicht mehr das Bild, sondern die Figur vor der Kapelle gewesen sei.

Die vier Heiligen in den Muschelnischen zu Seiten der Marienfigur wurden meist als Christophorus, Georg, Barbara und Katharina, jüngst (1988) als Christophorus, Florian, Magdalena und Katharina gedeutet. Die beigegebenen Attribute lassen jedoch keine eindeutige Identifizierung zu und geben vielleicht gerade dadurch den Entwurfscharakter des Holzschnitts an.

Kaiser versuchte 1978 eine plastische Rekonstruktion des Gnadenaltars anhand erhalte-

27 *Entwurf für ein Sakramentshäuschen.* Um 1521

Michael Ostendorfer (um 1492 - 1559)
Holzschnitt (2 Stöcke) ; 99,4 x 20 cm (G)
Bez. u. Mitte: 15 21
Museum der Stadt Regensburg (GN 1992, 16)

Hand in Hand mit der Errichtung der Wallfahrtskirche Zur Schönen Maria (1519 - 1523) gingen Überlegungen bezüglich ihrer Innenausstattung. So lieferte Albrecht Altdorfer um 1521 den Entwurf für einen Hochaltar (Kat.26), während Michael Ostendorfer ein Sakramentshäuschen konzipierte, wie es seit dem 14. Jahrhundert zur Aufbewahrung des Sanctissimum üblich war.

Ostendorfer entwickelte ein freistehendes, dreigeschossiges Sakramentshaus in Form einer Monstranz, dessen typologisches Bildprogramm sich zum Teil am Heilsspiegel orientiert und die Eucharistie thematisiert.

Auf einem zweistufigen Sockel und einem reichprofilierten Schaft mit nodusartigem Zwischenstück ruht das eigentliche Behältnis für die Eucharistie: eine halbrunde vergitterte

Architekturnische, deren Pilaster zwei Engel rahmen; beide halten Fackeln, wohl als Hinweis auf das Ewige Licht, das seit dem 13. Jahrhundert das Allerheiligste anzeigen sollte (verbindlich erst seit 1614). Über dem gekröpften Gesims ruht ein polygonaler offener Rundbau, in dessen Inneren sich, wie auf einer Bühne, das Geschehen des letzten Abendmahls vollzieht. Darüber folgt (nach dem Vorbild des Heilsspiegels) im Durchblick eines Torbaus der alttestamentarische Typus, die Mannalese (Ex 16, 13-36); zwei wappentragende Engel begleiten die Szene. Abschließend ragt hinter dem vorgeblendeten Giebelbogen des Auszuges das Kreuz Christi empor, assistiert von Maria und Johannes, die links und rechts auf den Gesimsecken stehen. Das Kreuzesopfer Christi verweist nicht nur auf die in der Nische aufbewahrte Hostie, sondern stellt auch den mit der Eucharistie verbundenen Erlösungsgedanken bildhaft dar: Der Tod des wahren Osterlamms Christus wiederholt sich beständig in unblutiger Weise in der Eucharistie.

Der äußerst detailliert gezeichnete, jedoch nie ausgeführte Entwurf Ostendorfers läßt bis heute die Frage nach dem vorgesehenen Aufstellungsort des Sakramentshäuschens offen. Daß es sich dabei um die Wallfahrtskirche handelte, kann nur vermutet werden.

L. EISENHOFER: Handbuch der katholischen Liturgik, Bd. 1, Freiburg i. Br. 1932, 373. - P. BROWE S.J.: Die Verehrung der Eucharistie im Mittelalter, München 1933, 2 - 11. - A. SCHOTT: Das vollständige Römische Meßbuch, Freiburg i. Br. 1937, 1. - WYNEN, 123 - 125, 295 f. - HUBEL, 204. - A. REINLE: Die Ausstattung deutscher Kirchen im Mittelalter, Darmstadt 1988, 24.

R. S.

Das Reifen evangelischer Gesinnung in Regensburg
Die Entwicklung der Reformation bis 1541

Als 1521 in Regensburg die päpstliche Bulle "Exsurge domine"[1] veröffentlicht und das vom Kaiser unterzeichnete Wormser Edikt, das Luther unter die Reichsacht stellte, bekanntgemacht wurde, scheint es in der Stadt kaum Anhänger Luthers gegeben zu haben.

Die Lage änderte sich bereits ein Jahr später. Im Hause des Blaufärbers Hans, genannt Blauhans oder Blabhans, sind seit 1522 Bibelstunden bezeugt. Ihm zur Seite stand Hans von Rostock, der seit 1509 der Krämer-Bruderschaft angehörte, was als Zeichen seiner Frömmigkeit gewertet werden kann.[2] Im Jahre 1523 forderten Blauhans und Rostock den Domprediger Marius öffentlich zur Diskussion heraus.[3] Der Blaufärber wies auf die Unverständlichkeit der Predigten hin und meinte, man müsse darum auch deutsche Bücher lesen. Noch besaß der Bischof die Macht und konnte die Rebellen ausweisen lassen. Nach einigen Wochen durfte Blauhans auf Beschluß des Rates wieder zurückkehren, jedoch mit der Auflage, "daß er sich hinfüran halte, daß er mit Recht und Ehrbarkeit wisse zu verantworten."[4] Ein Empfehlungsschreiben Luthers hat wohl zum Entschluß der Ratsherren wesentlich beigetragen.

Im Jahre 1522 wurde der Jurist Dr. Johann Hiltner aus dem bambergischen Lichtenfels als hauptamtlicher Rechtsbeistand in den Dienst der Stadt berufen.

Es genügte dem Rat nicht mehr, sich in Rechtsangelegenheiten an das Reichsregiment, das Reichskammergericht oder den Reichstag in Augsburg zu wenden. Der Rechtsgelehrte sollte bei den Sitzungen unmittelbar Stellung beziehen können.[5] Hiltner war überzeugter Lutheraner und wollte der lutherischen Lehre in dieser Stadt zum Sieg verhelfen. "Eine Eigenschaft besaß Hiltner in hohem Maß: Treue, und diese Treue in Verbindung mit seiner Klugheit und Festigkeit hat die Kirchenerneuerung in Regensburg entschieden. Er wurde der eigentliche Reformator der Stadt".[6]

In der Zeit vom 27. Juni bis 7. Juli 1524 fand der Regensburger Konvent statt. Der Kardinallegat konnte die Stadt für das Treffen auserwählen, weil sie seiner Meinung nach noch gut katholisch war.[7] Die lutherischen Tendenzen im Rat wurden wohl übersehen. Geistliche und weltliche Abgesandte aus dem süddeutschen Raum mit Erzherzog Ferdinand an der Spitze wollten die bayerisch-österreichische Verbindung zum Schutz des Katholizismus festigen. Das Tagungsergebnis brachte Abwehrmaßnahmen gegen die neue Lehre, die in den Häusern Wittelsbach und Habsburg voll zum Zuge kommen sollten.

Mit großer Aufmerksamkeit verfolgte die Stadt Regensburg, als 1525 in Nürnberg die Einführung eines evangelischen Gottesdienstwesens für das ganze reichsstädtische Gebiet beschlossen wurde. Zumindest die Forderung nach einem evangelischen Geistlichen erhob man auch in Regensburg. Der Innere Rat wollte die Erlaubnis dafür beim Reichsregiment erwirken. Das wurde aber vorsichtshalber vom Ausschuß der Gemeinde abgeblockt. Immerhin konnte ja das Reichsregiment den katholischen Administrator und seine Anhänger nicht dahin bringen, sich den Wünschen der evangelisch Gesinnten zu fügen.[8]

Die Bürger drängten jedoch zur Reformation. Es kam immer wieder zu Zwischenfällen mit der Geistlichkeit, weil man beispielsweise den Beichtzwang ablehnte oder mit Brot und Wein kommunizieren wollte. Als Taktiker paßte sich Hiltner jedoch der notwendigen Rücksicht an. Diese war sowohl dem Bischof, der keine evangelischen Geistlichen in seiner Residenz duldete, als auch der österreichischen Schutzmacht, die alle Vorgänge argwöhnisch beobachtete[9] und den Bayernherzögen gegenüber, von denen man wirtschaftlich abhängig war, geboten. Die geistliche Lage in der Stadt wurde aber langsam desolat. Der päpstliche Gesandte Peter

Paul Vegerius, der in dieser Zeit durch Deutschland reiste, um die Chancen für ein Konzil zu sondieren, beklagte sich in einem Brief nach Rom darüber, daß in Regensburg die Klöster von nur zwei oder drei Mönchen besetzt seien und der Gottesdienst im Dom mit Ausnahme der Priester von nur rund zwanzig Personen besucht werde.

Als sich 1529 auf dem zweiten Reichstag zu Speyer deutsche Städte zu einer Protestation vereinigten, um sich dagegen zu wehren, wie gegen die Evangelischen vorgegangen wurde, war Regensburg nicht dabei. Abgesandt von Regensburg waren Ambrosius Amann und Johann Hiltner. Die Forderung Ferdinands, die Glaubenssache auf ein Konzil zu vertagen, hielten sie noch ergeben ein. Hiltner und Amann vertraten die Stadt auch 1530 auf dem Reichstag zu Augsburg. Weiterhin hoffte der Rat auf ein Konzil und konnte sich nicht geschlossen für die Sache Luthers entscheiden. Der Druck, der vor solcher Entschlossenheit zurückschrecken ließ, war noch zu groß.

Unentschlossenheit und Unsicherheit zeigte der Rat auch ein Jahr später. Trotz mehrmaliger Aufforderung trat Regensburg dem Schmalkaldischen Bund, der im Februar 1531 von der Evangelischen Opposition zu den Altgläubigen gegründet wurde, nicht bei. Unter dem Eindruck der Türkenbedrohung erließ Kaiser Karl V. 1532 einen vorläufigen Duldungserlaß. Bis zum nächsten Konzil sollte kein Stand den anderen um des Glaubens willen befehden. Die Wirkung blieb in Regensburg nicht aus. In der Folge kündigten der Augustinermönch Georg Teschler und sein Mitbruder Wolfgang Kallmünzer Predigten an, die der lutherischen Form entsprachen. Auch regten sie an, Lieder in der Kirche zu singen.[10] Teschler wollte zudem gewisse unevangelische Gebräuche im kultischen Bereich verändern. Diese Reformmaßnahmen scheiterten jedoch unter dem noch vorhandenen Einfluß der Wittelsbacher und Habsburger. Der Rat versuchte zwar zunächst die Angelegenheit herunterzuspielen. Der Bischof verlangte aber die Abschaffung der Predigten. Auch die Bayernherzöge nahmen den Alleingang nicht hin und forderten durch ihren Kanzler Leonhard von Eck die Vertreibung der beiden. Der Kanzler warf Hiltner Verführung des Rates vor und drohte der Stadt mit Sperrung der Zufuhr und weiteren Maßnahmen. Erzherzog Ferdinand in Wien verlangte ebenso die Ausweisung der evangelisch gesinnten Prediger. Der Rat mußte sich beugen, Teschler und Kallmünzer verließen die Stadt heimlich, um dem Wunsche des Rates entsprechend keine Reaktionen der Öffentlichkeit hervorzurufen. In Nürnberger Gebieten konnten sie nach ihren Vorstellungen tätig werden.

Einen erneuten Vorstoß zur Anstellung eines evangelischen Predigers starteten der Innere und Äußere Rat sowie der Ausschuß der Gemeinde 1535. Sie wandten sich mit dieser Bitte an den König, obwohl eine derartige Forderung aussichtslos schien. Der Wunsch erging auch an den Administrator und blieb ohne Erfolg.

Längst schon hatte die lutherische Lehre bei der Bevölkerung Zustimmung gefunden. Immerhin konnte 1539 ein Schwabe auf dem Markt 24 Meßgewänder zum Kauf anbieten, die aus seiner evangelisch gewordenen Heimat Württemberg stammten.[11] Denoch schob der Regensburger Rat die Entscheidung der Religionsfrage bis zum Beginn der vierziger Jahre vor sich her.

Das erste Regensburger Religionsgespräch von 1541

Festigung der evangelischen Gesinnung in Regensburg brachte das im Rahmen eines Reichstages stattfindende Religionsgespräch von 1541, "jener letzte Versuch des Kaisers, den Glaubensstreit auf dem Verhandlungswege beizulegen".[12]

Die Regensburger Protestanten merkten, daß es auch anderswo evangelische Glaubensgenossen gab. Alle protestantischen Reichsstände hatten ihre eigenen Prediger und Theologen mitgebracht. Die gastgebenden Bürger stellten Privatkapellen zur Verfügung und feierten das Abendmahl in lutherischer Form. Der päpstliche Legat Gasparo Contarini, der mit großem Pomp in die Stadt eingezogen war, wurde kaum beachtet.

Am 23. Februar 1541 traf Kaiser Karl V. in Regensburg ein, der bei den Religionsverhandlungen den Vorsitz führte. Er bestimmte am 21. April die Kollokutoren des Gesprächs: Philipp Melanchthon und Johannes Eck als zwei der berühmtesten Theologen, daneben Martin Bucer, Johannes Pistorius sowie Johann Gropper und Julius Pflug. Der kaiserliche Kanzler Granvelle, neben Pfalzgraf Friedrich einer der Präsidenten, legte den Kollokutoren das Regensburger Buch als Gesprächsgrundlage vor. Er sagte, dies sei Wunsch des Kaisers, da die Confessio Augustana für die Vergleichsverhandlungen ungeeignet wäre.[13] Melanchthon und Eck waren überrascht, während Gropper und Bucer das Buch sehr wohl kannten. Letztere hatten die Vorform dieser Verhandlungsgrundlage, das sogenannte Wormser Buch, verfaßt. Das Regensburger Buch enthält die in der Zeit vom 27. April bis zum 22. Mai 1541 verhandelten Artikel des Religionsgesprächs.

Offiziell begann das Religionsgespräch am 26. April 1541 in der "Neuen Waag" am Haidplatz. Einige Rangstreitigkeiten machten den Verhandlungsbeginn über die einzelnen Artikel erst einen Tag später möglich. Am 2. Mai gelang ein Konsens über den Rechtfertigungsartikel. Der Artikel über die Transsubstantiation wurde am 5. Mai vorgenommen und blieb unverglichen. Auch beim Artikel über die Kirche konnte man sich nicht einigen.

Am 22. Mai mußte die Kommission das Resultat ziehen. Hoffnungen vom Beginn der Verhandlungen wurden nicht erfüllt. Als am 31. Mai eine Zusammenfassung der verglichenen und unverglichenen Artikel vorgelegt wurde, zeigte sich der Kaiser enttäuscht.[14] Die meisten blieben unverglichen; die verglichenen Artikel waren ungenau. Am Ende der Theologenberatung stellten sich Kurfürst Johann Friedrich und Philipp von Hessen einer Einigung entgegen. Sie wollten von der evangelischen Meinung nicht abweichen. Einen letzten Versuch startete Kurfürst Joachim im Einvernehmen mit der kaiserlichen Kanzlei. Er schickte eine Gesandtschaft zu Luther, ohne Wissen der Kurie. Er wollte diesen zur Annahme der verglichenen Artikel und zur Tolerierung der unverglichenen bewegen.[15] Immerhin hatte Luther die ersten Mitteilungen aus Regensburg hoffnungsvoll aufgenommen; nun mußte er aber den entscheidenden Formulierungen seine Absage erteilen. Legat Contarini erhielt ebenso negativen Bescheid von der römischen Kurie. Im Reichstagsabschied verwies man auf ein Konzil, da der Fürstenrat die Verhandlungen des Religionsgesprächs nicht annehmen wollte.

Die Bedeutung des Religionsgesprächs von 1541 läßt sich folgendermaßen zusammenfassen: Der Rat und die Bürger sahen erstmalig so viele bewußt evangelische Fürsten und Stände. Die evangelischen Predigten und Abendmahlsfeiern in den Hauskapellen hinterließen einen starken Eindruck. Zudem erschien der Ausgang der Reichsversammlung den evangelisch Gesinnten wie ein Sieg: Keine christliche Obrigkeit darf in ihrem Gebiet bei der Kirchenverbesserung gehindert werden.[16]

Eine fixe Kirchengemeinschaft wird natürlich 1541 in Regensburg für die Evangelischen vorausgesetzt werden können; immerhin ist die Confessio Augustana von 1530 terminus a quo. Auf dem Augsburger Reichstag war das Wesentliche im lutherischen Selbstverständnis festgelegt worden. "Nach 1541 erfolgte eine konfessionelle Scheidung und Polarisierung. Einerseits kommt es zu einem Fortschreiten der Reformation. Das Religionsgespräch macht unter anderem die neue Lehre in der Reichsstadt gesellschaftsfähig. So werden Religionsgespräch und Reichstag zu einem der letzten Anstöße für die Regensburger Reformation von 1542. Andererseits erfolgen unmittelbar unter dem Eindruck der gescheiterten Gespräche die Verhandlungen, die schließlich doch zur Einberufung des Trienter Konzils führten" (Hubert Jedin).[17]

Die Regensburger konnten während des Reichstags sehen, daß sie mit ihren Forderungen nicht allein dastanden, was das Selbstvertrauen gestärkt und das evangelische Bewußtsein gefestigt hat.

1   Diese Bannandrohungsbulle vom 15. Juni 1520 verurteilte 41 Sätze aus Luthers Schriften als häretisch.
2   THEOBALD I, 109.
3   Ebd., 115.
4   GUMPELZHAIMER II, 732 f.
5   THEOBALD, 128.
6   DOLLINGER, 121 f.
7   Acta Reformationis Catholicae Ecclesiae Germaniae concernantia (=ARC), hrsg. v. Georg Pfeilschifter, Regensburg 1959, Bd.I, 304.
8   THEOBALD, 149.
9   1521 hatte sich die Stadt in den Schutz der Habsburger begeben.
10 THEOBALD, 206.
11 DOLLINGER, 150.
12 HAUSBERGER I, 310.
13 Corpus Reformatorum Melanchthonis Opera IV, 331.
14 Ebd., 348ff.
15 Ebd., 400 u. 406ff.; vgl. auch Martin Luthers Werke, WABr 9, 436, Nr. 3629.
16 DOLLINGER, 156.
17 WINKLER, 22.

J.-D. C.

28 und 29 *Portraits von Martin Luther und Philipp Melanchthon. 1532*

Lukas Cranach d. Ä. (1472-1553)
Öl auf Buche; 19 x 15 cm
Das Bildnis Melanchthons bezeichnet und datiert
Bayer. Staatsgemäldesammlungen (Inv. Nr. 1135 a, b)
Farbabb. 2,3

Das Brustbild Martin Luthers zeigt den Reformator nach rechts gewandt; er trägt ein schwarzes Barett, mit beiden Händen hält er ein schwarz eingebundenes Buch. Die Inschrift *"IN SILENTIO ET SPE ERIT FORTITUDO VESTRA"* (durch Stillesein und Hoffen würdet ihr stark sein) ist aus dem Propheten Jesaia 30.15 entnommen.

Philipp Melanchthon ist 1532 im Alter von 35 Jahren zum erstenmal von Cranach dargestellt worden.

Das als Gegenstücke entworfene Bildnispaar aus den Jahren 1532/33 ist in so großer Anzahl erhalten, daß eine Werkstattausführung wahrscheinlich ist.

Die beiden Portraits galten als der wertvollste Besitz der Neupfarrkirche. Sie waren eine Stiftung des 1706 verstorbenen Ratsherrn und Almosenamts-Kondirektors Johann Albrecht Steininger. Die Ratsprotokolle des Jahres 1810 verzeichnen die Ereignisse, die zur Abgabe der Portraits an die königliche Gemäldegalerie führten: Dem Galeriedirektor Christian Mannlich fielen bei einem Besuch der Neupfarrkirche die Bilder auf und er erklärte sie für würdig zur Aufnahme in die königliche Galerie. Zu diesem Zeitpunkt wollte sich gerade eine Ratsdelegation nach München begeben, um beim König um Unterstützung beim Wiederaufbau der Kriegszerstörungen von 1809 zu bitten. Mannlich empfahl, bei dieser Gelegenheit die beiden Portraits dem König "zu Füssen zu legen". Das Geschenk wurde vom König mit Wohlgefallen aufgenommen und zum Ersatz erhielt die Neupfarrkirche die noch erhaltenen Kopien.

SAR, Ratsprotokolle 12.1.1809 bis 16.5 1810. - Kat. der Gemälde-Sammlung der kgl. Älteren Pinakothek zu München, München 1884, 59. - Kat. der königl. Gemäldegalerie zu Augsburg, Augsburg 1912, 16 (die Portraits befanden sich von 1911 bis 1961 in Augsburg). - SCHLICHTING: Kirchenschatz I, 122f. - FRIEDLÄNDER/ROSENBERG, Kat.Nr. 314/15. - Kat. Hamburg 1983 II, Nr. 47.

P. G.-B.

30 Ratskonsulent Dr. Johann Hiltner.
17.Jahrhundert

Anonym, Regensburg (?)
Öl auf Leinwand ; 86,8 x 73,5 cm
Inschrift unten: *"IOH. HILTNER I.V.D. REIPVBL. RATISP. / CONSILIARVS PRIMVS. AB A. 1524 VSQUE /1495 NATUS A. DENATUS A. 1567"*
Museum der Stadt Regensburg (Leihg. der Bayer. Staatsgemäldesammlungen 10731)
Abb. 1

Der aus Lichtenfels bei Bamberg stammende Dr. Johann Hiltner (1495? - 1567) war der energische Förderer der Reformation in Regensburg. Nach seinem 1510 mit dem Magistergrad abgeschlossenen Studium an der neuen Universität Wittenberg promovierte er 1517 in Frankfurt zum Dr. jur. Zunächst als bischöflicher Rat in Bamberg tätig, beschäftigte sich Hiltner mit den Schriften Luthers und wurde Anhänger der reformatorischen Bewegung. 1523 gewann ihn der Rat Regensburgs als Ratskonsulent.

Während seiner Amtszeit als Ratskonsulent (1523 - 1567) setzte er sich für die Verbreitung der lutherischen Lehre in Regensburg ein:

- 1525, als von einem selbständigen evangelischen kirchlichen Leben in Regensburg noch keine Rede sein konnte, suchte Hiltner Luther in Wittenberg auf, um einen evangelischen Prediger für die Stadt zu gewinnen. Da kein geeigneter Mann zur Verfügung stand, endete das Unternehmen erfolglos.

- Vermutlich auf die Bitte Hiltners hin, der Lateinschule, welche sich damals noch im Augustinerkloster befand, zu einem evangelischen Schulleiter zu verhelfen, empfahl Philipp Melanchthon um 1530 Andreas Denzel, der daraufhin seinen Dienst in Regensburg antrat.

- Am 13. Oktober 1542 beschloß das Stadtregiment, öffentliche Abendmahlsfeiern unter beiderlei Gestalt zuzulassen. Als Veröffentlichung dieses Beschlusses über die Einführung der Reformation in Regensburg diente der von Hiltner verfaßte "Wahrhaftige Bericht" (Kat.62).

- 1545 setzte der Rat ein eigenes Ehegericht ein, wodurch die Kompetenz des bischöflichen Gerichts endgültig abgelehnt wurde. In diesem Ehegericht wirkten neben Hiltner drei weitere Mitglieder des Rates und nach Bedarf zugezogene Geistliche.

- 1556 verabschiedete der Rat eine Kirchenregimentsordnung, an der neben Gallus (vgl. Kat.) Hiltner entscheidend mitgewirkt hatte.

- Die von Gallus um 1567 verfaßte Kirchenordnung wurde ebenfalls von Hiltner durchgesehen und partiell überarbeitet.

Das posthume Portrait zeigt Hiltner in der für das 16. Jahrhundert charakteristischen Schaube. Seine Linke stützt er auf ein Buch, in der Rechten hält er ein Barett. Schaube, Barett und Buch entsprechen den Grundelementen des an Lutherbildnissen ausgeprägten Bildtypus des "Reformators". Die Verdienste Hiltners um die Durchführung der Reformation in Regensburg sind so sinnfällig zum Ausdruck gebracht.

Das Museum der Stadt Regensburg besitzt ein Kupferstich-Portrait Hiltners (G1984-31), gestochen von dem seit 1712 in Regensburg ansässigen Andreas Geyer (gest. 1729). Ölgemälde und Kupferstich stehen in großer Abhängigkeit zueinander.

SIMON: Kirchenordung. - SCHLICHTING: Hiltner. - BOSL, 349.

U. S.

31 Sitzung des Inneren Rates. *1536*

Titelminiatur aus dem Freiheitenbuch der Stadt Regensburg
Hans Mielich (1516 - 1573)
Deckfarben auf Pergament; 40 x 23 cm
Bez. im Türaufsatz: HM
Stadtarchiv Regensburg (IAb b, Nr. 2)
Abb. 2

Der in der zweiten Hälfte der 1530er Jahre in Regensburg tätige spätere Münchner Hofmaler Hans Mielich schuf 1536 diese Darstellung einer Sitzung des Inneren Rates. Die Miniatur befindet sich im Freiheitenbuch der Stadt Regensburg nach der eigentlichen Titelseite (auf dieser in einem Blumenkranz die Inschrift *"in disem buech findet man allerlai der Stat Regenspurg freyheit vertreg vnd gerechtigkait"*) und zeigt einen Blick in die Ratsstube: Ratskonsulent Dr. Hiltner (Kat. 30) überreicht gerade das Freiheitenbuch dem Kammerer. An der Wand hängt eine Weltgerichtstafel, wie sie zur Ausstattung der meisten spätmittelalterlichen Rathäuser gehörte. Vor dieser bildlichen Mahnung an den bevorstehenden göttlichen Urteilsspruch entschieden sich die Ratsherren zur Durchführung der Reformation.

Gerahmt ist die Miniatur von einer Leiste mit den Wappen der 16 Ratsmitglieder, des Ratskonsulenten und des Stadtschreibers. Bekrönt wird sie vom kaiserlichen, nach unten abgeschlossen vom städtischen Wappen.

B. H. RÖTTGER: Der Maler Hans Mielich, München 1925, 17f. - KRAUS/PFEIFFER, Nr. 96. - Kat. Nürnberg 1983, 155f. - Kat. Berlin-Regensburg 1988, 23. - Ausst.kat. Dasein und Vision. Bürger und Bauern um 1500 (Altes Museum Berlin, 8.12.1989 - 12.2.1990), Berlin 1989, 113. - ZAPALAC, 32.

E. T.

32 Brief Martin Luthers an Kammerer und Rat der Stadt Regensburg vom 26. August 1523

Papier; 33,5 x 21,5 cm
Stadtarchiv Regensburg (Eccl.)

Dr. Martin Luther ermahnt Kammerer und Rat der Stadt Regensburg, trotz der Macht der päpstlichen Priesterschaft in Regensburg, die dem Volke Prediger verweigere und auch etliche Evangelische verjagt habe, worunter Meister Hans Plawmacher sei, das Evangelium nicht weiter zu behindern, sondern einen evangelischen Prediger wie in anderen deutschen Städten zuzulassen. In heftigen Worten tadelt er auch die Wallfahrt zur Schönen Maria.

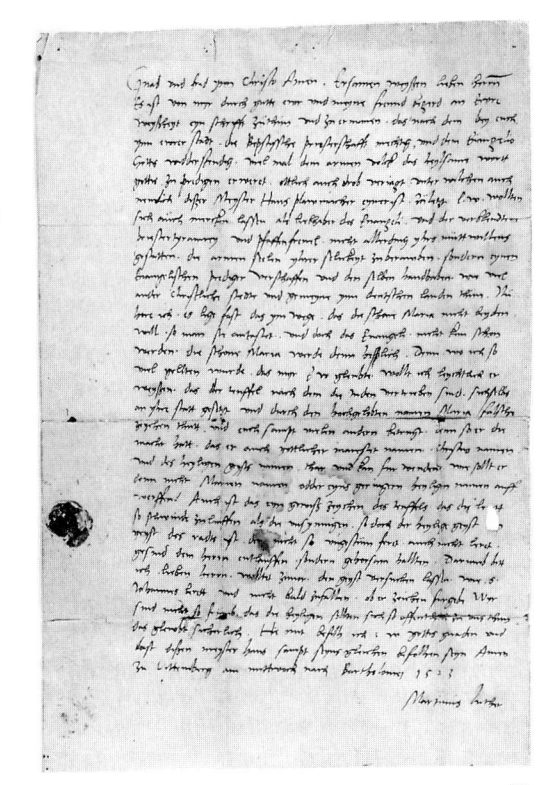

Zusammen mit dem Krämer Hans von Rostock hatte der Blaufärbermeister Hans bis Ende 1522 bereits über hundert Handwerker für Luthers Verständnis des Evangeliums gewonnen. Die Rückkehr Balthasar Hubmaiers, der sich inzwischen der Reformation zugewandt hatte, auf eine Pfründe bei der Schönen Maria verstärkte die Wirksamkeit der reformatorischen Bewegung in Regensburg erheblich. Auch im Augustiner- und im Minoritenkloster fand Luther aktive Anhänger. Das entschiedene Verlangen dieser Gruppe nach dem Laienkelch führte zu massiven Angriffen katholischer Geistlicher in ihren Predigten. Darüber kam es zu Unruhen bei Gottesdiensten. Blabhans und Hans von Rostock wurden vor den Bischof geladen. Rostock kam in den Wasserturm, Blabhans

36 Gedruckter Sendbrief der Argula von Grumbach an den Regensburger Rat vom 29. Juni 1524

Papier; 20 x 14,5 cm
Museum der Stadt Regensburg (G 1976,46)

Zwar muß es in Regensburg zu dieser Zeit bereits reformatorische Bemühungen gegeben haben, doch war die offizielle Politik der Stadt nachwievor streng katholisch bzw. kaiserlich ausgerichtet. Diese Haltung veranlaßte Argula von Grumbach, den Rat der Stadt Regensburg öffentlich aufzufordern, sich dem Evangelium zuzuwenden.

Argula von Grumbach, aus den höchsten Kreisen des bayerischen Adels stammend, war eine für ihre Zeit ungewöhnlich gebildete und mutige Frau. Seit 1523 trat sie mit einem Sendschreiben an Stadt und Universität Ingolstadt für einen evangelisch gesinnten Magister ein. Der Nürnberger Reichstag von 1523 veranlaßte sie zu weiteren Flugschriften. Ihre Haltung kostete ihren Gatten den Posten als Pfleger in Dietfurt und brachte die Trennung vom Ehemann. Nach 1524 trat sie nicht mehr hervor, ihre Lebensverhältnisse bleiben im Dunkeln.

GEMEINER: Kirchenreformation, 33. - DERS.: Chronik IV, 521 ff. - L. THEOBALD: Ratisbonensia, in: ZBKG 11, 1936, 53f. - THEOBALD I, 142f. - R. STUPPERICH: Argula von Grumbach, in: NDB VII, 212 (dort die sonstige Literatur).

H. W.

37 Evangelisches Bußgebet. Vor 1556

Ein Christliche / gemaine beicht / zu Got dem al=/ mechtigen
Text: Anonym
Druck: Hans Kohl, Regensburg
6 S., moderner Pappeinband; 14,3 x 9,5 cm
Staatl. Bibliothek Regensburg (Rat.civ.670a)

Den ersten größeren Teil der Schrift nimmt ein Schuldbekenntnis ein. Darin wird u. a. der Versuch bereut, im Streben nach der verheissenen Seligkeit *"andre mittel vnd wege"* zu Gott gesucht zu haben als den einzig wahren, der über das Wort Gottes zu Gott führe. Entsprechend folgt im zweiten Abschnitt die Bitte: *"Behute vns lieber herre fur falschen leren, die vns von deinem götlichen wort vnd der warheit abfüren."* Möglicherweise ist damit die *"teuflische Lehre der Wiedertäufer"* gemeint, gegen die Hans Kohl - von 1532 bis 1556 städtischer Drucker - am 2. Dezember 1539 ein Ausschreiben des Rates gedruckt hatte.

Zu H. Kohl s. SCHOTTENLOHER, 17-27 u. 189-210.

E. T.

38 Brief Martin Luthers an Kammerer und Rat vom 8. Mai 1525

Papier; 31 x 21 cm
München, Bayerisches Hauptstaatsarchiv (Gemeiners Nachlaß 40 fol.1111)

Schon kurz nach seiner Anstellung als Ratskonsulent wandte sich Dr. Hiltner (Kat. 30) im April 1525 im Auftrag des Rates persönlich an Luther, damit dieser den Regensburgern einen evangelisch gesinnten Prediger empfehle. Am 8. Mai teilte Luther brieflich mit, er habe *"allen Vleis fürgewand, (...), eynen gelehrten sittigen Prediger des Evangelii, Barfüsser ordens, zuverschaffen"*. Leider sei jedoch zur Zeit kein geeigneter Mann verfügbar.

Diese für 1525 belegte reformatorische Bestrebung des Rates blieb bis 1542 die einzige so eindeutige Initiative zur Veränderung der Kirchenorganisation in Regensburg.

GEMEINER: Kirchenreformation, 43. - DERS.: Chronik IV, 549. - Kat. Regensburg 1958, Nr. 2. - VOLKERT: Luthers Reformation, 113.

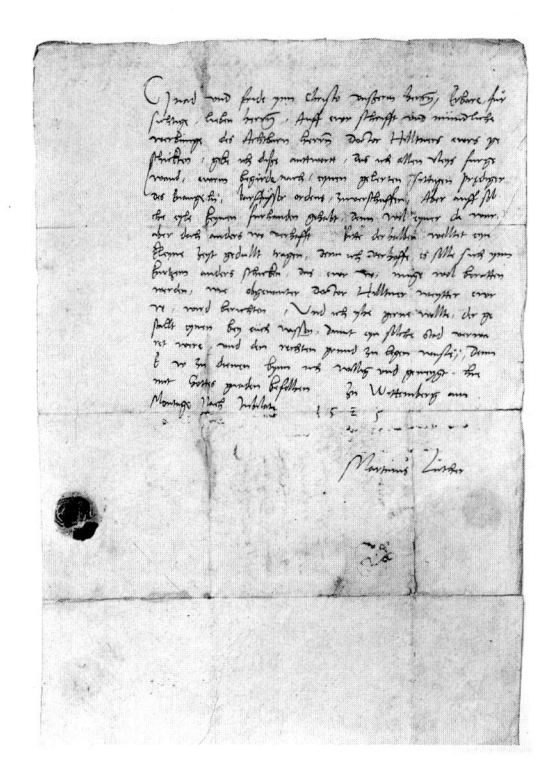

39 Mandat Kaiser Karls V. an die Stände des Reiches. 1532

3. August 1532
Papier; 26,5 x 39 cm
Stadtarchiv Regensburg (Eccl. I,1,5)

Nachdem auf dem Reichstag zu Regensburg 1532 die evangelischen Fürsten nicht erschienen waren, sondern sich in Schweinfurt, später dann in Nürnberg versammelt hatten, mußten die Verhandlungen durch Botschafter geführt werden. Nach harten Auseinandersetzungen gebot der Kaiser, daß bis zu einem allgemeinen Konzil, das die kirchlichen Streitigkeiten beseitigen sollte, im Reich niemand wegen der Religion verfolgt werden sollte. Dieses Mandat war für die Evangelischgesinnten in Regensburg das Signal, sich selbstbewußter zu zeigen.

THEOBALD I, 198.

H. W.

40 Brief Martin Luthers an Kammerer und Rat vom 30. Juni 1534

Papier; 30 x 21 cm
Stadtarchiv Regensburg (Eccl.)

Dr. Martin Luther warnt Kammerer und Rat der Stadt Regensburg vor den Wiedertäufern. Er mahnt die Stadt, die evangelische Lehre anzunehmen: *"Unsere Confession zu Augsburg ist gut dazu und so reyn, das auch unsere Feinde sie müssen loben"* (Zeile 20).
Seit 1527 lassen sich in Regensburg immer wieder einzelne Wiedertäufer nachweisen, doch konnte die Bewegung hier nicht Fuß fassen. 1528 und 1532 wurden je ein Wiedertäufer hingerichtet. Durch die scharfen Verfolgungen der Wiedertäufer in Oberdeutschland angetrieben, versuchten viele von ihnen auf dem Donauweg nach Mähren zu gelangen. In Linz Aufgegriffene erklärten, daß noch tausend nachkämen. Anfang Mai 1534 hatte König Ferdinand die Stadt angewiesen, dies zu verhindern. Der Rat der Stadt Regensburg wandte sich seinerseits Mitte Mai an den Nördlinger Rat mit der Warnung vor der Beförderung von Wiedertäufern durch Nördlinger Schiffleute auf der Donau. Offensichtlich waren auch nach Wittenberg Meldungen über verstärkte Aktivitäten der Wiedertäufer in Regensburg gelangt, so daß sich Martin Luther veranlaßt sah, sich direkt an den Rat mit einer Warnung zu wenden.

GEMEINER: Kirchenreformation, 83. - D. Martin Luthers Werke. Kritische Gesamtausgabe, Briefwechsel 7, 1969, 84f, Nr. 2126. - THEOBALD I, 204-207. - Quellen zur Geschichte der Täufer Bd. 5: Bayern, 2. Abt.: Reichsstädte: Regensburg, Kaufbeuren, Rothenburg, Nördlingen, Schweinfurt, Weißenburg, hrsg. von K. SCHORNBAUM (Quellen und Forschungen zur Reformationsgeschichte 23, 5) 1951, 55, Nr. 39.

H. W.

bayerischen Herzog zu besänftigen. Dies gelang allerdings nicht. Der Kaiser befahl, die Augustiner auszuschaffen, und der bayerische Herzog drohte mit Krieg. Die Stadtmauern wurden besetzt und mit Geschützen bestückt. Durch die vom Rat gedeckte Flucht Teschlers und seines Mitstreiters Kallmüntzer in der Nacht vom 9. auf den 10. Dezember 1534 konnte die Lage im letzten Augenblick noch entspannt werden.

GEMEINER: Kirchenreformation, 84 ff. - THEOBALD I, 206f.

H. W.

42 Mandat König Ferdinands an den Rat der Stadt Regensburg, sie möge den Ordensprovinzial der Augustiner nach Wien schicken, damit er sich vor dem Generalprovinzial rechtfertige. 1534

26. Mai 1534
Papier; 20 x 33,5 cm
Stadtarchiv Regensburg (Eccl. I,1,16)

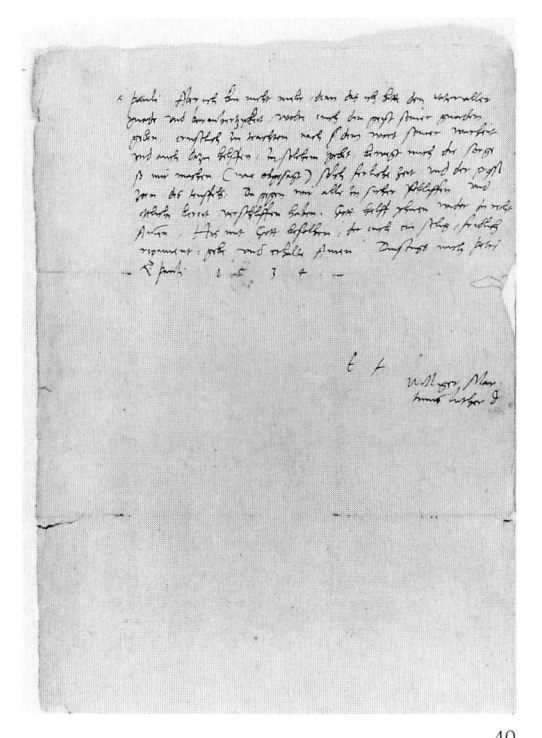

41 Mandat des Rates an die Bürger der Stadt Regensburg, sich bei den Predigten in den Kirchen zurückzuhalten und keine Disputationen zu provozieren. 1534

14. September 1534
Papier; 21 x 33 cm
Stadtarchiv Regensburg (Eccl. I,1,36)

Die Predigten im Augustinerkloster hatten offensichtlich den Evangelischgesinnten in der Stadt großen Auftrieb gegeben. Es scheint, daß sie in den Predigten der katholischen Geistlichen lautstark Kommentare abgaben. Im August wurde ein derartiger Fall in der Kapelle zur Schönen Maria bekannt. Hans Gulden hatte dem dortigen Prediger Vorhaltungen gemacht und ihn angeblich tätlich angegriffen. Nachdem sich der Geistliche beschwerte, bestrafte der Rat Gulden. Im September kam es zu einem ähnlichen Zwischenfall in der Alten Kapelle. Der Rat der Stadt Regensburg versuchte mit diesen Maßnahmen, sowohl den König als auch den

Im Februar 1534 hatte eine Ratsabordnung mit dem Provinzial und Prior des Augustinerklosters in Regensburg, Georg Teschler, vereinbart, daß dieser in der Fastenzeit täglich und in der übrigen Zeit des Jahres neben der Sonntagspredigt an zwei Werktagen predigen sollte. Dafür sollte Teschler von der Stadt 20 Gulden erhalten. Teschler, der schon 1533 in Wien der evangelischen Umtriebe geziehen wurde, wollte seine Predigten so gestalten, daß sie keinen Anstoß zur Kritik lieferten. Doch der Bistumsadministrator forderte trotzdem die Einstellung der Wochentagspredigten. Der Rat stellte sich vor Teschler. Offensichtlich wandte sich der Bistumsadministrator daraufhin nach Wien. Die königliche Regierung reagierte sofort und forderte mit dem hier vorliegenden Mandat, Teschler nach Wien zu schicken. Der Rat deckte wiederum den Augustinermönch, auch als die bayerischen Herzöge mit massiven Drohungen die Abschaffung der inzwischen unverhohlen evangelischen Predigten Teschlers verlangten.

GEMEINER: Kirchenreformation, 75 ff. - THEOBALD I, 201 ff.

H. W.

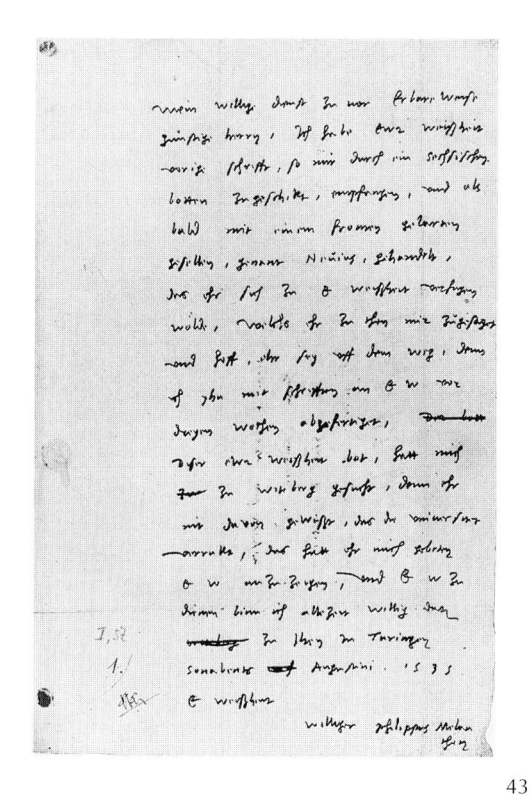

43 Brief Philipp Melanchthons an Kammerer und Rat der Stadt Regensburg über die Bedeutung der evangelischen Schulbildung. *1548*

16. Dezember 1548
Papier; 32,5 x 20,5 cm
Stadtarchiv Regensburg (Eccl. I,57,5)

Durch den Weggang der evangelischen Geistlichen im Gefolge des kaiserlichen Interims war der Rat stark verunsichert. Gerade das Schulwesen, das sich noch im Aufbau befand, sollte im Geiste der Reformation fortgeführt werden. Hier erteilte Melanchthon seinen Rat.

SCHMID, 25-33.

H. W.

44 *"Ermanung an die Communicanten". 1542(?)*

Text: Anonym
Druck: Hans Kohl, Regensburg
3 S. Pergament
Regensburg, Privatsammlung

Die vermutlich im Oktober 1542 anläßlich der Einführung der Reformation gedruckte Schrift weist auf den engen Zusammenhang zwischen Abendmahl und Buße hin. Wie Christus für uns Menschen gestorben ist, um uns von unseren Sünden zu erlösen, so müssen wir *"ihm darumb dancksagen / eyn yeder sein Creutz auff sich nehmen / vnd ym nachuolgen / vnd nach seynem beuelch eynander lieben / wie er vns geliebet hat. Dann wir alle seynd eyn brot vnnd ein leyb / die weil wir alle eyns brots teylhafftig sind / vnnd aus eynem Kelch trinckhen."* Da wir aber gesündigt haben und der göttlichen Gnade bedürfen, müssen wir zuerst vor uns und vor Gott unsere Sünden bekennen. *"Vnnd vergebe ein jeglicher seinem nehisten seine feyle / so wird euch ewr himlischer Vater eure feyle auch vergeben."* Nach dieser Ermahnung folgt mit der Absolution das Schlußkapitel.

E. T.

45 Kopie eines Schreibens Kaiser Karls V. an die bayerischen Herzöge Wilhelm und Ludwig, in dem er sie auffordert, im Streit zwischen der Reichsstadt Regensburg und dem hiesigen Bischof zu vermitteln. *1541*

16. Juli 1541
Papier; 31,5 x 21,5 cm
Stadtarchiv Regensburg (Eccl. I,1,163)

Der Bischof hatte versucht, alte Rechte in der Stadt vor dem Kaiser einzuklagen. Durch die Einschaltung der bayerischen Herzöge als Vermittler drohte beiden Seiten eine Beeinträchtigung der Rechte, denn Bayern versuchte, durch seine Kirchenpolitik die Bischöfe im Herzogtum sich unterzuordnen, und die Reichsstadt Regensburg bildete nachwievor ein begehrenswertes Ziel bayerischer Politik. So verwundert es nicht, daß der Vermittlungsversuch scheiterte. Doch sollte Bayern nach Einführung der Reformation im folgenden Jahr von diesem kaiserlichen Auftrag noch massiv und zuungunsten der Stadt gebrauch machen.

THEOBALD II, 239.

H. W.

46 Abendmahlskelch (sog. Vier-Wappen-Kelch). 1423

Vermutlich Regensburg
Silber, getrieben, vergoldet, z.T. emailliert; H. 18,5 cm
Regensburg, St. Oswaldkirche

Auf den sechspassigen Fuß des gotischen Kelches wurden vier Familienwappen aufgelötet, deren Emailbemalung nur an einigen Stellen abgerieben wurde. Von den Stifterwappen konnte bisher das der Lamprechtshauser aufgelöst werden. Vermutlich gehörte dieser Kelch ursprünglich zur Dominikanerkirche, in der dem 1520 verstorbenen Lukas Lamprechtshauser ein Grabmal gesetzt wurde.

Aus dem flachgedrückten Nodus ragen zwischen stilisiertem Blattwerk sechs rautenförmige Zapfen mit den Buchstaben *"Ihecvs"* (Jesus); durch den Gebrauch ist der farbige Schmelzgrund ausgebrochen.

Unter dem Standring: *No. 14*; auf der Fußunterseite eingeritzt: *anno domini mccccxxiii* (1423).

Inventar St. Oswald 1767, Nr. 14. - Kunstdenkmäler II, 122 f. - Kat. Regensburg 1958, Nr. 386. - SCHLICHTING: Kirchenschatz III, 12.

M. A.

47 Abendmahlskelch (sog. Letare-Kelch). 1448

Regensburg
Bz. gekreuzte Schlüssel mit Stern für Regensburg (nicht bei R3); ohne Mz.
Silber, getrieben, gegossen, graviert, vergoldet; H. 19,2 cm
Regensburg, St. Oswaldkirche

46

Auf den getreppten Sechspaßfuß wurden abwechselnd gegossene und gravierte Medaillons montiert: Kruzifix - hl. Johannes der Täufer - Christuskopf - Maria mit dem Kind - Agnus Dei und der Ordensgründer, der hl. Dominikus. Den flachgedrückten Nodus mit zungenförmigem Maßwerkornament zieren gegossene Medaillons mit den Symbolen der vier Evangelisten, einem betenden Engel und der Darstellung eines Bischofs (hl. Wolfgang ?).
Unter dem Standring: *No. 13*; auf der Fußunterseite eingeritzt: *fr. ioh[ann]es rath 1.4.4.8 letare* sowie Gewichtsangaben.

Inventar St. Oswald 1767, Nr. 13. - Kunstdenkmäler II, 122. - Kat. Regensburg 1958, Nr. 385, Abb. 18. - SCHLICHTING: Kirchenschatz III, 11.

M. A.

48 Hostienbüchse (Luther-Ziborium). Um 1530

Regensburg (?)
Ohne Bz. und Mz.
Silber, getrieben, gegossen, graviert, vergoldet; H. (mit Deckel) 19,8 cm
Regensburg, Dreieinigkeitskirche
Farbabb. 7

Der Deckelbecher ruht auf drei Füßen aus eingerollten Rosetten, die Gefäßwandung zieren hochovale Buckel. In der Zone unter dem Lippenrand wurden die Wappen und die Namen der Wittenberger Reformatoren und ihrer Mitarbeiter eingraviert: *PHILIPPVS MELAN[CH]TON; D. MARTINVS LVTHERVS; IOHAN BVGENHAGIN.P, D. IVSTVS IONAS, NICOLAVS AMPSTORF* und *BENEDICTVS PAULI*; auf der Unterseite der Cuppa: *VOLBRECHT MICHAEL SARA IOHANNES*. In den Boden ist eine gravierte Medaille eingelassen, deren Text festhält, daß dieses ehemals Luther gehörende Gefäß von dem Regensburger Patrizier Dr. Johann Oberndorfer, einem Freund Keplers, dem Superintendenten Christoph Sigismund Donauer geschenkt wurde; unter der Wappenkartusche die Inschrift: *RENOV. KAL. AVGV MDCXL* (1640).
An der Schulter des gebuckelten Deckels wurden, wohl erst 1640, die Wappen und die Namen von Regensburger Familien eingraviert. Um den Ansatz des Deckelknaufes : *M. B. FRIDERICH GESCHENKT D. 31. OCT. 1817*, also vermutlich ein Geschenk anläßlich der 400. Wiederkehr des Reformationsfestes. Im Zentrum der Deckelinnenseite befindet sich nur noch die Fassung, die angeblich das Wappen Luthers hielt. Die Deckelbekrönung formt ein Granatapfel, das Symbol der Liebe, Fruchtbarkeit und Unsterblichkeit.

Kunstdenkmäler II, 124. - Kat. Regensburg 1958, Nr. 48, Abb. 12. - WINZINGER, 136, Anhang 37. - SCHLICHTING: Kirchenschatz II, 21.

M. A.

47

49.1 49.2

49 Medaillen 1530/40 auf Martin Luther und die Teilnahme Philipp Melanchthons am Regensburger Reichstag 1541

1. Medaille - *Gipsabguß, lackiert, 45 mm*

Medailleur unbekannt
Museum der Stadt Regensburg

Vs.: Büste Melanchthons mit breitem Hut nach rechts, darunter die Schlange am Kreuz, die Jahreszahl trennend: *15 - 40*. Umschrift: *+D[octor]: PHILIP[pus]. MELAN[chthon]. LEGAT[us]. ECL - ESI[ae]. CHRI[stianae]. AD: COMICI[um]. RADISPO[nense]*. (Dr. Philipp Melanchthon, Gesandter der christlichen Kirche zum Reichstag in Regensburg).
Rs.: 5 Zeilen Text: *PSAL. 36. / SVBDITVS / ESTO DEO / ET / ORA EVM* (Sei Gott untergeben und bete zu ihm). Darunter sechsstrahliger Stern.

PLATO Nr. 368.

2. Medaille - *Silberguß; 47 mm; 25,81 g*

Medailleur unbekannt
Museum der Stadt Regensburg

Vs.: Brustbild Luthers fast frontal mit Barett, die Hände in die Ärmel des Talars gesteckt. Umschrift: *DOCTOR * MARTINVS * LVTHERVS * PROPHETA * GERMANIAE * M.D.XXX: ** (Dr. Martin Luther, Prophet Deutschlands).
Rs.: Wie die Vs. von Nr. 1.
Bei dieser Medaille handelt es sich, wie die zwei unterschiedlichen Jahreszahlen auf Vs. und Rs. zeigen, um einen Zwitter, also um die Kombination von zwei nicht zusammengehörigen Seiten. Es ist dies eine spätere Arbeit, wohl des beginnenden 17. Jahrhunderts. Die Vs. kopiert eine Arbeit von Wolf Milicz in Joachimsthal, die jedoch die Jahreszahl 1537 trägt und auf der Rs. den Wappenschild Luthers von zwei Engeln gehalten zeigt (KATZ Nr. 278). Die Rs. mit dem Porträt Melanchthons stammt von der - hier durch

einen Gips vertretenen - Medaille Nr. 1. und kommt auch mit der korrigierten Jahreszahl 1541 vor (JUNCKER 539; PLATO Nr. 367).

JUNCKER, 151-152. - PLATO Nr. 369. - V. KATZ: Die erzgebirgische Prägemedaille des XVI. Jahrhunderts, Prag 1932, 148-149, Nr. 278 Anm., vgl. Textabb. 42. - SCHLÜTER Nr. 25.

3. Medaille - *Silber, einseitiger Hohlguß; 42,5 mm; 14,31 g*

Medailleur unbekannt
Museum der Stadt Regensburg

Vs.: Wie Nr. 1.
Auch dieses einseitige Exemplar ist sicher eine spätere Arbeit.

JUNCKER, 150-151. - PLATO Nr. 366.

H.E.

50 Allegorie von Sündenfall und Erlösung. *Um 1540 (?)*

Lucas Cranach d. J.(?) (1515 - 1586)
Nadelholz, Mischtechnik ; 93 x 113,2 cm (ohne Rahmen), 114 x 136 cm (mit Rahmen)
Museum der Stadt Regensburg (K1933,34)
Farbabb. 6

Lucas Cranach d. Ä. hatte 1529 eine Bildidee Luthers zur didaktischen Vermittlung evangelischer Theologie aufgegriffen und in zwei Varianten verarbeitet. Die Gegenüberstellung von "Gesetz" und "Gnade", d. h. der Bedeutung des Alten bzw. Neuen Testaments für den Menschen, wird nach den jeweiligen Aufbewahrungsorten der Bilder entweder als "Prager Typus" (einheitliche Bildfläche, der Mensch am Scheideweg) oder als "Gothaer Typus" (Zweiteilung des Bildes) unterschieden, wobei jeweils ein Baum, der auf der einen Seite verdorrt ist und auf der anderen Blätter trägt, die beiden Bildhälften voneinander trennt. Das vorliegende Bild ist eher dem Prager Typus verpflichtet.

Die Einzelszenen der beiden Bildhälften (links aus dem Leben des Moses, rechts aus dem Leben Christi) sind typologisch aufeinander bezogen. Die Aufrichtung der ehernen Schlange nimmt nach Joh. 3,14 die Kreuzigung Christi vorweg: der Empfang der Gesetzestafeln wird mit Mariae Empfängnis und Geburt Christi parallelisiert.

Ungewöhnlich ist die Ikonographie des Bildes vor allem wegen der Position des ersten Menschenpaares. Üblicherweise ist die Sündenfall-Szene mit Adam und Eva unter dem Baum der Erkenntnis auf der linken, alttestamentlichen Seite dargestellt, während ein nackter Mensch sich in der Entscheidung zwischen Gesetz (Altes Testament) und Gnade (Neues Testament) befindet. Hier sind die beiden in der Situation der Entscheidung gezeigt, wobei die Schlange bereits überwunden auf dem Boden liegt und Adam selbst auf die Gnade des Neuen Bundes hinweist.

Das Gemälde, das 1933 durch Ankauf in die Städtischen Sammlungen gelangte, entspricht dem Bestreben, reformatorische Theologie allgemeinverständlich darzustellen. Die Qualität des Bildes, die durch zahlreiche kleinere Übermalungen gemindert ist, läßt an einen routinierten Meister der Cranach-Nachfolge, evtl. an dessen Sohn L. Cranach d. J. denken.

Kat. München 1960, Nr. 409. - KOEPPLIN/FALK II, 505-510. - Kat. Hamburg 1983 I, Nr. 84-89 (K.-P. SCHUSTER) - S. URBACH: Eine unbekannte Darstellung von "Sündenfall und Erlösung" in Budapest und das Nachleben des Cranachschen Rechtfertigungsbildes, in: Niederdeutsche Beiträge zur Kunstgeschichte 28 (1989), 33-63.

C. S.

51 Christus als Schmerzensmann zwischen Maria und Johannes.
Nach 1537

Lucas Cranach d.J. (1515-1586), Werkstatt (?)
Öl auf Holz ; 84 x 120 cm
Bez. mit Schlange mit liegenden Flügeln
Museum der Stadt Regensburg (KN1992,8)
Farbabb. 4

Die Darstellung des Schmerzensmannes, die Christus als Lebenden und Leidenden zeigt, entstand im 12. Jahrhundert in der Ostkirche. Unabhängig von der historischen Passionsgeschichte wird die heilsgeschichtliche Bedeutung von Leiden, Tod und Auferstehung Christi thematisiert. Motivisch ist der Typus des Schmerzensmannes mit Maria und Johannes auch mit der Kreuzigungssituation verwandt.

Lucas Cranach d. Ä. hat das Thema in einigen leicht variierten Wiederholungen bearbeitet, wobei die frühesten Gemälde für Altäre katholischer Auftraggeber bestimmt waren. Seit der Reformation fand keine Weiterentwicklung des Themas mehr statt. Jedoch noch in der Anfangszeit galt es als Andachtsbild, eine Art Meditationsbild zur Versenkung in die Leiden Christi.

Die Frage der Zuschreibung muß offenbleiben. Das Schlangenzeichen mit den gesenkten Flügeln, rechts neben dem Kopf des Johannes, läßt die Entstehungszeit zumindest nach 1537 ansetzen, d. h. in die Zeit, als vermutlich Cranach d. J. die Werkstattleitung angetreten hatte.

Das Bild ist schon sehr früh in der Ausstellung des Historischen Vereins nachweisbar und gehörte im 19. Jahrhundert zu den präsentierten und oft erwähnten Meisterwerken der Sammlung.

G. F. WAAGEN: Kunstwerke und Künstler in Deutschland, Bd. 2, Leipzig 1845, 127. - A. NIEDERMAYER: Künstler und Kunstwerke der Stadt Regensburg, Landshut 1857, 272. - WALDERDORFF, 230. - LCI 4, Sp. 87-95. - FRIEDLÄNDER/ROSENBERG 1932, Nr. 309. - DIES. 1979, Nr. 383. - KOEPPLIN/FALK II, 444-453. - Kat. Hamburg 1983 I, Nr. 99.

C. S.

52

52 Kreuzigung und Kreuzabnahme.
1525-1530
Zwei Tafeln eines Passionsaltars

Donauschule
Fichtenholz ; 115,5 x 76,5 bzw. 76 cm
Museum der Stadt Regensburg (L1930,1 u. 2; Leihgabe der Evang. Wohltätigkeitsstiftung)
Farbabb. 5

Die beiden Tafeln galten um die Jahrhundertwende als Arbeiten Altdorfers. Erst die sachkundige Untersuchung in Verbindung mit ihrer Restaurierung bei Franz Carl Sessig in München (1908-1911) ließ erkennen, daß es dabei sich um Werke eines kleineren Meisters der Donauschule handelt.

Die Komposition der Kreuzigung ist dem Holzschnitt der "Großen Kreuzigung" Wolf Hubers (um 1517) getreu nachgebildet, so daß man auch für die Kreuzabnahme einen nun verlorenen Holzschnitt Hubers annimmt.

Die Rückseiten beider Tafeln sind mit einem Zahnhobel bis zur Grundierung und teilweise zum Holzgrund abgehoben.
Die Bilder sind zusammen mit einem Porträt Dalbergs erstmals 1826 im Evangelischen Krankenhaus nachweisbar. Dieses war unter Dalberg 1806/07 dem nach Plänen d'Herigoyens errichteten Katholischen Krankenhaus in der Ostengasse angegliedert worden.

SAR, AewrA19 - SAR, AewrA734 - FRIEDLÄNDER, 140 f. - Kat. München 1938, 142, Nr. 411/412. - Wolf Huber, Gedächtnisausstellung zum 400. Todesjahr, Passau 1953, Nr. 15/16. - STANGE, Nr. 187/188. - F. WINZINGER: Wolf Huber. Das Gesamtwerk, 2 Bde., München-Zürich 1979, Nr. 267.

C. S.

53 **Martin Luther.** Nach 1523

Albrecht Altdorfer (um 1480 - 1538)
Kupferstich ; 6,4 x 4,5 cm
bez. unten mit dem Monogramm Altdorfers, oben *D M L*
Museum der Stadt Regensburg (Wi 171)

Diesem kleinformatigen Profilbildnis liegt Cranachs Lutherportrait von 1521 zugrunde, das den Reformator ebenfalls mit Doktorhut zeigt. Anders als in Cranachs Kupferstich wird bei Altdorfer der durch die strenge Profilansicht entstehende medaillenhafte Charakter durch die runde Einfassung des Kopfes und das kleine Format gleichsam noch bestätigt. Dadurch gelingt es dem betont schlichten Portrait, den Anspruch auf Zeitlosigkeit zu erheben.
Nach Winzinger stach Altdorfer nicht unmittelbar Cranachs Stich nach, sondern eine 1523 entstandene Kopie Daniel Hopfers.

Kat. München 1938, Nr. 169. - WINZINGER, Nr. 171. - Kat. Basel 1974, Bd. I, 93, 95. - Kat. Berlin-Regensburg 1988, 254 f.

E. T.

53

54 Testament Albrecht Altdorfers, 29. März 1538

20 S. fol., davon 5 unbeschrieben
Historischer Verein für Regensburg und Oberpfalz (R. 2.)

"1538. Testament vnd letzter Will, Herren Albrechten Altdorffer, Weylendt burger vnd des Innern Rates zu Regenspurg" wurde vom Ungeldschreiber Erhart Nidermair niedergeschrieben und *"Publiciert freitags post oculj 1538"* (29.3.1538). Aus einer Eintragung von Christoph Glockengießer, Ratsherr wie er, geht hervor, daß Altdorfer noch am Tag der Testamentserrichtung (12.2.1538) starb.

In diesem Zusammenhang soll nur auf eine Stelle eingegangen sein, die sein Bekenntnis zum neuen Glauben erkennen läßt: *"Item an Stat des Seel geräths, so bishere mit erstem, sibend vnd dreißigsten nach menschlichem fund im brauch gewest, des Ich nit beger noch haben wil. Schaff Ich den armen dürfftigen in das gmain almusen alhie ain pecher vnten vmbhere mit welschen angesichtlen, sambt seinem deckel vergult, den Ich meiner lieben Hausfrauen seligen zur morgengab gegeben habe."*

Dieser Verzicht auf Seelenmessen findet sich noch bei zwei weiteren Testamenten von Regensburger Bürgern. So bestimmt die Jungfrau Hundin 1539: *"will daß man mir kein gleut, noch vigili, kein Meß noch Seelenambt halten soll, dann das Blut Vnseres Herrn Jesu Christi ist eine ewige Erlösung vnd bezahlung für mich überflüssig genug."*

W. BOLL: Albrecht Altdorfers Nachlaß, in: Münchener Jahrbuch der bildenden Kunst, N.F. 1938/39, XIII, 94-97.

M. A.

Das Entscheidungsjahr 1542.
Errichtung der neuen Pfarre

Wie schon in den vorhergehenden beiden Jahrzehnten, nahm der Rat Regensburgs auch noch zu Beginn der 1540er Jahre eine zögernde Haltung in der Konfessionsfrage ein. Dabei war entscheidend, daß der Rat auf unabhängige Herrschaftsträger innerhalb und außerhalb der Stadtmauern Rücksicht nehmen mußte[1].

Innerhalb des Stadtgebiets waren die Bereiche des Domstifts mit dem Bischof und die der reichsfreien Damenstifte Ober- und Niedermünster sowie das Reichskloster St. Emmeram und deren Abhängige der Amtsgewalt des Rats entzogen. Nach außen hin hatte man auf die Haltung der bayerischen Herzöge und der Pfalzgrafen von Pfalz-Neuburg, deren Herrschaftsgebiete die freie Reichsstadt umschlossen, zu achten. Nicht gering war auch der Einfluß des Kaisers, der seit 1492 durch einen Reichshauptmann als seinem Stellvertreter ständig präsent war.[2]

Die damit begründbare abwartende Politik des Rats wurde jedoch im Laufe des Jahres 1541 aufgegeben, was mit dem Reichstag dieses Jahres in Regensburg, vor allem aber mit der hier ergangenen kaiserlichen Erklärung vom 29. Juli 1541 zusammenhängt. In ihr wurde den Reichsständen freigestellt, sich der Augsburger Konfession anzuschließen.[3]

Ein erster konkreter Schritt des Rats hin zur Einführung des lutherischen Bekenntnisses war die Anstellung Erasmus Zollners (Kat.60), des Pfarrers an St. Rupert, als Prediger an der Kirche zur Schönen Maria. Die vertragliche Pfründeverleihung zwischen Rat und Zollner fand am 15. Dezember 1541 statt, wobei Zollner zusammen mit einer früheren Pfründe an St. Georg am Witfend und einem Ratszuschuß insgesamt 90 fl Jahreseinnahmen zugestanden wurden.[4] Der neue Prediger war für seine evangelische Gesinnung bekannt und hatte auch schon das Abendmahl in beiderlei Gestalt gereicht. Er hielt seine erste Predigt am 5. Februar 1542.[5]

Starken Rückhalt für die sich abzeichnende Entscheidung des Regensburger Rats für die Reformation bot sodann die Einführung des evangelischen Bekenntnisses in Pfalz-Neuburg durch Pfalzgraf Ottheinrich am 22. Juni 1542.[6] Dadurch war ein großes Territorium nahe der Reichsstadt für die Reformation gewonnen.

Den letzten Impuls zum Konfessionswechsel gaben aber die Bürger selbst, deren ständig wachsender Zulauf zum evangelischen Glauben beispielhaft daran abzulesen ist, daß ab 8. September 1542 Erasmus Zollner an Sonn- und Feiertagen aus Platzmangel im Schiff der Dominikanerkirche predigen mußte. Die Gottesdienste der Mönche beschränkten sich nun auf den Chorraum der Kirche.[7] Vor allem die letztere der beiden Petitionen von Regensburger Bürgern an den Rat vom 30. Mai und 28. September 1542 um die Erlaubnis einer öffentlichen Abendmahlsfeier unter beiderlei Gestalt war es, die den Stadtrat dazu bewegte, Rat und Hilfe bei der evangelischen Reichsstadt Nürnberg zu suchen.[8]

Am 30. September 1542 bat der Regensburger Rat den Rat der Stadt Nürnberg um einen Prediger, der die Einführung der Reformation in der Stadt vorbereiten und durchführen sollte. Am folgenden 3. Oktober stimmte der Propsteiverwalter an St. Lorenz Dr. Johann Forster zu und begab sich sogleich nach Regensburg, wo er am 8. Oktober 1542 eintraf.[9]

Zwei Tage später, am 10. Oktober ging eine Art Rechtfertigungsschrift des Rats in Druck, deren Titel lautet: *"Wahrhafftiger Bericht eines Erbarn Camerers und Rats der Stat Regenspurg, Warumb vnd aus was vrsachen sie des Hern Abentmal, nach der einsatzung Christi, bey ihnen fürgenomen und auffgericht auch mit was form weyse und ordnung das selbig gehalten wirdet"* (Kat.).[10] Der Entwurf dazu ging auf Dr. Johann Hiltner zurück, der seit 1523 Ratskonsulent und eine der treibenden Kräfte zugunsten der Reformation in Regensburg war.[11] In der Schrift werden die Gründe des Konfessionswechsels benannt. Die evangelische Lehre sei die wahre Lehre Jesu Christi, und außerdem werde schon seit 16 Jahren das Abendmahl unter beiderlei Gestalt heimlich in Regensburg begangen. Ebenso könne man nach der öffentlichen Feier des evangelischen Abendmahls nun gegen die geheimen Privatgottesdienste der Zwinglianer und Wiedertäufer und deren falsche Lehre vorgehen. Hauptgrund scheint jedoch die oben erwähnte Erlaubnis für die Reichsstände, sich der Augsburger Konfession anzuschließen, gewesen zu sein, die mit der kaiserlichen Erklärung vom 29. Juli 1541 erfolgt war.[12]

Den entscheidenden Ratsbeschluß zur Einführung der Reformation faßten nun am Freitag den 13. Oktober 1542 die versammelten Gremien des Inneren und Äußeren Rats und des Gemeindeausschusses[13] mit vier Gegenstimmen.[14] Am folgenden Samstag boten die nachmittägliche Vesper und Beichte die spirituelle Vorbereitung für die Reformation.[15] Diese wurde am Sonntag den 15. Oktober 1542 feierlich eingeführt, indem nach der Predigt des Erasmus Zollner im Schiff der Dominikanerkirche in der Kirche zur Schönen Maria das erste öffentliche Abendmahl unter beiderlei Gestalt in Regensburg begangen wurde. Den evangelischen Gottesdienst hielten Dr. Johann Forster aus Nürnberg, Erasmus Zollner, der Prediger der Kirche, und Leopold Moser, Hofgeistlicher des protestantischen Freiherrn Bernhardin von Stauf aus Beratzhausen.[16]

Am folgenden 16. Oktober 1542 bestellte der Rat die Kirche zur Schönen Maria durch Beschluß zur evangelischen Kirche der Reichsstadt Regensburg und bestimmte den Kammerer Andreas Wolf und den Ratsherrn Georg Waldmann zu Kirchenpröpsten.[17] Am 3. Dezember 1542 wurde die frühere Wallfahrtskirche zur Schönen Maria ebenfalls durch Ratsbeschluß in Neupfarrkirche umbenannt.[18]

1 SPINDLER III/2, 1424.

2 Nachdem 1485/86 Herzog Albrecht IV. von Bayern-München die Stadt unter seine Herrschaft gezwungen hatte, mußte dieser jedoch auf Intervention Kaiser Friedrichs III. und König Maximilians Regensburg 1492 wieder herausgeben. Erbhuldigung, Rechnungsprüfung durch kaiserliche Kommissare, Erlaß einer Regimentsordnung und die Einsetzung eines Reichshauptmanns unterstellten nun die Stadt den Habsburgern; SPINDLER III/2, 1430f.

3 Die kaiserliche Erklärung ist ediert im Corpus reformatorum IV, Sp. 623 ff., Nr. 2352.

4 GUMPELZHAIMER II, 836f; THEOBALD I, 246.

5 Eine zeitgenössische Quellenschrift über die Ereignisse in Regensburg ist die "Chronik von Regensburg" des Leonhard Widmann, die die Jahre 1511-43 und 1552-55 enthält. Der Autor, dessen Familie in Tegernheim östlich von Regensburg Güter des Damenstifts Obermünster besaß, scheint 1511 zum Priester geweiht zu sein. Bis zu seinem Tod am 30.März 1557 war er Vikar am Kollegiatsstift zur Alten Kapelle. Zur Anstellung Zollners berichtet er: "Herr Erasm Zolner, eines pürgers son hie, ein geschickter, beredter pfaff genug, ward von einem erben rath hie auffgenomen zum prediger, welcher anheut sontag nach liechtmessen seine erste predig thet, was der 5. februarii, da was ein gleuff, das wunder zu sehen waß. man must noch 3 thür hinein in dy kirchen prechen, also iß: 'omne rarum carum villescit quottidianum', got geb, das das recht wort gottes gepredigt werd, und auch unsere werck, thun und lassen, darnach gericht werd, amen" (WIDMANN, 187f.). GUMPELZHAIMER II, 839.

6 SPINDLER III/2, 1336 f. - THEOBALD I, 251. - VOLKERT: Luthers Reformation, 117. - SIMON, 39f.

7 "Prediger. Prediger zu unseren lieben frauen, wiewol in dy capelln vorhin 3 neu thür wurden eingeprochen worden, so was es alles zu eng, demnach so fing man anheut nativitatis Marie an, was freytag den 8. septembris, zu den predigern alle feirtag herniden zu predigen und ye mer man predigt, ye plinter und verstockter der pöfll wirdt, wiewoll sy das wort mit begird (wie sy rhümen) hören, so handlln sy nitanderst dan wie Herodes, der den täuffer auch gern heret, aber er ließ in den kopff abhauen ec., Mathei 14, Mar. 16, Luce 9. was volgen wirdt, waiß got, und dy, so leben werden, sollens erfaren, got geb genad auff allen orten, amen" (WIDMANN, 191). GUMPELZHAIMER II, 839. - THEOBALD I, 261.

8 "Cena domini. Item anheut pfinztag am awend Michaelis den 28. septembris, seind aber etlich auß der gemain (wie man sy lutterisch ec. nent), wie vor offt geschehen, bei einem erwern rath ernstlich supplicirt und angehalten umb einen ofnen ort, kirchen oder haus, was es wer ec., darin sy das awendmal mechten öffentlich begeen ec. (wie sy vor offmal gethan heten). merck eben auff" (WIDMANN, 192). - THEOBALD I, 249, 261.

9 "Item man hat einen predicanten von Nürnberg entlehet, hieß ... Forster, so ließ ein doctor schelten" (WIDMANN, 194). - GUMPELZHAIMER II, 839f. - THEOBALD I, 263f.
10 SIMON, 389-393. - GUMPELZHAIMER II, 840. - THEOBALD I, 264.
11 THEOBALD I, 264.
12 "Zum fünften, so lest auch der negst durch die rö[mische] kai[serliche] maj[estät], auch churfürsten, fürsten und gemeine stende des heiligen reichs zu Regensburg aufgericht abschid einem erbern rate doselbst als ein glid von den gemelten reichsstenden solchs lauter zu, also das er sich desselben abschids wie andere des heiligen reichs stende und glider nit unbillich gebrauchen möge; dann: Warzu wurden reichstag gehalten, beschlus und abschid gemacht und aufgericht, wenn man sich derselben nit gebrauchen dörfte?" (SIMON, 390).
13 Seit der Regimentsordnung von 1514 bestand der Innere Rat aus 16 Patriziern, die die vierteljährlich amtierenden Kammerer als oberste städtische Amtsträger wählten, der Äußere Rat aus 32 Mitgliedern, davon 12 Handwerkern, und der 40er-Ausschuß der Gemeinde aus je fünf Vertretern der acht Wachten, in die das Stadtgebiet unterteilt war. SPINDLER III/2, 1432. - VOLKERT: Luthers Reformation, 112. - SIMON, 365.
14 "Inder, äusser rath und dy vom ausschus. Freitag Cholomanni, den 13. octobris, ist indeer, äusser rath und dy vom ausschus auffm haus piß nach 12 urn, alda rath gehalten. ach got, es was von denen vom indern rath schon beschlossen, waß soll der äusser rath und ausschus darwider thun. also was dy sag, das ir im indern rath aussert des hauptmans (so derzeit was her Jörg von Loxan ec.) nit meer dan Hetzer, Steurer, noch zween, und sonsten ir all nur 10, so bei 16 personen wasend. es ging fort, ob sonst iro schon mer wasend, so schwigen sy still" (WIDMANN, 193f.). - GUMPELZHAIMER II, 841f. - THEOBALD I, 264f. - SIMON, 394.
15 "Also sambstag Kalixti, den 14. octobris, hat man am awend angefangen, wer am sontag wolt zum sakrament geen, der must am awend peichten, darumb saß gedachter doctor [Johann Forster] und herr Erasm Zolner, so hie predicant was, sambt noch einem von Perezhausen. Diesen awend umb 2 nachmittag sungen sy vesper nach nürnbergischer ordnung. Omne rarum carum vilescit quoddidianum. Es war ein groß gleuff, wie dan der pöfl allweg thut, so was neus auffkumpt" (WIDMANN, 194). - GUMPELZHAIMER, 843f. - THEOBALD I, 266 ff.
16 "Sontag den 15. octobris, so dy predict zu predigern auß waß, da lieff yderman herab gein unser frauen, da thet sich der frembd doctor an in einen weissen damastkaten ornat, unser predicant und der von Perezhausen in levitenröck, und man sang das ambt, alles nach nürnburgischer artt: spi[ritus] domini ec., ky[rie], le[ctio], pascale, et in terra. so daß ambt kam auff die comunion, so raicht der doctor zum ersten dem hiesigen predicanten daß sacrament, darnach auch den kelch, nachmals dem von Perezhausen, und darnach raichet unser predicant erstlich herren Andre Wolff, deßmals cameraer, nachmaß doctor Hiltner, und darnach etlich man und frauen, in dy 32 personen, und also waß es izt angefangen. Auff den awend sang man wider vesper, doch alles nach nürnburgischer ordnung, dy römisch waß menschenthand und falsch" (WIDMANN, 194). - GUMPELZHAIMER II, 843f. - THEOBALD I, 266f.
17 THEOBALD II, 1f.
18 "Und ward dißmal der tittl unser lieben frauen kirchen genomen, das nit mer, zu 'unser frauen' gennent ward, sonder in der 'neuen capelln' oder in der 'neuen pfarrkirchen', also ward es zu predigern bei der predig verkündt. Es wolt unser Frau nimmer gelt gwinnen, ward sy außgemustert ec. Hilff got von himl das wol geradt, amen" (WIDMANN, 197). - GUMPELZHAIMER II, 849. - THEOBALD II, 16.

M. W.

55 Kirchenordnung des Hieronymus Noppus, Pfarrer an der Neupfarrkirche. 1543

Papier; 22,5 x 18 cm, 14 Blätter (die letzten beiden leer)
Stadtarchiv Regensburg (Eccl. I, 5 ad 43, S. 2425-2452)

Nachdem Ende des Jahres 1541 im Rat der Stadt Regensburg offensichtlich der Entschluß zur Einführung der Reformation gefaßt worden war, konnten bis zum Oktober des darauffolgenden Jahres die entsprechenden Maßnahmen durchgeführt werden, so daß am 15. dieses Monats mit einem Festgottesdienst - zunächst Predigt in der Dominikanerkirche, dann Abendmahlfeier in der Kirche zur Schönen Maria - äußerlich der Schlußpunkt gesetzt werden konnte. Nun erhielt Regensburg aus Wittenberg auch die dringend notwendigen Geistlichen: Hieronymus Noppus als Pfarrer und Nikolaus Gallus als Diakon. Noppus schuf sofort nach seiner Ankunft eine Kirchenordnung, die die allgemeinen Verhältnisse regelte. Noppus hielt sich eng an die Nürnberger Kirchenordnung, erwies sich aber nicht als Purist, sondern behielt etwa den Ornat bei.

Die evangelischen Kirchenordnungen des XVI. Jahrhunderts, 13.Bd.: Bayern, 3.Bd.: Altbayern, hrsg. von E. SEHLING, fortgeführt vom Institut für evangelisches Kirchenrecht der evangelischen Kirche in Deutschland zu Göttingen, 1966, S. 406-411. - E. JACOBS: Hieronymus Nopp, in: ADB 52, 647-652. - THEOBALD II, 21f.

H. W.

56 Brief Luthers an den Rat der Stadt Regensburg vom 27. November 1542

Papier; 31,5 x 20,5 cm
Stadtarchiv Regensburg (Eccl.)

Dr. Martin Luther schreibt an den Rat der Stadt Regensburg, daß er und Melanchthon dem Magister Hieronymus Noppus zugeredet hätten, dem Rufe als Pfarrer nach Regensburg zu folgen. Bis auf Fastnacht wolle dieser sich noch in Wittenberg im Predigen üben, dann nach Regensburg kommen und sich vorstellen.

Hieronymus Noppus, der 1519 sein Studium in Wittenberg aufgenommen hatte, war noch im selben Jahr nach Zwickau berufen und dort später zu einem Unterlehrer ernannt worden. Seit 1537 leitete er die Schule in der Bergstadt Schneeberg. Diese Stelle gab er 1540 auf und ging nach Wittenberg. Auf Drängen Melanchthons und Luthers erklärte er sich 1542 bereit, als Pfarrer nach Regensburg zu gehen. Er schuf in den sechs Jahren seiner Tätigkeit in Regensburg die Grundlagen für die hiesige Gemeinde. Auf Grund des Interims mußte er 1548 Regensburg verlassen. Er blieb aber seiner Gemeinde stets verbunden, und die Stadt Regensburg bezahlte ihm auch seine Besoldung weiter. Bereits am 9. August 1551 verstarb er in Nürnberg.

D. Martin Luthers Werke, kritische Gesamtausgabe, Briefwechsel Bd. 10, 1947, S. 208f, Nr. 3818. - GEMEINER: Chronik I, 142ff. - E. JACOBS: Hieronymus Nopp, in: ADB 52, 647-652. - THEOBALD II, 5f. - VOLKERT: Luthers Reformation, 119.

H. W.

57 Abendmahlskelch (Reformationskelch). 1542

Regensburg, unbekannter Goldschmied
Bz (verschlagen): gekreuzte Schlüssel für Regensburg; Mz: ähnelt einer stilisierten Figur, noch nicht aufgelöst.
Silber, getrieben, graviert, vergoldet, emailliert; Süßwasserperlen; H. 25,2 cm
Regensburg, Neupfarrkirche
Farbabb. 8

Der Abendmahlskelch, der anläßlich der Einführung der Reformation vom Rat der Stadt der "Neuen Pfarre" geschenkt wurde, greift sehr zurückhaltend den gotischen Formenkanon auf. Auf dem sechspassigen Standring trägt er in Versalien die Inschrift, beginnend unter dem emaillierten Stadtwappen mit der Jahreszahl 1542: *DAS IST DER KELCH DAS NEWE TESTAMENT INN MEINEM BLVT DAS FVR EVCH VNND FVR VIELE VERGOSSEN WIRD ZVR VERGEBVNG DER SVNDEN.* Am Nodus mit stilisierten Blättern und Blüten sechs gefaßte Süßwasserperlen.

Kunstdenkmäler II, 206. - Kat. Regensburg 1958, Nr. 388. - SCHLICHTING: Kirchenschatz, I, 11.

M. A.

58

58 Hostienpyxis (sog. Zweites Reformations-Hostienbüchslein). 1542

Regensburg
Bz. am Boden: gekreuzte Schlüssel für Regensburg; ohne Mz.
Silber, getrieben, gegossen, vergoldet, emailliert; H. mit Deckelknauf 4,2 cm
Regensburg, St. Markus

Das Hostienbüchslein für Haus- und Krankenkommunion ist äußerst schlicht gehalten; als einzige Zierde dient der funktionale Deckelknauf in Balusterform. In der Mitte der Innenseite des Deckels ist auf einem halbrunden Knopf das Stadtwappen mit der Jahreszahl 1542, wobei man Spuren von rotem Email erkennen kann, angebracht.

M.A.

59 Haus- und Krankenkommunionkelch (sog. Erster Reformations-Hauskelch). 1542

Regensburg
Bz. neben Stadtwappen: gekreuzte Schlüssel für Regensburg (ähnlich R3 4440); ohne Mz.
Silber, getrieben, gegossen, graviert, vergoldet, z.T. emailliert; H. 14,2 cm
Regensburg, Neupfarrkirche

Der "Erste Reformations-Hauskelch" wurde wie der "Reformationskelch" samt der zugehörigen, mittlerweile verlorengegangenen Patene anläßlich der Einführung der Reformation von der Stadt gestiftet. In seiner Form lehnt er sich bewußt bei dem großen Kelch an. Auf dem runden Standring trägt er die gravierte Inschrift: DAS IST DER KELCH DAS NEWE TESTAMENT INN MEINEM BLVT DAS FVR EVCH VNND FVR VIELLE SVND VERGOSSEN WI[R]D, auf dem Fuß das Regensburger Stadtwappen in rotem Email und die Jahreszahl 1542.

Inventar Neupfarrkirche 1767, Nr. 14. - Kat. Regensburg 1958, Nr. 388. - SCHLICHTING: Kirchenschatz, 24.

M. A.

60 Prediger Erasmus Zollner. Um 1660

Mathias van Somer (nachweisbar 1649 - 1666)
Kupferstich ; 17 x 11,4 cm
Bez. u. Mitte: MV: Somr. sculpt.
Museum der Stadt Regensburg (G1930,222)

Der Kupferstich, der mehr als hundert Jahre nach dem Tode des Dargestellten entstand, zeigt den aus Regensburg stammenden Prediger Erasmus Zollner (1489 - 1554). Laut Bildunterschrift war Zollner im Jahre 1542, als die Vorlage für diesen Kupferstich (ein Gemälde?) entstand, 53 Jahre alt. Als Motto des Bildnisses dient der Spruch "UNICA MEA SPES CHRISTUS" ("Meine einzige Hoffnung ist Christus").
Dementsprechend handelt es sich bei dem Buch, das Zollner festumschlossen in den Händen hält, um die Bibel bzw. das Neue Testament.
Erasmus Zollner studierte in Ingolstadt, ehe er als Weltpriester in Moosbach/Oberpfalz in der zu St. Emmeram gehörenden Pfarrei tätig war. Anschließend kam er als Prediger an die Kapelle St. Rupert bei St. Emmeram in Regensburg. Ende des Jahres 1541 gewann der Rat der Stadt Zollner als angestellten Prediger für die Kapelle der Schönen Maria. Am 5. Februar 1542, in dem Jahr, in welchem die Porträtvorlage für den Kupferstich entstand, predigte er erstmals in seinem neuen Amt im Dienste der evangelisch-lutherischen Gesinnung. Da die Marienkapelle dem Andrang der Zuhörer nicht gewachsen war, hielt er seine Predigten auch in den Kirchen der Regensburger Dominikaner und Franziskaner. Zusammen mit den Theologen Forster und Moser gestaltete er die religiösen Feierlichkeiten bei der offiziellen Einführung der Reformation in Regensburg am 14. und 15. Oktober. Im Herbst 1548 verließ auch Zollner nach Inkrafttreten des Interims die Stadt und nahm in Amberg eine Schulstelle an. 1552 kehrte er als Prediger nach Regensburg zurück, wo er zwei Jahre später starb.
Zollners gleichnamiger Enkel (1584 - 1645) war nach dem Studium in Wittenberg zunächst Prediger in der Starhenbergschen Grafschaft Schönbühel bei Melk und in Hernals bei Wien, ehe er 1628 nach Regensburg berufen wurde.

SERPILIUS, 15, 66 f. - THIEME/BECKER XXXI, 263 f. - THEOBALD II, 3, 155, 193. - J.K.MAYR: Wiener Protestantismusgeschichte im 16. und 17. Jahrhundert, in: JBGPÖ 70 (1954), 41-133, hier 106. - DOLLINGER, 157 f., 259. - VOLKERT: Luthers Reformation, 118 f.

A. S., E. T.

61 Dr. Johann Forster. Nach 1556

IOANNES FORSTERUS HEBRAEUS
Theologus

Monogrammist BR
Kupferstich ; 14 x 10,5 cm
Bez. links neben dem Kopf mit dem Monogramm BR
Inschrift auf Schreibtafel: *Nasc. Augustae Vindel./ A 1475/ Obijt Witebergae Sax./ A° 1556. 12 Decs.*

Unten: *Hebraeos inter divumq oracla professos/ Forsterus palmam laudis et arte habet.*
Museum der Stadt Regensburg (G1972,1a)

Der am 10. Juli 1495 (1496?) in Augsburg geborene Hebraist Dr. Johann Forster gehörte zum engeren Bekanntenkreis Luthers. Sein Bildnis begegnet des öfteren auf Gruppenportraits Luthers und seiner Freunde.
Nach dem Studium an den Universitäten von Ingolstadt und Leipzig trat er 1522 eine Stelle als Kollaborator am Gymnasium in Zwickau an. Am 16. Oktober 1525 heiratete er in Leipzig Margarete Fischer von Auerbach. 1529 verließ er Zwickau und begann seine Tätigkeit als evangelischer Prädikant, zunächst in Wittenberg (1530-35), dann in Augsburg (1535-38). 1539 promovierte er in Tübingen zum Dr. theol. und wirkte als Professor für Hebraistik, bis er wegen eines Konflikts mit zwinglianisch gesinnten Kollegen die Stadt verließ und sich nach Nürnberg begab. Dort war er als Propsteiverwalter zu St. Lorenz tätig. Als sich am 30. September 1542 der Regensburger an den Nürnberger Rat mit der Bitte wandte, vorübergehend einen verständigen Prediger zur Verfügung zu stellen, fiel die Wahl auf Forster. Dieser schien nicht nur wegen seiner Erfahrung als Theologe, sondern auch aufgrund seiner Vertrautheit mit der bayerischen Sprache geeignet.
Am 5. Oktober 1542 kam Forster in Regensburg an. Unter seiner Leitung fanden die Beichtvesper am 14. Oktober und die tags darauf folgende erste öffentliche Feier des Abendmahls unter beiderlei Gestalt statt; Erasmus Zollner (Kat.60) und der Beratzhausener Schloßprediger Moser assistierten ihm. Seine letzten Lebensjahre verbrachte Forster in Wittenberg als Universitätsprofessor und Prediger an der Schloßkirche. Er starb am 8. Dezember 1556. Ein anläßlich des 400. Geburtstags Forsters vom Erfurter Bildhauer Max Deutschmann 1896 geschaffenes Portraitmedaillon befindet sich über dem nördlichen Eingang zur Bruderhauskirche.

SERPILIUS, 3. - GUMPELZHAIMER II, 839-844. - THEOBALD I, 263-267; II, 2 ff. - LThK 4, Sp.219. - Zu den Gruppenbildnissen mit Luther Kat. Hamburg 1983 I, 208 f. - Kat. Nürnberg 1983, 324 f. - Zum Medaillon SCHLICHTING: Kirchenschatz IV, 28.

E. T.

61

62 *Rechtfertigung der Einführung der Reformation durch den Rat.* 1542

Wrahafftiger Bericht eines Erbarn Camerers vnd Rats der Stat Regenspurg. Warumb vnd aus was vrsachen sie des Hern Abentmahl, nach der einsatzung Christi, bey ihnen fürgenomen vnd auffgericht, auch mit was form, weyse vnd ordnung das selbig gehalten wirdet.
Text: Johann Hiltner
Druck: Hans Kohl, Regensburg 1542
Papier ; 22,5 x 16 cm
Stadtarchiv Regensburg (Eccl. I, 3a)

Die in Anlehnung an die brandenburgisch-nürnbergische Ordnung von 1533 entstandene Schrift Hiltners wurde am 10. Oktober 1542, also einige Tage vor der offiziellen Einführung der Reformation, gedruckt. Sie sollte sowohl nach außen, also z.B. auf den Bischof, aber auch nach innen, auf den evangelisch gesinnten Teil der Bürgerschaft, klärend und belehrend wirken.

Noch Ende September 1542 war ein Bittschreiben der Bürgerschaft an den Rat ergangen, in dem um die Zulassung des evangelischen Ritus gebeten wurde. In die regensburgische Form der Gottesdienste sind vertraute katholische Formen eingegangen, so etwa die Elevation, um Brot und Wein der Gemeinde zu zeigen, oder die Assistenz von Leviten, also Diakonen.

Die Entscheidung der Reichsstadt Regensburg, deren territorial eng begrenzte Lage innerhalb des katholischen Bayern stets konfliktträchtig war, wurde schon am 19. November durch eine Handelssperre beantwortet.

Der Registraturvermerk auf dem 'Bericht' verweist auf die ehemalige innerstädtische Aufbewahrung bei der handschriftlichen Fassung Hiltners.

SAR, Eccl.I, 5,21 - SAR, Eccl. 5,26 - SIMON: Kirchenordnungen, 369 f. und III 1. - SCHOTTENLOHER, Nr. 83.

C. S.

62

63 *Regensburger Taufregister.* 1542-50

273 S. und Register
Neuer Pergamenteinband; 31,5 x 11 cm
Landeskirchliches Archiv, Kirchenbucharchiv Regensburg (1-1)

Die Eintragungen in diesem ersten evangelischen Taufregister Regensburgs beginnen am 30. Oktober 1542. An diesem Tag wurde in der Neupfarrkirche ein *"Kind getaufft mit nahmen Jörg, welches gevatter Cuntz Schmidt."* 1627 wurde die Matrikel mit einem Register versehen.

E. T.

64 Der Reformationsaltar aus der Neupfarrkirche. 1544/55

Michael Ostendorfer (um 1492 - 1559)
Mischtechnik auf Holz
Mittelteil 136 x 146,5 cm
Flügel 136 x 86,5 cm
Bez. auf allen Tafeln der Vorderseite mit dem Monogramm Ostendorfers, hinten nur auf der Kreuzigungstafel.
Museum der Stadt Regensburg (HV1430)
Farbabb. 10-15

Das Interim (1548 - 1552) hatte zur Einstellung der öffentlichen evangelischen Gottesdienste geführt. Nach seiner Aufhebung beauftragte der Magistrat der Stadt Michael Ostendorfer, einen Flügelaltar anzufertigen, der dem Geist der reformatorischen Lehre entsprechen sollte. Die dazu verwendeten Holztafeln fertigte der Bildschnitzer Jörg Staudacher.

Der Flügelaltar scheint gegen Ende des Jahres 1555 in der Neupfarrkirche aufgestellt worden zu sein. Wann er dort entfernt wurde, ist unbekannt, wohl anläßlich der Anbringung des jetzigen Altarbildes zu Beginn des 17. Jahrhunderts. 1840 wurde das Altarretabel durch den Regensburger Glasmaler Bernhard Walzer restauriert. Nur die Rückseite ist noch im ursprünglichen Zustand.

Das Mittelbild ist horizontal zweigeteilt. In der oberen Hälfte zeigt es die Aussendung der Apostel. Auf einer Wiesenkuppe steht Christus umgeben von seinen Jüngern. Durch einen Wolkenbogen getrennt, weist Gottvater mit der Segenshand auf die Taube des Heiligen Geistes und auf Christus. Zwei Engel halten ein Spruchband mit den Worten *"Dis ist Mein Lieber Son, Den solt ir Hören.LVC.9"* (Luk. 9.35). Direkt über Christus halten zwei weitere Engel den Aussendungsbefehl: *"Gehet prediget Das Euang.[elium] Allen Creaturn. Vnd Leret sie Halten, was ich euch Befolhen Hab etc. MATTH.MAR.VLT[IMO]"* (Matth. 28,19; Mark. 16,15). Im Bildhintergrund sind einige Apostel zu sehen, die in Zweiergruppen zur Verkündigung des Evangeliums aufgebrochen sind.

Der untere Teil zeigt die evangelische Gemeinde in einem Kirchenraum. Links auf der Kanzel steht der Prediger mit der Bibel in der Hand. Er mahnt die Gemeinde zur Buße, was durch das von ihm ausgehende Spruchband deutlich wird: *"Thut Busse. Vnd glaubt Dem Euangelio etc. MAR.1."* (Mark. 1,15). Dies ist die erste der 95 Thesen Martin Luthers. Da die Meßgewänder in der Reformation abgeschafft wurden, trägt der Pfarrer Levitenrock und ein weißes geripptes Chorhemd. In der zuhörenden Gemeinde sind auch Repräsentanten der Oberschicht Regensburgs dargestellt. Am rechten Bildrand nimmt ein Geistlicher einem Gläubigen die Beichte ab und vergibt ihm durch Handauflegung seine Sünden. Dies wird durch das Spruchband darüber bestätigt: *"Dir sind dein sünde vergeben.LVC.7."* (Luk. 7,48).

Die obere und untere Szene sind inhaltlich eng miteinander verbunden. Die Mitteltafel beschreibt den Weg des göttlichen Wortes, das von Gottvater ausgeht und über Christus zu den Menschen gelangt. So wie Gottvater seinen Sohn auf die Erde gesandt hat, sendet Christus seine Apostel aus, um das Wort Gottes zu verkünden. In der Gegenwart geschieht diese Verkündigung durch die Predigt in der Kirche. Dabei spielt die Buße in Form der Beichte eine große Rolle, denn durch Sündenvergebung und Predigt kann dem Menschen auf der Suche nach dem gnädigen Gott geholfen werden. Der trennende Querbalken wird durch die beiden Spruchbänder sowie den predigenden Pfarrer unterbrochen. Dieser ist der Verkünder des Gotteswortes in der Gegenwart und steht mit den Aposteln in Verbindung.

Die obere Szene der Innenseite des linken Flügels zeigt die Beschneidung Christi. In der Mitte steht ein Altar, auf dem das Christuskind von einem Priester über eine Schale gehalten wird; links sitzt ein weiterer Priester, der Beschneider (Mochel). Die Beschneidung Christi fand am achten Tag nach der

Geburt statt. Sie bedeutete das Zeichen des Alten Bundes zwischen Gott und Abraham. Unbeschnittene gehörten nicht zum Volk Israel und durften nicht am Kult teilnehmen. Die Beschneidung Jesu war auch mit der Namensgebung verbunden (Luk. 2,21). In der Mitte steht ein Mann mit einer Kerze. Er könnte Josef sein, denn bei der Darbringung Jesu im Tempel sind beide Elternteile anwesend. Als Kerzenträger könnte er die Reinigung Mariens im Sinne Mariae Lichmeß symbolisieren. Durch die beiden Tauben auf dem Altar wird ebenfalls belegt, daß es sich um die Darbringung Christi handelt. Es ist anzunehmen, daß hier Beschneidung und Darbringung Christi zu einer Szene verbunden sind.

Das mittlere Bildfeld zeigt die Taufe Christi. Christus steht im Jordan und wird vom knienden Johannes getauft. Über Christus erscheint die Taube des Heiligen Geistes, in der Himmelsöffnung ist Gottvater sichtbar. Ebenso wie im Mittelbild wird hier die Trinität dargestellt. Im Neuen Bund wurde die Beschneidung durch Jesus außer Kraft gesetzt und durch Taufe ersetzt. Von da an galt die Taufe als heiliges Sakrament.

In der unteren Szene wird ein Kind in einer evangelischen Kirche getauft. Das Thema der Kindertaufe wurde von Ostendorfer auch in seinen Holzschnitten für die "Summa von 1552" und den "Katechismus von 1554", beides Schriften des Regensburger Superintendenten Nikolaus Gallus, behandelt.

Das obere Bild des rechten Flügels zeigt eine Passahmahlzeit. Christus und seine Jünger sind um einen Tisch versammelt. Im Vordergrund reicht Christus dem ersten von drei mit Wanderstab und Umhang versehenen Jüngern das Brot. Während der zweite im Stehen ißt, trinkt der dritte aus einem Glas.

Im mittleren Bild wird Christus mit seinen Jüngern beim letzten Abendmahl dargestellt. Es ist der Moment, in dem Jesus das Sakrament des Kelches einsetzt und ihn den Jüngern reicht. Johannes scheint schlafend auf dem Schoß Christi zu sitzen. Im Vordergrund befindet sich Judas mit dem Geldbeutel in der Hand.

Die untere Szene des rechten Flügels gibt die Spendung des Abendmahls, nach protestantischem Ritus unter beiderlei Gestalt, wieder. Zwei Pfarrer teilen vor dem Altartisch das Abendmahl aus, links den Kelch und rechts die Hostie. Den Abendmahlsberichten des Neuen Testaments entsprechend wurde der Kelch den Laien nicht mehr vorenthalten. Stattdessen gilt, entsprechend der Einsetzung durch Christus, die Handlung mit Brot und Kelch für alle als communio sub utraque specie, als Abendmahl unter beiderlei Gestalt.

Die Seitenflügel zeigen auf ihren werktags sichtbaren Vorderseiten Verkündigung, Geburt, Kreuzigung und Grablegung. Die Verkündigung, links oben, findet in einem prachtvollen Innenraum mit Kassettendecke und Renaissancesäule statt. Vor einem Bett mit geöffnetem Vorhang kniet Maria an einem Podest mit Lesepult. Vor ihr erscheint der prächtig gewandete Engel mit Heroldstab, auf dessen Schriftband *AVE M[aria] GR[atia plena]*, sein Grußwort an die Jungfrau, steht. Neben einem verschlossenen Butzenscheibenfenster ist in einer anderen Raumöffnung Gottvater sichtbar. Er sendet einen Lichtstrahl aus, in dem der Hl. Geist als nimbierte Taube auf Maria zuschwebt.

Oben am rechten Flügel findet sich die Geburtsszene. Vor einer Stallarchitektur, in der Ochs und Esel, sowie die ankommenden Hirten sichtbar sind, kniet Maria vor dem Jesuskind. Josef tritt mit einer Laterne heran. In einem Wolkenloch erscheinen drei kleine Engel, neben ihnen leuchtet der Stern.

Links unten ist die Kreuzigung dargestellt. Die Szene spielt vor rotgefärbtem Himmel mit dunklen Wolken. Am Kreuz hängt der tote Christus, bezeichnet durch die Inschrift INRI sowie durch anscheinend fiktive hebräische Schriftzeichen. Rechts stehen zwei Soldaten, der eine in orientalischer Gewandung mit Turban, der andere in schwarzer Rüstung. Links stehen die drei Marien und Johannes.

Der untere Teil des rechten Flügels zeigt die Grablegung Christi. Sein Leichnam wird in einen Sarkophag vor einer Felsgrotte gelegt. Beteiligt sind wieder die drei Marien, Johannes sowie Josef von Arimatäa und Nikodemus.

Die Rückseite der Mitteltafel trägt eine Weltgerichtsdarstellung. Diese war den Gläubigen sichtbar, wenn sie das Altarbild vor dem Empfang des Abendmahles umschreiten mußten. Hier stellt sich der Betrachter die Frage, wie er vor dem göttlichen Richter Gnade finden kann. Die Antwort findet er dann auf der Vorderseite: Durch die drei Sakramente der evangelischen Kirche.

Das Bildfeld ist durch ein von den oberen Ecken ausgehendes Wolkenband, das einen himmlischen Bereich ausgrenzt und in der Bildmitte eine waagrechte Barriere gegen den Bereich der Unterwelt bildet, gegliedert. In der zungenförmigen, helleren Himmelszone ist die Dreieinigkeit zu sehen. Vater, Sohn und Hl. Geist sind alle drei in anthropomorpher Weise dargestellt. Als Himmelskönige tragen sie ein blaues Untergewand, darüber ein Pluviale mit kostbarer Schließe. In der Rechten halten sie jeweils ein Szepter, ihr gekröntes Haupt wird von der Glorie des göttlichen Lichts umfangen. Vater und Hl. Geist sind als Brustbilder über einem Wolkenband oberhalb des thronenden Sohnes zu sehen. Gottvater ist durch langen weißen Bart und weißes Haupthaar kenntlich gemacht. Er, der Weltherrscher und Schöpfergott, legt die linke Hand auf den Globus. Der Hl. Geist trägt ein geöffnetes Buch. Unter ihnen ist, auf dem Regenbogen thronend, der auferstandene Christus dargestellt. Er hält die Kreuzfahne in der Linken.

Am Wolkenband rufen sechs Engel mit Posaunen zum Gericht. Ober- und unterhalb dieser Engel sind drei Personifikationen der vier Elemente zu sehen. Diese maskenartigen Köpfe haben jedoch eine andere Funktion als die Repräsentation der Elemente.

Unterhalb der durch diese Masken gebildeten Auskragungen im Wolkenband befinden sich zwei Personengruppen: links, zur Rechten Christi, die Erwählten, hell beleuchtete Gestalten, die mit gefalteten Händen auf Christus zuschreiten. Rechts analog zu den Erwählten die Verdammten zu sehen, verbietet die Haltung der dort befindlichen Personen. Die im rechten, dunklen Bereich Dargestellten scheinen alle in die Knie gesunken zu sein und blicken mit gefalteten Händen auf den Richter. Hier ist eher der Bereich des Fegfeuers zu suchen. Auch die Rahmenbedingungen sprechen für diese Interpretation. Während links die vom Höllenschlund ausgehende Glut und Rauchsäule durch die wasserspeiende Maske eingedämmt wird, dämmt die rechte Maske den Rauch, der die Gruppe zum Teil verdeckt, nicht ein.

Auch unter dem untersten Wolkenband befinden sich nicht nur Verdammte. Mit gefalteten oder zum Himmel gestreckten Händen erheben sich Tote aus ihren Gräbern. Links hat sich eine Gruppe in Leichenhemden in ruhiger Erwartung des Urteilsspruches versammelt. Andere werden förmlich aus ihren Gräbern heraus in den Glut- oder Blutstrom gezogen, der in Kaskaden zum Höllenschlund führt. Dieser wird durch das klaffende Maul eines Ungeheuers gebildet, von dem Auge, Nasenloch und zwei Reißzähne erkennbar sind. Drei schwarze Teufel betreuen die Sünder, die dort in qualvoller Enge versammelt sind. Ein durch die Tiara kenntlich gemachter feister Papst streckt flehentlich seinen Ablaßbrief zum himmlischen Richter. Ein nicht weniger korpulenter Mönch erhebt die Hände zum Himmel, ein weiterer ist von hinten durch die Tonsur kenntlich. Auch eine Nonne und ein Bischof mit Mitra gesellen sich zu den Vertretern der römischen Kirche in der Hölle.

Das ikonographische Gesamtprogramm des Reformationsaltars ist als Allegorie auf den göttlichen Ursprung, die historische Weitergabe und die Vergegenwärtigung des göttlichen Wortes durch die Sakramente zu verstehen. Die Schriftbänder des Mittelteils kennzeichnen ihn als typisches Werk der Reformationszeit, durch sie erreicht der Betrachter ein tieferes Verständnis des bildlich Dargestellten. Das Retabel zeigt die drei damals gültigen Sakramente der evangelischen Kirche: Taufe, Abendmahl und Beichte. Das Sakrament der Beichte wurde bereits im 17. Jh. durch die Gemeinschaftsbeichte ersetzt. Das Hauptbild zeigt drei Zeitzonen: Ewigkeit, Geschichte und Gegenwart. Diese Folge nehmen auch die Flügelinnenseiten auf. Den beiden Sakramenten Taufe und Abendmahl sind ihre biblischen Vorläufer vorangestellt. Sie zeigen Christus, der die Gesetze des Alten Bundes erfüllt und die neuen Sakramente von Taufe und Abendmahl einsetzt.

Bemerkenswert sind die Trinitätsdarstellungen auf dem Retabel. Sie befinden sich auf dem Hauptbild, in der Taufszene auf dem linken Flügel und auf der Rückseite. (Zur ungewöhnlichen, anthropomorphen Repräsentation der Trinität vgl. den Beitrag von Jörg Traeger im Aufsatzteil.)

SCHUEGRAF, 35-42, 61-67. - Kat. 1958, Nr. 277. - WYNEN, 64-81, 173 f. - G. SCHILLER: Ikonographie der christlichen Kunst 4/1, Gütersloh 1976, 158 f. - Kat. München 1980, 10 f. - Kat. Nürnberg 1983, 400-402. - Weitere Literatur in den Textbeiträgen von S. ROTHMEIER, C. SCHMUCK und J. TRAEGER.

K. H. L.

65 Skizze des Reformationsaltars. 1555

Michael Ostendorfer (Um 1492 - 1559)
Nürnberg, Germanisches Nationalmuseum (Hist. Archiv, Rst. Regensburg, Nr.206, Brief vom 3.5.1555)
Abb. 7

Ostendorfer nahm in einer Reihe von Briefen an Hiltner und den Rat der Stadt Regensburg Bezug auf seine Arbeit an dem Retabel für die Neupfarrkirche. Meist verband er damit eine Bitte um Unterstützung.

In dem vorliegenden Brief vom 3. Mai 1555 bat er wiederum um wenige Gulden und berichtete, er arbeite an den Altarflügeln. Damit der Rat Gelegenheit habe, das bisher vollendete Werk - wohl Vorderseite der Mitteltafel, Predella und Aufsatz - zu begutachten, sende er das Mittelblatt ins Rathaus zu den anderen Teilen. Der Schreiner Jörg Staudacher, der die Tafel gezimmert hatte, würde den Aufbau vornehmen.

Die Skizze Ostendorfers auf der Rückseite dieses Briefs zeigt infolgedessen die vollendeten Stücke und gibt einen Eindruck davon, in welchen Proportionen das Retabelwerk vorzustellen ist.

Die Szenen, die auf den jetzt verschollenen Tafeln zu sehen waren, überliefert Gallus' Kirchenordnung von 1567: *"Am vordern teil auf den zween flügeln auswendig und dem untern teil des sargs ist die ganze fürneme historia Christi als des verdiensts unser seligkeit: sein empfengnis, geburt, beschneidung, opferung im tempel, creuzigung, begrebnis, auferstehung, himelfart, sendung des Heiligen Geists."* (Vgl. dazu den Beitrag von Carolin Schmuck im Aufsatzteil.)

SCHUEGRAF, 39. - DENEKE, in: Kat. München 1980, Nr. 10 - SIMON, Kirchenordnung, 481. - SEEBASS, in: Kat. Nürnberg 1983, Nr. 539.

C. S.

66 Die 'Disputa del Sacramento'. 1552

Giorgio Ghisi (1520 - 1582)
nach Raphael (1483 - 1520)
Kupferstich (2 Platten); 51,4 x 84,5 cm
Bez. am Geländerpfosten l. u.: HIERONY / MVS / COCK / PICTOR / EXCV./ M.D.LII / CVM / GRATIA / ET / PRIVIL=/ EGIO; an der Schmalseite der Brüstung rechts:RA / PHA / EL / VRB /.IN./ GIE / OR / GMAN / TVA / N./ F.; vorn auf der Brüstung rechts: COLLAVDANT HIC TRINI / VNISVSQUE DEI MAIESTATEm / COELITES. ADMIRANTVR / AC RELIGIOSE ADORANT / SACROSANCTAE ECCLESIAE / PROCERES. QVIS VEL ISTOR / EXEMPLO PROVOCATVS AD / PIETATEm /NON INFLAmMETVR; darunter: MAGNO HEROI. D. ANTON PERE / NOTO EPISC. ATREBAT CAROLV / CAES. A CONSIL PRIMARIO. INSI / GNIVM. INGENIOR. MOECOENATI / DICAT

München, Staatl. Graphische Sammlung (1980,184)

Der Mantuaner Kupferstecher Giorgio Ghisi veröffentliche 1552 bei Hieronymus Cock in Antwerpen diesen Stich nach Raphaels 'Disputa' in der Stanza della Segnatura des vatikanischen Palastes. Im Gegensatz zum 1509 gemalten Fresko (Abb.13) besitzt Ghisis Blatt ein ausgeprägt querrechteckiges Format. Obwohl die Komposition dadurch an Geschlossenheit und Spannung verliert, ist der klare symmetrische Bildaufbau nicht beeinträchtigt. Im Zentrum steht auf einem Altar eine Monstranz mit der geweihten Hostie. Über ihr folgen entlang der Mittelachse die Taube des Hl. Geistes, der zwischen Maria und Johannes thronende Christus und, zuoberst, der segnende Gottvater. Die horizontale Gliederung erfolgt durch eine Wolkenbank, auf der im Halbkreis Propheten und Heilige thronen. Die darüber vor einem Wolkenband erscheinenden Engel stimmen, ebenso wie die graphische Strukturierung der Glorie um Gottvater, nicht mit dem Fresko überein. In der unteren Bildhälfte, der irdischen Zone, sind die vier lateinischen Kirchenväter sowie ruhmreiche Vertreter des religiösen und kulturellen Lebens der Gegenwart und jüngeren Vergangenheit auf flachen Stufen um den Altar mit dem Corpus Christi versammelt. Die Hostie erscheint vor freiem Himmel und verbildlicht durch ihre zentrale Stellung in der Mittelachse den Bezug zwischen irdischer und göttlicher Sphäre. Die Personen beider Bereiche agieren individuell in verschiedener Weise und sind doch alle vereint in ihrer geistigen Ausrichtung auf das Mysterium der Eucharistie.

Neben den erwähnten Abweichungen vom Fresko Raphaels nahm Ghisi noch einige andere Veränderungen vor. So besitzt etwa die Architektur in der Hintergrundlandschaft eindeutig nordische Züge. Während Ghisi auf die Wiedergabe der im Fresko vorhandenen Inschriften verzichtete, brachte er neue, wesentlich umfangreichere an. Sie verweisen nicht nur auf die künstlerische Urheberschaft, sondern beinhalten auch eine Widmung an den Bischof von Arras, Antoine Perrenot de Granvelle, der seit 1550 Staatssekretär Karls V. war; sein Vater war einer der Präsidenten beim Regensburger Religionsgespräch 1541. Vor allem aber kommentieren die Inschriften das Geschehen auf dem Bild (Übersetzung auf S.99). Abgesehen vom inhaltlichen und formalen Zusammenwirken von Text und Bild, scheinen raphaelische Gestaltungsmethoden, vermittelt durch Ghisis Stich, in mehrfacher Hinsicht in die 'Aussendung der Apostel' auf Ostendorfers Reformationsaltar eingeflossen zu sein (s. dazu den Beitrag von Jörg Traeger.)

H. ZERNER: Ghisi et la gravure maniériste à Mantoue, in: L'Oeil 88 (1962), 26 ff. - Speziell zum Stich: R. E. LEWIS: The engravings of Giorgio Ghisi, New York 1985, 68-70. -G. BERNINI PEZZINI / S. MASSARI / S. PROSPERI VALENTI RODINO: Raphael invenit. Stampe da Raffaello nelle collezioni dell'Istituto Nazionale per la grafica, Roma 1985, 33, 273, 870.

E. T.

67 Sammlung von Predigten Staupitz'. 1517

Ein nutzbarliches büchlein / von der entlichen volziehung ewiger fürsehung / Wie das der wirdig vatter Joannes von Staupitz / Doctor / vnd der reformierten Augustiner Vicarius / Das heilig Aduent des 1516 Jars / zu Nurmberg / got zu lob vnd gemeiner wolphart gepredigt hat.

Text: Johann von Staupitz (um 1465-1524)
Druck: Friedrich Peypus, Nürnberg
Titelholzschnitt: Hans Süß von Kulmbach (um 1480-1522) zugeschr.
44 S. ; 20 x 14,3 cm
Staatl. Bibliothek Regensburg (4 Theol. Syst. 717,2)

Das Büchlein enthält die von Christoph Scheuerl verfaßte deutsche Fassung einer Sammlung von Adventspredigten, die Johann von Staupitz 1516 in Nürnberg gehalten hat. Staupitz (um 1465 - 1524) war Freund und Förderer Luthers, brach aber im Gegensatz zu diesem nicht mit der katholischen Kirche. Von ihm übernahm Luther 1512 die Professur für Bibelauslegung an der Universität zu

Wittenberg. Die Predigten in Nürnberg hielt Staupitz noch als Generalvikar der Augustinereremiten vor reformatorisch gesinntem Publikum.

Der Titelholzschnitt, der sowohl in der deutschen wie in der lateinischen Ausgabe verwendet wurde, ist Hans Süß von Kulmbach zugeschrieben. Im oberen Teil wird die Trinität durch drei Halbfiguren repräsentiert, die nach unten durch ein Wolkenband abgeschlossen sind. Die drei göttlichen Personen tragen die Züge Christi und sind durch dreistrahlige Nimben ausgezeichnet. Über dem Untergewand tragen sie jeweils ein durch eine Dreipaßschließe geschlossenes Pluviale. Alle haben die rechte Hand zum Segen erhoben, doch nur in einem Fall ist die Nagelwunde zu sehen. Die frontal gezeigte Mittelfigur ist dadurch als auferstandener Christus identifiziert. Die beiden anderen, ihm zugewandten Personen sind schwerer zu benennen. Möglicherweise ist zur Linken Christi Gottvater zu erkennen, da seine Hand in der Art der "Dextra Dei" die Wolkendecke durchbricht. Somit scheint zur Rechten Christi der Hl. Geist abgebildet zu sein. Ein Hinweis könnte die auf das Schriftband, das Wort Gottes, gelegte linke Hand sein. Unterhalb Christi nehmen zwei Schriftbänder ihren Ausgang. Auf dem linken steht *Cuius vult miseretur,* auf dem rechten *Quem vult indurat* (Röm. 9,18). Dementsprechend sind zur Rechten Christi die zu sehen, denen er sich erbarmt. Die nackten Erwählten, unter denen sich auch ein Mönch befindet, werden von zwei Engeln ins Paradies geleitet. Der hl. Petrus, der als Himmelspförtner den Zugang überwacht, ist durch Schlüssel und Tiara gekennzeichnet. Über der Szene der linken Seite scheint die Sonne, auf die sich die Erlösten zubewegen. Auf die Verstockten wartet auf der gegenüberliegenden Seite der Höllenschlund in Gestalt eines aufgerissenen Drachenmauls, aus dem Flammen schlagen. Ein geflügelter Teufel treibt, eine Harke schwingend, die Sünder tiefer in den Rachen der Hölle. Unter dem Bild befinden sich neben der Jahreszahl 1517 Staupitz' Motto *"Jesus, Dein bin ich, mach mich selig"* und seine Initialen B[ruder] J[ohann] V[on] S[taupitz].

Der Holzschnitt ist eine mögliche Vorlage für die Trinitätsdarstellung auf der Rückseite des Reformationsaltars. Schon die anthropomorphe Abbildung der Trinität ist im 16. Jahrhundert ungewöhlich. Beide Werke verbindet zudem die Kombination Trinität - Weltgericht. Ähnlichkeiten in Komposition und Details machen es wahrscheinlich, daß sich Ostendorfer bei seiner Darstellung der Trinität an diesem Holzschnitt orientiert hat. Die Predigten Staupitz' waren Nikolaus Gallus, der auf das Programm des Altars maßgeblich eingewirkt hat, sicher bekannt. So ist zu vermuten, daß er Ostendorfer auf diese Vorlage für ein wenig gebräuchliches Motiv hingewiesen hat. Leider ist die Provenienz des heute in der Staatlichen Bibliothek Regensburg befindlichen Staupitz-Exemplares unklar.

R. MUTHER: Deutsche Bücherillustration der Gotik und Frührenaissance (1460-1530), 2 Bde., München/Leipzig 1884, 185, Tf. 214. - F.WINKLER: Die Holzschnitte des Hans Süß von Kulmbach, in: Jahrbuch der Preußischen Kunstsammlungen 62 (1941), 1-30. - Aust.kat. Meister um Albrecht Dürer, Nürnberg 1961, 137. - Kat. Nürnberg 1971, 202. - L. Graf zu DOHNA/R. WENTZEL (Hrsg.): Johann von Staupitz. Sämtliche Schriften, Bd. 2 (Spätmittelalter und Reformation. Texte und Untersuchungen, Bd. 14), Berlin-New York 1979. - Ausst.kat. St. Peter in Salzburg (Salzburg, 15.5.- 26.10.1982), Salzburg 1982, 324.

M. H.

Die evangelisch - lutherische Neupfarrkirche

Die heutige Neupfarrkirche, einst nur als Ostteil des geplanten gewaltigen Kirchenbaus begonnen, läßt kaum noch etwas von dem Ausmaß und der Eigenart des beabsichtigten Bauvorhabens ahnen.

1586 im wesentlichen mit der Einwölbung fertiggestellt, präsentiert sich die Kirche seitdem als einschiffiges Langhaus mit zwei Jochen, eingezogenem Chor und seitlich anliegenden, einschiffigen Kapellen. In allen Teilen ist sie gegenüber dem ursprünglichen Plan Hans Hiebers (Kat.24) wesentlich vereinfacht worden. Auf den großen westlichen Zentralbau wurde völlig verzichtet. Die Gesamthöhe ist reduziert, ebenso die der Chorfenster. Die großen Rundfenster in den Seitenwänden fielen ganz weg, wie auch die Obergaden der nördlichen und südlichen Anbauten. Die Dachräume der letzteren wurden später als Oratorien verwendet.

Den Westchor hat Ludwig Foltz 1860 als Pendant zum östlichen angefügt. Wie dieser ist er innen halbrund geschlossen und außen im 5/8-Schluß gebrochen. Nur in den Ecken westlich des alten Triumphbogens befinden sich noch Hiebersche Wandpfeiler, die bereits zu dem vorgesehenen Polygon gehören sollten.

Durch die Übergabe der Kirche an die neue Konfession kam es zu weiteren Veränderungen. Zum einen fiel das Sakramentshaus (Kat.27) weg. Während in der katholischen Kirche in der Hostie das Allerheiligste ständig präsent ist und zur privaten Andacht einlädt, werden in der evangelischen Kirche Brot und Wein nur im Vollzug der Gemeinde zu Leib und Blut Christi. Auch die Nischen für die Seitenaltäre und ihre Reliquien entfielen. Denn nach der Lehre Luthers kann das Sakrament nur im Kreis der glaubenden Gemeinde vollzogen werden, wodurch die Gottesdienste des allein kommunizierenden Priesters an einem der Nebenaltäre sinnlos wurden. Man brauchte nur noch *einen* Altar. Typisch für den protestantischen Kirchenbau ist auch die als Konsequenz der Aufwertung des Wortes relativ nahe beim Altar angebrachte Kanzel. Außerdem sind die Emporen bezeichnend für eine evangelische Kirche. Ihre Einrichtung ist im Platzmangel begründet, der dadurch entstand, daß sich die Gläubigen mit einer gegenüber der katholischen Praxis reduzierten Anzahl von Gottesdiensten begnügen und gemäß einer standes- und geschlechtsspezifischen Sitzordnung über die Kirche verteilen mußten.

Die Innenausstattung der Neupfarrkirche wirkt sehr zurückhaltend, was ebenfalls bezeichnend für eine protestantische Kirche ist. Ihr größter Schmuck ist das Wort.

Nach dem Interim erhielt der Altar anstelle des 1542 mit einem Tuch verhängten Marienbildes das in den Jahren 1553 - 55 von Michael Ostendorfer geschaffene Retabel (Kat.64).

Die heutige Ausstattung der Kirche gehört überwiegend dem 17. und 18. Jahrhundert an. Der Altar entstand im 17. Jahrhundert und zeigt ein Kreuzigungsbild von Johann Hermann Wiwernitz (1622 - 1664). Aus der selben Zeit stammen u. a. das Chorgestühl, die Kanzel und der Taufstein aus Rotmarmor. An der Stirnwand der nördlichen (Tauf-) Kapelle befindet sich eine 1597 datierte Tafel mit dem Gekreuzigten, wohl aus dem Kreis des Münchner Manieristen Christoph Schwarz. Drei Engel fangen in Schalen das Blut Christi auf. Um dieses Innenbild sind auf der bemalten Randleiste die Arma Christi dargestellt. Gegenüber, über dem Eingang zur nördlichen Sakristei, hängt ein barockes, durch seine Lichtführung beeindruckendes, ausgeprägt querformatiges Bild mit dem Gleichnis vom barmherzigen Samariter.

Recht qualitätvoll sind auch die Gemälde zu beiden Seiten des Altars, links ein 'Ecce Homo' aus dem Jahr 1604, rechts eine vom Regensburger Maler Martin Speer (1702 bis 1765) geschaffene 'Speisung des Elija'.

Mehrere sehenswerte Barockbilder schmücken die Wände des Kirchenschiffs: an der Nordwand eine 1685 von ihrem Schöpfer, dem kaiserl. Kammermaler Benjamin von

Block gestiftete 'Heilung des Gichtbrüchigen' und eine vom Regensburger Weinwirt und Magistratsrat Wolf gestiftete, in der ersten Hälfte des 17. Jahrhunderts in den Niederlanden entstandene 'Grabtragung Christi'; über der Emporenbrüstung ein 'Gekreuzigter' im Stil der Donauschule. Die heute an der Südwand befindliche, um 1760 von Martin Speer gemalte 'Beweinung Christi' ist eine Schenkung König Max I. Joseph und diente von 1815 bis 1958 als Altarbild.

Kunstdenkmäler II, 194-208. - PFEIFFER: Neupfarrkirche, 11-13. - Baualterspläne II, 204 f. - SCHLICHTING: Kirchenschatz I, 114 ff. - MORSBACH, 9-15.

J. B.

68

68 "Die Neue Pfarr zu Regensburg". Gegen 1650

Paulus Friederich gen. Friderico (tätig Regensburg, 2. Viertel 17. Jh.)
Federzeichnung ; 28,5 x 30,8 cm
Museum der Stadt Regensburg (GN 1992,17)

Ansicht der Neupfarrkirche von Westen, ohne den heutigen Westchor und den projektierten Zentralraum, im Bauzustand Mitte des 17. Jahrhunderts. Den Westabschluß bildet eine provisorisch anmutende, wenig durchfensterte Wand. Auffallend ist die niedrige Budenarchitektur davor.

U. M.

69 "Die Neue Pfarr zu Regensburg". 1753

Anonym, Regensburg
Kupferstich ; 16,3 x 19,2 cm
Illustration aus J. C. Paricius: Allerneueste und bewährte Nachricht
Museum der Stadt Regensburg (G1982,160)

Diese Ansicht der Neupfarrkirche von Nordwesten zeigt den Bauzustand Mitte des 18. Jahrhunderts. Einzelformen und Proportionen sind sehr summarisch wiedergegeben, das ganze Bauwerk ist freigestellt. Diese Graphik diente Paricius in seinem 1753 erschienenen Werk als Illustration.

Kunstdenkmäler II, 194.

U. M.

70 Grundriß zum Umbau der Neupfarrkirche. Um 1720

Johann Georg Schlee (?)
Tusche und Bleistift ; 67,4 x 46 cm
Museum der Stadt Regensburg (G1982,230)

Dieser barocke Umbauplan greift im Vergleich zu den beiden späteren (Kat.71,72) am wenigsten in den Baubestand ein.
Der Ostbereich sollte vom Umbau unberührt bleiben, nur die Kapelleneinteilung ist aufgehoben. Eigenständigkeit beweist der Entwurf durch den westlichen Anbau. Der rechteckige Chorschluß galt als besonders "protestantische" Bauform.

U. M.

71 Plan für einen barocken Umbau der Neupfarrkiche. 1724

J. C. G.
Tusche laviert ; 41,5 x 62 cm
Bez. in Kartusche: *Project/ von der neuen/ Pfarkirchen/ wie solche könte erweitert/ und gebaut werden/ verfertiget durch JCG/ 1724.*
Museum der Stadt Regensburg (G1982,228)

Dieser Plan zeigt Ansichten, Längsschnitt und Grundrisse zu einer Barockisierung der Neupfarrkirche. Die zweigeschossige Westfassade ist von zwei Türmen flankiert, in denen sich die beiden Seitenportale befinden. Das größere, von einem Segmentgiebel bekrönte Hauptportal wird von Doppelsäulen gerahmt, die Seitenportale werden von Pilastern flankiert. Während die Wandfläche über dem Mittelportal durch ein zweibahniges hochrechteckiges Fenster gegliedert wird, sollten die Konsolsockel über den Seiteneingängen vermutlich Skulpturen aufnehmen. Die Fläche darüber ist durch ein Rundfenster belebt.

Das zweite Fassadengeschoß besitzt in seiner Mitte ebenfalls ein Rundfenster. Flankiert wird es von Doppelpilastern, die seitlich von gebrochenen Voluten begleitet werden. Als Bekrönung war ein Segmentgiebel vorgesehen, der im Bogenfeld - als Verweis auf den Rat als Bauherrn - das Regensburger Stadtwappen aufnehmen sollte. Im Gegensatz zum strengen, an französische Vorbilder des 17. Jahrhunderts erinnernden Aufbau des Mittelteils, dem stilistisch auch die Gliederung der Seitenfassade entspricht, sind die Türme in ihrem oberen Geschoß wesentlich freier, fast verspielt gegliedert. Vor allem ihre Ecklösungen dürften ihre motivischen Wurzeln in der Architektur Borrominis bzw. eines seiner (österreichischen) Nachfolger haben.
Obwohl dieser Umbau der Neupfarrkirche einem Neubau gleichgekommen wäre und folglich kaum im Sinne des Rats sein konnte, handelt es sich bei diesem Projekt um ein interessantes Beispiel für protestantische Barockarchitektur. In ihrer konfessionellen Ausrichtung erkennbar ist sie an der schlichten Innenraumgestaltung mit der hufeisenför-

mig umlaufenden Empore und bedingt auch an der Gliederung der Seitenfassade. Diese besitzt durch ihre großflächige zweigeschossige Durchfensterung bei gleichzeitiger Kolossalordnung und durch die umlaufende Attikabalustrade Bezüge zur klassisch-französischen Schloßarchitektur.

An der Nordfassade waren zur Bekrönung des Portalrisalits Allegorien des Glaubens und der Hoffnung vorgesehen. Die dritte theologische Tugend, die Liebe, ist in Form des hebräischen Tetragrammatons "Jahwe" ins Giebelfeld eingeschrieben.

U. M. (E. T.)

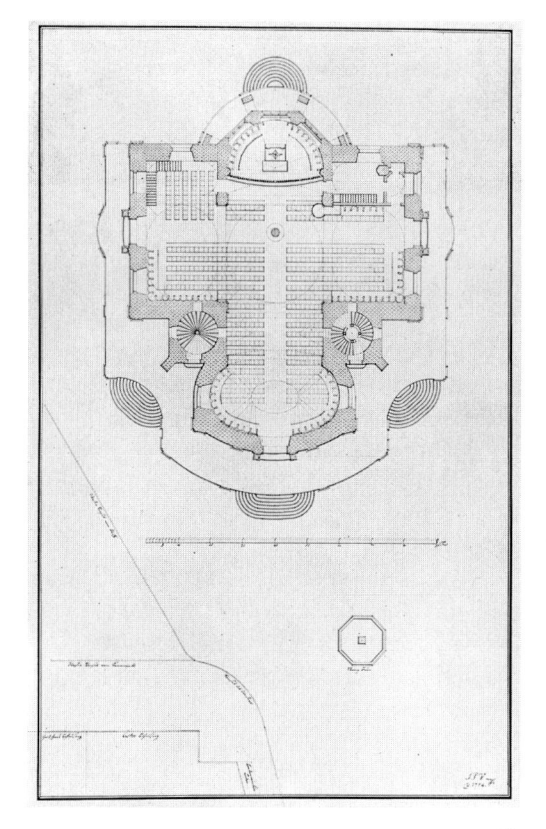

72 Plan für einen barocken Umbau der Neupfarrkirche. 1774

J. P. V.
Tusche, grau, rot und braun laviert
71 x 47 cm
Bez. u. r.: J.V.P. (...) a. 1774.
Museum der Stadt Regensburg (G1982,229)

Dieser 1774 entstandene Grundriß zeigt eine Veränderung des einschiffigen Langbaus in eine zentralisierende Anlage. Dieses Verschmelzen longitudinaler Elemente mit dem Zentralbaugedanken war eines der großen Anliegen spätbarocker Baumeister. Durch den bestehenden Chor im Osten, die neu geplanten Nord- und Südflügel sowie den im Westen projektierten Teilraum über elliptischem Grundriß wäre ein spannungsreicher barocker Sakralbau entstanden, der dennoch auf die Charakteristika der alten Kirche Rücksicht genommen hätte. Der 5/8-Schluß im Osten und die beiden Türme wären erhalten geblieben, ebenso das Motiv des für die Neupfarrkirche bezeichnenden Sockels.

U. M.

73 Längsschnitt durch die Neupfarrkirche. 1859

Alois Kapeller; Skizze des Westchors: Ludwig Foltz (1809 - 1867)
Bleistift und Tusche ; 40,2 x 52,8 cm
Museum der Stadt Regensburg (G1982,211c)

Dieser Längsschnitt stammt aus einer Mappe von Bauaufnahmen, die Kapeller im Auftrag von Foltz als dessen Werkmeister erstellte. Kapeller leitete die gesamte Vermessung und hatte ab 1860 die Bauleitung als Vertreter Foltz' vor Ort inne.

Der bestehende Teil der Kirche ist mit sehr feiner Feder gezeichnet. Der Westchor ist skizzenhaft, jedoch genau wie später ausgeführt, in den Plan eingetragen. Nach Micus stammt diese Ergänzung von Foltz persönlich.

72

Ein wichtiges Kriterium für die Vollendung im "protestantischen Geist" erfüllte Foltz durch die Fortführung der Emporen in den Westteil. Diese erhielten ein einfach gefeldertes, von der Neorenaissance geprägtes Aussehen. Durch die Emporen konnte Foltz die Auflage der Stadt, die Anzahl der Sitzplätze zu erhöhen, erfüllen.

MICUS, 235-243.

U.M.

74 **Pläne zur Vollendung der Neupfarrkirche.** *1860*

Ludwig Foltz (1809 - 1867)
Bleistift und Feder ; 58,7 x 45,9 cm (a)
56,4 x 45 cm (b)
Museum der Stadt Regensburg (G1982, 222a,b)

Ludwig Foltz zeichnete 1860 eine Reihe von Plänen und Detailansichten zur Vollendung der Neupfarrkirche.

Plan a zeigt die Hauptansicht mit dem neuen Westchor, der außen fünfseitig polygonal, innen rund geschlossen ist. Der Westteil war als optisches Gegengewicht zu den östlichen Bauteilen gedacht. Wegen seiner unmittelbar an die beiden Türme angrenzenden Lage mußte er jedoch größer und gewichtiger konzipiert werden. Trotz des Langhauses zwischen Türmen und Ostchor hat man den Eindruck zweier aneinandergerückter Chöre, wobei der westliche höher und breiter, der östliche länger und dafür niederer erscheint. Foltz hat sich mit seinem Umbau an bestehende Einzelformen und Proportionen gehalten. So glich er z.B. die Schallöffnungen des neu aufgestockten Südturms an die des Nordturms an. Die dreibahnigen Maßwerkfenster kopieren die Formen des von Hieber erbauten Teils.

Im Grundriß (b) zeigt sich die analoge Bildung des Westchores zum Ostchor: beide sind nach innen rund vermauert, nach außen jedoch polygonal. Foltz differenzierte genauestens die alten Baumassen von den neuen, wie sowohl aus der Anlage der Zeichnung als auch aus dem zugefügten Text hervorgeht. Trotzdem überrascht der Plan durch seine Einheitlichkeit. In der Beischrift betonte Foltz seinen Anspruch, durch den mit dem Kirchenganzen stimmigen Westbau die gegebene Situation am Neupfarrplatz nicht maßgeblich zu verengen.

MICUS, 231-243.

U. M.

74a

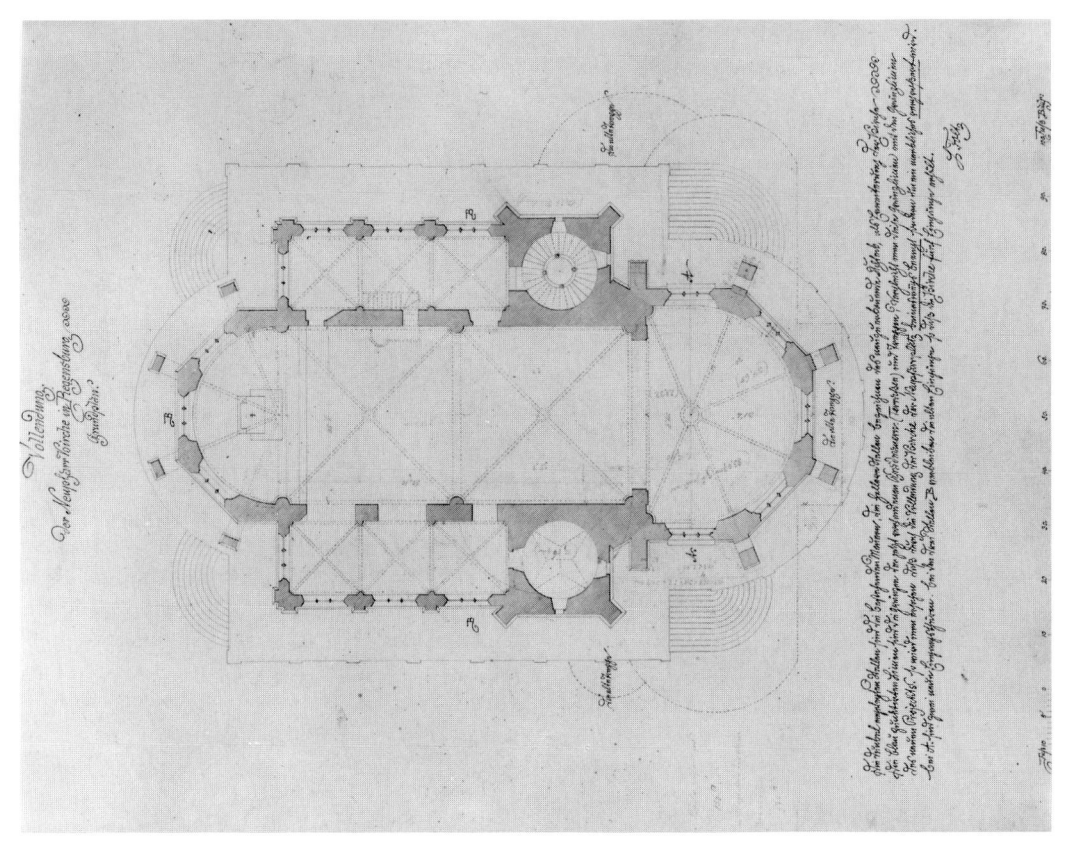

74b

75 Detail vom Chor der Neupfarrkirche. 1870 - 1890

Adolph Menzel (1815 - 1905)
Bleistiftzeichnung ; 18,2 x 11,4 cm
Bez. unterhalb des Sockelgesimses: A.M.
Museum der Stadt Regensburg (G1954,36)

Nach einem ersten Besuch im Jahre 1852 ist Menzel in den siebziger und achtziger Jahren auf seinen Reisen entlang der Donau noch mehrmals in Regensburg gewesen. Sein letzter Besuch fällt in das Jahr 1894. Eine Vielzahl von Reiseskizzen sind erhalten.
Doch zeichnete Menzel nur selten die großen Sehenswürdigkeiten und gängigen Motive. Ihn interessierte das Ausschnitthafte, das belanglose Detail. So stieg er an der Neupfarrkirche die Stufen zum Sockel hinauf, um aus nächster Nähe einen Ausschnitt des östlichen Chorbereichs im Bild festzuhalten. In ihrer Skizzenhaftigkeit ist die Zeichnung weniger auf Detailwiedergabe angelegt als darauf, die geschlossene Atmosphäre der Kirchenarchitektur mit den umliegenden Gebäuden wiederzugeben. Die erhöhte Bausituation der Kirche auf dem Terrassensockel ist trotz des vergleichbar kleinen Blickwinkels meisterhaft eingefangen.

I. WIRTH: Mit Menzel in Bayern und Österreich, München 1974. - W. TIMM: Adolph Menzel in Regensburg, in: Regensburger Almanach 1985, 105-113.

U.M.(E.T.)

oft schockierend. Meist steht die Kreatur im Vordergrund. Ist dies, wie auf diesem und anderen seiner Regensburg-Bilder, nicht der Fall, spricht beseelte Materie zum Betrachter - Häuser etwa, die Geschichten erzählen. So war Meister auch nicht an einer vedutistischen Wiedergabe des Neupfarrplatzes interessiert. Ihm ging es darum, die Vergangenheit des Platzes und der ihn beherrschenden Kirche "durchschimmern" zu lassen, vom Davidstern der Juden über die Marienwallfahrt bis zur evangelischen Neupfarrkirche in ihrer heutigen Form.

Seit 1981 lebt und arbeitet Horst Meister in Viersen am Linken Niederrhein.

Ausst.kat. Horst Meister Zwischenbilanz 1976-1980 (Runtinger Haus Regensburg, 1.-10.6.1980), Regensburg 1980, 75 (Abb.). - Zum Künstler allg. H. MEISTER: Und machet Euch die Erde untertan, Köln 1985. - DERS.: Schwarz auf weiß. Politische Grafik, Viersen 1988. - Ausst.kat. "Standpunkte" (Städtische Galerie Regensburg, 29.6.-22.7.1990), Regenstauf 1990, 4-12.

E. T.

76 Die "Neupfarrplatz-Geschichte". 1979

Horst Meister (geb. 1937)
Aquarell ; 39,3 x 29 cm
Bez. u. l.: *Die Neupfarrplatz-Geschichte: Vergangenheit schimmert überall durch.*
U. r.: Horst Meister 29-3-79
Regensburg, Privatbesitz
Farbabb. 39

Horst Meister, geboren 1937 in Karlsruhe, studierte an der dortigen Kunstakademie Malerei bei HAP Grieshaber. Von 1975 bis 1981 lebte er als freier Maler und Grafiker in Regensburg. Er machte es sich zur Aufgabe, seinen Mitmenschen all das Menschenunwürdige auf dieser Welt bewußt zu machen, Mißstände anzuprangern ohne zu beleidigen. Sein Stil ist weich, die Aussage hingegen

Die Konsolidierung der evangelischen Kirche in der Reichsstadt Regensburg bis 1577

Das am 15. Oktober 1542 erstmals öffentlich gefeierte Abendmahl nach lutherischer Lehre mit Darreichung des Laienkelches in der Kirche zur Schönen Maria, der späteren Neupfarrkirche, bedeutete die Konstituierung einer evangelischen Gemeinde in Regensburg und den Übergang der Reichsstadt zur Reformation. Ein aus diesem Anlaß am 14. Oktober 1542 veröffentlichter Ratserlaß sollte diesen Bekenntnisakt nicht nur rechtfertigen und in offizieller Weise die Einführung der Reformation anordnen, sondern verstand sich auch als eine erste Kirchenordnung des noch im Entstehen begriffenen Gemeinwesens.[1]

Dieser "Wahrhafte Bericht" (Kat.62), verfaßt vom Ratskonsulenten Johann Hiltner (Kat.30), benennt einleitend im lutherischen Sinne die Gründe für die Anordnung der "rainen lere des heiligen evangelii" und der Darreichung des Laienkelches. Da es die "ere Gottes belangt und zu unser selen hail und seligkeit dienlich ist" sah sich der Rat als christliche Obrigkeit dazu verpflichtet, die "unwidersprechliche lere, ordnung und ernstlicher bevelch unsers Gots und Herrn Jesu Christi... nit allein für sich selb zu geleben, sonder auch seine undertanen dahin zu weisen und zu fürdern". Inhaltlich ist der Erlaß mit der brandenburgisch-nürnbergischen Kirchenordnung von 1533 verwandt. Auch sonst suchte der Rat in seiner Reformationspolitik Anlehnung an die große fränkische Reichsstadt. Besonderheiten der Regensburger Ordnung sind ausführliche Beichtbestimmungen und die völlige Trennung von Predigt- und Abendmahlsgottesdienst.

Der besondere Charakter des neuen Kirchenwesens bestand im Vergleich zu anderen Reichsstädten darin, daß das bestehende Kirchenwesen nicht reformiert wurde, sondern die Bürger traten idealtypisch in freier Entscheidung aus einem bestehenden Kirchenverband aus und organisierten sich in einer neuen Gemeinde. 1545 schrieb der Rat der Stadt an den Kaiser: "Die Obrigkeit lasse iedem frei, sich zu dieser oder iener Religion zu wenden, und dringe niemand."[2]

Seit Dezember 1541 hatte der Rat zwar den ehemaligen Pfarrverweser bei St. Rupert, Erasmus Zollner (Kat.60), als Prediger angestellt und seit Oktober 1542 weilte der Nürnberger Geistliche Johann Forster (Kat.61) für einige Monate als Berater in der Stadt, aber die zu erwartenden Auseinandersetzungen mit den Altgläubigen machten die Berufung eines begabten und vor allem gebildeten Theologen notwendig. Nach anfänglichen Schwierigkeiten gelang es dem Regensburger Rat, die Lutherschüler Hieronymus Nopp (gest. 1551) als Pfarrer und Nikolaus Gallus (Kat.77,78) als Diakon zu gewinnen. Beide begannen mit ihrer Amtstätigkeit im Mai 1543. Besonders Gallus avancierte zum entscheidenden Gestalter des neuen Kirchenwesens in Regensburg.

Die erste Zeit nach Einführung der Reformation war von dem Versuch des Rates und Klerus geprägt, das neue Kirchenwesen zu konsolidieren und gegen die katholische Kirche abzugrenzen. Zunächst wurde die Neupfarrkirche als evangelisches Gotteshaus bestimmt und die ersten beiden Kirchenpröpste eingesetzt.[3] Die Nachbarschaft zu Bayern, das sofort eine Handelsblockade verhängte, und die Anlehnung an Habsburg ließen dabei ein zu schroffes antikatholisches Vorgehen nicht zu. Aus diesem Grunde wurde im Gegensatz zu anderen reichsstädtischen Reformationen der katholische Besitzstand nicht angetastet.

Noch im Juni 1543 unterzog der Rat die Ausstattung der im städtischen Besitz befindlichen Kirchen in einem geordneten Bildersturm einer Revision. Gleichzeitig wurden die Bemühungen intensiviert, weitere Gotteshäuser für die rasch wachsende Gemeinde zu gewinnen. Schon 1544 wurden die Spitalkirchen St. Oswald und St. Ignatius betreut. Gemeinsam mit Nopp bemühte sich der Rat auch um die Aufrichtung einer Kirchenzucht zur Überwachung und Regelung des Gemeindelebens durch Vermahnungen und Einrichtung eines Ehegerichts. Allerdings sperrte sich der Rat trotz der Forderung der Geistlichen gegen die Wiedereinführung des Bannes. In diesen Zusammenhang gehört auch eine neue Kirchenordnung Nopps von 1543.[4] Ihre Besonderheiten liegen in der weiteren Zurückdrängung des Lateinischen im Gottesdienst, dem in der Sonntagsvesper abzuhaltenden Katechismusunterricht und der Verlesung und knappen Erläuterung der biblischen Bücher in den Wochentagsgottesdiensten. Die Unterweisung der Bürgerschaft in der Schrift und der neuen Lehre stand unbedingt im Vordergrund. Das einzelne Gemeindemitglied sollte in die neue Lehre eingeführt und auf sie verpflichtet werden. Besonders die Hausväter wurden zum Halten von Katechismusunterricht ermahnt. Als Unterrichtsgrundlage erschien 1546 eine anonyme Schrift mit einem Vorwort von Gallus, die weit über Regensburg hinaus Verwendung fand: "Eine kurze ordentliche Summa der rechten wahren Lehre unseres heiligen christlichen Glaubens".[5]

Die Anfänge der reformatorischen Bewegung in Regensburg trugen durchaus Züge, wie sie im reformierten Kirchenwesen zum Ausdruck kommen. Dazu gehört die überaus starke Betonung der Katechese, der Bildersturm und der Versuch, eine intensive Kirchenzucht einzuführen. Das heißt zwar nicht, daß Nopp, Gallus oder der Rat als Calvinisten anzusehen sind, aber die schweizerische Reformation bot Konzeptionen, die für die städtischen evangelischen Bewegungen besonders attraktiv waren.

Das Jahr 1546 stand im Zeichen der weitgehenden Konsolidierung der evangelischen Gemeinde in Regensburg. Die Kirche wurde von fähigen und allgemein anerkannten Geistlichen geführt und war institutionell abgesichert. 1546 ist aber auch das Jahr, in dem die ersten Gewitterwolken aufzogen. Der Tod Luthers wurde von Gallus als böses Omen für die Zukunft gedeutet. Noch im Juli 1546 eröffnete der Kaiser von Regensburg aus den Krieg gegen die protestantischen Reichsstände, formal begründet als Achtexecution gegen Kursachsen und Hessen. Nach der katastrophalen Niederlage des Schmalkaldischen Bundes konnte der Kaiser auf dem anschließenden Reichstag in Augsburg das sogenannte Interim zur Regelung der Glaubensfrage als Reichsgesetz verabschieden. Eine konsequente Befolgung dieser Bestimmungen hätte innerhalb kürzester Zeit zur völligen Rekatholisierung Deutschlands geführt.

Schon im Mai 1548, als die Abschrift des Interims in Regensburg vorlag, formierte sich unter der Führung von Gallus in der Stadt der Widerstand. Allerdings war Regensburg der kaiserlichen Repression so unmittelbar ausgesetzt, daß jeder Widerstand zwecklos war. Am 1. Juli mußte sich die Stadt bedingungslos unterwerfen. Die Konsequenzen für die evangelische Kirche in Regensburg waren verheerend. Bis auf zwei alte, gebrechliche Männer, verließen alle evangelischen Geistlichen noch an diesem Tag Regensburg. Seinen Tiefpunkt erreichte das evangelische Gemeindeleben 1551, als der Rat die Neupfarrkirche zusperrte, um dort katholische Gottesdienste zu verhindern. Die Evangelischen standen in Regensburg zu dieser Zeit schlechter da als vor Einführung der Reformation. Ihre Kirchenorganisation war zerschlagen und das Gemeindeleben beschränkte sich auf den privaten Bereich.

Das Frühjahr 1552 brachte dann allerdings den großen Umschwung. Die Fürsten revoltierten gegen den Kaiser unter der Führung Moritz' von Sachsen. Der Rat wandte sich daraufhin um die Erlaubnis an den Kaiser, wieder evangelischen Gottesdienst abhalten zu dürfen. Verhandlungen mit kaiserlichen Gesandten und dem für die Überwachung des Interims zuständigen Bischof führten zu einem raschen Ergebnis. Karl V. wollte unter allen Umständen das Überlaufen der Stadt zu den Aufständischen verhindern. Im April 1552 wurde die Neupfarrkirche wiedereröffnet und Regensburger Gesandte erhielten in Innsbruck die offizielle Erlaubnis, den evangelischen Gottesdienst wiedereinzuführen. Dieses Datum kommt einem zweiten Gründungsakt der evangelischen Kirche in Regensburg gleich. Der zurückgerufene Zollner hielt am 22. Juni eine erste evangelische Predigt in der Neupfarrkirche. Bei dieser und wahrscheinlich noch weiteren Gelegenheiten wurde eine besondere Bußvermahnung aufgrund der unklaren Haltung der Bürgerschaft und des Rates gegenüber dem Interim verlesen.[6]

In der Folgezeit bemühte sich der Rat um die Berufung eines Gemeindevorstehers, der die evangelische Bewegung stabilisieren und ihr die Richtung weisen sollte. Für einige Monate kam daraufhin mit Justus Jonas (1493 bis 1555) einer der großen Väter der evangelischen Bewegung nach Regensburg. Während der interimistischen Streitigkeiten hatte er auf der Seite des Gallus gestanden. Der Rat konnte also damit rechnen, daß die "Neugründung" der evangelischen Kirche ohne großen Bruch zu der Tätigkeit von Nopp und Gallus vonstatten gehen würde. Die von Jonas verfaßte Kirchenordnung von 1553 stellt im wesentlichen nur eine Überarbeitung der Kirchenordnung von 1543 dar.[7] Von großer Bedeutung war dagegen die Einführung der Ordination nach dem Vorbild der Wittenberger Ordnung von 1535.

Auf Anregung von Jonas bemühte sich der Rat um die Berufung von Nikolaus Gallus als Superintendent. Am 12. September 1553 kam Gallus nach Regensburg. Der Ausbau der Gemeinde schritt in der Folgezeit unter seiner Führung rasch voran. Schon seit Februar des Jahres wurde die Kirche des Frauenspitals St. Oswald der evangelischen Predigt geöffnet und 1563 nahm der Rat die Dominikanerkirche in Mitgebrauch. Gallus erarbeitete 1554 einen Katechismus als Grundlage des religiösen Unterrichts in Regensburg (Kat.79).[8] Im März 1555 wurde auch das im Interim aufgelöste Konsistorium als Ehegericht wiedereröffnet.[9]

Als Grundlage der äußeren Verfassung der evangelischen Kirche erließ der Rat 1556 eine von Hiltner verfaßte Kirchenregimentsordnung.[10] Der Superintendent sollte über die rechte Predigt wachen. Als allein gültige Lehre wurden die Aussagen der Heiligen Schrift in Auslegung durch das Augsburgische Bekenntnis von 1530 und die Schriften Luthers bezeichnet. Der Rat behielt sich allerdings die endgültige Entscheidung und Strafsanktion bei Lehrstreitigkeiten vor. Letztendlich verzichtete er nicht auf sein Kirchenregiment. Das von Jonas angeregte Geistliche Ministerium erlangte aufgrund der exponierten Lage Regensburgs für die evangelische Bewegung in Südostdeutschland als Prüfungskommission, Ordinations- und Gutachterstelle eine herausragende Bedeutung. Weiterhin wurde der kleine Bann zur Wahrung der Kirchendisziplin eingeführt und die Einrichtung von Schulen, Konsistorium und Almosenordnungen zur Armenversorgung bestätigt. Die innere Verfassung des Gemeindelebens erhielt von Gallus in der Kirchenordnung von 1567 ihre grundlegende Ausgestaltung bis zur Ordnung von 1643.[11] Sehr umfangreich führte sie allerdings zu keiner grundlegenden Veränderung der älteren Bestimmungen.

Die endgültige Bekenntnisstellung der Stadt entschied sich allerdings erst in der Zeit nach Gallus' Tod 1570. In den innerprotestantischen Auseinandersetzungen nach dem Interim hatte Gallus die Stadt zunächst auf die Seite der Flacianer geführt.[12] 1558 mußte der Prediger Martin Schalling aufgrund seiner Parteinahme für Melanchthon die Stadt verlassen und 1566 verpflichtete der Rat die Gemeinde auf die lutherische Abendmahlslehre gegen Calvinisten und Schwenckfeldianer.[13]

Noch in die letzten Jahre der Wirksamkeit von Gallus fiel die Abwendung der Stadt vom Flacianismus. Schon 1569 wurde in Regensburg erste Kritik an dessen Erbsündenlehre laut. Diese hatte die These formuliert, daß die menschliche Natur durch die Erbsünde in ihrer Substanz völlig verdorben sei. Nach dem Tode Gallus' führte der durch seinen Nachfolger Josua Opitius (1542 - 1581) heraufbeschworene Regensburger Erbsündenstreit zur Zerschlagung des Flacianismus in der Stadt. Der Gnesiolutheraner Opitius und drei seiner Gefolgsleute mußten 1573 Regensburg verlassen.[14] Die besondere Bedeutung dieser Auseinandersetzung lag in der veränderten Stellung der Stadt zu den protestantischen Einigungsbemühungen unter der Führung des Württemberger Theologen Jakob Andreae (1528 - 1590).

Hatte Gallus 1569 die dogmatische Wende der Stadt mit vorbereitet, so hatte er den Einigungsversuchen Andreaes ablehnend gegenübergestanden. Dagegen förderte der mit Andreae freundschaftlich verbundene und 1574 neu berufene Superintendent Bartholomäus Rosinus (Kat.83) diese Einigungsbestrebungen. Mit dem "Regensburger Bekenntnis" von 1574 stellte sich die Regensburger Geistlichkeit auf die Seite der Einigungstheologen gegen die Flacianer und deren Erbsündenlehre. Noch 1575 kam es zur Annahme der "schwäbisch-sächsischen Konkordie" und 1577 akzeptierte die Regensburger Geistlichkeit geschlossen die Bekenntnisformel des Torgauer Buches. Die offizielle Unterzeichnung der Konkordienformel am 10. Februar 1578 durch Kämmerer und Rat der Stadt verpflichtete die Reichsstadt auf das evangelisch-lutherische Bekenntnis. Damit hatte die Formierung der evangelischen Kirche in Regensburg ihren Abschluß gefunden.

1   SIMON, 389-393, 370f.
2   J.M. REU: Quellen zur Geschichte des Kirchlichen Unterrichts I/1. Süddeutsche Kathechismen, Gütersloh 1904, 447.
3   THEOBALD II, 1f.
4   SIMON, 406-411.
5   Ebd. 374.
6   SIMON, Nr. III 9, 417f.
7   Ebd. Nr. III 10, 419-427.
8   REU (Anm. 2), 448.
9   SIMON, 377.
10 Ebd. Nr. III 16, 438-445.
11 Ebd. Nr. III 19, 452-489.
12 SCHLICHTING: Konkordienformel.
13 SIMON, Nr.III 18, 450f.- Als Schwenckfeldianer bezeichnet man die Anhänger des Caspar von Schwenckfeld (1489-1561), der wegen seines spiritualistischen Abendmahlsverständnisses und unter Verdacht des Täufertums mit Luther brach.
14 Unter Gnesiolutheranern versteht man die theologische Gruppierung, die behauptete, die Lehre Luthers unverfälscht bewahrt zu haben.

Th . F.

77 Superintendent Nikolaus Gallus. 1562

Anonym, nach einer Zeichnung Franz Kirchmaiers (+ 1589)
kolor. Holzschnitt ; 15,7 x 12,1 cm
Museum der Stadt Regensburg (G1955,5)

Nikolaus Gallus (lat. für: Hahn) wurde 1516 als ältester Sohn des Bürgermeisters von Köthen in Anhalt geboren. Er studierte in Wittenberg, wo er Luther und Melanchthon traf. Nach Beendigung des Studiums (Disputation über die Erbsünde) übernahm er das Rektorat an der Mansfelder Stadtschule. Im Mai 1543 wurde er auf Vermittlung Luthers und Melanchthons Diakon in Regensburg, wo er sich bis zum Augsburger Interim an der

Organisation des evangelischen Kirchenwesens beteiligte. 1548 verließ er die Stadt und gelangte über Wittenberg nach Magdeburg, wo er u. a. Matthias Flacius kennenlernte, mit dem er verschiedene Schriften, etwa zum Streit um die Adiaphora, verfaßte. Nach der Aufhebung des Interims durch den Passauer Vertrag von 1552 kam Gallus nach Regensburg zurück.

Hier wurde er zum Superintendenten ernannt und spielte als solcher auch eine wichtige Rolle für die Organisation der evangelischen Kirche in den österreichischen Ländern. Seine Wohnung hatte er im Anwesen Pfarrergasse 5. Gallus starb als über die Grenzen der Stadt hinaus hochgeschätzter Gelehrter und engagierter Vertreter des ursprünglichen Luthertums am 17. Juni 1570 während einer Kur im Schwarzwald. Er wurde auf dem Regensburger St. Peters-Friedhof beigesetzt.

SERPILIUS, 17-28. - THIEME/BECKER XX, 354. - THEOBALD II, 194-215. - DOLLINGER, 269-285. - MAURER, 7 f., 10. - G. SIMON: Artikel "Gallus Nikolaus", in: ThRE 12, 21-23 (mit Lit.).

A. S.

78 Superintendent Nikolaus Gallus. 1565

Balthasar Jenichen (nachweisbar 1563 bis 1591)
Kupferstich ; 8,4 x 6,8 cm
Bez. l. seitl.: B.1.5.6.5.I
Museum der Stadt Regensburg (G1955,4)

Dieses Porträt des Nikolaus Gallus entstand ziemlich sicher als Kopie des Brustbildes auf dem Holzschnitt von 1562 (Kat.77). Wie auf dem kolorierten Holzschnitt ist Gallus in der Gewandung des evangelischen Geistlichen dargestellt. Er trägt eine schwarze Schaube, die Vorform des Talars, und eine weiße Halskrause, aus der sich im Laufe der Zeit das Beffchen entwickelte. Die Schaube, die der bürgerlichen Gelehrtenkleidung entstammt, wurde 1523 von Zwingli in Zürich eingeführt. Wenig später vertauschte Luther die Mönchskutte mit diesem weiten mantelähnlichen Obergewand. Während Gallus' Zeit als Superintendent (1552 - 1570) kam es auch in Regensburg zur Abschaffung der katholischen Meßgewänder und Levitenröcke.

Die Inschrift unter dem Porträt weist Gallus kritisch als einen "Gesel[l] Illirici" aus. Der theologisch im ganzen Reich angefeindete Flacius Illyricus (Kat.157) weilte im Entstehungsjahr des Kupferstichs noch in Regensburg. Wie der Text betont, ist Gallus aber nicht der Auslöser der erzeugten "Verirrungen": "GOT RECHT [=rechnet] IN ZU VNSCHULDIGS BLVT".

P. DREWS: Der evangelische Geistliche in der deutschen Vergangenheit, Jena 1906, 37-40. - SCHOTTENLOHER, 53 f. - THIEME/BECKER XVIII, 504. - s. auch Kat.77

A. S.

79 Der Katechismus des Gallus. 1554

CATECHIS-/MVS/ Predigsweise gestellt/ für die Kirche zu Regenspurg/ zum Methodo/ das ist/ ordentlicher summa Christlicher lere/ wider allerlei newerung und verfelschung

Druck: Hans Kohl, Regensburg
ca. 480 S. in 4°
24 Holzschnitte + Titelblatt von Michael Ostendorfer
Staatl. Bibliothek Regensburg (Rat. civ. 444)
Abb. 5a, 5b, 6

Bereits 1553, als Gallus (Kat.77) noch in Magdeburg weilte, war vom Rat der Stadt ein eigener Katechismus für Regensburg geplant. 1554 wurde er bei Hans Kohl gedruckt.

Im Titel nennt Gallus Adressat, Zweck und Inhalt seines Katechismus. Im besonderen ruft er die *"Ernvesten/ fürsichtigen und weisen Herrn/ Camerer und Rat/ und gantzer Christlicher gemeinde der Stat Regenspurg"* auf, sich an die *"reine lere"* und den *"reinen brauch der Sakramente"* zu halten, um erstens der *"Disziplin von dem Herrn Christo selbs geordnet"* zu gehorchen und andererseits den falschen Lehren (z.B. Wiedertäufer, Zwingli, Osiander) nicht anheimzufallen.

Gallus gliedert seinen 28 "Predigten" umfassenden Katechismus in vier Hauptabschnitte, in denen er "die zehen gebot", "die Artickel des glaubens", "das gebet des Vater unsers" und "die heiligen Sacramente" erklärt. Nicht nur diese Gliederung, auch die Methode des Vorstellens, Hinterfragens und Erklärens der Glaubenssätze in einer als Predigtreihe konzipierten Form, entnimmt Gallus im groben den Katechismen Luthers, die 1529 erstmals erschienen waren.

SCHOTTENLOHER, 203 (Nr. 112). - SAR, Briefe des Gallus an den Rat, Eccl. I, 11, 55; Eccl. I, 11, 75.

S. R.

80 Stellungnahme Regensburger Theologen zu aktuellen Streitfragen. 1562

Kurze Bekandtnuß / Der Diener des Euangelij, inn der / Kirchen zu Regenspurg, Von / gegenwertigen Streit-/ Articklen.

Text: Nikolaus Gallus, Wolfgang Waldner, Jeremias Beuerle, Sebastian Wolff, Leopold Moser, Johannes Oberndorfer, Wolfgang Wiener
Druck: Heinrich Geisler, Regensburg
9 S. + Titelblatt ; 20 x 15 cm
Museum der Stadt Regensburg (II Ac, 48)

In diesem "Bekenntnis" nehmen die Verfasser Stellung zu folgenden Themen: Erbsünde, freier Wille und wahre Bekehrung - Gerechtigkeit, Seligkeit und Notwendigkeit guter Werke - Gesetz, Evangelium und Notwendigkeit beider Lehren - Gegenwärtigkeit des Leibes und Blutes Christi im Abendmahl - Adiaphora und "Vergleichungen der Kirchen der Augspurgischen Confess. mit des Bapstes als Antichrists Kirchen".

Die Schrift endet mit einem Appell an all jene, die die Wahrheit des Evangeliums erkennen und dennoch weiterhin der römischen Kirche angehören möchten; man könne nicht zugleich Christus und dem Antichrist dienen.

1563 erschien in Ingolstadt eine vom Barfüßerguardian und ehemaligen Domprediger Hans Albrecht u. a. verfaßte Gegendarstellung, die wiederum ein Schmähgedicht zur Folge hatte.

SCHOTTENLOHER, 225, 230.

E. T.

81.1

81.2

81 Portraitmedaillen auf Nikolaus Gallus. 1570

Die Datierung am Armabschnitt erfolgt hier nach Habich; sie ist auf unseren beiden Exemplaren nicht lesbar.

1. Medaille - *Silberguß; 29 mm; 8,02 g*

Medailleur: Tobias Wolff, Breslau und Dresden
Museum der Stadt Regensburg

Vs.: Bärtiges Brustbild ohne Kopfbedeckung halblinks. Umschrift: *M[agister]. NICOL[aus]. GALLVS. SVPERINTEN[dens]. RATISPON[ensis].* (Magister Nikolaus Gallus, Superintendent in Regensburg). Am Armabschnitt: *1570. AETA[tis]: 54.* (1570, im Alter von 54 Jahren).
Rs.: Vier Zeilen gravierte Schrift: *AETATIS. / SVE: LII: / OBIIT / A[nn]o 1570.* (Im Alter von 52 Jahren starb er im Jahr 1570).
Von dieser Medaille mit gravierter Rs.-Inschrift sind mehrere Exemplare bekannt, die sich jedoch leicht unterscheiden (vgl. die Abb. bei BISCHOFF). Die Gravur entstand also offenbar in Einzelanfertigung.

PLATO Nr. 343. - HABICH II, 1, Nr. 2028. - F. BISCHOFF: Ständische und kommunale Prägungen, in: Geldgeschichtliche Nachrichten 26 (1991), Heft 144, S. 172-177, hier 177, Abb. 20.

2. Medaille - *Silberguß; 28 mm; 6,89 g*

Medailleur: Tobias Wolff, Breslau und Dresden
Museum der Stadt Regensburg

Vs.: Wie Nr. 1.
Rs.: Doppelbrustbild eines bärtigen Mannes ohne Kopfbedeckung und einer Frau mit Haube nach rechts. Umschrift: *GEOR[gius]: HAN. AETA[tis]: 50. CLARA: VXOR. AETA[tis]: 47. AN[no]. [15]70.* (Georg Han im Alter von 50 Jahren; Clara, seine Frau, im Alter von 47 Jahren; im Jahr 1570).
Georg und Clara Han könnten Verwandte des Nikolaus Gallus sein; über sie ist jedoch nichts weiter bekannt.

PLATO Nr. 344. - HABICH II, 1, Nr. 2027f. Anm.

H. E.

82

82 "Spiegel des leidens und Sterbens unseres Herrn Jhesu Christi..." 1559

Text: Sebastian Wolff
Vorworte: Nikolaus Gallus, Sebastian Wolff
Illustrationen: Michael Ostendorfer
Druck: Heinrich Geißler, Regensburg
Typendruck mit 4 Holzschnitten, 104 S.
14,6 x 9,8 cm
Museum der Stadt Regensburg

Der Regensburger Diakon Sebastian Wolff schrieb dieses Buch, wie es im Titel weiter heißt, *"für die einfeltigen und Gottseligen Christen /darin sie klar den nutz vnd frucht des leidens Christi sehen /wie das recht betrachtet /gebraucht werden /vnd an sich der mensch zu seiner Seligkeit bringen soll."* Wolffs Vorwort datiert vom 23. März 1559.

Zur Illustration der einzelnen Kapitel finden sich auf fol. 11r und fol. 73r zwei Holzschnitte zu den theologischen Themen "Vernunft und Glaube" sowie "Verfolgung und Seligkeit". Auf fol. 101r folgt die Darstellung eines Lebensbaumes, der von zwei Putti flankiert wird, auf fol. 101v befindet sich das Regensburger Stadtwappen in einer Kartusche. Auf fol. 11r ("Vernunft und Glaube") findet sich das Monogramm Michael Ostendorfers, der Ende 1559 starb. Bei Wynen, der das Buch - wie auch Schottenloher - nicht erwähnt, gibt es keinen Hinweis auf den ikonographisch bemerkenswerten Holzschnitt auf fol. 11r. Erwähnt ist lediglich ein früherer Ostendorfer-Holzschnitt gleichen Themas (bei Wynen: "Glaube und Verdienst Chrisi") in der "Summa der rechten wahren Lehre..." des Nikolaus Gallus, die 1547 erstmals in Regensburg erschien und in den folgenden Jahrzehnten mehrfach aufgelegt wurde. Diese beiden Holzschnitte kritisieren die blinde menschliche Vernunft und die falsche Gerechtigkeit der guten Werke. Dabei wird in der Komposition das von Lucas Cranach d. Ä. mehrfach dargestellte lutherische Thema von "Gesetz und Gnade" aufgegriffen (vgl. Kat.50). Durch den Einsatz von Text und Bild wird der didaktische Charakter des Holzschnitts deutlich: Die weibliche Gestalt auf der linken Seite, die der "MENSCHEN VERNVNFT" personifiziert, läßt sich eindeutig auf Worte Luthers zurückführen. Der Reformator betont an verschiedenen Stellen, daß der Mensch mittels seiner Vernunft, die mit dem schwachen Licht (Laterne in der Hand der "Vernunft") eigener Erkenntnis den Weg der Erlösung sucht, das Wesentliche, nämlich Gottes Gnade nicht sieht bzw. findet (Augenbinde) und stattdessen ins Verderben läuft. Die Vernunft wird auf dem Holzschnitt zusammen mit einem Pilger von einem Skelett in den Höllenschlund geführt. Obgleich sie in die Richtung der Dreieinigkeit in der rechten Bildhälfte blickt, kann sie diese doch nicht erkennen. Zu Füßen der Vernunft findet sich das Wort "WERCK", das für die Wirkungslosigkeit der guten Werke auf der Suche nach Gnade und Erlösung steht. Erlösung und Verderbnis des Menschen werden durch den Baum in der Mitte symbolisiert: Die linke Hälfte ist verdorrt, während die rechte, Gott zugewandte Hälfte in vollem Grün steht. Zu Christus am Kreuz, über dem sich die Taube des Heiligen Geistes und Gottvater befinden, wendet sich in seinem Glauben ein einfacher Mann, der vor dem Baum auf einem Baumstumpf sitzt. Über ihm steht das Wort "GLAVB". Auf Gott hingewiesen wird er von Johannes dem Täufer, der hinter ihm steht.

SERPILIUS, 17. - SCHOTTENLOHER, 200, 212. - THEOBALD II, 123, 224 (zu Wolff) - WYNEN, Nr. 149, 149 a, 154.1 a-c, (zu "Verfolgung und Seligkeit" und "Glauben und Verdienst Christi"). - K. ALAND (Hrsg.): Lutherlexikon 1983, 361-364 (dort Belegstellen der WA). - Kat. Nürnberg 1983, 356, 398 f. - Kat. Hamburg 1983 I, 210-216. - P. K. SCHUSTER: Abstraktion, Agitation und Einfühlung, ebd. 115-125, hier 117 ff. - ZAPALAC, 92, 215 (Anm. 15).

A. S.

83 Superintendent Bartholomäus Rosinus. *1570*

Anonym, Weimar (?)
Öl auf Leinwand ; 59 x 45 cm
Bez. oben: AETATIS LIIII (sic) ANO MDLXX
Evang.-Luth. Dekanat Regensburg

Der 1520 in Eisenach geborene Lutherschüler Rosinus war Superintendent in Weimar und Beichtvater Herzog Johann Wilhelms von Sachsen-Weimar, ehe er am 16. Mai 1574 das Amt des Superintendenten in Regensburg übernahm. Ihm ist es zu verdanken, daß die einmütige Unterzeichnung der Konkordienformel (Kat.88) in Regensburg zustande kam. Rosinus starb am 17. Dezember 1586. Drei Jahre nach seinem Tod erschien bei Johann Burger in Regensburg seine Abhandlung *"Kurze Fragen und Antwort über die sechs Hauptstücke des Katechismus M. Lutheri"*.

Das ursprünglich in der Neupfarrkirche befindliche Portrait zeigt Rosinus in Halbfigur, leicht nach links gewandt, mit einem schwarzen pelzbesetzten Mantel bekleidet und ein Buch in Händen haltend. Vor allem in der Behandlung des faltenreichen Gesichts weist das Bildnis gewisse Härten auf.

Rosinus' Aussehen an seinem 64. Geburtstag wiederzugeben, verspricht ein 1583 datierter Kupferstich Conrad Saldörffers (Museum der Stadt Regensburg, G 1953,22; 1972,5).

SERPILIUS, 39-42. - DOLLINGER, 286 f., 323, 349. - SCHLICHTING: Kirchenschatz I, 138. - Kat. Regensburg 1958, Nr. 281. - Kat. Regensburg 1977, Nr. 58.

E. T.

84 Dekret zum Schutz des lutherischen Glaubens. *1570*

1 Bl. ; 31 x 43 cm
Stadtarchiv Regensburg

Der Rat der Stadt Regensburg verfaßte im Februar 1570 ein Dekret zum Schutz des lutherischen Glaubens. In diesem Mandat werden die Bürger nachdrücklich auf die Predigten und Sakramente entsprechend der lutherischen Lehre aufmerksam gemacht. Da ein Abfall vom evangelischen Glauben in der "Burgerschaft und gemain" nicht geduldet werden könne, müsse eine Warnung vor dem Papsttum, sonstigen Sekten und vor dem zwinglisch-calvinischen Irrtum des Abendmahlgebrauchs ausgesprochen werden.

J.-D. C.

85 Superintendent Josua Opitz.
Um 1583

Anonym
Kupferstich ; 7,2 x 4,4 cm
Bez.: JOSUA OPITIUS, Theol: Isenburgicus
Museum der Stadt Regensburg (G1956,58)

Magister Josua Opitz (1543 - 1585) war von 1571 bis 1574 Regensburger Superintendent. Als Anhänger des Flacius wurde er allerdings auf Betreiben Waldners vom Rat ausgewiesen (vgl. Kat.87). Er begab sich nach Österreich und konnte während seiner vier Predigerjahre in Wien hohe kaiserliche Beamte zu seinen Zuhörern zählen. Doch wieder wurde er vertrieben. Seine letzten Lebensjahre verbrachte er als Pfarrer in Büdingen (Grafschaft Isenburg). In der von Michael Eychler verfaßten und 1585 in Ursel gedruckten Leichenpredigt heißt es, Opitz sei "mit seinem hertzlichen Gebeth und guten Büchern ganz Teutschland nicht wenig nützlich gewesen."

SERPILIUS, 35-39. - MAYR: Sieben neue Leichenpredigten, in: JBGPÖ 71 (1965), 67-89, hier 67-72. - DOLLINGER, 286, 318.

E. T.

86 Hostienbüchse (sog. Stauffer-Ziborium). 1561

Bz: gekreuzte Schlüssel mit einem Stern (nicht bei R3) in der Mitte der Bodenfläche;
Mz: fehlt
Silber, getrieben, gegossen, graviert, vergoldet; H. 10 cm, Dm. Deckel 9,8 cm
Regensburg, Oswaldkirche

Die Hostienbüchse steht auf drei Kugelfüßen; die Gefäßwandung ist umlaufend mit einer gravierten, z.T. im Duktus recht volkstümlichen Darstellung der Mannalese verziert. Auf dem Deckelrand eine zweizeilige Umschrift (beginnend außen an der Stelle des Verschlusses): PATRES MANDVCAVERU(N)T MAN(N)A IN DESERTO ET MORTVI SVNT HIC EST PANIS / ILLE DE CELO DESCENDE(N)S VT EX IPSO EDAT ALIQVIS ET VIVAT .15.61.
Als Bekrönung des gewölbten Deckels eine Balusterform. Davor die beiden emaillierten Stifterwappen der Stauf von Ehrenfels. Im Inventar von 1767 ist diese Regensburger Goldschmiedearbeit folgendermaßen verzeichnet: *"eine Kapsel, darauf der Frauen von Stauff Wappen"*. Die Hostienbüchse wurde 1561 von Freiin Anna von Stauf zu Ehrenfels, einer geborenen Schlick, Gräfin von Passau und Gattin des Gramaflanz von Stauf zu Ehrenfels in Köfering gestiftet. Drei Jahre später ist eine weitere Stiftung von ihr verzeichnet, ein Legat für die *"hausarmen und notdürftigen Personen und armen studierenden Knaben"* des Gymnasium Poeticum (Schlichting).

Inventar St. Oswald 1767, Nr. 16. - KDB II, 124. - Kat. Regensburg 1958, Nr. 411, Abb. 17.- SCHLICHTING: Kirchenschatz III, 13-15.

M.A.

87

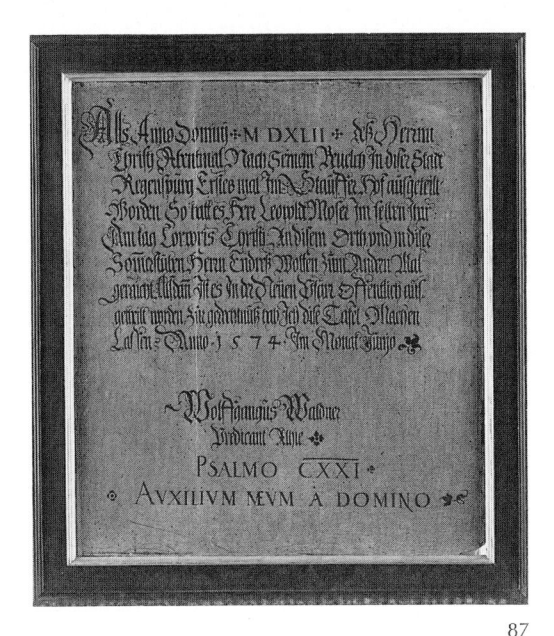

87 Erinnerungstafel an die erste Spendung des Abendmahls unter beiderlei Gestalt. 1574

Als Anno Domini MDXLII deß Herrn / Christi Abentmal Nach seinem Bevelch in diser Stadt / Regenspurg Erstes mal Im Stauffer Hof ausge- teilt / Worden, So hatt es Herr Leopold Moser Im selben Jhar / Am tag Corpris Christj An disem Orth und in diser / Somerstuben Herrn Endreß Wolfen zum Andern Mal / geraicht. Alsdann Ist es in der Neuen Pfarr öffentlich aus-/ getheilt worden. Zur gedechtnus hab Ich dise Tafel Machen / Lassen Anno 1574 Im Monat Junjo./ Wolfgangus Waldner / Predicant Alhie / PSALMO CXXI / AVXILIVM MEVM A DOMINO.
Laubholz ; 71 x 64 x 1,5 cm
Schwarze Schrift auf grauem Grund
Museum der Stadt Regensburg (AB 202)

Die Tafel erinnert an die ersten Spendungen des Abendmahls unter beiderlei Gestalt in Regensburg. Vollzogen wurden sie durch den Beratzhausener Schloßprediger Leopold Moser am 18. April 1542 und am darauffolgenden Fronleichnamstag im Haus des Bernhard von Stauff (späteres Anwesen Zum grünen Kranz, Obermünsterstraße). Als Teilnehmer der zweiten Abendmahlsfeier wird der Kammerer Wolf genannt.
Auftraggeber der Tafel war der wegen seines evangelischen Glaubens aus dem oberösterreichischen Steyr geflohene Prediger Wolfgang Waldner, der - in gutem Einvernehmen mit Gallus - von 1558 bis zu seinem Tod am 1. Januar 1583 in Regensburg wirkte.

SERPILIUS, 32f. - BÖHL, 205-221. - DOLLINGER, 158-160, 285f. - Kat. Regensburg 1977, Nr. 128. - BAUER, 144.

E. T.

88 Dokument zur Unterzeichnung der Konkordienformel. 1577

4 S. ; 31,8 x 21,9 cm
Stadtarchiv Regensburg (Eccl.I,43b)

Die "Formula Concordiae" ist das Ergebnis von Bemühungen nach 1555, theologische Streitigkeiten unter den Lutheranern zu beheben und deren Eintracht zu sichern. 1577 war sie in ihrer letzten Gestalt fertiggestellt. Herzog Julius von Braunschweig, der um den Unionsgedanken bemüht war, sandte die Konkordienformel nach Regensburg. Hier konnten nun die Theologen mit Zufriedenheit feststellen, daß das Einigungswerk nicht im Widerspruch zu älteren Schriften und zu denjenigen Luthers stand. Unter den 9000 Unterschriften zur Konkordienformel finden sich auch die Namen von 16 Regensburger Kirchen- und Schuldienern. Im Jahre 1588 führte der Rat der Stadt die allgemeine Verpflichtung des Ministeriums auf die Konkordienformel ein.

Kritische Ausgabe der Konkordienformel in: Die Bekenntnisschriften der Evangelisch-Lutherischen Kirche.

J.-D. C.

Die Regensburger Religionsgespräche nach 1541

Siehe dazu den Aufsatz von Jens Dietmar Colditz (S.71ff).

89 Ansicht der Neuen Waag

Foto 1992

Die "Neue Waag" oder "Herrentrinkstube", Standort der Stadtwaage, ist eine vierflügelige mittelalterliche Patrizierburg (um 1300), die mit ihrem Turm zur Neuen-Waag-Straße die östliche Seite des Haidplatzes abschließt. Die Anlage wurde in der Renaissance zum Teil umgebaut, der besonders schöne Hof datiert von 1579. "Herrentrinkstube" weist auf die dortige Bewirtung der Ratsherren hin. Von 1783 bis 1875 war das erste Obergeschoß des Nordtraktes Aufbewahrungsort der zusammengelegten Ratsbibliothek, der Bibliothek des Reichstädtischen Gymnasiums (Gymnasium Poeticum) und der evangelischen Ministerialbibliothek.
1541 fand hier das von Kaiser Karl V. angeregte Religionsgespräch statt, das die Konfessionen jedoch nicht einen konnte. Am 5. Februar 1546 wieder aufgenommen, wurde es bereits im März abermals abgebrochen.

Baualterspläne II, 112 f. - BAUER, 258f. - Zum Religionsgespräch s. BARTH u. a.

U. M.

90 Berichte über das Religionsgespräch 1546

a. *Der Handlungen des letzten Colloquiums zu Regenspurg gehalten / wie es angefangen und verlassen / Auch was darinn zwischen Bayden Partheyen in freündtlichem gesprech disputirt worden ist. Wahrhafftige erzelung. / Durch Kayserlicher Maiestat befelch beschriben und anß liecht gegeben.*
Druck: Alexander Weyssenhorn, Ingolstadt 1546
92 S. u. Titelblatt ; 17,5 x 14 cm
Staatl. Bibliothek Regensburg (Rat. civ. 630)

Dem Willen des Kaisers, den Religionsstreitigkeiten mit den Verhandlungen von 1546 ein Ende zu bereiten, konnte nicht entsprochen werden. Da den evangelischen Teilnehmern eine Einigung unmöglich schien, waren sie zur Zeit der Abfassung dieses Berichtes schon abgereist. Die katholische Seite sah aber in diesem Abzug den Grund für das Scheitern des Gesprächs. Eine Schlußermahnung bringt dies zum Ausdruck: *"So welle wir mit diser schrifft bezeügt haben / das an uns nichts erwunden hab / das nit genug geschehe un gefolget werde dem willen Kay. Mayestat / das Colloquium zu volnziehen / Sonder daseh sey durch ewr abschlahen und weckziehen diser zeyt verlassen und zerstört worde."*
Mit der Herausgabe dieser Schrift wurde ausschließlich der Ingolstädter Buchdrucker betraut; jedem anderen im Reich blieb dies untersagt.

b. *Ein kurzer bericht aller ergangener handelunge auff dem Reichstage zu Regenspurg / Darin zubesehen / die itzigen furstehenden fehrlichen geleuffte vnd practiken / so wider das wort Gottes vnd die Deudsche Nation / so dem Euangelio Christi anhengig / furgenommen werden. Allen fromen Christen / vnd sonderlich den Oberkeiten nutzlich zuwissen vnd zu lessen.*
Ohne Ort und Druckerei 1546.
17 S. u. Titelblatt ; 17,8 x 13,5 cm
Museum der Stadt Regensburg

Dieser Druck aus dem Frühsommer 1546 schildert die politischen Hintergründe des Religionsgesprächs. Die päpstlich-kaiserlichen Kriegsvorbereitungen und die protestantischen Gegenrüstungen bewirkten eine gespannte und unsichere Lage im Reich.

Kat. Regensburg 1958, Nr. 158-160.

J.-D. C.

91 Ausschreiben über das Religionsgespräch 1601

Maximilian Herzog in Bayern und Philipp Ludwig, Pfalzgraff zum angestrebten Colloquium in Religionssachen - Den Ehrsamen Weisen, unserm besonder lieben, Camerer und Rhat der Statt Regenspurg.
2 S. ; 33 x 21,7 cm
Stadtarchiv Regensburg (Eccl.I,35)

Herzog Maximilian und Pfalzgraf Philipp Ludwig geben in diesem Schreiben an den Rat der Stadt vom 13. September 1601 offiziell ihre Absicht bekannt, in Regensburg eine Disputation über strittige Religionsangelegenheiten auszutragen. Die Stadt scheint ihrer Meinung nach besonders geeignet zu sein, da sowohl das katholische als auch das evangelische Bekenntnis dort "im Gebrauch" seien und "öffentlich verrichtet" würden.

Kat. Regensburg 1958, Nr. 156.

J.-D. C.

92 Brief Pfalzgraf Philipp Ludwigs an den Rat über das Religionsgespräch 1601

2 S. ; 32,2 x 20,5 cm
Stadtarchiv Regensburg (Eccl.I,35)

Pfalzgraf Philipp Ludwig erinnert in diesem Schreiben vom 28. Oktober 1601 den Rat der Stadt nochmals an das von Theologen und Gelehrten vorgeschlagene, demnächst in Regensburg stattfindende Kolloquium und bittet um Klärung organisatorischer Einzelheiten.

Kat. Regensburg 1958, Nr. 76.

J.-D. C.

93 Druckschriften über das Religionsgespräch 1601

a. *COLLOQUIVM oder Gespräch / Von der Richtschnur Christlicher Lehr / vnd dem Richter aller Stritt vnd Zwispalt in Religions= vnd Glaubenssachen: Auff sonderbare Anordnung / vnd in persönlicher gegenwart der Durchleuchtigsten / Durchleuchtigen / Hochgebornen Fürsten vnd Herrn / Herrn Maximiliani / Pfaltzgrauens bey Rhein / Hertzogs in Obern vnd Nidern Bayrn / vnd Herrn Philipps Ludwigen / auch Pfaltzgrauens bey Rhein / Hertzogens in Bayrn / Grauens zu Veldentz vnd Sponheim / Geuettern:/ Gahalten zu Regenspurg im Monat Nouembri, Im Jahr Christi 1601.*
Druck: M. Jacob Winter, Lauingen 1602
Orig. Pergamenteinb., 639 S. ; 21 x 16 cm
Museum der Stadt Regensburg (G1988,19)

Nach einer Vorrede an den christlichen Leser beinhaltet der Druck die 14 Sessionen des Religionsgesprächs. Die Schrift wurde aus den vier originalen Protokollen der Notare verfaßt und trägt die Unterschriften der evangelischen "Revisoren": David Rungius, Professor in Wittenberg; Andreas Osiander, Generalsuperintendent und Abt des Klosters Adelberg im Fürstentum Wittenberg; Christoff Morold, Superintendent in der pfalzgräfischen Herrschaft Heydeck; Caspar Heüchelin, fürstlich pfalzgräfischer Neuburgischer Rath; Georg Gaugler, fürstlicher pfalzgräflicher Sekretär, Notarius; M. Johannes Bernardus Gaß von Augspurg, Notarius.
Eine lateinische Ausgabe dieser Schrift war vorher unter dem Titel *COLLOQVIVM DE NORMA DOCTRINAE, ET controuersarum Religionis Judice* ebenfalls bei Winter in Lauingen erschienen.

b. *Kurtze / summarische / warhaffte RELATION, Von dem zu Regenspurg newlicher Zeit / zwischen den Catholischen eins / vnd der Augspurgischen Confession zugethanen Theologen andern Theyls / gehaltnen Colloqvio: Sampt einer nothwendigen Reuision*

deren / von demselben hin vnnd wider außgesprengten Zeittungen.
Text: Johannes Decumanus
Druck: Andreas Angermayer (Ederische Druckerei), Ingolstadt 1602
Orig. Pergamenteinb.; 112. S. ; 21 x 16,5 cm
Museum der Stadt Regensburg

Die Schrift ist in Form eines Dialogs zwischen einem katholischen Bayern und einem evangelischen Sachsen verfaßt und zu einem Vortrag zusammengestellt worden, in den die Aufzeichnungen der Akten und Protokolle eingebracht wurden. Zwischen den Dialogteilen sind - für beide Seiten verpflichtende - Instruktionen, Vorgangsweisen, Verhaltensformen, eine kurze Gesetzesnovelle und die Disputationsthesen aufgeführt. In der ersten der zwölf lutherischen Schlußthesen heißt es: Das Wort Gottes ist die einzige unfehlbare Norm, Regel und das Maß der christlichen Lehre. Darauf folgt eine Proposition der katholischen Theologen: Die Heilige Schrift ist nicht Richter von Streitigkeiten in Glaubens- und Religionsangelegenheiten, sondern dieses Amt kommt dem römischen Papst als Nachfolger Petri zu. Die Heilige Schrift ist zwar unfehlbare Norm der christlichen Religionen, doch daneben gelten auch die Traditionen und Definitionen der Kirche.

c. *Kurtzer doch gründlicher bericht / Von der zu Regenspurg jüngstgehaltener Disputation / zwischen den Catholischen vnnd Lutherischen Theologen / auß etlichen theyls Lateinisch / theyls auch Teutschen fürnemmer Fürsten vnd Herrn Missiuen / vnd Sendtschreiben / sampt beyder Seits daselbst zu disputiern vorgeschlagenen Thesibus.*
Druck: Andreas Angermayer (Ederische Druckerei), Ingolstadt 1602
57 S. ; 21 x 16,5 cm
Staatl. Bibliothek Regensburg
(Rat.civ.8°,633)

Die Schrift, deren Erstdruck lateinisch in Mainz erschien, enthält ein Sendschreiben Herzog Maximilians von Bayern an Pfalzgraf Philipp Ludwig zu Neuburg, in dem eine Disputation über Glaubenssachen in Regensburg angeregt wird, die zwölf Disputationsartikel sowie weitere Berichte und Sendschreiben.

d. *Gründtliche RELATION, von dem Postcolloquio, so den neundten Decemb. Anno 1601. zu Regenspurg zwischen M. CONRADO ANDREAE, vnnd Philippen Heilbronner / die außgangne Tractätlein deß vnschuldigen Luthers betreffend / angestelt / vnnd in beyseyn IV. Fürstlicher Personen gehalten worden.*
Druck: Andreas Angermayer (Ederische Druckerei), Ingolstadt 1602
71 S. ; 21 x 16,5 cm
Stadtarchiv Regensburg (II A.c.77)

Diese weitere Schrift über das Religionsgespräch wurde von M. Conradus Andreae korrigiert und überarbeitet.

Kat. Regensburg 1958, Nr. 161ff.

J.-D. C.

94 Das Regensburger Religionsgespräch von 1601

COLLOQUIUM RATISBO: HABITVM MENSE NOVB: ANN MDCI. INTER THEOLOGOS BAVARICOS ET PALA. SAXONICOS. DE NORMA RELIGIONIS ET IUDICE CONTROVERSIARUM.
Miniatur aus dem Stammbuch der Familie Donauer, S. 31
Öl auf Pergament; 19,5 x 14 cm
(Codex 839 S)
Museum der Stadt Regensburg, Leihgabe Donauer
Farbabb.16

Die Miniatur im Stammbuch der Regensburger Patrizierfamilie Donauer zeigt den Regensburger Rathaussaal, den späteren Reichssaal, mit den am Kolloquium beteiligten Personen. Die Tische sind im südöstlichen Teil des Raumes aufgestellt, wegen der kalten Jahreszeit ist ein provisorischer Ofen vor das Fenster gestellt. Im Hintergrund sitzen erhöht die Fürsten als Zuhörer: Herzog Maximilian von Bayern (M.D.B., Maximilianus Dux Bavariae), Pfalzgraf Philipp Ludwig von Pfalz-Neuburg (P.L.C.P.R., Philippus Ludovicus Comes Palatinus Rheni), Herzog Albrecht, der Bruder Maximilians (A.D.B., Albertus Dux Bavariae) sowie Wolfgang Wilhelm, der Sohn des Pfalzgrafen Philipp Ludwig (W.W.C.P.R., Wolfgangus Wilhelmus Comes Palatinus Rheni). An den Tischen in der Bildmitte sitzen sich je vier der Kolloquenten gegenüber. Auf der Fensterseite die katholische Partei mit Albert Hunger, dem ehemaligen Vizekanzler der Universität Ingolstadt, den Ingolstädter Jesuitenprofessoren Jakob Gretser und Adam Tanner sowie einem weiteren Theologen. Die protestantische Seite wird vertreten durch den Neubürger Hofprediger Jakob Hailbronner, die Wittenberger Professoren Aegidius Hunnius und David Runge sowie den württembergischen Hofprediger Andreas Osiander. Im Bildvordergrund nehmen die bayerischen und pfälzischen Notare die erste Reihe ein, dahinter folgen Zuschauer dem Geschehen.

Auf der gegenüberliegenden Seite des Stammbuchs findet sich der Eintrag des Auftraggebers: *"Philipus Ludwig Pfalzgrave Rh."* mit dem pfalz-bayerischen Wappen, der Widmung *"Christus Meum Asylum"* und der Datierung 1601.

HERBST. - E. v. BERCHEM: Das Stammbuch der Familie Donauer aus Regensburg, in: Blätter des Bayerischen Landesvereins für Familienkunde, 8. Jg., Nr.1/2, 1930. - Kat. München 1980 II/2, Nr. 207. - B. BAUER: Das Regensburger Kolloquium 1601, in: Kat. München 1980 II/1, 90-99. - Ausst.kat. Die Jesuiten in Bayern 1549-1773, München 1991, Nr. 108.

P. G.-B.

95 Das Regensburger Religionsgespräch von 1601. *1606*

COLLOQVIVM RATISBO: HABITVM MENSE NONO ANNO MDCI INTER THEOLOGOS BAVARICOS ET PALAT. SAXONICOS.
Signiert H.W.
Kolorierter Holzschnitt; 19,5 x 15 cm
Museum der Stadt Regensburg (G 1938,36)

Dem Holzschneider diente die Miniatur des Donauer-Stammbuchs (Kat. 94) als Vorlage. Im Unterschied zur Miniatur ist der Titel verkürzt wiedergegeben und die Monatsangabe *NOVB*: für November als *NONO*, der neunte, verschrieben. Die Signatur *HW* könnte auf Hans Wiwernitz, den Lehrmeister von Georg Christoph Eimmart d.Ä., weisen.

KRAUS/PFEIFFER, Nr.250.

P. G.-B.

96 Medaille zum Religionsgespräch von 1601

Silber, geprägt; 34 mm; 10,54 g
Museum der Stadt Regensburg

Vs.: Über einem geschlossenen Buch hält eine von rechts aus den Wolken hervorkommende Hand ein strahlendes Schwert, das drei umherfliegende Fledermäuse, von denen zwei Jesuitenmützen tragen, zerstückelt; Umschrift: *COLOQVIUM. XVIII. NOVEM[bris]: RATISB[onae]. A[nno]. S[alutis]. MDCI.* (Das Colloquium zu Regensburg am 18. November im Jahr des Heiles 1601). Zwei Zeilen Umschrift: *SEHET EVCH FVR VOR DEN FALSCHEN PROPHETEN, DIE IN SCHAFSKLEI/ DERN ZV EVCH KOMEN INWENDIG ABER SEIND SIE REI[ssende]: W[ölfe].* (Matthäus 7.15)
Rs.: Ein Weib mit einem Deckelpokal in der Rechten reitet auf einem Tier mit sieben Bocksköpfen, die Hure Babylon nach der Lutherbibel des Hans Lufft von 1534; im Abschnitt: *DIE GROSSE. H[ure]./ BABILOB.*; zwei Zeilen Umschrift: *VND ICH SAHE DAS WEIB TRVNCKEN VON DEM BLVT DER HEILIGEN/ VND VON DEM BLUT DER ZEVGEN IHESV, APOCA[lypse]: XVII.*

Während diese sogenannte Spottmedaille ein Bibelzitat trägt und den Gegner nicht offen benennt, lautet der Text einer weiteren Medaille mit gleicher Vorderseite: *IEHSV XSTI(Christi)/ FEIND, ENDECHRIS/TS (Antichrists) FREIND, SATH/ANS LETZTE FRUCHT,/VND DES BABSTES ZVC/HT, IGNATIVS (von Loyola) SCHOn,/ THET SEIN ERSTES PAT/RON EITEL FALSCH/ES LEHRT, REINE / LEHR VERKEHRT*. Eine weitere Medaille dieses Typs setzt das lichtscheue Wesen der Fledermaus in Parallele zur Wahrheitsscheu des Antichrists. Die drastische Polemik der Medaille hat den Delegationsleiter der katholischen Partei bei den Religionsgesprächen, den Jesuiten Jakob Gretser, veranlaßt, einen "Commentariolus" hierzu zu verfassen. Gretser deutet die auf der Bestie reitende Hure Babylon als Personifikation Luthers und der Häresie, die Höllenvögel als wahre Bilder der Häretiker. Ironisch lobt er, daß die Bibel geschlossen dargestellt ist, da sie den Prädikanten wahrhaft verschlossen sei.

JACOBI GRETSERI OPERA OMNIA, Regensburg 1734-41, Bd.XIII, 495-504 (mit Kupferstich der Medaille). - DIMPFEL I, 163f. - JUNCKER, 331-332, 334, 361-362. - PLATO Nr. 102. - K. MAYR: Eine Medaille auf das Religionsgespräch in Regensburg 1601, in: Mitteilungen der Bayer. Numismat. Ges., IX. Jg., 1890, 42-47. - Slg. RUMPF Nr. 92. - DOLLINGER Abb. S. 460.

P. G.-B.

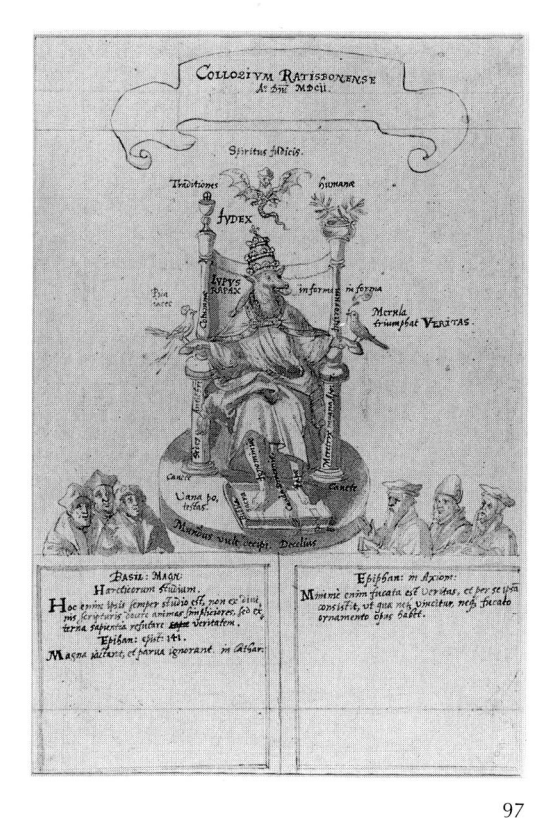

97 Protestantisches Spottbild auf das Regensburger Religionsgespräch von 1601. 1602

Anonym
Federzeichnung ; 36,8 x 24,5 cm
Museum der Stadt Regensburg (G1929,103)

Die unvollendete Zeichnung beschäftigt sich vor allem mit dem Gedankengut der katholischen Seite des Kolloquiums. Sie zeigt den Papst, die Verkörperung der römischen Kirche, als thronende Wolfsgestalt ("lupus rapax") in vollem Ornat. Auf das Regensburger Kolloquium weisen außer dem Titel die Halbfiguren zu Füßen des Papstes hin. Die linke Dreiergruppe steht für die katholischen, die rechte für die evangelischen Gelehrten.
Um den Papst und die Thronarchitektur (Sedes Antichristi) sind Beschriftungen angebracht, die das Bild inhaltlich präzisieren und den eigentlichen Streitpunkt des Kolloquiums, die "traditiones humanae", mit einbeziehen (vgl. dazu den Aufsatz von J. D. Colditz). Die listige Elster (pica) steht in diesem Zusammenhang antithetisch zur einfachen Amsel (merula) für die Verfälschung der biblischen Glaubenswahrheiten durch Täuschung der Gläubigen. Das erstmals in Sebastian Brandts "Narrenschiff" (1494) auftauchende Sprichwort "Mundus vult decipi" ("Die Welt will betrogen sein"), welches sich am Thronsockel wiederfindet, weist in dieselbe Richtung. Der Papst ist als Wolf im Schafspelz karikiert, der die Bibel mit Füßen tritt und mit seinem Drachenschwanz (cauda draconis) verunreinigt.

Im unteren Bereich des Blattes befinden sich auf zwei Schrifttafeln lateinische Kirchenväterzitate, die zur Brandmarkung der Katholiken als Häretiker dienen. Sie stammen von Basilius von Caesarea und Epiphanius von Salamis (4./5. Jh.). Das Basilius-Zitat, auf der linken Tafel verkürzt wiedergegeben, lautet vollständig übersetzt: "Das nämlich ist immer ihr Bemühen, die einfachen Seelen nicht aus den heiligen Schriften zu lehren, sondern mit fremder Weisheit die Wahrheit zu umgeben." Das Blatt versucht somit, die historische Seite mit Argumenten zu schlagen, die ihrer eigenen Tradition entstammen und das Schriftprinzip betonen.

MIGNE 32, 247. - G. CAIRO: Dizionario ragionato dei simboli, Bologna 1967, 191, 273.

A. S.

Die Dreieinigkeitskirche.
Bau und Ausstattung

Neben der Neupfarrkirche gab es bis in die fünfziger Jahre unseres Jahrhunderts in Regensburg nur noch eine evangelische Pfarrkirche, die Dreieinigkeitskirche. Lange Zeit waren beide Gotteshäuser von der einen Regensburger evangelischen Gemeinde benutzt worden, bis 1814 die Teilung in Gemeinde Oberer und Unterer Stadt erfolgte.[1]

Von 1553 bis 1563 nutzte die stark angewachsene evangelisch-lutherische Gemeinde in Regensburg für ihre Gottesdienste die Kirche St. Oswald des Frauenspitals, über die der Rat Verfügungsrecht besaß. Als wegen eines Sturmschadens diese Nutzungsmöglichkeit entfiel, adaptierte man am 16. Mai 1563 das Langhaus der Dominikanerkirche als Predigtsaal, den Chor überließ man weiterhin den Mönchen. Dieses Simultanverhältnis wurde 1568 durch einen Vertrag legalisiert. Trotzdem strebten die Dominikaner beim Reichshofrat in Wien einen Vergleich an, der ihnen wieder die alleinige Nutzung der Kirche ermöglichte. Es wurde ihnen die Rückgabe ihrer Kirche zur alleinigen Nutzung innerhalb von drei Jahren gegen die Bezahlung von sechstausend Gulden an die Stadt Regensburg zugesagt.[2] Durch diesen Vergleich kam die Stadt einerseits in die Bedrängnis, für neue Räumlichkeiten sorgen zu müssen, andererseits waren die sechstausend Gulden, wenn auch bei weitem nicht ausreichend, doch ein finanzieller Grundstock, der an die Errichtung eines Neubaus denken ließ.

So kam es am 18. Februar 1627 zum Ratsbeschluß zur Errichtung eines neuen protestantischen Kirchenbaus. Als Bauplatz wählte man das Grundstück des Gymnasium Poeticum. Das dort befindliche städtische Fecht- und Zeughaus wurde abgerissen.

Zunächst wandte sich die Stadt an den pfalzneuburgischen Baumeister Matthias Stang d. J., dessen Bauvorhaben aus zwei Zeichnungen hervorgeht (Kat.99). Er plante eine wohl emporenlose Saalkirche mit abgesetzter Chorapsis, die stark an der Neuburger Kirche Unsere Liebe Frau orientiert war. Darüber, warum Stangs Pläne nicht zur Ausführung kamen, schreibt Gumpelzhaimer:

"Nachdem die Predigerkirche abgegeben, und der Rath nun eine neue Kirche erbauen wollte, so ist der pfalzgräfische neuburgische Baumeister Matthias Stangen dazu erbeten worden. Da derselbe aber mit seinem Gutachten und Riß säumig sich erwiesen, so ist von Nürnberg der Ingenieur Hanns Carl dazu berufen worden, aber wie es im Rathschluß heißt, damit die posteri sehen, daß man eines so kostbarlichen Gebäuds halber nicht nur auf eines Bauverständigen Gutachten und Vorschlag gegangen, beyder Meinung dabey berathen worden."[3]

Auch Carl legte verschiedene Entwürfe vor, bis endlich der dritte vom Rat angenommen wurde (Kat.102).

Am 4. Juli 1627 konnte der Grundstein gelegt werden (Kat.106). Diese Zeremonie sollte zwar feierlich gestaltet sein, sich jedoch vom katholischen Brauch unterscheiden. So griff man auf das Modell profaner Grundsteinlegung zurück, wie sie dem Baumeister Carl vom Nürnberger Rathaus her bekannt war. Man verzichtete sowohl auf die Errichtung eines Kreuzes als auch auf die Verwendung von Weihwasser. Stattdessen ließ man Münzen und Weinflaschen in den Grundstein ein.[4] Aus Anlaß dieses Festaktes erschienen Medaillen und Kupferstiche, die die Festivitäten und den Grundstein zeigen (Kat.106-108).

Ebenso wie die Grundsteinlegung wurde die Einweihung der Dreieinigkeitskirche in Abgrenzung zur katholischen Liturgie vollzogen. Wieder verzichtete man auf das Besprengen mit Weihwasser und auf die in der reformierten Kirche ebenfalls bedeutungslose Beisetzung von Reliquien im Sepulcrum des Altars. Denn "nicht besondere Weihehandlungen kennzeichnen das Gotteshaus als solches, sondern allein die Tatsache, daß dort das Evangelium verkündet wird".[5] Schon Martin Luther selbst hatte die

Torgauer Schloßkapelle 1544 mit einer schlichten Predigt eingeweiht.

Tatsächlich wollte man in Regensburg einen solchen Festakt doch würdig begehen. Ähnlich dem katholischen Ritus gab es, unter strenger Einhaltung der Ränge, eine feierliche Prozession in die Kirche; der Festgottesdienst dauerte den ganzen Vormittag, und nachmittags gab es einen Vespergottesdienst mit drei Taufen.[6] Auch zu diesem Anlaß erschienen Schaupfennige sowie ein Kupferstich von Merian (Kat.110-112).

Der Bau der Dreieinigkeitskirche geht auf den 3. Entwurf Carls zurück. Es handelt sich um eine im Westen turmlose Saalkirche mit eingezogenem, gerade geschlossenem Chor, der von zwei Türmen flankiert wird. An die Ostseite des Südturms schließt sich die Sakristei an. Es gibt insgesamt drei Portale, eines an der Westfassade, die anderen beiden je in der Mitte der Langseiten. Jede Langhauswand ist durch neun Fenster gegliedert. Den vier querovalen Oculi in der unteren Zone entsprechen vier zweibahnige Rundbogenfenster mit einfachem Kreis im Maßwerk, dem Portal entspricht in der oberen Zone ein Rundfenster. Rundbogenfenster durchbrechen auch den Chorschluß, in dessen Scheitel sich ein weiteres Ovalfenster befindet. Die Längsseiten des Chors besitzen je eine Tür zu den seitlich anschließenden Türmen und je ein Rundbogenfenster.

Langhaus und Chor werden von einer auf Konsolen ruhenden Längstonne überwölbt, die im Langhaus mit stuckierten Sternrippen, im Chor mit stuckierten Netzrippen geschmückt ist. Der Triumphbogen ist als Gurtbogen mit auf Konsolen ruhendem Unterzug ausgebildet. Ebenfalls von Konsolen getragen wird die hölzerne Emporenanlage, die die Langhausseiten in eine obere und eine untere Zone teilt.

Nicht nur die Beeinflußung der Architektur durch die Empore, d. h. die zusätzliche Belichtung der unteren Zone durch Oculi, sondern auch die Statik der Empore an sich stellt eine Besonderheit dar. So kann man zwar die Empore der Schloßkapelle von Neuburg a. D. als Vorbild für eine von Konsolen getragene, nicht durch Säulen gestützte Emporenanlage nennen, doch ist diese wesentlich schmäler angelegt als die der Dreieinigkeitskirche, wo breite Sitzreihen aufliegen.[7]

Ein weiteres Element, das den Eindruck des Inneren prägt, sind die Stuckdekorationen der Tonnengewölbe. Sowohl das Langhaus- als auch das Chorgewölbe wurden von Georg (III) Vest aus Creußen bei Bayreuth nach einem Entwurf Carls stuckiert und teilweise vergoldet.[8] Die Decke des Langhauses wird beherrscht von sechs achtstrahligen Sternen, die paarweise entlang der Längsachse angeordnet sind. Dadurch entstehen auf der Längsachse zwei Quadrate, die mit Seraphimköpfen in wiederum achtzackigen Feldern geschmückt sind. Zwischen diesen beiden Quadraten befindet sich im Zentrum der Decke eine Sonnenscheibe mit der Inschrift SANCTAE TRINITATI SACRUM (Ein Heiligtum für die Heilige Dreifaltigkeit). Die übrigen zwischen den Sternen entstandenen Quadrate sind mit genasten, vegetabil gefüllten Vierpässen geschmückt. Die Konsolen, auf denen die Tonne ruht, sind als Engelköpfe ausgebildet.

Das Chorgewölbe ist mit einem Netz aus tropfenförmig durchsteckten Bögen auf Engelkonsolen geschmückt. Zwei Reihen von Engelköpfen zieren auch die Schnittpunkte der Bögen, ihre Scheitelpunkte tragen Rosetten im Sinne von Schlußsteinen.[9]

Auffällig ist die häufige Verwendung des Engelmotivs. Die Engelköpfe sollen auf die Anwesenheit Christi mit seinen Boten während der Abendmahlsfeier hinweisen.[10] Engel zieren auch den polygonalen, kassettierten Schalldeckel der am südlichen Chorbogen befindlichen Kanzel. Dieser Schalldeckel stammt von 1631 und ist somit älter als der 1656 entstandene untere Teil. Der achteckige hölzerne Korb ruht auf einer Säule aus Rotmarmor und ist über eine Treppe vom Südturm aus betretbar.

Ebenfalls noch aus der Erbauungszeit um 1630/31 stammt das Kirchengestühl mit den

304

besonders reich gestalteten Sitzen für den Inneren Rat im Chor, dem seitlichen Gestühl für den Äußeren Rat, den Emporen für den Ritterstand, die Doctores und vornehmen Bürger; auf den Bänken im Schiff saßen die adligen Damen, die 'ehrlichen' Bürger und ihre Frauen.[11] Besondere Schmuckstücke sind die als Knorpelwerkschnitzereien ausgeführten Dorsalien des Chorgestühls und eine Opferstockfigur mit Klingelbeutel aus dem Jahre 1632.[12]

Besonderes Augenmerk verdient auch der Altar (Kat.116, 117). Dieser freistehende Ädikula-Altar wurde 1637 aufgestellt und löste ein Provisorium ab.[13] Der Schreiner Georg Stellenberger fertigte ihn nach dem Entwurf von Georg Jakob Wolf, beide aus Regensburg. Die gewundenen Säulen mit Flammenleisten vor kannelierten Pilastern ließ Johann Carl in Nürnberg fertigen. Das Altarblatt gilt als Augsburger Arbeit, das Predellenbild stammt vom Regensburger Maler Johann Paul Schwentner.[14] Auf dem Altar dargestellt sind die beiden Sakramente der protestantischen Kirche, das Abendmahl als Altarblatt, die Taufe als Taufe Christi auf der Predella.

1 PFEIFFER: Dreieinigkeitskirche, 5. - DOLLINGER, 386f.
2 PFEIFFER: Dreieinigkeitskirche, 5. Genauer bei MÖSENEDER im Aufsatzteil
3 GUMPELZHAIMER III, 1111.
4 LOREY-NIMSCH: Grundsteinlegung.
5 LOREY-NIMSCH: Einweihung, 171.
6 Ebd. 172.
7 Vgl. dazu MÖSENEDER im Aufsatzteil
8 MORSBACH, 19.
9 Ebd.
10 Ebd.
11 Ebd. 22.
12 Ebd. 20f.
13 PFEIFFER: Addenda, 95.
14 MORSBACH, 20f.

B. B.

98 Der Rat beschließt den Bau der Dreieinigkeitskirche. 1627

Georg Christoph Eimmart d.Ä. (1603-1658)
Miniatur auf Pergament; 41 x 26 cm - Originaler Rahmen mit Flammleisten und geschnitztem Schuppenornament, Birnbaum schwarz gebeizt; 50,5 x 34,5 cm
Aufschrift der Rückseite: Namen der 16 Mitglieder des Inneren Rats
Museum der Stadt Regensburg (AB 201)
Farbabb.17

Die Miniatur zeigt das Innere der Ratsstube, des späteren Kurfürstenkollegiums. Auf drei Bänken haben die 16 Mitglieder des Inneren Rats Platz genommen. Ihre Wappen sind seitlich vor den Säulen angebracht, das Wappen links im Vordergrund gehört dem Ratskonsulenten und Stadtschreiber Johann Jakob Wolff von Todtenwart. Dargestellt ist die Übergabe eines mit Siegeln behängten Schriftstücks, des Ratsbeschlusses zum Bau der Dreieinigkeitskirche vom 18.Februar 1627. Vor der lindgrün gefaßten Rahmenarchitektur halten oben zwei Engel eine Kartusche mit der Darstellung der Dreieinigkeit, unten mit der Ansicht der Dreieinigkeitskirche in der ausgeführten Version. Auf Postamenten in Sockel- und Gebälkzone sitzen die vier Evangelisten.

Die Miniatur folgt in Bildaufbau und Detail dem Vorbild der Titelminiatur Mielichs im Reichsfreiheitenbuch von 1536 (Kat. 31). Der gleiche Raum ist aus derselben Perspektive in zeitgenössischer Ausstattung gezeigt, die Anordnung der Wappen stimmt überein, ebenso die Übergabeszene von Freiheitenbuch bzw. Beschlußfassung. Die Detailgenauigkeit des Miniaturisten zeigt den Innenraum mit seiner reichen Ausstattung, wie dem Gemälde "Die Tugenden des guten Regiments", das das bei Mielich abgebildete Weltgerichtsbild ersetzt, und der erst 1627 angebrachten Uhr in Gemäldeform.

Der 1603 geborene Georg Christoph Eimmart d.Ä. war seit dem Jahr 1622 beim Regensburger Maler Hermann Wiwernitz als

100 1. Bauprojekt Carls. 1627

Johann Carl (1587 - 1665)
a. Grundriß
Tusche laviert ; 40 x 62,5 cm
Bez. Johann Carl Ingenieur; Nr.3 (rot)
Erklärungen und Maßangaben (braun)
Museum der Stadt Regensburg (G1982,202 i)
b. Querschnitt
Tusche, zweifarbig laviert ; 46 x 35 cm
Bez. Johann Carl Ingenieur
Erkärungen und Maßangabe in brauner Tinte
Museum der Stadt Regensburg, Städt. Bauamtschronik
c. Nordansicht
Tusche laviert ; 67,5 x 61 cm
Erklärungen und Maßangaben in brauner Tinte
Museum der Stadt Regensburg(G1982,202 h)

In seinem ersten Projekt plante Johann Carl (Kat.104) die Dreieinigkeitskirche als dreischiffige Hallenkirche mit einem Westturm und eingezogenem Chor mit 6/8-Schluß. Die Gliederung des Langhauses in fünf Joche ist aufgrund der Strebepfeiler mit Säulenvorlagen, wie sie auch die sechs Ecken des Chors markieren, am Außenbau ablesbar.
Der Querschnitt (b) zeigt, daß für das Mittelschiff eine Längstonne und für die Seitenschiffe Spitztonnen vorgesehen waren, während dem Grundriß (a) zufolge für den Chor ein Sternrippengewölbe geplant war. Der Längsschnitt (c) zeigt u. a., daß der über einem quadratischen Grundriß aufragende Turm schon im zweiten Geschoß in ein Oktogon übergeht und sich durchgehend über ein unterbrochenes Glockendach bis hin zur Laterne mit Zwiebeldach verjüngt. Ungewöhnlich ist das extrem hohe, steile Dach.
Dieser durch die vielen Pfeiler, Gewölberippen und Portale aufwendige Entwurf wurde wahrscheinlich aus finanziellen Gründen abgelehnt.

B. B.

101

101 2. Bauprojekt Carls. 1627

Johann Carl (1587 - 1665)
Tusche, zweifarbig laviert ; 55,5 x 39 cm
Bez. Johann Carl Ingenieur
Erkärungen und Maßangaben in brauner Tinte
Museum der Stadt Regensburg, Städt. Bauamtschronik

Dieser zweite Entwurf Carls ist eindeutig schlichter als der erste. Nun ist eine tonnengewölbte Saalkirche vorgesehen, der Westturm weicht einer einfachen Giebelfassade. Stattdessen plante Carl eine Sakristei und einen Turm im Norden, die jeweils in die Ecken zwischen Langhaus und eingezogenem Chor eingefügt sind. Die Strebepfeiler reduzieren sich auf den Chor, die nunmehr glatten Wände werden durch Sockel, Gesimse und verzahnte Eckquader gerahmt. Eine eingezeichnete Treppe in der Südwestecke läßt auf eine geplante Empore schließen, die jedoch die Rundbogenfenster durchschnitten hätte. So kam es zu einer weiteren Modifizierung des Entwurfs.

B. B.

101.1

101.1 Verändertes 2.Projekt Carls. 1627

Johann Carl (1587 - 1665)
Tusche laviert ; 45 x 59,5 cm
Museum der Stadt Regensburg (G1982,203a)

In dieser Überarbeitung seines zweiten Projekts löste Carl den Konflikt zwischen Empore und Fenstern, indem er die Rundbogenfenster höher setzte und zur Belichtung des unter der Empore liegenden Raumes querovale Oculi einfügte. Neben weiteren kleineren Änderungen an den Fenstern unterscheidet sich dieser Entwurf vom vorhergehenden auch in der Planung der Choranlage. Wie die Westfassade ist nun auch der Chor gerade geschlossen.

Vgl. auch den Beitrag von Karl Möseneder im Aufsatzteil.

B. B

102 Ausführungspläne zum Bau der Dreieinigkeitskirche. 1627

Johann Carl (1587 - 1665)
a. Westansicht
Tusche laviert ; 57 x 32,5 cm
Erklärungen und Maßangaben in schwarzer Tinte
Museum der Stadt Regensburg (G1982,203c)
Abb.20

b. Ostansicht
Tusche laviert ; 59 x 34 cm
Erklärungen und Maßangaben in schwarzer Tinte
Museum der Stadt Regensburg (G1982,203b)
Abb.19

c. Langhausdecke
Tusche laviert ; 37 x 44 cm
Bez.: Decken im Langhauß
Museum der Stadt Regensburg (G1982,203d)
Abb.24

Die Westansicht (a) zeigt die Giebelfassade und die dahinter sichtbaren Osttürme. Nicht nur die Dreiecksform des Giebels, sondern auch die Gestaltungsdetails der Fassade weisen auf die Dreieinigkeit hin. So wird der Mauerverband von drei Arten von Öffnungen durchbrochen: Tür, Fenster und Oculi.
Das Mittelportal begleiten in der unteren Zone zwei querovale Oculi, darüber befinden sich drei Fenster, von denen das mittlere entsprechend dem Portal höher und größer angelegt ist. Wiederum darüber, in der Mittelachse, befinden sich zwei weitere Oculi, die jedoch als zusammengehöriges Paar erscheinen, so daß auch in der Senkrechten das Dreiermotiv Portal, Fenster, Oculi zum Tragen kommt.
Die Ostansicht (b) zeigt als Gegenstück zum Westgiebel den nun ebenfalls gerade geschlossenen Chor mit den beiden flankierenden Türmen.
Der Entwurf zur Stuckdecke des Langhauses (c) illustriert das System von achtzackigen Sternen und den dazwischenliegenden Quadratfeldern, wie es heute in weißem Stuck mit dezenten Vergoldungen in der Kirche zu sehen ist. Zu einer Änderung kam es nur im Zentrum der Decke, wo es anstelle des üblichen vegetabilen Vierpasses zur Ausführung einer Sonnenscheibe kam, die den Spruch "SANCTAE TRINITATI SACRUM" trägt.

Vgl. den Beitrag von Karl Möseneder im Aufsatzteil.

B. B.

103

103 Modell der Dreieinigkeitskirche. 1627

Anonym, Regensburg (?)
Lindenholz ; 140 (L) x 70 (B) x 120 (H) cm
Museum der Stadt Regensburg (HV 1361)

Wie bereits beim Bau der Neupfarrkirche ließ sich der Rat auch zur Dreieinigkeitskirche mehrere Entwürfe vorlegen. Den ersten, bestehend aus *"2 Modell..., eines auf Papier, das andere in Holtz"* wies man zurück, hätte doch laut Kostenvoranschlag der Bau eine Summe von 35.000 Gulden verschlungen. Nach Gumpelzhaimer reichte in der Folge der pfalz-neuburgische Baumeister Matthias Stang d.J. Pläne ein. Da er sich aber als unzuverlässig erwies, berief man schließlich den Nürnberger Johann Carl. Er legte den Bauherren zwei Entwurfsvarianten vor (Kat.100, 101). Wohl aus finanziellen Gründen fiel die Entscheidung zugunsten des letzten Plans (Kat. 101.1), hatte Carl doch hier u. a. Abstand von den anfangs vorgesehenen, material- und kostenaufwendig konzipierten Strebepfeilern genommen.
Den Planungsgewohnheiten entsprechend und auch zum besseren Verständnis der Bauherren ergänzte Carl seine zweidimensionalen Pläne durch ein in wenigen Teilen farbig gefaßtes Holzmodell, das die nötigen Nachbesserungen bereits berücksichtigte und für das er 70 Reichstaler erhielt.
Das Kirchenmodell ist äußerst detailliert ausgearbeitet. Es fügt sich aus einem Langhaus und einem eingezogenen, gerade schließenden Chor zusammen, den zwei Türme mit polygonalen Abschlüssen flankieren. (Die Türme blieben z.T. unvollendet.) Die Fassade des Langhauses zeigt umlaufend einen zweiteiligen horizontalen Aufbau: im unteren Geschoß Ovalfenster, darüber zweibahnige Rundbogenfenster. Eine Akzentuierung erfahren die Giebel- und Traufseiten jeweils durch Säulenportale und darüber gesetzte Fenster. Sind diese an den Längsseiten als Oculi ausgebildet, so findet sich über dem Westportal ein langgestrecktes Rundbogenfenster, über das noch zwei übereinandergesetzte kleinere Rundfenster gestellt sind. Der Chorauffriß hingegen zeigt auf allen drei Seiten langgestreckte gedoppelte Rundbogenfenster und nur an der Ostseite zwei weitere, über den Längsfenstern eingesetzte Ovalfenster. Fraglich bleibt, ob der auffallend gedrungene, schwere Charakter des Baus, den die wuchtigen Fensterrahmen und Portale in dorischer Ordnung sowie die Eckverquaderung hervorrufen, dem Umstand zuzuschreiben ist, daß sich Carl hauptsächlich als Festungsbaumeister betätigte. Im Vergleich zum zeitgenössischen katholischen Kirchenbau präsentiert sich auch der plastische Fassadenschmuck sowohl im Bereich der Portale als auch in den Giebelzonen zurückhaltend.
Das Dach bleibt bewußt offen, um seine Konstruktion, ein Dachwerk ohne Balkenlager, sichtbar zu lassen. Diese Konstruktionsart ermöglichte es, den Raum mit einer Segmentbogentonne zu überspannen. Im Querschnitt ergibt sich damit ein dreigeschossiges Kehlbalkendach mit liegendem Stuhl, wobei der Binder die Sparren, die Kehlbalken, Stuhlsäulen und Spannriegel enthält. Mit Hilfe von zwei langen, dem Bin-

der aufgeblatteten Streben, die, über die Tonne gelegt, sich am Fuß des untersten Hängewerks kreuzen, kann der Schub des Binders gemindert werden. Carl dürfte sich nach Pfeiffer bei seinem Dachwerk am Obergeschoß des Stuttgarter Lusthauses orientiert haben, das Georg Beer ab 1583 errichtet hatte.

Dieses Holzmodell diente dem Baumeister nicht als Arbeitsmodell; es fungierte vielmehr als Schaumodell, das u. a. bei der Grundsteinlegung der Kirche öffentlich aufgestellt war (vgl. Kat.106), um als 'Architektur en miniature' den Bauherren und den Gemeindemitgliedern ein Bild des künftigen Baus zu vermitteln.

Landeskirchliches Archiv Regensburg Nr. 68, S. 237. - GUMPELZHAIMER III, 1111. - PFEIFFER: Addenda, 93 f. - W. MÜLLER: Holzmodell der evangelisch-lutherischen Dreieinigkeitskirche in Regensburg, in: Ausst.kat. Architekt und Ingenieur. Baumeister in Krieg und Frieden, hrsg. von U. Schütte, Wolfenbüttel 1984, 90 f. - LOREY-NIMSCH: Grundsteinlegung. - MORSBACH, 17 - 23.

R. S.

104 *Johann Carl.* 1662

Joachim von Sandrart (1606-1688)
Kupferstich; 25,3 x 14,8 cm
Bez. u. Mitte: J. Sandrart sculp: Anno 1662
Museum der Stadt Regensburg (G 1941/14)
Abb. 17

Johann Carl (1587-1665), der Erbauer der Dreieinigkeitskirche, wird im Titel des Blattes als "Zeuchmeister und Ingenieur in Nürnberg" bezeichnet. Auf diese seine eigentlichen Tätigkeiten verweisen die Attribute, die ihm Sandrart beigegeben hat. Die im Fensterausschnitt zu sehende Dreieinigkeitskirche ist Carls einziger Sakralbau und zugleich sein architektonisches Hauptwerk. Der ohnehin leicht fortifikatorische Charakter des Baus ist hier im Bild durch die massive Vergitterung der querliegenden Ovalfenster noch gesteigert. Im Text heißt es zu der Kirche: "Wann der Andacht Feuerpfeil will zu Gott gen Himmel zielen / Durch des Teutschen Hirams Hände dort ein Bete-Tempel steht."

Carl wurde von Sandrart in dessen 1675 erschienene 'Teutsche Academie der Edeln Bau-, Bild- und Malerey-Künste' aufgenommen.

Lit.: GUMPELZHAIMER III, 1111. - THIEME/BECKER V, 599f. - Kat. Regensburg 1958, Nr. 294. - Das Evangelische Regensburg, 18-21

E. T.

105 *Stadtzimmermeister Lorenz Friedrich.* 1667

Anonym, Regensburg
Öl auf Leinwand ; 78 x 64 cm
Bez. o. r.: Lorentz Fridrich stat Zimer/Meister seines Alters 77. Jahr vnd 16 Wochen. Ao 1667
Regensburg, Dreieinigkeitskirche

Lorenz Friedrich (1590 - 1667) kam mit Johann Carl (Kat.104) von Nürnberg nach Regensburg, wo er 1633 als Bürger und Ratszimmermeister angenommen wurde. Er errichtete die von einer mächtigen Dachstuhlkonstruktion gehaltene, weit auslandende Holztonne der Dreieinigkeitskirche.

Daß Friedrich in städtischen Diensten stand, ist abgesehen von der Inschrift auch an seinem mit dem Stadtwappen geschmückten Arbeitsgerät zu erkennen.

Das Portrait wurde 1741 von Katharina Barbara Schönfelder, einer Urenkelin Friedrichs, an die Dreieinigkeitskirche geschenkt.

SCHLICHTING IV, 62. - WALDERDORFF, 446. - Kunstdenkmäler II, 119. - PFEIFFER: Dreieinigkeitskirche, 6.

E. T.

106 Grundsteinlegung zur Dreieinigkeitskirche. 1627

Aigentliche Abbildung der zu Regenspurg gehaltenen SOLENNIEN, als Ein / E. E. Rath daselbsten, die erste grundstein zu einer Newen Evangelischen Kirchen gelegt hat, geschechen den / 4. Jullij Anno 1627.

Matthäus Merian (1593 -1650) nach
Johann Paul Schwenter
Kupferstich ; 24 x 42 cm
Bez. u. r.: Johann Paul Schwenter inv.
M. Merian Fecit.
Museum der Stadt Regensburg (G1981-8, 2a)

Der Festakt der Grundsteinlegung zur Dreieinigkeitskirche unterschied sich durch den Rückgriff auf profane Traditionen grundsätzlich vom katholischen Zeremoniell. An der Stelle des künftigen Altars wurde kein Kreuz zum Zeichen für die unblutige Erneuerung von Christi Opfertod in der Wandlung errichtet. Auch auf Weihwasser wurde verzichtet. Stattdessen erachtete man den während der vierstündigen Zeremonie gefallenen Regen als göttliche Weihe.

Etwas oberhalb der Bildmitte ist der überdachte Tisch zu sehen, an dem die Ratsherrn im Namen der Heiligsten Dreifaltigkeit Wein und Münzen in die beiden Grundsteine einließen, die dann mittels der Winden im Vordergrund in die Erde versenkt wurden.

Das Blatt diente zur Illustration von Sebastian Hemmingers 'Kurzem summarischen Bericht...' (s. Bibliographie).

PARICIUS, 177 f. - GUMPELZHAIMER III, 1112-1114. - Kat. Regensburg 1958, Nr. 291. - Das Evangelische Regensburg, 18. - LOREY-NIMSCH: Grundsteinlegung.

E. T.

107 Medaillen auf die Grundsteinlegung der Dreieinigkeitskirche 1627

Zum Anlaß der Grundsteinlegung brachte die Stadt eine umfangreiche Serie von Medaillen und Jetons heraus, die von der - hier wohl erstmals publizierten - großen Goldmedaille im Gewicht von 24 Dukaten bis zu kleinen Silberjetons reicht. Geprägt wurden diese Stücke sicher im Auftrag der Stadt in der städtischen Münzstätte. Die größten Stücke der Serie sind signiert H G - B R. Diese Signatur, die auch 1641 noch auf mehreren Medaillen auftaucht (PLATO Nr. 88, 89, 167), ist bisher nicht aufgelöst. Zu erwägen ist eine Deutung als Hans Georg Bahre, Regensburg. Von diesem Künstler existiert eine große Zahl von Plänen und Ansichten Regensburgs aus der Zeit des Dreißigjährigen Kriegs, und für das Jubiläum 1642 sind auch Medaillenentwürfe von seiner Hand nachgewiesen (Kat. 238). Daß Bahre selbst auch als Medailleur tätig gewesen wäre, ist bisher jedoch nicht bekannt; die Signierung einer Medaille nur durch den entwerfenden Künstler, nicht aber durch den ausführenden Medailleur, wäre doch recht ungewöhnlich. So bleibt die Frage nach dem Medailleur dieser umfangreichen Serie noch ungeklärt.

Die Verwendung der Wappen der Ratsmitglieder als Motiv belegt, in welchem Maße sich der Rat mit diesem Bauprojekt identifizierte. Von allen Typen der hier wohl vollständig vorgestellten Medaillenreihe existieren mehrere Stempelvarianten, die zwar in Größe, Bild und Gesamtkomposition übereinstimmen, sich aber in der Anordnung einzelner Details und häufig in der Zeichensetzung bei den Aufschriften unterscheiden. Das zeigt, daß diese Medaillen damals in großer Zahl geprägt wurden. Ein weiterer Beweis für die Beliebtheit dieser Medaillen dürfte auch sein, daß eine ganze Reihe von ihnen in späteren Nachgüssen existieren, in Exemplaren also, die mit einer von einem Original abgenommenen Form in privaten Werkstätten durch Guß hergestellt wurden.

In den Grundstein wurden - neben je zwei Flaschen Rot- und Weißwein - zwei silberne vergoldete Schüsseln mit zwei goldenen und zwei silbernen Medaillen dieser Serie gelegt. Darauf weist auch der Stich von I. P. Schwenter und M. Merian hin, der den Grundstein und zwei Medaillen aus dieser Serie gemeinsam abbildet (Kat. 108). Besonders zu erwähnen ist noch die Nennung des Baumeisters, Johann Carl aus Nürnberg, auf den größten Medaillen der Serie. Sie ist nur auf besonders gut erhaltenen Exemplaren zu lesen und ist für Gedenkmedaillen ganz ungewöhnlich.

LOREY-NIMSCH: Grundsteinlegung, 167, Nr. i, k.

107.1a

1a. Medaille - Gold, geprägt, 24 Dukaten; 55 mm; 83,16 g

1b. Medaille - Silber, geprägt, 55 mm; 35,06 g. Beiderseits von anderem Stempel wie a.

Medailleur: H.G.B.R. (Hans Georg Bahre ?)
Museum der Stadt Regensburg (a, b)

Vs.: Ansicht der Kirche mit zwei Türmen, darüber links und rechts zwei Engel mit Palm- und Ölzweig; oben in Wolken Christus, Gottvater und der Hl. Geist als Taube. Auf der Erde unter der Kirche eine Zeile: IOAN[nes]: CARL INGEN[iarius]: A NORIN[berga] (Johann Carl, Baumeister aus Nürnberg). Im Abschnitt drei Zeilen Text: *IN NOM[ine]: S[ancti]S[simae] TRIN[itatis]: FVND[amentum]: / POSVIT S[enatus]. P[opulus]. Q[ue]. R[atisbonensis]. 4 IVL[ii]: / MDCXXVII. (Im Namen der Allerheiligsten Dreifaltigkeit legten Rat und Bürger der Stadt Regensburg den Grundstein am 4. Juli 1627).
Rs.: Im Zentrum sieben Zeilen Text: EST TVA / SA[n]CTA. TRIAS / DOMVS HAEC: DA / NOMEN IN ILLA[m] / ET TVA PERPETVO / DOGMATA PVRA / SONENT (Heilige Dreifaltigkeit, das ist Dein Haus; gib ihm einen Namen und Deine Lehre wird in Ewigkeit klar tönen). Darum kleine Umschrift zwischen zwei Perlkreisen: VOTVM CONSS[ulum]: ET SENATOR[um]: RATISB[onensium] CVM EORVM* P[ro]. T[empore]* INSIGNIIS (Widmung der Regensburger Ratsherren und Räte, die hier mit ihren damaligen Wappen vertreten sind). Außen im Kreis die 16 Wappen der Ratsmitglieder, unterbrochen oben durch das Stadtwappen in barockem Rahmen, unten durch eine Kartusche mit aufgeschlagenem Buch; auf diesem steht: V[erbum] D[omini] M[anet] I[n] AE[ternum] (Das Wort des Herrn wird in Ewigkeit bestehen bleiben). Die Wappen sind durch beigeschriebene Initialen der Ratsherren bezeichnet: (links von oben:) Iohann Iacob Aichinger, Peter Portner, Ioseph Schauer, Tobias Grünewald, Abel Prasch, Wolf Leopold, Mathes Marchtaller, Georg Dimpfel; (rechts von oben:) Bartholome Reuter, Hieronymus Perger, Wolf Schiltel, Matthes Reitmer, Marx Haller, Christoph Grundner, Hans Muck, Iohann Peuhel. Unten zu beiden Seiten der Kartusche die Signatur H G - B R.

PLATO Nr. 21. - SCHLÜTER Nr. 55 (a).

ger Superintendens, Mag. Iohann Fleischmann Senior, Mag. Iohann Seitz, Mag. Wilhelm Vlrich Nieschel, Mag. Iohann Georg Rüd, Iohann Reger, Gregorius Goepfert, Mag. Andreas Hafner, Christoph Sigmund Donauer, Mag. Iacob Kölle, Mag. Iohann Mundwein A. Äußere Umschrift: *PASTOR . ET . MINISTRI . ECCLESIAE . EVANGELICAE . RATISPONENSIS* (Hirte und Diener der evangelischen Kirche in Regensburg).

PLATO Nr. 22.

107.2a

2a. Medaille - *Silberguß, leicht vergoldet; 54 mm; 24,50 g*

2b. Medaille - *Silberguß, leicht vergoldet; 51 mm; 19,51 g*

Medailleur unbekannt
Museum der Stadt Regensburg (a); Sammlung Hubert Emmerig (b)

Vs.: Wie vorher.
Rs.: Aufgeschlagenes Buch mit Aufschrift *S[ancta]. BIBLIA*, darüber der Hl. Geist als Taube. Kleine Umschrift zwischen zwei Perlkreisen: *AD * LEGEM * ET * AD * TESTIMONIVM * ESAI: 8. V. 20.* (Nach dem Gesetz und Zeugnis; Jesaia 8, 20). Darum ein Kreis von elf Wappen des Superintendenten und der Pfarrer der evangelischen Kirche, durch ihre Initialen bezeichnet: (von oben im Uhrzeigersinn:) Magister Sebastianus Hemmin-

107.3a

3a. Medaille - *Silber, geprägt; 42 mm; 19,05 g*

3b. Medaille - *Silber, geprägt; 40 mm; 19,13 g. Rs. von anderem Stempel wie a.*

Medailleur: H.G.B.R. (Hans Georg Bahre ?)
Museum der Stadt Regensburg (a, b)

Vs.: Wie Nr. 1, jedoch ohne die Nennung des Baumeisters unter der Kirche.
Rs.: Wie Nr. 1.

PLATO Nr. 23.

5a. Medaille - Gold, geprägt, 3 Dukaten; 28 mm; 10,45 g

5b. Medaille - Silber, geprägt; 27 mm; 4,12 g. Beide Seiten von anderem Stempel.

Medailleur unbekannt
Museum der Stadt Regensburg (a, b)

Vs.: Ansicht der Kirche mit zwei Türmen, darüber rechts ein Engel mit dem Stadtwappen. Im Abschnitt in einer Kartusche die Jahreszahl *MDCXXVII*.
Rs.: In verziertem Rand sechs Zeilen Text: *IM / NAMEN DER / H[eiligen]. DREIF[altigkeit]. WARD / DER ERSTE STEI[n] / GELEGT DEN / .4.IVLII:*

PLATO Nr. 26 (a), 28 a (b). - Slg. BAUER (Auktion Merzbacher, München, 12. 4. 1886), Nr. 1287 (Gold, 2 Dukaten). - FRIEDBERG Nr. 2457 (a).

107.4b

4a. Medaille - Gold, geprägt, 4 Dukaten; 34 mm; 13,62 g

4b. Medaille - Silber, geprägt; 33 mm; 7,53 g. Rs. von anderem Stempel wie a.

Medailleur unbekannt
Museum der Stadt Regensburg (a, b)

Vs.: Wie Nr. 3.
Rs.: Wie Nr. 3, jedoch ohne die Kartusche mit aufgeschlagenem Buch und ohne Signatur.

PLATO Nr. 24. - Kurpfälzische Münzhandlung, Mannheim, Auktion 9 (11.12.1975), Nr. 917 (Gold, 3 Dukaten).

107.6

6. Medaille - Silber, geprägt; 25 mm; 3,05 g

Medailleur unbekannt
Museum der Stadt Regensburg

Vs.: Wie Nr. 5, jedoch die Jahreszahl im Abschnitt ohne Kartusche.
Rs.: Sechs Zeilen Text: *.A[nno]. 1627. / DEN 4 IVLII / IST DER ERSTE / STEI[n]. Z[ur]. KIRCH[e]: D[er]. H[eiligen] / DREIF[altigkeit]: GELEGT / WORDEN.*

PLATO Nr. 29.

107.5a

107.7a 107.9a

7a. Medaille - *Gold, geprägt, Dukat; 21 mm; 3,44 g*

7b. Medaille - *Silber, geprägt; 22 mm; 1,94 g. Beide Seiten von anderem Stempel.*

Medailleur unbekannt
Museum der Stadt Regensburg (a, b)

Vs.: Wie Nr. 6.
Rs.: Sechs Zeilen Text: *A[nn]o 1627* / DEN 4 IVL[ii]* / IST DER ERSTE / STEI[n]. Z[ur]. KIRCHE[n]. D[er]. / .H[eiligen]. DREIF[altigkeit]: GELE[gt]: / WORDEN.

PLATO Nr. 30. - KUPFERBANK, Auktion 7 (12.6.1986), Nürnberg 1986, Nr. 121 (Gold, 2 Dukaten). - FRIEDBERG Nr. 2458 (Gold, 2 Dukaten), 2459 (a).

9a. Medaille - *Silber, geprägt; 20 mm; 1,29 g*

9b. Medaille - *Silber, geprägt; 19 mm; 1,08 g. Von den gleichen Stempeln wie a.*

Medailleur unbekannt
Museum der Stadt Regensburg (a, b)

Vs.: Wie Nr. 8 mit leicht veränderter Kartusche.
Rs.: Sieben Zeilen Text: ANNO / 1627 DEN 4 / IVL[ii]: IST DER / ERSTE STEIN. Z[ur]. / KIRCHEN D[er]. H[eiligen]. / DREIF[altigkeit]: GELEGT / WORDEN.

PLATO Nr. 32.

107.8

107.10

8. Medaille - *Silber, geprägt; 22 mm; 2,42 g*

Medailleur unbekannt
Museum der Stadt Regensburg

Vs.: Die gekreuzten Stadtschlüssel in verzierter Kartusche.
Rs.: Sieben Zeilen Text: .ANNO. / 1627 DEN 4. / IVL[ii]: IST DER / ERSTE STEIN. Z[ur]. / KIRCHE[n] DER HEY[ligen]: / DREIF[altigkeit]: GELEGT / WORDEN.

PLATO Nr. 31.

10. Medaille - *Silber, geprägt; Klippe (viereckig); 20 x 20 mm; 1,89 g*

Medailleur unbekannt
Museum der Stadt Regensburg

Vs.: Wie Nr. 7, jedoch im Abschnitt unter der Jahreszahl eine Lilie.
Rs.: Sieben Zeilen Text: A[nn]o / .1627. / DEN 4 IVL[ii]: / IST. D[er]. ERSTE STE= / IN. Z[ur]. KIRCHEN DER / .H[eiligen]. DREIF[altigkeit]: GELE[gt]: / WORDEN. Darunter Lilie zwischen zwei Sternen.

PLATO Nr. 33.

H. E.

Originalgröße (Kat. 107.1), vor dem Podest ist ein weiterer "Jubelpfennig" abgebildet (Kat. 107.5). Der Maler Johann Paul Schwenter präsentiert in dieser formschönen Komposition auf eindrucksvolle Weise die Medaillen, die anläßlich der Grundsteinlegung in großer Zahl geprägt und gegossen worden sind. Im Gegensatz und in bewußter Abgrenzung zum katholischen Ritus wurden bei der Dreieinigkeitskirche zwei Grundsteine gelegt, in die eine Flasche Rot- und Weißwein sowie eine Schale mit zwei goldenen und zwei silbernen Medaillen eingelassen wurde.

LOREY-NIMSCH: Grundsteinlegung, 162-67.

P. G.-B.

108 Grundstein und Medaillen zur Dreieinigkeitskirche. 1627

"Abbildung der Pfennig und der grundstein."
Matthäus Merian (1593-1650) nach Johann Paul Schwenter
Kupferstich; 19 x 13,8 cm
Bez.: I.P. Schwenter inve: M. Merian fec.
Museum der Stadt Regensburg (GN 1992,57)

Über einem reich gegliederten Podest erhebt sich ein gewaltiger Steinquader. Hinter den mit Platten verschließbaren Vertiefungen, stehen zwei Flaschen und ein Deckelgefäß. Den Quader flankieren zwei Engel mit Palmzweigen, die Schilde mit dem Stadt- und Reichswappen halten. Über dem altarähnlichen Aufbau erscheint in zwei Ansichten die große zu diesem Anlaß geprägte Medaille in

109 Innenansicht der Dreieinigkeitskirche. 1627

Wahre CONTRAFACTVR der Neuen Evangelischen Kirch/ en zu Regenspurg in der Ehre der Heiligen Dreyfaltigkeit geweiiet und ge-/nandt wie solche Inwendig in Lanck- Hauß vund Kor des PERSPECTIF anzusehen.
Johann Carl (?)
Federzeichnung, leicht grau laviert ; 38,5 x 27,6 cm
Unter dem Kirchenschiff Maßstabsskala 1-60 Schuh
Staatliche Graphische Sammlung München, Inv.Nr. 32077 (Halm-Maffei-Sammlung XIV, 52)

Dieser Querschnitt mit leicht nach links aus der Mittelachse genommenem Fluchtpunkt gehört der letzten Planungsphase Carls an. Auch der Altar ist bereits eingezeichnet. Andererseits entspricht die Gewölbegliederung mit den schlingenförmigen Stuckrippen nicht dem letztendlich ausgeführten Dekorationsschema (Kat.102c). Die Bezeichnung "Wahre Contrafactur" ist somit nicht ganz wörtlich zu nehmen.

E. T.

110 Der erste Gottesdienst in der Dreieinigkeitskirche. 1631

Eigentliche Abbildung der Zu Regenspurg gehaltenen Solennien als Ein E.E. Rath daselbsten, die Neu erbaute/ Kirchen für die Christliche Evangelische gemein. der H: Dreyfaltigkeit, Consecriren, dediciren, und einweihen lassen, geschechen den 5.ten 10bris. 1631.
Matthäus Merian (1593 - 1650)
Kupferstich ; 44,3 x 32,7 cm (Platte)
Bez. u. r. Matthäus Merian fecit.
Museum der Stadt Regensburg (G1981-8,2)
Abb.18

Wie schon bei der Grundsteinlegung (Kat.106), so wurden auch bei der Einweihung der Dreieinigkeitskirche am 5. Dezember 1631 die Unterschiede zum katholischen Ritus deutlich. Nach einer Prozession zur Kirche folgte ein von Salomon Lenz (Kat.214) geleiteter Festgottesdienst. Am Abendmahl nahmen sämtliche Mitglieder des Rates teil. Während der Nachmittagsfeier wurden drei Kinder getauft, die anschließende Predigt hielt Archidiakon M. Johann Seitz. Die gesamten, sich über einen ganzen Tag erstreckenden Feierlichkeiten waren auf die würdige Umrahmung von Wort, Abendmahl und Taufe ausgerichtet. "Wo du siehst, daß die Taufe, das Brot und das Evangelium sei, da ist (...) ohne Zweifel die Kirche" (Martin Luther).
Der Kupferstich gibt genauen Aufschluß über die geschlechts- und standesspezifische Sitzordnung beim Gottesdienst. Der Chorraum ist nicht mehr der Geistlichkeit vorbehalten.
Das Ereignis wurde auch von Hans Georg Bahre in einer Zeichnung festgehalten (HV 1949,101). Aufgrund von perspektivischen Ungenauigkeiten und Unterschieden im Detail kann sie kaum als Vorlage für Merians Kupferstich bezeichnet werden, wie dies in der bisherigen Literatur meist geschehen ist.

WALDERDORFF, 444. - Encaenia. - PARICIUS, 178. - LOREY-NIMSCH: Einweihung (mit Lit.). - Das Evangelische Regensburg, 18-22, Kat. Regensburg 1958, Nr. 293b.

E. T.

111 Festschrift zur Einweihung der Dreieinigkeitskirche. 1633

Encaenia Ratisbonensia. Regenspurgische Kirchweih oder Summarischer Bericht Was auf Befelch und Anordnung / eines Edlen Ehrenvesten Raths der Stadt Regenspurg / mit zuziehung Eines Ehrwürdigen Consistorij bey Einweihung der Newerbauten Evangelischen Kirchen zu H. Dreyfaltigkeit / für Ceremonien und Solennien den 5. Dec. Anno 1631 fürgegangen / sambt andern Notwendigen Stücken / verzeichnet Allen eiverigen Beken-

nern vnnd Liebhabern des Worts GOTTES / Wie auch der lieben Jugend vnnd Posteritet zum Gedächtnis verfasset / in offenen druck hinterlassen / und mit einer Figur in Kupfer gezieret...
Text: Anonym
Druck: Christoph Fischer, Regensburg
Stadtarchiv Regensburg

Seit dem 16. Jahrhundert wurde es zunehmend üblich, den Ablauf kirchlicher und höfischer Feste und die dabei verwendeten Dekorationen in Wort und Bild festzuhalten, um der Nachwelt ein bleibendes Zeugnis zu hinterlassen.
Der Vergänglichkeit der Einweihungsfeier der Dreieinigkeitskirche entgegenzuwirken war wohl auch die Absicht des Regensburger Magistrats, als er 1633 - also zwei Jahre nach dem feierlichen Akt am 5. Dezember 1631 (nach altem Kalender) - einen gedruckten umfangreichen Festbericht zum Kauf anbot. Dies schien notwendig, da *"vil Christliche Hertzen in : und vnd ausserhalb der Stadt / so dem actui Inaugurationis nicht beywohnen könen / ein grosses desiderium getragen / dessen in schrifften berichtet zu werden. Als haben sie nicht allein / Auff ersuchen der noch Lebenden / sondern auch der lieben Posteritet zu nachrichtung / und zu verhütung allerseits ungleichen gedancken und discursen (...) in die publication dieses Berichtes / darinnen der gantze Christliche actus Inaugurationis beschriben wird / consentrirt und eingewilligt"* (S. 1f.).
Die anonyme Schrift schildert nicht nur detailgetreu den Ablauf der Feierlichkeiten (Prozession, Gottesdienst mit Weihe und Danksagung durch Auftraggeber und Erbauer, Abendmahl am Vormittag und Vespergottesdienst mit Taufe am Nachmittag); sie gibt den Wortlaut der Predigt des Superintendenten Salomon Lenz und den der Ansprache des Kämmerers Johann Wolff sowie die Gebete und Lieder wieder. Zudem bemüht sich der Autor, dem Leser in einem Vorspann die geschichtlichen Hintergründe zu erläutern, die zur Errichtung des ersten evangelischen Kirchenbaus in Regensburg geführt hatten.
Der Festbericht macht deutlich, daß im Gegensatz zu den aufwendigeren katholischen Kirchweihriten die Konsekration eines protestantischen Gotteshauses nicht durch besondere Weihehandlungen erfolgt, sondern allein durch die Verkündigung des Evangeliums - ganz im Sinne Martin Luthers, der schrieb: *"Wo das wortt klingt, do ist Gott, do ist sein hauß..."*. Ferner liefert gerade der Teil des Berichts mit der Predigt und den Gebeten den Schlüssel zum Verständnis der Kirche als geistigem wie materiellem Gebäude.

LOREY-NIMSCH: Einweihung. - W. BAUMANN/E. FENDL/B. KNORR: Barocke Feste, in: MÖSENEDER, 68. - R. STRONG: Feste der Renaissance 1450 - 1650. Kunst als Instrument der Macht, Freiburg - Würzburg 1991, 41. - Vgl. auch den Beitrag von Karl Möseneder im Aufsatzteil

R. S.

112 Medaillen auf die Einweihung der Dreieinigkeitskirche 1631

Auch die Einweihung der Dreieinigkeitskirche wurde mit einer Medaillenserie gefeiert, wenn auch mit deutlich geringerem Umfang als bei der Grundsteinlegung. Dabei wurde im wesentlichen auf die Motive und zum Teil sogar auf die Prägestempel der Serie von 1627 zurückgegriffen. Das gilt übrigens auch für die prächtige Medaille mit der detailreichen Stadtansicht (Nr. 1). Die Seite mit der Stadtansicht wurde von einer Medaille 1627 auf den Stadtrat (PLATO Nr. 155) übernommen. Leider ist das Stück nicht signiert; vielleicht ist es aber - wie wohl auch die weiteren Stücke der Serie von 1631 - auch dem Medailleur der Serie auf die Grundsteinlegung der Dreieinigkeitskirche zuzuweisen (s. dort).
LOREY-NIMSCH: Einweihung, 174, Nr. e.

112.1a

1a. Medaille - *Silber, geprägt; 41 mm; 22,77 g*

1b. Medaille - *Silberguß; 40 mm; 12,06g*

Medailleur unbekannt
Museum der Stadt Regensburg (a: N 1959/57; b)

Vs.: Ansicht der Kirche, darüber drei Wolken und strahlende Sonne. Kleine Umschrift zwischen zwei Linienkreisen: *IN HON[orem]: S[ancti]S[simae] TRIN[itatis]: AEDIF[icatum]: INAVG[uratum]: EST A. S[enatu] P[opulo] Q[ue] R[atisbonensi]: 5: DEC[embris]: A[nn]o 1631.* (Die zu Ehren der Allerheiligsten Dreifaltigkeit erbaute Kirche wurde durch Rat und Bürgerschaft der Stadt Regensburg eingeweiht am 5. Dezember 1631). Außen im Kreis die 16 Wappen der Ratsmitglieder, oben und unten unterbrochen durch eine Kartusche; in der oberen das aufgeschlagene Buch mit *V D M I AE*; in der unteren ein Palm- und ein Ölzweig gekreuzt. Die Wappen sind durch beigeschriebene Initialen der Ratsherren bezeichnet: (links von oben:) Iohann Adam Aichinger, Peter Portner, Mathes Reitmar, Mathes Marchthaler, Georg Dimpfel, Daniel Eder, Iohann Thomas Hamman, Hans Prasch; (rechts von oben:) Bartholomä Reuter, Hieronymus Perger, Wilhelm Leopold, Hans Muck, Iohann Heinrich Flick, Adam Wild, Hans Frank, Paul Memminger.

Rs.: Ansicht der Stadt Regensburg von Norden, darüber zwei Engel, das Reichs- und das Stadtwappen haltend. Im Abschnitt vier Zeilen Text: *O: GOTT: DEN: RATH: V[nd]: G[e]MAIN / .BEWAHR. BEY: DEINEM: / .WORTT: FIR [= vor]: ALLER / .G[e]FAHR.*

PLATO Nr. 35. - BECKENBAUER 1-2 (Gold, 8 Dukaten, 27,78 g).

112.2b

2a. Medaille - *Silber, geprägt; 41 mm; 18,92 g*

2b. Medaille - *Silber, geprägt; 41 mm; 18,95 g*

Medailleur unbekannt
Museum der Stadt Regensburg (a, b)

Vs.: Wie 1627, Nr. 3.

Rs.: Im Zentrum sieben Zeilen Text: A[nn]o. 1631. / DEN 5. CHRIST[-] / MON. DISES IAHR / DER ERST GOTT[e]S[-] / DIENST DRIN / G[e]HALTEN WAR*. Darum der Kreis der 16 Wappen der Ratsherren wie bei Nr. 1, jedoch in den Kartuschen oben das Stadtwappen, unten das offene Buch mit V D M I AE.
PLATO Nr. 36.

112.3

3. Medaille - *Silber, geprägt; 32,5 mm; 7,66 g*

Medailleur unbekannt
Museum der Stadt Regensburg

Vs.: Wie 1627, Nr. 4.
Rs.: Wie Nr. 2, jedoch im Zentrum acht Zeilen Text: A[nn]o. 1631 / DEN 5: TEN / CHRISTMON / DIESES IAHR DER / ERSTE GOTT[e]S= / DIENST DRIN / G[e]HALTEN / WAR. Der Kreis der Wappen nur oben durch die Kartusche mit dem Stadtwappen unterbrochen.

PLATO vgl. Nr. 37 (dort ca. 38 mm). - Schweizerischer Bankverein Basel, Auktion 7 (9.2.1978), Nr. 733 (Gold, 4 Dukaten).

112.4

4. Medaille - *Silber, geprägt; 27 mm; 5,94 g*

Medailleur unbekannt
Museum der Stadt Regensburg

Vs.: Wie 1627, Nr. 5.
Rs.: In verziertem Rand acht Zeilen Text: A[nn]o 1631. / DEN 5: TEN / CHRISTMON / DIESES IAHR. / DER ERST[e] GOTTS= / DIENST DRIN / G[e]HALTEN / WAR.

PLATO Nr. 38. - Slg. BAUER (Auktion Merzbacher, München, 12.4.1886), Nr. 1293 (Gold, 2 Dukaten).

H. E.

113

113 Medaille auf die 100-Jahrfeier der Einweihung der Dreieinigkeitskirche 1731

Silber, geprägt; 37,5 mm; 14,87 g
Medailleur: Christian Daniel Öxlein, Regensburg
Museum der Stadt Regensburg (T 1906,67); aus Slg. Wilmersdörffer II (Auktion Jos. Hamburger, Frankfurt a. M., 14.5.1906), Nr. 5457.

Vs.: Blick in den Chor der Dreieinigkeitskirche. Vor dem Altar ein von hinten gesehener

Geistlicher mit Palmzweig und Lampe (?). Umschrift mit Chronogramm: QVaM VERE LAETA O DEVs - TVa sVnt habItaCVLa (O Gott, wie wahrhaft beglückend sind Deine Häuser). Im Abschnitt zwei Zeilen Text: IVB[ilae-um]. I [primum]. AED[ium]. S[ancti]S[simae]. TRIN[itatis] / D[ie]. V. DEC[embris]. (100-Jahrfeier der Kirche der Allerheiligsten Dreifaltigkeit am Tag des 5. Dezember). Am Ende der Umschrift die Signatur Ö.

Rs.: Im Feld sieben Zeilen Text: SERVA / SANCTA TRIAS / NOBIS SOLAMINA / VERBI / HIC NOMENQVE TVVM / POSTERA SEC[u]LA / CANANT. (Bewahre uns, Heilige Dreifaltigkeit, den Trost Deines Wortes und die kommenden Zeitalter werden Deinen Namen hier singen). Unter der Schrift die Signatur: Ö. Außen im Kreis das Stadtwappen und die 16 Wappen der Ratsmitglieder, durch ihre Initialen bezeichnet: (im Uhrzeigersinn:) Iohann Christoph Wild, Christian Zimmermann, Zacharias Perger, Georg Gottlieb Harrer, Iohann Michael Gehwolf, Georg Mathias Selpert, Esaias Iacob Fuchs, Andreas Thomae, Gerhard Matheus Pfaffenreuter, Iohann Albrecht Wendler, Iohann Ludwig Mylius, Iohann Wilhelm Adler, Iohann Ulrich Bößner, ein leerer Schild für den verstorbenen Michael Geidinger, Iohann Georg Gölgel, Paul Mämminger.

Mit der Abbildung der Wappen der Ratsmitglieder lehnt sich die Jubiläumsmedaille von 1731 an die Medaillen von 1627 und 1631 an. Für die Vs. jedoch wurde ein neues Motiv, ein Blick in den Chor der Dreieinigkeitskirche gewählt. Öxlein verfertigte die Medaille sicher wieder im Auftrag des Stadtrats, wie der Wappenkreis seiner Mitglieder belegt. Das Interesse an der Medaille scheint jedoch diesmal weit geringer gewesen zu sein; im Gegensatz zu den Stücken von 1627 und 1631 ist diese Medaille heute außerordentlich selten.

PLATO Nr. 39.

H. E.

114 *Portalfiguren der Dreieinigkeitskirche.* 1630 - nach 1632

Leonhard Kern (1588 - 1662)
Sandstein ; H. ca. 210 cm
Fotos nach den Originalen im Hof des Regensburger Rathauses (Das Foto der Caritas nach Pfeiffer: Addenda, Abb. 6)

Nach dem Plan Johann Carls sollten die drei Portale der Dreieinigkeitskirche von je zwei Tugendallegorien geschmückt werden. Hüpschmanns Idealansicht der Kirche (Kat.115) läßt erkennen, daß die monumentalen Sitzfiguren die gesprengten Segmentgiebel des Nord- und Südportals sowie den Aufzug des Westportals flankieren sollten. Die Ausführung der Skulpturen vermittelte Carl 1630 an Leonhard Kern in Schwäbisch Hall, der auch den bekrönenden Engel auf dem Altar schuf. Nach Hüpschmann sollten über dem Westportal die Allegorien von Fides und Spes aufgestellt werden, über dem Nordportal Caritas und Iustitia, über dem Südportal Prudentia und eine unbekannte, nicht mehr ausgeführte oder verschollene Tugend. Dagegen verweist Grünenwald zurecht auf den Pendantcharakter von Spes und Prudentia, der eine gemeinsame Aufstellung dieser beiden Allegorien an einem Portal nahelegen würde. Was Kern veranlaßte, die Arbeit an dem fast vollendeten Figurenzyklus einzustellen, ist nicht eindeutig zu klären. Die schlechte Finanzlage der Stadt dürfte kaum der alleinige Grund gewesen sein. Nach Hupp wurden die Skulpturen "als zu massig vom Baumeister verworfen".

Kunstgeschichtlich sind diese Tugendallegorien mehrfach von Bedeutung: Zunächst gehören sie zu den wenigen großformatigen Werken Kerns, der als einer der bedeutendsten deutschen Bildhauer in der ersten Hälfte des 17. Jahrhunderts gelten muß. Sie lassen Kerns Auseinandersetzung mit der italienischen Skulptur, insbesondere mit Michelangelos Sitzfigur des Giuliano de Medici (Florenz, Medici-Kapelle) erkennen. In ihrer ruhigen Anspannung verleugnen die aus

114 (Fides)   114 (Spes)

kompakten Teilmassen entwickelten kräftigen Körper die Blockhaftigkeit des Steins nicht. Dies ist bezeichnend für Kerns Kunst, die im Vergleich zu ihren italienischen Vorbildern zwar etwas schwerfällig wirkt, dafür aber mit diesen grundsätzlich die Prägnanz der Formulierung und das logische Gewand-Körper-Verhältnis gemeinsam hat.

O. HUPP: Das Rathaus von Regensburg, Regensburg 1910, 56. - Kunstdenkmäler III, 102. - PFEIFFER: Dreieinigkeitskirche, 5f. - DERS.: Addenda, 99-101, Abb. 1-9. - E. GRÜNENWALD: Leonhard Kern. Ein Bildhauer des Barock, Schwäbisch Hall 1969, Kat. Nr. 90. - F. FISCHER: Leonhard Kern und Italien, in: Ausst.kat. Leonhard Kern 1588-1662 (Schwäbisch Hall, Hällisch-Fränkisches Museum, 22.10.1988. - 15.1.1989), Sigmaringen 1988, 53-63, bes. 58f. - BAUER, 242 f.

E. T.

114.1 Kopf der Caritas. 1630-32

Leonhard Kern (1588 - 1662)
Sandstein ; H. 42 cm
Museum der Stadt Regensburg (HV EN-411)

Trotz seines schlechten Erhaltungszustandes ist Kerns Caritaskopf ein gutes Beispiel für den fülligen Gesichtstypus, der die weiblichen Skulpturen des Bildhauers auszeichnet. So finden sich die leichte Neigung des Hauptes über dem kräftigen Hals, das in der Mitte gescheitelte, leicht gewellte und rückwärtig geknotete Haar, das klar umrissene Kinn und die hervortretenden mandelförmigen Augen nahezu identisch in Kerns Drei-Grazien-Gruppe (um 1640; Budapest, Szepmüveszeti

114 (Justitia)

114 (Caritas)

114.1

Muzeum) und in den Allegorien der Fides und der Spes am Stellwag-Epitaph in St. Michael in Schwäbisch Hall (um 1650). Die Art, wie Kopf und Hals aneinandergefügt sind, läßt Kerns plastische Kompositionsweise erkennen: Nicht die detailgetreue Wiedergabe des menschlichen Körpers ist ihm wichtig, sondern dessen Aufbau aus kompakten Grundformen.

Der Kopf wurde in der zweiten Hälfte des 19. Jahrhunderts auf dem Gelände von Alt St. Niklas ausgegraben und von Walderdorff fälschlich als Fragment einer ursprünglich dort befindlichen Statue der Herzogin Judith identifiziert. Die Figur der Caritas wurde erst in den dreißiger Jahre bei Kanalarbeiten im Anwesen Adolf-Schmetzer-Straße 34a aufgefunden, jedoch wieder eingegraben.

WALDERDORFF, 567. - PFEIFFER: Addenda, Abb. 9. - Ausst.kat. Leonhard Kern (s. Kat.114), 173 f.; dort auch die Vergleichsstücke abgebildet (Farbtafeln 1 u. 10).

E. T.

114 (Prudentia)   114.2

114.2 **Henne mit Küken.** 1630 - nach 1632

Werkstatt Leonhard Kern (1588-1662)
Sandstein; H. 52 cm, L. 68 cm, B. 42 cm
Hals gebrochen; Kamm und Schnabel abgestoßen; zwei Küken ganz, von einem weiteren der Kopf weggebrochen
Museum der Stadt Regensburg, Reichstagsmuseum

Die sehr massig gearbeitete Henne ruht auf einer annähernd quadratischen Grundfläche. Unten schmiegen sich fünf Küken an die Mutter, teilweise von Federn bedeckt. Besonders originell sind drei weitere Küken dargestellt, von denen nur der Kopf aus dem Gefieder hervorschaut.
Mit den vier im Hof des Regensburger Rathauses erhaltenen weiblichen Allegorien (Kat. 114) wurde auch diese Skulptur von Leonhard Kern für die Dreieinigkeitskirche geschaffen. Im Memoriale des Baumeisters Carl vom Sommer 1630 ist die Rede von *"den 6 bildern sampt den dreyen Vögeln"*, die der Bildhauer Kern liefern sollte. Die Idealansicht der Kirche von Hüpschmann (Kat. 115) zeigt im Sprenggiebel des Nordportals der Kirche über der noch erhaltenen Kartusche mit dem Stadtwappen eine Henne mit Küken, ein weiteres Küken auf dem Rücken der Mutter stehend. Die Henne mit Küken nimmt in der christlichen Ikonographie Bezug auf die Strafpredigt Jesu über Jerusalem und die Worte: *"Wie oft habe ich deine Kinder versammeln wollen wie eine Henne ihre Küchlein unter ihre Flügel; und ihr habt nicht gewollt!"* (Matthäus 23,37 und Lukas 13,34). Nach dem Chronisten Gumpelzhaimer, der die Henne in Verbindung mit den Figuren Christi und der Pietas setzt, war fol-

gende Inschrift vorgesehen: *"Christus ein recht Glück Henne ist/ Fürcht Gott in Lieb zu aller Frist."* Im Zusammenhang mit den beiden flankierenden Allegorien der Caritas und lustitia aber ist die Bedeutung der Henne im Gegensatz zum rein christlichen Symbol des über dem Westportal vorgesehenen Pelikans auch als politisches Emblem zu sehen: Im Jahr 1617 erschien in Nürnberg die erste Auflage von P. Isselburgs Werk *"Emblemata Politika"*, das 32 emblematische Darstellungen nach den zeitgenössischen Gemälden von Gabriel Weyer im Großen Saal des Nürnberger Rathauses wiedergibt. Es enthält dasselbe Bild der Henne mit Küken, von denen einige aus dem Gefieder hervorschauen, eins auf dem Rücken steht. Die Überschrift *"Alit et protegit"* ist übersetzt mit *"Sie nährt und schützt"*, der erläuternde Text endet mit den Zeilen *"Ein christlicher Fürst und Obrigkeit/ Seins Vnterthanen schützt allzeit"*.

GUMPELZHAIMER III, 1114. - PFEIFFER: Adenda, 100.

P. G.-B.

115 Idealansicht der Dreieinigkeitskirche. 1636

Aigentliche abbildung der Neuerbauten und ANNO 1631 verfertigten und eingeweyhten Evangelischen Kirchen zu der Heiligen Dreyfaltigkeit des Heiligen Röm. Reichs Freyen Statt Regenspurg
Georg Hüpschmann
Kupferstich ; 42,4 x 50,3 cm
Bez.: Georg Hüpschmann sculp.
Museum der Stadt Regensburg (GN 1990,184a)

Das Blatt zeigt die Idealansicht der Dreieinigkeitskirche von Westen unter einer von zwei Putti getragenen Titelkartusche (Text s. o.). Links und rechts von dieser erscheinen auf Wolken je zwei Engel, die das Wappen des Reichs und das der Freien Reichsstadt Regensburg halten. Unmittelbar darunter finden sich zwei weitere Inschriftskartuschen, die linke mit dem Vers: *"Hochheilige Dreyfaltigkeit / Erhalt dein Kirch zu aller Zeit. / Und mach auch unsre Hertzen Rein, / Daß dein Tempel und Wohnung sein"*, die rechte mit einem Hinweis auf den Bauherrn: *"Bauherrn dieser Kirchen / Herr Peter Portner Hans Graff auch deß E. Min. Dir./ Herr Tobias Grünewald, See:/ Herr Matthaeus Marckthaler./ Alle drey Herrn Cammerer"*. Die Wappenschilde der drei Magistratsmitglieder - sie zeigen Hirsch, Einhorn und Kranich - sind an den unteren Rand der Tafel noch zusätzlich angehängt. Zwei weitere Tafeln in den beiden unteren Bildecken vervollständigen das Blatt. Die linke beinhaltet eine von dem als Werkmeister am Bau beteiligten R. Ströhlein verfaßte Widmung: *"MAGNIFICIS NOBILISSIMUS AMPLISSIMUS / Singolari gravitate, pietate et virtute Excellentissimis Con / sulibus totiq[ue] ordini Senatorio / Liberae Civit: Ratisponensis./ REVERENDIS ITEM ATQ[ue] CLARISSIMIS DOCTISSIMISQ[ue] VI / ris M. SALOMONIS LENZIO; Superintendenti totiusq[ue] Mi / nisterii huius Ecclesiae Evangelicae pastoribus vigilantis / simis omnibus ac singulis./ Dominis suis Fautoribus ac Promotoribus, summe colendis / honorandis hoc opusculum, a se delineatum et aeri in / cisum, submisse offert et consecrat./ RUDOLPH STRÖHLEIN:"* Auf der rechten Tafel wird Johann Carl als Baumeister verewigt: *"Baumeister / Herr Johann Carl INGENIER vnd / Wolverordneter Zeugmeister deß Heil./ Röm. Reichs Statt Nürnberg / Sein Vndergebener Werckmeister / Rudolph Ströhlein zu Regenspurg / Anno 1636."*

Kat. Regensburg 1958, Nr. 359. - R. STAUDINGER: "Die Denkwürdigkeiten der Stadt Regensburg gesammelt und historisch beleuchtet von dem königlichen bayerischen Rath und Regierungsassessor Georg Aloys Resch 1839". Geschichte einer graphischen Sammlung und vorläufiger Katalog. Masch. Mag.-Arbeit Universität Regensburg 1988.

R. S.

116 **Der Altar der Dreieinigkeitskirche.**
Um 1633
2 Visierungen

Georg Jacob Wolff (?)
Federzeichnung, hellbraun laviert
a. 89,3 x 44,3 cm
b. 88,2 x 42,7 cm
Museum der Stadt Regensburg (G1982-206a,b)

Erst mit sechsjähriger Verspätung konnte 1637 der Altar der Dreieinigkeitskirche vollendet und anstelle des bis dahin bestehenden Provisoriums (zu sehen auf Kat.110) aufgerichtet werden. Ein Anlaß für die Verzögerung war die Säumigkeit Johann Paul Schwenters gewesen, der die Predellentafel mit der Taufe Christi malte. Mit der handwerklichen Ausführung der Altararchitektur hatte Johann Carl den Regensburger Schreiner Georg Stellenberger beauftragt; lediglich die Säulen ließ er in Nürnberg anfertigen.

In ihrer klaren Disposition stimmen die beiden Pläne im wesentlichen überein. Das rechteckige Altarbild wird von Doppelsäulen gerahmt, die außen von Voluten mit Engelköpfen flankiert werden. Der über verkröpftem Gebälk sich erhebende und seitlich von zwei schlanken Pyramiden begleitete Auszug

116a 116b

sollte ursprünglich das Regensburger Wappen aufnehmen, um so auf die Stadt als Bauherrin zu verweisen (a). Da jedoch die Vollendung des Altars erst durch eine großzügige Spende des Herzogs Franz Albert von Sachsen-Lauenburg ermöglicht wurde, trägt der Auszug im zweiten Plan (b), wie dann auch in der Endfassung, das Wappen dieses Mäzens.

RAAB, 12. - Kunstdenkmäler II, 116. - THIEME/BECKER XXXVI, 198. - PFEIFFER: Addenda, 95 f. - DERS.: Dreieinigkeitskirche, 9-11. - LAUN, 239, Z 24/25. - MORSBACH 1991, 20 f.

E. T.

117 Der Altar der Dreieinigkeitskirche. 1634

Diser Altar steht zu Regenspurg in der Evangelischen Kirche zur Heiligen Dreyfaltigkeit genandt.

Georg Jacob Wolff
Federzeichnung laviert ; 29,5 x 18,8 cm
Bez. unter dem Altar: Georg Jacob Wolff; darunter Maßstab 1 - 20 Schuh; in der Predella: 1.6.3.4.
Staatliche Graphische Sammlung München (Inv.Nr. 43123)

117

Laut Wolffs eigenen Angaben im Titel entspricht diese Zeichnung dem ausgeführten Altar. Dies bezieht sich jedoch offensichtlich nur auf die Architektur und nicht auf den bildlichen Schmuck. So ist als Altarblatt hier eine "Taufe Christi" vorgesehen, im Auszug ist noch das Regensburger Stadtwappen eingezeichnet und die Predella dient lediglich zur Aufnahme der Datierung.

PFEIFFER: Addenda, 97. - LAUN, 236, Z 10.

E. T.

118 Zwei Entwürfe für den Orgelprospekt der Dreieinigkeitskirche. 1.Hfte. 18. Jh.

Johann Jacob Späth (?)
Federzeichnung laviert mit Goldhöhungen
a. 64,3 x 46,0 cm
b. 47,5 x 39,8 cm
Museum der Stadt Regensburg
(G1982,205a.b)

Schon in der ersten Hälfte des 18. Jahrhunderts trug man sich mit dem Gedanken an eine Erneuerung der erst 1654 von Anna Maria Aichinger gestifteten Orgel. Die beiden vermutlich von Johann Jacob Späth (1672 - 1760) angefertigten Frontaufrisse zeichnen sich durch drei- bzw. siebentürmigen Aufbau und reiche Ornamentik aus. Gebildet wird diese durch vegetativen Ranken- und Rocailledekor sowie durch musizierende Engel und geflügelte Puttenköpfe. Auf die Darstellung von Spieltisch und Pedaltastatur wurde in Plan b verzichtet.
Realisiert wurde die neue, im Vergleich zu diesen Entwürfen noch aufwendigere Orgel zwischen 1756 und 1758 durch den Regensburger Orgelbauer Franz Jacob Späth (1714 - 1786), den Sohn Johann Jacob Späths. In ihr Gehäuse wurde unter Mitverwendung von Pfeifen des 1898 von Georg Steinmayer gebauten Instruments 1966 ein Werk der Firma Klenker, Brackwede, gestellt.

RAAB, 13. - Kat. Regensburg 1958, Nr. 361. - KRAUS, 69, 79f., 91f.

E. T.

118b

118a

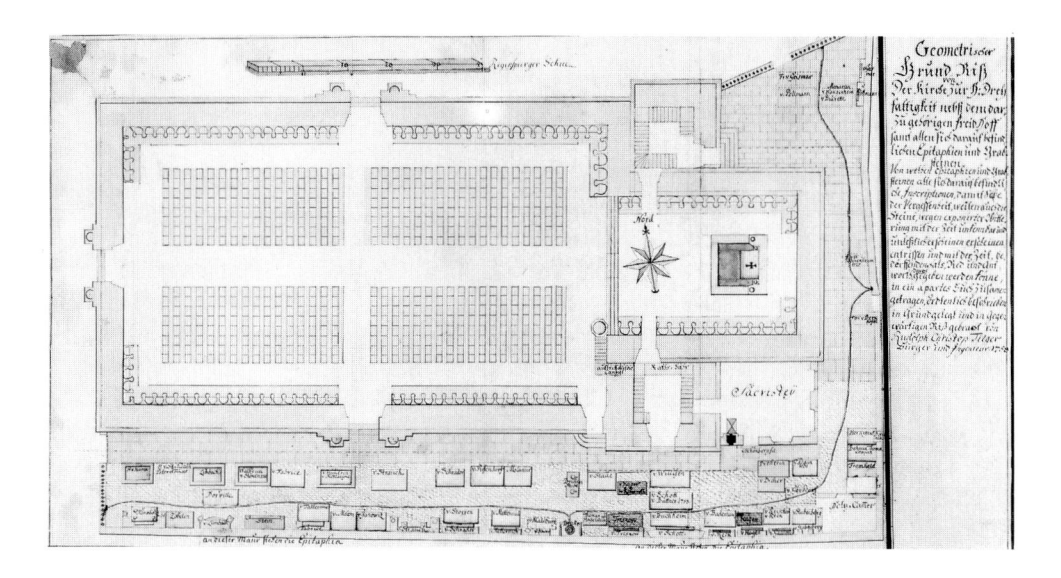

119 Grundriß der Dreieinigkeitskirche und Plan der Grabmäler des Gesandtenfriedhofs. 1759

Rudolf Christoph Tilger
Kolor. Federzeichnung ; 46,1 x 87,5 cm
Museum der Stadt Regensburg
(GN1990,185)

Tilgers Plan, versehen mit Windrose und dem "Regenspurger Schue", hält die 1758 bestehenden Grabmäler im Osten und Süden der Dreieinigkeitskirche fest, die für einzelne protestantische Reichstagsgesandte und österreichische Exulanten (1627) im 17. und 18. Jahrhundert geschaffen wurden. Der kleine Kirchhof ist dicht mit Boden- und Wandgrabmälern bzw. Epitaphien versehen. Tilger bezeichnet jedes schematisch angegebene Grab mit dem Namen der jeweiligen Familie. Im Begleittext rechts auf der Zeichnung erklärt der Zeichner die Gründe für sein Vorgehen. Um die der Witterung ausgesetzten Epitaphien und Grabsteine mit ihren Inschriften vor der Vergessenheit zu retten, habe er sie außerdem, wie er schreibt, "in ein a partes buch zusammen getragen".

Kunstdenkmäler II, 127-136. - KRAUS/PFEIFFER, 105 f. - BAUER, 301, 699 f. - MORSBACH, 22f.

A. S.

Das Wohlfahrtswesen der evangelischen Reichsstadt

Dem Almosenamt[1] oblag die Fülle der reichsstädtischen Fürsorge- und Wohlfahrtstätigkeit einschließlich der Verwaltung wohltätiger Anstalten.

Es wurde 1531, also noch vor der Annahme des evangelischen Bekenntnisses, durch den Rat der Stadt gegründet. Da zu den Hauptaufgaben des Almosenamtes die Verwaltung der spätmittelalterlichen, bürgerlichen Wohltätigkeitsstiftungen gehörte, mußte der Rat über deren Pflegschaften verfügen. Dies erfolgte entweder dadurch, daß schon der Stifter den Rat als Pfleger bestimmt hatte - so geschehen beim "Reichen Almosen" -[2], oder daß der Rat nach dem Aussterben der Stifterfamilie die Pflegschaft an sich ziehen konnte, wie bei St. Oswald.[3] Das Almosenamt war eines der städtischen Wahlämter, seine Besetzung wurde, wie die anderer Ämter auch, durch die neun Wähler der Stadt vorgenommen. 1547 wurde es erstmals in den Ratswahlbüchern erwähnt.[4] Es setzte sich aus sechs Mitgliedern zusammen, die Almosenpfleger genannt, von denen jeweils zwei aus dem Inneren und Äußeren Rat und aus der "Gemein" berufen wurden. Später kamen dazu ein oder zwei Amtsschreiber. Wie bei allen Ämtern konzentrierte sich die tatsächliche Macht bei den Mitgliedern des Inneren Rates, von denen einer als Direktor, der andere als Co-Direktor fungierte. Die Amtsgeschäfte wurden auf der Grundlage einer Amtsordnung geführt, die zu bestimmten Terminen mit der Bettelordnung verlesen wurde.[5] Regensburg vollzog damit eine Entwicklung, die damals in vielen Städten des Reiches stattfand und zur Neuordnung und Konzentration des Armenwesens und zur Regelung des Bettelwesens führte.[6]

Die sachliche Zuständigkeit des Almosenamtes war sehr weitgespannt und vom bedürftigen Stadtbewohner aus gesehen schier allumfassend. Dem stand eine teilweise sehr eng gefaßte Entscheidungskompetenz gegenüber, die alle bedeutenderen Entscheidungen letztendlich an den Inneren Rat oder den Kämmerer verwies.[7] Vollends blockiert war die Entscheidungsfreiheit des Amtes, wenn der dem Inneren Rat angehörende Direktor abwesend war.[8] Die Aufgaben, die das Almosenamt wahrzunehmen hatte, waren unterschiedlicher Herkunft und an den getrennten Rechnungsrubriken abzulesen.[9]

Die Einkünfte und Ausgaben der spätmittelalterlichen Stiftungen waren deutlich von den anderen Konten getrennt. Zu diesen Stiftungen gehörten St. Lazarus, das Neue Spital oder St. Oswald, das Bruderhaus und das Seelhaus. St. Lazarus hatte ursprünglich die Funktion eines Aussätzigenspitals vor den Toren der Stadt; die Insassinnen des Seelhauses sollten eigentlich Kranken und Sterbenden beistehen. Beide Anstalten entwickelten sich im Laufe der Zeit aber zu reinen Pfründeanstalten. Ihre Verwaltung war sehr vielfältig. Das Amt entschied über die Aufnahme und verwaltete den Nachlaß der verstorbenen Pfründner. Dieser stand grundsätzlich dem Amt zu und wurde in einem Freimarkt verkauft.[10] Auch die Lebensführung und die Erfüllung der religiösen Pflichten der Pfründner wurde vom Almosenamt kontrolliert. So kam es nicht selten vor, daß es Untersuchungen darüber anstellte, warum eine Pfründnerin oder ein Pfründner längere Zeit nicht die Predigt besuchte. Lag es an der armseligen Kleidung, die den verschämten Pfründer vom Besuch des Gottesdienstes abhielt, bot das Amt sogar neue Kleider an.[11] Das Almosenamt beaufsichtigte die jeweiligen Hausmeister der einzelnen Anstalten. Diese besorgten eine umfangreiche Vorratshaltung, z. T. mit Küchen, und befehligten die dazu nötigen Dienstboten. Das Bruderhaus verfügte darüberhinaus bis 1804 über eine eigene Ökonomie mit Viehhaltung, eine Brauerei und eine Bäckerei. Zu den Aufgaben des Almosenamtes gehörte auch der Bauunterhalt der Stiftungsgebäude und der dazugehörigen Kirchen bei St. Lazarus, dem Bruderhaus und St. Oswald. Die Haupteinkünfte dieser Anstalten stammten aus den umfangreichen Liegenschaften, mit denen sie vom Stifter ausgestattet worden waren und die durch vielfältige Zustiftungen ergänzt wurden. Die Hauptmasse der geschlossenen Bauernwirtschaften lag südlich und südöstlich der Stadt in den fruchtbaren Grenzgebieten des Gäubodens. Die übrigen Einzelgrundstücke des Almosenamtes umfaßten 1804 über 241 Tagwerk. Sie lagen vorwiegend nördlich und nordwestlich der Stadt, so vor allem die damals bereits ackermäßigen Weinberge. Einen weiteren Schwerpunkt bildete das Bürgerfeld, im Bereich der heutigen Schillerwiese und am Weinweg. Die Waldung "Schottenloh" umfaßte 225 Tagwerk.[12] Die Winzer und Stiftbauern wurden jedes Jahr zum Stifttag in die Stadt gerufen, wurden dort verköstigt und mußten mit dem Almosenamt über ihre Zinsen und Naturalleistungen abrechnen.[13] In Krisenzeiten sah sich das Almosenamt nicht selten gezwungen, diese über Jahre hinweg zu stunden.[14] Besonders aufwendig war die Verwaltung der Weingärten, da das Eigentumsrecht der Weinzierle daran stark eingeschränkt war.

Stiftungen, die keine Pfründeanstalt begründeten, waren das Reiche Almosen und die Neue Stift. Das Reiche Almosen war eine Stiftung zur Ausspeisung hausarmer Leute. Die Speisen wurden bis 1542 am Domfriedhof gereicht, danach in einem Laden vor der Neupfarrkirche. Die Neue Stift war eine Ansammlung sehr unterschiedlicher Einkünfte, die verschiedenen Zwecken zuflossen. Einkünfte kamen aus kleineren Stiftungen und Legaten, aus Einnahmen von einzelnen Kapellen und vom Kloster St. Jakob, der St. Anna-Bruderschaft und vom Weingarten "Wiegen". Daraus wurden Beihilfen zur Hausstandsgründung, Kostgeld, Kleider, Betten und Lehrmittel für arme Schüler und Schülerinnen, Beihilfen für Studenten, Exulanten, Witwen verstorbener Prediger und für das Dienstpersonal an der Poetenschule gewährt.[15]

Immer gesondert wurde auch das "Gemeine Almosen" in den Rechnungen geführt. Mit diesem Namen wurde synonym auch das gesamte Almosenamt bezeichnet. Das "Gemeine Almosen", wohl auch ein Motiv zur Gründung des Amtes überhaupt, umfaßte alle einzelnen Stiftungen, die im Spätmittelalter und bis zur Gründung des Almosenamtes angefallen und keiner größeren Stiftung zugeordnet waren. Es bildete sozusagen die allgemeine Kasse des Amtes. Alle Liegenschaften, die unter diesem Titel verrechnet wurden, wurden erst nach 1531 angekauft.[16] Einen weiteren Teil der allgemeinen Einnahmen des Amtes bildeten die Einkünfte, die durch die Sammelbüchsen gewonnen wurden. Diese Sammeltätigkeit war vom 16. bis 18. Jahrhundert in der Stadt fast allgegenwärtig. In den Kirchen standen sogenannte Kirchstöcke zum Empfang von Almosen, Sammelbüchsen waren an den einzelnen Länden, bei den Handwerken, im Schießhaus, im Vormundamt und in den Wirtshäusern der Stadt aufgestellt.[17] Beerdigungen waren wie die Hochzeiten für das Almosenamt eine Gelegenheit, um auch den Armen ihr gebührendes Scherflein einzutreiben. Besondere Sammlungen führte man für die Exulanten und bei der Errichtung des Waisenhauses durch. Vor den Kirchen standen Glöckelmänner und Glöckelfrauen, die die Kirchgänger mit dem Klingelbeutel an die Almosenpflicht erinnerten. Glöckelmänner und Glöckelfrauen veranstalteten aber auch Haussammlungen und erhielten dabei nicht nur Geld, sondern auch Naturalien, z. B. an bestimmten Tagen von den Bäckern Brot.[18]

Andere Anstalten gingen auf eine Gründung des Rates zurück oder wurden auf dessen Veranlassung für das Amt erworben oder in dessen Kompetenz gezogen. Das Waisenhaus etwa wurde 1666 vom Rat begründet und der Verwaltung des Almosenamtes unterstellt.[19] Das seit 1725 an der Brunnleite bestehende Armenhaus beherbergte seit dieser Zeit auch das städtische Arbeitshaus. 1766 wurde dieses Institut vom Rat umorganisiert und als Zucht- und Arbeitshaus bezeichnet. Die Insassen hatten zum Teil auch den dort ebenfalls ansässigen Erziehkindern zum Beispiel durch Holzmachen zuzuarbeiten. Spätestens seit 1766 stand dieses Institut wenigstens rechnungsmäßig unter der Verwaltung des Almosenamtes.[20] Das Blatterhaus und der Pfründe- und Pestinhof im Osten nahmen nach der Zerstörung von St. Lazarus ab 1635 dessen Funktion als Pfründeanstalt und Seuchenlazarett für Pestkranke wahr. Dadurch gerieten auch sie teilweise unter die Verwaltung dieses Amtes. Vor allem der Pfründehof im Osten der Stadt war für die Ärmsten der Stadt vorgesehen, die sich in keine der bessergestellten Pfründeanstalten einkaufen konnten.[21]

Besondere Aufmerksamkeit verdient die Verwaltung von Legaten - letztwilligen Verfügungen zugunsten Armer - durch das Almosenamt. Diese Verwaltung nahm breiten Raum in der Tätigkeit des Almosenamtes ein und hatte für die Armen der Stadt große Bedeutung, da die Verteilung dieser Mittel über das ganze Jahr geschah. 1633 etwa wurden dem Almosenamt insgesamt 29 Legate zur Verwaltung übertragen.[22] Zur Veranschaulichung soll die Verwaltung von Legaten im Jahre 1659 näher dargestellt werden.[23] Damals kamen insgesamt 28 Legate unterschiedlicher Größe zur Verteilung. So umfaßte das Elsenheimersche Legat insgesamt 5333 fl., während Israel Schrekh lediglich ein Vermächtnis von 6 fl. zu Gunsten der Armen hinterließ. Derartig geringe Legate wurden meist kurz nach dem Tode des Erblassers an die Bedürftigen der Stadt verteilt, während Legate ab etwa 100 fl. gegen Zinsen angelegt und diese dann verteilt wurden. Die Ausgabe der Legate erfolgte zu einem bestimmten Termin, meist zum Todestag des Spenders, wobei die Bedachten Zuwendungen von 15 kr. bis zu einem Gulden pro Person erhielten. Nicht selten wurden auch die Beamten des Almosenamtes mit einer namhaften Summe bedacht. In vielen Legaten wurde der religiöse Bezug klar herausgestellt. Vor der Austeilung des Legats der Barbara Elsenheimer (2000 fl.) hatten die Begünstigten eine Predigt des Superintendenten Ursinus zu hören. Die Zuteilung der Spende des Johann Hueber erfolgte nach der Vesper im "Lädlein" vor der neuen Pfarr; auch hier mußten die Armen eine Predigt hören. Der Prediger Ried und die Distribuenten erhielten für ihre Mühewaltung 4 fl.

Neben der Verwaltung der Stiftungen, der vom Rat initiierten Stiftungen und der Legate erwuchsen dem Almosenamt im Laufe der Zeit auch andere Aufgaben.

Von Anfang an gehörte dazu die Ordnung des Bettelwesens. Um die Bettelei und vor allem den Zustrom der Bettler von auswärts zu verhindern, entschloß sich der Rat, den Bettel grundsätzlich zu verbieten. Legale Bettelei war an die Konzession des Rates gebunden. Die nach einer Überprüfung ihrer Verhältnisse dazu zugelassenen Armen erhielten eine Marke, die das Wappen der Stadt und die Jahreszahl trug. Mit dieser Marke erwarben die Armen die Erlaubnis, am Freitag in der Stadt um das "liebe Almosen" zu bitten. Die Exekution dieser Bettelordnung lag beim Almosenamt, die dazu einen, später zwei Bettelrichter anstellte. Im Laufe der Zeit wurden die Befugnisse dieses Bettelrichters auch auf die Funktion einer Sittenpolizei ausgedehnt.[24]

Neben dem erlaubten freitäglichen Bettel waren auch Hochzeiten und Beerdigungen für arme Leute einträglich. Um das Betteln in der Stadt generell zu regeln, traf der Rat 1658 auch eine Abmachung mit dem katholischen Klerus Regensburgs.[25]

Bei Beerdigungen und im dazugehörigen Kult war die Tätigkeit des Almosenamtes ebenfalls spürbar. Durch die im Blatterhaus und im Pestinhof angestellten Bader und Ärzte hatte es Einfluß auf die medizinische Versorgung der Stadtbevölkerung und war für die Zulassung der Hebammen zuständig. Nach dem Ende der Reichsstadt (1803) blieb das Almosenamt zwar grundsätzlich erhalten, im Laufe der Zeit änderten sich aber die Aufgaben, die rechtliche Stellung und der Name. Seit 1810 unterlag das Almosenamt der Entwicklung, die durch die bayerische Gesetzgebung zum Stiftungswesen vorgesehen war. Das Almosenamt war eine kommunal verwaltete Stiftung, die Einzelstiftungen wurden in eine Hauptstiftung überführt, die heute den Namen "Evangelische Wohltätigkeitsstiftung in Regensburg" (EWR) trägt. Etwaige Ansprüche der Katholiken wurden 1833 abgelöst.

Die Streitfrage, inwiefern das Almosenamt bzw. seine Nachfolgeorganisation der kommunalen Verwaltung und Aufsicht zu entziehen und als genuin evangelische Stiftung zu betrachten sei, und die Debatte um das Ausmaß des kommunalen Einflusses hatten Auswirkungen bis in die jüngste Vergangenheit.

Die Berücksichtigung des Almosenamtes im Rahmen dieser Ausstellung kann nicht als Stellungnahme in diesem Streit angesehen werden.

Das Almosenamt hat im Zusammenhang mit der Reformation in Regensburg und dem evangelischen kirchlichen Leben dennoch einen besonderen Stellenwert. Obwohl bereits 1531 gegründet, war es eine Institution der evangelischen Reichsstadt und insofern evangelisch geprägt, als sich auch die Freie Reichsstadt Regensburg als evangelische Stadt verstand.

Neben dem Consistorium als Ausdruck des summus episcopus, in dem das Selbstverständnis Regensburgs und die politische Realität als evangelischer Reichsstand neben dem Inneren Rat am deutlichsten zum Ausdruck kam, war das Almosenamt das Amt, das durch diesen Charakter am stärksten berührt war. Es war in vielfältiger Weise mit den Emanationen des evangelischen Kultus verbunden. Legate und Stiftungen wurden religiös begründet. Ihre Verwaltung und auch die Erfüllung damit verbundener religiöser Zielsetzungen wurde dem Almosenamt anvertraut. Besondere Leistungen, wie die Unterstützung der Exulanten, entsprangen konfessionspolitischen Entscheidungen und waren in hohem Grade religiös motiviert. Gerade die Hilfen für die Exulanten standen demgemäß sowohl in der Verantwortung des Ministeriums wie in der des Almosenamtes.

1 Dazu KRAER: Versuch einer systematischen Entwicklung des Stiftungs-Haushaltes vorzüglich der evangelischen Wohltätigkeit, Regensburg 1835 (Ms im SAR); DOLHOFER; G. HABLE: Geschichte Regensburgs. Eine Übersicht nach Sachgebieten, Regensburg 1970, 97-101. - Gutachten der Stadtarchivare Sydow und Hable in der Registratur des Stadtarchivs. Obwohl die Quellenlage zum Almosenamt für Regensburger Verhältnisse außerordentlich gut ist und das Almosenamt für das alltägliche Leben in der Reichsstadt vom 16. bis 19. Jahrhundert eine überragende Bedeutung hat, wurde es bis heute von der Forschung sehr stiefmütterlich behandelt. Der Autor beabsichtigt, in absehbarer Zukunft eine ausführliche Studie zu Entwicklung und zur Funktion des Almosenamtes vorzulegen.
2 SAR, almU 464, 465.
3 Gemeiner: Chronik IV, 37.
4 SAR, I Ac2, f. 29.
5 SAR, almB 205, p. 32.
6 A. DIRMEIER: Die Spitäler im Bistum Regensburg, in: Kat.Regensburg 1989, 211. - R. JÜTTE: Obrigkeitliche Armenfürsorge in deutschen Reichsstädten der frühen Neuzeit. Städtisches Armenwesen in Frankfurt am Main und Köln, Köln 1984, 44.7
7 SAR, almB 219, p. 3 f, p. 25.
8 SAR, almB 1323, p. 21.
9 Siehe dazu die Rechnungen des Almosenamtes, SAR almB 502-997. 1731 wurde das Rechnungswesen stärker konzentriert.
10 SAR, almB 219, S. 194.
11 SAR, almB 203, 15.09. 1659.
12 SAR, almB 58.
13 Siehe dazu die Bauernstiftregister, die Äckerverstiftungsregister und die Weinzierlstiftregister des Almosenamtes, almB 998-1303.
14 SAR, almB 202, p. 29.
15 SAR, almB 581, p. 712 ff.
16 SAR, almB 2.
17 SAR, almB 202, p. 11, 131, 325, 394.
18 SAR, almB 219, p. 345.
19 SAR, almB 1317.
20 SAR, almB 1484.
21 BAUER, 330. - SAR, almB 9, almB 7.
22 SAR, almB 1305.
23 Zu den folgenden Beispielen s. SAR, almB 202, p. 32, 46, 48 et passim.
24 SAR, almB 19.
25 Ebd.

J. S.

120 Zeichnung aus dem Salbuch von St. Lazarus. 1544

Federzeichnung; 31 x 20 cm
Stadtarchiv Regensburg (almB 1494)

Dieses Buch beinhaltet nicht nur ein Verzeichnis der Einkünfte von St. Lazarus, sondern gibt auch Aufschluß über die Verwaltung und den Übergang an das Almosenamt. 1544 stand St. Lazarus offensichtlich noch nicht unter der Verwaltung des Almosenamtes. Der Rat beschloß damals, auch unter dem Einfluß Hiltners, die Registratur und Verwaltung von Lazarus, die bisher eher "liderlich" gehandhabt wurde, neu und für "ewige" Zeiten zu ordnen. Erst nach der Reorganisation wurde die Verwaltung endgültig dem Almosenamt übertragen. Die aufgeschlagene Seite zeigt den Schrank, in dem die Urkunden von St. Lazarus aufbewahrt wurden. Die Ziffern auf den Laden nennen die darin liegenden Urkunden, die durchnumeriert und sowohl chronologisch wie sachlich gereiht waren.

St. Lazarus - auch die Armen, Dürftigen oder Siechen auf der Steingrube, vor der Stadt oder vor St. Jakob, genannt - war die bei weitem reichste Einzelstiftung, die vom Almosenamt verwaltet wurde. Sie wurde 1295 vom damaligen Schultheiß Heinrich Zant gegründet. 1319 erfolgte eine größere Zustiftung durch seinen Bruder Konrad. In den folgenden Jahrhunderten wurde St. Lazarus von den Bürgern der Stadt immer wieder mit reichen Schenkungen bedacht.

Der große Bruch in der Entwicklung von St. Lazarus geschah in der Zeit, als es vom Almosenamt verwaltet wurde. 1634 wurde das Spital durch Kriegseinwirkung zerstört, die Lazarener wurden auf Anweisung Bernhards von Weimar ins Kloster St. Jakob verlegt, der städtische Syndikus Georg Gehwolf wurde zum Administrator des Klosters bestellt.

Diese Zerstörung war endgültig. Zwar wurden immer wieder Gelder zum Wiederaufbau gespendet, sie waren aber nie ausreichend. Die Hoffnung auf einen Wiederaufbau war allerdings lange lebendig. Als 1658 der Totengräber des Friedhofs St. Lazarus mehrere - wohl behauene - Steine ausgrub, stellte er an das Almosenamt die Bitte, diese für eigene Zwecke verwenden zu dürfen. Die Bitte wurde mit dem Argument abgelehnt, daß man die Steine für den Wiederaufbau von St. Lazarus benötige.

1635 wurden die Lazarener ins Blatterhaus und in den Pfründehof verlegt. 1789, nachdem der Neubau des Bruderhauses fertiggestellt war, wurden die damals 27 Lazarener dorthin transferiert.

DOLHOFER, 98. - SAR, almB, nach p. 160; almB 1434: almB 202, S. 240, 247.

J. S.

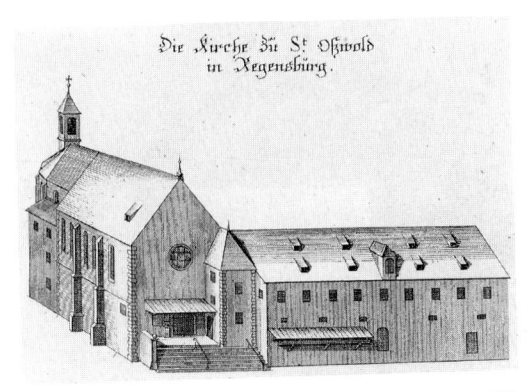

121 Ansicht von St. Oswald. 1753

Anonym, Regensburg
Kupferstich aus Paricius; 11 x 16 cm
Museum der Stadt Regensburg (HV ohne Signatur)

Das Bild zeigt Kirche und Spital St. Oswald aus der Kavaliersperspektive von Nordwesten. In den Bauteil zwischen Spital und Kirche wurde 1750 die Treppe aus der Kirche verlegt.

Unter dem Vordach am Spitalsgebäude pflegten die Pfründnerinnen von St. Oswald zu sitzen. Als 1659 ein Deputationstag angesagt war, wurde den Pfründnerinnen, weil die evangelischen Gesandten an Sonn- und Feiertagen im St. Oswald vielleicht die Predigt hören wollten, ihr angestammter Platz vom Rat verboten.

Die Kirche, ein Bau vom Beginn des 14. Jahrhunderts, entstammt mit großer Wahrscheinlichkeit einer Stiftung der Prager und der Auer von Brennberg, worauf die Wappen beider Geschlechter an den Chorstreben hindeuten. Von Gumprecht an der Haid wurde ein gut fundiertes Kaplanbenefizium gestiftet. Die Auer hatten bis zu ihrem Aussterben 1483 das Patronat über die Kirche inne, das danach, trotz des Widerstandes der Erben an den Rat der Stadt überging. Dieser bestimmte 1553 die Kirche für den öffentlichen evangelischen Gottesdienst.

Ähnlich lagen die Verhältnisse beim "Neuen Spital", das um 1300 vom gleichen Personenkreis gestiftet worden war und später von der Kirche den Namen "St. Oswald" übernahm. Auch hier behaupteten die Auer bis zu ihrem Aussterben die Pflegschaft, die dann an den Rat überging.

Das Haus war für acht Pfründnerinnen, unter ihnen eine als *"schafferin"* und eine Magd vorgesehen. Die Bürgerinnen mußten sich für 12 lb. dn., später für 150 fl. einkaufen. Die Stiftung war insgesamt nur sehr gering dotiert. Als 1690 nach einer größeren Spende endlich Kachelöfen in die Zellen der Frauen eingebaut wurden, reichten die Mittel nicht mehr aus, um auch das nötige Brennholz zu besorgen.

PARICIUS, 197. - GEMEINER: Chronik IV, 37.- Kunstdenkmäler II, 287-297. - Baualterspläne I, 32, 98.- DOLHOFER, 98. - Regensburger Urkundenbuch I, Nr. 486. - SAR almB 3, 41-44; almB 202, 350; Eccl. I, 10, 143.

J. S.

Diese drei Grundrisse geben die gesamte Bestuhlung der Kirche ebenerdig und auf beiden Emporen maßstabsgetreu wieder. Die Aufgabe der raumbestimmenden Emporen wird hier besonders deutlich: Optisch verstärken sie die Geschlossenheit des Raumes und bieten zugleich einer großen Gemeinde die Möglichkeit, dem Gottesdienst bei freiem Blick auf Altar und Kanzel und bei guter Akustik beizuwohnen. Die Emporen in St. Oswald erhielten bald nach der Renovierung von 1708 im Zuge der Barockisierung des Innenraums ihre heutigen Gestalt.

Ursprünglich waren im westlichen Bereich des Kirchenschiffs Spitalräume eingebaut. Seit ihrer Entfernung im Jahre 1604 besitzt der Kirchenraum seine heutigen Dimensionen. Damals wurde in St. Oswald als einer der ersten Kirchen Bayerns die doppelgeschossige Emporenanlage grundgelegt.

Kunstdenkmäler II, 287 ff. - RDK, Art. 'Empore', Bd. V, 262-322, bes. 302 ff. - RUHLAND. - MORSBACH, 25-31. - Festschrift St. Oswald, 8-12.

U. M. (E. T.)

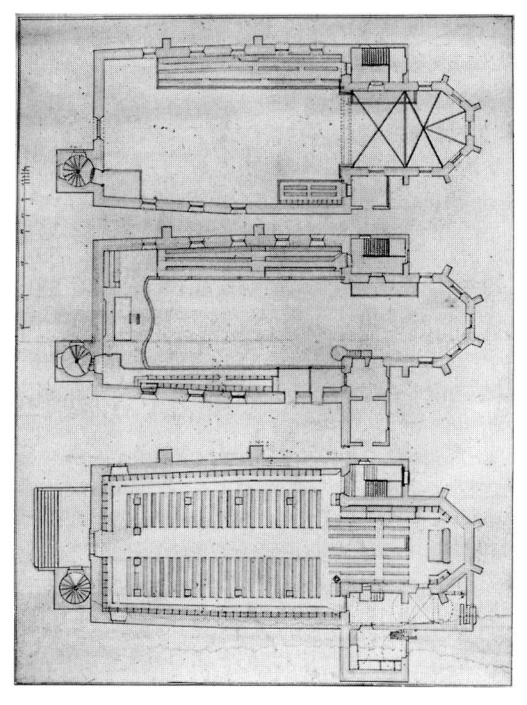

122 *Drei Grundrisse von St. Oswald.*
Um 1730

Anonym, Regensburg
Federzeichnung; 44,5 x 58 cm
Museum der Stadt Regensburg (G1982,226)

123 **Gedächtnistafel zum Bau der Bruderhauskirche.** *1622*

Anonym, Regensburg
Zierschrift auf Holz; 112 x 235 cm
links:
MEMORIA AEDIFICATAE
AEDIS IN DOMO FRATRVM.
HANC ELEMOSYNAS QVAE CVRAT SACRAS AD SACRVM CVLTVM STRVXIT HONESTA DOMVM
CVRIAE ERANT SVMMI SANCTI PIA MEMBRA SENATVS.
PRAESES REVTTERVS DVMPFELIVSQ PATRES
GVMPELZHAMERVS COLLEGA ET CLAVSSIVS ILLIS
FEVCHT EIVSQ SIMVL NEV-MARIVSQ FVIT.
CVI STRVCTA EST LONGOS CONSTANTĒ SERVET IN ANNOS
ET BEET HANC VERBO SEMPER IOVA SVO.
rechts: Gedechtnus der Erbauten
Kirchen in dem Bruderhaus.
Das Almoßen Ambt wolgeacht
Zum Gottesdienst dise Kirche macht
Da in demselben zween Rathsherrn
Reutter und Dümpfel Vätter wahrn
Auch Gumpelzhamer vnd Clauß im Ambt
Feuchtl vnd Reüman saßen Mitverwandt
Gott dems erbaut erhalts alzeit
Bey seinem Wort in bstendigkeit
1622.
Regensburg, Bruderhauskirche

Dieses Gedicht - in seiner deutschen Übersetzung mühsam gebaut und gereimt - erinnert an den Umbau der Bruderhauskirche 1622. Diese Jahreszahl nennt auch das zugehörige Chronogramm, das auf die damalige Zusammenkunft des Kaisers Ferdinand I. mit den Kurfürsten bzw. deren Gesandten in Regensburg verweist.

In den Jahren 1622/23 wurde die Bruderhauskirche derart weitgehend umgebaut, daß die Zeitgenossen von einem Neubau schrieben. 1621 stellte das Almosenamt an den Rat den Antrag zum Neubau. Es gestand zwar zu, daß die Finanzlage der Stadt und des Amtes sehr angespannt und daß die Zahl der hilfesuchenden Armen sehr groß sei, sah sich aber durch das großzügige Legat des Vormundsamtsassessors Schramm zugunsten der Armen doch zu diesem Antrag ermuntert. Diese Kirche sei baufällig und eng, die Zellen der Brüder unzureichend, die vorhandenen Getreideböden nicht ausreichend.

Mit Erlaubnis des Rates wollte das Amt im Frühjahr mit dem Bau beginnen. Die Brüder sollten einstweilen im "Neuen Gebäu" untergebracht werden. Als Ausweichgotteshaus für die Donnerstagspredigten in der Bruderhauskirche schlug man die Kapelle von St. Lazarus vor. Der Rat hatte ein Einsehen und genehmigte die Abhaltung der Predigten in der nähergelegenen Neupfarrkirche.

Am 28. August 1622 konnte Superintendent Hemminger in der "neuen" Bruderhauskirche die erste Predigt halten. Ihr folgte ein Festmahl im Bruderhaus, an dem neben den Herren vom Almosenamt auch der Rat und das Ministerium teilnahmen.

DIMPFEL I, 123f. - SCHLICHTING: Kirchenschatz IV, 27f. - GUMPELZHAIMER III, 1091, 1095. - Baualterspläne II, 72. - SAR, almA 30, almB 580, S. 615, almB 581, S. 611, 651, 675, I Ae 1 9.

J. S.

124

124 Ansicht der Bruderhauskirche von Süden. *1650-1700*

Anonym, Regensburg
Sepiazeichnung; 20,8 x 21 cm
Museum der Stadt Regensburg (G1953,24b)

Seit dem Übertritt der Stadt zum Protestantismus diente das Stift als evangelisches Bruderhaus. Die 1445 begonnene Kirche ist ein spätgotischer Saalbau, dessen Erkerchörlein an der Traufseite zur Oberen Bachgasse liegt. Der Giebel zeigt nach Süden zum Emmeramsplatz. Dort befindet sich auch der Zugang von der Straße. Die Stiftsgebäude stammen aus derselben Zeit wie die Kirche und zeigen im Obergeschoß vier zweibahnige gotische Maßwerkfenster. Das Türmchen setzte man 1622 in verputztem Fachwerk, mit einem Achteckhelm bekrönt, auf den Erkerchor.

1936 wurde die alte Baumasse weitgehend abgerissen und das Geviert Alte Manggasse-Obere Bachgasse-Emmeramsplatz durch Neubauten ersetzt. Die Kirche blieb erhalten. Die Gebäude an Stelle des Bruderhauses dienen heute als evangelisches Altersheim. Die gezeigte Federzeichnung ist eine recht freie Wiedergabe des Ensembles. Dies zeigt sich besonders an Details wie den Fenstern oder an der Gliederung der Fassade. Die Architektur des Erkerchörleins ist nur im unteren Bereich wirklichkeitsgetreu dargestellt, der Turmaufbau ist weitgehend Phantasiearchitektur. Im Vergleich zu den anderen Bauteilen ist der Turm jedoch besonders detailliert wiedergegeben. Möglicherweise handelt es sich bei der Zeichnung um einen alternativen Entwurf zum Turmausbau von 1622.

Kunstdenkmäler III, 144. - Baualterspläne II, 166f. - BAUER, 172f.

U. M.

125 Grundriß und Bestuhlung der Bruderhauskirche. *1659*

43 x 34,5 cm
Stadtarchiv Regensburg (almA 30)

Legende:
A: Altar
B: Kanzel
C: Kabinett der Geistlichen
D: drei leere Schemel
E: Stühle der Brüder
F: Almosenstock
G: angehängte Bänke ohne Nummer
H: Die Bänke zu den beiden Kirchentüren, die rot numeriert sind, sind Weiberbänke

Dieser Plan entstand wahrscheinlich im Jahre 1659. Damals vermehrte sich die Zahl der

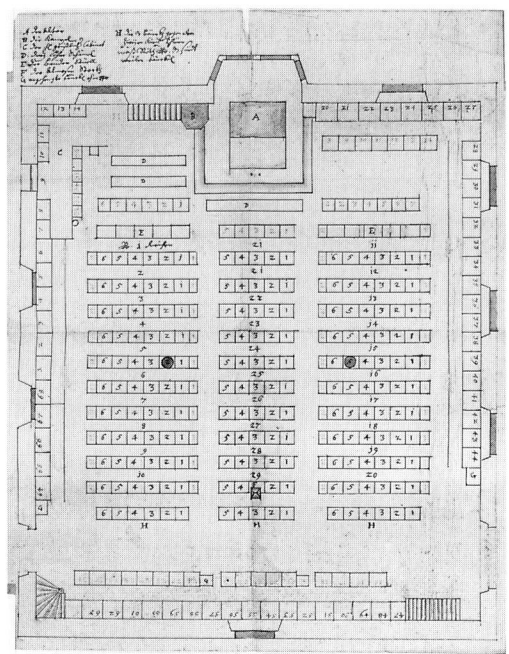

125

Armen so außerordentlich, daß das Almosenamt Schritte unternehmen mußte, um seine Einnahmen zu vermehren. So ging z. B. ein dringlicher Appell an die Wirte der Stadt, sie möchten vermehrt zu Gunsten der bei ihnen aufgestellten Amtsbüchsen tätig werden. Wenn Käufer und Verkäufer nach getätigtem Handel beim verdienten Trunk saßen, sollten die Wirte die gute Stimmung ihrer Gäste nutzen und sie zu Spenden für die Armen ermuntern.

Eine weitere Einnahmequelle sollten die Stühle der Bruderhauskirche werden. Zu Beginn des Jahres beschloß man, daß von den Männer- und Weiberstühlen und den Nebenbänken - wie dies bereits bei anderen Kirchen der Fall war - ein *"leidliches Deputat"* gefordert werden sollte. Im April wurde zur besseren Handhabung eine Beschreibung beschlossen, zu deren Ergebnis der vorliegende Plan gehören dürfte. Im Dezember endlich erfolgte die endgültige Zuweisung der Stühle. Männer zahlten 15 Kreuzer, Frauen 8. Die Gesamteinnahmen des Stuhlgeldes betrugen im ersten Jahr 51 Gulden, 15 Kreuzer. Nicht alle Plätze fanden dabei einen Abnehmer.

SAR, almA 30, almB 202.

J. S.

126 Stuhlregister des Bruderhauskirche. 1767

35,5 x 34,5 cm
Stadtarchiv Regensburg (almA 46)

Das älteste erhaltene Stuhlregister der Bruderhauskirche stammt aus dem Jahre 1767. Es wurde vom Küster der Kirche geführt, der zugleich für St. Oswald zuständig war und die Gebühren erhob.

Seit mehr als hundert Jahren betrugen die Gebühren gleichermaßen 15 und 8 Kreuzer. Allerdings zahlten nun auch die Frauen 15 Kreuzer und nur die Frauenstühle beim Eingang kosteten weiterhin 8 Kreuzer. Der Hausmeister des Bruderhauses und seine Frau saßen auf Gratisplätzen. Da die Tarife im wesentlichen gleich blieben, bewegten sich auch die Gesamteinnahmen in ähnlichen Größen. 241 Plätze konnten vergeben werden, 33 blieben leer. Bezeichnenderweise befanden sich 23 davon unter den billigen Plätzen zu 8 Kreuzern.

Allerdings gingen die Einnahmen aus den Kirchenstühlen im Laufe der Zeit immer weiter zurück. 1775 sanken sie erstmals unter 50 Gulden, 1783 schließlich unter 40.

Die aufgeschlagene Seite, die die ersten Nummern des Verzeichnisses zeigt, belegt, daß die Sitzordnung auch die Sozialstruktur der Stadt widerspiegelte. Von den ersten sechs genannten Frauen waren drei die Gattinnen von Ratsherren (Selpert, Glätzl, Gehwolf).

SAR, almA 46, I Ac 9.

J. S.

127 Bericht über eine Hebefeier beim Umbau des Bruderhauses. 1785

39,5 x 23 cm
Stadtarchiv Regensburg (almA 47)

Am 15. Oktober 1785 stellten die Arbeiter beim Umbau des Bruderhauses einen Dachstuhl auf und feierten aus diesem Anlaß eine Hebefeier (Hebwein). Das Almosenamt erlaubte den Zimmerern, nach altem Brauch einen grünen Baum aufzustellen, verbot ihnen aber, einen Spruch aufzusagen. Dafür erhielten sie eine reichliche Geldentschädigung, 5 Flaschen Neckarwein, 1 Pfund Käse, Brot und Kipferl sowie eineinhalb Eimer braunes Bier (knapp 75 Liter). 1786 wurde bei einer weiteren Hebefeier noch ein gebratener Hammel mit Beilagen gespendet.

Das Bruderhaus war nach St. Lazarus die am reichsten fundierte Stiftung. Es wurde 1419 von dem Mitglied des Inneren Rates Stefan Notangst gestiftet. Notangsts Grabstein befindet sich im Domkreuzgang. Die Tradition des Almosenamtes weiß, daß die Ausmalung im Joch des ursprünglichen Standortes die ersten zwölf Insassen des Bruderhauses zeigte, zwölf alte Handwerker bzw. solche, die sich ihre Nahrung nicht mehr selber verschaffen konnten, schuldenfrei und gut christlich waren.

1423 wurde die Stiftung von Bischof Johann konfirmiert und im Haus zur Flasche (vormals "Schwaig", Lit. B 65) etabliert. 1437 gründete das Ratsmitglied Hans Kastenmayr ein zweites Bruderhaus, ebenfalls für zwölf Handwerker. Diese Stiftung wurde 1437 vom Abt von St. Emmeram und 1442, nach dem Einspruch der Straubinger Verwandten Kastenmayrs von Kaiser Friedrich III. bestätigt. Von Kastenmayrs Stiftung wurde 1444 das Eckhaus "in dem Bach an St. Emmerams Part" (C 133) erkauft. Die zwölf Brüder aus der Stiftung des Notangst wurden dorthin verlegt und fortan als gemeinsames Bruderhaus geführt. 1451 stiftete der Domherr Künhofer im Bruderhaus vier Pfründe für alte Priester.

Vor den umfangreichen Um- bzw. Neubaumaßnahmen in den Jahren zwischen 1785 und 1788 war der Komplex bei St. Emmeram bereits von 1520 bis 1556 mehrmals erweitert worden. In diesem Areal wurde als Annex 1556 das sog. "Neu - Gebäu" errichtet. 1789 wurden auch die restlichen Lazarener in das erneuerte Bruderhaus verbracht. Zum Bruderhaus gehörten eine Brauerei, eine Bäckerei und eine Landwirtschaft. 24 Alumnen wurden vom Bruderhaus miternährt. 1804 wurde die Landwirtschaft aufgegeben und im gleichem Jahr die Naturalreichnisse an die Brüder eingestellt.

Die Pfründner im "Neu-Gebäu" mußten sich einkaufen und erhielten die gleiche Kost wie die Brüder im Bruderhaus. Die Brüder schliefen in besonderen Räumen, waren nach der Ordnung gekleidet und aßen miteinander über einem Tisch aus einer Schüssel.

A. HUBEL: Mittelalterliche Plastik in Kreuzgang und Kapitelhaus des Regensburger Domes, in: Der Dom zu Regensburg. Ausgrabungen - Restaurierung - Forschung, München-Zürich ²1989, 59. - DOLHOFER, 98f. - Baualterspläne II, 115, 71f. - SAR, almA 74, almB 2, S. 41-44.

J. S.

128 Aufriß der Fassade des Seelhauses. 1630

Federzeichnung; 49,5 x 39 cm
Stadtarchiv Regensburg (almA 4)

Die Seelhäuser Regensburgs sind noch kaum erforscht.

1557, also bereits nach der Etablierung des Almosenamtes, unterstanden dem Rat zwei Seelhäuser. 1580 erkaufte das Almosenamt das Haus des Sohnes des Hans Huber (C 147) und vereinigte darin beide Seelhäuser. 1630 kam es zu einem Neubau. Insgesamt war das Seelhaus aber so schwach dotiert, daß die jährlichen Einkünfte (z. B. 1731: 18 Gulden, 34 Kreuzer und 3 Pfennige) kaum für den Unterhalt einer Warterin ausreichten, während das Haus jedoch die längste Zeit mit zehn Personen belegt war. Diese schlechte Ausstattung führte 1785 zur Aufhebung.

Die Seelfrauen oder Warterinnen sollten ursprünglich den Kranken und Sterbenden beistehen und zu diesem Zweck auch in den Häusern der Bürger tätig sein. Um ihre Aufgabe erfüllen zu können, mußten sie bei der Aufnahme ein Zeugnis des Superintendenten vorweisen, das ihr gutes Christentum bestätigte, damit sie nötigenfalls die Sterbenden auch mit Gottes Wort trösten konnten. Die Entwicklung führte allerdings dazu, daß die Seelfrauen zu reinen Pfründnerinnen wurden, ihre ursprüngliche Aufgabe nicht mehr wahrnahmen und selber eine Warterin zur Verfügung hatten. Diese war auch im Bruderhaus tätig und erhielt ihr Einkommen aus den Leichgeldern.

Neben der Warterin beschäftigten die Seelfrauen noch eine Suppenträgerin, die ihnen täglich die sog. Lazarenerkost, die im Blatterhaus ausgekocht wurde, zutrug. Sie war keine Angestellte des Almosenamtes, sondern erhielt von jeder Seelfrau sonnabends 2 Kreuzer.

An der Spitze der Seelfrauen stand die Vorsteherin oder Mutter, die vom Almosenamt bestimmt wurde.

SAR, almA 4, almB 2, vor S. 1, almB 12.

J. S.

129 Zier- und Deckblatt des Waisenhausbuches. 1666

Aquarell auf Pergament; 38 x 24,5 cm
Stadtarchiv Regensburg (almB 1317)
Farbabb.18

Das aufgeschlagene Deckblatt zeigt links oben das Wappen des Reichs, rechts das der Stadt und unter beiden jeweils 8 Wappen der Ratsherren des Jahres 1666. Das Bild am unteren Rand öffnet den Blick auf das Innere des Speisesaales des Waisenhauses. 36 Waisenkindern wird in Anwesenheit des Waisenvaters, der Waisenmutter und des Pädagogen von einer Magd die Mahlzeit serviert.

1537 bis 1666 war das Vormundschaftsamt für die Waisenkinder zuständig, das die Schutzbefohlenen Kosteltern zur Pflege übergab. Diese vernachlässigten allerdings sehr häufig die Erziehung ihrer Schützlinge und mißbrauchten sie für den Bettel. Eine Eingliederung in das bürgerliche Sozialgefüge der Stadt und eine christliche Lebenshaltung waren dadurch für viele Waisenkinder von Anfang an verbaut. Diese Erfahrung und der Einsatz des Superintendenten Ursinus veranlaßten den Rat, 1666 ein Waisenhaus zu errichten und es dem Almosenamt zu unterstellen.

Die Finanzierung des Hauses erwies sich als kompliziert. Der Rat vertraute für die Zukunft des Hauses aber auf die Spendenfreudigkeit der Bürger und vor allem auf die Gesandten des Immerwährenden Reichstages.

Das ursprünglich für 40 Kinder vorgesehene Haus Lit. C 137 ("am Strahl") wurde am 19. 12. 1666 bezogen. Die aufgenommenen Waisenkinder versammelten sich im Almosenamt und zogen dann paarweise zur Bruderhauskirche. Dort hörten sie mit dem Amtsvorstand und einigen Ratsherren die Predigt und wurden zum Waisenhaus geführt und den Waiseneltern und dem Pädagogen übergeben. Zur Einzugsfeier wurde das Sonntagsmahl gereicht. 1789 wurde das Waisenhaus nach Lit. A 25 verlegt, 1809 zurück in das mittlerweile neu erbaute Haus C 137.

Als Waisenkinder galten nur die Kinder Regensburger Eltern, die ehelich gezeugt worden waren. Nachdem sie vier Jahre bei Kosteltern untergebracht waren, fanden sie Aufnahme im Waisenhaus und wurden dort von den Waiseneltern und dem Pädagogen christlich erzogen. Sie erhielten religiöse Unterweisung und lernten Lesen, Schreiben und Rechnen. Im übrigen besuchten sie die deutsche oder Lateinschule und wurden gegebenenfalls bis zum Abschluß eines Universitätsstudiums gefördert. Im Normalfall konnten sie bis zur Gründung eines Hausstandes Unterstützung erwarten. Waisenkinder, die unfähig waren, ein Handwerk zu erlernen und nicht in der Lage waren, ihren Lebensunterhalt zu verdienen, sollten ab dem 10. oder 12. Lebensjahr in eine andere Armenanstalt wechseln. Das Züchtigungsrecht stand alleine den Waiseneltern zu. Der Pädagoge sollte nur mit Bescheidenheit und guten Worten auf die Kinder einwirken.

DOLHOFER, 100. - SAR, alm B2, almB 20, almB 1317.

J. S.

130 Avertissement zur ersten Lotterie für die Erziehkinder. 1768

Einblattdruck; 18 x 22,5 cm
Stadtarchiv Regensburg (almA 78)

Im Februar 1768 eröffnete das Almosenamt eine von Kämmerer und Rat erlaubte Lotterie zugunsten der Erziehkinder. Obgleich das Almosenamt annahm, damit einem breiten Bedürfnis entgegenzukommen, waren im Mai 1768 noch immer 400 von 6000 Losen unverkauft. Mit dem ausgestellten Aufruf wollte das Amt den Absatz noch einmal forcieren.

6000 numerierte Lose zu einem halben Gulden standen zum Verkauf an und konnten mit Devisen versehen werden, die allerdings der "Ehrbarkeit und dem Wohlstand" nicht widersprechen dürften (*"Vor mein Dickerl"*, *"Ich, meine Frau und drei Kinder loben die Erfinder"*, *"Pour ma femme"*, *"Ich mag nichts"*). Den Verkauf übernahmen angesehene Kaufleute und die Kanzlei des Almosenamtes. Die Einnahmen beliefen sich auf 3000 Gulden, die auf 2000 Treffer wieder ausgespielt wurden.

Die Ziehung geschah, durch zwei Erziehkinder, vom 6. bis 8. und vom 10. bis 12. Juni öffentlich auf der Stadtwaage. Vierzehn Tage nach der Ziehung wurden die Gewinne ausbezahlt, wobei jeweils 10% vom Almosenamt einbehalten wurden. Diese 300 Gulden sollten für die Ausbildung der Erziehkinder verwendet werden. Erziehkinder waren Waisen oder Halbwaisen, deren Eltern nicht Bürger Regensburgs gewesen waren. Gestiftet hatte das Erziehkinderinstitut 1725 der damalige Almosenamtsdirektor Geudinger, 1742 ging es in die Verwaltung des Almosenamtes über. 1725 wurde an der Brunnleite 1 (Lit. A 25, neben dem Getreidekasten des Almosenamtes) auch das städtische Armenhaus errichtet, das fortan der Unterbringung der Erziehkinder und dem Zucht- und Arbeitshaus diente. Die Erziehkinder waren in Verpflegung und Kleidung schlechter gestellt als die Waisenkinder. 1789 wurden auch die Waisenkinder in dieses Haus verlegt, so daß Waisen- und Erziehkinder nun gemeinsam verwaltet wurden. 1805 wurden beide Gruppen vereinigt, erhielten gleiche Kost, gleiche Kleidung und wurden in den gleichen Räumen untergebracht.

SAR, almA 78, almB 1469, almB 1480.

J. S.

131 Plan für ein evangelisches Armenhaus. 1821

Amlermauerpoling
Federzeichnung; 79,3 x 62,2 cm
Museum der Stadt Regensburg

Das wegen seiner auffälligen Farbe *"Gelbes Haus"* (Lit. A, 165, am Herrenplatz) genannte, nach Osten offene dreiflügelige Gartenpalais wurde um 1720 vom Linzer Stadtbaumeister Johann Michael Prunner (1669 - 1739) erbaut. Bauherr war die reiche Handelsfamilie Pürkel. Von Pürkel und seinen Erben wurde das Palais an verschiedene Gesandtschaften vermietet. Die evangelische Wohltätigkeitsstiftung erwarb 1816 das Gebäude, um dort ein Armenhaus einzurichten. 1833 übernahm es die Katholische Bru-

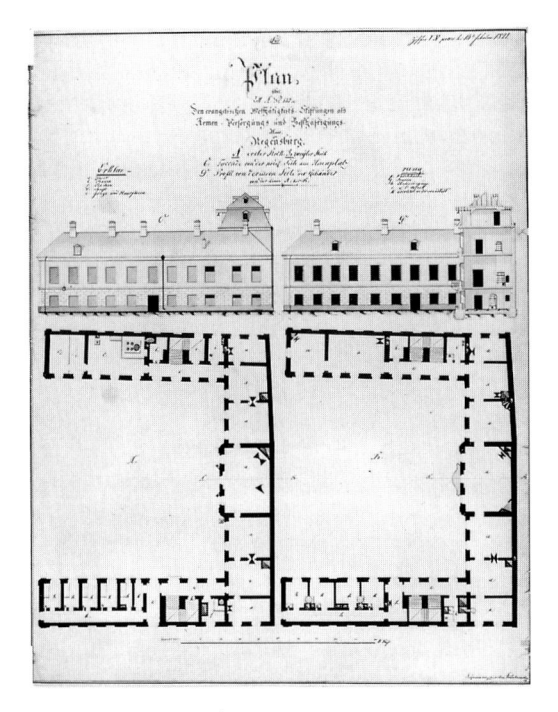

131

derhausstiftung und übergab es 1883 an den Orden der Armen Franziskanerinnen. Ende des 19. Jahrhunderts wurden massive bauliche Eingriffe vorgenommen, so der Neubau des Ostflügels mit Stiftskapelle. Nach dem 2.Weltkrieg erhielt das sog. katholische Bruderhaus den Namen "Bürgerstift St. Michael".

BAUER, 230f. - Baualterspläne VI, 300f.

U. M.

132 Zirkular zur Abstimmung über die Einigung mit den Katholiken über ihren Anteil an den Evangelischen Wohltätigkeitsstiftungen 1833

41 x 34 cm
Stadtarchiv Regensburg (AewrA 134)

Am 10. März wurden die katholischen Hausbesitzer, die weder Bürger noch Beisitzer waren, auf das Rathaus bestellt, um durch ihre Unterschrift einer gefundenen Einigung über die Ansprüche der Katholiken an den Evangelischen Wohltätigkeitsstiftungen beizustimmen. Die unterstrichenen Bürger wurden aus unterschiedlichen Gründen nicht gewertet. Auch andere Gruppen wurden zur Abstimmung gebeten.

Konfessionelle Gegensätze in der ersten Hälfte des 19. Jahrhunderts entzündeten sich vor allem an der Frage der Repräsentation der Katholiken in den Gemeindegremien und an deren Teilhabe an den Stiftungen des ehemaligen Almosenamtes. Da diese Stiftungen auch nach 1803 als evangelisch angesehen wurden, richteten am 4. März 1827 maßgebliche Regensburger Bürger an den König die Bitte, daß die Katholiken an diesen Wohltätigkeitseinrichtungen, abgesehen vom Kranken- und Waisenhaus, gleiches Recht und gleiche Nutzung wie die Protestanten erhalten sollten oder ihnen ein angemessener Fonds daraus zugesprochen werden sollte, den sie eigenständig verwalten und nutzen könnten. Bis zu einer endgültigen Klärung dauerte es noch bis zum 15. Juli 1833. Erst dann konnte eine Lösung gefunden werden. Die Evangelischen Wohltätigkeitsstiftungen zahlten demgemäß zur Errichtung eines katholischen Altersheimes 95 400 fl. Mit dieser Leistung sollten alle Ansprüche der Katholiken an die Evangelischen Wohltätigkeitsstiftungen abgegolten sein. Das Altersheim, das sog. katholische Bruderhaus, wurde im Gelben Haus am Herrenplatz errichtet.

Neben den Zahlungen zur Errichtung des katholischen Bruderhauses wurde aus dem Fonds der Legatenstiftung ein Kapitalstock von 44 000 fl. gebildet, der aus einer fünfprozentigen Verzinsung jährlich 2200 fl. (später 3771, 44 M) erbringen sollte. Diese waren an das Armeninstitut, später an das Wohlfahrtsamt abzuführen und zur Verteilung an evangelische Arme bestimmt. Diese Zahlungen erfolgten bis 1922 und wurden ab 1929 nach einem Abschlag von 75% in

Höhe von 960,- RM bis zur Einstellung 1947 weiter bezahlt.

ALBRECHT, 78, 80. - SAR ZR 5135, 5840, AewrA 143, 111-143.

J. S.

133 Hausordnung für die Pfründner des St. Katharinenspitals in Regensburg. 1860

Einblattdruck; 52,5 x 43,5 cm
Stadtarchiv Regensburg (AewrA 138)

Die Berufung der Barmherzigen Schwestern an das seit 1542 paritätische St. Katharinenspital im Jahre 1860 wurden von der Stadtverwaltung und den evangelischen Pfründnern im Spital bald als unerträgliche Bevormundung und Hintansetzung empfunden.

Zur Lösung dieses Problems schlug der Magistrat eine Ausscheidung der evangelischen Pfründner und eine Abfindungszahlung vor. Da eine Einigung über das Gesamtvermögen und den den Evangelischen zustehenden Anteil nur schwer zustande kam, konnte die endgültige Entscheidung erst im April 1891 verbrieft werden. Die Zahl der Institutionen und Behörden, die dieser Vereinbarung zustimmen mußten, macht allein schon deutlich, wie kompliziert der Verfahrensablauf war. Zustimmungen mußten eingeholt werden vom Spitalrat, der geteilt war in eine geistliche, katholische und eine weltlich, evangelische Bank, vom Magistrat, dem Gremium der Gemeindebevollmächtigten, vom Armenpflegschaftsrat, dem Verwaltungsrat der Evangelischen Wohltätigkeits- und Unterrichtsstiftungen und schließlich von der Regierung als Kuratelbehörde.

Die Vereinbarung sah vor, daß bei einem festgestellten Gesamtvermögen von 1 374 586 Mark und einem Schuldenstand von 210 259 Mark, an die Evangelischen Wohltätigkeitsstiftungen insgesamt 400 000 Mark zu leisten waren (dieses Geld wurde dem damaligen Bruderhausfonds einverleibt) und die Evangelischen Pfründner dafür das St. Katharinenspital verlassen mußten. Dieses sollte zukünftig nur mehr für katholische Pfründer zur Verfügung stehen. Die 11 evangelischen Pfründner und 39 Pfründnerinnen wurden im ehemaligen evangelischen Waisenhaus untergebracht.

Gemessen daran, daß von den 37 934 Einwohnern Regensburgs nur 5930 Protestanten waren, kann die Abfindung in Höhe fast eines Drittels als durchaus vorteilhaft eingeschätzt werden. Zudem war der Anteil der Evangelischen an der Zahl der Bürgerrrechtsinhaber und der wohlhabenden Oberschicht ohnehin unverhältnismäßig hoch.

1882 wurde auch das gemeinsame Krankenhaus der Katholiken und Protestanten aufgelöst.

ALBRECHT, 51f. - DOLHOFER, 100f. - B. SAHLINGER: Verfassung und Verwaltung des St. Katharinenspitals in Regensburg. Jur. Diss. 1956, 64-76. - Verwaltungsbericht des Stadt-Magistrats Regensburg 1890, 6f.; 1891, 53-55.

J. S.

134

134

134 a-c Drei Totenkronen. Um 1700

Regensburg
Silber, getrieben, gegossen, graviert, a) vergoldet
a) Bz: gekreuzte Schlüssel für Regensburg (ROSENBERG III, 4444), Mz: IGK im Rund für Johann Georg Kränner
H. 24,4 cm
Museum der Stadt Regensburg (K 1941,17 a)
b) Bz. wie a); Mz: AH ligiert für Andreas Harrer
H. 22,5 cm
Museum der Stadt Regensburg (K 1941,17 b)
c) Bz. wie a); Mz. wie b)
H. 21,2 cm
Württembergisches Landesmuseum Stuttgart, Kunst- und kulturgeschichtliche Sammlungen (G 11.197)
Farbabb.19

Im 17. und 18. Jahrhundert spielten Totenkronen und -kränze eine wichtige Rolle bei dem Begräbnis von Kindern und Ledigen, sozusagen als Ersatz für die Hochzeit. Um unnötige finanzielle Ausgaben bei den aufwendigen Feierlichkeiten zu vermeiden, erließ der Rat der Stadt Regensburg in seinen Leichenordnungen aus den Jahren 1655, 1689 und 1712 genaue Vorschriften bezüglich der *"Todtenkränze, so auf die Bahr gestellt werden"*. Die Anzahl der Kränze wurde bei Kindern auf fünf, bei älteren Ledigen auf sieben festgesetzt. *"Es können aber auch Gevattern, oder wer es begehrt, bey E.E. Hannßgericht um einen Zierkranz sich anmelden, allwo der guldene mit Perlen versetzte einem jeden, er sey Geist- oder Weltlich, Edel oder Unedel, hohen oder niedern Stands, Bvrger oder Beysitzer, zu Conducirung der Leichen lediger Personen, welche der Communion theilhafftig worden, es seyen Jüngling oder Jungfrauen, wann sie nur eines ehrlichen Leihmuths, abgefolget und wegen der Herleihung ein Gulden 30. Kreuzer vor der Auslieferung bezahlt werden; ..."*
Der *"weiß-silberne Krantz"* ist für Kinder vorgesehen. Auch sah die Ordnung eine Regelung vor für den Fall, *"da aber auf einen Tag mehr solche Leichen zusammen kämen, denen einerley Krantz gebührt, soll derjenige den Vorzug haben, welcher dem andern Stands halben vorgangen, oder, da sie gleich wären, für welchen am ersten die Anmeldung geschehen"*.
Die dadurch zusammengekommenen Gelder sollten aus *"Obrigkeitlicher Güte für die Armen deputiert bleiben"*. Das Hansgericht überwies die Erträge aus dem Verleih - zwischen 40 und 90 Gulden - jährlich dem Waisenhaus, dem 1672 die Totenkronen übergeben worden waren. Aus den Protokollen ist ersichtlich, daß die beiden silbernen Kronen durch den Goldschmied Andreas Harrer neu angefertigt wurden, für deren Anfertigung er die alten erhielt. 1705 bekam Johann Georg Kränner den Auftrag für die neue *"auf Dauer vergoldete"* Krone.

Unpubliziert

M. A./H.B.

135

135 Bergpredigt Jesu
(Mt. 5 -7; Lk. 6, 20 -47). 1893

Eduard von Gebhardt (1838 - 1925)
Farbdruck ; (ohne Rahmen) 63 x 97 cm
Evangelisches Bruderhaus Regensburg

Der Farbdruck hat ein Fresko Gebhardts in der evangelischen Klosterkirche von Loccum zum Vorbild (1886), das der Künstler mehrfach in Öl wiederholte. Christus ist hier als Volksprediger wiedergegeben, der den Menschen als einer der ihren das Heil bringt. Die in Kleidung der Lutherzeit gewandeten Zuhörer, die das *"heroische"* Zeitalter der Reformation in Erinnerung rufen sollen (Koch, 7), hören gebannt die Worte Jesu, ohne in fromme Passivität zu verfallen. Jede Person ist in ihrer ganzen Individualität wiedergegeben. Fritz Bley schrieb 1886 über das Loccumer Fresko: *"Des Menschen Sohn kann uns nicht menschlich näher gebracht werden, als in diesem Christus geschehen."* Der Künstler hat sich, wie in vielen seiner Werke, zusammen mit seiner Frau selbst dargestellt: Im Mittelgrund der Szene erkennt man das Ehepaar Gebhardt mit zwei Kindern. Beide lauschen gebannt den Worten des Herrn. Ein *"rousseauhafter Zug"* (Gross, 232) bestimmt die Szene, die Rosenberg beschrieb: *"Wenn wir uns in der Runde umblicken, die sich vor dem Heiland gebildet hat, sehen wir alle bürgerlichen Stände vertreten, von dem Landmann, der die Pflugschar verlassen hat, um dem Zuge seines religiösen Bedürfnisses zu folgen, bis hinauf zu den gelehrten Männern im Hintergrunde links [es handelt sich um Porträts von Düsseldorfer Akademiekollegen Gebhardts; Anm. d. Verf.], die mit der gleichen Aufmerksamkeit, mit derselben Sammlung und Hingabe den Worten des Predigers folgen, wie die Leute aus dem Volk"* (Rosenberg, 77). Gebhardt versuchte in seinen Bildern durch eine möglichst exakte historische Wiedergabe der Reformationszeit den Geschichten Jesu Historizität zu geben; ein Bemühen, das in der zweiten Hälfte des 19. Jahrhunderts allgemein verbreitet war. Anstoßgebend für diese Richtung war u. a. das von David Friedrich Strauß 1835 veröffentliche *"Leben Jesu"*. Als ebenfalls protestantischer Künstler, aber als künstlerischer Gegenpol, ist Fritz von Uhde (1848 - 1911) zu sehen, der die gleichen christologischen Themen nicht historisierend darstellte, sondern direkt in das zeitgenössische (Arbeiter-)Milieu verlegte (Haebler, 73 f.).

A. ROSENBERG: E. von Gebhardt, Bielefeld-Leipzig 1899. - F. BLEY: Kloster Loccum, in: Die Kunst für Alle 2 (1886/87), 195-201 (hier 198). - D. KOCH: Eduard von Gebhardt. Album religiöser Kunst, Stuttgart 1910, 7. - R. BURCKARDT: Zum Schauen bestellt. Eduard von Gebhardt der Düsseldorfer Meister der biblischen Historie, Stuttgart 1928, 23. (m. Taf. 3). - SCHLICHTING: Kirchenschatz IV, 29. - HAEBLER, 72 f., 114 (zur Bergpredigt). - D. BIEBER/E. MAI: Eduard von Gebhardt und Peter Janssen. Religiöse und Monumentalmalerei im späten 19. Jahrhundert, in: Ausst.kat. Die Düsseldorfer Malerschule, Kunstmuseum Düsseldorf (13.5.-8.7.1979), Mathildenhöhe Darmstadt (22.7.-9.9.1979), hrsg. v. W. von Kalnein, Mainz 1979, 165-176. - F. GROSS: Jesus, Luther und der Papst im Bilderkampf 1871 bis 1918. Zur Malereigeschichte der Kaiserzeit, Marburg 1989, 230-232 (m. Lit.). - E. THOMSON: Eduard von Gebhardt. Leben und Werk, Lüneburg 1991, 31-35 (m. Lit.).

A. St.

Die Regensburger Gemeinde und Österreich.

Exulanten in Regensburg

Mit der Annahme der Reformation wurde Regensburg ein evangelischer Vorposten mit Blick entlang der Donau nach Südosten. Nikolaus Gallus (Kat.77,78) übernahm eine entscheidende Rolle für den Aufbau und die Organisation der evangelischen Kirche in Österreich, zumal diese über keine eigene Ausbildungsstätte verfügte. Zusammen mit seinem Konsistorium examinierte er die Kandidaten, die in Österreich Pfarrer werden wollten, und erteilte ihnen, nachdem er sie auf die Konkordienformel verpflichtet hatte, die Ordination. Zwischen 1574 und 1624 schickte das Regensburger Konsistorium über 130 Pfarrer an Bestimmungsorte in Österreich.[1]

In umgekehrter Richtung, die Donau aufwärts, wurde Regensburg jedoch auch zum Ziel vieler Protestanten, die aus Glaubensgründen Österreich verlassen mußten. Die Unterzeichnung des Augsburger Religionsfriedens durch Kaiser Ferdinand 1555 war gemäß dem Grundsatz 'cuius regio, eius religio' der Beginn der offiziellen Rekatholisierung Österreichs. Zunächst war davon jedoch nicht viel zu spüren. Zum einen war der Kaiser wegen der Türkensteuer auf den Adel angewiesen, der - vor allem im Land ob der Enns - in weiten Teilen die evangelische Lehre angenommen hatte. Zum andern war er davon überzeugt, daß die Gegenreformation primär auf geistiger Ebene erfolgen müsse. So tolerierte er die Protestanten, verbot ihnen aber die freie Religionsausübung. Unter Ferdinands Sohn Maximilian II. erreichte das Luthertum in Österreich sogar seinen Höhepunkt: Der Adel in Ober- und Niederösterreich erhielt, freilich gegen entsprechende Abgaben, das Recht der freien Religionsausübung. Seine Kirchen wurden zum Ziel evangelischer Stadtbewohner. Zahlreiche Wiener etwa begaben sich ins Schloß der Jörger in der Vorstadt Hernals, wo zwischen 1611 und 1627 die Regensburger Mag. Johann Mülberger und Mag. Erasmus Zollner (Kat.60,143) als Prädikanten wirkten.[2]

Unter Maximilians Nachfolger, dem in Prag residierenden Rudolf II. (1576 - 1612), brachen für die österreichischen Protestanten schwere Zeiten herein. Von Wien aus trieben Erzherzog Ernst und Kardinal Melchior Klesl, ein von den Jesuiten zum Katholizismus bekehrter protestantischer Bäckersohn, die Gegenreformation voran. Um 1600 war Niederösterreich wieder überwiegend katholisch, nachdem die Bewohner der Städte und Märkte die Wahl gehabt hatten, einen katholischen Bürgereid zu leisten oder binnen sechs Wochen das Land zu verlassen.[3] Mit noch größerer Härte ging ab 1595 Erzherzog Ferdinand gegen die Protestanten in den weitgehend evangelisch gewordenen Ländern Steiermark, Kärnten und Krain vor. In Oberösterreich, wo der Protestantismus durch das Bündnis zwischen Adel und Bürgertum einen besonders starken Rückhalt genoß, kam die Gegenreformation auf indirektem Weg zu ihrem Ziel. Er verlief über einen ursächlich politisch und sozial begründeten Bauernaufstand, der sich zwangsläufig auch gegen den protestantischen Adel richtete. Möglicherweise war es eine Idee Kardinal Klesls, daß ausgerechnet die Katholiken Hilfe gegen die revoltierenden Bauern anboten und so letztlich die politische Macht der protestantischen Stände brachen.[4] Nach dem Regierungsantritt Ferdinands II. wurde die Rekatholisierung der österreichischen Erblande mit größter Konsequenz vorangetrieben. Einen Höhepunkt erreichte diese Entwicklung am 8. November 1620, als in der Schlacht am Weißen Berg die protestantische Union der katholischen Liga und den Kaiserlichen unterlag. Der Durchsetzung der Gegenreformation in Österreich, Böhmen und Ungarn stand nun nichts mehr im Weg.

Noch vor 1600 kamen die ersten Exulanten nach Regensburg, so der als Sohn eines Tullner Weinbauern um 1520 geborene spätere Steyrer Prediger Wolfgang Waldner (vgl. Kat.87) und der aus traditionsreicher Linzer Bürgerfamilie stammende Johann Hueber

(Kat.142). Über die Herkunft der Glaubensflüchtlinge geben u. a. die Schülerverzeichnisse des Gymnasium Poeticum Aufschluß (Kat.141). Besonders groß war der Flüchtlingsstrom nach dem Zusammenbruch des oberösterreichischen Bauernaufstandes 1626. Aus Platzgründen ließ der Rat Wochengottesdienste in der Neupfarrkirche und in St. Oswald halten.[5] Zum Dank für die Aufnahme so vieler Exulanten spendete die 'Ritter- und Landschaft' Oberösterreichs für den Bau der Dreieinigkeitskirche 1627 einen Betrag von 600 Gulden.[6] 1664 versuchte der Rat mit Vermittlung des Superintendenten, auch Exulanten dafür zu gewinnen, ihre Kinder das Gymnasium Poeticum besuchen zu lassen.[7]

Nicht für alle Glaubensflüchtlinge konnte Regensburg schon das Ziel sein; viele wollten bzw. mußten weiter nach Norden ziehen.[8] Von den in der Reichsstadt gebliebenen Exulanten gelang erstaunlich vielen ein rascher sozialer Aufstieg. Elf wurden allein von 1605 bis 1658 Mitglieder des Inneren Rates.[9] Zu ganz besonderem Ansehen gelangte die im Jahre 1600 aus Linz geflohene adelige Familie der Gumpelzhaimer. Sie schenkte der Stadt nicht nur einige Ratsmitglieder, sondern auch einen ihrer bedeutendsten Geschichtsschreiber (Kat.182). Aus Wien bzw. ursprünglich ebenfalls aus Oberösterreich waren die Löschenkohl gekommen. Ihr Name hat in der Kunstgeschichte Regensburgs einen festen Platz, seit sich der Großkaufmann und Bankier Hieronymus Löschenkohl zwischen 1730 und 1734 vom Linzer Stadtbaumeister Johann Michael Prunner (1669 - 1739) ein repräsentatives Stadtpalais am Neupfarrplatz und ein intimeres, aber nicht minder qualitätvolles Gartenpalais am Minoritenweg errichten ließ. Das Stadtpalais, ein Hauptwerk Prunners, steht mit seiner organisch durchformten siebenachsigen Fassade, deren dreiachsiger Mittelrisalit seitlich in konkaven Biegungen vorschwingt und in der Mittelachse wieder zurücktritt, in der Nachfolge berühmter Vorbilder. Die Risalitlösung verweist auf die Dientzenhofer-Fassade von St. Niklas auf der Prager Kleinseite, die Geschoß- und Achsengliederung insgesamt auf Anton Ospels Palais Lembruch-Wilczek in Wien.[10]

Während man in Regensburg am Palais Löschenkohl baute, wurden aus dem Fürsterzbistum Salzburg rund 20.000 Protestanten vertrieben.[11] Der 1727 zum Erzbischof gewählte Leopold Anton Freiherr von Firmian kämpfte weitaus härter als seine Vorgänger für die Rekatholisierung seines Landes. Als sich deswegen im Mai 1731 Pongauer Protestanten mit der Bitte um Unterstützung an das Corpus Evangelicorum in Regensburg wandten, legte dies der salzburgische Hofkanzler Christiani als Hochverrat aus. In dieser verhängnisvollen Lage las bei einer geheimen Versammlung am 13. Juli 1731 der evangelische Bauer Ruprecht Frommer seinen Vertrauten einen Brief aus Regensburg vor, in dem die Salzburger ermahnt wurden, ihren Glauben offen zu bekennen. In diesem Fall könnten sie mit der Unterstützung ihrer Glaubensbrüder rechnen.[12] Wenige Tage später verzeichnete eine fürsterzbischöfliche Kommission bei ihren Befragungen 20.678 evangelische Untertanen. Obwohl die Versuche, ihnen einen Aufstand nachzuweisen, scheiterten, wurden sie entwaffnet und ihre Führer in Folterhaft genommen. Angesichts dieses unmenschlichen und zudem nicht mehr zeitgemäßen Vorgehens mahnten schließlich sogar Kaiser und Papst den Salzburger Erzbischof zum Gewaltverzicht. Doch schon hatte Hofkanzler Christiani den Befehl zur Auswanderung der Protestanten verfaßt und am 31. Oktober 1731 mit Erzbischof Firmian unterzeichnet. Am 11. November wurde das Emigrationspatent bekanntgegeben.[13] Personen mit festem Wohnsitz mußten binnen drei Monaten, "unangesessene Innwohner" binnen acht Tagen das Land verlassen. Aus Salzburg als "boßhafte Aufwigler und Zerstörer der innerlichen Landes-Ruhe" vertrieben, fanden sie in Ostpreußen durch König Friedrich Wilhelm I. Aufnahme. Die meisten nahmen dieses Angebot wahr, einige emigrierten auch nach Holland und Amerika. In zahlreichen evangelischen Ländern wurde für sie gesammelt; insgesamt wurden fast 500.000 Gulden zu ihrer Unterstützung nach Regensburg geschickt.[14] Viele Exulanten wurden bei den Bürgern der Stadt so lange einquartiert, bis ihnen von den Gesandten der zu passierenden katholischen Länder die Erlaubnis zur Weiterreise erteilt wurde. Die erste Gruppe Salzburger war am 13. und 14. Dezember 1732 angekommen. Auf dem Flußweg bis Passau gelangt und dort wegen der Kälte neun Tage lang festgehalten, hatte man sie schließlich auf dem Landweg nach Regensburg gebracht. An bestimmten Orten der Stadt wurden, wie Dimpfel berichtet, Sammelstellen eingerichtet, so *"auf dem Rath-Hauß, in dem weißen Hahnen* [Unter den Schwibbögen 1], *in der Landshuter Herberge* [durch den Horten-Bau beseitigt], *etc. dahin ein Wagen voll um den anderen gefahren, und abgeladen, welche alsdann Familien, oder auch, was ledige Personen waren, einzeln weise aufgeschrieben und in die Bürgerhäußer angewiesen worden, die sogleich die Haußpatronen oder deren dafür beschiedene Dienstbothen mit Freuden angenommen und nach Hauße geführet. Der Numerus war 740 Köpfe starck."*[15] Ein großer Exulantenstrom setzte sich am 9. Januar 1733 von Regensburg in Richtung Nürnberg und weiter nach Norden in Bewegung. Ende 1733 kamen einige Salzburger wieder aus Holland und Hannover zurück und baten in Regensburg um Aufnahme. Diese wurde ihnen bewilligt, sofern sie eine Beschäftigung nachweisen konnten.[16]

Nicht nur die Regensburger Gemeinde unterstützte ihre vertriebenen Glaubensbrüder nach Kräften. Vielerorts wurden die Erinnerungen an den Durchzug der Salzburger literarisch festgehalten. Eine dieser Schriften aus dem Jahr 1732 inspirierte sechzig Jahre später Goethe zu 'Hermann und Dorothea'.[17]

1   Lista der Ordinanden, so auff vorgehend Examen dem Buch der Concordien sich unterschrieben und an andern orth vociert werden (SAR, Hs I Ah 13; vgl. auch ebd. Eccl. I, 40). - MECENSEFFY, 132. - DOLLINGER, 338-343. - MAURER, 10.

2   J. K. MAYR: Wiener Protestantismusgeschichte im 16. und 17. Jahrhundert, in: JBGPÖ 70 (1954). 41-127, hier: 106.- Zum Thema allg. J. WODKA: Kirche in Österreich. Wegweiser durch ihre Geschichte, Wien 1959. - H. SIEGERT: Hausbuch der Österreichischen Geschichte, Wien 1976, 59 ff.

3   SIEGERT (wie Anm. 2), 65.

4   Ebd. 67.

5   J. F. KOCH: Austriaca aus Regensburg, in: JBGPÖ 5 (1885), 93 f. - DOLLINGER, 343. - Unkorrekt die Formulierung bei MECENSEFFY, 134, die Gottesdienste seien aus Platzgründen von der Neupfarrkirche nach St. Oswald verlegt worden. Zu diesen Jahrzehnten allg. grundlegend SCHNABEL.

6   RAAB, 6. Gekürzt bei PFEIFFER: Dreieinigkeitskirche, 3 f.

7   KLEINSTÄUBER I, 20.

8   Vgl. etwa die Liste der evang. Prediger, die 1624 in Vohenstrauß um einstweilige Aufnahme baten, darunter der in Regensburg geborene und später hier als Prediger wirkende Daniel Tanner (Kat.213), den man aus Gmunden vertrieben hatte (Staatsarchiv Amberg, Sulzbacher Akten, Nr. 3304); publ. bei H. BATZL: Österreichische Exulanten in Vohenstrauß, in: Die Oberpfalz 48 (1960), 15-18 Vgl. auch DOLLINGER, 361.

9   1605 Johann Hueber aus Linz, 1609 Hans Weber aus Radkersburg, 1615 Joseph Schauer aus Prunberg/Stmk., 1625 Wolfgang Leopold aus Neufelden/OÖ, 1626 Christoph Grundner und Daniel Eder aus Vöcklabruck, 1627 Johann Peichl aus Graz, 1634 Ludwig Schorer aus Wels, Joachim Kerscher aus Ischl und Hieronymus Peichl aus Graz, 1658 Johann Jakob Weiß aus Linz (Verzeichnis aller Herren des Inneren Rats, so von Anno 1500 bis dato anwesend; SAR, Hs.I Ah. 13). Dazu MECENSEFFY, 139-141.

10   Th. KORT: Zur Profanarchitektur Johann Michael Prunners, in: Wiener Jahrbuch für Kunstgeschichte 32 (1979), 77-98, bes. 92 f. - B. GRIMSCHITZ: Johann Michael Prunner, Wien 1958, 64-67. - H. E. PAULS: Zwei Palais des Bankiers und Handelsmannes Hieronymus Löschenkohl in Regensburg, in: Jahrbuch der bayerischen Denkmalpflege 39 (1985),176-196. - Baualterspläne III, 62-64.; VII, 137-141. - Bedeutender Wiener Vertreter der evang. Kaufmannsfamilie Löschenkohl war der Kupferstecher, Maler, Verleger und Fächerfabrikant Johann Hieronymus Löschenkohl (1753-1807), der seine Abstammung wiederum auf die Regensburger Namensträger zurückführte. Vgl. THIEME/BECKER XXIII, 323. - Kunsthistorische Würdigung durch R. WITZMANN: Hieronymus Löschenkohl. Bildreporter zwischen Barock und Biedermeier, Wien 1978.

11   Dazu grundlegend Kat. Goldegg 1981.

12   So nach G. FLOREY: Die 'Große Emigration', ebd. 101-108, hier: 101.

13   1 Exemplar in Wien, Haus-, Hof- und Staatsarchiv, Kleinere Reichsstände 477. Der Text mit

14 Dazu ebd. 106. - Vgl. auch K.-H. LUDWIG/M. WELKE: Die Salzburger Emigration im Spiegel der deutschen Presse, ebd. 109-111, hier: 110.
15 DIMPFEL I, 225.
16 GUMPELZHAIMER III, 1570.
17 Die Episode wurde von Goethe in die Zeit der Französischen Revolution übertragen, aus den Salzburgern wurden Flüchtlinge aus Frankreich. Vgl. dazu J. W. v. GOETHE. Sämtliche Werke nach Epochen seines Schaffens (=Münchner Ausgabe), hrsg. von Karl Richter, München-Wien 1988, Bd. 4.1, 1074-1098, bes. 1082-1096.

geringfügigen, das Verständnis erleichternden Änderungen publ. in: JBGPÖ 74 (1958), 107-115. Vgl. auch FLOREY (wie Anm. 12), 103 f.

E. T.

136 Brief des Jörg von Perkheim an Gallus. 1554

Linz (?), 12. August 1554
2 S. dt. mit Siegel
Feder auf Papier ; 32,3 x 22,7 cm
Stadtarchiv Regensburg (Eccl. 58, 24)

Jörg von Perkheim teilt Gallus mit, daß er dessen Schriften in Österreich und der Steiermark verbreitet habe. Ausführlich unterrichtet er den Regensburger Reformator über die aktuelle Lage in Österreich: Karl V. wolle Zwietracht unter den Ständen säen, um so indirekt das sich ausbreitende Luthertum zu schwächen. Er berichtet u. a. von der Inhaftierung des Pfarrers von Waizenkirchen, der, da er seinen neuen Glauben nicht ablegte, wenig später verbrannt wurde.

E. T.

137 Brief des Sebastian Krell an Gallus. 1567

Laibach, Quasimodogeniti 1567
3 S. lat.
Feder auf Papier ; 31,4 x 21,5 cm
Stadtarchiv Regensburg (Eccl. I 59, 37)

Der Laibacher Prädikant Krell zeigt sich in diesem Schreiben an Gallus tief besorgt, was aus dem Druck der bestellten slowenischen Postille geworden sei. Seit fünf Monaten habe er, der sehr krank sei, nicht einmal mehr ein Brieflein aus Regensburg erhalten. Der Erzherzog habe ein Treffen mit Vertretern aus Krain und zwei weiteren "Provinciae" (wohl Kärnten und Steiermark) vorgesehen, um in aller Güte über Streitfragen zu verhandeln. Im nahen venezianischen Udine sei vor kurzem ein evangelischer Glaubensbruder verbrannt worden.

Daß auch für Protestanten aus dem Herrschaftsgebiet Venedigs Regensburg ein wichtiger Bezugspunkt war, läßt sich u. a. aus der Korrespondenz des zur Reformation übergetretenen Bischofs von Capodistria (Koper), Pier Paolo Vergerio, ersehen.

(Zu Vergerio): LThK 10, Sp. 701 f. - J. SYDOW: Unbekannte Briefe des Pier Paolo Vergerio d. J. im Regensburger Stadtarchiv (1958), 221-229.

E. T.

138 Brief der Krainer Landstände an Gallus. 1567

Laibach, 20.9.1567
3 S. dt. mit 16 Siegeln
Feder auf Papier ; 31,7 x 22 cm
Stadtarchiv Regensburg (Eccl. I 59, 150)

Die in Laibach versammelten Krainer Landstände wenden sich an Gallus mit der Bitte, ihnen einen geeigneten Vertreter bzw. Nachfolger für den kranken Prädikanten Sebastian Chrellius (Krell) zu vermitteln. Nach Möglichkeit sollte dieser *"neben der teutschen auch die windisch [hier: slowenisch] Sprach"* beherrschen. Er würde ebenso wie Sebastian Krell besoldet werden, so daß er *"sich billigerweise nicht zu beschwären haben wirdt."*

E. T.

139 Brief des Gallus an die Krainer Landstände. *1567*

Regensburg, 24.11.1567
4 S. dt. ; 31,7 x 21 cm
Stadtarchiv Regensburg (Eccl. 59, 162)

In Beantwortung des Schreibens der Krainer Landstände vom 20. September 1567 (Kat.138) berichtet Gallus von seinen Bemühungen, einen Nachfolger für Krell zu finden. Nachdem *"Johann Tetelbach, weiland Superintendent zu Chemnitz zu Meissen itzt in der Statt Schwandorff"*, abgelehnt habe und Stephan Consul, obwohl er deutsch und slowenisch könne, kaum geeignet sei, habe er sich an M. Caspar Melissander gewandt, *"itzt professorn auff der fürstlichen Schul zu Lauingen."* Dieser habe allerdings eine Frau und ein kleines Kind, weswegen er die Reise nach Laibach wohl erst im kommenden Frühjahr antreten werde.

E. T.

140 Ulrich Schmidl. *19. Jahrhundert*

Contrafractur Ulrich Schmidels
Zeichnung ; 13,9 x 10 cm
Bez. u. r.: J. v. S.
Museum der Stadt Regensburg (HV 58)

Ulrich Schmid(e)l mußte aus Glaubensgründen 1563 seine Heimatstadt Straubing verlassen. Er fand Aufnahme als Bürger in Regensburg, wo er 1581 verstarb.
Die Jahre von 1535 bis 1554 verbrachte Schmidl im Gefolge des Don Pedro de Men-

140

doza in Südamerika. Gleich zu Beginn der Expedition nahm er an der Gründung der späteren argentinischen Hauptstadt Buenos Aires teil. Seine große kulturgeschichtliche Bedeutung aber liegt in seinen Reiseaufzeichnungen, die ihn dank seiner sachlichen Darstellungsweise zum ersten bedeutenden Geschichtsschreiber der Länder entlang des Río de la Plata machen. Sie erschienen als *"Wahrhaftige Historien einer wunderbaren Schiffahrt..."* erstmals 1567 bei Sigmund Feyerabend in Frankfurt. Neben der Schilderung der Entdeckung Westindiens in der 'Historia general de las Indias' (1552-61) des Dominikaners Fray Bartolomé de las Casas gehört Schmidls Werk zu den wertvollsten Darstellungen der kolonialen Eroberung Lateinamerikas.
Die vorliegende Zeichnung entstand nach dem Titelkupfer der zweiten deutschen Ausgabe (Frankfurt 1612). Das neben dem in Landsknechtuniform über einer Wildkatze stehenden Schmidl abgebildete Wappen befindet sich noch heute am Haus Tändlergasse 24 (Engelapotheke), dem von Schmidl

353

erweiterten Rückgebäude seines Anwesens Wahlenstraße 23.

GUMPELZHAIMER III, 1289-1291. - WALDERDORFF, 52, 492. - R. LEHMANN-NITSCHE: Ulrich Schmidel, München 1912. - M. TEPP: Der erste Deutsche am Rio de la Plata. Utz Schmidl von Straubing, Buenos Aires 1934 (mit Schmidels Text in aktualisiertem Deutsch). - BAUER, 123-125.

E. T.

Weitere 24 Semesterberichte aus den Jahren um 1600 befinden sich im Archiv des Historischen Vereins für Oberpfalz und Regensburg (MS/R/285).

Zu den Semesterberichten allg. S. FEDERHOFER: Das Gymnasium Poeticum im Spiegel der Semesterberichte von 1597 bis 1612, in: Albertus-Magnus-Gymnasium, 207-220.

E. T.

141 Semesterbericht des Gymnasium Poeticum. 1607

S[enatus] P[opulusque] [Ratisbonensis] CATALOGUS IN EXAMINE VERNO A D MDCVII
47 handbeschriebene Seiten + 1 gedrucktes u. gefaltetes Vorsatzblatt mit Festrede
Orig. roter Pappeinband mit Goldprägung
22 x 15 cm
Museum der Stadt Regensburg (R. MS. 285/18)

Verzeichnet sind, nach Klassen geordnet, die Namen der zum Frühjahrsexamen 1607 zugelassenen Schüler. Von fünf Ausnahmen abgesehen, sind die jeweiligen Herkunftsorte angegeben. Demnach standen 112 Regensburgern 136 Auswärtige gegenüber. Davon stammten 84 aus Regensburg, der Rest überwiegend aus der Oberpfalz.

Für die österreichischen Protestanten war Regensburg die am nächsten gelegene evangelische Bildungsstätte. Für die zum Frühjahrsexamen 1607 angetretenen Schüler sind folgende Heimatorte belegt: Graz (13), Linz (10), Rohrbach/OÖ (3), Wien (2), Gmunden/OÖ oder Gmund/Kärnten (2), Villach (2), Wels (2), Eferding (2), Bruck a. d. Mur (1), Fürstenfeld (1), Gleisdorf/Stmk. (1), Leoben (1), Judenburg (1), Kremsmünster (1); allgemein "Austria" (13), Steiermark (23), Kärnten (6). Die beiden Schüler, die das Gymnasium im zurückliegenden Semester verlassen hatten, stammten aus Krems bzw. Grieskirchen.

142

142 Johann Hueber. 1616

Anonym, Regensburg
Öl auf Leinwand ; 99 x 79 cm
Bez. auf der rechten Buchseite: IOHAN/ HVEBER V. /LINZ /WOHNHAFT /ZV REGENSP. /VRG /DES INNERN /RATHS 52 /IAR 16.16.
Museum der Stadt Regensburg (K1941,13)

Der 1564 geborene Johann Hueber entstammte einer angesehenen protestantischen Linzer Bürgerfamilie. Seit 1594 Mitglied des

Rates seiner Vaterstadt, weilte er 1595/96 als kaiserlicher Kommissar in Ungarn. Nach einem Jahr als Stadtrichter in Linz übersiedelte er 1597 nach Regensburg, wo er nach dem Erwerb des Bürgerrechts noch 1598 in den Äußeren Rat gelangte. Nach seiner Aufnahme in den Inneren Rat 1605 bekleidete er bis zu seinem Tod 1626 eine Reihe hoher Ämter, u. a. das des Baudirektors. Seine beiden Häuser vermachte er der Stadt zu sozialer Nutzung; eines davon (Glockengasse 14) zur Aufnahme bedürftiger evangelischer Pfarrer. Zu diesen Zweck diente das sog. Hubersche Stiftungshaus, bis es 1780 von einem Privatmann erworben wurde.

Im Entstehungsjahr des Portraits war Hueber Stadtkämmerer. Er steht in Halbfigur frontal hinter einem Tisch. Mit der Linken umfaßt er den Degengriff, in der auf den Tisch gestützten Rechten hält er seine Handschuhe. Der Kopf ist leicht nach rechts gewandt. Das fein gezeichnete Gesicht mit Knebel- und Kinnbart wird von einer Halskrause gerahmt. Die linke Seite des auf dem Tisch liegenden Buchs zeigt das Wappen, das dem Großvater Johann Huebers 1518 von Kaiser Maximilian I. verliehen wurde: auf rotem Schild ein silberner Kranich mit aufgetanen Flügeln und einem schwarzen Stern im Schnabel.

GUMPELZHAIMER III, 1099f. - WALDERDORFF, 544. - A. HOFFMANN: Das Bürgergeschlecht der Hueber (1475-1653), in: Linz. Erbe und Sendung, Linz 1941, 109-128. - MECENSEFFY, 139. - Baualterspläne II, 107 f. - BAUER, 277. - SCHNABEL, 68 f. (mit Lit.).

E. T.

143 Mag. Johann Mülberger. 1620

Warhafftige Contrafactur/ Deß Ehrwürdigen Wolge-lehrten Herren M. Johan. Mülbergers, der löb-lichen Euangelischen Ständ in Nider Österreich, vnd /der Herren Jeörger, bestelten Predigers zu Herrn- /Als. Anno Christi 1620.
Lucas Kilian (1579 - 1637)
Kupferstich ; 12,7 x 10,1 cm
Bez. auf dem Tisch: Lucas Kilian sculpsit. - Unter dem Wappen: AETATIS SVAE 33. - In der Bildunterschrift Angaben zur Biographie in Versform.
Museum der Stadt Regensburg (G1984,133)

Nach Erasmus Zollner (s. Kat.60) war Mülberger der zweite Regensburger, der als Prädikant in Hernals bei Wien wirkte. Dort war im Schloß des Freiherrn Helmard Jörger ab 1609 ein Zentrum protestantischen Kirchenwesens entstanden, so daß einige Jahre hindurch drei Prädikanten gleichzeitig tätig waren.

1586 in Regensburg geboren, studierte Mülberger in Wittenberg, ehe er 1615 nach Hernals kam. Nach dem Tod seiner ersten Frau 1623 schickte er, da die Lage der Protestanten in Österreich immer schwieriger wurde, im Mai 1625 seine drei Töchter zu den Verwandten nach Regensburg. Er selbst wich zunächst nach Inzersdorf, dann noch nach Schloß Pottendorf bei Wiener Neustadt aus, bevor er 1627 nach Regensburg heimkehrte. Dort wurde der inzwischen verarmte Exulant Mülberger nicht besonders freundlich aufgenommen. Zu seinen wenigen Gönnern gehörten allerdings einflußreiche Persönlichkeiten wie Petrus Portner (Kat.215) und Dr. Georg Gumpelzhaimer (vgl. Kat.182). In Regensburg ein zweites Mal verheiratet, starb der zeitlebens kränkelnde Mülberger am 22. Januar 1630. Einige seiner Predigten waren im Druck erschienen, so 1627 in Nürnberg das 'Vale Mülbergianum', die am 16. November 1625 auf Schloß Inzersdorf gehaltene Abschiedspredigt.

Ein Jahr vor diesem Portrait des Augsburgers Lucas Kilian entstand ein Kupferstich des Nürnbergers Heinrich Ulrich, der das halbfigurige Bildnis Mülbergers in allegorisch barocker Rahmung zeigt (Österreichische Nationalbibliothek Wien ; 25,8 x 17,2 cm, Inv.Nr. 95.154, Sign. Pg 167.254:I[1]).

THIEME/BECKER XX, 295-299 (hier: 298). - MECENSEFFY, 135, 139. - J. K. MAYR: Der Hernalser Prädikant Mag. Johann Mülberger, in: Südostforschungen XIV/1 (1955), 109-121 (mit Abb. des Ulrich-Stichs).

E. T.

49. (Jesus, der Gerechte, ist meine Zuflucht. Im Jahr 1679 im Alter von 49 Jahren).

PLATO Nr. 371.

H. E.

143

143.1 Portraitmedaille auf Johann Joachim Mühlberger. 1679

Silberguß mit breitem Rand; hochoval, 44 x 54 mm; 28,52 g
Medailleur unbekannt
Museum der Stadt Regensburg

Vs.: Bärtiges Brustbild mit kleiner Haube und breitem Kragen nach rechts. Umschrift: IOAN[nes]. IOACH[im]. MILBERGER ECCL[esiae]: RAT[isbonensis]: MIN[ister]. (Johann Joachim Mühlberger, Mitglied im Ministerium der Regensburger Kirche).
Rs.: Zwei aus einer Wolke kommende Hände ergreifen die erhobene Hand eines nach links knienden bärtigen Geistlichen mit breitem Kragen. Umschrift: IESVS IVSTISSIMVS MEVM REFVGIVM. A[nn]o: 1679 AE[tate].

143.1

144 Rechnung des Almosenamtes zur Unterstützung der Exulanten. 1623

Stadtarchiv Regensburg (almB 581)

Dieser Auszug aus der Rechnung des Almosenamtes verzeichnet die Mittel zur Unterstützung von Exulanten. Demgemäß erhielt Pfarrer Sebastian Hemminger zu vier Terminen insgesamt 138 Gulden und 28 Kreuzer, die er vorher ausgelegt hatte.
Bis 1658 verwaltete der Senior der Regensburger Prediger, Steiner, die Sammelbüchse

für die Exulanten, verteilte diese Gelder und verwaltete auch die dazu gespendeten Legate. 1658 bat er, ihn dieser Aufgabe zu entheben, die daraufhin das Almosenamt übernahm. Pro Woche gingen damals 1 - 2 Gulden für diese Büchse ein.

1737 klagte das Almosenamt, daß der Zustrom der Exulanten täglich größer würde und versuchte, die Sammlungen für sie auf eine verläßlichere Grundlage zu stellen. Vier Tage ging ein Glöckelmann (die Glöckelmänner standen gewöhnlich mit einem Klingelbeutel vor den Kirchen und sammelten im Auftrag des Almosenamtes, s. Kunstdenkmäler II, 292) mit dem bisherigen Kollektor der Exulantengelder in die Häuser der Gesandten und Bürger und legte eine Liste der Spender an, die zu bestimmten Terminen (wöchentlich, monatlich etc.) eine fixe Summe geben wollten. Dabei wurden zu diesem Termin über 30 Gulden eingenommen. Eineinhalb Gulden davon erhielt der Glöckelmann, einen weiteren der Kollektor.

Diese Gelder wurden für "exulierende" Prediger, Schulmeister, deren Wittfrauen, vertriebene Christen, aber auch für sonstige Arme und Notleidende gesammelt. Dadurch erhielt die Exulantenkasse teilweise auch den Charakter einer Reservekasse. 1737 wurden Exulanten aus Salzburg und Berchtesgaden unterstützt. Ein Lehrling aus Kärnten erhielt für seine Freisprechung 2 Gulden. Ein Teil dieser Gelder floß aber auch an einen Glöckelmann oder einen Zimmerergesellen aus Regensburg. Insgesamt wurden 1737 für diesen Titel über 182 Gulden ausgewiesen.

Ein großer Teil der Exulanten bedurfte keiner materiellen Unterstützung. Für die ärmeren Exulanten fand man in Regensburg eine Art der Unterstützung, die ihnen und dem Amt nützte, indem man sie als Dienstboten im Almosenamt anstellte. So wurden etwa 1658 Georg Obermaier aus Oberösterreich als Oberfuhrknecht im Bruderhaus, Katharina Zendtner ebenfalls aus Oberösterreich als Viehdirne im Blatterhaus und Zacharias Baumgartner aus Linz als Oberknecht im Bruderhaus aufgenommen.

SAR, almB 202, almB 219, almB 581, almB 803.

J. S.

145 Gesangsbuch des Exulantenpredigers Staffelius. 1645

Sontags vnd Fest-/ Evangelia / Durchs gantze Jahr / Auff bekandte Melodyen gesetzet
Druck: Christoff Fischer, Regensburg
Ca. 200 nicht gez. S. ; 14,8 x 9,5 cm
Orig. Pergamenteinband
Staatl. Bibliothek Regensburg (Liturg 109)

Diese Sammlung geistlicher Liedtexte gab der Exulant Johannes Staffelius 1645 in Regensburg in Druck. Er hatte sie, wie er im Vorwort schreibt, in seinem *"Exilio zum Trost vnd andern verfolgten Christen zur Lehre verfertigt."* Über sein Schicksal berichtet er weiter: *"...Ich vmb der Evangelischen Lehre wollen bin verfolget, vertrieben vmb all das meinige kommen vnd übel geschlagen vnd zugericht worden, also daß Ich am Gehör sehr verletzet..."*

E. T.

146 Matthäus Schmoll. 1655

EFFIGIES REVERENDI ET CLARISSIMI VIRI DN. MATTHAEI SCHMOLLY, STEYRENSIS AUSTRIACI, ECCLESIAE EVANGELICAE RATISBONENSIS SYMMYSTAE FIDELISSIMI Aet: 45. Minist: 17. A.
Jakob von Sandrart (1630 - 1708), nach Georg Christoph Eimmart d. Ä. (1603 - 1658)
Kupferstich ; 25,7 x 18,5 cm
Bez.: G. Christoph Eimaert pinxit. Jacob Sandrart sculpsit Anno 1655. Unterschrift: *Qui Patriae poterat durae esse docendo, SCHMOLLIUS en decus est nunc RATEBONA tuum.*
Museum der Stadt Regensburg (GN1990,18 a.b)

Als Sohn eines Pfarrers 1610 in Steyr geboren, sah er sich noch als Kind gezwungen,

Österreich zu verlassen. In Regensburg wurde er von Petrus Portner (Kat.215) auf Betreiben von dessen ebenfalls aus Steyr stammenden Frau Katharina, geb. Händl, aufgenommen. Dank eines städtischen Stipendiums konnte er fünf Jahre in Jena studieren. 1636 kehrte er nach Regensburg zurück, wo er bis zu seinem Tod am 30. Juli 1675 als Prediger wirkte. Seine Unerschrockenheit im Anprangern von Mißständen wurde gerühmt. Wenig tolerant allerdings war er gegenüber Andersgläubigen. So verweigerte er dem 1648 gefallenen Oberbefehlshaber des kaiserlichen Heeres, dem Calvinisten Holzapfel, einen Leichenzug.

J. G. LANG: Leichenpredigt auf Matthäus Schmoll (StBR, Rat. civ. 417/128). - SERPILIUS, 76 f. - GUMPELZHAIMER III, 1296. - MECENSEFFY, 136 f. - SCHNABEL, 125.

E. T.

146

147 **Johann Wilhelm Seyboth.** 1710-14

Johann Kupezký (1667 - 1740)
Öl auf Leinwand ; 96 x 74 cm
Regensburg, Dreieinigkeitskirche
Farbabb.20

Johann Wilhelm Seyboth (1678 - 1732) war, ehe er 1714 nach Regensburg kam, Prediger bei der moskowitischen Gesandtschaft am kaiserlichen Hof in Wien. Dort ließ er sich von dem damals hoch begehrten Bildnismaler Kupezký porträtieren.

Kupezký, 1667 in Prag geboren und in der Slowakei aufgewachsen, ließ sich nach einem langjährigen Italienaufenthalt 1709 in Wien nieder, wo er neben offiziellen Auftragsbildern "eine Reihe von Freundschaftsportraits [malte], die kaum mehr zu eruieren sind" (Šafařík, 25 f.). Nur wenige seiner Werke sind signiert. Auch das Regensburger Bild ist der Kupezký-Forschung bisher nicht bekannt. Es wurde am 2. November 1737 von Seyboths Witwe als ein in Wien entstandenes Werk Kupezkýs der Dreieinigkeitskirche verehrt, obwohl sie dafür "vielfältig von hohen Häuptern ein groß Stück Geld [hätte] erhalten können" (DIMPFEL, 15). Trotz seines schlechten Zustands läßt das Bild die Portraitauffassung Kupezkýs gut erkennen. Vom Schweizer Maler Johann Caspar Füßli, einem Freund und frühen Biographen Kupezkýs, wurde sie treffend charakterisiert: "Er war zu eyfersüchtig auf seine Köpfe und Hände, als daß er an die Kleider hätte denken sollen. Er sagte oft, der Kopf und die Hände müssen ein Bildnis schön machen, das übrige seyen Nebenwerke...".

Bei Dimpfel ist eine ursprünglich über dem Portrait angebrachte goldene Inschrift auf schwarzem Grund zitiert: *"Ein Arzt an Seel und Leib, in beiden hocherfahren / Ist dieser theure Mann, der hier im Bildnüß steht;/ Er suchte Licht und Recht in Jesu zu bewahren / Was Wunder: wann sein Glantz jetzt über Sterne geht?"* Diese Worte dürften sich in einer Kartusche befunden haben, die, wie eine entsprechende Vorrichtung am Rahmen vermuten läßt, auf diesen aufgesteckt war. Unten am Rahmen sollen das Wappen Seyboths und die Worte *Umbra Seybothii, praetereaque nihil* (ein Schatten Seyboths und sonst nichts) aufgemalt gewesen sein. Diese beiden Inschriften und das Wappen sind auch dem Bildnis Seyboths im Portraitbuch der evangelischen Geistlichkeit Regensburgs (Kat.220) beigegeben.

Sowohl der Portraitierte als auch der Maler, der der Gemeinschaft der Böhmischen Brüder angehörte, mußten als Protestanten Wien verlassen. Kupezký, der sich aus Glaubensgründen überdies geweigert hatte, den ihm von Karl VI. angebotenen Titel eines Hofmalers anzunehmen, ging nach Nürnberg, nachdem ihm der dortige Rat 1723 die Übersiedlung genehmigt hatte. Als Böhmischem Bruder wurde ihm von der Nürnberger Obrigkeit 1740 nur ein Begräbnis ohne alle Ehren bewilligt. Sein Testament hatte Kupezký zugunsten der evangelischen Kirche verfaßt, u. a. zur Unterstützung der Salzburger Exulanten.

SAR, Eccl. I, 53, Inv. Dreieinigkeitskirche, Nr. 184. - SERPILIUS, 131 f. - DIMPFEL V, 14f. - Kat. Regensburg 1958, Nr. 308, Abb. 24. - SCHLICHTING II, 65. - Zum Künstler s. J. C. FÜSSLI: Leben Georg Philipp Rugendas und Johannes Kupezki, Zürich 1758 (Das Zitat nach Ausst.kat. Barockmaler in Böhmen [Ausstellung des Adalbert Stifter Vereins], München 1961, 13. - A. NYÁRI: Der Portraitmaler Johann Kupetzky. Sein Leben und seine Werke, Wien-Pest-Leipzig 1889. - ANONYM: Portrety Jana Kupeckého v cizině, in:Český svět I (1904-05), Prag 1905, 80 f. - Jana Kupezkého díla v Německu, ebd. 360. - E. SAFAŘÍK: Joannes Kupezký 1667-1740, Prag 1928. - F. DVOŘÁK: Kupezký. Der große Portraitmaler des Barocks, Prag 1956.

E. T.

148 *Salzburger Exulanten.* 1732

Anonym
Kupferstiche ; 20,5 x 15 cm
aus: DIMPFEL I, 222
Farbabb.21

Christian Gottlieb Dimpfel illustrierte die den Salzburger Exulanten gewidmeten Seiten seiner Chronik (Kat.246) mit kolorierten Kupferstichen. Solch volkstümliche Darstellungen, die vom Schicksal und zugleich von der Glaubenskraft der 1731/32 aus ihrer Heimat vertriebenen Salzburger Protestanten künden, waren damals weit verbreitet. Die Blätter dieser Serie zeigen jeweils eine konkrete Person unter Angabe ihres Namens und Herkunftsortes. Von dem hier abgebildeten Hanns Klammer aus Bischofshofen ist bekannt, daß er nach längerer Gefangenschaft in der Festung Werfen noch vor dem offiziellen Erlaß des Emigrationspatents am 11. November 1731 des Landes verwiesen wurde.

A. MARSCH: Die Salzburger Emigration in Bildern, Weissenhorn 1977, Abb. 152.- DIES. in Kat. Goldegg 1981, 267.

E. T.

149 *Ein Kelch für die Linzer Gemeinde.* 1844

Emanuel Eltele
Silber vergoldet, getrieben und gegossen
H. 28,5 cm; Durchm. Fuß 16,5 cm
Im Fuß unten Meistermarke *ELTELE* und 2 Inschriften: a) Matth.26,28.
b) *Die Gemeinde Regensburg der Schwestergemeinde in Linz zum Andenken an den 20. Oct. 1844*
Linz, Evang. Pfarrgemeinde Linz - Innere Stadt.

Wie die Herkunft vieler Exulanten zeigt, waren die Regensburger mit den Linzer Protestanten seit der Reformationszeit eng verbunden. Zur Einweihung der Linzer evangelischen Kirche am 20. Oktober 1844 stiftete die Regensburger Gemeinde einen Abendmahlskelch aus der Hand des Goldschmieds Emanuel Eltele, der seit 1828 Bürger Regensburgs war.

Der runde Fuß ist über seinem Rand von einem lesbischen Kymation umzogen, steigt über eine Kehle zu einem Wulst mit floralen

149

Motiven hoch und wird an seiner Oberseite von Feldern mit alternierender Weinlaub- und Ährenornamentik geschmückt. Schaft und Nodus sind vasenförmig ausgebildet und mit gereihten Lanzett- sowie Akanthusblättern verziert. Knapp die Hälfte der Cuppa bedeckt ein bauchiger Überfang, der die Ornamentmotive des Fußes wiederholt.

Meisterliste, Nr. 172. - DOLLINGER, 351. - J. SCHMIDT: Die Linzer Kirchen (Österreichische Kunsttopographie XXXVI), Wien 1964, 140.

E. T.

Kirchenmusik, Bildung und Wissenschaft

150

150 Buchmayer-Kodex. 1560

Messen und Motetten
Papier - 332 Bll.
53,5 x 39,5 cm
Holzeinband mit Schweinsleder überzogen
Bischöfliche Zentralbibliothek Regensburg,
Sammlung Proske (C 100)

Buchmayer (um 1520 - 1591), Kantor und Gymnasiallehrer, widmete am Heiligen Abend 1560 dem Rat der Stadt Regensburg ein Chorbuch, das je fünf eigene Introitus- und Ordinariumsvertonungen, Bearbeitungen von Werken von Josquin Desprez, von Pierre Moulu und Heinrich Isaac, sowie Kopien von Messen und Motetten von Georg Vogelhuber, Clemens non papa und Heinrich Isaac enthält. Die überkommenen eigenen Werke weisen Buchmayer als einen bedeutenden Kontrapunktiker seiner Zeit und begabten Komponisten der Othmayr-Generation aus. Aufgeschlagen der Beginn der vierstimmigen Messe "Bewahr mich

Herr". Der Band ist als Chorbuch angelegt, als eine Handschrift mit polyphoner Musik, deren Einzelstimmen in einem einzigen Kodex so angeordnet sind, daß sie gemeinsam gelesen und ausgeführt werden können. Demnach links Cantus (Sopran) und Bassus, rechts Altus und Tenor.

W. BRENNECKE: Die Handschrift A. R. 940/41 der Proske-Bibliothek zu Regensburg (Schriften des Landesinstituts für Musikforschung 1), Kassel 1953, bes. 104-114. - R. W. STERL: Zum Kantorat, 93, 105. - DERS.: Regensburger Musik, 88 f. - F. BRUSNIAK: Der Kodex A. R. 773 (C 100) von Johann Buchmayer in der Proske-Bibliothek zu Regensburg. Ein Beitrag zur Geschichte der Vokalpolyphonie in Deutschland um 1560, in: Bericht über den Internationalen musikwissenschaftlichen Kongreß Bayreuth 1981 (Gesellschaft für Musikforschung), Kassel 1984, 288-294. - G. HABERKAMP: Kataloge Bayerischer Musiksammlungen 14/1, 302.

R. W. S.

151 Chorbuch des Emmeramer Konventualen Ambrosius Mairhofer. 1567

CANTIONES SACRAE ORLANDI LASSI SYMPHONISTAE BAVARICI NOTIS MVSICIS ILLVSTRATAE PER F. AMBROSIVM MAIRHOFER[um] CAENOBITAM AD S. EMMERAMVM IN VRBE RATISBONA ANNO MDLXVII.
Titelblatt, Initialen und Randornamente von S.4 und 5 Michael Kirchmaier, Text Ambrosius Mairhofer, übrige Initialen Johann Halwachs
Pergament und Papier; 175 Bll.
Geprägter Ledereinband; 37 x 51,5 cm
Stadtarchiv Regensburg (Iah 15)
Farbabb.22,23

Nur das Titelblatt des Codex ist auf Pergament gemalt, es trägt die Signatur "M.K." für Michael Kirchmaier und die Datierung "1567". Über dem Titel thront Gottvater in einer Engelgloriole, darunter halten zwei Engel eine Krone, das Reichs- und das Stadtwappen. Das Mittelfeld wird eingerahmt von den 16 Wappen der Mitglieder des Inneren Rates. Die folgende Seite trägt die persönliche Widmung Mairhofers, der Regensburg als seine Heimat bezeichnet, an den Rat der Stadt vom 8. September 1567. Auf den Index folgt das ausgestellte Doppelblatt mit dem Beginn der Epistelmotette Jachets von Mantua. Eingefaßt von zartem Rankenwerk mit Blüten und Weintrauben. Die vier F-Initialen sind als Miniaturen gestaltet: Rankenwerk in Gold mit Karyatiden, Mischwesen und Blattformen formt die Initialen. Im Hintergrund sind auf S.4 oben das letzte Abendmahl, unten die Spendung des Abendmahls dargestellt. Die Abendmahlsszene weist in Aufbau und Datails Parallelen zum Ostendorferaltar der Neupfarrkirche auf, desgleichen die untere Szene: Hier reichen zwei Geistliche in plissiertem Chorhemd über braunem und schwarzem Talar den knienden Gläubigen Brot und Wein. Der Flügelaltar im Hintergrund zeigt in der Mitte eine Kreuzigung, auf den Flügeln die Heiligen Petrus und Paulus. An den Initialen von S.5 sind oben die Kreuzigung, unten das Opfer des Isaak dargestellt. Ein Gegenstück zu dieser Handschrift, die Magnifikat-Kompositionen Orlando di Lassos, widmete Ambrosius Mairhofer im Jahr 1568 dem Abt von St. Ulrich in Augsburg.
Ambrosius Mairhofer trat im Jahr 1550 in das Kloster St. Emmeram ein, 1575 wurde er zum Abt gewählt. Die Annalen des Klosters ehren ihn als einen *"Eyfferer der Catholischen Religion, fromm, verständig, gelehrt, und freygebig"*. Umso erstaunlicher ist, daß er als Konventuale einen Kodex dem überwiegend protestantischen Rat der Stadt gewidmet hat, versehen mit einer Miniatur, die eine protestantische Abendmahlsspende in beiderlei Gestalt zeigt. Gerade in den Jahren vor 1567 war die Frage der Gewährung des Laienkelchs sehr aktuell. 1565 wurde das vom Papst gewährte Indult der Kommunion unter beiden Gestalten in der Diözese Regensburg bekanntgegeben. Leider bewirkte die politische Entwicklung eine baldige Rücknahme dieses Zugeständnisses.

CÖLESTIN VOGEL, Ratisbona Monastica 4.Aufl. 1752, 460f. - GUMPELZHAIMER II, 941f. - J.A. ENDRES: Ein Musikkodex der Augsburger Stadtbibliothek, in: Literarische Beilage zur Augsburger Postzeitung Nr. 31, 16. Juli

1909. - Kat. MÜNCHEN 1980, Nr. 57. - C. GOTTWALD: Musikhandschriften. Handschriftenkataloge der Staats- und Stadtbibliothek Augsburg, Bd. I, Wiesbaden 1974, 99ff. - 450 Jahre Staats- und Stadtbibliothek Augsburg, Augsburg 1987, Nr. 44. - HAUSBERGER I, 296, 321.

P. G.-B.

Durch eine stoffliche Zäsur gekennzeichnet, zerfällt der Inhalt des Kodex in eine Abteilung mit dreizehn Motetten und einen weiteren Teil mit drei Meßkompositionen. Die rein formal streng eingehaltene Aufgliederung wird liturgisch-systematisch nicht in gleicher Weise beibehalten. Auf die Epistelmotette Jachets von Mantua folgen ausschließlich Vertonungen von Orlando di Lasso. Die Motetten stellen sehr frühe Kopien dar, die drei Messen lassen sich bisher erst in Drucken aus den Jahren 1570 und 1581 nachweisen. Dem Band kommt im Rahmen der Lassoforschung, insbesondere als Konkordanzquelle, Bedeutung zu. Er zählt ebenfalls zur Kategorie der Chorbücher und ist in Mensuralnotation geschrieben, d. h. links Cantus und Bassus, rechts Altus und Tenor. Abt Mayrhofer widmete am 8. September 1567 den Kodex der Stadt Regensburg. Daß das Werk auch von der evangelischen Kantorei benutzt worden ist, bezeugen Gebrauchsspuren und Aufführungsvermerke für die Jahre 1734 bis 1741.

J. A. ENDRES: Abt Ambrosius Mairhofer von St. Emmeram in seinem Verhältnis zur Kunst, in: Studien aus Kunst und Geschichte, Freiburg i.Br. 1906, 237-248, bes. 242-244. R. W. STERL: Die Regensburger Lasso-Kodifikation Ambrosius II. Mayrhofers, in: Studien und Mitteilungen zur Geschichte des Benediktiner Ordens 77 (1966), 198-203. - DERS.: Chorbücher aus St. Emmeram, in: Musica Sacra 87 (1967), 137-141. - DERS.: Musiker und Musikpflege in Regensburg bis um 1600, Regensburg 1971, 59, 64.

R. W. S.

152 Diskantstimmbuch. 1589

Motetten, Madrigale und Geistliche Lieder
Papier - 83 Bll.
31 x 20 cm
Pappeinband, mit Schweinsleder überzogen
Bischöfliche Zentralbibliothek Regensburg, Sammlung Proske (A.R. 774)

Hauptschreiber der Sammlung, die 137 vier- bis sechsstimmige Stücke umfaßt, ist der für die Musikgeschichte des evangelischen Regensburg im 16. Jahrhundert so wichtige komponist und Gymnasiallehrer Andreas Raselius (1561 - 1602). Das umfangreiche kompositorische Werk des Raselius entstand fast ausschließlich in Regensburg, das er 1600 verließ, um noch kurze Zeit als Hofkapellmeister in Heidelberg zu fungieren. Am häufigsten in der Sammlung vertreten ist Orlando di Lasso mit 58 Stücken. Zehn Kompositionen enthält das Stimmbuch von Raselius; hier aufgeschlagen sein "Qui de terra est".

G. HABERKAMP: Kataloge Bayerischer Musiksammlungen 14/1, 33.

R. W. S.

153 Orgeltabulatur des Andreas Pleninger. 1590 - 1593

Motetten und Geistliche Lieder
Papier - 188 Bll.
31 x 21,5 cm
Pergamenteinband (beschriebene Fragmente mit Missale Ende 15. Jh.)
Bischöfliche Zentralbibliothek Regensburg, Sammlung Proske (C119)

Schreiber der Tabulatur ist der Organist Andreas Pleninger (um 1554/55 - 1607). Es handelt sich hier um eine Gebrauchssammlung für intavolierte, zumeist gedruckten Sammlungen entnommene Motetten. Aufgeschlagen das nachträglich eingefügte, textlose 8stimmige "wen mich sündt" von Paul Homberger (1559/60 - 1634).

Pleninger erlernte in Nürnberg auch die Kunst des Steinätzens und die Kalligraphie. Bis zu seinem Tod im Jahre 1607 brachte er die Steinätzkunst zu hoher Blüte. Als Organist war Pleninger 1585 bis 1598 in Gmunden an der damals evangelischen Stadtpfarrkirche tätig. Dort dürfte auch die Sammlung entstanden sein. Mit zahlreichen Exulanten zog er vor der Jahrhundertwende wieder nach Regensburg. Von den in der Tabulatur enthaltenen Kompositionen fällt ein Großteil auf Komponisten, die als Kantoren in Oberösterreich beheimatet waren und dort amtierten.

A. SCHARNAGL: Die Orgeltabulatur C 119 der Proske-Bibliothek Regensburg, in: Festschrift Bruno Stäblein zum 70. Geburtstag, Kassel 1967, 206-216. - G. HABERKAMP: Kataloge Bayerischer Musiksammlungen 14/1, 305-312. - R. W. STERL: Zum Kantorat, 105. - DERS.: Musiker und Musikpflege in Regensburg bis um 1600, Regensburg 1971, bes. 87 f., 116.

R. W. S.

154

154 Vertreibung aus dem Paradies. 1601

Andreas Pleninger (1555 - 1607)
Solnhofener Kalkstein, geätzt, farbig gefaßt; 32,8 x 23,3 cm
Bez.: A.P.
Museum der Stadt Regensburg (K 1978,30)

In lebhafter Bewegung ist die Vertreibung von Adam und Eva dargestellt, denen die Schlange vorauseilt, sich am Boden windend. Das Haupt des Engels mit dem Flammenschwert umfangen kleine Flügel in der Art der Cherubim. Im Hintergrund rechts sind im Paradies ein Hase und ein friedlich äsendes Kamel dargestellt, links ist eine Hütte mit der davorsitzenden Eva erkennbar, Adam verrichtet mit einem Spaten die Feldarbeit. Eine Kartusche trägt die Inschrift: *Nudus, Inops, Profusus peccati mole grauatus/ Aeternae meritus tristia vincla necis./ Primus Adam captus mendacis - fraude colubri/ Priuatur donis cum pietate datis.* (Nackt, arm vertrieben, von der Sünden Last gebeugt,/ des ewigen Todes schmerzhafte Fesseln verdient,/ wird als erster Adam, gefangen vom Betrug der verlogenen Schlange,/ der mit Milde gegebenen Gaben beraubt.)

Die frühesten Steinätzungen des gebürtigen Regensburgers Pleninger entstanden noch im Jahr 1575 in Bayern. Im gleichen Jahr fertigt er für Schloß Pottendorf in Niederösterreich einen Liedertisch und ist bis 1599 ausschließlich in Österreich tätig, wo er mit über 25 Werken nachweisbar ist. Da der engagierte Protestant als Organist und Mesner an der Stadtpfarrkirche Gmunden zu Beginn der Gegenreformation in einer gewalttätigen Auseinandersetzung zwischen Katholiken und Protestanten Partei ergreift, wird er verhaftet und zu einer Geldstrafe verurteilt. Um 1599 mußte Pleninger nach Regensburg zurückkehren, wo dieser bedeutendste Vertreter in der langen Tradition der Regensburger Steinätzer bis zu seinem Tod im Jahr 1607 tätig war. Zu Pleningers Werken zählen Schrifttafeln, Grabdenkmäler, Sonnenuhren sowie Tischplatten, die mit Liedern, Landkarten oder dem Calendarium perpetuum verziert sind.

A. SCHMETZER: Geätzte Regensburger Steinplatten. Sonderdruck aus: Heimat und Wandern, Beilage zum Regensburger und Bayerischen Anzeiger Nr. 2, 1930, 2-12. - A. KIESLINGER: Steinätzungen in Oberösterreich, I. Teil: 16. und 17.Jahrhundert, in: Kunstjahrbuch der Stadt Linz 1967, 73-105. - G. TIGGESBÄUMKER: In Stein geätzte Karte von Andreas Pleninger, in: Cartographica Helvetica, Juli 1991, Heft 4, 27-30.

P. G.-B.

363

155 Stammbuch des Johann Christian Breuning. 1750 - 1755

Fragment, in neuem roten Maroquineinband
12,2 x 19 cm
Museum der Stadt Regensburg (G1983,117)
Farbabb.24

Trotz mehrerer Gründungsversuche besaß Regensburg bis ins 20. Jahrhundert keine eigene Universität. Eine Annäherung an Universität und Akademie stellte das seit 1664 im Gymnasium Poeticum abgehaltene Auditorium dar - ein zweijähriger Kurs von öffentlichen wissenschaftlichen Vorlesungen mit dem Ziel, absolvierte Gymnasiasten auf das Universitätsstudium vorzubereiten. Neben den Universitäten bzw. Akademien von Altdorf, Helmstedt, Jena, Straßburg und Wittenberg zählte die Universität Leipzig zu den von den Regensburgern am meisten frequentierten höheren Lehranstalten.

Das Stammbuch Breunings, Regensburger Student in Leipzig, enthält auf dem ersten Blatt eine Ansicht von dessen Universitätsstadt. Es folgt - auf der aufgeschlagenen Seite - der Eintrag Christoph Stolzenbergs, Lehrer am Gymnasium Poeticum und Kantor an der Neupfarrkirche. Daneben, in einer Kartusche mit Rocaillerahmen, die Darstellung eines Kirchenraumes vor einer Stadtkulisse. Die übrigen Seiten tragen Einträge verschiedener Regensburger und Leipziger Geistlicher in französischer, lateinischer, hebräischer und arabischer Sprache.

Für die Musikgeschichte der Stadt im 18. Jahrhundert war der kompositorisch überaus fruchtbare Kantor Stolzenberg fast von gleicher Bedeutung wie Andreas Raselius im 16. Jahrhundert. Die überlieferten Werke weisen ihn als den wichtigsten süddeutschen Kantatenkomponisten seiner Zeit aus. Außerdem wirkte er fünfzig Jahre am Gymnasium Poeticum.

KLEINSTÄUBER 1882, 64, 72. - R. W. STERL: Christoph Stolzenberg (1690-1764), Gymnasiallehrer, Kantor, Komponist und Orgelsachverständiger, in: Musik in Bayern, Heft 11 (1975), 5-9.

U. S., R. W. S.

156 Passionskantate von Johann Kaspar Schubarth. 1782

Kantate für Soli, Chor (Sopran, Alt, Tenor, Baß), Orchester (Oboen, Hörner, Violinen I und II, Viola, Kontrabaß) und Orgel
Papier - 2 Bll. u. 166 gezählte Seiten
23,5 x 31,5 cm
Kartoneinband
Stadtarchiv Regensburg (Manuskriptensammlung Nr. 223)

Der Komponist wirkte bis zu seinem Tode am 22. April 1810 in Regensburg als Stadtkantor und Musikpädagoge sowie als Initiator und Veranstalter geistlicher und weltlicher Konzerte. Alljährlich brachte er in der Fastenzeit, vor allem im Goldenen Kreuz, Passionsoratorien, u. a. von J. H. Rolle, K. H. Grau, J. A. Schmittbauer, F. A. Rößler (Rosetti), 1801 "Die Schöpfung" und 1803 "Die Jahreszeiten" von Joseph Haydn zur Aufführung. Von seinen eigenen Kirchenkantaten, die sich zu seiner Zeit auch außerhalb Regensburgs im bayerisch-fränkischen Raum großer Beliebtheit erfreut haben sollen, sind - entgegen früherer Annahmen - wenigstens zwei erhalten geblieben.

Bereits 1762 wurde ein Teil seiner "Trauermusik zum Tode Kaiser Leopolds II.", ein dem Stil nach klassizistisches, im Chor mit bescheidener Polyphonie ausgestattetes Opus, in Regensburg aufgeführt. Am Palmsonntag 1782 erklang erstmals seine "Passionskantate"; Schubarth wiederholte sie am 9. April 1786 im Goldenen Kreuz. Die Komposition ist dem Bürgermeister und dem Rat von Rodach zugeeignet, jener Stadt, in der Schubarth am 1. August 1756 zur Welt kam.

R. W. STERL: Neue Quellenfunde zur Biographie und zum Werk J. K. Schubarths, in: VHVOR 110 (1970), 255-261.

R. W. S.

MATHIAS FLACIVS ILLYRICVS.
Germanos vivens inter tum plurima scribens
Extrusus nobis Illyriá ILLYRICVS.
Ipse nouas veteresque excussit Bibliothecas,
Proderet ut mores, impie Papa, tuos.

157 Matthias Flacius, gen. Illyricus.
Um 1598

Theodor de Bry (1528 - 1598) (?)
und Robert Boissard (um 1570 - ?)
nach Jean-Jacques Boissard (1530 - 1598)
Kupferstich ; 14,2 x 10,2 cm
Bez. rechts neben dem Kopf mit dem Monogramm R. Boissards
Bildunterschrift: *Quod scelus et totus sis culpa diserte Mathia:/ Incusare alios desine culpa tua est.*
Museum der Stadt Regensburg (G1957,28)

Flacius (eigentl. Matija Vlačić oder Franković) wurde am 3. März 1520 im damals venezianischen Albona (Labin) in Istrien geboren. Nach dem Besuch der Schule von San Marco in Venedig und der Universitäten von Basel, Tübingen und Wittenberg (ab 1541), wo er 1544 Professor für Hebräisch wurde, wirkte er von 1549 bis 1557 als engagierter Verfechter der reinen Lehre Luthers in Magdeburg. Speziell gegen das Interim und gegen Melanchthon bezog er dezidiert Stellung. 1557 bekleidete er an der Universität die neutestamentliche Professur, die er vier Jahre später auf Betreiben Herzog Johann Friedrichs wieder verlor. Seit seiner Magdeburger Zeit war Flacius mit Nikolaus Gallus (Kat.77) freundschaftlich verbunden. In ihm besaß er einen Mitstreiter, der ihm 1562 den Aufenthalt in Regensburg ermöglichte.

In Regensburg plante Flacius den (nicht verwirklichten) Aufbau einer protestantischen Universität. Zusammen mit Gallus verfaßte er die 'Treue Warnung vor dem hochschändlichen Betrug des Papstes' und andere Schriften. Flacius' Lehre von der Erbsünde, die für ihn substantiell zur menschlichen Natur gehört, stieß auf Kritik von allen Seiten (vgl. die Inschrift des Kupferstichs) und belastete das freundschaftliche Verhältnis zu Gallus und den anderen Theologen, aber auch zum Rat der Stadt. Da gegen ihn ein kaiserlicher Haftbefehl vorlag, mußte er 1566 Regensburg verlassen. Anschließend wirkte er in Antwerpen, Straßburg und Frankfurt, wo er die letzten Lebensmonate im Kloster der Weissen Frauen verbrachte und am 11. März 1575 starb. Ein kirchliches Begräbnis wurde ihm verweigert. Flacius' schriftstellerisches Werk umfaßt mehr als 350 Publikationen, die den Autor als einen bedeutenden Gelehrten seiner Zeit ausweisen, der sich mit der Kirchengeschichte, der Bibelexegese und der radikalen Fortführung der lutherischen Lehre beschäftigte. In seiner Auslegung der Hl. Schrift erweist er sich als Ahne der modernen Hermeneutik.

SCHOTTENLOHER, 36-54. - DOLLINGER, 316 ff. - P. MEINHOLD: Art. "Flacius", in: LThK 4, Sp. 161 f. - O. K. OLSON: Art. "Flacius Illyricus", in: ThRE 11, 206-214 (mit Quellen- u. Literaturverzeichnis).

A. S.

158 Drei Briefe des Matthias Flacius an Gallus. *1566-1570 (?)*

Je 2 S. lat.
Feder auf Papier ; je ca. 22 x 16 cm
Stadtarchiv Regensburg (Eccl.I,21)

Die drei lateinisch abgefaßten Briefe des Flacius (Kat.157) belegen den theologischen Austausch und die wissenschaftliche Kooperation mit Nikolaus Gallus (Kat.77), die während Flacius' Regensburger Jahren von 1561 bis 1566 ihren Höhepunkt erlebte. In den Briefen geht es in bisweilen recht drastischer Sprache um den Erwerb, die Bewertung und das Verfassen von Büchern und Briefen. Diese stammen teils vom Autor selbst und teils von anderen, auch gegnerischen reformatorischen Schriftstellern, wie Theodor Beza, Calvins Nachfolger in Genf.
Die Korrespondenz zwischen Flacius und Gallus beweist, wie sehr diese beiden Gestalten des früheren Regensburger Protestantismus in die theologischen Debatten ihrer Zeit verstrickt waren.

A. S.

159 Stiftungsbuch des Scholzschen Stipendiums. *1597*

Regensburg
32 x 20 x 8,5 cm
Stadtarchiv Regensburg (I Ad1)

Mit der Verbreitung der Lehre Luthers ging eine Verschiebung im Stiftungswesen einher. Statt kirchlichen Institutionen und dem kirchlichen Kultus (Vigilien, Seelenmessen) kamen Legate nun vor allem karitativen Zwecken zu. Die Aussetzung von Stipendien für bedürftige Schüler nahm aufgrund des Aufschwungs des Schulwesens in evangelischer Zeit einen breiten Platz ein. Das vorliegende Stiftungsbuch wird durch die Darstellung Christi am Kreuz, zu dessen Füßen sich eine Gruppe von drei klagenden Frauen befindet, eröffnet. In der daran anschließenden Stiftungsurkunde vom 27.11.1597 stiftet Cecilia Scholz, geborene Auer, *"Zehen Tausent gulden ewiger unablösiger Haubtsumma"*. Die Zinsen von 500 Gulden jährlich sollen nach dem Tod der Stifterin *"jährlich auff Zehen arme Gottsfürchtige/züchtige/zu dem Studieren und auff Universiteten/taugliche/Nemlich fünff Regenspurgische und fünff Österreichische Knaben"* aufgeteilt werden. Neben dem Bestehen einer Prüfung legt die Stifterin als Voraussetzung zur Erlangung eines Stipendiums besonderen Wert auf das Bekenntnis des zukünftigen Stipendiaten zur *"wahren Augspurgischen Confession und Formula Concordia."*
An die handgeschriebene Stiftungsurkunde schließt sich das gedruckte "Buch der Concordien" an. Den letzten Teil des Buches bilden die Einträge der Stipendiaten, in denen sie sich auf die Formula Concordia verpflichten. Unter den Einträgen, die 1609 einsetzen und 1805 enden, befinden sich zahlreiche Regensburger Persönlichkeiten wie etwa Matthäus Schmoll (Kat.146), Georg Andreas Agricola, Carl Theodor Gemeiner (Kat.181) und Christian Gottlieb Gumpelzhaimer (Kat.182).

U. S.

160 Gymnasium Poeticum. Zustand vor dem Umbau. *1728*

Anonym, Regensburg
Lavierte Federzeichnung ; 9,5 x 14 cm
Museum der Stadt Regensburg (G1956,38b)

Die reformatorische Bewegung, die dem Schulwesen und der Bildung einen hohen Wert beimaß, fand in Regensburg gute Bedingungen vor. So konnte der Rat der Stadt die bereits seit ca. 1503 bestehende 'Poetenschule' des Josef Grünbeck ausbauen. 1524 wurde diese im Unterschied zu den mittelalterlichen Klosterschulen von der Kirche unabhängige Lateinschule in das Augustiner-

160

kloster beim späteren Neupfarrplatz verlegt und auf Betreiben des Rates 1530 unter die Leitung und Aufsicht eines evangelischen Geistlichen gestellt.

1531 erwarb der Rat das Anwesen des Reichshauptmanns Fuchs von Schneeberg, die sog. "Fuchsische Behausung" (C14, C15; auf dem Areal des heutigen Alumneums und der Staatl. Bibliothek). 1538 begann die Verlegung der reichsstädtischen Schule dorthin. Schon in der ersten Hälfte des 16. Jahrhunderts gab es an dieser Schule ein Alumneum für bedürftige Schüler (Alumnen), welche die Stadt unterhielt.

Abgesehen von Aus- und Umbauarbeiten im 16. Jahrhundert erfuhr der Gebäudekomplex erst in den Jahren 1728/29 und 1901/02 größere Veränderungen. Die Zeichnung zeigt die Anlage von Nordosten vor dem Umbau des 18. Jahrhunderts: Der Trakt an der Nordwestecke weist Staffelgiebel und Zwillingsfenster auf. Letztere kehren am Mittelgebäude wieder, dessen Dach die Schulglocke trägt. Der östliche Gebäudeteil besitzt einen halben Treppengiebel und einen einachsigen Kastenerker auf breiter Sockelkonsole. Zur Gesandtenstraße hin ist der Komplex durch eine Mauer abgeschlossen, deren Hauptportal vom Regensburger Stadtwappen - als Hinweis auf den Magistrat als den Träger der Schule - und vom Reichsadler flankiert wird.

KLEINSTÄUBER 1880, 1882. - BAUER, 279 f., 307-309. - Baualterspläne II, 25, 91. - KRAUS/PFEIFFER, Nr. 205. - SCHMID.

U. S.

161 Pläne für den Umbau des Gymnasium Poeticum. *1725/26*

In den zwanziger Jahren des 18. Jahrhunderts - nach Kleinstäuber 1882, 97, am 17. Juli 1727 - beschloß der Rat die Abtragung und den Neubau des baufällig gewordenen westlichen Hauptteils der Gymnasialgebäude. Das Stadtmuseum verwahrt 15 meist signierte und datierte Bauzeichnungen, die zwei verschiedene Projekte für die Umgestaltung des Schulkomplexes zeigen.

Am 8. Juni 1728 erfolgte die Grundsteinlegung zum Neubau des westlichen Teils des Gymnasium Poeticum. Neben den Namen von Mitgliedern des Inneren Rates, der Scholarchen und des Direktors des reichsstädtischen Bauamtes sind auf dem in einer Ecke des Hofraums eingelassenen Grundstein Georg Schlee und Sebastian Kraempel als Opifices (Werkmeister) genannt. Daher ist anzunehmen, daß beide neben den hier vorgestellten und mit der Bauausführung nicht übereinstimmenden Entwürfen noch andere Pläne ausgeführt haben.

Wie Kat.160 - Regensburger Conversationsblatt Nr. 46 (18.4.1875), Nr. 55 (9.5.1875).

a. Erstes Projekt. Grundriß des Erdgeschosses. *1725*

Johann Georg Schlee
Tusche, lav. u. kolor. ; 47,4 x 70,5 cm
Bez. u. r.: Regensburg des Monats Januarj 1725. Johann Georg Schlee; u. Mitte: Der I. Grundriß
Museum der Stadt Regensburg (GN1992,6a)

Im ersten Planstadium sah Maurermeister Schlee die Erneuerung der gesamten Anlage vor. Statt der "sehr großen alten Gebäude von 3 Dachungen" (GUMPELZHAIMER II, 601) dachte er an eine viergeschossige Vierflügelanlage. Die Schul- und Wohnräume bzw. der die Flügel an drei Seiten umgebende Umgang sollten über drei "Grosse Haupttreppen" (24) zu erreichen sein. In Gestalt und Größe unterscheidet sich die in den

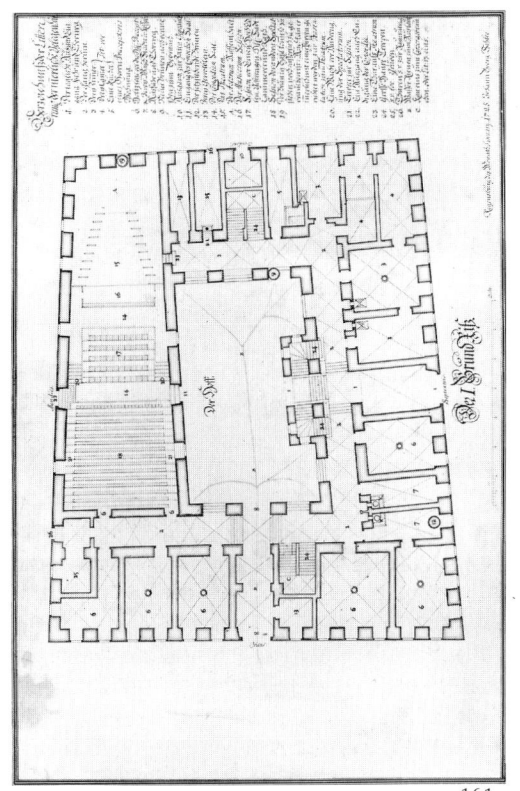

161a
161b 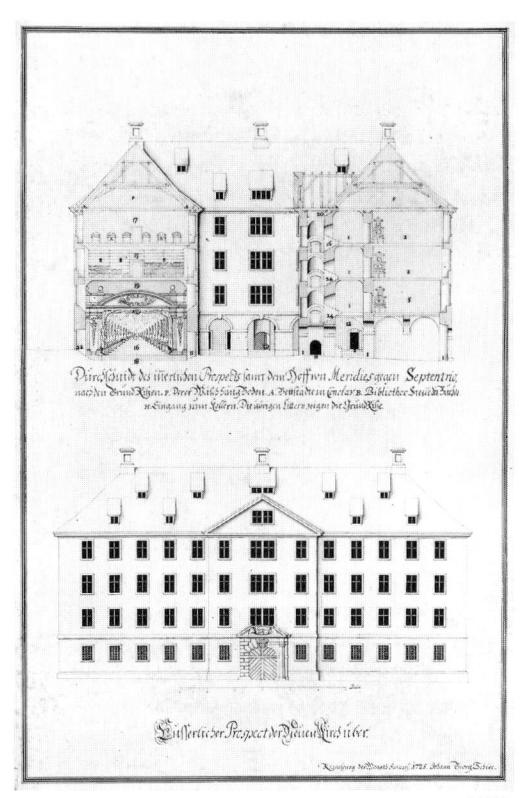

Innenhof ragende Treppe an der Nordflanke von denen der angrenzenden Flügel und betont somit den an der Gesandtenstraße gelegenen Trakt. Dieses Projekt wurde nicht ausgeführt.

b. Erstes Projekt. Schnitt durch die Ostfront. *1725*

Johann Georg Schlee
Tusche, lav. und kolor. ; 47,5 x 70,5 cm
Bez. u. r. Regensburg des Monats Januarj 1725. Johann Georg Schlee. Mitte: Durchschnitt des inerlichen Prospects samt dem Hoff von Meridies gegen Septentrio, nach den Grund Rissen... u. Mitte: Eusserlicher Prospect der Neuen Kirch über.
Museum der Stadt Regensburg (GN1992-6e)

Dieses Blatt gehört ebenfalls dem ersten Planungsstadium an. Im oberen Teil zeigt es einen Schnitt durch die Gebäude entlang der Nord-Süd-Achse, darunter einen Entwurf für die der Dreieinigkeitskirche gegenüberliegende Fassade (heute Alumneum). Auf dem Querschnitt nimmt - neben der Bibliothek im zweiten und dem Schlafsaal im dritten Geschoß - das Schultheater einen großen Teil des Südflügels ein.

Schon seit den sechziger Jahren des 16. Jahrhunderts gaben die Schüler des reichsstädtischen Gymnasiums öffentliche Theatervorstellungen in lateinischer und deutscher Sprache. Auf Betreiben des Superintendenten Ursinus (1655 - 1657) wurde ihnen dafür 1655 ein Raum im damaligen Mittelgebäude zugewiesen. 1722 erfolgte dort die Einrichtung eines geräumigen Theaters mit Bühne, Orchesterplatz, Versenkungsräumen und ansteigenden Zuschauersitzen.

Der Riß Schlees gewährt Einblick in einen reich dekorierten Theaterraum. Wie aus dem Grundriß (a) hervorgeht, sollten sich an die

Bühne und die Musikerplätze (16) dem Stadtregiment vorbehaltene Sitzgelegenheiten anschließen (17). Auf der Hofseite war der Eingang zum Zuschauerraum (11), auf der Südseite zur Dominikanerkirche hin der Ausgang (22) vorgesehen. Die "Wacht vor Andrengung der Spectatoren" (20) zeugt von der Bedeutung, die man dem Schultheater damals beimaß. Das Projekt Schlees wurde jedoch nicht ausgeführt, und bereits 1740 wurde wegen der durch die Vorstellungen verursachten Unkosten der Schauspielbetrieb eingestellt.

Die Nummerierungen in den beiden vorliegenden Plänen des 1.Projekts stimmen nicht immer überein und sind teilweise unklar. Die Beschriftung des Querschnitts (b) scheint nachträglich angebracht zu sein.

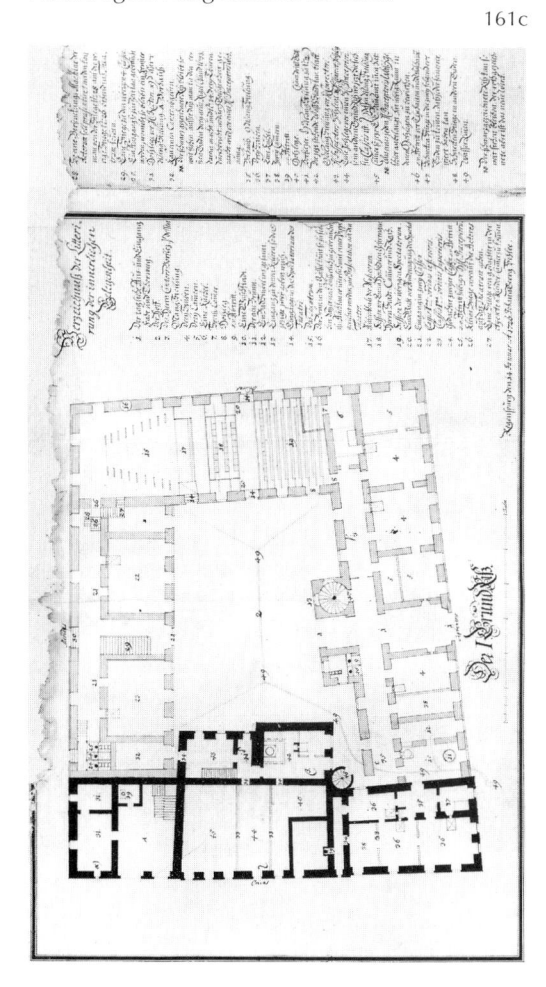

161c

c. Zweites Projekt. *1726*

Johann Georg Schlee
Tusche, lav. u. kolor. ; 47,4 x 83,5 cm
Bez. u.r: Regensburg den 14. Januar: A. 1726 Johann Georg Schlee; u. Mitte: Der I. Grundriß
Museum der Stadt Regensburg (GN1992,7a)

Auch im zweiten Entwurfskomplex vom Januar 1726 plante Schlee eine Vierflügelanlage, im Gegensatz zu den Plänen von 1725 jedoch unter Einbeziehung des bestehenden Ostflügels (schwarz) in die neue Anlage (rot). Durch Zwischenwände (gelb) sollte eine neue Raumaufteilung im alten Bauteil geschaffen werden. Weitere Unterschiede sind der Wegfall des Umgangs, die Einrichtung des Theaters im Westflügel, die Verteilung und Gestaltung der Treppen (zwei "Schnecken-Stiegen" 47, 48) und - wie auch beim damals noch bestehenden Bau - die Anbringung des Haupteingangs im Norden zur Gesandtenstraße hin. Auch diese Pläne blieben unausgeführt.

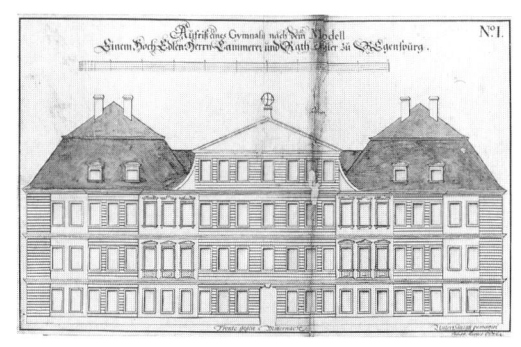

161d

d. Entwurf für die Nordfassade. *Um 1725*

Philipp Marcus Österlin
Tusche, koloriert ; 44 x 68,5 cm
Bez. o.: Aufriß eines Gymnasii nach dem Modell/ Einem Hoch Edlen Herrn Cammerer und Rath alhier zu Regenspurg.
u. r.: ... Philipp Marcus Österlin
Museum der Stadt Regensburg (GN1992,15)

369

Die Plansammlung der Bauamtschronik (17./18. Jh.) enthält die Zeichnungen des Zimmermeisters Österlin, die ebenfalls für den Umbau des Gymnasium Poeticum entstanden. Auf dem vorliegenden, mit "No 1" bezeichneten Blatt ist ein Entwurf für die Nordfassade mit den mächtigen Walmdächern für den West- und Ostflügel einer geplanten Vierflügelanlage zu sehen. Die lange Fassade ist durch den Wechsel rustizierter und glatter Wandfelder rhythmisiert. Die drei Geschosse sind untereinander wenig differenziert. Eine Steigerung erfährt die Fassade hingegen von den äußeren Achsen zur Mitte hin: Die Breite der Wandfelder nimmt allmählich zu und die den Mittelrisalit flankierenden Fenster sind reicher gestaltet. Die Steigerung kulminiert in dem von einem Giebel mit Armillarsphäre bekrönten siebenachsigen Mittelrisalit, welcher zudem die einzige Türöffnung der Fassade aufweist.

Gemäß ihrer Beschriftung entstand die Zeichnung "nach dem Modell", das wohl mit dem des Zimmermeisters Sebastian Krämpel zu identifizieren ist. Abweichungen bestehen lediglich in der Gestaltung der Fenster. Doch auch dieser Entwurf wurde nicht ausgeführt.

U. S.

Verlag: Martin Engelbrecht, Augsburg
Kupferstich ; 19,6 x 31,7 cm
Bez. o. l.: *Novu[m] Templum Evangelicum SS. Trinitati dicatu[m]/ et Prospectus Gymnasii Poetici Ratisbonae.* O. r.: *Neue Evang. Luthr. Kirch zur heil: Dreyfl. u: Prospect der so genanten Poeten Schul in Regenspurg.* Unten: Legende lat. und dt.; darunter: F. Bernh. Werner del. I. M. Steidlin sc. - Cum Priv. Sac. Caes. Maj. - Mart. Engelbrecht excud. A. V.
Museum der Stadt Regensburg
(GAB1980,300/22)

Dieser idealisierte Blick auf die platzartig wirkende Gesandtenstraße ("lange Gasse") zeigt von links nach rechts "Der Evangl. Geistlichen Haus", die Dreieinigkeitskirche, das Gymnasium Poeticum und das Münzhaus. Als Westflügel des Gymnasiums erkennt man den Neubau von 1728/29.

THIEME/BECKER XXXII, 20; XXXV, 406 f. - Kat. Regensburg 1958, Nr. 351. - Chr. RIEDL: Ansichten von Häusern, Straßen und Plätzen Regensburgs im Stadtmuseum. Ein Bestandskatalog, Masch. Mag. Arbeit Universität Regensburg 1985, Nr.84.

A. S.

162

162 *Dreieinigkeitskirche und Gymnasium Poeticum.* Um 1730

Johann Matthias Steidlin (tätig 1717 - 1739) nach Friedrich Bernhard Werner (1690 - 1778)

163 *"Gymnasium Ratisbonense".* 1828

Georg Haminger
Aquarellierte Zeichnung ; 47,5 x 71 cm
Bez. u. r.: Georg Haminger. 1828
Museum der Stadt Regensburg (GN1992,11)

Das reichsstädtische evangelische Gymnasium Poeticum wurde 1811, nach dem Fall Regensburgs an das Königreich Bayern, mit dem 1589 von den Jesuiten gegründeten katholischen Gymnasium St. Paul vereinigt. Mit der Gründung des paritätischen "Königlich bayerischen Gymnasiums" verschmolzen zwei Lehranstalten, die über 200 Jahre die Stellung der Stadt zwischen den Konfessionen widergespiegelt hatten.

163

Wie Kat.160. - J. G. J. HAMMINGER: Erinnerung aus dem Leben eines alten Landwirthes, Regensburg o. J. - Chr. RIEDL (wie Kat.162), Nr. 87. - Albertus-Magnus-Gymnasium, 248.

U. S.

Diese Ansicht gibt, teilweise stark vereinfacht, den Zustand des Gebäudekomplexes zwischen den beiden großen Baumaßnahmen von 1728/29 und 1901/02 wieder. Der ursprüngliche Ostteil der Anlage, ein Teil der "Fuchsischen Behausung" ist noch zu sehen. Der Abbruch des Erkers erfolgte 1841. Sein heutiges Aussehen erhielt der Ostflügel erst durch Bestelmayer (vgl. Kat.164) Der Turm mit der Schulglocke und die Uhr am Mittelgebäude sind heute nicht mehr vorhanden, ebensowenig die Malerei unter dem Zifferblatt, ein in die Höhe fliegender Adler mit der Unterschrift "Solers amat ardua virtus" (Strebsame Tugend liebt die Höhe). Der dreigeschossige Mansarddachbau an der Westseite resultiert aus dem Umbau von 1728/29 und entspricht in etwa dem heutigen Zustand. Über dem gesprengten Giebel des neuen Hauptportals in der Hofecke wurden 1730 drei Genien mit Schilden in Stein angebracht. Die Inschriften verweisen noch heute auf die Vollendung des Baus und dessen Bestimmung als "evangelischer Musensitz". Auf der Ansicht Hamingers sind sie nicht wiedergegeben.

Möglicherweise ist der Maler des Bildes identisch mit dem Ökonomierat, Kunstsammler und zeitweiligen Besitzer von Pürkelgut Georg Hamminger (geb. 1813). Dieser besuchte seit 1826 in Regensburg die Schule und kehrte 1829 mit "Preisen für allgemeinen Fortgang, für Zeichnen und in Kalligraphie..." in seine Heimat nach Ortenburg zurück.

164

164 **Das Portal des Alumneums.** *1902*

German Bestelmeyer (1874 - 1942)
Zustand 1992

Am 8. August 1901 wurde im Anwesen Am Ölberg 2 der Grundstein zum Neubau des Alumneums gelegt. Die Pläne dazu hatte, nach einem Vorentwurf von Stadtbaurat Adolf Schmetzer, der aus Nürnberg stammende und damals als kgl. Bauamtsassessor in Regensburg tätige German Bestelmeyer geliefert, der einer der bedeutendsten deutschen Architekten in der ersten Hälfte des 20. Jahrhunderts werden sollte. Die Kosten für den im November 1902 vollendeten Bau wurden aus Eigenmitteln der Alumneumsstiftung, einem Darlehen der Evang. Wohltätigkeits- und Unterrichtsstiftung sowie aus Zuschüssen der evang. Gemeinde, der Landeskirche und des Staates bestritten.
Für Bestelmeyer, selbst Protestant und 1933 zum D. theol. h. c. der Universität Erlangen ernannt, war der Neubau des Alumneums die erste nennenswerte Bauaufgabe. Vor allem das Portal zeigt, wie hier das Formge-

fühl des Jugendstils in dem für den Architekten typischen Hang zu Sachlichkeit aufging. Luther und Melanchthon mit ihren Wappen, der Lutherrose und der ehernen Schlange, flankieren nahezu vollplastisch den Eingang. Die über dem Portal angebrachte Inschrift "Protestantisches Alumneum" erinnert daran, daß im Königreich Bayern die Bezeichnung "evangelisch" nur im innerkirchlichen Verkehr gestattet war; im offiziellen Bereich war "protestantisch" vorgeschrieben. Bestelmeyer schuf in Regensburg u. a. auch das den evang. Friedhof nach Süden abschließende gräflich Doernbergsche Mausoleum.

NDB 2 (1955), 184. - H. THIERSCH: German Bestelmeyer. Sein Leben und Wirken für die Baukunst, München 1961, 57. - G. SCHLICHTING: Das Regensburger reichsstädtische Gymnasium und sein Alumneum, in: DERS. 1986, 288-318 (bes. 294 f., 316 f.).

E. T.

165 Schulordnung des Gymnasium Poeticum. 1610

Ordnung der Statt Regenspurg Lateinischen oder Poeten Schul
Pappeinband, Rücken und Ecken mit gefärbtem Leder verstärkt, Eisengallus-Tinte; 32,2 x 22 cm
Handschriftl. bez. auf der letzten Seite: *"In einem E: Rath abgehört ratificirt unnd approbirt den 6 Julij Ao. 1610. Steph: Seb: Secret: Consistorialis* [Name unleserlich]*"*
Stadtarchiv Regensburg (almB 17)

Bis zum Ende des 16. Jahrhunderts war das Gymnasium Poeticum durch steten Ausbau zu einem sechsklassigen vollständigen Gymnasium mit humanistischem Lehrprogramm geworden. Bei der vorliegenden Schulordnung handelt es sich um eine überarbeitete Ausgabe der ersten deutsch geschriebenen Regensburgischen Schulordnung gleichen Titels aus dem Jahre 1595. Die handgeschriebene Ausgabe des 17. Jahrhunderts enthält im Anschluß an ein Blatt mit lateinischen Zitaten, einer Inhaltsübersicht und einer Vorrede folgende Kapitel: 1) *Von Rectoris und seiner Collegarum aufnehmen unnd Officio.* 2) *Von Discipulis und Schulknaben wie sie sich mit Gottesforcht eusserlichen Sitten und Studieren in Kirchen, Schuel, auf Gaßen und dahaim zu Hauß verhalten sollen.* 3) *Von Ordnung der Lectionum. Wann und wie in ieder Claße gelesen werden solle. Item von Exercitio, Stijli und Examinibus.* 4) *Von der Privat Schul. Wie sich Privati Praeceptores und Discipuli halten sollen.* 5) *Von Alumnis. Wie Sie aufgenommen, Sich halten, und wider dimittirt. werden sollen.* 6) *Von den Umbsingenden Knaben, die Canentes oder Eleemosinarij genennet werden mögen.* 7) *Wie es mit Verschickung auf Universiteten oder ander Schuelen, und Testimonijs gehalten werden solle.* 8) *Von Stipendiaten, die bey denen Academijs erhalten werden.* 9) *Von der Superintendenz und Inspection der Schulen.*

In der Vorrede werden die Ziele der Poetenschule genannt: Erziehung zu rechter wahrer Gottesfurcht, gleich von Kindswesen an, zu löblichen Sitten und Tugenden und in guten Künsten und Sprachen. Im Kapitel über die Schuldisziplin werden die Schüler ermahnt, in dieser Stadt der "widrigen" Religion Schülern, Schulen, Kirchen und Kirchenübungen sich gänzlich zu enthalten und ihre Lehrer davon zu benachrichtigen, wenn sie von Handwerksjungen, deutschen oder Jesuitenschülern angetastet, angegriffen und beleidigt würden. Auf der linken aufgeschlagenen Seite befindet sich eine Auflistung der Lehrübungen, der Schulbücher und des Klassenziels (scopus) der ersten Klasse. Auf dem Blatt gegenüber der Stundenplan der zweiten Klasse mit den Planetenzeichen zur Kennzeichnung der Wochentage und den Unterrichtszeiten in der linken Spalte.

KLEINSTÄUBER 1880 u. 1882.

U. S.

166 Schulprogramm des Gymnasium Poeticum. 1615

Druck: Matthäus Müller, Regensburg
Blattgröße: 36,3 x 24,2 cm
Auf dem Titelblatt Chronogramm "O nostrIs stVDIIs optIMe␣ChrIste faVe."
Staatl. Bibliothek Regensburg (Rat. civ. 558)

Diese "Idea scholastica" wurde "auf Befehl des sehr bedeutenden Rates zu Regensburg verfaßt und veröffentlicht" (s. Titelblatt). Sie zeugt davon, wie fast 100 Jahre nach Luthers Schreiben "An die Radherrn aller stedte deutsches lands, das sie Christliche schulen aufrichten vnd hallten sollen" (1524) dessen Aufforderung an die Städte, für Schule und Bildung zu sorgen, noch lebendig war.
Im Gegensatz zu der weit umfangreicheren Schulordnung von 1610 (Kat.165) beinhaltet dieses Lektionsschema nur Tabellen mit den Stundenplänen, Lehrbüchern und dem Lernziel jeder Klasse. Wie bereits in der Schulordnung wird das Lernziel des gesamten Gymnasialunterrichts genannt: "In Orthodoxae religionis, artium Logicarum, Ethices, Linguarumque studiis fundamenta solida & ad sublimorum scientiarum, quas FACVLTATES vocant, sustinendam cum laude, in Academiis structuram firma", d. h. eine feste Grundlage im Studium der reinen (lutherischen) Lehre, der mathematischen Wissenschaften, der Ethik und der Sprachen als Basis für ein Universitätsstudium.
Die aufgeschlagenen Seiten mit der Nennung der Lehrübungen, der Schulbücher und des Klassenziels der sechsten Abschlußklasse zeugen, wie die gesamten Lernziele, von der Verkettung theologischer und humanistischer Anschauungen und Interessen des damaligen Bildungswesens.

U. S.

167 Lobgedicht auf vier Mitglieder des Inneren Rates. 1618

Matthias Müller, gen. Mylius (+ 1627)
Holzschnitt ; 58 x 44 cm (Blatt)
Bez. im Medaillon unten: Operis Typothetae MATTHIAE MYLII, RATISBONAE
Museum der Stadt Regensburg (G1954,82)

Anläßlich des 24. Juni 1618, des Johannistages, erschien in Regensburg ein "Euphemismus", ein Lobgedicht auf die vier Mitglieder des Inneren Rates der Stadt Johann Schiltl, Johann Nikolaus Fletacher, Johann Jakob Aichinger und Johann Hueber.
Der Einblattdruck aus der Werkstatt des Matthias Müller, genannt Mylius (1608 - 27 in Regensburg nachweisbar), ist äußerst prunkvoll gestaltet: Der das runde Textfeld umgebende Rahmen enthält in aufwendigem Rankenwerk zehn Medaillons mit Darstellungen Apolls und der neun Musen, die die Wissenschaftspflege am Gymnasium Poeticum symbolisieren. Für den Text wurden zahlreiche verschiedene Drucktypen verwendet; eine S-

Initiale ist durch ihre Laubumrankung besonders hervorgehoben. Der Euphemismus besteht neben einer umfangreichen Widmung, in der die vier Räte mit all ihren Titeln sowie der Anlaß der Ehrung genannt sind, aus drei lateinischen Lobeshymnen, deren erste vom Konrektor am Gymnasium Poeticum Johann Willkofer (1584 - 1631; Konrektor 1609 - 22), die beiden anderen von seinem Kollegen Martin Schachtner (Lehrer am Gymnasium 1616 - 18) verfaßt wurden. Das Gedicht Willkofers, in elegischen Distichen gehalten, enthält einen an antiker Enkomienliteratur orientierten Lobpreis auf die Charaktereigenschaften der vier Räte, die sie geradezu von den olympischen Göttern selbst erhalten zu haben scheinen. Das erste Gedicht Schachtners in reinen Hexametern dagegen hebt die Verdienste der Ratsherren um das Wohl der Stadt hervor, wobei auch auf berühmte Familienmitglieder und deren Leistungen verwiesen wird. Den Abschluß bildet ein religiöser Hymnus Schachtners in dem dafür üblichen Metrum des jambischen Dimeters mit paarigem Reim. Der Autor dankt darin Gott für die durch die vier Räte erwiesenen Wohltaten und bittet darum, ihnen weiterhin seine Gnade zu schenken, damit sich die Stadt auch noch zur nächsten Reformations-Zentenarfeier (1717) ihres Wohlstandes erfreuen könne.

R. D.

168 Programmheft zum Schuldrama des Gymnasium Poeticum. *1687*

19,5 x 15,5 cm
Staatl. Bibliothek Regensburg
(Rat. civ. 435-2)

Die Schüler des Gymnasium Poeticum führten 1687 die *Trojanerinnen* des Seneca auf. (Vom gleichen Jahr ist ein weiteres Programmheft erhalten, das die wichtige Übersetzung des Opitz vorstellte. Da in den beiden Heften unterschiedliche Darsteller genannt werden, kann davon ausgegangen werden, daß 1687 beide Dramen dargeboten wurden.) Derartige Programmhefte wurden in Regensburg seit 1657 für das Publikum angeboten. Sie umfaßten mehrere Seiten, auf denen eine ausführliche Inhaltsangabe in Deutsch und Latein und ein Verzeichnis der Akteure abgedruckt waren.

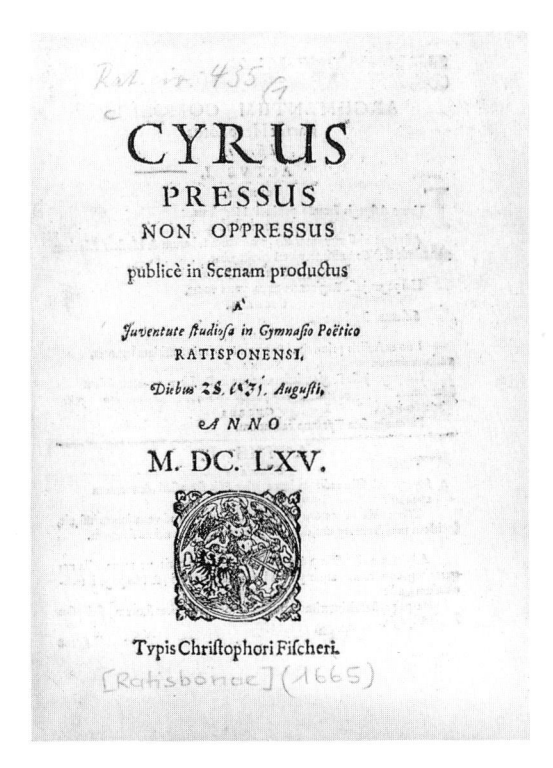

Seit 1567 sind dramatische Aufführungen des Gymnasium Poeticum bekannt. Die gespielten Stücke entnahmen ihre Motive den antiken Mythen und den biblischen Geschichten. Im 17. Jahrhundert pflegten die Schulen vor allem das barocke Kunstdrama.

Die Motivation für das Schuldrama ist einerseits in didaktischen Absichten der Lehrer zu suchen, entsprach aber angesichts der gering entwickelten Theaterkultur auch einem autonomen Kunstwillen. Zudem war jede Aufführung eine Gelegenheit, dem Rat und der gesamten Bürgerschaft seine Reverenz zu erweisen, für den "beständigen Flor des hohen obrigkeitlichen Standes und der

gesamten Bürgerschaft." Im allgemeinen pflegten die evangelischen Schulen eher das deutsche Drama, die Jesuiten das lateinische. Regensburg beherbergte in seinen Mauern sowohl das reichsstädtisch-evangelische Gymnasium Poeticum wie auch das katholische Jesuitengymnasium in St. Paul. Da die Aufführungen immer am Ende eines Schuljahres (Ende des Herbstsemesters) stattfanden, ergab sich allein schon durch die zeitliche Abfolge der szenischen Präsentation eine Konkurrenzsituation. 1665 z. B. führte das Gymnasium Poeticum das Stück *"Cyrus pressus non oppressus"* am 28. und 31. August auf, am 2. und 4. September folgten die Jesuiten mit *"D. Adrianus e Maximiani Aulico Coeli Purpuratus"*.
1740 wurden die Schauspiele eingestellt.

SAR 1, Ae2 28. - StBR, Rat. Civ. 435,531. - KLEINSTÄUBER 1880 u. 1883, 115-118, 149 ff. - J. STRASSER: Das Gymnasium poeticum im Zeitalter des Barock und der Aufklärung, 163, 168, in: Albertus-Magnus-Gymnasium. - G. SCHLICHTING: Das Regensburger reichsstädtische Gymnasium und sein Alumneum, 304-309, in: DERS. 1986.

J. S.

169 Lehrer Johann Christoph Gottlieb Weiß. *1821*

"Herr Instrukter Weiß Praeceptor in der I Clas auf den Gymnasium Poeticum."
Leonhard Bleyer, Regensburg
Aquarellierte Bleistiftzeichnung; 16,5 x 10 cm
Aufschrift der Rückseite: *"H. Johan Christ Gottfried Weiß war Praeceptor von 1786 bis 1802/ Gebohren/ Gestorben"*
Museum der Stadt Regensburg (G 1931,122)
Farbabb.25

Der 1756 in Regensburg geborene Johann Christoph Gottfried Weiß begann im Jahr 1785 seine Lehrtätigkeit am Gymnasium Poeticum. Im Jahr 1808 wurde ihm die Leitung der dritten, also obersten Klasse übertragen. 1811 wurde er bei der Vereinigung der beiden Gymnasien in den Ruhestand versetzt und verstarb 1818. Die posthume Darstellung zeigt den "Kollaborator" mit altertümlichem Dreispitz und Zopf. Sie stammt von dem ehemaligen Stadtsoldaten Leonhard Bleyer, der von 1784 bis 1821 eine Portraitgalerie der Regensburger Persönlichkeiten, Geistlichen und Militärs und der Originale der Stadt schuf. Zum Großteil fertigte er die kleinen Aquarelle um 1820 an und rief nocheinmal die Erinnerung an die Vielfalt und Farbenpracht des reichsstädtischen Regensburg wach.

KLEINSTÄUBER, 9f, 67.

P. G.-B.

170 Philipp Ostertag. *Gegen 1800*

Neuhausser
Marmorbüste ; 24 x 11,8 x 8,6 cm
Bez. vorn: OSTERTAG, auf der Rückseite: Neuhausser
Museum der Stadt Regensburg (KN1990,3)

Der 1734 im nassauischen Idstein geborene Pfarrerssohn Johann Philipp Ostertag studierte Theologie in Jena und Gießen. Doch vor allem durch seine mathematischen und physikalischen Forschungen sowie durch seine pädagogischen Ansichten machte er sich einen Namen. Als einer der ersten deutschen Schulleiter führte er am Gymnasium in Weilburg Mathematik- und Physikunterricht ein. Von 1776 bis zu seinem Tod am 21. Dezember 1801 wirkte er in Regensburg als Professor und Rektor am Gymnasium Poeticum. Er war Mitglied des 1776 in Ingolstadt gestifteten und seit 1785 verbotenen Illuminatenordens. Auch in die kurfürstlich-baierische

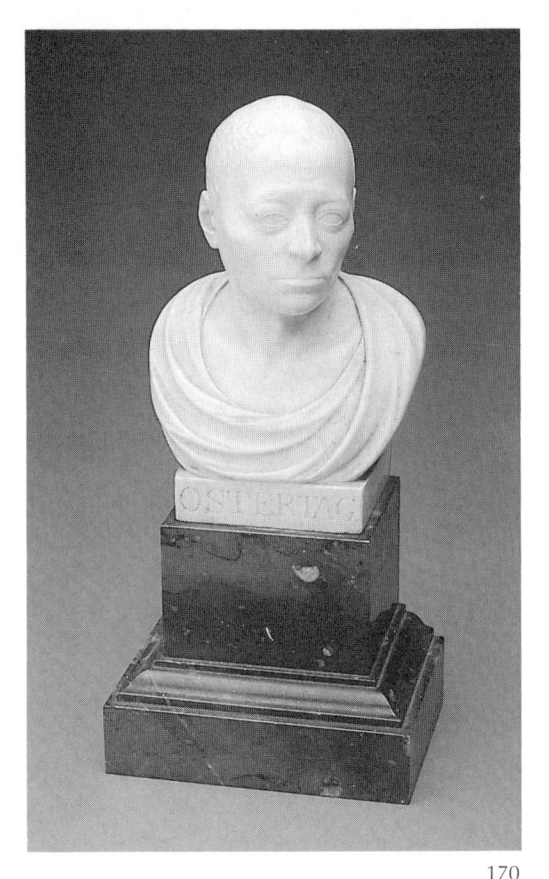

170

Akademie der Wissenschaften wurde er aufgenommen.

1786 wandte sich Ostertag in einem Aufruf "an das aufgeklärte teutsche Publikum" (OSTERTAG, 509 ff.) und erinnerte es an seine patriotische Pflicht, dem 1630 in Regensburg verstorbenen Johannes Kepler in der Nähe seines verschollenen Grabes ein Denkmal in Form eines Kenotaphs zu errichten (vgl. Kat.175).

Die auf einem gestuften Schwarzmarmorsockel ruhende Alabasterbüste trägt auf der Plinthe den Namen des Dargestellten. Das Bruststück ist von schlichter antiker Drapierung, die den Armansatz verdeckt, annähernd kreisförmig umfangen, das Haupt leicht nach links gewandt. Verstärkt wird die klassizistische Note der Büste durch den strengen Gesichtsschnitt und die spärliche Haartracht. Ostertags Bildnis entspricht dem in der Aufklärung beliebten Typus des karge Natürlichkeit und antikische Erscheinung vereinenden Philosophenportraits (vgl. etwa Emanuel Bardous Kant-Büste, 1798, Berlin, Staatl. Museen Preuß. Kulturbesitz, Skulpturengalerie).

Zu Ostertag s. ADB XXIV, 521-523. - GUMPELZHAIMER III, 1153. - OSTERTAG (mit Biographie u. Schriftenverzeichnis). - SCHLICHTING 1986, 309-312.

E. T.

171

171 Portraitmedaille ohne Jahr auf Christoph Donauer. *Um 1608*

Silberguß, Vs. und Rs. zusammengelötet; hochoval, 39 x 45 mm; 19,38 g
Medailleur: Matthäus Carl, Augsburg, später Nürnberg (gest. 1609)
Museum der Stadt Regensburg (N1937,2)

Vs.: Bärtiges Brustbild ohne Kopfbedeckung und mit Halskrause nach rechts. Umschrift: *CHRISTOPH. DONAUER. P[oeta]. L[aureatus?/latinus?]. AETAT[is]. AN[n]o. XLIV.* (Christoph Donauer, preisgekrönter Dichter, im Alter von 44 Jahren). Am Armabschnitt die Signatur *MC*.

Rs.: Das behelmte vierfeldige Wappen (1: Drei Sterne; 2 und 3: Schwan; 4: Stange eines Hirschgeweihs).

Mag. Christoph Donauer kam 1564 in Falkenfels in der Oberpfalz zur Welt. Nach seiner Tätigkeit als Prediger in Wiesend und einem Studium in Helmstedt kam er 1595 als Prediger nach Regensburg. Er starb am 8. Februar 1611. Die Medaille zeigt ihn im Alter von 44 Jahren; sie entstand also etwa 1608.

Slg. MINUS-PREISS (Auktion Brüder Egger, Wien, 16.11.1874) Nr. 5296. - HABICH II, 1, Nr. 2717. - SERPILIUS, 53f.

H. E.

172

172 Portraitmedaille auf Johannes Oberndorfer. 1597

Einseitiger neuerer Bleiguß; 40 mm; 20,30 g
Medailleur: Giovanni Pietro de Pomis, Innsbruck (ab 1597 Graz)
Museum der Stadt Regensburg

Vs.: Unbedecktes Brustbild mit breitem Kragen nach rechts. Umschrift: *IOHANNES: OBERNDORFFER: DOCTOR:* Dahinter die Signatur *P P.* Am Armabschnitt vertieft die Jahreszahl 1597.
Eine Rückseite zu der Portrait-Vorderseite ist nicht bekannt. Es kommen jedoch auch Exemplare mit dem gravierten Wappen der Landshuter Familie Oberndorfer auf der Rückseite vor; dabei handelt es sich aber wohl um eine spätere Zutat (HABICH II, 2, 515).

Johannes Oberndorfer wurde 1549 in Köthen geboren. Als sein Vater 1557 eine Pastorenstelle an der Neupfarrkirche erhielt, kam auch der Sohn mit in die Stadt. Nach einem Studium der Philosophie (in Illfeld, Wittenberg, Jena und Leipzig) und der Medizin (ab 1565 in Wien) arbeitete er als Arzt in Padua und dann in Böhmen und Mähren, bevor er sich in Regensburg 1584 als Arzt niederließ. Als Oberndorfers erste Frau, Katharina Portner, bereits nach drei Jahren Ehe 1587 starb, ging er nach Graz, wo er als Inspektor der evangelischen Stiftsschule Kepler (vgl. Kat. 173) kennenlernte. Dort entstand die vorliegende Medaille, im ersten Grazer Jahr des Medailleurs de Pomis; Johannes Oberndorfer kehrte 1597 wieder nach Regensburg zurück, wo er 1625 starb.

PLATO Nr. 372. - J. P. BEIERLEIN: Medaillen auf ausgezeichnete und berühmte Bayern II (Sonderdruck aus Oberbayerisches Archiv 12, 2, 1851), Nr. VIII, Tf. I, Nr. 10. - Slg. MINUS-PREISS, Nr. 5336 (mit gravierter Rs.). - HABICH II, 2, Nr. 3512. - L. OBERNDORFF: Ein bedeutender Arzt aus der Oberpfalz, in: Blätter des bayerischen Landesvereins für Familienkunde 8 (1930), Heft 11, 197-201. - G. PROBSZT-OHSTORFF: Der Medailleur, in: Der innerösterreichische Hofkünstler Giovanni Pietro de Pomis 1569 bis 1633 (Joannea 4), hrsg. von K. Woisetschläger, Graz-Wien-Köln 1974, 175-190, hier 190, Nr. 5. - BAUER, 323. - W. ILG: Geschichte der Botanik in Regensburg, Regensburg 1990, 12f.

H. E.

173 Johannes Kepler. 1808

F. W. E. Doell (1750 - 1816)
Marmor; 70 x 48 x 39 cm
Museum der Stadt Regensburg

Der 1571 als Sohn einer evangelischen Familie in Weil der Stadt geborene Kepler unterhielt zeitlebens enge private Beziehungen zu Regensburg. Hier besaß er treue Freunde, darunter einige österreichische Exulanten. Genannt werden müssen der Arzt Dr. Johann Oberndorfer (Kat.172), den Kepler schon

1594 in Graz kennengelernt hatte, der Pfarrer und spätere Regensburger Superintendent Christoph Sigmund Donauer (Kat.171), sowie der Kaufmann Hillebrand Billi, in dessen Haus (heute Keplermuseum) der Astronom am 15. November 1630 verstarb.

1620, als Kepler für zwei Jahre nach Regensburg zog, widmete er dem Magistrat seine "Harmonices Mundi". Er wohnte damals bei dem Grazer Exulanten Christoph Räntz in der Baumhackergasse. In dessen Haus wurde 1621 Keplers Tochter Cordula geboren; getauft wurde sie in der Neupfarrkirche. Im November 1626 brachte Kepler, wegen der Wirren des oberösterreichischen Bauernaufstandes aus Linz geflüchtet, seine Familie für eineinhalb Jahre abermals nach Regensburg. Obwohl Keplers Lebensweg die konfessionellen Spannungen seiner Zeit widerspiegelt, schieb er, von sich selbst in der 3. Person redend, in seiner um 1597 verfaßten Selbstcharakteristik: *"Er bemüht sich Maß zu halten, weil er die Ursachen der Dinge sorgfältig erwägt. (...) Deswegen rät er zum Frieden zwischen Lutheranern und Calvinisten, ist billig gegen Katholiken und empfiehlt diese Billigung allen"* (zit. nach LIST, 52). Nie gab er sein Einverständnis zu allen Artikeln der Konkordienformel, weigerte sich jedoch 1628 auch, sich dem Katholizismus anzuschließen, obwohl er dadurch seine lange Bindung an das österreichische Kaiserhaus löste. Seine über konfessionelle Grenzen erhabene Haltung brachte Kepler auch harte Kritik seitens der Regensburger Geistlichkeit ein. Der Ratsherr Plato-Wild notierte, man habe den hochgelehrten Mathematicus trotz seiner religiösen Zweifel gleichwohl auf dem Evangelischen Gottesacker Weih St. Peter begraben. Pfarrer Tanner (Kat.213) schreibt: *"Er hat sich wollen unterstehen ein Vergleich zwischen der Evangelischen und Päbstlichen Religion zu machen: sed frustra, Christus enim et Belial nunquam concordabunt"* - aber vergeblich, denn niemals würden Christus und der Antichrist übereinkommen.

Die Büste wurde für das Regensburger Keplerdenkmal (Kat.175) angefertigt; heute befindet sich dort eine Kopie. Der Gothaer Bildhauer Friedrich Wilhelm Eugen Doell war zu Lebzeiten sehr geschätzt. Sein Ruhm gründete vor allem auf einer während seines Romaufenthalts (1773-82) geschaffenen und ursprünglich im Pantheon aufgestellten Kolossalbüste Winckelmanns. Eine zweite, ebenfalls 1808 entstandene Keplerbüste aus der Hand des Stuttgarter Bildhauers Philipp Jakob Scheffauer (1756 - 1808) befindet sich im Regensburger Keplermuseum.

173

C. W. NEUMANN: Das wahre Sterbehaus Kepler's, Regensburg 1864. - THIEME/BECKER IX, 364f. - A. SCHMETZER/H. HUBER/W. BOLL: Johann Keplers Beziehungen zu Regensburg, in: Kepler Festschrift 1930, 71-113. - M. LIST: Kepler und die Gegenreformation, in: Kepler Festschrift 1971, 45-63. - Kepler-Gedächtnishaus, 13, 17-23. - MEYER.

E. T.

174 Keplers Genius entschleiert die Astronomie. *1808*

Johann Heinrich Dannecker (1758 - 1841)
Parischer Marmor ; 68 x 47 cm
Bez. an der Pfeilerbasis: DANNECKER Fe. 1808
Museum der Stadt Regensburg (AB311)
Farbabb.27

Die plastischen Arbeiten für das Keplerdenkmal wurden beim Gothaer Hofbildhauer Doell und bei dem damals bereits weit über seine Stuttgarter Heimat hinaus bekannten Dannecker 1806 in Auftrag gegeben. Doell schuf die Büste Keplers, Dannecker das in deren Sockel eingelassene Relief. Erste, im wesentlichen mit dem ausgeführten Relief übereinstimmende Skizzen entstanden noch im Sommer 1806, als Dannecker im Louvre die antike Skulptur studierte. Das Gipsmodell befindet sich in der Staatsgalerie Stuttgart (P 719).

Der Genius Keplers nähert sich von links Urania, der Muse der Astronomie. Er erkennt ihr wahres Antlitz, indem er ihr Haupt entschleiert. In ihrer Linken hält Urania eine Schriftrolle und verweist mit dem Zeigefinger auf eine Darstellung der beiden ersten Keplerschen Gesetze über die Planetenbahnen. Mit der Rechten überreicht sie dem Genius zum Dank für seine Berechnungen ein Fernrohr, an dessen Entwicklung Kepler entscheidenden Anteil hatte, und das es ihm ermöglichte, das theoretisch Erkannte durch Naturbetrachtung zu bestätigen.

Zwanzig Jahre nach diesem klar an klassischen Vorbildern orientierten Relief schuf Dannecker sein stilistisch konträres religiöses Hauptwerk. Es befindet sich ebenfalls in Regensburg (Kat.254).

P. HEINRICH: Monumentum Keplero dedicatum Ratisbonae die XXVII Decembris: anno MDCCCVII, Regensburg 1808, 19 u. Tf. 4. - OSTERTAG, 570. - A. SPEMANN: Dannecker, Berlin-Stuttgart 1909, 79 f. - Kunstdenkmäler III, 246-248. - REIDEL, 68. - Kat. Stuttgart 1987, Bd. 1, 307-309 u. Abb. 53; Bd. 2, 143, 146, 160 f.

E. T.

175

175 Das Regensburger Keplerdenkmal. *1808*

Heinrich Wilhelm Ritter (+ 1856) nach
Josef Franz von Götz (1754 - 1815)
Kupferstich; 37,7 x 50 cm
Bez. u.l.: Pinxit Ios Baro de Götz A° 1808.
u.r.: H. Ritter Sculpt.
Museum der Stadt Regensburg (G1982,7)

Die Forderung Ostertags (Kat.170) nach der Errichtung eines Keplerdenkmals wurde 1806 unter Fürstprimas Carl von Dalberg aufgegriffen. Initiatoren waren der fürstl. Regensburgische Geheimrat und Domkapitular Kaspar Graf von Sternberg, der hochfürstl. Primatische Landesdirektionsrat Thomas Boesner sowie die Komitialgesandten v. Reden und v. Plessen. Die architektonische Gestaltung lag in Händen des fürstprimatischen Hofarchitekten Emanuel Joseph von Herigoyen, mit den Bildhauerarbeiten wurden Dannecker und Doell betraut (vgl. Kat.173f.). Das Denkmal in Form eines dorischen Monopteros wurde am 27. Dezember 1808, dem Geburtstag Keplers, nahe dem ehemaligen St. Petersfriedhof am Grüngürtel südlich der Altstadt inauguriert. Als Vorbild dürfte der 1790 vollendete Leibnitztempel in Hannover gedient haben, wenngleich auch Keplers eigenhändiger Entwurf für das Titel-

379

kupfer der Rudolphinischen Tafeln als Inspirationsquelle eine Rolle gespielt haben mag. Das astronomische Programm des Frieses geht mit aller Wahrscheinlichkeit auf P. Placidus Heinrich von St. Emmeram zurück, der damals als Physiker und Astronom an der Regensburger Hochschule lehrte.

Bei der Errichtung des Keplerdenkmals im aufgeklärten Klima der Dalbergzeit waren konfessionelle Unterschiede kaum von Bedeutung. Die Inauguration wurde von einer sakral-patriotischen Grundstimmung getragen. Im Hauptsaal des Sternbergschen Gartencasinos war *"Keplers verschleierte Büste auf einem Altare aufgestellt"*. Von den Klängen der eigens komponierten Kantate *"Keplers Weihe"* begleitet, *"erschien die Tochter des Herrn Landesdirektionsraths Boessner als Ratisbona"*. Nachdem sie die Büste enthüllt hatte, zog man zum Tempel. *"Acht Männer in altdeutscher Tracht trugen die Büste. (...) Ratisbona konnte mit wahrem Gefühle singen: Wie festlich schön/ Strahlt dieser Morgen mir herauf!/ Wie festlich schön/ Beglänzet er das Heiligthum/ Des edlen Geistes, den, verkannt von seinem/ Jahrhundert, eine fromme Nachwelt ehrt"* (OSTERTAG, 570 f.).

Anläßlich der Feierlichkeiten schuf der 1791 als Freimaurer und Illuminat aus München ausgewiesene und seither in Regensburg ansässige Freiherr von Götz (Goez) eine Gouache, die in sehr freier Wiedergabe der landschaftlichen Gegebenheiten das Denkmal und einige Persönlichkeiten zeigt, die sich um dessen Errichtung verdient gemacht hatten. Von links nach rechts sind dies Herigoyen, Graf Sternberg und P. Placidus Heinrich. Rechts vorne sitzt Freiherr von Löw mit seiner Familie.

P. HEINRICH (wie Kat.174). - OSTERTAG, 572 f. - GUMPELZHAIMER III, 1803 f. - THIEME/BECKER XIV, 321 f.; XXVIII, 386. - Kunstdenkmäler III, 246 f. - P. SCHULZ: Das Kepler-Denkmal in Regensburg, in: Kepler-Festschrift 1930, 114-123. - Kepler-Gedächtnishaus, 25. - REIDEL, 67-69 u. Abb. 159, 160. - MEYER, 40-43. - BAUER, 438-488.

E. T.

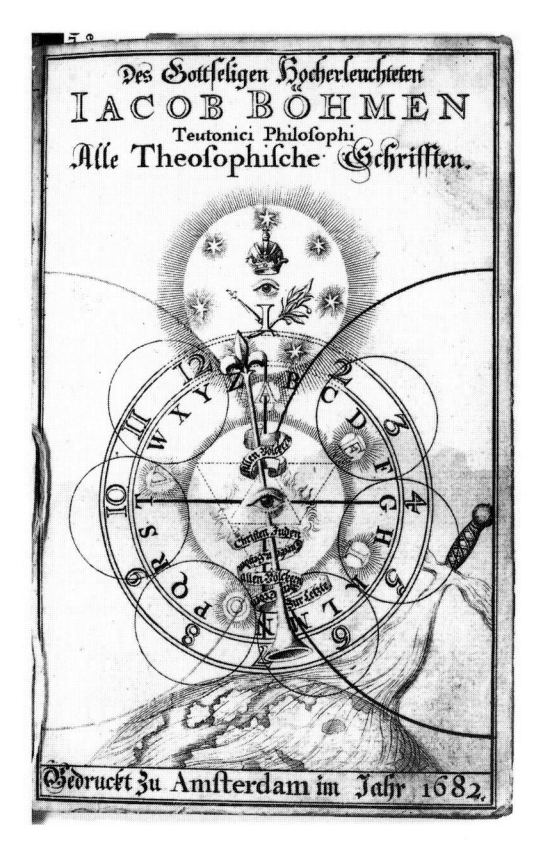

176 Gichtels Böhme-Ausgabe. 1682

Des Gottseligen Hocherleuchteten IACOB BÖHMEN Teutonici Philosophi Alle Theosophische Schrifften
Druck: Amsterdam 1682
München, Bayerische Staatsbibliothek

Johann Georg Gichtel, Mystiker, Theosoph und "Fanaticus", war schon zu Lebzeiten eine umstrittene Persönlichkeit. Am 4. März 1638 in Regensburg geboren, studierte er in Straßburg Theologie, nach dem Tod des Vaters dann Jura. "Durch Traumgesichte und Kometenfurcht beeinflußt" kehrte er wieder nach Regensburg zurück, um hier 1664 als Advokat zu arbeiten. Gichtel begegnete dem "bekannten Eiferer für die Läuterung der Kirche", Justinianus Ernst von Weltz, dessen Kirchenkritik er teilte. Mit Superintendent Johann H. Ursinus an der Spitze, stellte sich die Regensburger Geistlichkeit vehement gegen Gichtel und Weltz. 1655 wurde, ausgelöst durch eine Streitschrift Gichtels, eine Untersuchung wegen Ketzerei eingeleitet, Gichtel in Regensburg festgenommen, als "Wiedertäufer verlästert" und zuletzt verbannt. Gichtel wanderte über Zwolle, wo er wegen seines Eintretens für den Prediger Breckling an den Pranger gestellt wurde, nach Amsterdam. Er begründete hier die Gemeinde der "Gichtelianer" oder "Engelsbrüder", deren Mitglieder unverheiratet, in seelischer Vermählung mit der Heiligen Sophia, sich der schwärmerischen Schau und mystischen Vereinigung mit dem liebenden Gott ("Gott in uns") widmeten. Seine Selbstlosigkeit und Hingabe an Gott führte in extremis dazu, sich nicht mehr um alltägliche Bedürfnisse zu kümmern, sondern von freiwilligen Gaben zu leben und, so seine Kritiker, zu "Arbeitsscheu und Zerwürfnissen". 1682 gab er in Amsterdam nach Böhmes Handschrift die vollständigen Werke Jakob Böhmes (1575 - 1624) in elf Teilen heraus. Gichtel fühlte sich Böhmes mystischem, visionärem Werk mit seiner großen poetischen und gläubigen Kraft tief verbunden. Noch 200 Jahre später wurden die Romantiker, von Novalis, Ludwig Tieck, bis zu Philipp Otto Runge von diesem Gedankengut beeinflußt, ja übernahmen in ihren Werken seine Ideen bis hin zu motivischen Anklängen der Titelkupfer der Böhme-Ausgabe (1682/1730) in Runges Bildern ("Der kleine Morgen"). Gichtel starb am 21. Januar 1710 in Amsterdam. Von den einen als Heiliger verehrt (J. Kanne), erschien er anderen als höchst suspekter Schwärmer.

J. BÖHME: Sämtliche Schriften. Faksimile - Neudruck der Ausgabe (Hrsg. J. GICHTEL) von 1730 in elf Bänden. Begonnen von A. FAUST, hrsg. von W.- E. PEUKERT, Stuttgart 1955 - 1961 (mit den Illustrationen der Gesamtausgabe von 1682). - J. G. GICHTEL: Theosophia practica, hrsg. von seinem Schüler G. ARNOLD, in drei, bzw. schließlich zehn Bänden 1707-1722. - ADB IX, 147-150. - E. EDERHEIMER: Jakob Böhme und die Romantiker, Heidelberg 1904. - K. MÖSENEDER: Philipp Otto Runge und Jakob Böhme, Marburg 1981.

R. P.

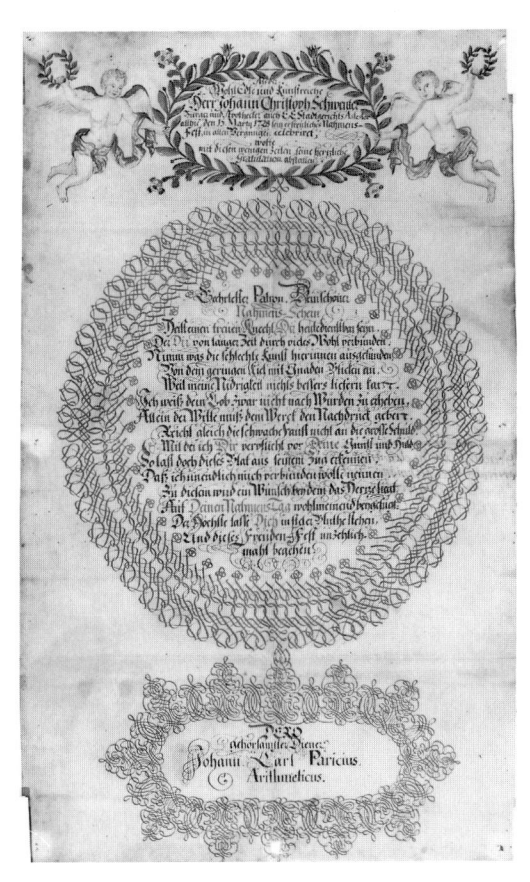

177

177 *Kalligraphisches Schmuckblatt.* *1728*

Johann Carl Paricius
Wasserfarben auf Pergament; 57,5 x 35,5 cm
Museum der Stadt Regensburg (II,704)

Wie sein Vater Georg Heinrich Paricius (1675-1725) war auch Johann Carl Paricius ein Meister der Kalligraphie. Dieses Blatt widmete er dem Apotheker und Stadtgerichts-Assessor Johann Christoph Schwenter zu dessen Namenstag am 15. März 1728.
J.C. Paricius' größtes Verdienst lag jedoch nicht auf künstlerischem, sondern auf lokalhistorischem Gebiet. Im Januar 1753 veröffentlichte er eine erheblich erweiterte und aktualisierte Fassung der von seinem Vater publizierten statistischen Beschreibung

Regensburgs (*Das jetzt lebende Regensburg..., 1722*) unter dem Titel 'Allerneueste und bewährte Nachricht von der des Heil. Röm. Reichs Freyen Stadt Regensburg'.

GUMPELZHAIMER III, 1623. - BAUER, 143.

E. T.

178 Platos Regensburgisches "Münzkabinett". *1769*

Regensburgisches Münz-Kabinet oder Verzeichniß des H. R. R. freien Stadt Regensburg Kurrent und Schau-Münzen nebst einem Anhang von Bischöflich-Regensburgischen Münzen verfaßt von weiland Georg Gottlieb Plato, sonst Wild genannt, der Reichs-Stadt Regensburg ersten Syndikus und Stadtschreibern (2.Aufl. 1779)

Druck: Neubauer, Regensburg
XII + 228 S. ; 17,5 x 12 cm
Bibliothek des Historischen Vereins für Oberpfalz und Regensburg

Der am 22. Mai 1710 in Regensburg geborene Georg Gottlieb Wild wurde als Vierzehnjähriger vom Ratsherrn Johann Heinrich Plato adoptiert. Nach dem Medizinstudium in Straßburg und dem Rechtsstudium in Leipzig wurde er in Regensburg 1737 Stadtgerichtsbeisitzer, 1742 Syndikus und 1743 Stadtschreiber. Er gilt als der eigentliche Vater der Regensburger Geschichtsschreibung, stellte aber auch verdienstvolle numismatische Studien an. 1769 erschien erstmals sein "Münzkabinett". Weitere Auflagen folgten 1779 und 1799. Seit 1760 Mitglied der Bayerischen Akademie der Wissenschaften, stellte Plato auch eine kulturhistorisch interessante Theorie über die Abstammung des bayerischen Volkes von den Langobarden auf. Plato starb am 8. September 1777 in Regensburg.

J. M. M. EINZINGER: Kritische Prüfung der Muthmaßungen, daß die Bojoarii nicht von den Gallischen Bojis, sondern von den Longobarden abstammen, München 1777. - SCHRATZ: Über Plato-Wild und die regensburgische Münzkunde, in: Numismatische Zeitschrift 13 (1881), 330-337. - WALDERDORFF, 495. - ADB LIII (1907), 74 f. - SPINDLER II, 1014. - BOSL, 592.

E. T.

179 Superintendent Jakob Christian Schäffer. *1786*

Gottfried Valentin Mansinger (1737-1817)
Öl auf Leinwand; 73 x 55,5 cm (Rahmen nicht zugehörig)
Bez. auf der Rückseite: "Godf. Val. Mansinger f. 1786". Am Keilrahmen Zettel aufgeklebt: "Jakob Christian Schäffer/ G. v. Mansinger pinxit 1786/ Kupferstich von I.E. Haid 1787"
Regensburg, Evang.-Luth. Dekanat
Farbabb.26

Das Brustbild des im Jahr 1790 verstorbenen Superintendenten ist in Dreiviertelansicht nach rechts gewandt, in der linken Hand hält er ein Gebetbuch. Schäffer ist in Pastorentracht dargestellt, im schwarzen Talar mit breitem Mühlsteinkragen. Das Portrait wurde von der Witwe Schäffers der Neupfarrkirche vermacht.

Bereits 1774 hatte der Regensburger Portraitmaler Mansinger ein Bildnis Schäffers in Medaillonform geschaffen, das im gleichen Jahr von I. E. Haid in Augsburg in eine Radierung umgesetzt wurde. Auch das Portrait von 1786 wurde im darauffolgenden Jahr von Haid als Radierung gezeichnet. Im Gegensatz zu den zahlreichen weiteren graphischen Portraits von Schäffer nach Gemälden von Anton Graff und G. M. A. Clees, die den Naturforscher in seiner Bibliothek zeigen, steht bei Mansinger die Persönlichkeit Schäffers im Vordergrund, der er warmen, menschlichen Ausdruck verleiht.

Die Bedeutung des 1718 in Querfurt in Sachsen geborenen Schäffer für die Geschichte der Naturwissenschaften wurde nicht erst posthum erkannt, auch unter den Zeitgenossen war sein Name weit über Deutschland hinaus ein Begriff. Goethe besuchte 1786 sein Naturalienkabinett.

Ab 1738 in Regensburg ansässig, beschäftigte sich Schäffer neben seiner beruflichen Laufbahn als Seelsorger, die 1779 ihren Höhepunkt in der Ernennung zum Superintendenten fand, intensiv mit den Naturwissenschaften. Seine Forschungen zu Flora und Fauna des Regensburger Raumes legte er in einer Fülle reich illustrierter Publikationen nieder. Mit seinen richtungsweisenden Versuchen zur Papierherstellung schuf Schäffer die Grundlagen für die Herstellung von Papier aus Pflanzenfasern.

O. FÜRNROHR: Die Naturforscher-Familie Schäffer in Regensburg. Sonderdruck aus: Berichte des Naturwiss. Vereins zu Regensburg. Jahrgang 1905/06, Regensburg 1908, 1-20 (mit Abb. der Radierung von Haid 1787). - SCHLICHTING: Kirchenschatz I, 146. - E. NEUBAUER: Das geistig-kulturelle Leben der Reichstadt Regensburg (1750-1806), in: Miscellanea Bavarica Monacensia, Heft 84, München 1979, 93-99. - BAUER, 111-114. - Ausst.kat. Geschichte der Botanik in Regensburg, Regensburg 1990, Nr. 10-13.

P. G.-B.

180 Baron Friedrich Melchior von Grimm. Nach 1769

Jacques-Louis-Constant Le Cerf nach
Louis Carrogis Carmontelle (1717 - 1806)
Kupferstich ; 12,8 x 7,9 cm
Bez. u. l.: Dessiné d'après nature par M. Carmontelle en 1769.; u.r.: Lecerf sculp.
Museum der Stadt Regensburg (G1962,31)

Friedrich Melchior Grimm (1723 - 1807), Pastorensohn aus Regensburg und jüngerer Bruder des Superintendenten Ulrich Wilhelm Grimm (Kat.218), hatte weniger theologische als vielmehr literarische Ambitionen. Grimms Beschäftigung mit dem Werk Gottscheds und schließlich Voltaires sowie seine Tätigkeit bei gräflichen Familien führten ihn nach dem Studium in Leipzig 1748/49 nach Paris. Dort gewann er durch seine Sprachkenntnisse und seinen Scharfsinn Kontakt zu den führenden Aufklärern, dem Kreis der Enzyklopädisten um Diderot. Die Erhebung in den persönlichen Adelsstand 1772 und die Ernennung zum Freiherrn 1777 honorierten seine diplomatischen und publizistischen Verdienste. Seine an den europäischen Höfen kursierende, aber zu Lebzeiten unveröffentlichte 'Correspondance littéraire, philosophique et critique, adressée à un Souverain d'Allemagne' ist durch die Nähe zur geistigen Elite Frankreichs zu einem der wichtigsten Zeugnisse der französischen Aufklärung geworden.

Die Vorlage des Kupferstichs gehört zu einer umfangreichen Sammlung von Profilansichten, die L. C. Carmontelle in Paris zeichnete. Da er sie primär zum Zeitvertreib anfertigte, wurden nur wenige davon veräußert oder nachgestochen. Grimm selbst berichtet im Mai 1763: "M. de Carmontelle zeichnet seit Jahren Porträte, die er mit Tusche leicht überzieht. Er besitzt das Talent, den Charakter, die Haltung, den Ausdruck einer Persönlichkeit zu erfassen. Jeden Tag gehe ich an den Leuten vorbei, die ich bloß aus seiner Porträtsammlung kenne. Diese Porträts, in voller Ansicht, werden in zwei Stunden mit der *größten Leichtigkeit fertiggestellt. ... Diese Sammlung führt die verschiedensten Menschengattungen vor Augen, vom Dauphin herab bis zum Schuhputzer von St. Cloud"* (Corresp. litt., part 1, Tome 3, Paris 1813, 363; hier nach THIEME/BECKER VI, 16).

THIEME/BECKER VI, 15-17; XXII, 515 - NDB VII, 86-88. - FÜRNROHR, 295 f. - SAR, Nachlaß Grimm (Excerptensammlung C. W. Neumanns u. a.).

C. S.

181 **Carl Theodor Gemeiner.** Um 1800

Anonym - Regensburg
Pastell auf Pergament ; 34 x 26 cm
Museum der Stadt Regensburg (K1958,68a)

Carl Theodor Gemeiner wurde am 10. Dezember 1756 in Regensburg als Sohn des Senators Georg Theodor Gemeiner geboren. Seine Mutter war eine Enkelin des Superintendenten Georg Serpilius (Kat.217) und auch er selbst wollte zunächst Prediger werden. Da die Aussichten auf ein entsprechendes Amt in Regensburg jedoch gering waren und er nach dem Theologiestudium in Leipzig an den Universitäten Ingolstadt und Erlangen auch juridisches und diplomatisches Wissen erworben hatte, trat Gemeiner 1781 als Syndicus-Archivarius in die Dienste seiner Heimatstadt. Fortan verfaßte er zahlreiche historische Abhandlungen.

Seine 1792 anonym veröffentliche *'Geschichte der Kirchenreformation in Regensburg'* fand nur wenig Beifall. Anläßlich des 300jährigen Reformationsjubiläums 1817 betätigte sich Gemeiner abermals publizistisch und reagierte dabei auch auf anitprotestantische Streitschriften. Sein Hauptwerk aber ist die zwischen 1800 und 1824 in vier Bänden erschienene *'Reichsstadt Regensburgische Chronik'*. Diese Stadtgeschichte in Annalenform endet, bedingt durch Gemeiners Tod am 30. November 1823, mit dem Jahr 1525.

Am Wohnhaus Gemeiners, Keplerstraße 11, erinnern eine Gedenktafel und eine Büste an den Historiker. Das ausgestellte Portrait besitzt ein Pendant, das Gemeiners Ehefrau Sibylla Elisabeth, geb. Ritter zeigt (K1958,68b).

J. K. S. KIEFHABER: Vorwort zu Bd. 4 der Regensburgischen Chronik, Regensburg 1824. - ADB VIII, 553 f. - WALDERDORFF, 557. - H. ANGERMEIER: Vorwort zum Nachdruck der Originalausgabe der Regensburgischen Chronik, München 1971. - BAUER, 218 f.

E. T.

182 **Gumpelzhaimers Regensburgische Geschichte.** 1830-38

Regensburg's Geschichte, Sagen und Merkwürdigkeiten von den ältesten bis auf die neuesten Zeiten, in einem Abriß aus den besten Chroniken, Geschichtsbüchern und Urkunden-Sammlungen.

In Kommission bei Montag und Weiß und bei Friedrich Pustet.
Museum der Stadt Regensburg

Christian Gottlieb Gumpelzhaimer (1766 bis 1841) entstammte einer traditionsreichen Familie, die im 16. Jahrhundert aus Glaubensgründen von Wasserburg am Inn nach Linz und von dort wenig später nach Regensburg gezogen war. Nach dem Besuch des Gymnasium Poeticum, dem Studium in Göttingen und einer juristischen Ausbildung in Wien trat er in den diplomatischen Dienst. Zeitlebens blieb er dem Haus Mecklenburg-Schwerin eng verbunden. Aus finanziellen Gründen betätigte er sich schon als junger Mann publizistisch. So verfaßte er 'Reichstagskorrespondenzen' für die Hamburger Neue Zeitung und übersetzte 1790 die vor der Pariser Nationalversammlung gehaltene Rede Rabauts de Saint-Etienne, daß niemand wegen seiner Meinung verfolgt oder in seiner Religionsausübung gestört werden dürfe. Nach einem abwechslungsreichen und von schweren Schicksalsschlägen begleiteten Leben widmete er sich im Alter der Geschichte seiner Geburtsstadt. Von 1830 bis 1838 erschien seine vierbändige Chronik als erstes im Verlag Pustet gedrucktes Werk. Nach der Erhebung in den Adelsstand durch den Großherzog von Mecklenburg im Jahre 1840 verstarb Gumpelzhaimer am 17. Februar 1841 in Regensburg.

Chr. L. BÖSNER: Lebensskizze des großherzoglich Mecklenburg-Schwerin'schen geheimen Legationsrathes Christian Gottlieb Gumpelzhaimer in Regensburg, in: VHVOR 17 (1856), 1-23; ADB X, 120. - H. F. SCHÖPPL: Christian Gottlieb Gumpelzhaimer als Großherzoglich Meklenburg-Schwerinischer geheimer Legationsrat, Regensburg 1911. - BAUER, 305.

E. T.

Kirchliches Gerät und liturgische Bücher

183

183 Abendmahlskelch (sog. Gräzer-Kelch). 1613

Regensburg
Bz: gekreuzte Schlüssel für Regensburg (R³ 4440); Mz: AS ligiert im Hochoval für Adam Seger (nicht bei R³).
Silber, getrieben, graviert, vergoldet; H. 26 cm
Regensburg, St. Oswald

Obwohl in der Zeit um 1600 neue Ornamentformen dominant sind, halten sich die Formen dieses Kelches bewußt "altertümlich" an gotische Vorbilder.
Auf der Unterseite des Standringes ist die Stifterinschrift eingraviert: *LORENTZ.WEVD-LE.VON.GRÄTZ.AUS.ANORNVNG.VND.V ELASENSCHAFT.IST.DISER.KELCH.GEMAC T.WORDEN.1613.* Das Inventar aus dem Jahre 1767 vermerkt: *"Ist von E.E. Steuer-Amt in diese Kirche geliefert worden den 21t. May 1670."*
Auf der Fußinnenseite eingraviert: *No. 7.*

Inventar St. Oswald 1767, Nr. 7. - Kunstdenkmäler II, 123. - SCHLICHTING: Kirchenschatz III, 6.

M. A.

184 a.b Taufbecken und -kanne (sog. Portnersches Taufbecken und -kanne). 1630

Augsburg
a und b: Bz: Pinienzapfen (Seling 53) für Augsburg 1630; Mz: IS im Hochoval (Seling 1263) für Jeremias Sibenbürger.
Silber, gegossen, getrieben, graviert, vergoldet; a) Dm. 46,5 x 36 cm, b) H. 29,1 cm.
Regensburg, Neupfarrkirche und Dreieinigkeitskirche
Farbabb. 28, 29

Die Taufgarnitur ist eines der schönsten Beispiele der Goldschmiedekunst aus der 1. Hälfte des 17. Jahrhunderts. In vollendeter Treibarbeit werden die vielfigurigen Szenen in einem reizvollen Spiel vom Flach- bis zum Dreiviertelrelief dargestellt. Die vollplastische Figur des Engels, der die Kanne trägt, braucht den Vergleich mit der Großplastik nicht zu scheuen.
Im Fond des rechteckigen, an den Ecken abgeschrägten Beckens ist, bezogen auf den Zweck, die Taufe Christi durch Johannes dargestellt. Acht Bilder in Kartuschen rahmen die zentrale Szene: Weihnachten, der Evangelist Matthäus, Karfreitag, der Evangelist Lukas, Ostern, der Evangelist Johannes, Pfingsten und der Evangelist Markus. Am Beckenrand sind jeweils den darunterliegenden Evangelistendarstellungen Engel mit Posaune bzw. den Leidenswerkzeugen zugeordnet. Dazwischen finden sich vier Szenen aus dem Alten Testament, die sich auf die des

Neuen Testaments im Fond beziehen: Adam und Eva im Paradies, die Arche Noah, Isaaks Opferung und Mose empfängt die Gesetzestafeln. Der Beckenrand trägt die Umschrift: *Jesus sprach zu ihnen Mir ist gegeben alle gewalt im Himel vnd vff Erden, darvmb gehet hin vnd lehret alle Völckher, vnd teuffet Sie im Namen des Vatters, des Sohns vnd des heiligen Geistes, Matth: 28.V: 19./ Lasset die Khindlein zv mir kommen vnd wehret ihnen nicht, denn solche ist das Himmelreich Matth: 19.V:14./ Das Bluet Jesu Christi seines Sohns machet vns rein von allen vnsern Sünden. 1. Ioan: 1.V: 8.*

Auf der Unterseite des Beckenrandes sind Wappen mit den zugehörigen Namen eingeritzt: *PETRVS PORTNER, CATHARINA G. HÄNDLIN, SVSANNA G: KERSCHERIN* sowie *PORTNERIN SEIN ERST V[ND] ANDRE HAVSFRAV Ao. 1630.* Nach Gumpelzhaimer (S. 1163) wurden das Taufbecken und die Kanne am 5. (15.) Dezember 1631 von Portner zur Einweihung der Dreieinigkeitskirche gestiftet. (Zu Petrus Portner s. Kat. 215.1.)

Die Taufkanne wird von einem knieenden Engel getragen. Das von zwei Engeln gerahmte Relief zeigt Gott Vater und Gott Sohn; auf die Dreieinigkeit bezieht sich der Heilige Geist in Gestalt einer Taube auf dem Deckel. Am Fuß die Inschrift: *Wer da glaubt vnd getaufft wird der wird seelig werden Marc. 16 V. 14.*

Das "Portnersche Taufgerät" wurde am 22. August 1814 von der Stadt übergeben. Ein Rescript des Königlichen Generalcommissariats bestimmte, *"daß diese Taufgeräthe von 1/2 Jahr zu 1/2 Jahr abwechselnd in der oberen und unteren Pfarr aufbewahrt werden"* sollen. Dieser Bestimmung folgte der Beschluß der Gesamtkirchenverwaltung von 1959, wonach die Taufgarnitur vom 1. Januar bis 30. Juni jeden Jahres in der Neupfarrkirche und vom 1. Juli bis 31. Dezember jeden Jahres in der Dreieinigkeitskirche aufbewahrt wird.

Kunstdenkmäler II, 122. - Kat. Regensburg 1958, Nr. 404/5, Abb. 15 u. 20. - Ausst.kat. Augsburger Barock, Augsburg 1968, Nr. 526. - SCHLICHTING: Kirchenschatz I, 1-5. - SELING (wie Kat. 194) Nr. 1263 a, Abb. 226 u. 267.

M. A.

185

185 Abendmahlskanne (sog. Aichinger-Kanne). 1530/40

Regensburg (?)
Bz. oder Mz. undeutlich
Silber, getrieben, gegossen, graviert, vergoldet; H. 29,7 cm
Regensburg, Dreieinigkeitskirche

Die 1631 gestiftete Kanne ist nach ihrer Form und ihrem Dekor eindeutig der Zeit um 1530 bis 1540 zuzuordnen. Dabei zeigt sie neben spätgotischen Reminiszenzen wie den flachen, getriebenen Buckeln an Fuß, Gefäßwandung und Deckel, die an Schellen oder Früchte (Birnen, Quitten?) erinnern, das Renaissanceornament der Maureske. Zeitgemäß sind auch der Henkel mit der Daumenrast in Form einer Halbfigur und die Deckelbekrönung als Baluster ausgebildet.

In der Mitte der sich verjüngenden Gefäßwandung das gravierte Wappen der Stifter mit der Umschrift: *AICHINGERIN MARIA VND IACOBE 1631*. Das Inventar von 1767 vermerkt *"Verehrt von Jungfrau Maria Jacobe Aichingerin."*

Obwohl aufgrund der hohen Qualität diese Goldschmiedearbeit für Nürnberg, dem Goldschmiedezentrum in Süddeutschland, beansprucht wurde (Kohlhaussen), kommt Regensburg, dessen Goldschmiedekunst bisher noch keine eingehende Würdigung erfahren hat, als Entstehungsort sehr wohl in Betracht. Hierfür sprechen auch die Entwürfe Albrecht Altdorfers für Goldschmiedearbeiten.

Kunstdenkmäler II, 125. - Kat. Regensburg 1958, Nr. 378, Abb. 13. - WINZINGER, 136, Anhang 36. - PFEIFFER: Dreieinigkeitskirche, 12. - H. KOHLHAUSSEN: Nürnberger Goldschmiedekunst 1240 bis 1540, Berlin 1968, Nr. 485. - SCHLICHTING: Kirchenschatz II, 8. - WINZINGER, 44f.

M.A.

186 Abendmahlskelch (sog. Eisenmann-Kelch). 1631

Regensburg
Bz: gekreuzte Schlüssel für Regensburg an Fuß und Cuppa (nicht bei R³); Mz: HK ligiert im Oval für Hans Kurz an Fuß und Cuppa (tätig 1603-1634); R³ 4454.
Silber, getrieben, gegossen, graviert, teilweise vergoldet, Email; H. 27,3 cm
Regensburg, Dreieinigkeitskirche

Dem mehrfach abgetreppten Fuß sind silberne Ornamentappliken, Engelsköpfe und Früchtefestons aufgenietet. Darüber ist der Fuß durch kraftvolle Voluten gegliedert, die große Engelsköpfe einfassen. Die Appliken zwischen den Cherubim des Nodus fehlen. Der silberne durchbrochene Cuppaüberfang ist in sechs Felder geteilt; drei zeigen Engel mit den Leidenswerkzeugen, drei weitere Christus am Ölberg, Christus in der Kelter und Christus als Ecce homo. Dem Cuppaüberfang liegt dieselbe, bis in ornamentale Details übereinstimmende Vorlage zugrunde, die erstmals an einem Kelch der Augsburger Walbaum-Werkstatt von 1611 nachweisbar ist und weite Verbreitung fand.

Die gravierte und mit farbigem Email eingelegte Bodenplatte trägt den Namen des Stifters *HANNS.WOLFF.EYSENMAN.BVR[ger]: IN. REGENS[burg]*. mit der Jahreszahl 1631. Die zugehörige Patene ist gleich gemarkt und trägt ebenfalls die Stifterinschrift.

Inventar Dreieinigkeitskirche 1767, Nr. 6. - Kunstdenkmäler II, 124, Abb. 94. - Kat. Regensburg 1958, Nr. 396, Abb. 16. - J. M. FRITZ: Ein Meßkelch von Matthäus Walbaum aus dem Jahre 1611, in: Festschrift Yvonne Hackenbroch, München 1983, 155-163. - P. GER-

MANN-BAUER: "An ainem solchen schlechten orth, als wie zu Tölz" - Tölzer Goldschmiedekunst vom 17. bis zum 19. Jh., in: Jahrbuch des Vereins für Christliche Kunst in München e.V., XVIII. Bd., München 1990, 186f, 206.

P. G.-B.

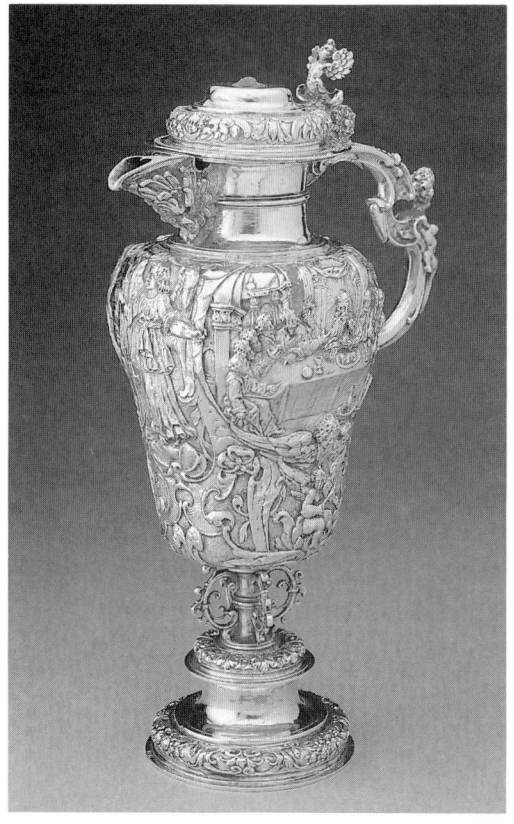

187

187 Abendmahlskanne (sog. Leopold-Kanne). 1633

Regensburg
Bz: gekreuzte Schlüssel für Regensburg (R³ 4440); Mz (R³ 4455)
Silber, getrieben, gegossen, graviert, vergoldet; H. 34,2 cm
Regensburg, Dreieinigkeitskirche

Obwohl die Kanne mit reicher Treibarbeit versehen ist, bleibt der Gesamteindruck sehr kompakt. Der birnenförmige Gefäßkörper ist gänzlich mit Darstellungen in getriebener Reliefarbeit gestaltet: Engel bilden den Übergang zwischen der Taufe Christi und der Einsetzung des Abendmahles. Der im Ausstellungskatalog 1958 noch abgebildete schildhaltende Putto scheint zwischenzeitlich verlorengegangen zu sein, da Schlichting ihn in seinem Inventar 1981 bereits nicht mehr erwähnt.
In der Innenseite des Deckels ist eine Silberplatte angebracht, in die die Stifterwappen sowie *W.L.V. N.Z.L.* (Wolfgang Leopold von Löwenberg) und die Jahreszahl 1633 eingraviert sind. Löwenberg war Mitglied des Inneren Rates.

Inventar Dreieinigkeitskirche 1767, Nr. 1. - Kunstdenkmäler II, 125. - Kat. Regensburg 1958, Nr. 379, Abb. 14. - SCHLICHTING: Kirchenschatz II, 6 f.

M.A.

188

188 Abendmahlskelch (sog. Speidl-Kelch). 1633

Regensburg
Bz: gekreuzte Schlüssel für Regensburg (R³ 4440); Mz (R³ 4455)
Silber, getrieben, graviert, vergoldet; H. 25,5 cm
Regensburg, St. Oswald

Einfacher glattwandiger Kelch auf mehrfach getrepptem, sechspassigem Fuß mit balusterförmigem Nodus. Auf dem Fuß graviertes Wappen mit der Buchstabenfolge *I.S.V.V.Z.N.* und der Jahreszahl *1.6.3.3.*; demnach stiftete J. S. von und zu Speidl in diesem Jahr den Kelch in die Oswaldkirche.

Inventar St. Oswald 1767, Nr. 10.

M.A.

189 a-c Abendmahlskanne (sog. Gölgl-Kanne), Kelch und Patene. 1635

Regensburg
Bz. a und b: gekreuzte Schlüssel für Regensburg (R³ 4440); Mz. a und b: HSF ligiert im Rechteck für Hans Simon Federer (nicht bei R³); c: ohne Bz. und Mz.
a und b: Silber, getrieben, gegossen, graviert, vergoldet; a: H. 36 cm, b: H. 25 cm; c: Silber(?)/Kupfer (?), vergoldet, Dm. 19,2 cm.
Regensburg, Dreieinigkeitskirche

Die sog. "Gölgl-Kanne" und der "Gölgl-Kelch", deren achtpassiger Fuß und Schaft gotische Reminiszenzen aufweisen, sind im Dekor äußerst zurückhaltend und beeindrucken durch die, auch für die Entstehungs-

189b

189a

zeit außergewöhnlich glatte, glänzende Oberfläche.

Sowohl die Rückseite der Patene als auch eine in die Unterseite des Fußes der Kanne eingelötete Silberplatte zeigen in der Mitte das Wappen des Stifters mit der Jahreszahl 1635 und im Kreis angeordnet die Wappen und Namen seiner Familienmitglieder: *SVSANNA GÖLGLIN, ANNA GÖLGLIN, MAGDALENA GÖLGLIN, CHRISTOF GÖLGL, GEORG VISCHER* und *WOLFF VISCHER*. Im Inventar von 1767 ist vermerkt: *"Verehrt von Herrn Georg Gölgl, E.E. Hannß-Gerichts Assessore"*. Neben seiner Funktion im Hansgericht war er im bürgerlichen Beruf Bierbrauer; er wurde am 29. September 1666, *"seines Alters im 73. Jahr"*, beerdigt.

Inventar Dreieinigkeitskirche 1767, Nr. 2, 9. - Kunstdenkmäler II, 124 f. - Kat. Regensburg 1958, Nr. 380 u. 398a. - SCHLICHTING: Kirchenschatz II, 7 f., 14 (dort Patene als verschollen angegeben).

M.A.

190 Taufbecken (sog. Flußhartsches Taufbecken). 1645

Regensburg
Bz: gekreuzte Schlüssel für Regensburg (R^3 4440); Mz: WH im Queroval für Wolf Härbinger (nicht bei R^3; Meisterliste Nr.81).
Silber, getrieben, geätzt, graviert; Dm. 63 cm
Regensburg, Neupfarrkirche
Farbabb.9

Das silberne Taufbecken ist genau dem Taufstein aus Rotmarmor der Neupfarrkirche angepaßt. Zwei am Beckenrand montierte Löwenköpfe halten Ringe, die als Griffe dienen.

Den gesamten Rand, der als Auflager dient, umläuft eine Inschrift, die den Zweck nochmals verdeutlicht: *Anno 1645 Jar.Mat: am 28. Gehet hin in alle welt vnd lehret alle völckher: vnd Tavffet Sie: Im Namen des vatters: vnd des Sohns: vnd des hevlligen Geistes: Marci am letzten: Wer da glavbt vnd getavfft wird: der wird Sellig: wer aber nicht Glavbt: der wird verdampt werden:*

In der gewölbten Mitte, umgeben von einem Kranz, die Wappen und das Monogramm des Stifters: *R.F.V.P.Z.T.* Auf die Familie des Stifters, Rudolph Flußhardt von Pottendorf zum Thall, bezieht sich auch die dreizeilige Umschrift, die aufgrund des ständigen Gebrauchs über dreieinhalb Jahrhunderte hinweg an einigen Stellen schon "weggeputzt" ist. Im Fond des Beckens wurden, der Form folgend, sechzehn Wappen mit einer fünfzackigen Krone eingraviert und mit den zugehörigen Namen versehen: *PETERSHEIM . ZWINGENSTE[IN] . STEGER . SCHISTENBERG . HOHENEGK . V. LOHE . SEHLIN . V. BERN . HAGKEN . FLVSHART . BAVMGARDNER . IEZINGER . INTERSEER . ASPAN . OBERHEIM . ALBRECHTSHEIM.*

Im Inventar von 1767 ist dieses Taufbecken folgendermaßen festgehalten: *"Ein großes ganz silbernes Taufbeck, in den Taufstein gehörig, welches nebst einer silbern vergoldten Kanne den 7. Febr. 1646. von weil. Ihro Gnaden Frauen Maria Catharina Dollingerin, Freyin, gebohrnen Flußhardtin, vor Sich und im Namen der Flußhardtischen Herren Erben, wie dann deren Nahmen und Wappen darauf gemachter zu sehen: Hieher dergestalt verehrt worden, daß insgemein alle Kinder, arm und reiche, darinnen getaufft werden sollen."*

Die ursprünglich dazugehörige Kanne wurde nach einem Eintrag des Pfarrers Hartner im *"Inventarium Zu der Neuen Pfarr gehörig"* von 1767 *"nach einem höchsten Befehle vom 2ten Nov. 1814 dem Hrn. prov. Administr. Schnürlein übergeben, um die Unkosten für die neuen Taufgefäße zu decken"*. Die neue Kanne, die bis heute in Verbindung mit diesem Taufbecken verwendet wird, fertigte 1814 der Regensburger Goldschmiedemeister Christian Daniel Hänselmann (Kat. 196).

Über den Regensburger Goldschmied, dessen Meistermarke erstmals entdeckt werden konnte, gibt es nur sehr spärliche archivalische Notizen. In der Meisterliste der Regensburger Goldschmiede findet sich nur ein kurzer lapidarer Eintrag: *"d. 7. Juny 1637"* wurde er anscheinend in die Zunft aufgenommen, *"jedoch ist davongezogen"*.

Inventar Neupfarrkirche 1767, Nr. 1. - SCHLICHTING: Kirchenschatz I, 6 f. - MORSBACH (Kat. Regensburg 1992), ohne Paginierung, hält irrtümlich Kanne und Becken für zeitgleich (1645) und sieht die Meistermarke als "CDN im Herz".

M. A.

Über dem gebuckelten Fuß und Nodus ist eine Blattrosette eingefügt, über der sich der Bauch der Kanne erhebt. Glatte oblonge Buckel wechseln mit ornamentierten; darüber ist die Kanne mit vergoldetem Ohrmuschelornament über silbernem Grund verziert. Der Deckel ist wie der Fuß gebuckelt. Über dem glatten Henkel sitzt eine Daumenrast in Form eines Cherubs. Die Platte im Deckel trägt die Punzierung MARIA TEIFLIN mit der Datierung 1647.

Inventar Neupfarrkirche 1767, Nr. 3. - Kat. Regensburg 1958, Nr. 381. - SCHLICHTING: Kirchenschatz I, 10.

P. G.-B.

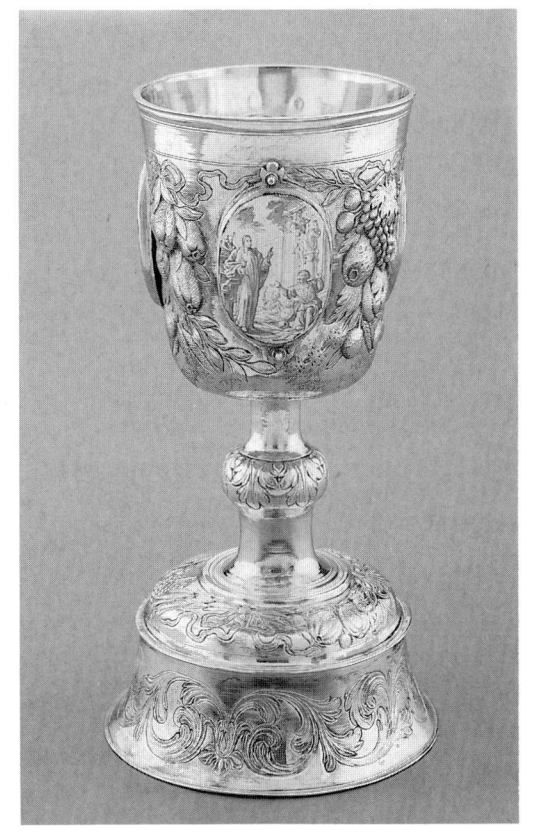

191

191 *Abendmahlskanne (sog. Teifl-Kanne).* 1647

Regensburg
Bz: gekreuzte Schlüssel für Regensburg am Lippenrand; Mz: HMS im Oval am Lippenrand für Hans Michael Stoz (1632-1676)
Silber, getrieben, gegossen, graviert und punziert, teilweise vergoldet; H. 27 cm
Regensburg, Neupfarrkirche

192

192 Deckelkelch
(sog. Gumpelzhaimer-Kelch). 1683-85

Augsburg

Bz: Augsburg für 1683-85 an Fuß und Deckel (Seling 133); Mz: PN für Peter Neuss an Fuß und Deckel (Seling 1734), tätig um 1660-1692.

Silber, getrieben, gegossen, graviert, vergoldet; Emailmalerei; Laufwerk Eisen; H. 20,2 cm; Dm. Deckel 10, 7 cm

Regensburg, Neupfarrkirche

Über dem hohen, überwiegend in Gravur verzierten Fuß sitzt ein glatter balusterförmiger Schaft mit sparsam ornamentiertem Nodus. Die Cuppa ist in Treibarbeit mit zarten Akanthusranken und schweren Früchtefestons verziert, die neben den sonst an Kelchen üblichen Weintrauben und Ähren Früchte wie Granatäpfel oder Tannenzapfen zeigen. Der Cuppaboden ist in Form einer Rose gestaltet. Die feinen Emailmedaillons in roter Grisaillemalerei sind Johannes dem Evangelisten gewidmet: Neben seiner Halbfigur mit Schlangenkelch ist die Ölmarter vor der Porta Latina zu Rom dargestellt sowie die Zerstörung des Götzenbildes der Diana in Ephesus auf sein Gebet hin.

Der Deckel ist mit Akanthus und Engelsköpfen verziert.

In den Fuß des Kelches ist ein Laufwerk eingebaut, das unten aufgezogen, seitlich entriegelt werden kann und auf zwei Zahnrädern läuft.

Der Kelch kam erst 1822 als Vermächtnis der Katharina Elisabetha Gumpelzhaimer (vgl. Kat.182) an die Neupfarrkirche. Mader (Kunstdenkmäler) äußerte die Vermutung, der Kelch sei nicht für liturgische Zwecke geschaffen worden, sondern habe einer Korporation oder Patrizierfamilie für häusliche Zwecke gedient. Denkbar wäre eine Verwendung im Bereich der Johannisweinminne. Die Episode aus der Vita des Evangelisten, er habe einen Giftbecher geleert, ohne Schaden zu nehmen, führte vor dem Hintergrund germanischer Götterminne zu dem Brauch des Johannisweintrunks. Ihm wurde vielfältige apotropäische Wirkung zugesprochen. Während die Weinweihe in der katholischen Kirche noch heute am 27. Dezember stattfindet, ist der Brauch des Johannisweinbechers im evangelischen Süddeutschland für den 24. Juni überliefert.

Inventar Neupfarrkirche 1767 (Nachtrag), Nr. 24. - Kunstdenkmäler II, 124. - SCHLICHTING: Kirchenschatz I, 35 f.

P. G.-B.

193

193 Abendmahlskanne
(sog. Löschenkohl-Kanne). 1727

Augsburg

Bz: Augsburg am Standring (ähnlich Seling Nr. 197); Mz: I(?)FK im Kleeblatt (nicht bekannt).

Silber getrieben, gegossen, graviert und punziert, teilweise vergoldet; H. 36 cm
Regensburg, St. Oswald

Die Kanne besitzt einen schlanken, birnförmigen gerippten Körper. Fuß, Körper und Deckel sind mit kleinteiligem vergoldeten Bandelwerk ornamentiert. Der Hermenhenkel ist vergoldet. Den Deckel bekrönt ein silbernes Lamm mit Fahne.
Die gravierte Platte im Deckel trägt das Allianzwappen Löschenkohl/Mezger. Das Inventar von 1767 verzeichnet die Stiftung der Kanne durch Frau Johanna Katharina Löschenkohl, geb. Mezger, am 16. Mai 1727.

Inventar St. Oswald 1767, Nr.1. - Kunstdenkmäler II, 125. - SCHLICHTING: Kirchenschatz III, 1-3.

P. G.-B.

194 a.b Zwei Abendmahlskelche (sog. Zieroldt-Kelche). 1750 und 1755

Augsburg
a. Bz: Pinienzapfen und Buchstabe I (Seling 228) für Augsburg 1749-51; Mz: IFB im Dreipaß (Seling 2026) für Franz Ignaz Berdolt
Silber, getrieben, vergoldet; H. 27,8 cm
b. Bz: Pinienzapfen und Buchstabe L (Seling 234) für Augsburg 1753-55; Mz wie a.
Silber, getrieben, vergoldet; H. 26,8 cm
a. Regensburg, Dreieinigkeitskirche
b. Regensburg, St. Oswald

Die beiden Abendmahlskelche zeigen den typischen Bandwerkdekor aus der ersten Hälfte des 18. Jahrhunderts, unterbrochen von glatten Zügen. Bis auf kleine handwerkliche Abweichungen sind beide, obwohl in einem Abstand von fünf Jahren durch den Augsburger Goldschmied Franz Ignaz Berdolt angefertigt, identisch; die unterschiedliche Höhe ergibt sich aus der jeweiligen Ausformung der Cuppa.
Nach den Inschriften wurden beide Kelche von Georg Zieroldt gestiftet, der frühere in die Dreieinigkeitskirche, der spätere nach St. Oswald. Obwohl sie durch die Stadtmarke eine Differenz von fünf Jahren aufweisen, dürfen sie ein Beispiel für eine gewisse "Vorratshaltung" der Augsburger Goldschmiede sein, deren Produktion, vor allem im 18. Jahrhundert, in Süddeutschland dominant ist.
In den Fuß ist jeweils eine silberne Platte mit einer gravierten Stifterinschrift eingelassen: *"Diesen Kelch Verehret Johann Georg Ziroldt und Dessen Ehe Consortin Barbara Ziroltin In das Gottes Haus zur Heil. Dreyfaltigkeit Anno 1750."* und *"Diesen Kelch Verehret Johann Georg Zierolt in das Gottes Haus Zu Sct. Oswald. A. 1755."* Zieroldt war *"E.E. Hannß Gerichts Assessore"*.
Am Standring eingraviert: a. *No. 7*, b. *No. 6*.

Inventar Dreieinigkeitskirche 1767, Nr. 7; Inventar St. Oswald 1767, Nr. 6. - Kunstdenkmäler II, 124. - Kat. Regensburg 1958, Nr. 403. - SCHLICHTING: Kirchenschatz II, 12; III, 5. - H. SELING: Die Kunst der Augsburger Goldschmiede 1529-1868, 3 Bde., München 1980.

M. A.

194b

195 Abendmahlskanne
(sog. Busch-Kanne). 1777

Regensburg
Bz: gekreuzte Schlüssel für Regensburg (R³ 4442); Mz: GCB im Herzschild für Georg Christoph Busch.
Silber, getrieben, gegossen, graviert, vergoldet; H. 41 cm
Regensburg, Neupfarrkirche
Farbabb. 30

Die Gefäßwandung der birnenförmigen Kanne ist mit einem Muster aus Weinranken mit Laub und Trauben überzogen, in dessen Zentrum unter dem Ausguß das Stadtwappen in Treibarbeit zu sehen ist. Den Deckel krönt, auf einem Grasstück stehend, das Lamm Gottes mit der Siegesfahne. In den Fuß ist eine Silberplatte eingelassen mit der gravierten Inschrift: *Dieses Meisterstvck ist gemacht und Verfertigt von Georg Christoph Busch Münzmeister. A. 1777 d. 30. Iuny.*
Im Nachtrag zum Inventar von 1767 ist unter der Nummer 22 der Rubrik Silber zu lesen: *"Eine ganz neufaconierte inn und auswendig starck vergoldte vorneher unter den Zieraden mit dem Regensburgischen Stadt-Wappen versehene fünf Seidel Kommunionskanne, in einem schwarz ledernen Futteral, sie wiegt an Regensb. Silber Gewicht 6 Marck-L.(Lot) 3 und ist von dem Wohlehrengeachten und Kunstreichen, Georg Christoph Busch, Burger, Müntzmeister und Goldschmid allhier als sein Goldschmids-Meisterstuck Ao. 1777. den 30. Junii wie untenher unter dem Fuß der Kanne zu lesen, verfertigt worden. Dagegen hat man obige mit No. 2 bezeichnete drey Seidel Kanne, die sehr schadhaft, auch dort und da mit Zinn verlöthet war, umgetauscht und zum einschmelzen gegeben. Für Facon und Arbeit an dieser neuen Kanne hat nur gedr. Busch, weil die Kanne zum Kirchengebrauch gehört, nichts angerechnet, die Vergoldung aber samt dem darauf gegebenen Silber E.E. Steuer Amt bezalt. Am Reformationsfeste Dom. XXI. 1777 wurde sie zum erstenmal auf dem Altar, bey öffentlicher Kommunion gebraucht."*

In dieser Kanne hat sich die bisher einzig nachweisbare Goldschmiedearbeit erhalten, die ein Regensburger Geselle zur Bestehung seiner Meisterprüfung im 18. Jahrhundert anfertigen mußte. Auch das exakt den Formen der Kanne angepaßte Futteral ist eine kulturhistorische Rarität, da viele aufgrund ihres schlechten Zustandes nach jahrhundertelangem Gebrauch, jedoch bestimmt häufiger aus Unkenntnis weggeworfen wurden.

Inventar Neupfarrkirche 1767 (Nachtrag) Nr. 22. - Kunstdenkmäler II, 20. - Kat. Regensburg 1958, Nr. 384. - SCHLICHTING: Kirchenschatz I, 33f.

M. A.

196

196 Taufkanne
(sog. Taufkanne Unterer Stadt). 1814

Regensburg
Bz: gekreuzte Schlüssel für Regensburg (R³ 4444); Mz: CDH im Herz für Christian Daniel Hänselmann (bei R³ 4471 nicht näher und ohne Auflösung angegeben).

Silber, getrieben, gegossen, innen vergoldet; H. 26 cm
Regensburg, Neupfarrkirche

Die Taufkanne orientiert sich an den vor allem im 16. und 17. Jahrhundert gebräuchlichen Helmkannen; nur sehr sparsam ist in klassizistischer Manier ein Weinlaub- und Traubenornament angebracht. Der weit auskragende Henkel mit einer durchbrochenen Arbeit erleichtert die Handhabung.
Die Kanne wurde 1814 zur Errichtung der Pfarrei Untere Stadt in Auftrag gegeben (s. dazu Kat. 190).

Meisterliste, Nr. 147. - SCHLICHTING: Kirchenschatz, I, 8. - MORSBACH (s. Kat. 190).

M. A.

197

197 Kelch (sog. Lagerkelch). Um 1945

Messing, getrieben und vergoldet; H. 18 cm
Gürtlermarke K
Regensburg, Kreuzkirche

Der in schlichten Formen gehaltene, aus Munitionskartuschen getriebene Kelch ist eines der wenigen Dokumente für die Anfänge des kirchlichen Lebens nach dem Zweiten Weltkrieg. Er wurde in den Flüchtlingslagern verwendet, deren Barackenkirche der Vorgängerbau der Kreuzkirche war.

SCHLICHTING: Kirchenschatz I, 174.

198 Taufe in einer Hauskapelle. Ende 16.Jahrhundert

a. Einführung des Täuflings
b. Taufzeremonie
Regensburg (?)
Öl auf Laubholz; 71 x 62 cm
Museum der Stadt Regensburg (AB 203 a,b)
Farbabb.32

Dargestellt ist die Spendung der Taufe in zwei Hauptszenen. Der Maler gibt in akribischer Genauigkeit die Details sowohl des Orts wie auch der Handlung wieder. Der Raum ist als Kapelle mit romanischer Apsis und hölzerner Flachdecke angegeben, dessen Ausmalung zwei Stilstufen zeigt: Der Spätgotik gehören die figürlichen Darstellungen des jüngsten Gerichts an der Eingangswand, der Marter des hl. Laurentius, der Geißelung einer wohl weiblichen Heiligen sowie der Mondsichelmadonna in der Apsis mit dem knienden Stifter in Chorherrentracht an. In das dritte Viertel des 16. Jahrhunderts ist die Roll- und Beschlagwerkornamentik der Fenstereinfassungen zu datieren.
Auf der ersten Tafel stehen die beiden Geistlichen vor den Stufen des Altars, einer von ihnen weist auf einen in der Raummitte stehenden Tisch, unter dem sich ein Schaff befindet. Vor der Eingangstür sieht man den Täufling auf einer Bank stehend mit einer

Kerze, geleitet von seinem Paten. Rechts im Vordergrund steht der Organist an der Hausorgel, ihm ist ein Knabenchor zugeordnet. Der Raum ist gefüllt von dichtgedrängt stehenden Männern, wobei auf beiden Tafeln etwa 16 Personen in der Größe hervorgehoben sind, zwei davon mit langem schwarzen Talar und Paternosterschnüren (Mitglieder des Rats und Bruderschaftsmitglieder ?).

Im folgenden Bild ist das Schaff auf den Tisch gestellt, der nur mit einem Lendentuch bekleidete Täufling steht darin und einer der Geistlichen gießt aus einer flachen Schale Wasser über sein Haupt. In diese Szene integriert ist der auf der Altarstufe stehende, in das "Westerhemd", die Alba vestis gekleidete Täufling.

Die beiden Tafeln sind seit der ersten Hälfte des 19. Jahrhunderts in Regensburger Besitz nachgewiesen und gelten seit geraumer Zeit als Darstellungen einer evangelischen Taufe in einer Regensburger Hauskapelle. Es gelang bisher nicht, den Ort und das Geschehen zu identifizieren. Sowohl der Stil der Malerei als auch die Tracht der Personen würden für eine Lokalisierung auf Regensburg und seine Region sprechen.

Die liturgische Kleidung der Geistlichen, das plissierte Chorhemd über dem schwarzen Talar, wurde in der evangelischen Kirche in Regensburg auch nach der Abschaffung der Meßgewänder im Jahr 1553 beibehalten. Die mehrfach dargestellten Paternosterschnüre aber sind im protestantischen Bereich sonst unbekannt, ebenso die Taufkerze und das Kreuz auf der Brust des Täuflings.

Die Form des Taufritus, das Übergießen beziehungsweise Untertauchen des Täuflings entspricht dem der evangelischen Kirche. So wurde von Johann Forster schon 1542 für Regensburg eine neue Taufordnung verfaßt, nach der der Gebrauch von Salz und Crisamöl unterblieb und der Täufling im Wasser untergetaucht wurde. Generell sind Haustaufen auch in der zweiten Hälfte des 16. Jahrhunderts in der evangelischen Kirche geduldet, wenngleich fast ausschließlich adeliges Vorrecht. Auch wenn z.B. während des Interims zwischen 1548 und 1552 in Regensburg die Benutzung der Neupfarrkirche zeitweise nicht möglich war und Haustaufen sogar empfohlen wurden, so wurden auf jeden Fall die neugeborenen Kinder getauft. So läßt die Tatsache, daß es sich bei dem Täufling nicht um einen Neugeborenen, sondern um ein Kleinkind handelt, auf eine ganz besondere Situation schließen, wie z.B. eine sogenannte Heidentaufe. Für diesen Fall hat Bugenhagen empfohlen, der Täufling sollte in einen Brauzuber gesetzt werden. Für diese Deutung würde auch sprechen, daß nur Männer an einer Zeremonie teilnehmen, die auch aus anderen Orten - bisher nicht aus Regensburg - als historisches Ereignis überliefert ist.

GEMEINER: Kirchenreformation, 225. - P. GRAFF: Geschichte der Auflösung der alten gottesdienstlichen Formen in der evangelischen Kirche Deutschlands, Stuttgart 1937/39, I, 308-11. - THEOBALD II, 15f, 176, 179, Anm. 119. - DOLLINGER, 210. - R. STROBEL: Das Bürgerhaus in Regensburg, Tübingen 1976, 98f, T.120. - KRAUS/PFEIFFER, Nr. 238. - Kat. München 1980, Nr. 29.

P. G.-B.

199 Heilsbrunnen-Relief.
1. Hälfte 17.Jahrhundert

Süddeutschland
Grundplatte Kupfer auf Holz, vergoldet; Kartuschen und Ornamente Kupfer, getrieben und vergoldet; im übrigen Messingguß, vergoldet; 98 x 59 cm
Regensburg, Dreieinigkeitskirche
Farbabb.31

Der Brunnen ist aus drei Becken aufgebaut. Die Bekrönung bildet die Figur Christi, der das Kreuz hält, um das sich die Schlange der Sünde windet; Christus weist auf seine Seitenwunde, aus der sich das Blut der Erlösung auf Adam und Eva ergießt. Ein Schriftband lautet: *CHRIST: HAT SICH SELBER FIR VNS GEOPF: SEINEM VAT: ZV EINEM SIS: GERVCH ESA[ias]: 53.* In der rechten Hälfte der obersten Schale sind die Erzväter Moses und Aaron zu erkennen; im mittleren Becken sind sieben Männer des Alten Testaments dargestellt, darunter David und Daniel. Das untere Becken ruht auf zwölf Säulen, entsprechend den zwölf Aposteln, die aus dem Brunnen schöpfen und an die Bedürftigen verteilen. Im unteren Bereich des Reliefs ist zu beiden Seiten dichtgedrängt die der Erlösung harrende Menschheit dargestellt, geteilt in Juden und Heiden. Jeweils tritt eine Person in den Vordergrund, die auf den Heilsbrunnen weist; vier Kinder streben auf den Brunnen zu. Zwei seitlich angebrachte Kartuschen tragen die Inschriften: *ACT*(Apostelgeschichte) *X/ ALLE PROPHETE*[n] *ZEVGE*[n] *VON DISEM IESV DAS DIE VERGEB*[ung] *DER SINDE*[n] *HABE*[n] *SO AN INE GLAVBE*[n]. - *IESVS RUFET VND SPRACH WEN DA DIRSTET DER KHOME ZV MIR VND TRINCKHE IOHAN 7.*

Das Relief stammt aus den Räumen des städtischen Almosenamts, erst 1783 kam es in die Dreieinigkeitskirche.

Das weitverbreitete Motiv der Fons pietatis, des Heilsbrunnens, hat eine sehr alte Bildtradition, die durch die Reformation lediglich eine Umdeutung erfuhr, die jeweils durch Bildunterschriften erläutert wird. Häufig wird der Heilsbrunnen als Symbol für die Spendung des Abendmahls in zwei Gestalten gedeutet, ebenso häufig begegnet er auf Epitaphien. Die Herkunft des Reliefs aus dem Almosenamt legt die Deutung nahe, daß der Erlösungsgedanke hier auch auf die kommunale Armenbetreuung übertragen wird. Die Bedeutung des Heilsbrunnens wäre dadurch erweitert und verallgemeinert.

Aufgrund der überragenden Bedeutung der Nürnberger Gießerwerkstätten des 16. Jahrhunderts wurde das Relief bisher der Wurzelbauerwerkstatt zugeschrieben. Es ist jedoch nicht auszuschließen, daß es in einer der noch weitgehend unerforschten Regensburger Werkstätten entstanden ist.

Kat. Regensburg 1958, Nr.427, Abb. 21. - M.-B. WADELL: Fons pietatis. Eine ikonographische Studie, Göteborg 1969, 74f, Kat.Nr. 123, Abb. 123. - SCHLICHTING: Kirchenschatz II, 70-73. - MORSBACH, 4.

P. G.-B.

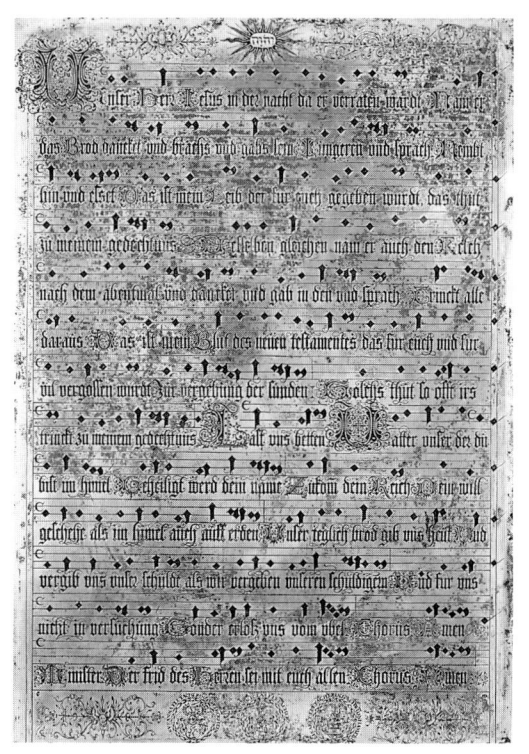

200

200 Fletachersche Abendmahlstafel. 1624

Hans Georg Bahre und L. Gubsteck; Goldschmied Paulus Ättinger d. J., Regensburg
Silber, graviert, Emaileinlagen; 60,5 x 42,5 cm
Bez.: links unten L. Gubsteck, daneben Feder; rechts unten J.G. Bahre, darunter Grabstichel. Bz: gekreuzte Schlüssel, Mz: PA im Oval für Paulus Ättinger
Gravur der Rückseite: *FLETACHERISCHE ERBEN HIEMERISCH VND FLICKHISCH, STEYERISCHER LINIEN ANNO MDCXXIV*
Regensburg, Neupfarrkirche

Die Tafel ist mit den Einsetzungsworten, dem Vaterunser und dem Friedensgruß beschrieben und mit Mensuralnotation versehen. Die Tiefen der reich verzierten Schriftzüge und der Noten sind mit schwarzem Email ausgelegt. In der Mitte oben, ebenfalls mit Email, der Name Gottes in einem Strahlenkranz, flankiert von Ornamenten mit geflügelten Engelsköpfen und Palmettenbekrönung, rechts mit der Inschrift: *PETRO PORTNER CONSULE*. Unten ist in der Mitte das Wappen des Ratsherrn Johann Nikolaus Fletacher angebracht, seitlich die Wappen seiner beiden Frauen Susanna, geborene Pirckl und Elisabeth, geborene Schwindenhammer. Der Konsistorial- und Almosenamtsdirektor Johann Nikolaus Fletacher verstarb am 23. August 1619. Zu seinem Gedächtnis stifteten die Erben im Jahr 1624 die silberne Abendmahlstafel. Auch der Chronist Gumpelzhaimer berichtet über die Stiftung der Tafel, die vom *"geschickten Schönschreiber Georg Lusteck vorgeschrieben"* worden war. Sie war von einem Ebenholzrahmen eingefaßt, wie sich ein Exemplar in der Dreieinigkeitskirche erhalten hat.

Reich gestaltete Schrifttafeln dieser Art wurden bis vor etwa zwanzig Jahren bei Abendmahlsfeiern auf dem Altar aufgestellt.

Es ist unklar, warum die Platte von Paulus Ättinger d. J. gemarktet wurde, obwohl der Goldschmied Bahre bereits 1612 die Bürgerpflicht abgelegt hatte. Bahre ist der Schöpfer zahlreicher gezeichneter Stadtansichten und Kupferstiche. Die Dreieinigkeitskirche besitzt eine weitere von Hans Georg Bahre geschaffene Abendmahlstafel (signiert: Hans Georg Bahre fe[cit] et Sculp[sit] Aet[atis] LIII).

Meisterliste, Nr.64 und 66. - Inv. Dreieinigkeitskirche 1767, Nr. 21. - GUMPELZHAIMER III,100. - O. HUPP: Das Rathaus zu Regensburg, Regensburg 1910, 176. - O. FÜRNROHR: Die Leichenpredigten der Kreisbibliothek Regensburg, in: Blätter des Bayer. Landesvereins für Familienkunde, 2.Jg., 1963, 338. - SCHLICHTING: Kirchenschatz II, 30-32.

P. G.-B.

201 **Kelchtuch.** *Mitte 17. Jahrhundert*

Weißer Leinenbatist, farbige Seide und Goldfäden. Alte Inv.Nr. 48 eingestickt; 77 x 99 cm
EKAR, Neupfarrkirche
Farbabb.33

Der weiße Grund ist mit farbiger Seide in der Technik der Nadelmalerei bestickt. Das runde Mittelfeld wird von einer Girlande mit kleinen weißen und blauen Blüten eingefaßt. In der Mitte steht das Monogramm *IHS*, das unter anderem als Iesus Hominum Salvator (Jesus, Retter der Menschen) gelesen wird. Darüber steht Christus als Salvator mundi im Segensgestus, die Weltkugel haltend. Die drei Nägel unter dem Monogramm sind lediglich in blauer Farbe vorgezeichnet. Die Verwendung von Goldfäden bleibt auf das Kreuz der Weltkugel und den Nimbus Christi beschränkt.

Die gesamte übrige Fläche ist von Blütenranken bedeckt. Von den Ecken und den Mitten der Tuchseiten ausgehend entwickeln sich zarte symmetrisch aufgebaute Rankengebilde mit spiralig eingedrehten Enden. Sie tragen verschieden große Blätter in Blau-, Gelb- und Grüntönen und bunte, meist naturalistisch aufgefaßte Blüten wie Nelken, Tulpen, Rosen, Lilien und Akelei. Aus den Ecken wachsen Granatäpfel, um das Mittelfeld sind Blüten eingestreut.

Nach dem Inventar von 1767 ist das Kelchtuch von dem 1656 verstorbenen Goldschmied Hans Christoph Praunsmändl gestiftet.

SCHLICHTING: Kirchenschatz I, 60.

P. G.-B.

202 **Altarbehang aus dem Stubenberg-Ornat.** *Gestiftet 1716*

Gelber Seidensatin mit farbiger Applikationsstickerei aus gewebten Seidenstoffen; gelbe und rote Borten mit Quastenbehang; ca. 100 x 370 cm
EKAR, Neupfarrkirche
Farbabb.34

Wie die übrigen Ornate der Neupfarrkirche besteht auch der Stubenbergornat aus Behängen für Altar, Kanzel, Taufstein und Pult bzw. Kelch.

In Zweitverwendung ist der Behang für den Altar aus mehreren Stoffbahnen zusammengesetzt. Die Applikationen zeigen Chinoiserien mit prächtig gekleideten, lebhaft agierenden Personen, darunter Mohren mit Lampions und Tambour oder eine vornehme Chinesin mit Fächer. Die vegetabilen Formen sind von zahlreichen Papageien, Paradiesvögeln, Schmetterlingen und mehreren Drachen belebt. Es sind Seidendamaste und reiche Seiden- und Silberbrokate aus dem ausgehenden 16. Jahrhundert verwendet, eingefaßt und bestickt mit farbiger Seide und Silberfäden. Die Binnenzeichnung der Gesichter und weiterer Partien ist in Seidenmalerei ausgeführt.

Ein weiterer Altarbehang trägt das in Sprengtechnik gestickte Wappen des niederösterreichischen Adelsgeschlechts der Stubenberg. Es handelt sich um eine Stiftung von Fräulein Amalia Juliana Regina Herrin von Stubenberg vom 22. Oktober 1716. Die Familie Stubenberg zählte zu den prominentesten Vertretern des evangelischen österreichischen Adels, der in Regensburg eine zweite Heimat gefunden hatte. Der erste Angehörige der Familie, der 1628 die Heimat verlassen mußte, war Johann Wilhelm zu Stubenberg. 1641 verlobte er sich in Regensburg. Er starb 1662 als Obersterblandmundschenk in Steiermark und Magnat in Ungarn; er wurde mit seiner Frau auf dem Friedhof der Dreieinigkeitskirche begraben.

Aus dem 18. Jahrhundert haben sich - vorwiegend aus Adelsbesitz - einige Decken von Paradebetten erhalten, die mit Applikationsstickerei verziert sind und deren Chinoiserie-Motive mit dem Stubenbergornat eng verwandt sind. Keines der bisher bekannten Beispiele ist jedoch vor 1716 zu datieren. Damit handelt es sich bei den Decken, aus denen der Ornat gefertigt wurde - zusammengesetzt ergeben sich zwei Flächen von etwa 2 x 2,5 m - um eines der frühesten textilen Beispiele für die Chinamode des 18. Jahrhunderts, deren figürliche Motive häufig den illustrierten Beschreibungen von Asienreisen aus der zweiten Hälfte des 17. Jahrhunderts entnommen sind. Die weitreichenden Verbindungen einer Adelsfamilie wie der Stubenberg erschwert eine Lokalisierung der Werkstatt; denkbar wäre eine Wiener Hofwerkstatt.

GUMPELZHAIMER III, 1541. - Kunstdenkmäler II, 208, Abb. 159; Stubenberg-Epitaphien ebd. 129. - O. PELKA: Ostasiatische Reisebilder im Kunstgewerbe des 18. Jahrhunderts, Leipzig 1924. - MECENSEFFY, 134-136. - PFEIFFER: Neupfarrkirche, 13f. - S. MÜLLER-CHRISTENSEN: Eine "Künsteley" des 18.Jahrhunderts, in: Festschrift für Peter Wilhelm Meister, Hamburg 1975, 209-216. - SCHLICHTING: Kirchenschatz Bd.I, 43-45.

P. G.-B.

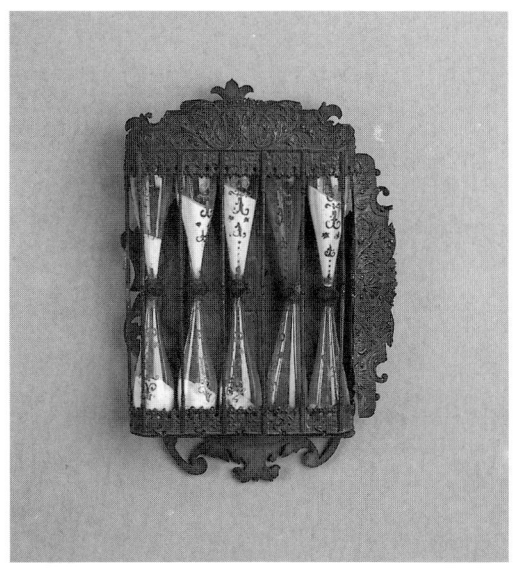

203

203 Predigtsanduhr aus der Neupfarrkirche. *1717 (?)*

Meistermarke: Pfeil
Wandbrett Nußholz, Gehäuse Messing;
44 x 30 cm. Zwei Zierbleche fehlen.
EKAR, Neupfarrkirche

Die Uhr ist auf ein geschweift ausgesägtes Nußbaumbrett montiert. Das ungewöhnlich schlanke, hohe Gehäuse aus getriebenem

Messingblech wird von 12 gegossenen Säulchen gehalten. Die Deckel tragen Rankengravur in Tremouliertechnik, hier ist je zweimal die Marke eingeschlagen. Das Zierblech der Oberseite (Gegenstück fehlt) zeigt einen Doppeladler, eingefaßt von Bandelwerk mit Akanthusblättern. Dieselbe Ornamentik zeigt das erhaltene Zierblech, hier auf eine Palmette zentriert. Die fünf Gläser sind in Gold beschriftet: "4/1, 3/1, 2/4, 1/1, 1/8"; ferner sind die Gläser beschrieben mit den Ziffern "1/7/a/7/1" sowie den Buchstaben "n/n/o" (wohl für: anno 1717). Das Stadtmuseum besitzt eine weitere Predigtsanduhr aus der Neupfarrkirche, deren vier Gläser ganz ähnlich bemalt sind; die Aufschrift lautet hier "4/1, 3/1, 2/1, 1".

Im Inventar der Neupfarrkirche vom Jahr 1767 werden zwei Sanduhren erwähnt, wovon eine an der Kanzel, die andere in der Sakristei angebracht war. Vermutlich handelt es sich bei der reich verzierten Uhr um die eigentliche Kanzeluhr, die dem Prediger und der Gemeinde zur Kontrolle der Predigtzeiten diente. Ein Vergleichsstück zu dieser in fünf Gläser unterteilten Sanduhr ist bisher nicht bekannt. Zu der sonst üblichen Einteilung in ganze, dreiviertel, halbe und viertel Stunden kommt hier eine achtel Stunde hinzu.

SCHLICHTING: Kirchenschatz I, 166f.

P. G.-B.

204 *Ziereinband.* 1646

Hans Michael Stoz (? - 1676)
Schwarzes Leder mit vergoldeten Silberbeschlägen; 39,5 x 26 cm
Bz: gekreuzte Schlüssel für Regensburg, Mz: HMS
Landeskirchliches Archiv, Kirchenbucharchiv Regensburg

Barbara Elsenhaim, die einem ursprünglich im Salzburgischen beheimateten Adelsgeschlecht entstammte, stiftete 1646 eine zweibändige Luther-Bibel (Druck: August Borecken, Wittenberg 1626) an die Neupfarrkirche. Ein in den ersten Band eingeheftetes Pergamentblatt trägt eine kalligraphische Widmungsinschrift. Barbara Elsenhaim bezeichnet sich dort als *"Weyl. Tobiae von Elßenhain Wittib geborne Spanfeldterin."*

Die prächtigen Einbände, ein Werk des aus Straßburg stammenden Goldschmieds Hans Michael Stoz, der seit 1622 Bürger von Regensburg war, zeigen in den Ecken symmetrische barocke Rankenornamente, die sich von geflügelten Puttenköpfen aus entwickeln, und in der Mitte jeweils eine Kartusche. Diese trägt auf der Vorderseite des ersten und zweiten Bandes unter den Initialen B.E.E.G.S. die Wappen der Elsenhaimer und der Spanfelder, darunter die Jahreszahl 1646. In die rückwärtige Kartusche des ersten Bandes ist die Errichtung der Ehernen Schlange mit der Angabe NVMERI XXI graviert, in die des zweiten Bandes der Gekreuzigte mit Maria und Johannes. Die Schließen sind als Grotesken gestaltet.

Ebenfalls 1646 stiftete Barbara Elsenhaim einen Abendmahlskelch aus der Hand Stoz' an das Bruderhaus.

SCHLICHTING I, 76; IV, 9 (zum Kelch).

E. T.

204

205

205 Sog. Reichstags- oder Osianderbibel. *1650*

BIBLIA. Die gantze heilige Schrifft Altes und Neues Testaments des D. Martini Lutheri. Mit einer kurtzen, jedoch gründlichen Erklärung des Textes aus des D. Lucae Osiandri Exemplar.
Druck: Joh. u. Heinr. Stern, Lüneburg
43 x 29 x 12 cm
Brauner Ledereinband
Evang. Kirchenbucharchiv Regensburg

Diese 1650 in Lüneburg erschienene Bibel umfaßt auf über 900 Seiten Altes und Neues Testament mit Erläuterungen von Lucas Osiander (1534 - 1604). Der württembergische Theologe war Hofprediger, Mitglied des Konsistoriums und einflußreicher Berater Herzog Ludwigs in Stuttgart. Von 1573 bis 1585 verfaßte er einen lateinischen Kommentar zur Vulgata. David Förter, Praeceptor und Registrator am württembergischen Hof, übersetzte seine kommentierte Bibel unter Benutzung des Luthertextes ins Deutsche. Dieses Werk zu edieren, entschloß sich 1645 Hans Stern, der Leiter des gleichnamigen Verlagshauses in Lüneburg. Theologische Unterstützung erfuhr Stern dabei von Johann Valentin Andreae, finanzielle von Herzog August zu Braunschweig und Lüneburg. Für Hans Stern sollte die Osianderbibel Krönung seines Lebenswerks werden, zum Renommee seines Hauses als Bibelverlag trug sie in erheblichem Maße bei.

Um den Preis für die Bibel niedrig halten zu können - mit 8 1/2 Reichstalern war er für manche Pfarreien bereits zu hoch (DUCHESNE / SCHMIDT, 69) - wurde die Bibel spärlich illustriert. Neben Vignetten, einem Porträt Osianders und einigen Landkarten zum Neuen Testament finden sich nur drei bildlich gestaltete Titelblätter: am Anfang des Gesamtwerks, vor den Prophetenbüchern und vor dem Neuen Testament.

Signiert ist allein das Titelblatt zu den Prophetenbüchern "I. Rist invent. F. Steurhelt fecit". Johann Rist (1607 - 1667) trat vor allem als Prediger, Dichter und Schriftsteller hervor. Im Zeichnen und Malen dilettierte er. Der Stecher F. Steurhelt bzw. Stuerhelt (+ 1652) hatte schon in Holland und Frankreich gearbeitet. Aller Wahrscheinlichkeit nach entstanden auch die beiden anderen ganzseitigen Illustrationen der Osianderbibel in Zusammenarbeit von Rist und Steurhelt.

Das Gesamttitelblatt ist in Art eines aus Bildtafeln und Skulpturen aufgebauten dreiteiligen Altars gestaltet. Eine mächtige Rollwerkkartusche gibt den Titel des Werks und seine kurfürstlich sächsischen und fürstlich braunschweig-lüneburgischen Privilegien an.

Unter der Kartusche ist vor einem halbrunden Bogen Moses dargestellt. Ein Baldachin verbindet ihn mit zwei Frauengestalten, die vor den begrenzenden Pilastern des Altars stehen. Die Frau zu seiner Rechten mit den drei kleinen Kindern verkörpert Caritas, die Liebe zu Gott und den Nächsten, und damit das höchste Gebot des Neuen Testaments, welches in den oberen Rahmen der Mittelbilder auch schriftlichen Niederschlag fand (*"Liebe zu Gott. Matt. 22 V.37"* und *"Liebe zum Nebesten. Matt. 22. V. 39"*). Caritas ist die erste der theologischen Tugenden. Ihr Fides gegenüberzustellen, wird bereits in den Apostelbriefen gefordert. Verkörpert wird Fides auf diesem Blatt durch die Frau zur Linken Mose. Das Kreuz in ihrer Rechten verweist auf den Glauben an den gekreuzigten Christus als Mittelpunkt der christlichen Lehre, mit dem Buch unter ihrem Arm ist die Heilige Schrift gemeint. Die Nacktheit ihrer Schultern und ihres Oberkörpers sollte nach Cesare Ripas 'Iconologia' die klare Verkündigung des Evangeliums ausdrücken. Jeweils über Kissen sind über den Häuptern beider Tugenden Medaillons dargestellt: Das Medaillon über der Caritas zeigt Christus am Kreuz, das über der Fides Moses und das Volk Israel vor der Ehernen Schlange.

Unter Moses sind, formal Gesetzestafeln ähnelnd, als Altarbilder links Abrahams Opfer (Gen. 22) und rechts Davids Sieg über Goliath und der Bund Jonathans mit David (1 Sam. 17 und 18, entspricht in der Osianderbibel 1 Reg. 17 und 18) dargestellt. Beide Handlungen sind in hügelig ansteigender Landschaft, aber im zeitlichen Verlauf gegenläufig - links von unten nach oben, rechts von oben nach unten - wiedergegeben. Zu seiten der Mittelbilder stehen in Nischen die Stammeltern Adam und Eva. Der Text *"Wir seind Schuldeners. Rom. 3"* verbindet sie miteinander.

Unter den Mitteltafeln zeigt ein "Instrumentum Pacis" bezeichnetes Medaillon das Lamm Gottes im Strahlenkranz. Es ist umgeben von gefesselten Kriegsleuten, Standarten und Waffen. Unter dem Medaillon liegt der als Frau personifizierte Neid. Er wird überschnitten durch ein kleines Medaillon mit der Umschrift: *"MANUS DOMINI PROTEGAT NOS"*. Sein Bildfeld zeigt die aus den Wolken reichende Hand Gottes über einem sechszackigen Stern und den Buchstaben H und S: das Signet des Verlagshauses Stern mit dem Monogramm seines Gründers Hans Stern (+1614). Gerahmt wird diese untere Sockelzone von den Darstellungen der Taufe Christi links und des Abendmahls rechts mit der Schrift *"Die Handschrift ist getilget und ans Creutz geheftet Col. 2 V. 14"*.

Die Auswahl der dargestellten Szenen und Figuren verrät den gelehrten Kirchenmann Johann Rist. Einzelne Darstellungen sind typologisch aufeinander zu beziehen. Bereits im Neuen Testament wurde so die Erhöhung Christi am Kreuz mit der Erhöhung der Ehernen Schlange verglichen. Beide Szenen sind in den Medaillons über den Tugenden wiedergegeben.

Der Brunnen unter Adam leitet über zur Taufe, die Ähre und die Traube unter Maria verweisen auf das Abendmahl. Das Lamm als Sinnbild der Menschwerdung Gottes schließt als Hinweis auf den Kreuzestod Christi die Taufe, bei der Johannes Christus als Lamm Gottes benennt, und das Abendmahl zusammen. Mit Taufe und Abendmahl fanden die nach evangelischem Verständnis einzigen Sakramente Verbildlichung auf diesem Titelblatt.

Wie dieses Buch in den Schatz der Dreieinigkeitskirche gelangte, teilt ein handschriftlicher Eintrag auf der Seite vor dem Titelbild mit: Balthasar von Nüber und Daniel Nicolaj, beide Gesandte am Reichstag, verehrten es zum Abschied im Jahre 1654 Hans Georg Würth, einem Mitglied des Inneren Rates (+ 1674). Der wiederum vermachte die Bibel 1674 seinem Sohn, dem Stadtgerichts-Assessor Matthäus Würth (+ 1692). Im Jahre 1700 schließlich, so berichtet ein Zusatz, brachte es der Hansgerichts-Assessor Georg Landeshuter als ein "legatum" des Matthäus Würth in die Sakristei der "Neuen Kirche der Heyl. Dreyfaltigkeit".

Als Geschenk von Gesandten an jenem letzten deutschen Reichstag alten Stils, dessen Beschlüsse erstmals von Angehörigen beider Konfessionen in je gleicher Anzahl unterschrieben wurden, trägt dieses Buch auch den Namen 'Reichstagsbibel'.

ADB XXIV, 493 f. (zu L. Osiander). - R. SCHMIDT: Deutsche Buchhändler. Deutsche Buchdrucker. Beiträge zu einer Firmengeschichte des deutschen Buchgewerbes, Bd. 5, Eberswalde 1908, 934 f. - THIEME/BECKER XXVIII, 381 (zu J. Rist); XXXII, 240 (zu Stuerhelt). - A. LAUFS (Bearb.): Der jüngste Reichsabschied von 1654 (Quellen zur neueren Geschichte 32), Bern-Frankfurt 1954. - H. DUMRESE/F. C. SCHILLING: Lüneburg und die Offizin der Sterne, Lüneburg 1956. - G. KÖRNER: Museum für das Fürstentum Lüneburg, Hamburg 1965, 29. - LThK 7, Sp. 1263 (zu L. Osiander). - J. BENZING: Die deutschen Verleger des 16. und 17. Jahrhunderts, in: Archiv für Geschichte des Buchwesens 18 (1977), Sp. 1275. - SCHLICHTING: Kirchenschatz II, 33 f. - G. SCHÜSSLER: Fides II. Theologische Tugend, in: RDK 8, Sp. 773-830.

D. G.

206 *Regensburgisches Liedermanuale.* 1742/63

Regensburgisches Lieder=Manual, mit alten und neuen Evangelischen Psalmen und Lobgsängen vermehrt. Nebst einer bequemen Lieder=Concordanz.
Druck: Heinrich Gottfried Zunkel, Regensburg
522 + 132 S.
bemalter Pappeinband; 15 x 9 cm
Museum der Stadt Regensburg

Die 1742 beim Regensburger Ratsdrucker Zunkel erschienene Liedersammlung wurde 1763 durch einen Anhang bereichert. Im Vorwort dazu werden der Regensburger Gemeinde von Superintendent Ulrich Wilhelm Grimm (Kat. 218) hundert Lieder empfohlen, *"aus den besten Gesangbüchern gesammelt, die an andren Orten unsrer Kirche schon lange gebraucht werden."* Dazu kommen Lieder von Christian Fürchtegott Gellert (1715-1769), die - so Grimm - möglicherweise hier erstmals gedruckt wurden.
Der besonders aufwendig bemalte Einband zeigt auf Vorder- und Rückseite jeweils eine von stilisiertem goldenen Blattwerkornament auf blauem Grund gerahmte figürliche Darstellung: vorn Magdalena unter dem Kreuz, hinten David als den königlichen Sänger mit der Harfe.

SYDOW, 24 (zu Zunkel).

E. T.

207 *Doré - Bibel.* Um 1890

Die Heilige Schrift Alten und Neuen Testaments verdeutscht von Dr. Martin Luther.
Illustrationen: Gustave Doré (1832 - 1883)
2 Bde. ; 43 x 32,5 cm
5. Aufl., Stuttgart, Deutsche Verlagsanstalt o.J.
Evang. Kirchenbucharchiv Regensburg

Die mit 230 Holzstichen bebilderte Doré - Bibel - dieses Exemplar stammt aus dem Schatz von St. Oswald - gehört zu den wichtigsten Beispielen für die romantische Illustrationskunst des 19. Jahrhunderts.
Gustave Doré hatte als junger Mann den Entschluß gefaßt, alle Hauptwerke der Weltliteratur zu illustrieren. Er tat dies mit größtem Erfolg und bestimmte für viele seiner Zeitgenossen das Aussehen des Don Quijote ebenso wie das der biblischen Gestalten. Wie kein anderer Illustrator machte er, nicht immer zur Freude der Schriftsteller, die Leser zu Zuschauern.
Dorés insgesamt 306 Bibelillustrationen (vollständig enthalten in seiner *Sainte Bible selon la Vulgate*, Tours 1866) wurden keineswegs nur positiv kritisiert. In England verursachte die menschliche Darstellung des Schöpfergottes den Vorwurf der Blasphemie. Emile Zola stellte in *"Mes Haines"* die Frage, ob Doré nicht zu jung gewesen sei und seine Phantasie zu rege, um sich mit diesem Thema zu beschäftigen.
Tatsächlich entsprachen auch nur die alttestamentarischen Erzählungen mit ihren exotischen Landschaften und prächtigen Architekturen Dorés dramatisch-phantastischer Schilderungsweise. Sie erfreuten sich größter Beliebtheit und wurden sogar vergrößert in Dioramen gezeigt. Die Illustrationen zum Neuen Testament dagegen wirken vielfach etwas spannungslos. Manche Kritiker erkannten darin einen Mangel an religiösem Einfühlungsvermögen.

SCHLICHTING: Kirchenschatz III, 46. - A. SCHMIDT: Doré illustriert die Bibel, in: Gustave Doré, 2 Bde., hrsg. von H. Guratzsch und G. Unverfehrt, Dortmund 1982, Bd. I, 131-150. - M. LAVALLEE: La Bible, in: Ausst.kat. Gustave Doré 1832-1883 (Strasbourg, Musée d'Art Moderne 1983), Strasbourg 1983, 252 f. - A. RENONCIAT: La vie et l'oeuvre de Gustave Doré, Paris 1983, 164-169.

E. T.

Die Organisation der Gemeinde

Bis 1814 gab es in Regensburg nur eine evangelische Pfarrgemeinde. In diesem Jahr erfolgte dann die Teilung in die Gemeinden "Obere Stadt" (Dreieinigkeitskirche) und "Untere Stadt" (Neupfarrkirche). Diese beiden Stadtgemeinden hatten außerhalb von Regensburg eine weite Diaspora zu betreuen, die sich bis in die mittlere Oberpfalz erstreckte.

Das Anwachsen der Gemeinde durch eine große Zahl von Heimatvertriebenen nach dem Zweiten Weltkrieg machte organisatorische Konsequenzen notwendig. Evangelische aus Schlesien, dem Sudetenland, aus Siebenbürgen, Pommern und Ostpreußen gaben wesentliche Akzente für eine neue kirchliche Struktur in Regensburg. Seit den fünfziger Jahren entstanden in der Stadt fünf neue Kirchengemeinden, die dem evangelischen Glaubensbewußtsein der Heimatvertriebenen - trotz unterschiedlicher Frömmigkeitstraditionen - geistliche Heimat geben sollten.

Eine Umbruch-Situation macht sich wiederum in jüngster Zeit bemerkbar. Gerade in den Außenbezirken wächst mit städtebaulicher Neuorganisation die Zahl junger Familien und Singles. Die Gemeinden wissen sich hier in besonderer Weise gefordert, um die junge und mittlere Generation für das Anliegen der Kirche zu gewinnen. Immerhin wird die Verbindung zur Kirche zunehmend sporadisch gesucht. Das geschieht in der Auswahl lediglich bestimmter kirchlicher Angebote. Ein derartiges Bewußtsein läßt selbstverständlich die Bedeutung eines Traditionsgefühls zurücktreten.

Über die Selbstverständlichkeit aller einzelnen Kirchengemeinden hinaus findet sich in Regensburg ein evangelisches Gesamtbewußtsein. Das zeigt sich in den sozial-diakonischen Aufgaben, wie der Betreuung von Krankenhäusern, Alten- und Pflegeheimen oder im Dienst an verschiedenen Gruppen und im Bereich der Erziehung (Seniorenarbeit, Kreise für Alleinerziehende, Betreuung von Asylbewerbern, Kindergärten). Ökumene wird mit verschiedenen Aktivitäten praktiziert, so mit Gottesdiensten zu bestimmten Anlässen. In vielen Außenorten können katholische Kirchen und Gemeindezentren für evangelische Gottesdienste genutzt werden. Darin kommen wohl über Jahre hinweg gewachsene Beziehungen zum Ausdruck, die sehr dankbar angenommen werden.

Die Evang.- Luth. Kirchengemeinden

Die Gemeinde *Neupfarrkirche* ist die Mutterpfarrei für das evangelische Regensburg. Traditionsgemäß hat der erste Pfarrer an der Neupfarrkirche die Funktion des Dekans inne. Für dieses aufsichtsführende Amt galt früher in Regensburg die Bezeichnung "Superintendent", die auch heute noch in manchen Landeskirchen gebräuchlich ist.

Die Gemeinde hat keine zusammenhängende soziologische Struktur. Der hohe Anteil an älteren Menschen und Singles und die wenigen Familien machen ein herkömmliches Gemeindeleben kaum möglich. Die Neupfarrkirche wird statt gottesdienstlichen Mittelpunkts eines Sprengels mehr zum zentralen Ort für übergemeindliche Aktivitäten. Damit kommt sie zunehmend ihrer Bedeutung als Citykirche nach, die die Präsenz der evangelischen Kirche in der Innenstadt zum Ausdruck bringen kann. Mit dem Angebot von kirchenmusikalisch gestalteten Gottesdiensten, Andachten, Predigtreihen zu bestimmten Themen oder Ausstellungen, reicht ihr Einzugsbereich weit über die Gemeindegrenzen hinaus. Die Zentralfunktion der Neupfarrkirche als kirchliches Kommunikationszentrum wird wohl in der Zukunft die Chance bieten, durch gezielte Aktivitäten und ein modifiziertes Programm auch Menschen zu erreichen, die in das traditionelle kirchliche Leben nur schwer zu integrieren sind.

Als Tochtergemeinde gehört die *Kreuzkirche* zum Sprengel der Neupfarrkirche. Sie ist somit rechtlich nicht selbständig, zeigt aber in ihrem Gemeindeleben eine weitgehende

Eigendynamik. Zum Einzugsgebiet der Kreuzkirche, Weißenburgstraße ostwärts, gehören rund 950 Gemeindemitglieder, während das der Neupfarrkirche, Weißenburgstraße westwärts, ca. 900 Seelen zählt. Einen gewissen Gemeindekern der Kreuzkirche bilden Heimatvertriebene, die sich nach dem Zweiten Weltkrieg am Hohen Kreuz angesiedelt haben. Deren gottesdienstlicher Mittelpunkt war bis zur Einweihung der Kreuzkirche im Jahre 1963 eine Barackenkirche an der Plattlinger Straße. Heute bedingt ein im Gemeindebereich liegendes Übergangswohnheim für Aussiedler eine hohe Fluktuation. Spätaussiedler, Deutsche aus dem südosteuropäischen Raum und aus Rußland sowie Asylbewerber finden hier ihren ersten Kontakt mit der Kirche (siehe dazu S.410f.).

Zur Gemeinde *Dreieinigkeitskirche* gehören rund 4000 Seelen vom Stadtzentrum bis nach Kneiting und zur Großgemeinde Nittendorf im Westen. Die Obere und Untere Bachgasse bildet die Grenze zum Gemeindebereich der Neupfarrkirche. Der Innenstadtgemeinde kommen vermehrt soziale Aufgaben zu. Die große Überalterung verlangt hohes Engagement in der Altenbetreuung und im Pflegedienst. Gezielte Bemühungen um Asylbewerber und Obdachlose wollen dazu beitragen, soziale Spannungen abzubauen. Das Thema der größeren Ökumene der Religionen wird von der Gemeinde verstärkt aufgegriffen. Wiederholt war die Dreieinigkeitskirche Veranstaltungsort für interreligiöse Friedensgebete. Zudem unterzieht sich ein Mitarbeiterkreis der Reflexion über die Perspektive einer Kirchengemeinde, die mit dem Evangelium als ihrem Angebot überzeugen möchte.

Einen übergemeindlichen Stellenwert erfährt die Dreieinigkeitskirche als Predigtkirche des Kreisdekans sowie als Aufführungsstätte für Oratorien und Konzerte der Regensburger Kantorei. Die St. Oswaldkirche, die im Gemeindebereich liegt, wird zunehmend als kirchliche Begegnungsstätte für Kunst und Kultur genutzt.

Die Kirchengemeinde *St. Matthäus* mit ihren rund 3100 Gliedern erstreckt sich von Oberisling und Unterisling bis zur Bahnlinie im Norden, von Burgweinting bis zum Evangelischen Zentralfriedhof. Die früher stark von Arbeitern und Angehörigen des unteren Mittelstandes geprägte Struktur ändert sich zugunsten des mittelständischen Angestellten- und Beamtentums. Seit Ende der sechziger Jahre zählen auch Angehörige der Universität zur Gemeinde. Der große Anteil an Soldatenfamilien und Studenten bewirkt eine hohe Zu- und Abwanderungsrate. 1949 wurde an der Hornstraße eine evangelische Notkirche für das Gebiet Regensburg-Ost, das sogenannte Kasernenviertel, errichtet. Diese Bezeichnung leitet sich von drei großen Kasernen beiderseits der Landshuter Straße her. 1954 konnte die neuerrichtete St. Matthäuskirche eingeweiht werden; die Verselbständigung der Gemeinde erfolgte 1955. Die Aktivitäten der Gemeinde wollen eine bewußte Identität zur Kirche zum Ausdruck bringen. Dabei steht der Gemeindeaufbau konkret unter dem Gedanken eines offenen Angebots zum Glauben. Dies verdichtet sich dort, wo die christliche Botschaft gemeinsam erlernbar wird. Entsprechend zeigt sich der Gottesdienst als geistlicher Mittelpunkt für alle Gruppen und Kreise und wird in vielfältigen Formen gefeiert. Das lebendige Gemeindeleben gibt aber auch einer gewachsenen Tradition Raum. In ihrer Frömmigkeitsstruktur ist die Gemeinde bewußt lutherisch. Übergemeindliche Bedeutung hat die St. Matthäuskirche in ihrer Funktion als Standortkirche. Die Gemeinde bemüht sich um guten Kontakt zum Militärpersonal.

Die Gemeinde *St. Lukas*, die den Norden der Stadt Regensburg und die Außenorte Tegernheim, Donaustauf, Wörth und Castell Windsor umfaßt, zählt ca. 4600 Seelen. Die Wurzeln für ihre Entstehung finden sich in den dreißiger Jahren, als im Regensburger Norden die größte Sozialsiedlung Deutschlands gegründet wurde. Die sogenannte Schottenheim- bzw. heute Konradsiedlung hatte über 1100 Siedlerstellen und über 10.000 Einwohner. Aus allen Landesteilen kamen bedürftige Familien. Sie mußten nicht nur als Siedler mit ihren gemeinsamen Anliegen eng zusammenhalten, sondern auch als Evangelische, weil sie in der Minderheit waren. Zu den Gottesdiensten traf man sich zunächst in Gasthäusern. Evangelische Heimatvertriebene kamen nach dem Zweiten Weltkrieg und mußten kirchlich organisiert werden. So wurde im Jahre 1955 im nördlichen Teil der Stadt eine eigene Kirchengemeinde gegründet. Lange schon war hier auch eine Kirche geplant. 1957 konnte an der Siebenbürgener Straße die St. Lukaskirche eingeweiht werden, die eine Notkirche von 1948 auf demselben Platz ersetzte. Weitere Kirchen wurden 1964 an der Pommernstraße (Christuskirche) und 1968 in Tegernheim (Martin-Luther-Kirche) fertiggestellt.

Die soziale Struktur der Gemeinde ist heute sehr differenziert. Im letzten Jahrzehnt konnte die Gemeinde einen starken Zuwachs durch deutsche Übersiedler aus Siebenbürgen und der ehemaligen Sowjetunion verzeichnen, die insbesondere das gottesdienstliche Leben mittragen. Durch die unterschiedliche Herkunft der Gemeindeglieder zeigt sich auch keine einheitliche Frömmigkeitstradition in der Gemeinde.

Mit großem Engagement trägt die Kirchengemeinde den konziliaren Prozeß mit. In Zusammenarbeit mit der Gemeindeakademie Rummelsberg versucht sie, dem Auftrag und der Aufgabe der Kirche in den Bereichen "Gerechtigkeit", "Frieden" und "Bewahrung der Schöpfung" mit eigenen Aktivitäten gerecht zu werden. So werden Kontakte in die Dritte Welt gepflegt, Asylbewerber betreut oder auch größere Gemeindeaktionen durchgeführt. Völkerverständigung zeigt sich eben nicht nur im globalen Denken, sondern muß im lokalen Handeln konkret werden.

Mit dem Jahr 1956 wurde die Tochterpfarrei der Oberen Stadt, Dreieinigkeitskirche, zur selbständigen Kirchengemeinde *St. Johannes* erhoben. Ein Gemeindeglied hatte sein Grundstück mit einem alten, einstöckigen Wohnhaus und einem Kohleschuppen auf Rentenbasis der Oberen Pfarrei vermacht. Hier sollte das Gemeindezentrum St. Johannes entstehen. Im Erdgeschoß des Wohnhauses wurden die Räume für einen Kindergarten eingerichtet, in denen man sonntags auch Gottesdienst feierte. Dieses Provisorium hatte 1952 mit der Umgestaltung des Kohleschuppens in eine Kirche ein Ende. Die schlechte Bausubstanz erforderte jedoch den Abbruch dieser letzten Notkirche Regensburgs im Jahre 1991. Ein neues Gemeindezentrum (Kat. 234) an derselben Stelle soll 1992 fertiggestellt sein und dann den geistlichen Mittelpunkt für die heute rund 4000 Mitglieder zählende Kirchengemeinde bilden.

Die Stadtteile Kumpfmühl, Ziegetsdorf und Neuprüll mit ihrer gewachsenen Bevölkerungsstruktur, das Neubaugebiet Königswiesen mit seinen Hochhausanlagen und einer hohen Fluktuation sowie die Stadtrandgemeinde Pentling lassen sich organisatorisch und soziologisch nicht zur Deckung bringen. Es finden sich hier alle Bevölkerungsschichten, besonders viele mittelständische Beamte und Angestellte als auch Angehörige der Universität, die ja im Einzugsbereich der Gemeinde liegt.

Die Gottesdienstgemeinde bilden ältere Menschen, die die Gemeinde mitaufgebaut haben, engagierte junge Erwachsene, auch aus den Reihen der Universitätsangehörigen, und aktive Jugendliche. In ihrer Struktur zeigt sich die Gemeinde sehr offen. Der neue Rahmen eines Gemeindezentrums wird auch weitere Möglichkeiten erschließen, um kirchlich kaum integrierte Menschen, wie junge Familien, anzusprechen.

Die im Jahre 1970 selbständig gewordene Kirchengemeinde *St. Markus* gehört nicht zu den unmittelbaren Gemeindegründungen der Nachkriegszeit. Ihr Seelsorgsgebiet erstreckt sich bis Sinzing und in das Laaber-Tal. Der vormalige Sprengel der Dreieinigkeitskirche war nach dem Zweiten Weltkrieg gerade in den Außenorten mit der Flüchtlingsseelsorge vor große Aufgaben gestellt. In einer Baracke auf dem ehemaligen Messerschmitt-Gelände feierte man hier die ersten Gottesdienste.

Die soziologische Struktur zeichnet heute verstärkt Akademiker, Universitätsangestellte, Geschäftsleute und Beamte. Die zumeist religiös gut sozialisierten Neubürger sind aus beruflichen Gründen hier ansässig. Die heimatlichen Wurzeln liegen jedoch in anderen Gemeinden, und die Verbindungen dorthin werden weiterhin gepflegt. Deshalb wird die Kirchengemeinde als geistlicher Lebensraum weniger gesucht.

Mittelpunkt für die rund 2300 Gemeindeglieder ist die im Jahre 1967 eingeweihte St. Markuskirche an der Killermannstraße. Der Gottesdienst, der im Rahmen der Möglichkeiten auch in anderen Formen gestaltet wird, ist der Kristallisationspunkt. So wie sich keine einheitliche Struktur der Gemeindeglieder aufweisen läßt, zeigt sich das Frömmigkeitsprofil der Gemeinde unterschiedlich schattiert. Ein Traditionsgedanke prägt diese Gemeinde noch nicht. Die Predigt unterzieht sich in besonderer Weise der Aufgabe, dieses Gefüge einsehbar zu machen, und versucht im Rahmen von Lebensreflexion eine Lebensorientierung zu geben.

Ein Mitarbeiterkreis der Gemeinde bemüht sich verstärkt um eine Integration der Neuzugezogenen. Ein derzeit entstehendes Wohngebiet auf dem ehemaligen Rennplatz wird die Zahl der Gemeindeglieder auch weiterhin ansteigen lassen.

Die Evangelische Studentengemeinde

Die Evangelische Studentengemeinde (Kat. 232) versteht sich als kirchliches Angebot an alle evangelischen Studenten der Universität Regensburg. Die Studienzeit erweist sich vielfach als Chance, die Begegnung mit der Kirche neu bzw. anders erleben zu können. Der offene Forumscharakter der Hochschulgemeinde gibt dabei einseitigen Tendenzen keinen Raum. Mitarbeiter aus allen Fachdisziplinen tragen die Arbeitskreise mit jeweils gesonderten Themenschwerpunkten. Diese Vielfalt wird im Studentengottesdienst auf eine Basis gebracht. Verschiedene Frömmigkeits- und Glaubenstraditionen, bedingt durch die unterschiedliche Herkunft der Studenten, lassen sich hier als gegenseitig befruchtend erfahren.

Die Neupfarrkirche wird zukünftig auch eine Funktion als "Universitätskirche" einnehmen und Professoren, Mitarbeiter und Studenten der Universität zu besonderen Gottesdiensten sammeln. Auf dem Gelände der Universität entsteht derzeit eine kleine Kapelle, die für gottesdienstliche Angebote und andere Veranstaltungen den meditativen Rahmen bieten soll.

Das Evangelische Bildungswerk

Übergemeindlich erfüllt das Evangelische Bildungswerk, das seinen Sitz im Haus der Kirche hat, wesentliche Aufgaben. Es hat sich zum Ziel gesetzt, gesellschaftlich wichtige Themen aufzunehmen und sie in kritischer Weise zu reflektieren. Erwachsenenbildung dient der Subjektwerdung des Menschen und ist zunehmend gefragt. Durch den ständigen Situationswandel im Lebensprozeß nimmt der Mensch die Sinnfrage immer wieder neu auf. Persönliche Mündigkeit ist darum nötig, um sich der Reflexion über die Lebensstrukturen aussetzen zu können. Hier will die Erwachsenenbildung "aufklärerisch" wirken. Randgruppenarbeit zeigt sich dabei von immer größerer Wichtigkeit. In der kirchlichen Angebundenheit des Bildungswerkes liegt eine Möglichkeit, auch Menschen für das christliche Anliegen zu erreichen, die durch Gottesdienste oder Gemeindegruppen nicht erfaßt werden.

Der Kirchenkreis Regensburg

Die bayerische Landessynode beschloß 1951 die Errichtung eines 5. Kirchenkreises mit Sitz in Regensburg. Die Zuwanderung von Heimatvertriebenen hat gerade im Osten der Landeskirche, die besonders in Niederbayern und in der südlichen Oberpfalz wenig kirchlich besetzt war, eine starke Mehrung von Gemeindegliedern gebracht. Die Organisation durch ein Kreisdekanat sollte dem äußeren kirchlichen Aufbau (Errichtung von Kirchen, Pfarrhäusern und Gemeindezentren) dienlich sein, sowie die Entwicklung des evangelischen Lebens in diesem Gebiet fördern. Im Haus Liskircher Straße 17 fand das *Amt des Kreisdekans* eine repräsentative Einrichtung.

Zum Kirchenkreis Regensburg gehören die Dekanatsbezirke Regensburg, Landshut, Passau, Neumarkt, Sulzbach-Rosenberg, Weiden, Cham und Ingolstadt. Flächenmäßig umfaßt dieses Gebiet die Regierungsbezirke Oberpfalz, Niederbayern und Teile von Oberbayern.

J.-D. C.

Aussiedler und Kirchengemeinde an der Kreuzkirche

Den hochgespannten Erwartungen, die Aussiedler aus den osteuropäischen Ländern in das Land ihrer Vorfahren mitbringen, tritt nach der Ankunft in der Bundesrepublik Deutschland eine realistische Ernüchterung gegenüber. Die Probleme sind bekannt: Sprachliche und berufliche Barrieren bauen sich auf. Die deutsche Sprache, die nicht mehr alle beherrschen, stempelt sie schnell zu Ausländern. Berufliche Qualifikationen werden nicht ohne weiteres oder gar nicht anerkannt. Einheimische unterscheiden nicht mehr zwischen Deutschstämmigen und Asylbewerbern. Die schützende Großfamilie ist aufgelöst. Dazu gesellt sich auch noch eine kirchliche Ernüchterung. Die Wärme und Geborgenheit der Versammlung der Schwestern und Brüder in Sibirien oder Kasachstan ist zurückgeblieben. Das freie Gebet wird in vielen Gemeinden vermißt. Ungewohnte, zu nüchtern empfundene Gottesdienstformen und die andere Art der Verkündigung machen das Einwurzeln schwer. Die Gefahr einer geistlichen Entfremdung ist groß, wenn sich nicht persönliche Kontakte zur Kirchengemeinde ergeben. Die gute Nachricht von Gott wirkt zwar in sich, aber Gott braucht Menschen in seiner Gemeinde, die zur Brücke werden für das Evangelium.

Welche Aufgaben und Chancen ergeben sich für eine Kirchengemeinde?

Menschliches Vertrauen wächst über persönliche Kontakte. Ein Begrüßungsschreiben der Kirchengemeinde ist zwar notwendig, aber wichtiger ist es, einen persönlichen Kontakt zu den Aussiedlern herzustellen. Die große Chance des Besuchsdienstes der Kirchengemeinde liegt darin, bei Aussiedlerfamilien zunächst menschliches Vertrauen zu gewinnen. Wenn diese erste Hürde genommen ist, kann der Versuch gewagt werden, die neuen Glieder zu den Gottesdiensten, Kreisen und Gruppen der Gemeinde einzuladen. Zunächst aber stehen noch andere Alltagsprobleme im Vordergrund.

Gesprächsangebot zur Bewältigung von Alltagsproblemen. Das marktwirtschaftliche System ist den meisten Aussiedlern nur vom Hörensagen bekannt. Die Erfahrung mit der Wirklichkeit bringt Schwierigkeiten. Dankbar angenommen werden Gesprächsangebote. Themen wie Einkaufen, unterschiedliche Preise bei Angeboten, Abschlüsse von Versicherungen und Zeitschriftenbezüge, Darstellung der politischen Strukturen einer Gemeinde, des Landes und des Bundes bieten sich an. Das Evangelium hat den Menschen im Auge. Es kann an den Alltagsproblemen, die sich für die Neubürger ergeben, nicht vorübergehen.

Kirchlicher Unterricht - Grundkurs Glauben. Die meisten aus der UdSSR stammenden Aussiedler konnten keinen kirchlichen Unterricht besuchen. Es ist Gottes verborgenes Werk, daß dennoch Bekennermut und standhafter Glaube viele auszeichnet. Nicht wenige, die bei der Registrierung evangelisch als Konfessionszugehörigkeit angeben, sind aber noch nicht getauft. Die Konfirmation als Bejahung der Taufe fehlt nahezu bei den meisten aus Rußland kommenden Aussiedlern. Bewährt hat sich in unserer Gemeinde ein halbjähriger kirchlicher Unterricht, eine Art Grundkurs des Glaubens für Erwachsene, der zu Taufe und Konfirmation hinführt.

Ehrenamtliche Mitarbeit in der Kleiderkammer der Gemeinde. Das soziale Netz in der Bundesrepublik ist zwar weit gespannt, dennoch kann nicht erwartet werden, daß der gesamte Bedarf für Aussiedlerfamilien abgedeckt ist. Seit achtzehn Jahren unterhält unsere Kirchengemeinde eine Kleiderkammer. Fast fünfzehn Jahre wurde sie ausschließlich von ehrenamtlichen Mitarbeitern geführt. Im November 1988 hat eine Sozialarbeiterin die umfangreichen Aufgaben hauptberuflich übernommen.

Monatliches gemeinsames Mittagessen. "Essen und Trinken hält Leib und Seele zusammen" sagt ein Sprichwort. Das gilt auch für den Versuch, Aussiedler in die Gemeinde zu integrieren. Seit Jahren laden wir in unserer Gemeinde einmal im Monat zum gemeinsamen Mittagessen ein. Der Kreis der Köchinnen und Köche setzt sich aus Alt- und Neubürgern zusammen, ebenso "bunt" ist das Angebot von Speisen, die aus der russischen, siebenbürgischen und fernöstlichen Küche kommen. Das gemeinsame Mittagessen bietet die Möglichkeit, Kontakte von Einheimischen und Aussiedlern und umgekehrt in der Gemeinde herzustellen.

Gemeindetage für Siebenbürger- und Rußlanddeutsche. Eine Plattform der Begegnung unter sich, aber auch mit den einheimischen Gemeindegliedern, sind die jährlichen Gemeindetage der Siebenbürger Sachsen und neuerdings auch der Rußlanddeutschen. Eingeladen wird auf der regionalen Ebene des Großraumes Regensburg. Nach dem Gottesdienst, der für Siebenbürger in der liturgischen Ordnung der Heimatkirche gefeiert wird, gibt es Informationen und Berichte über das kirchliche und gemeindliche Leben in den Herkunftsländern. Ein gemeinsames Mittagessen und der persönliche Austausch gehören ebenso dazu.

Die erwähnten Möglichkeiten der Begegnung und Integration zwischen Aussiedlern und Kirchengemeinde sind damit nicht vollständig. Sie mögen sich von Gemeinde zu Gemeinde anders abzeichnen. Entscheidend ist, daß die Gemeinde die Aussiedler ausfindig macht, sie aufsucht und so ihre Verantwortung für die neu hinzugekommenen Glieder wahrnimmt. Es gilt zu verhindern, daß Aussiedler ins gesellschaftliche und kirchliche Abseits geraten. Mit den Aussiedlern kommen Deutsche zu Deutschen. Zu uns kommen Menschen, die zumeist Christen sind. Es ist zu hoffen, daß auch wir es sind.

F. W. D.

208 **Programm zur Ausmalung des St. Lazarus-Friedhofs.** *Vor 1567(?)*

Verzeichnis der 62 figuren, so inn den freithof zu sanct Lazarus sollen gemalet werden, ganze christliche lere mit sprüchen vnd exemplen heiliger schrifft nach ordnung der bibel darin zufassen.

Text: Nikolaus Gallus
Stadtarchiv Regensburg (Eccl.I. 22,58, p.13420-515)

Nikolaus Gallus stellte in dieser umfangreichen Ausarbeitung für die Gestaltung des Lazarus-Friedhofs 41 Szenen des Alten Testaments und 21 des Neuen Testaments zusammen, beginnend mit der Erschaffung der Welt, endend mit dem Fall Jerusalems und dem Jüngsten Gericht.

Nach protestantischem Verständnis sollte der Friedhof nicht mehr Ort der Fürbitte für die Toten, sondern des Trostes für die Hinterbliebenen sein. In diesem Sinne dürfte auch dieses Programm zu verstehen sein. Die ausgewählten Darstellungen gerade des Alten Testaments zeigen antithetisch das Schicksal der Gottgefälligen gegen die Ungläubigen (z. B. die Errettung Noahs vor der Sintflut, den Auszug des Lot aus Sodom, das Verderben der Ägypter im Roten Meer, nachdem die Israeliten durchgezogen waren), aber auch die Vorwegnahme der Heilsgeschichte in manchen Geschehnissen, so etwa das Überleben des Moses, obwohl die jüdischen Säuglinge getötet wurden, oder der Verkauf des Joseph um 20 Silberlinge an die Ägypter.

Wegen der Zerstörung von 1634, die auch Teile der Friedhofsmauer betraf, ist nicht gesichert, ob diese Ausgestaltung ausgeführt war.

TRE 11, 646-653. - DOLLINGER, 360. - SCHLICHTING, VHVOR 120 (1980), 469. Eine genauere Analyse des Programms wird von der Verfasserin vorbereitet.

C. S.

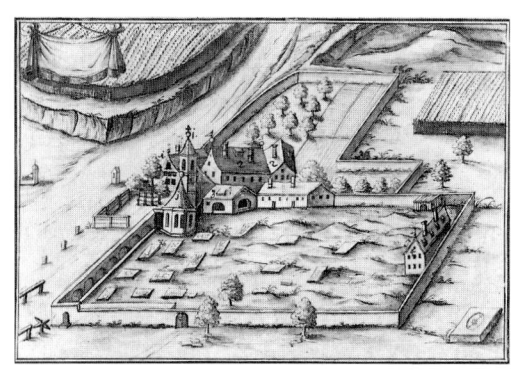

209

209 Der St. Lazarus-Friedhof vor der Zerstörung 1634.
2. Hälfte 17. Jahrhundert

Anonym, Regensburg
Federzeichnung ; 29,5 x 19,5 cm
Museum der Stadt Regensburg (G1983,82)

In der Zeit vor der Einführung der Reformation, als sich in der Bevölkerung Regensburgs bereits evangelische Neigungen zeigten, kam es zu Konflikten mit dem katholischen Klerus. Dieser weigerte sich, die Anhänger der lutherischen Lehre in den katholischen Friedhöfen zu beerdigen. Der Rat der Stadt erkundigte sich daraufhin bei den Stadtvätern der Reichsstadt Nürnberg, um das Bestattungsrecht von den Kirchen in den Rechtsbereich der Stadt zu ziehen. Die beiden Plätze, die infolgedessen für die verstorbenen evangelischen Bürger als Friedhöfe angelegt wurden, lagen beim Kirchlein Weih St. Peter (etwa im Bereich der Hemauerstraße) und beim Spital St. Lazarus vor dem Jakobstor (heute Teil des Stadtparks). Evangelischer Friedhof der Unteren Stadt war der Petersfriedhof. Die Verstorbenen aus der Oberen Stadt wurden auf dem westlich der Stadt gelegenen Lazarus-Friedhof beerdigt. Letzterer war bereits Begräbnisplatz für die im Spital Verstorbenen oder Hingerichteten gewesen.

Die Zeichnung, die nach dem großen Stadtplan von Hans Georg Bahre (Museum der Stadt Regensburg, G1983,94) angefertigt wurde, zeigt die Situation von 1620. Damals befanden sich Spital St. Lazarus, die Kirche und der erst 1613 gegründete Pestinhof neben bzw. auf dem Friedhof.

1634 wurden Gebäude und Friedhof von den kurbayerischen Truppen, die die Reichsstadt eingenommen hatten, verwüstet und zerstört, um den nach Regensburg ziehenden Schweden keine Deckung zu geben. 1640 wurde der Friedhof renoviert.

SAR, I Ael 14, ad 1640. - GEMEINER IV, 115. - THEOBALD I, 173 f.

C. S.

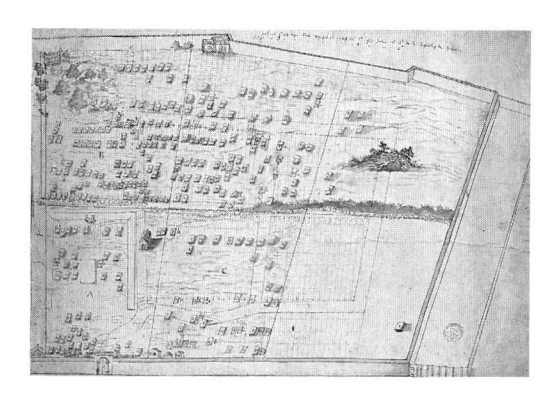

210

210 Plan des Friedhofs St. Lazarus. 1728

Cornelius Lindner, Regensburg
Papier auf Leinen ; 46,3 x 71,5 cm
Stadtarchiv Regensburg, Plansammlung (G59)

Der Plan des St. Lazarus-Friedhofs, den Lindner in Zusammenhang mit den beiden parallel zu führenden Büchern (Kat.211) angelegt hatte, zeigt trotz aller räumlichen Unsicherheiten bereits eine Einteilung in verschiedene Felder, um die Orientierung zu erleichtern.
Im ersten Feld (A) ist eine eigene Eingrenzung zu sehen, an der eine Kanzel für die Grabrede angebracht war. Dieser Einbau stammt aus der Zeit des Wiederaufbaus 1640. Die römischen Ziffern links und rechts des Eingangs bezeichnen Epitaphien.
In den Pestjahren 1563 und 1713 wurde der Friedhof immer mehr nach Norden erweitert, wie auch die unregelmäßige Form der Anlage zeigt.

SAR, I Ael 14, ad 1640. - SAR, almB 339, p. 256. - H. SCHÖPPLER: Die Geschichte der Pest in Regensburg, München 1914.

C. S.

211 Stein-Beschreibung des Gottes-Ackers St. Lazari de Anno 1728

Evang. Kirchenarchiv Regensburg (258)

Die "Instruction für den Todtengraber", die seit 1727 Gültigkeit besaß, bestimmte, daß für jeden der evangelischen Friedhöfe ein Plan und zwei Exemplare einer genauen Auflistung der Begräbnisstätten angelegt werden sollten. Schon aus dem Jahr 1671 ist eine solche Maßnahme bekannt.
Am 27. September 1728 übergab Magister Cornelius Lindner dem Almosenamt für 10 Gulden sein Werk über den Lazarusfriedhof. 1728/29 wurde für den Friedhof vor dem Peterstor ein ebensolcher Plan mit Beschreibung von Rudolph Christoph Tilger angelegt.
Je ein Exemplar der Grabsteinbeschreibung verblieb im Amt, das andere wurde dem Totengräber übergeben, der jede neue Bestattung eintragen und zweimal pro Jahr in das zweite Buch übertragen mußte.
Die aufgeschlagene Seite zeigt die Abschrift des wohl ältesten evangelischen Grabsteins des Lazarusfriedhofs, den der Gertraudt Schmidtnerin.

SAR almB 339, p. 256. - SAR Pol. II, 107a. - THEOBALD I, 230.

C. S.

212 Prediger Georg Eckenberger. 1639

Anonym, Regensburg
Öl auf Leinwand ; 103 x 76 cm
Museum der Stadt Regensburg (KN1991,25)

Die Familie Eckenbergers war um 1500 aus Kärnten nach Amberg ausgewandert, wo Georg Eckenberger 1566 geboren wurde. Schon sein Vater war evangelischer Pfarrer gewesen, der Sohn ist seit 1590 in verschiedenen kleinen Pfarreien in Böhmen und der Oberpfalz nachweisbar. In den Jahren 1601, 1628 und seit Oktober 1629 hielt Eckenberger sich in Regensburg auf, eine Anstellung als Prediger bei St. Lazarus fand er jedoch offenbar erst 1634, als die schwedischen Truppen die Reichsstadt erobert hatten. Die engen Beziehungen zu einzelnen Persönlichkeiten des schwedischen Heeres sowie die Stationen seines Lebens lassen sich aus seinem Stammbuch ablesen, das sich in der Bayer. Staatsbibliothek München erhalten hat (cgm 4713). Nach der Rückeroberung der Stadt durch das kaiserliche Regiment war auch die kurze Dauer seiner Stellung als Prediger im Lazarett, das in die Gebäude von St. Jakob verlagert war, beendet. Danach lebte er weiterhin in Regensburg, jedoch ohne als Prediger tätig zu sein.

Das Porträt wurde 1639, im Todesjahr Eckenbergers, angefertigt. Neben einer kurzen Biographie rechts oben wurden auch Psalmen und sein Motto aufgemalt: *"Trag nur geduld o Seele meinn - Hie ubel: dort wird besser sein. Das ward im + das Sprichwort mein."*

SERPILIUS, 75. - F. HÜTTNER: Stammbuch des lutherischen Pfarrers Georg Eckenberger, in: VHVOR 56 (1904), 35-165. - W. FÜRNROHR: Das Patriziat der Freien Reichsstadt Regensburg zur Zeit des Immerwährenden Reichstags, in: VHVOR 93 (1952), 153-308, bes. 246 f.

C. S.

213 Prediger Daniel Tanner. 1647

Anonym, Regensburg
Öl auf Leinwand ; 59 x 45 cm
Inschrift oben (größtenteils heute unleserlich; Text maschinenschriftlich auf einem Zettel auf der Rückseite der Leinwand): *Deum Time Regemque/ Daniel Tanner Ratisbonensis/ AEtat: Suae LXVI Anno MDCXLVII.* l. u.: *Zwey und vierzig Jahr hab ich gelehrt/ In Christi Kirchen hier auf Erd /Gepredigt das rein Göttlich Wort/ In Lindach Schwantz und Gmunde dort/ Biß ich hierher gen Regensburg kam/ Man mich auch ins Predigtamt nam.* r. u.: *Mein Vatterland ich diente gern/ Nach der Gnad die mir Gott tet beschern/ Ging nun ins sechs und sechtzig Jar/ Mein Gott mir half auß viller gfar/ Der het regirt mich aller orth/ Biß ich erlangt des Himmels Port.*

Landeskirchliches Archiv Nürnberg, Zweigstelle Regensburg

Daniel Tanner wurde am 29. August 1581 in Regensburg geboren. Nach seiner Schulzeit in Regensburg studierte er an der Akademie Altdorf und wurde 1604 ordiniert. Bis 1624 war er nacheinander in Lindach, Schwanenstadt und Gmunden am Traunsee als Prediger tätig. Mit der ersten Welle lutherischer Glaubensflüchtlinge, welche in den zwanziger Jahren des 17. Jahrhunderts Zuflucht in der Reichsstadt suchten, kehrte Tanner in seine Geburtsstadt zurück. Nach vier Jahren Exil in Regensburg wurde er 1628 Prediger im Lazarett und 1632 Mitglied des geistlichen Ministeriums der Stadt. Tanner starb am 20. Oktober 1646.

1627 publizierte Tanner das 'Passionale Exulantium, das ist Verfolgter und Betrangter Christen Passional Buchel', in dem er in 68 Kapiteln die Leidensgeschichte durchgeht. Auf einen biblischen Text folgt jeweils eine Betrachtung Tanners, in der er, selbst Exulant, auf die Lage der Vertriebenen eingeht. Um 1638/39 verfaßte er sein 'Calendarium', einen Geschichtskalender, in dem die Geschichte Regensburgs nach Kalendertagen erzählt wird.

Der Prediger ist im Brustbild in seiner Amtskleidung, schwarzem Talar und weißer Halskrause, dargestellt. Der Kopf ist leicht nach links aus der Körperachse gedreht, die großen weitgeöffneten Augen fixierten jedoch frontal den Betrachter. Das bleiche Gesicht, das kurze, eng anliegende braune Haupt- und Barthaar, die Stirnglatze, die hochgezogenen Augenbrauen und der festverschlossene Mund vermitteln den Eindruck eines ernsthaften ruhigen Mannes.

SERPILIUS, 69 f. - DOLLINGER: Daniel Tanners Passionale Exulantium, in: ZBKG 47 (1978), 51-55. - WURSTER 1979, 127-129. - SCHLICHTING: Kirchenschatz I, 146 f.

U. S.

214

214 Superintendent Salomon Lentz. 1631

Lucas Kilian (1579 - 1637)
Öl auf Leinwand ; 87 x 61 cm
Bez. o. l.: Wie ein Rose Vnter/ den dornen,/ Gemahlet/ A. 1631. den 9./ decemb.
Regensburg, Evang.-Luth. Dekanat

Salomon Lentz wurde am 9. November 1584 in Kade bei Magdeburg als Sohn eines lutherischen Landpfarrers geboren. Nach Abschluß seines Studiums an den Universitäten von Wittenberg und Jena war er von 1619 bis 1629 als Hofprediger des Markgrafen Christian Wilhelm in Halle tätig. Auf Empfehlung der Universität Wittenberg wurde Lentz 1629 vom Rat der Stadt Regensburg in das Amt des Superintendenten berufen. Während seiner in die Zeit des Dreißigjährigen Krieges fallenden Tätigkeit als Superintendent (1629 - 1647) engagierte er sich u. a. tatkräftig für die Exulanten. Mit den Jesuiten des Regensburger Kollegs und der katholischen Universität Ingolstadt führte er heftige literarische Auseinandersetzungen.

Das Bildnis zeigt den vollbärtigen Lentz in schwarzem Talar mit weißem Mühlsteinkragen. In seinen Händen hält er ein Buch, in das er den Zeigefinger seiner Rechten geschoben hat. Über Lentz' linker Schulter befindet sich eine Vorhangdraperie - eine bei barocken Repräsentationsportraits beliebte Pathosformel. In der gegenüberliegenden Bildecke ist das Emblem Lentz' angebracht, eine Rose mit Dornenzweig und Blättern; darüber in Goldschrift das von der Universität Jena übernommene lutherische Motto *"Wie eine Rose unter den Dornen"*. Eine Inschrift unterhalb des Emblems gibt den 9. Dezember 1631 als Entstehungstag des Gemäldes an. Wenige Tage zuvor hatte Lentz bei der Einweihung der Dreieinigkeitskirche die Predigt beim Vormittagsgottesdienst gehalten. Nach Wölfel malte der Augsburger Kupferstecher Lucas Kilian unmittelbar im Anschluß an diese "gewaltige Demonstration protestantischen Selbstbewußtseins" (S. 21) das vorliegende unsignierte Ölgemälde. Nach dessen Fertigstellung habe der Superintendent Kilian beauftragt, dieses Bildnis in Kupfer zu stechen. Der für eine weite Verbreitung bestimmte und mit "Lucas Kilian. sculps. A. V. M.DC.XXXI. Decemb. XIV." bezeichnete Stich (Museum der Stadt Regensburg, G1984-102) sei so dem Bildniswunsch der Anhänger des Superintendenten entgegengekommen und unterstreiche zugleich den Anspruch Lentz', der "wahre Bischof" Regensburgs zu sein.

SERPILIUS, 70-72. - THIEME/BECKER XX, 298. - SCHLICHTING: Kirchenschatz I, 139. - WURSTER 1980, 128. - WÖLFEL, bes. 18-24.

U. S.

214.1a.1.

214.1b

214.1.c.

214.1. **Portraitmedaillen auf Salomon Lenz, Erasmus Gruber und Andreas Jan.** 17. Jahrhundert

a. Portraitmedaille 1632 auf Salomon Lenz

Die Medaille ist signiert mit L. H. (Vs.) und G. T. P. (Rs.). Georg Thomas Paur war von 1625 an Münzmeister Wolfgang Wilhelms von Pfalz-Neuburg in Kallmünz. Wohl Anfang 1632 wechselte er nach Regensburg, wo er als Medailleur arbeitete. Bereits 1633 aber ging er wohl nach Eichstätt in die Dienste des Fürstbischofs Johann Christoph von Westerstetten, dessen Goldgulden 1633 und 1634 er mit seinem Monogramm GTP signierte. Das weitere Schicksal Paurs und sein Todesdatum sind bisher nicht bekannt. Im Museum der Stadt Regensburg befindet sich jedoch eine Glückwunsch-Medaille auf das neue Jahr 1648, die noch sein Monogramm trägt und die Gebert nicht kannte. - Paur arbeitete mehrfach mit L. H. zusammen, der bei unserer Medaille die Vs. signierte (vgl. Gebert Nr. 2 - 4, 7, 8, 1630 bis 1632). Als Auflösung für diese Signatur wird immer wieder (mit Fragezeichen) der Regensburger Münzmeister und Goldschmied Haubold Lehner genannt (Goldschmied 1581, Erbbürger 1582, Münzmeister 1598), der jedoch nach dem Regensburger Goldschmiedebuch (im Stadtarchiv) bereits 1628 starb, demnach also für die genannten Medaillen von 1630 bis 1632 als Künstler ausscheiden dürfte. Möglich wäre vielleicht, daß die Signatur eigentlich L. K. lauten sollte und damit Lucas Kilian, auf den das Porträt zurückgeht, genannt werden sollte. Das ist jedoch Spekulation und so bleibt die Auflösung dieser Signatur noch ungeklärt.

C. F. GEBERT: Die Medaillen des Georg Thomas Paur, in: Blätter für Münzfreunde 47 (1912), Heft 389/390, Sp. 5102-06, Tf. 201, hier 5104, Nr. 8 (ohne Erwähnung der zwei Varianten). - Slg. GOPPEL Nr. 623. - Paur in Eichstätt: E. B. CAHN: Die Münzen des Hochstifts Eichstätt (Bayerische Münzkataloge 3), Grünwald 1962, 86f. (jedoch ohne Auflösung von Paurs Signatur). - Zu H. Lehner s. W. SCHRATZ: Urkunden, Regesten und Notizen zur Münzgeschichte Regensburgs, in: Mitteilungen der Bayerischen Numismatischen Gesellschaft 3 (1884), 1-51, hier 51, Nr. 140. - BECKENBAUER 71f.

1. Medaille - Silber, geprägt; hochoval, 36 x 42 mm; 16,54 g

Medailleur: L. H. (Vs.); Georg Thomas Paur (Rs.)
Museum der Stadt Regensburg

Vs.: Bärtiges Brustbild mit breitem Kragen und ohne Kopfbedeckung halbrechts, darunter im Abschnitt in einer Kartusche zwei Zeilen Text: *CHRISTVM / AVDITE* (Hört auf Christus!). An der Leiste des Abschnitts die Signatur *L H*. Umschrift: * *EFFIGIES REV[erendissimi]. ET EXC[ellentissimi]. VIRI. D[omi]N[i]. M[agistri]. SALOM[oni]. LENZII. SVPERINT[endentis]. ECCL[esiae]. EVANG [elicae]. RATISB[onensis]. VIGILANT[is]* (Bildnis des hervorragenden Mannes Magister Salomon Lenz, des wachsamen Superintendenten der evangelischen Kirche in Regensburg).

Rs.: In einer barocken Rahmung mit einem geflügelten Engelskopf oben und zwei sitzenden Engeln mit Öl- und Palmzweig zu den Seiten vier Zeilen Text: *WIE / Eine Rose /*

Unter / Den Dornen. Darunter ein Rosenstock mit offener Blüte (von oben gesehen). Unten seitlich in der Einrahmung die Jahreszahl *16 - 32* und darunter die Signatur *G T - P.*

PLATO Nr. 359 a.

2. Medaille - *Silberguß, vergoldet; hochoval, 36 x 42 mm; 17,78 g*

Medailleure wie Nr. 1
Museum der Stadt Regensburg

Vs. Wie Nr. 1.
Rs.: Wie Nr. 1., die Rosenblüte jedoch auf einem etwas höheren Stamm und in Seitenansicht.

PLATO Nr. 359 b.

b. Portraitmedaille 1684 auf Erasmus Gruber

Silberguß mit breitem angelöteten Rand; hochoval, 42,5 x 53,3 mm; 29,86 g
Medailleur unbekannt
Museum der Stadt Regensburg

Vs.: Bärtiges Brustbild mit kleiner Mütze und breitem Kragen fast frontal. Umschrift: *ERASM[us]. GRVBER. PASTOR & SVPERINTEND[ens].* (Erasmus Gruber, Pfarrer und Superintendent).
Rs.: 9 Zeilen gravierte Inschrift: *RATISB[one] / AET[ate] LXXV / AN[no] / MDCLXXXIV / 1. Tim. VI / Magn[us]: quaest[us] est / Pietas cum animo / sua sorte cont[-] / ento.* (Regensburg, im Alter von 75 Jahren, im Jahre 1684. Es ist aber ein grosser Gewinn, wer gottselig ist, und lässet ihm genügen. Tim. VI, 6).
Erasmus Gruber wurde am 28. Juli 1609 in Lauingen geboren und kam 1619 mit seinen Eltern nach Regensburg. Nach Studien in Jena und Straßburg wurde er 1636 Prediger in Regensburg. Seit 1667 hatte er das Amt des Superintendenten in der Stadt. Er starb Ende November 1684.

Die Medaille taucht in der Literatur mit verschiedenen Gravuren auf der Rs. auf. Bei Beierlein ist das Jahr 1668 und ein Alter von 59 Jahren angegeben, während das Exemplar bei Plato von 1680 (Alter: 71 Jahre) stammt. Die Vs. der Medaille entstand also 1668 oder früher.

Slg. WILMERSDÖRFFER I (Auktion Jos. Hamburger, Frankfurt a. M., 16.10.1905), Nr. 203. - Vgl. PLATO Nr. 347 (Gravur 1680). - Vgl. J.P. BEIERLEIN: Medaillen auf ausgezeichnete und berühmte Bayern III (Sonderdruck aus Oberbayerisches Archiv 13, 2, 1852), 26-27, Nr. XVII, Tf. I, Nr. 18 (Gravur 1668). - Ad. HESS Nachf., Katalog 233 (14. 6. 1938), Frankfurt a. M. 1938, Nr. 720 (Rs. ohne Gravur).

c. Portraitmedaillon 1695 auf Andreas Jan junior

Einseitiger Silberguß mit hohem Relief; hochoval, 79 x 96 mm; 89,22 g
Medailleur: DGVH
Museum der Stadt Regensburg (N1960,2); aus Slg. Goppel

Vs.: In ovalem Rahmen das Hüftbild eines Geistlichen mit kleiner Haube, breitem Kragen und einem Buch in der Rechten fast frontal. Im Hintergrund Architektur mit Säulen und Bögen, Vorhang und Bücherreihen; ganz rechts an einer Säule die Signatur (?): *D G V H / 1695.* Außen ein breiter Rankenrand, in dem oben eine Taube sitzt; die Ranken sind unten durch eine zweizeilige Inschrift unterbrochen: ANDREAS IANVS ORTHO[doxus?] / RATISBONAE MINISTER. (Der rechtgläubige Andreas Jan, Mitglied des Regensburger Ministeriums).
Andreas Jan, Sohn des aus der Mark Brandenburg stammenden Andreas Jan sen. (gestorben 1652), der in Regensburg ab 1632 Prediger im Lazarett war, kam am 31. März 1645 zur Welt. 1675 wurde er hier Mitglied des Ministeriums, dem er als Senior und Mitglied des Konsistoriums angehörte. Er starb am 1. August 1714. D G V H ist wohl die Signatur des Künstlers; sie ist bisher nicht aufgelöst.

PLATO Nr. 350. - Slg. GOPPEL Nr. 618. - SERPILIUS, 73-74 (sen.), 102f (jun.).

H. E.

215 Ratsherr Petrus Portner. 1660(?)

Joachim von Sandrart (1606 - 1688) oder
Jakob von Sandrart (1630 - 1708)
Kupferstich ; 17,5 x 11,5 cm
Bez. u. r.: I. Sandrart sculp.
Bildunterschrift: *PETRUS PORTNERUS,
CONSUL AC SENIOR IN SENATU/
REIP. RATISBON. NATU ANNO CHR.
MDLXXX, V. MARTII/ DENAT*[us]
*AN. MDCLX, XXIII. FEB. AN. AETAT. 80.
SENATORII MUNERIS 47./
Sic oculus, sic ille penas, sic ora facebat/
PORTNERUS. Patriae qui modo PORTUS
ERAT. /Mens fruitur caelo, corpus tellure
perennis/ Fama refert meriti, frontis imago
decus.*
Museum der Stadt Regensburg (G1984,181)

Petrus Portner (1580 - 1660) wurde 1613 in den Inneren Rat gewählt und bekleidete bis zu seinem Tod zahlreiche Ämter, so das eines Scholarchen und eines Konsistorialdirektors.

Das Scholarchat war eine Art Schulaufsichtsbehörde, welche die Oberleitung und Aufsicht über das Gymnasium Poeticum hatte und unmittelbar an Kammerer und Rat Bericht erstattete. Das Konsistorium, ein Gremium mit gemischt weltlich-geistlicher Besetzung, leitete mit dem Superintendenten während der reichsstädtischen Zeit die evangelische Kirche.

Petrus Portner war zuletzt Senior des Rates und Hansgraf. Er nahm sich besonders der Exulanten an und war selbst in erster Ehe mit der Exulantin Katharina Händl aus Steyr verheiratet. Die große Glocke im Nordturm der Dreieinigkeitskirche trägt neben dem Wappen des Matthias Marchtaler das des Petrus Portner.

Das Oval mit der posthumen Darstellung Portners ist in ein Rechteck komponiert, in dessen linken unteren Ecke sich das Familienwappen des Porträtierten befindet. Den unteren Teil des Blattes nimmt eine siebenzeilige Inschrift ein, in deren ersten Zeilen die Ämter sowie das Geburts- und Sterbedatum des Dargestellten genannt werden. In den folgenden lateinischen Distichen dieses "Wortporträts" wird im ersten Vers ein direkter Bezug zum gestochenen Porträt hergestellt (*"So trug er seine Augen ..."*), im zweiten ein Wortspiel auf den Namen Portner eingefügt. Die beiden abschließenden Verse erwähnen die "Zierde" von Portners Ruhm und Antlitz.

Ob es sich bei dem mit "I. Sandrart sculp:" signierenden Stecher um den bedeutenden Kunsthistoriographen, Porträtisten und Maler des Hochaltarbildes von St. Emmeram, Joachim von Sandrart, oder dessen ebenfalls zeitweise in Regensburg weilenden Neffen Jakob handelt, ist unklar.

THIEME/BECKER XXIX, 397 f. - FÜRNROHR, 204. - Zum Scholarchat: KLEINSTÄUBER 1882, 77-85.

U. S.

215.1 Ratsherr Petrus Portner.
Um 1660

Hinterglasmalerei - Rahmen Birnbaum, schwarz gebeizt; 28 x 25,5 cm
Museum der Stadt Regensburg (K1933,54)
Farbabb.35

Das von dem originalen, mit Flammleisten besetzten achteckigen Rahmen eingefaßte Portrait hat den um 1660 geschaffenen Kupferstich von I. Sandrart zum Vorbild (Kat. 215). Der Titel des Kupferstichs ist als Umschrift auf das Oval gesetzt, das Wappen in den Scheitel. Die in Gold und Rot gemalte Rahmung zeigt einen geübten Miniaturisten: Zwei Engel flankieren das Wappen, fünf Engelsköpfe mit langen Flügeln sind mit dem Rahmenornament eng verbunden. Es sind bisher keine weiteren Beispiele vergleichbarer Glasmalerei aus Regensburg bekannt.

P. G.-B.

216 Superintendent Georg Wonna.
(Vor) 1699

Michael Conrad Hirt (um 1615 - nach 1694)
Öl auf Leinwand ; 101 x 74 cm
Bez. o.r.: M. Georgius Wonna /Ortenburg: Nat: XX Jan:/ MDCXXXVII.
Minist: Eccles:/ Ratisb. Evang:/ XX Superintend. XXIV. an:/ Denat: XXX. Nov./ MDCCVIII.
Evang. Kirchenbucharchiv Regensburg

Der aus Ortenburg gebürtige Pfarrersohn Georg Wonna (1637 - 1708) besuchte von 1648 bis 1656 das Gymnasium Poeticum in Regensburg. Während seiner Studien in Jena und Tübingen wurde er 1657 poeta laureatus. 1658 erhielt er den Magistergrad. 1664 berief ihn der Rat der Stadt Regensburg ins geistliche Ministerium und zugleich als ersten Professor an das neu errichtete Auditorium des Gymnasium Poeticum (vgl. Kat.160). Noch im selben Jahr wurde er Konsistorial-Assessor, 1685 Superintendent und Scholarch. 1708 starb Wonna in Regensburg. Auf Beschluß des Ministeriums wurde in seiner Amtszeit als Superintendent (1685 bis 1708) das Gedächtnisbuch für die früheren und zukünftigen Geistlichen angelegt (Kat.220). Seine Funktion als "Herausgeber" dieses Gedenkbuches sowie das barocke Repräsentationsbedürfnis staatlicher und kirchlicher Würdenträger mögen das Vorhandensein von drei Bildnissen Wonnas in diesem Buch erklären. Sie zeigen Wonna im Alter von 29, 50 und 62 Jahren. Letzteres, ein Kupferstich (bez. "Pictus penicillo M.G. Hirt, Ratisponae.", "Andr. Matth. Wolffgang sculps. Aug. Vind. 1699."), zeigt Wonna wie auf dem Ölgemälde mit langem, auf den Mühlsteinkragen fallenden Haar, Spitz- und gezwirbeltem Schnurrbart, der Rechten auf der Brust, ein Barett in der Linken, ein Buch an den Körper drückend. Bildhintergrund und Kleidung des Superintendenten sind auf dem Stich zwar differenzierter wiedergegeben, doch aufgrund der Übereinstimmung beider Bildnisse in der Darstellung des Kop-

216

fes ist anzunehmen, daß auch das Gemälde Wonna im Alter von 62 Jahren zeigt.

Georg Serpilius schreibt zu Wonna, seinem Vorgänger im Amt des Superintendenten: *"Hat auch das seltne Glück erlebet/ dessen sich keiner von seinen Antecessorn rühmen können/ daß er in den 48. Jahren seines allhier geführten Predigt-Amts/ von denen Papisten durch gewechselte Streit-Schriften unangefochten geblieben. Allen der reinen Lehre entgegen lauffenden Neuerungen und irrigen Puncten ist er allzeit von Hertzen zuwider gewesen"* (S. 108).

SERPILIUS, 107-109. - KLEINSTÄUBER 1882, 18.- THIEME/BECKER XVII, 145.

U. S.

Georg Serpilius, der 1668 in Ödenburg (Sopron) geboren wurde, stammte aus einer ungarischen Predigerfamilie, deren Ahnherr, Johannes Quendl (Serpilius), sich als Geistlicher der Reformation zugewandt hatte. G. Serpilius war auch Enkel des zehnten Regensburger Superintendenten Balthasar Balduin (1605 - 1652). Wegen der Gegenreformation in Ungarn war er bereits seit 1673 in Regensburg und ging auch hier zur Schule. Nach seinem Studium in Polen und Leipzig und einer Predigerstelle in Dresden wurde er 1695 in Regensburg angestellt, wo er 1709 als Nachfolger Georgs Wonnas zum Superintendenten berufen wurde.

Neben seinen theologischen Schriften verfaßte er wertvolle Beiträge zur Geschichte geistlicher Lieder. In den *"Diptycha Reginoburgensia ..."* (Kat.221) legte er auch seine eigene Biographie vor.

Der Maler Gabriel Spitzel soll nach seiner Ausbildung in Augsburg und München über Regensburg und Frankfurt/Main nach Augsburg zurückgekehrt sein (Kat. Augsburg 1984). Ein Stich Andreas Geyers von 1719, der Georg Serpilius' Bruder Samuel zeigt, beruht ebenfalls auf einem Gemälde Spitzels. 1719 entstanden offenbar zwei bezeichnete Porträts von Georg Serpilius; neben dem gezeigten Exemplar, einer Leihgabe der Evang. Wohltätigkeitsstiftung, wurde ein zweites Porträt 1742 von Serpilius' Witwe der evangelischen Kirche übergeben (heute im Evang. Kirchenarchiv Regensburg.)

ADB XXXIV, 38 f. - THIEME/BECKER 31, 391 f. - Kat. Regensburg 1958, Nr. 306. - WURSTER III, 140-142. - Städt. Kunstsammlungen Augsburg, Bayerische Staatsgemäldesammlungen Bd. II, Deutsche Barockgalerie, Katalog der Gemälde, Augsburg 1984, 236. - SERPILIUS, 113-120. - SCHLICHTING: Kirchenschatz I, 142.

C. S.

217

217 Superintendent Georg Serpilius. 1719

Gabriel Spitzel (1697 - 1760)
Öl auf Leinwand ; 95 x 75 cm
Bez. auf der Rückseite: Gab. Spitzel pinxit A. 1719.
Museum der Stadt Regensburg (L1941,7)

schen Liedermanual und 1771 einen eigenen Katechismus heraus.

Die beiden in Regensburg ansässigen Brüder wurden mehrere Male porträtiert. Im Museum der Stadt Regensburg sind von Anton Graffs Hand zwei Bildnisse auf Pergament (HV 1213 bzw. 1214) erhalten. Sie entstanden ebenfalls 1764, als Johann Ludwig in den Rat eintrat.

Der Maler Franz Xaver Span ist für die Jahre 1760 und 1763 während eines Auftrags in Salzburg belegt. Sein Bruder (?) Franz Anton Span (oder Spaun) war in den Jahren 1758/59 mit verschiedenen Aufträgen für städtische Ratsherrnbücher betraut gewesen.

StBR, Rat. Civ. 402/69 (Leichenpredigt). - THIEME/BECKER XXXI, 327. - W. MAYER. - NDB VII, 86-88. - SCHLICHTING: Kirchenschatz I, 144 f.

C. S.

218

218 Superintendent Ulrich Wilhelm Grimm. 1764

Franz Xaver Span
Öl auf Leinwand ; 86,5 x 68,3 cm
Bez. auf der Rückseite: F. Xaverius Span pinxit 1764.
Regensburg, Evang. Kirchenbucharchiv

Ulrich Wilhelm Grimm (1716 - 1778) entstammte einer berühmten Regensburger Ratsfamilie. Sein Bruder Johann Ludwig war lange Jahre einer der vier Kämmerer. Der jüngere Bruder Friedrich Melchior Grimm strebte aus den Mauern der Reichsstadt und bewegte sich literarisch und diplomatisch in den höchsten Kreisen (Kat.180).

Ulrich Wilhelm war nach seiner Schulzeit am Gymnasium Poeticum 1735 nach Leipzig gegangen, 1739 nach Regensburg zurückgekehrt und arbeitete als Aushilfsprediger und Privatlehrer, bis er 1740 als Nachfolger des Predigers Kraft angestellt wurde. In seiner Wirkungszeit als Superintendent ab 1762 brachte er einen Anhang zum Regensburgi-

219

219 Pfarrer Johann Jakob Hartner.
1. Viertel 19. Jahrhundert

Anonym, Regensburg (?)
Öl auf Leinwand ; 42,5 x 36,5 cm
Regensburg, Evang. Kirchenbucharchiv

Johann Jakob Hartner (1770 - 1822) besuchte nach dem Gymnasium in Regensburg die Universität in Jena und wirkte ab 1794 bereits wieder als Prediger in der Reichsstadt. 1795 heiratete er Elisabeth Katharina Rehbach.

Als Regensburg 1810 an das Königreich Bayern angeschlossen wurde, hatte dies auch Auswirkungen auf die kirchliche Gemeindeorganisation. Die evangelische Pfarrei wurde 1814 nach Oberer und Unterer Stadt getrennt (Kat.230). Erster Pfarrer an der Neupfarrkirche für die Untere Stadt wurde Johann Jakob Hartner, an der Dreieinigkeitskirche für die Obere Stadt Dr. phil. Friedrich Gampert, der auch Dekan der Kirchengemeinde war.

1822 verstarb Hartner, erst 52jährig, nach einer längeren Krankheit. Das Portrait wurde 1832 nach dem Tod der Witwe von dem Kaufmann Rehbach an die Sakristei der Neupfarrkirche abgegeben.

DOLLINGER, 386 f. - StBR Rat. civ. 402/87 (Leichenpredigt). - SCHLICHTING: Kirchenschatz I, 158.

C. S.

220 Portraitbuch der evangelischen Geistlichkeit Regensburgs. 1698

Liber Memoriae perennanti Ministerij Evangelici Ratisponensis Consecratus Anno MDCLXXXXVIII.
Papier- und Pergamentband
Einband: Holzdeckel mit Samtbezug ; 29,8 x 21 cm
Beschläge: Silber, gegossen; Bz: gekreuzte Schlüssel für Regensburg; Mz: IAP für Johann Anton Praunsmandl (+ 1707)
Evangelisches Kirchenbucharchiv Regensburg
Farbabb.36

Der Liber Memoriae wurde auf Anregung des Superintendenten Wonna (Kat.216) angelegt. Er bewahrt das Andenken der Regensburger evangelischen Geistlichkeit nicht nur durch Kurzbiographien der Superintendenten und, daran anschließend, der Prediger - ein umfangreicher Bildteil führt die Männer auch vor Augen. Interessant beim Liber Memoriae ist die Fortführung der Bildausstattung bis ins 20. Jahrhundert. 50 Kupferstiche und ebensoviele Öl/Pergament-Gemälde sind in das Buch eingebunden. Die evangelische Kirche folgt damit einer Tradition, die in den reichsstädtischen Ämtern bereits ca. 100 Jahre zuvor begonnen hatte. Dort waren Wappenbücher angelegt worden, die man ab der Mitte des 17. Jahrhunderts mit Portraits ausstatten ließ. Für sie gab es die Bestimmung, daß die Personen, die neu in ein Amt gewählt wurden, binnen Monatsfrist ein Portrait bei einem vom Rat benannten Maler anfertigen lassen mußten.

Einer dieser Portraitisten war Anton Graff. In seiner kurzen Autobiographie erzählt er von jener Zeit: *"...Im August d. J. [1764] reiste ich nach Regensburg und malte daselbst viel Porträts meistens auf Pergament aber in Oel. Es war der Gebrauch, dass die Geistlichen und die Ratsherrn sich mussten malen lassen und zwar in ein Buch, dessen Format nicht eben gross war. Auch malte ich grosse Bilder im schwedischen, russischen und preussischen Gesandten-Hause. Im Februar 1765 kehrte ich nach Augsburg zurück ..."*

Kat. Regensburg 1958, Nr. 325. - E. BERCKENHAGEN: Anton Graff. Leben und Werk, Berlin 1967, 39. - W. MAYER.

C. S.

221 Verzeichnis der Regensburger Superintendenten und Prediger. 1716

Diptycha Reginoburgensia Oder Ehren-Gedächtnus Der Evangelischen Prediger in der Des Heil. Röm. Reichs Freyen Stadt Regenspurg, Welche von Anfang der Evangelischen Reformation bis auf diese Stunde allhie gelehret. Auf vieles Verlangen wiederholet von Georgio Serpilio.
Text: Georg Serpilius
Druck: Johann Heinrich Krütinger, Regensburg
144 S. ; 15,6 x 7 cm
Regensburg, Bibliothek des Historischen Vereins (R185)

Georg Serpilius (Kat.217) nannte seine Schrift *"Diptycha..."* im Hinblick auf frühere Register dieses Namens, in denen *"die Namen wolverdienter Kirchen-Vorsteher geschrieben stunden"* (Vorwort). Der Aufbau dieses biographischen Werks über die evangelische Geistlichkeit Regensburgs orientiert sich am 'Ministerium', indem der Bearbeitung des Superintendenten die Biographien der jeweiligen Prediger folgen. Bereits einige Jahre zuvor hatte J. G. Gölgl begonnen, Material zu Biographien von Ratsherrn und Geistlichen Regensburgs zusammenzutragen. Dieses nur handschriftlich angelegte Werk von 1706 war zudem mit einigen Kupferstichen ausgestattet und dürfte von Serpilius rezipiert worden sein.

1742, zum Reformationsjubiläum, wurde die Arbeit unter dem Titel *"Memoria Bis-Secularis Antistitum et Ministrorum Ecclesiae Evangelicae Reginoburgensis"* wieder aufgelegt.

Als 15. Superintendent wollte Serpilius mit seinem Büchlein das ewige Andenken an die evangelische Geistlichkeit bewahren helfen - ein Gedanke, den das von seinem Bruder Samuel Serpilius verfaßte Schlußanagramm wiederaufnimmt.

HV MS R. 100. - THEOBALD I, X f. - WURSTER 1980, 140-142.

C. S.

222a

222b

222 Predigt, Taufe, Abendmahl.
Um 1700

Anonym, Regensburg (?)
Museum der Stadt Regensburg (KN1992,16)

In diesen drei Gemälden ist das Handeln Gottes in Wort und Sakrament verbildlicht. Vierzeilige Texte kommentieren jeweils das Dargestellte.

a. Predigt

Öl auf Leinwand ; 84,2 x 64 cm
Bildunterschrift: *Waß die Propheten han, von deinem Geist getriben,/ und die Apostel auch durch dich von dir geschriben,/*
Das ist ein kräfftigs wort, die Blinden macht es sehend,/ die Todten lebendig dazu die Lahmen gehend.

Die Predigtszene wird beherrscht von der Kanzel in der Bildmitte, von der herab Jesus mit bewegter Gestik spricht. Auf gleicher Ebene mit ihm sind links Moses mit den Gesetzestafeln sowie weitere Propheten, rechts Petrus mit einem goldenen und einem silbernen Schlüssel, dem Evangelienbuch und der charakteristischen Stirnlocke dargestellt. Am Fuß der Kanzel, durch die bühnenhafte Architektur deutlich von der oberen Zone abgegrenzt, befindet sich eine halb liegende, halb sitzende Frau. Aus dem dritten und vierten Vers der Inschrift - einer Variation von Mt. 11,4 - geht hervor, daß es sich um eine Gläubige handelt, der *"ein kräfftigs wort"*, das Wort Gottes, Heilung bzw. Erlösung bringt.

b. Taufe

Öl auf Leinwand ; 84 x 64 cm
Bildunterschrift: *Mit deiner Tauffen, Herr bin ich getauffet worden/ Dein Vatter mich da hat in seiner Kinder Orden/ genomen. Du mit dir mich selbst hast schön geschmücket./ Dein Geist mir auch alda ist reichlich zugeschicket.*

Luther verstand die Predigt als das hörbare, das Sakrament als das sichtbare Wort. Taufe und Abendmahl - nur diese behielt Luther von den sieben Sakramenten der römischen Kirche - waren für ihn Zeichen für das Handeln Gottes.

Wie im Predigtbild (a) beherrscht Christus, hier von einer Aureole umgeben, die Szene. Seine kniende Gebetshaltung mit den erhobenen Armen erinnert an Darstellungen Christi am Ölberg. In der oberen Bildhälfte ist über einem breiten Wolkenkranz die Taufe Jesu im Jordan zu sehen. Über Jesus und Johannes schwebt der Heilige Geist in Gestalt einer Taube. Sie ist umschlossen von Licht und Strahlen, die auf den getauften Jesus übergehen und die gesamte Himmelszone einschließlich der Engel erhellen. Den linken Bildteil nimmt die Darstellung einer Taufe in einem Kirchenraum ein. Um ein Taufbecken sind die Eltern des Kindes, ein evangelischer Pfarrer und, etwas abseits stehend, eine weitere Person gruppiert.

Wie Johannes der Täufer im oberen Bildteil, vollzieht der Geistliche die Taufe, indem er mit der bloßen Hand Wasser über das Haupt des Täuflings gießt. Diese formale Parallele unterstreicht die Bedeutung der Taufe Jesu als Prototyp des Sakraments. Wie sich Gottvater durch die Herabsendung des Hl. Geistes nach der Taufe und sein Wort "Du bist mein geliebter Sohn, an dir habe ich Wohlgefallen" (Mk. 1,11) zu Jesus als seinem Sohn bekennt, so wird der Gläubige durch die Taufe Gotteskind.

Im neuen Testament fehlt jeder Beweis dafür, daß die Kindertaufe durch die älteste Christengemeinschaft geübt wurde. Vor allem in der Auseinandersetzung mit den Wiedertäufern führten die Reformatoren als Beweis für das Recht der Kindertaufe die Segnung der Kinder durch Jesus (Mk. 10, 13-16) an.

Bezeichnend für die protestantische, den didaktischen Aussagewert betonende Kunst ist die Kombination von biblischem und gegenwärtigem Geschehen in einem Bild. Auf dem Bild der Taufe ist dieses Prinzip der Umsetzung christologischer Inhalte für die

Gegenwart am konsequentesten angewandt, wenngleich die Bedeutung des knienden Christus im Vordergrund fraglich ist. Bei den Darstellungen von Predigt (a) und Abendmahl (c) hingegen ist die zeitliche Einordnung des Geschehens problematisch, da sich die Frauengestalten aufgrund ihrer zeitlosen, allenfalls biblischen Gewandung keiner der Ereignisebenen eindeutig zuordnen lassen. Vielmehr muß man in ihnen wohl den gläubigen Menschen schlechthin erkennen.

c. Abendmahl

Öl auf Leinwand ; 85 x 63,2 cm
Bildunterschrift: *O über große Lieb! O Lieb ohn alle massen/ Daß zum Gedächtnis Mahl du mir hinterlassen/ Herr deinen Leib im Brod und das Blut deiner Wunden/ Im Wein deß danck und dien ich dir zu allen Stunden.*
Farbabb.37

Auch auf diesem Bild wird die Spendung des Sakraments in der Gegenwart durch ein biblisches Ereignis präfiguriert. Vor einem Altar steht ein evangelischer Geistlicher und reicht einer bildparallel vor ihm knienden Frau den Kelch mit Wein. Hinter der Kommunikantin wartet eine zweite Frau auf den Empfang des Blutes Christi. Über dieser Szene befindet sich die Figur des Gekreuzigten, gerahmt von den beiden den Altaraufbau flankierenden Hermen (vgl. den Altar der Dreieinigkeitskirche; Kat.116,117). Aus der Seite und den Handwunden Christi strömt das Blut in zwei Kelche auf dem Altar. Dies ist ein Hinweis auf die sakramentale Bedeutung des Blutes, das den Gläubigen, der es beim Abendmahl in Gestalt von Wein empfängt, von seinen Sünden erlöst. Auch der Totenschädel Adams unter dem Kreuz verweist auf die Bedeutung Christi als Überwinder des durch die Erbsünde in die Welt gekommenen Todes.
Die ikonographische Tradition des in einem Kelch aufgefangenen Erlöserblutes reicht in vorreformatorische Zeit zurück. Auch die formale und inhaltliche Präsenz des biblischen Ereignisses im zeitgenössischen Kirchenraum auf ein und derselben Bildebene weist über das spezifisch protestantische Bilddenken hinaus. An die Stelle lehrhafter Gegenüberstellung oder Abfolge von Szenen tritt hier - vergleichbar mit dem Bild der Predigt (a), anders aber als im Bild der Taufe (b) - ihre Durchdringung. Die inhaltliche Auseinandersetzung mit der Abendmahlsthematik führte bei diesem volkstümlichen Meister zu einer Allegorie der Erlösung.

U. S. (E. T.)

223

223 *"Collect und Bettbuch".* 1645

500 S., davon nur 44 beschrieben
Einband: Holz mit schwarzem Samtbezug; 28 x 19 cm
Beschläge: Silber vergoldet
Schließen später ergänzt; die untere fehlt
Regensburg, Dreieinigkeitskirche

Dieses liturgische Gebetbuch, das vorwiegend kurze Altargebete (Kollekten) enthält, wurde 1645 an die Dreieinigkeitskirche gestiftet. Der reich verzierte Einband besitzt neben den aus vegetabilen Formen entwickelten Eckornamenten und den Schließen mit spiralig gedrehten Stegen in der Mitte der Vorder- und Rückseite je ein hochovales Medaillon. Das rückseitige gibt mit seiner Inschrift Aufschluß über die Stiftung: *FRAW ANNA MARIA FRAW VON HERBERSTORFF*

FREYN WITTIB, GEBORNE FREYN VON TEUFFENBACH, VEREHRT DIS BETBUECH ZU CHRISTLICHEN ANDENCKHEN IN DIE KIRCHEN DER HEYLIGEN DREYFALTIGKKEIT IN REGENSPURG ANNO 1645.* In das Medaillon der Vorderseite sind die Wappen der beiden genannten, uradeligen steirischen Familien graviert, darüber *G.M.D.F.Z.A.Z.* Anna Maria von Herberstorff (1581-1660) war mit evangelischen Verwandten, darunter einem Franz Christoph von Teuffenbach, als Exulantin nach Regensburg gekommen. Ein Friedrich von Teuffenbach (geb. 1585), möglicherweise ihr Bruder, war zunächst kaiserl. Kammerherr und später General der protestantischen Stände in Mähren. Wegen seiner kaiserfeindlichen Aktivitäten wurde er 1621 in Innsbruck enthauptet. Ein Verwandter ihres Mannes, Adam von Herberstorff (1585-1629), dagegen konvertierte zum Katholizismus, beteiligte sich maßgeblich an der gewaltsamen Rekatholisierung Oberösterreichs und wurde dafür vom Kaiser zum dortigen Landeshauptmann ernannt.

Inventar Dreieinigkeitskirche 1767, Nr. 21. - E. H. KNESCHKE (Hrsg.): Deutsches Adels-Lexicon, Bd. 4, Leipzig 1863, 318; Bd. 9, ebd. 1870, 176f. - MECENSEFFY, 134. - SCHLICHTING: Kirchenschatz II, 47. - BOSL, 333.

E. T.

224 **Bußgebet.** *1702*

Buß=Gebett / An denen angeordneten Buß=Tagen in denen Evangelischen Kirchen zu Regenspurg / wie auch zu Hause / zu lesen und zu betten
Druck: Joh. Georg Hofmann, Regensburg
8 S., roter Papiereinband; 15 x 9,3 cm
Sammlung Hubert Emmerig

Dieses Gebetbüchlein für den gottesdienstlichen und häuslichen Gebrauch beginnt mit einem Dank für die Verschonung Regensburgs vor Krieg und anderem Unheil. Nach einem ausführlichen Schuldbekenntnis wird der Hoffnung auf Vergebung und auf die göttliche Gnade Ausdruck verliehen.

E. T.

225 **Christliches Agend=Büchlein der Evangelischen Kirche zu Regensburg.** *1707*

Druck: Johann Georg Hofmann, Regensburg
103 S. u. Titelblatt ; 21 x 16,5 cm
Regensburg, Dreieinigkeitskirche

Die Agende ist die Ordnung der gottesdienstlichen Handlungen. Nach Vermahnungen zur Beichte und zur Kommunion werden mit den Fürbittvermahnungen die Hauptstücke des Kleinen Katechismus aufgeführt: das Vaterunser, die zehn Gebote, die Artikel des christlichen Glaubens, die Worte Christi von der Taufe, die Worte Christi vom Amt des Wortes und der Schlüssel, die Worte Christi vom Abendmahl. Es folgen ausgewählte Schriftworte zu verschiedenen Berufs- und Standesgruppen. Anschließend sind die Formen der Kasualhandlungen beschrieben: Taufe, Jähtaufe, Krankenabendmahl, Trauung, Ordination, Begräbnis.

J.-D. C.

226

226 Spruchtafel eines Zinngießers. 1736

C.G. Schönkopf
Zinntafel, graviert; 50 x 39 cm - Rahmen Nadelholz und Birnbaum, schwarz gebeizt; 68,5 x 58 cm
Signiert: "C.G. Schönkopf von Leipzig 1736"
Auf der Rückseite Engelsmarke und Marke "G.A. Wilkommen Regensburg"
Museum der Stadt Regensburg (K 1930,241)

Ein Schriftband am oberen Bildrand trägt den Titel: *"Sihe also wird geseegnet der Man der den Herrn fürchtet du wirst dich nehren deiner Hand/ Arbeit wohl dir da hast es gut dein Weib wirt sein wie ein Fruchtbahrer Weinstock um dein Haus/ her und deine Kinder wie die Ölzweige um deinen Tisch her. Psalm 128.V:2 u. 3"*. Dargestellt ist eine reich gedeckte Tafel, um die eine zwölfköpfige Familie und zwei Dienstboten zum Tischgebet versammelt sind. Der Vater trägt die protestantische Tracht mit Beffchen, den vom Kragen herabhängenden Leinenstreifen. Zwischen den Kindern sprießen Palmzweige in Anlehnung an das Psalmzitat. Die Säulenarchitektur im Hintergrund gibt den Blick frei in eine mit Wein bewachsene Gartenlaube; in der Öffnung schwebt die Taube des Heiligen Geists. Zwei Darstellungen im Hintergrund und die Strophen des Gedichts am unteren Bildrand ermahnen die Eltern zu strenger Zucht der Jugend und Anleitung zu einem gottesfürchtigen Leben.

Das Museum der Stadt Regensburg besitzt eine Reihe von Wandtafeln aus Zinn, die aus der Werkstatt des Gottfried August Willkommen stammen und von Mitarbeitern angefertigt worden waren. Wie der Meister, so kamen auch die meisten Gesellen aus dem protestantischen Sachsen. Bei den für den häuslichen Bereich geschaffenen Tafeln handelt es sich wohl um Geschenke der Zinngießer an ihren Meister. Die mit beachtlichem technischen Können in der Art von Kupferstichen gravierten Platten zeigen religiöse Themen wie alttestamentliche Szenen und Sinnsprüche, Gebete um eine gute Sterbestunde und ein Jubelblatt auf das Reformationsjubiläum Berlins vom Jahr 1730.

E. z. FREUDENBERG/ W. z. MONDFELD: Altes Zinn aus Niederbayern. Bd. I, Regensburg 1983, 138-41, Kat. Nr. 213.

P. G.-B.

227 Taschenuhrständer in Form einer Kanzel. Um 1810/20

Anonym, Regensburg (?)
Eiche, Säule Ahorn, Intarsien Ahorn, Nuß, Mahagoni, Zwetschge; Statuette Holz, polychrom gefaßt; H. 54 cm, Statuette H. 9 cm.
Museum der Stadt Regensburg (HV 1431)

Eine gewendelte geländerlose Treppe führt zu einem auf einer gedrechselten Säule ruhenden Kanzelkorb, dessen Front rund verglast ist. Über der Brüstung erscheint die Statuette des Predigers, die Rechte belehrend erhoben, in der Linken die Bibel haltend. So sollte der Betrachter bei jedem Blick auf die Uhr an die Verkündigung des Gottesworts erinnert werden. Der Prediger trägt einen schwarzen Talar mit Beffchen, den beiden vom Rockkragen herabhängenden weißen Leinwandstreifen. Zu Beginn des 19. Jahrhunderts wurden in Deutschland die weißen Chorhemden und Meßgewänder weitgehend abgeschafft, um eine Vereinheitlichung der Amtstracht zu erreichen. In Bayern wurde das Verbot 1810 erlassen.

Der aus altem Regensburger Besitz stammende Uhrständer ist mit seinen feinen geometrischen Intarsien stilistisch dem ausgehenden Klassizismus zuzurechnen.

A.C. PIEPKORN: Die liturgischen Gewänder in der Lutherischen Kirche seit 1555, Lüdenscheid/Lobetal 1987, 80 ff. - Weltkunst März 1988, Abb. S. 649. Taschenuhrständer in Kanzelform.

P. G.-B.

227

228 Trauung in einer evangelischen Kirche. Um 1821

Leonhard Bleyer, Regensburg
Foto; 10,2 x 16,2 cm
Museum der Stadt Regensburg,
(G1931,122/R23)

Die abgebildete aquarellierte Zeichnung gehört vermutlich zu einem Sammelband von über 200 Zeichnungen Regensburger Persönlichkeiten aus Militär, Geistlichkeit und Bürgern. Als Urheber dieser Bildnisse bezeichnet sich der Regensburger Stadtsoldat Leonhard Bleyer auf einem 1821 datierten Selbstportrait.
Dargestellt ist vor einem Altar eine evangelische Trauung, wie an dem Ornat des Geistlichen und an der dunklen Kleidung des Brautpaares erkennbar ist. Der Pfarrer steht mit der aufgeschlagenen Trauungsliturgie vor den einander zugewandten Brautleuten, die sich zur Bestätigung der Vermählung die Hand reichen, wobei der Bräutigam wohl der Vereinfachung halber mit der ausgestreckten Linken gezeigt wird.
Bekleidet ist der Geistliche mit einem schwarzen Talar. Darüber trägt er einen weißen Chorrock mit seitlichen Armausschnitten. Dies war der Ornat der lutherischen Geistlichen bis 1810, als Meßgewänder und Chorhemden in Bayern verboten wurden. Eine weiße Perücke und eine breite weiße Halskrause vervollständigen den Ornat.
Der Bräutigam, dessen Haare zu einem Zopf gebunden sind, trägt einen dunklen Rock, dunkle Kniebundhosen, Strümpfe und Schnallenschuhe. Weiß sind allein die gefältelten Ärmelmanschetten und der Stehkragen. Auch das Gewand der Braut ist überwiegend dunkel gehalten: Vom schwarzen Rock hebt sich der Schurz nur durch eine schräggestreifte Einfassung ab. Das Mieder ist ebenfalls schwarz mit halblangen Ärmeln, an deren Aufschlägen weiße Rüschen sichtbar sind. Um die Schultern herum geführt ist ein steifer, gefältelter weißer Kragen mit eingezogenen schwarzen Bändern.
Diese Bekleidung war nicht nur der Hochzeit vorbehalten: Eine "Alte Bürgerin von Regensburg in der Regensburger Tracht von Anno 1750", eine der aquarellierten Zeichnungen des Leonhard Bleyer, zeigt sich in beinahe identischer Tracht. Auch auf einem kolorierten Kupferstich des Regensburgers Andreas Geyer von 1732 findet sich die Darstellung einer Regensburgerin mit schwarzem Kleid, weißen Rüschenärmeln und dem gefältelten Schulterkragen aus schwarzer und weißer Spitze. Diese festliche Bürgertracht wurde mit Brautkrone und Brautgürtel zur Hochzeitstracht erweitert, wie auf einer mit "Hochzeits-Kleidung nach alt Reichsstädtischer Sitte in Regensburg" bezeichneten Lithographie des Johann M. von Herrmann dargestellt ist, die aus Lipowskys "National-Costüme des Königreiches Bayern" von 1822-1826 stammt. Auf der abgebildeten Zeichnung des Leonhard Bleyer scheint ein derartiger Brautgürtel angedeutet zu sein.

Die eher schlichte Kleidung des Brautpaares entspricht den seit dem 16. Jahrhundert wiederholten Warnungen vor allzu prächtigen Hochzeitsgewändern in den Ratsverordnungen der Stadt.

Auf dem von zwei Säulen flankierten, oben halbrund geschlossenen Altarbild ist das Abendmahl dargestellt. Damit ist möglicherweise die Dreieinigkeitskirche als Ort der Trauung bezeichnet. Als Pendant zu diesem Blatt findet sich unter den Aquarellen Bleyers die Darstellung einer katholischen Trauung.

BAUER, 717f. - F.J. Frhr. v. LIPOWSKY: Nationalcostüme des Königreiches Bayern, München, 1822-1826 (ND 1971). - A.C. PIEPKORN: Die liturgischen Gewänder in der lutherischen Kirche seit 1555, übersetzt und hrsg. von J. SCHÖNE und E. SEYBOLD, Lüdenscheid-Lobetal 1987, 81.

B. F.

229 Urkunde über die Organisation des protestantischen Kirchenwesens in Regensburg vom 5. April 1814

26 S.
Landeskirchliches Archiv Nürnberg (Bayer. Dekanat 570)

Die 1810 erfolgte Eingliederung der ehemals Freien Reichsstadt und nachmaligen fürstprimatischen Residenzstadt Regensburg in das Königreich Bayern machte es erforderlich, die bisherige Organisation des protestantischen Kirchenwesens der Stadt neu zu gestalten. Dies geschah mit den königlichen Reskripten vom 4. April 1813 und vom 12. März 1814. Sie umfassen zwölf pfarramtliche Wirkungsbereiche. Da im Original die Ordnungszahl X versehentlich zweimal verwendet wurde, ergeben sich dort lediglich elf:

I. Pfarrsprengel, II. Geistliche, III. Personal-Ernennung, IV. Gottesdienstliche Einrichtung, V. Kommunionen, VI. Beichtväterliche Verhältnisse, VII. Taufen, VIII. Trauungen, VIIII. Sterb- und Beerdigungsfälle, X. Konfirmationen, X. (sic) Kirchenmatrikel, XI. Kirchengebete.

Diese im Namen des Königs durch das Kgl. Generalkommissariat des Regenkreises an das evangelische Dekanat ergangenen Reskripte sind ein wertvolles Dokument über das evangelische Kirchenwesen der Stadt Regensburg im frühen 19. Jahrhundert. Sie geben Aufschluß über die Größe der beiden damals geschaffenen Pfarrsprengel Oberer und Unterer Stadt, über die Zahl der nunmehr vom Staat besoldeten Geistlichen und, wie es scheint, über alle gottesdienstlichen Einrichtungen. Sie schreiben Zahl und Zeit der Gottesdienste und Predigten an Sonn- und Feiertagen, sowie der Predigten und Vespern an den Werktagen vor. Außerdem enthalten sie genaue liturgische Vorschriften über die Spendung der Sakramente und für alle seelsorgerischen Verrichtungen von der Geburt bis zum Tod eines Gemeindemitglieds.

Im letzten Abschnitt, der den Kirchengebeten gewidmet ist, werden die Regensburger Gemeindemitglieder unmittelbar angesprochen und zu einer ehrwürdigeren Haltung bei den Gottesdiensten aufgefordert: *"Da hier die gegen andere protestantische Kirchen abweichende Sitte Statt findet, daß die Gemeinde das allgemeine Kirchengebet sitzend anhört, welches dem äußeren Anstand, mit dem man an einer ehrwürdigen Handlung Anteil nehmen soll, widerspricht, so soll die Kirchengemeinde jedesmal an dem Anfange des Gebets sowohl, als bey den Einsetzungsworten des h. Abendmahls, bey Taufen und Ordinationen erinnert werden, daß sie von ihren Sitzen aufstehe. Der Prediger wird so lange innehalten bis dieses geschehen..."*

E. T.

230 **Ansicht des Keplerbaus.** (Nach) 1952

Foto ; 68 x 92,5 cm
Evangelisches Kirchenbucharchiv Regensburg

Als Vorgänger des Keplerbaus kann die "Herberge zur Heimat" in der Weingasse 1 angesehen werden, die vom "Evangelischen Verein" unterhalten wurde. Die "Heimat" diente in erster Linie als Hospiz, so daß der Wunsch nach einem repräsentativen und weiträumigen Gemeindebau naheliegend war.

Der erste Schritt zur Realisierung dieses Wunsches wurde 1907 getan, als man den Gemeindehausbauverein gründete, der die nötigen Finanzmittel beschaffen sollte. Die vom Verein gesammelten 65 000 M. fielen der Inflation zum Opfer. 1932 entschlossen sich der Bauverein und die Gesamtkirchenverwaltung, wenigstens einen Teil der gewünschten Anlage auszuführen, da man fürchtete, daß eine erneute Geldentwertung eine zukünftige Bauausführung unmöglich machen würde. Finanzieller Grundstock dazu waren die mittlerweile erneut angesparten Mittel des Bauvereins und ein Beitrag der Gemeinde der Dreieinigkeitskirche, die zu diesem Zweck das Grundstück des aufgelassenen Lazarusfriedhofs an die Stadt veräußerte. Der Bauplatz wurde von der Evangelisch-Lutherischen Kirchenstiftung der Unteren Stadt (Neupfarrkirche) gestiftet. Es war dies ein Teil des ehemaligen protestantischen Friedhofs St. Peter, der 1898 aufgelassen worden war. Als Bauträger fungierte die Evangelische Gesamtkirchenverwaltung, die Pläne stammten von Architekt Heydecker aus Kempten, die endgültige Bauausführung lag bei den hiesigen Architekten Gath und Reiß.

Bei der Grundsteinlegung am 1. Juli 1932 bezeichnete der Hauptredner Dekan Köberlin den Keplerbau als größte Leistung der Protestanten seit dem Bau der Dreieinigkeitskirche. Namensgeber war der Astronom Kepler, der auf dem Friedhof St. Peter begraben worden war. Am 5. Februar 1933 konnte der Neubau eingeweiht werden. Die fertiggestellten Bauteile umfaßten einen Saal mit 300 qm und Funktionsräume, im Keller Jugendräume und die Wirtschaft mit Kegelbahn, im Freien einen Gastgarten mit Spielplatz.

Bereits ab 1934 stellte man Überlegungen an, den Torso zu vollenden. Diese Pläne wurden vom Generalbevollmächtigten für Eisen- und Stahlbewirtschaftung mit der Begründung der mangelnden Rohstofflage verworfen. 1945, kurz vor dem Einmarsch der US-Armee, wurde der Bau in Brand geschossen und zum größten Teil zerstört. Im August 1948 konnte er teilweise wieder eröffnet werden. 1968 wurde in seiner unmittelbaren Nähe ein Studentenwohnheim der Inneren Mission errichtet. Im September 1973 wurde der Keplerbau abgebrochen.

K. GRASS: Abschied vom Keplerhaus, in: Evangelische Nachrichten für die Gemeinde in Regensburg, Oktober 1973, 7. - DOLLINGER, 408 f. - Das Evangelische Regensburg, 39 f. - EKAR, Pfarrarchiv 966, 970, 974, 974b.

J. S.

231 Speisenkarte der Wirtschaft des Keplerbaus. (Nach) 1952

32,5 x 17 cm (gefaltet)
Evang. Kirchenbucharchiv Regensburg (Pfarrarchiv, 970)

Noch vor dem Baubeginn und gegen den erfolglosen Widerstand von Gastwirten und Hoteliers erhielt der Keplerbau eine Schankkonzession, die aber nur für Veranstaltungen der Gesamtkirchenverwaltung und der örtlichen kirchlichen Vereine galt.
Da der Keplerbau aber bald zu einem beliebten Ort von Veranstaltungen wurde, mußten diese restaurationslos abgehalten werden. Ansonsten hatten die Veranstalter - darunter auch die Standarte 15 der SA, die den Bau kostenlos oder zu ermäßigten Preisen nutzte - jeweils eine kostenpflichtige Sonderkonzession einzuholen und drängten deswegen die Gesamtkirchenverwaltung, eine Vollkonzession zu beantragen, die im Mai 1935 auch gewährt wurde.
Dekan Köberlin erwartete in seiner Eröffnungsrede, daß der zu errichtende Bau vor allem der außergottesdienstlichen Sammlung und der Jugendarbeit dienen sollte. Auch die Nutzung als Hospiz war nach dem weiteren Ausbau eingeplant. Über die Planung des Gemeindehausbauvereines und der Gesamtkirchenverwaltung hinaus wurde der Keplerbau sehr schnell zu einem der wichtigsten Veranstaltungszentren Regensburgs.
Neben der Gesamtkirchenverwaltung, dem Evangelischen Verein der Gemeinde der Neupfarrkirche und übergemeindlichen Arbeitskreisen beherbergte der Keplerbau bald eine Vielzahl von anderen Veranstaltern, darunter bis 1934 auch die Hitlerjugend, die dort die Rundfunkvorträge der Reichsjugendführung hörte. Vor allem in der Nachkriegszeit war der Keplerbau begehrter Versammlungs- und Veranstaltungsort. Neben Mennoniten und Baptisten waren der Alpenverein ständiger, die Volkshochschule häufiger Gast. Im Keplerbau hatten Kongresse, Konzerte und Ausstellungen ihren Platz, die privaten Kammerspiele nutzten ihn als Theater.
Vor allem während der Herrschaft der Nationalsozialisten und in der unmittelbaren Nachkriegszeit erlebte das Gemeindehaus aber auch völlig sachfremde Nutzungen. Bereits 1939 lagerte die BayWa im großen Saal 150 Tonnen Getreide ein. 1940 war der Keplerbau Durchgangsstelle der Volksdeutschen Mittelstelle für Bessarabiendeutsche, später unterhielt die Reichspost eine Feldpostsammelstelle, ab Januar 1945 belegte ihn schließlich auch die Wehrmacht. Nach Kriegsende wurden in dem zerstörten Bau behelfsweise Flüchtlinge einquartiert, danach diente er als Lager für Spenden aus den USA.
Nach Behebung der Kriegsschäden war seit 1952 auch der Wirtschaftsbetrieb wieder möglich. 1958 wurde dieser Betrieb verpachtet, doch die Ertragslage verminderte sich stetig, während gleichzeitig die Abnutzung des Hauses zunahm.

EKAR, Pfarrarchiv, 970, 971, 972, 974b; SAR, ZR III IVa, 296.

J. S.

232 Die ESG

"ESG" - in Österreich ein Kürzel für "Elektrizitäts- und Straßenbahngesellschaft" - steht hierzulande für *Evangelische Studentengemeinde* und darf sich auf eine große Tradition berufen. Denn die ESG besteht nun schon über ein halbes Jahrhundert in Deutschland. Nach dem Verbot der Deutschen-Christlichen-Studentenvereinigung (DCSV) im Sommer 1938 vereinigten sich die Glieder dieser Bewegung mit den Studenten der in vielen Städten seit 1934 bestehenden Studentengruppen der Bekennenden Kirche, indem man sich an das Modell der landeskirchlichen Pfarrämter anlehnte. So konnten die alten Kreise unter dem Schutz der neuen Bezeichnung "Gemeinde" überleben, da sie politisch unangreifbar waren im Gegensatz zu Vereinen. Der ESG, in der NS-Zeit als Ferment des Widerstands geboren, sollte dieses politisch-geistliche Erbe nachdrücklich ins Stammbuch geschrieben bleiben.

So gaben sich die ESGn im Gefolge der Studentenbewegung der 68er Jahre den *roten Hahn* als Signet, wobei das Spezifikum gerade in der Verbindung von politischem Anspruch und geistlichem Leben (der Hahn als Zeichen der Wachsamkeit, als Künder des Lichtes und eines neuen Morgens) lag. Doch die Akzente wurden mitunter sehr einseitig gesetzt. Im Protest dagegen stellte eine Gruppe von Studentengemeinden den *Fisch* als altkirchliches Bekenntnissymbol dem Hahn entgegen. Die Regensburger ESG war lange Zeit Exponent dieser Frontstellung gegen eine ausschließliche Politisierung der Studentenarbeit. Inzwischen wurde dieses unversöhnliche Gegeneinander von einem zwar oft spannungsreichen, aber doch konstruktiven Miteinander abgelöst.

Mit Aufnahme des Lehrbetriebes an der Universität Ende der sechziger Jahre gab es auch eine Studentengemeinde in Regensburg. Sie wurde zunächst nebenamtlich, dann von eigens für die Studentenarbeit freigestellten Pfarrern (Mauder, Dr. Schlichting, Reichold) geleitet. ESG ist zu 100% Freiwilligkeitskirche. Sie lebt von den studentischen Mitarbeitern und den von ihnen mitgebrachten Themen. Sie versteht sich als Kirche am Arbeitsplatz Universität. Sie möchte dem weitverbreiteten Schweigen über Fragen des Glaubens entgegenwirken und sucht nach Wegen, auf denen es gelingt, den Glauben auch öffentlich ins Gespräch zu bringen.

Sie will sich einmischen auch in hochschulpolitische Fragen und ein Forum bieten, wo viele unterschiedliche Prägungen, Meinungen und Sachargumente ins Spiel kommen und die Grundspannungen unseres immer komplizierter werdenden Lebens durchgehalten werden. So bietet sich ESG als ein Ort an, an dem das interdisziplinäre Gespräch gepflegt wird und die Vielschichtigkeit von Problemen aus anderen Wissenschaftsbereichen wahrgenommen und mitbedacht werden. Daneben ist ESG im Freizeitsektor angesiedelt mit musischen Aktivitäten, geselligen Treffs, Festen, Bildungsreisen und vielem anderen mehr.

Wortverkündigung, Meditation und gemeinsames Mahl sind die Mitte des Gemeindelebens, das sich in einer Vielzahl von Interessengruppen und Veranstaltungen verzweigt. In diese Gruppen, die zwar im Verbund mit der Hochschule leben, aber nicht durch sie konstituiert sind, lädt ESG Studierende ein. Das schafft Freiräume zur offenen Begegnung und Auseinandersetzung.

E. R.

233 Kirchenbauten nach dem Zweiten Weltkrieg

Die soziale Entwicklung der ersten Nachkriegsjahre gab für die evangelische Gemeinde Regensburgs Anlaß zu einer zukunftsweisenden organisatorischen Veränderung. Insbesondere die Heimatvertriebenen ließen die Zahl der Protestanten in der Stadt deutlich anwachsen.

Seit 1814 hatte die Einteilung der Regensburger evangelischen Gemeinde in die Pfarreien Neupfarrkirche/Untere Stadt und Dreieinigkeitskirche/Obere Stadt Bestand gehabt. 1952 mußte diese Strukturierung notgedrungen durch neue Pfarrsprengel erweitert werden, die sich bald zu eigenen Pfarrgemeinden entwickelten. Zeitlich damit zusammmen fiel die Verselbständigung Regensburgs als Kreisdekanat nach einer Abzweigung vom südbayerischen Kirchenkreis 1951.

Architektonisches Symbol und Konzentrationspunkt der Gemeinden sind die Anfang der 50er bis Mitte der 60er Jahre erbauten Pfarrkirchen - meist Nachfolgebauten von Notkirchen. Ihre fast ausschließliche Dedizierung an die vier Evangelisten muß als Geste der protestantischen Betonung des Gotteswortes interpretiert werden. (Zur 1952/53 in Kumpfmühl errichteten und 1991 abgerissenen Notkirche von St. Johannes s. Kat. 234.)

DOLLINGER, bes. 406 ff. - Evangelisch-Lutherische Kirche St. Matthäus zu Regensburg 1954-1979, Festschrift Regensburg 1979, passim. - BAUER, 543 ff. - MORSBACH, 33-43.

233a

233a

233a St. Matthäus

Im sog. Kasernenviertel im Südosten Regensburgs stehen die markanten Architekturformen der Gemeindekirche St. Matthäus.
Nach Entwürfen des Münchner Architekten Adolf Abel 1953/54 errichtet, vereinigt das Kirchengebäude Gottesdienst- und Gemeinderaum unter einem Dach. Pfarr- und Jugendräume sowie ein Kindergarten schließen unmittelbar an. 1974/75 folgte eine Erweiterung nach Osten.
Das auffällige Erscheinungsbild entlehnt sich der biblischen Vorstellung (z.B. Off. 21,3) von einem über die Gemeinde gespannten Zelt, in dem Gott unter den Gläubigen anwesend ist. Demgemäß überdeckt ein ausladendes, um 90° aus der Altarachse gedrehtes Satteldach den breitgelagerten Baukörper. Dieser stuft sich in zunehmender Verbreiterung dreifach zur Mitte hin ab. Hohe buntverglaste Rechteckfenster bilden das optische Gegengewicht zur ausgeprägten Breitenerstreckung des Baus. Das vertikale Element erfährt eine zusätzliche Hervorhebung durch den assymetrisch aus der Dachachse gerückten Turm, der wiederum Satteldach und rechteckige Maueröffnung aufgreift; ursprünglich besaß er ein Flachdach. Die ebenfalls vom Kirchendach überfangene, östlich an den Altarbereich angrenzende Sakristei leitet - für das protestantische Verkündigungsverständnis keineswegs ungewöhnlich - zu einem balkonartigen Freipredigtplatz über.
Der Innenraum ist mit Hilfe von Rolläden und Schiebetüren flexibel zu einer Einheit von liturgischem Raum und Gemeinderaum erweiterbar. Maßgeblich geprägt wird das Innere von der diagonalen Überlagerung einer altarorientierten "liturgischen Achse" und einer kanzelbezogenen "Predigtachse". Die Querüberschneidung beruht auf einer beabsichtigten Raumverbreiterung nach Westen, zugleich Standort der Orgelempore. Schwarzer Marmor als Material für die räumlich eng verbundenen Elemente Altar, Kanzel und Taufstein läßt visuell deren Hervorhe-

bung als sakramental-liturgische Einheit erkennen. Die Ostwand des Altarbereichs wird völlig von einem monochromen Bild der Bergpredigt eingenommen. Ausgeführt wurde das enkaustisch, d.h. in einer speziellen Wachsmaltechnik auf Holz gefertigte Monumentalbild vom Münchner Kunstmaler Blasius Spreng. Eine Besonderheit des Werks ist seine räumlich gedachte Fortführung der abgeschrägten Holzbalkendecke durch seine an die Balken anschließende vertikale Unterteilung in Holzbretter. Einfallsreich ist auch die Präsentationsform eines in schweren archaisierenden Formen gehaltenen Bronzekruzifixus der Münchner Bildhauerin Luise Wilckens von 1958/59: Das Kreuz selbst ist nicht plastisch gestaltet, sondern einfach aus der unverputzten Ziegelmauer ausgespart.

233b St. Lukas

Die Lukaskirche wurde 1956/57 nach Plänen des Regensburger Architekten Gottfried Bauer am Hang des Sandbergs im Stadtnorden in schlicht-eleganten Formen erbaut. Akzentuiert in eine Terrasse eingebettet, erwächst aus dem begrünten umgebenden Freiraum ein unregelmäßig fünfeckiger Baukörper mit schräg angeschlossenem, hoch aufragendem Turm mit Flachdach. Die Hanglage begünstigt die räumliche Gliederung in Gottesdienstraum und darunterliegende Jugendräume. Angeschlossen sind mit gemeinsamem Eingang Gemeinderäume und Wohnung des Mesners.

Das Kircheninnere hat die Gestalt eines zum Altar hin sich verengenden Trapezes. Betonträger und füllendes Ziegelwerk greifen als

233b

233b

Baumaterialien homogen ineinander. Die kaum merkliche Staffelung der Fenster führt in Verbindung mit der eckigen Brechung des Grundrisses zu einer ausgeklügelten Lichtdifferenzierung beiderseits der Altarwand. Vor dem durch Stufen erhöhten Altarbereich steht das Taufbecken, Hinweis auf die zentrale Bedeutung des Taufsakraments als Teil des gemeinschaftlichen Gottesdienstes. Die Sitzbänke sind in drei Blöcken auf den Altar ausgerichtet, dem die Orgelempore am breiteren Ende des Trapezes gegenüberliegt. Die Ausstattung ist gemäß dem protestantischen Schmuckverzicht betont zurückhaltend: Sie beschränkt sich auf den blockförmigen Marmoraltar, über dem sich eine vom Münchner Maler Walter Senft geschaffene Holztafel mit dem Gekreuzigten, Maria, Johannes und dem Opferlamm befindet.

233c St. Markus

Von 1965 bis 1967 im Stadtwesten nach Plänen des Münchner Architekten Werner Eichberg entstanden, setzt sich diese originelle Raumschöpfung aus einem sechseckigen Kirchenbau mit Zeltdach, leicht erhöhtem Vorplatz und einem campanileartigen Glockenträger zusammen. Vom Kirchendach mitabgedeckt werden Gemeinschaftsräume und Mesnerwohnung, jeweils mit Zugang zum Gottesdienstraum. Erbaut aus Gußbeton und verkleidet mit Schiefer ist der eckig gebrochene Bau inspiriert an der Gestalt eines Kristalls. Diesem Vorbild entspricht auch der Innenraum. Über ein Netz aus dreieckigen Glasöffnungen fällt reichlich Licht von der zeltartig in die Höhe sich ausbreitenden Überdachung in den Raum und leuchtet ihn beinahe kristallklar aus. In der durch Stufen angehobenen Altarzone, über der sich das Dach betonend herabsenkt, wird durch das unmittelbare Nebeneinander von Kanzel, Altar und Taufstein auf die wesenhafte Durchdringung von Liturgie und lebendigem Sakrament angespielt. Eine technische Besonderheit ist die ausklappbare zweite Empore.

Ro. S.

233c

233c

233d Kreuzkirche

Die Pläne für die im östlichen Stadtbezirk Hohes Kreuz gelegene kleine Kirche lieferte 1962/63 der Münchner Architekt Franz Gürtner. Es handelt sich, wie dann auch bei St. Markus, um einen sechseckigen Bau mit Zeltdach. Den architektonischen Akzent des Komplexes mit vorgelegtem Versammlungsplatz setzt der hohe Pyramidenhelm des Turms. Im Gegensatz zu St. Matthäus und St. Lukas sind hier Mesnerwohnung und Gemeinderäume in einem von der Kirche getrennten Gebäude untergebracht. Über dem an der Südseite gelegenen Kircheneingang befindet sich ein von dem Nürnberger Maler Fritz Heidingsfeld gestaltetes Mosaik: die Arche Noah mit Kreuz und Taube als Symbol für die Erlösung der Welt im Zeichen des christlichen Kreuzes.

Der sechseckige Innenraum besitzt seinen Brennpunkt in der dreieckig in die dunklere Holzdecke hineinragenden Altarwand. Mit dieser auf die Heilige Dreieinigkeit verweisenden Dreiecksfläche korrespondiert die Dreiheit Altar, Kanzel und Taufstein, abermals die untrennbare Einheit von Sakrament und Predigt offenbarend. Dreiecke entstehen auch durch die Diagonalteilung der Fenster und durch die dreifache Durchbrechung des Altarwandabschlusses; dort in Buntglas eine Darstellung des Osterlamms im himmlischen Jerusalem von Hans Heidingsfeld. Aus der Hand dieses Künstlers stammt auch das mosaizierte Altarkreuz mit einer Darstellung des Gekreuzigten und der Abendmalssymbole Ähren und Trauben. Wie der Raum ist auch die Kanzel mehreckig gebrochen. Über drei Seiten des Innenraums erstreckt sich, von zwei Säulen getragen, eine Orgelempore.

234 Arbeitsmodell für das Gemeindezentrum St. Johannes. 1989

Architekturbüro Theodor Hugues
Finnpappe und Holz; 120 x 40 x 25 cm
Architekturbüro Theodor Hugues, München

1989 beschloß die Gemeide St. Johannes, ihre seit 1952 genutzte Behelfskirche endgültig durch einen Neubau zu ersetzen, da Kirche wie Pfarräume den Anforderungen der stetig wachsenden Gemeinde nicht mehr genügen konnten. Die zu einem Gotteshaus umgebaute ehemalige Kohlenlagerhalle war einst das Ergebnis des evang. Notkirchenprogramms gewesen, das der Kirchenbautag 1946 in Anbetracht der großen Kriegsverluste formuliert hatte, um durch ein schnelles und kostengünstiges Errichten einfacher Bauten - gedacht nur als kurzfristige Übergangslösungen - die seelsorgerische Versorgung der Gemeinden aufrecht zu erhalten. Nach fast 40 Jahren nimmt nun auch St. Johannes als letzte Regensburger Gemeinde Abschied von ihrem Nachkriegsprovisorium.

Im Frühjahr 1989 lud die evang.-luth. Gesamtkirchenverwaltung neun Architekten zu einem beschränkten Realisierungswettbewerb für ein Gemeindezentrum, bestehend aus Kirche, Gemeindehaus und Kindergarten. Als Wettbewerbsleistung waren ein Lageplan im Maßstab 1 : 500, Grundriß- und Aufrißpläne und Schnitte im Maßstab 1 : 200 sowie ein Modell im Maßstab 1 : 500 einzureichen. (Die Ausstellungsobjekte - Pläne wie Arbeitsmodell - im Maßstab 1 : 50.) Die geringe Grundstücksgröße und die umliegende Bebauung stellten zusätzliche Vorgaben dar, die eine ökonomisch wie städtebaulich verträgliche Lösung forderten. Der erste Preis ging an den Münchner Architekten Prof. Dr. Ing. Theodor Hugues. Sein Projekt sieht, wie das vorliegende Arbeitsmodell zeigt, eine additive Lösung vor, d.h. ein Nebeneinander der drei geforderten Bereiche, die je aus zwei tonnengewölbten zweigeschossigen Raumabschnitten über rechteckigem Grundriß bestehen. Hugues verabschiedet sich mit seinem Entwurf von der lange favorisierten Idee des multifunktionalen Einheitsraumes und entwickelt - an die Tradition der sechziger Jahre anknüpfend - einen Baukomplex, der unter einem einheitlichen Dach die Eigenständigkeit der einzelnen Funktionsbereiche bewußt aufrechterhält. Diese Vielfalt in der Einheit spiegelt auch die Fassadengestaltung wieder. Die Erschließung des Zentrums erfolgt über den Mitteltrakt, der sich in einen Haupteingang mit Halle und einen dahinterliegenden Gemeindesaal gliedert. An das Foyer fügt sich im Norden die Kirche an - die Haupterschließung des Gottesdienstraumes erfolgt einzig über die Halle! - und im Süden ein Wintergarten, um den hufeisenförmig die Kindergartenräume angelegt sind.

Da das Modell ein Arbeitsmodell ist und damit als unverzichtbares Planungsinstrumentarium bis zur Baufertigstellung 1993 gleichermaßen auf der Baustelle wie im Büro genutzt werden muß, kann es noch nicht den endgültigen Zustand des neuen Gemeindezentrums zeigen. Im Gegensatz zu einem Präsentationsmodell (vgl. Kat. 24) muß das Arbeitsmodell veränderbar sein, da durch die Dreidimensionalität der 'Architektur en miniature' die plastisch-räumlichen Beziehungen im Baugefüge erprobt, diskutiert und noch offene konstruktive und organisatorische Fragen geklärt werden können. Das Modell macht nicht nur Funktions- und Raumprogramm anschaulich, es dient den Bauherren auch als Grundlage für die Konzipierung der Kirchenausstattung.

G. LANGMAACK: Evangelischer Kirchenbau im 19. und 20. Jahrhundert. Geschichte, Dokumentation, Ergebnis, Kassel 1971. - B. KAHLE: Deutsche Kirchenbaukunst des 20. Jahrhunderts, Darmstadt 1990, 200 ff.

R. S.

Regensburger Reformationsjubiläen

Das 100jährige Reformationsjubiläum 1642 beging Regensburg erstmals im größeren Rahmen. Christian Gottlieb Gumpelzhaimer berichtet davon in seiner Geschichte Regensburgs: "Ein großes Fest bereitete sich am 15. (25.) Okt. für die Evangelischen, da es gerade 100 Jahre war, daß zuerst in der Neuen Pfarr evangelisch gepredigt und das Abendmahl unter beiderlei Gestalt ausgeteilt worden. ...Das Fest dauerte 3 Tage."[1] Dabei war dieses erste Jubiläum keine Selbstverständlichkeit, denn es tobte immerhin noch der 30jährige Krieg. Nur zwei Wochen später (2.11.1642) siegte der schwedische General Torstenson bei Breitenfeld nördlich von Leipzig über die Kaiserlichen unter Erzherzog Leopold und Piccolomini, weshalb, wie Gumpelzhaimer berichtet, "in Böhmen, Bayern und der Pfalz" alles nach Regensburg floh.[2] Es herrschte also damals beim Magistrat ein "vorsichtiger Geist". Man fragte sich zunächst, "ob ein christlicher evangelischer Magistrat auch Fug und Macht habe, ein christlich Festjubiläum anzustellen".[3] Obwohl man sich mit Festtagen nicht überhäufen wollte, stellte man dennoch fest, daß eine christliche Gemeinde aus christlicher Freiheit die "Ordnungsvollmacht" habe, ein besonderes Dankfest zu veranstalten. "Danach ist auch klar, daß der löblichen Stadt Regensburg nebst anderen hohen und niedrigen Ständen des Römischen Reiches die freie jurisdictionem ecclesiasticam in ihrem Gebiet erhalten, dafür in ihrer Kirchen und Schulen mögen solche Akte einführen, handeln und fortsetzen, die Gottes Wort in den prophetischen und apostolischen Schriften nicht zuwider" sind.[4] Es wurde ebenfalls daran erinnert, daß schon 1631 eine öffentliche Feier zur Einweihung der Dreieinigkeitskirche stattgefunden hatte.

Die Feierlichkeiten beginnen nach den Berichten am 14. Oktober in den drei evangelischen Kirchen (Neupfarrkirche, Dreieinigkeitskirche und St. Oswald) mit Vespergottesdiensten und Beichte. Am Sonnabend, dem 15. Oktober, wird "frühmorgens eine Betstunde in der Neuen Pfarr allein" abgehalten.[5] Danach wird "etwa um 7 Uhr zur ordentlichen Predigt geläutet."[6] Die Hauptpredigt soll dabei nach 1 Joh 5,2 ("Meine Kinder hütet euch vor den Götzen!") zum Inhalt haben, "daß man billig das Papsttum soll fliehen wegen der Abgötterei."[7] Nach dieser Hauptpredigt und der Heiligen Kommunion wird eine Mittagspredigt gehalten entweder nach Kol 1 ("Wir danken Gott") oder Phil 4 ("Freut euch im Herrn zu jeder Zeit"). Der Tag wird mit einer Vesperstunde und einer kurzen Predigt, die eine Ermahnung zur Dankbarkeit und beständigem Tun einschließt, abgeschlossen. Am Sonntag, dem 16. Oktober, wird in allen drei Kirchen gepredigt. Die Predigt aus dem Evangelium soll von der Vergebung der Sünden handeln und wie diese Lehre im Papsttum verfälscht sei.[8] Der Gottesdienst mit Abendmahl wird durch Motetten und Choräle ausgeschmückt. Bei der Mittagspredigt soll der Prediger "Die Lehre von der gnädigen Vergebung der Sünden" berühren.[9] Den Tag beschließt dann ein Vespergottesdienst. "Am Montag folgt zum Beschluß eine Dankpredigt in der Neuen Pfarr allein."[10]

Die Jubiläumsfeier beschränkte sich nicht auf Gottesdienste. Am 14. Oktober werden "zur Vesperzeit nach gehaltener Vesper" in der Poetenschule (Gymnasium Poeticum) deutsche Gesänge aufgeführt, und es wird aus Luthers Werken vorgelesen. Nach Beendigung der Festlichkeiten soll am 29. Oktober der Rektor emeritus eine Disputation über die Ablässe abhalten. Auch Schüler sollen kurze Reden theologischen Inhalts geben.[11] Am 21. hält der Rektor eine Disputation über Rechtfertigung, eine kurze Rede über die Hauptirrtümer des Papsttums in den Artikeln des Glaubens sowie eine weitere Rede, wie der Mensch durch Gottes Hilfe von diesen Irrtümern zum Licht des Evangeliums bekehrt wird.

Sinn des vom Rat angeordneten Jubelfestes sollte sein, daß "jedermann, hohen und niedrigen Standes, Jung und Alt, Einheimische und Fremde, so der reinen christlich apostolischen Lehre zugehören, ermahnt seien, ein christlich bußfertig Leben zu führen und Gott mit Gebet und Gesängen, in der Kirche und daheim anrufen, daß seine göttliche Allmacht Gnade verleihen wolle, damit wir diese Zeit möchten gesund erleben, in Friede und Ruhe, sonderlich daß unsere liebe Posterität bei dem heiligen, seligmachenden Wort und bei den Sakramenten erhalten werde, bis Gott einmal uns bringen wird zum ewigen Jubeljahr."[12] Zum Gedächtnis des Jubiläums erschienen die Predigten im Druck, Medaillen wurden geschlagen und ein Kupferstich wurde angefertigt (Kat. 236-238).[13] Da sich jedoch der Domprediger über den Kupferstich erregte, stellte der Magistrat fest, daß er dem Künstler nicht befohlen habe, diesen Stich anzufertigen und ermahnte ihn, damit vorsichtig umzugehen.[14] Dies zeigt, daß die evangelische Stadt trotz ihres entschiedenen Eintretens für die Reformation schon damals auf Ausgleich bedacht war.

Zur 200-Jahrfeier der Einführung der Reformation wurden die vom Superintendenten Georg Serpilius erstmalig herausgegebenen *Diptycha Reginoburgensia* (Kat. 221) neu veröffentlicht und bis 1742 weitergeführt.[15] Es ist ein biographisches Verzeichnis aller 16 bis dahin tätigen Superintendenten und der 121 von ihnen ins Amt berufenen Pfarrer. Schon das Abfassen eines solches Verzeichnisses zeigt, daß die Evangelischen in Regensburg inzwischen einen Sinn für eigene Tradition bekommen hatten und nicht allein aus der Konfrontation zum Katholizismus ihre Daseinsberechtigung ableiteten. An den zwei Sonntagen vor der Jubiläumsfeier wurde in den Vespergottesdiensten statt der sonst gewöhnlichen Vesper-Lektionen "auf catechetische Art und Weise durch Frag und Antwort" in allen drei evangelischen Kirchen das in Lehre und Leben vom göttlichen Gebot zu wissen nötig ist "deutlich und gründlich erörtert", damit die "darauf folgende Jubel-Predigten selbst mit desto mehrerer Einsicht und Erbauung möchten angehöret

werden."[16] Am Sonntag vor den Feierlichkeiten wurde in den drei Kirchen verkündet, daß der "Herr Kämmerer und Rat mit Zuziehung ihres Konsistoriums und des gesamten Predigtamtes" ein solemnes Dank- und Jubelfest in allen drei evangelischen Hauptkirchen "auf drei Tage" hintereinander angeordnet hätten. Man solle ferner "dem öffentlichen Gottesdienst in geziemender, ehrbarer Kleidung" beiwohnen und sich "aller ordentlichen Arbeit und Feilhabens" enthalten.[17]

Da der 15. Oktober, der eigentliche Festtag, auf einen Montag fällt, beginnen die Feierlichkeiten schon am Samstagabend mit einem Vespergottesdienst. Am Montag wird beim Festgottesdienst das "A. 1642. als hiesigem ersten Jubel-Fest gebrauchte schöne Jubel-Gebeth abgelesen".[18] Am Mittwoch, dem 17. Oktober, werden ähnlich wie 1642 wieder "auf unserem Gymnasio von einigen aus der daselbst studirenden Jugend diesem Jubel-Fest zu Ehren gleichfalls einige solenne Denck-.. und Lob-Reden publice abgelegt".[19]

Sinn des Jubiläums ist nicht so sehr die Abgrenzung der Evangelischen gegen den Katholizismus, sondern daß man der armen und bedürftigen Mitchristen mit Wohltaten "mitleidig eingedenk sei" und den eigenen Wandel erneuere und verbessere. Die moralische Betonung ist im damaligen Zeitalter der Aufklärung unübersehbar. Aber auch das Festliche kam nicht zu kurz. Die Gottesdienste waren reich musikalisch ausgestaltet, es wurden Erinnerungsmedaillen und Jubelpfennige geprägt, und am Jubiläumstag spielten die Stadtmusici mittags um 12 mit Posaunen und Zinken "auf dem Turm des Rathauses stehend, das Lied 'Nun danket alle Gott'. Pauken und Trompeten leiteten das Spiel ein und setzten einen wirkungsvollen Schlußakkord."[20] Vom Jubiläum 1792 soll nur berichtet werden, daß Carl Theodor Gemeiner aus diesem Anlaß eine *Geschichte der Kirchenreformation in Regensburg aus den damals verhandelten Originalacten beschrieben* verfaßte (Regensburg 1792).

Das 300jährige Jubiläum der Einführung der

Reformation beging Regensburg als eine bayerische Stadt. Das Jubiläum wurde deshalb vom bayerischen König ausdrücklich genehmigt. Am ersten Festtag (Samstag) erschallte um halb sieben Uhr früh Choralmusik vom Turm der Neupfarrkirche und am darauf folgenden Tag ebenfalls zur gleichen Zeit Choralmusik vom Turm der Dreieinigkeitskirche. Der Festgottesdienst am Sonnabend um 10 Uhr in der Dreieinigkeitskirche "zur Feier des hohen Namensfestes Ihrer Majestät der Königin" sollte betonen, daß sich die Regensburger Protestanten unter dem Wittelsbacher Protektorat wohlfühlten.[21]

Doch die Eingliederung in das Königreich Bayern schien bei einigen katholischen Stadtbewohnern alte Ressentiments zu bekräftigen. Schon im Vorfeld des Reformationsjubiläums von 1817 erschien anonym *Einige Ansichten der künftigen Jubelfeyer der Protestanten von einem Katholiken* (Verlagsort: Deutschland, 1817). Darauf gab es eine Erwiderung eines Protestanten und eine Replik des Katholiken.[22] Sogar Carl Theodor Gemeiner sah sich gemüßigt, auf die Angriffe der katholischen Seite zu antworten, zumal die Schrift des Katholiken unter dem Motto stand "Noli laetare Israel, noli exultare" (Du sollst dich nicht freuen, Israel, du sollst nicht jubilieren). Gemeiner will nicht die Lehre der Katholiken widerlegen, sondern den literarischen Gegner darauf aufmerksam machen, daß, wenn dieser schon "durch das Programm und die Ankündigung" eines Jubiläums der Lutheraner so aufgereizt wird, wie sollte dann nicht ein Protestant durch "die Behauptung von Rechtgläubigkeit und Unfehlbarkeit" einer "allein seligmachenden Kirche" von katholischer Seite her empfindlich getroffen werden.[23] Zudem gibt er ihm zu bedenken, daß Martin Luther von den Lutheranern niemals zu einem unfehlbaren Heiligen hochstilisiert wurde und selbst gute Katholiken freimütig bekannten, wie sehr sich die spätmittelalterliche Kirche vom rechten Glauben entfernt hatte. Schließlich ist er überzeugt, daß Protestanten und Katholiken im Wesentlichen des christlichen Glaubens übereinstimmen, und er hofft, daß das Jubeljahr 1842 beide Religionsgemeinschaften dem ersehnten Ziel der Einheit näherbringen möge.[24] Aber die Hoffnung Gemeiners sollte sich nicht erfüllen.

Zum 300jährigen Jubiläum schrieb Pfarrer Friedrich Linde eine *Kurze Geschichte der Kirchen-Reformation in Regensburg* (Kat. 243). Diese Festschrift beginnt mit der Frage, warum vor zwei Jahren, als die katholischen Mitbürger ein glänzendes Jubelfest zum 1100jährigen Jubiläum der Diözese Regensburg feierten, die Evangelischen nicht an den Umzügen, Versammlungen und Andachten teilnahmen.[25] Der Verfasser kommt zum Schluß, daß wir nach den Grundsätzen des evangelischen Glaubens immer noch an vielem in der katholischen Kirche Anstoß nehmen, obwohl sie nicht mehr das ist, was einst zur Reformation führte. Am Ende seiner Betrachtung gibt er zu, daß die Reformation der Kirche zugleich eine Kirchenspaltung gewesen ist, wenngleich die Trennung nur ein letzter Schritt war, als alles Bemühen um Reformation innerhalb der Kirche vergeblich blieb.[26] Für das Jubiläum wünscht er sich nun, daß es nicht nur eine schöne Erinnerungsfeier sei, sondern daß derselbe Geist, der in den Vorfahren lebte, noch weiter am Werk bleibe, "derselbe um das ewige Heil der Seelen bekümmerte Ernst, derselbe mächtige Drang nach der reinen und vollen Wahrheit, dieselbe unwandelbare Freude an Gottes Wort, dieselbe Bereitwilligkeit und Entschiedenheit, um des Glaubens willen - wenn es darauf ankäme - alles zu wagen, alles zu tragen."[27]

Inzwischen hatte sich aber das Klima gewandelt. Das Festhalten der Evangelischen an der Glaubensüberzeugung der Vorfahren war manchen Katholiken ein Dorn im Auge. So schrieb der Prediger an der Domkirche, Anton Westermayer, eine Entgegnung, die man schlechthin als unversöhnliche Schmähschrift bezeichnen kann (Kat. 257). Er reduziert die mittelalterlichen Mißstände auf Probleme in der "Kirchendisziplin" und hält Luther vor, daß dieser statt die Disziplin zu verbessern, sie noch verschlechterte und dazu "ganze Stücke vom Lehrgebäude" als morsche Trümmer "hinweghaute", so daß Luthers *Reformation* eine *Deformation* war.[28] Den evangelischen Regensburgern macht er alle möglichen Schändlichkeiten zum Vorwurf. Sie setzten Marksteine zwischen "den geistlichen und Bürgersgründen", sie beschränkten die Fronleichnamsprozessionen auf bestimmte Straßen, sie gruben "an den Domherrnhöfen Säulen für ihre Sperrketten" ein und hätten sich an Nachlässen bereichert.[29] Sodann redet er ihnen ins Gewissen: "Ja, getrennte Brüder! gedenket wovon ihr gefallen seid, nämlich von der katholischen Kirche, der ihr alles, was ihr habt, verdanket; eurem Luthertume verdanket ihr nur, was ihr nicht habt. Es hat euch Gottes reines Evangelium verheißen und euch nur Irrtum dafür gegeben; es hat euch dermaßen das reine Wort Gottes entzogen, daß ihr jetzt noch nicht wisset, worin dieses reine Wort bestehe; darum kehret zurück zu eurer Mutterkirche, tuet Buße und die ersten Werke, wie sie allen Frommen und Heiligen Gottes in der katholischen Kirche je geübt haben, aber nicht die letzteren, die lutherischen, die ihr fürs erste gar nicht zur Seligkeit brauchet, sondern euch zur selben sogar schädlich sind."[30] Hier spricht kein Vertreter einer Minderheit, sondern einer, der sich durch eine katholische Mehrheit gestärkt und durch den wachsenden Ultramontanismus bekräftigt weiß. Daran änderte auch die Replik Lindes nichts (Kat. 258).[31] Das Pamphlet des Dompredigers führte jedoch auf der evangelischen Seite zu einem allgemeinen Schrei der Entrüstung, so daß die Polizei einschritt und die Schrift konfisziert wurde.[32] Auch der Versuch einer schriftlichen Rechtfertigung verlieh der Position Westermayers keine größere Überzeugungskraft.

Eine *Kurzgefaßte Geschichte der Kirchen-Reformation in Regensburg* des königlichen Dekans und Stadtpfarres Carl Friedrich Heinrich Hermann, die ebenfalls als Festgabe zur 300-Jahr-Feier verfaßt wurde, blieb ohne Reaktion von katholischer Seite. Der Dekan wies darauf hin, daß im Vergleich zu vielen anderen Gebieten und Städten die Reformation in Regensburg anders verlaufen sei. Es war keine von oben verordnete Reformation, sondern eine Bewegung von unten nach oben. Man bereicherte sich auch nicht an den Klöstern, Pfründen, Stiftungen und Kirchengütern, sondern "hier blieben die Klöster und Kirchengüter unangetastet und in den Händen des katholischen Teils, und der Rat mit der Bürgerschaft mußte für die Besoldung der Geistlichen und Kirchendiener, für die Bedürfnisse des Gottesdienstes, für die Gründung höherer und niederer Schulen, für die Unterstützung und Versorgung der Armen aus eigenen Mitteln Sorge tragen, und tat es auch gerne und größtenteils durch freiwillige Gaben und milde Stiftungen".[33] Neben diesen Festschriften gab es zum Jubiläum auch wieder drei Tage lang meist gottesdienstliche Veranstaltungen von Samstag, den 15. Oktober bis Montag, den 17. Oktober. Besonders ist dabei hervorzuheben, daß am ersten Festtag, dem Samstag, der damals noch ein voller Arbeitstag war, "das rücksichtsvolle Verhalten der katholischen Mitbürger" nicht wenig dazu beitrug, diesem Tag eine festliche Atmosphäre zu verleihen.[34]

Angesichts der Vorfälle von 1842 war es nicht verwunderlich, daß Wilhelm Geyer, Stadtvikar in Regensburg, zum 350. Reformationsjubiläum bei der Herausgabe einer Geschichte der Einführung der Reformation in Regensburg sehr vorsichtig ans Werk ging. Er wollte nach Möglichkeit alles vermeiden, was irgendwie die Gefühle seiner "katholischen Mitbürger reizen und verletzen könnte".[35] Trotzdem meinte er, daß von den beiden christlichen Konfessionen "eine jede recht wohl ihren eigentümlichen Standpunkt behaupten und in Wort und Schrift zur Darstellung bringen" könnte. Doch sollte für ihn Anton Westermayer kein Vorbild sein. Er wollte vielmehr "in ruhiger, sachgemäßer Weise den evangelischen Bewohnern Regensburgs jene 'vorige Zeiten' vor Augen stellen, da unsere Väter voll Geduld und Heldenmut der neuen, als wahrhaftig von ihnen erkannten Lehre Luthers den Eingang in ihren Häusern und Herzen errangen". Er beschränkte seine Darstellung auf eine streng historische Wiedergabe, die mit 1552, dem Passauer Vertrag, endete, der den Protestanten ihre Religionsfreiheit zurückgab und Regensburg vor einer Belagerung durch Kurfürst Moritz von Sachsen bewahrte. Eine Würdigung des Reformationsgeschehens oder einen Ausblick auf die Gegenwart suchen wir bei ihm vergeblich.

Das 400jährige Jubiläum der Einführung der Reformation in Regensburg fiel mitten in die schweren Jahre des 2. Weltkriegs. Das Reformationsgedächtnisfest begann am Sonnabend, dem 31. Oktober, um 20 Uhr, mit einer liturgischen Vorfeier in der Neupfarrkirche. Das Hauptfest war für Sonntag, den 1. November angesetzt. Um 8.30 Uhr hielt in der Neupfarrkirche Landesbischof Dr. Meiser in einem Beicht- und Abendmahlsgottesdienst die Predigt, in der er auch auf die Kriegsereignisse Bezug nahm.[36] Um 10 Uhr fand in der Dreieinigkeitskirche ein Gottesdienst mit Predigt von Oberkirchenrat Daumiller, evang.-luth. Kreisdekan in München, statt, sowie eine Begrüßung durch den Landesbischof. Um 10.30 Uhr war in der Neupfarrkirche Kindergottesdienst mit Begrüßung der Kinder durch Landesbischof Meiser. Entsprechend der damaligen Zeitumstände stand auf dem Einladungszettel: "Nach Fliegeralarm beginnen die Gottesdienste in der Neupfarr- und Dreieinigkeitskirche um 10 Uhr und wird der Kindergottesdienst auf 11 Uhr in die Bruderhauskirche verlegt".[37] Oberstudienrat Dr. Theobald aus München hielt um 15.30 Uhr in der Neupfarrkirche den Festvortrag, in dem er auch auf die Not der Zeit hinwies: "Zur 250- und zur 300-Jahrfeier sind eigene Schriften gedruckt worden. Letzteres kann heute nicht geschehen. Aber in die Geschichte wollen wir uns auch versenken, sowie es eben in einer Stunde geht. Schlicht und einfach solls geschehen. Alles was irgendwie verletzen oder Streit hervorrufen könnte, soll ferne bleiben." An die Feier schloß sich vom 2.-8. November täglich um 20 Uhr in der Bruderhauskirche eine Bibelarbeit an.[38]

Dieses Reformationsjubiläum war, den Umständen entsprechend, auf das Wesentliche konzentriert. Dennoch hatte es für die evangelischen Christen eine große Bedeutung, wie Pfarrer Friedrich Kaeppel, der an der Dreieinigkeitskirche tätig war, an Landesbischof Meiser schrieb. Der Pfarrer berichtete: "Das Fest hat offenbar auch auf die Gemeinde seine Wirkung nicht verfehlt, denn die an das Jubiläum angeschlossene Bibelwoche war außerordentlich gut besucht. Die Bruderhauskirche erwies sich fast als zu klein für die große Menge der Besucher. Viele von ihnen fanden keine Sitzplätze mehr und mußten deshalb stehen. Eine ganz besondere Freude hat den Kindern der Besuch 'ihres' Herrn Landesbischofs bereitet. Sie konnten sich hernach gar nicht genug tun mit dem Erzählen von all dem, das sie gesehen und gehört hatten, und vor allem sind sie darauf stolz, daß sie dem Herrn Landesbischof die Hand geben durften. Das wird ihnen unvergeßlich bleiben."[39] Die Festlichkeiten verliefen ohne Störungen durch die damaligen Machthaber, was besonders dankbar vermerkt wurde.

Obwohl die Reformationsjubiläen stets die Erinnerung an die Einführung der Reformation in Regensburg zum Gegenstand hatten, sind sie auch ein Spiegel der jeweiligen Zeit, sowohl was das äußere Umfeld anbelangt als auch wie sich die evangelische Seite im Verhältnis zu den Katholiken und zum eigenen Erbe versteht.

1. GUMPELZHAIMER III, 1279.
2. Ebd. 1280.
3. Modus celebrandi annum Jubilaeum in Ecclesia Ratisbonensi Evangelica de anno 1642 (Landeskirchliches Archiv Regensburg - LKAR, Nr. 158, 1,1-4.)
4. Ebd. 1,28-34.
5. Ebd. 5,224-226.
6. Ebd. 10,433-435.
7. Ebd. 10,450-453.
8. Ebd. 12,533-536.
9. Ebd. 12,545 f.
10. Ebd. 12,558 f.
11. Vgl. dazu ebd. 13,587-14,636.
12. So der Beschluß Decretum de Anno 1642 d. 15 Octobris (LKAR, Nr. 156).
13. Vgl. dazu LOREY-NIMSCH: 100-Jahr-Feier, die eine ausführliche Interpretation des Kupferstiches bietet.
14. So GUMPELZHAIMER III, 1279 f., der das Magistratsprotokoll zitiert.
15. Memoria Bis-Secularis Antistitum & Ministrorum Ecclesiae Evangelicae Reginoburgensis: Oder Zweyhundert jähriges Ehren- Gedächtnis Derer Evangelischen Superintendenten und Kirchen- Diener in der Des Heil. Röm. Reichs Freyen Stadt Regenspurg Welche von Anfang der hiesigen Evangelischen Reformation bis auf diese jetzige Zeit allhie gelehrt, usw., Regensburg 1742.
16. Verordnung wie es mit dem gegenwärtigen Zweyten Danck- und Jubel-Fest unserer hiesigen Regenspurgischen Evangelischen Particular-Kirche d. 15. Octobr. A. 1742. gel. Gott! soll gehalten werden, Regensburg 1742, 2 f.
17. Ebd. 8 f.
18. Ebd. 11.
19. Ebd. 12.
20. So LOREY-NIMSCH: 200-Jahr-Feier, 343.
21. Am 300jährigen Jubelfest der Kirchen-Reformation in Regensburg und 21. Sonntag nach Trinitatis (Festprogramm), LKAR, Nr. 552.
22. Freimüthige Untersuchungen eines Protestanten über die im Oktober erschienene Schrift: Einige Ansichten der künftigen Jubelfeyer der Protestanten von einem Katholiken (Regensburg 1817), sowie Ein Paar wichtige und nothwendige Worte zur Berichtigung der Freymüthigen Untersuchungen eines Protestanten über die Ansichten der Jubelfeyer der Protestanten von einem Katholiken zur Bestätigung der gegebenen Ansichten Von ihrem Verfasser (o. O. 1817).
23. Vgl. C. Th. GEMEINER: Einige besondere Umstände aus der Reformationsgeschte usw., Regensburg 1817, 14.
24. Vgl. ebd. 31.
25. Zum Folgenden vgl. LINDE, 1 ff.
26. Vgl. ebd. 85 f.
27. Ebd. 88.
28. Vgl. A. WESTERMAYER: Die Reformation überhaupt und ihre Einführung in Regensburg insbesondere. Eine kritische Beleuchtung der bei Julius Heinrich Demler erschienenen Festschrift zum 300jährigen Jubiläum der völligen Einführung des evangelischen Gottesdienstes in Regensburg, Regensburg 1843, 86.
29. Vgl. ebd. 106-110.
30. Ebd. 228.
30. F. LINDE: Kurze Geschichte der Kirchen-Reformation in Regensburg, Nürnberg ²1843.
31. S. ebd. IV, und Epistel an Herrn Konsistorialrath und Pfarrer Friedrich Linde in Berndorf, Regensburg 1843, 1.
32. HERMANN, 43.
33. So LINDE in seiner Einleitung zur 2. Auflage seiner Kurzen Geschichte, IV, der auch dort die einzelnen gottesdienstlichen Veranstaltungen aufführt.
34. Für dieses und das nachfolgende Zitat s. W. GEYER: Die Einführung der Reformation in Regensburg. Zur Erinnerung an das 350jährige Reformationsjubiläum, Regensburg 1892, 6f.
35. Vgl. Predigt am Reformationsfest 1942 zum 400jährigen Jubiläum der Einführung der Reformation in Regensburg über 2 Kor 4, 6, LKAR, Nr. 552.
36. "Einladungszettel", LKAR, Nr. 552.
37. S. Manuskript des Vortrags, S. 2, LKAR, Nr. 552.
38. Brief vom 9. November 1942, LKAR, Nr. 552.

H. Sch.

235 Abendmahlskelch (sog. Jubelkelch). 1642

Bz: gekreuzte Schlüssel für Regensburg (R3 4440) auf dem Standring, Mz: CK im Doppeloval für Christoph Kurz (nicht bei R3) am Lippenrand und auf dem Standring
Silber, getrieben, gegossen, vergoldet; H. 29 cm
Regensburg, Neupfarrkirche

Der Abendmahlskelch, der anläßlich der Hundertjahrfeier der Einführung der Reformation am 15. Oktober 1642 vom Rat der Stadt gestiftet wurde, lehnt sich bewußt an gotische Vorbilder an. Sowohl in der evangelischen wie auch in der katholischen Kirche ist die bewußte Wiederaufnahme gotischer Formen festzustellen; damit sollte jeweils historisierend auf die "alten Wurzeln" des Glaubens hingewiesen werden. So übernimmt der "Jubelkelch" mit leichten Änderungen die Formen des "Reformationskelches" (Kat. 57) von 1542. In den sechspassigen Fuß sind zwei Medaillen auf dieses Jubiläum (Kat. 238) so eingelassen, daß Vorder- und Rückseite sowohl auf als auch im Fuß zu sehen sind.

Vom Verfertiger des Kelches ist bisher nur wenig bekannt. Am 27. Juli 1637 legte er die Bürgerpflicht ab und verstarb bereits am 22. Juni 1645. Diese kurze in Regensburg nachweisbare Zeitspanne läßt einen zugewanderten Goldschmiedemeister, möglicherweise einen Exulanten, vermuten.

Inventar Neupfarrkirche 1767, Nr.9 - KDB II, 206.- Kat. Regensburg 1958, Nr. 399.- PFEIFFER: Neupfarrkirche, 13. - SCHLICHTING: Kirchenschatz I, 16.

M. A.

236 Jubelblatt zum Reformationsjubiläum von 1642

Johann Georg Bahre
Kupferstich; 28 x 23,4 cm
Bez.: Sculp. et Fig. 1642 J.G.Bahre
Museum der Stadt Regensburg (HV 990)

Im unteren Teil des Kupferstichs trägt eine Rollwerkkartusche die lateinische Inschrift: *"Der 25. Tag im Oktober, als das Licht des heiligen Wortes in unserer Stadt vom Himmel erstrahlte. Bewahre es bis ans Ende der Welt, Retter Jesu, damit es die Winde nicht auslöschen und das Dunkel der Nacht nicht bedrängt."* Die Initialen C.S.D. könnten für den protestantischen Prediger Christoph Sigismund Donauer stehen, als dem Verfasser von Titel und Programm des Blatts. Über der Kartusche sitzt Chronos mit Sense und Stundenuhr, ein Schriftband ist bezeichnet *TEMPVS*, die Zeit. Chronos hält zwei Medaillons, von denen das linke die Wallfahrtskirche zur Schönen Maria nach dem Holzschnitt Michael Ostendorfers zeigt, das rechte die Neupfarrkirche. Über den Medaillons verkündet Fama die auf das Kommen des Erlösers bezogene Weissagung des Zacharias: *VISITAVIT NOS ORIENS EX ALTO LVC:I* (... durch welche uns besucht hat der Aufgang aus der Höhe). In den oberen Ecken des Blatts sind *TENEBRAE* (Finsternis) und *LVX* (Licht) den Medaillons zugeordnet: Über der Wallfahrtskirche erscheinen unter schwarzen Wolken Eule, Fledermaus und Rabe, ein Engel wehklagt mit dem Spruch: *DILEXERVNT HOMINES MAGIS TENEBRAS IOAN.* (Die Menschen haben die Finsternis mehr geliebt). Auf der rechten Seite durchbricht die Sonne die Wolken, der reichsstädtische Adler reckt sich ihr entgegen und ein Engel mit einer Fackel bringt das *EVANGELIVM AETERNVM* zur Neupfarrkirche.

Der polemische Charakter dieses Kupferstichs steht in auffälligem Gegensatz zu den Medaillenprägungen, die zu diesem Reformationsjubiläum erschienen. So ist es durchaus glaubwürdig, wenn Gumpelzhaimer berichtet, der Rat der Stadt habe auf die Beschwerden des Dompredigers hin erklärt, er kenne zwar den Kupferstich, den der Goldschmied Hans Georg Bahre dem Rat übergeben hatte, er habe den Stich aber nicht in Auftrag gegeben.

DIMPFEL I, 53. - GUMPELZHAIMER III, 1279f.- O. HUPP: Das Rathaus zu Regensburg, Regensburg 1910, 183. - LOREY-NIMSCH: 100-Jahr-Feier, 188-90.

P. G.-B.

237 Jubelblatt zum Reformationsjubiläum von 1642

REGENSPVRG GEGEN MITTAG 1642
Georg Sigmund Rentz (1626-1689)
nach Johann Georg Bahre
Kupferstich; Platte 22 x 15,7 cm
Bez.: Bahre. Inuent: G.S.Rentz Sculp:
Museum der Stadt Regensburg (HV 886)

Ein Rundmedaillon mit der Stadtansicht von Süden ist umschrieben: DEIN WORT O HERR SCHALT IN DIE C (hundert) IAHRE IN DISER STADT DASSELB FERNER O GOTT BEWAHRE. In das Rollwerkornament der Rahmung sind große Blüten eingebunden; oben sitzt ein Englein mit Palmzweig und Posaune.

Der Goldschmied Georg Sigmund Rentz erhielt im Jahr 1650 das Bürgerrecht; im Stammbuch des Stadtgerichts ist Rentz als Assessor abgebildet.

Ob dieser Stich eine Alternative zu Kat. 236 darstellt oder diesen ergänzen sollte, ist nicht bekannt.

SAR IAa 9: Wappenbuch. - Meisterliste, Nr. 87. - GUMPELZHAIMER III, 1279f. - VHVOR 5 (1839), 126. - Kunstdenkmäler I, 34. - BAUER, 869, Nr. 22. - W. MAYER, Nr.337.

P. G.-B.

238 Medaillen auf die erste Säkularfeier der Einführung der Reformation 1642

Die Medaillenfolge von 1642 ist ikonographisch sehr einheitlich gestaltet. Im Mittelpunkt steht jeweils die Bibel als Grundlage des christlichen Glaubens, hinzu kommt das Buch der Augsburger Konfession von 1530 und in einem Fall als drittes die Konkordienformel von 1577, 1580 als Konkordienbuch festgelegt. Die schriftliche Festlegung des Wortes Gottes und des Lehrgebäudes der evangelischen Kirche ist eng verbunden mit einer typisch protestantischen Lichtsymbolik, dem Bild der Kerze. Auf den meisten Reformationsmedaillen ist ihr Bezug zu Martin Luther klar gegeben: der Reformator hält einen Leuchter oder eine Kerze, er nimmt den Scheffel vom Licht oder reinigt die Kerze mit einer Lichtputzschere. Eine Beischrift wie LVTHERVS HAT ANS LICHT GEBRACHT/ GOTTES WORT AVS DER FINSTEREN NACHT (Schnell, 27) erläutert dies. Die Verbindung der Kerze mit den verschlungenen Händen als Symbol der Eintracht stellt eine Besonderheit dieser Regensburger Medaillen dar, ebenso die Beischrift "Arm Gottes", die sich auf das Wort Gottes bezieht.

Die Aufzeichnungen des Kämmerers Paul Mämminger berichten, daß der Goldschmied Hans Georg Bahre dem Rat der Stadt am 11. Juni unterschiedliche Entwürfe für Medaillen zum bevorstehenden Jubiläum übergab.

Anläßlich des Jubiläums 1642 wurde für die Neupfarrkirche ein großer Kelch angefertigt, in dessen Fuß zwei Jubiläumsmedaillen eingelassen sind (Kat. 235).

SAR, JUR VI, Nr. 26, fol. 117. - DIMPFEL I, 53f. - SCHNELL, 27f. - LOREY-NIMSCH: 100-Jahr-Feier.

Inschrift: .XV . OCTOB[ris]: / DAS IVBELFEST / * MAN HEVT BEGETH / GOTT GEBS AV-/ CH DER POST-/ *ERITÄT*/ *S[enatus]. P[opulus]. Q[ue]. R[atisbonensis]*

PLATO Nr. 42. - Slg. BELLI Nr. 1655. - Slg. RUMPF Nr. 239. - DOLLINGER Abb. S.460. - Slg.WHITING Nr. 130.

238.1

1. Medaille - *Silber, geprägt; 42 mm; 18,97 g*

Entwurf: H. G. Bahre
Museum der Stadt Regensburg

238.2

Vs.: Zwei links und rechts aus den Wolken ragende Arme halten einen sogenannten Kragenleuchter mit brennender Kerze zwischen der bogigen Zeile BRACHI-VM DEI (der Arm Gottes), darunter auf einem Tisch ein aufgeschlagenes Buch S[ancta].BIBLIA, vor dem Tisch ein weiteres aufgeschlagenes Buch mit der dreizeiligen Inschrift CON-FES[sio]/AVG-VST/A-NA; unten geteilt: *DEN . XV * OCTOBRIS*. Oben auf einem Schriftband, das in die Umschrift übergeht: V[erbum]. D[omini]. M[anet]. I[n]. AE[ternum]. (Das Wort des Herrn wird in Ewigkeit bestehen bleiben). Umschrift: NV[n] LEVCHT DIS LICHT V[n]S 100 IAHR.- DASSELB NOCH FORT V[n]S GOTT BEWAHR; dazwischen unten in einem Ovalfeld 1542.
Rs.: Reich ornamentiertes Rahmenwerk, auf dem oben zwei Englein mit Lorbeer- und Palmzweig das Stadtwappen flankieren. Im Rahmen oben 16-42 und die siebenzeilige

2. Medaille - *Silber, geprägt; 41 mm; 18,92 g*

Museum der Stadt Regensburg

Vs.: Wie vorher.
Rs.: In der Mitte Stadtwappen, flankiert von zwei nur mit einem Schleier bekleideten Engeln, die brennende Fackeln halten; darüber ein aufgeschlagenes Buch: *SO-LI/* D-EO/ GLO-RIA (allein Gott sei Ehre). Umschrift: DAS IVBELFEST MAN HEVT BEGETH* GOTT GEBS AVCH DER POSTERITÄT ; dazwischen in Ovalfeld: 1642.

PLATO Nr. 43.

3. Medaille - Silber, geprägt; 34 mm; 14,52 g

Museum der Stadt Regensburg

Vs.: Wie vorher, jedoch BRACH-IVM DEI und CON-FES / AVG-VS / TA-NA anders geteilt.
Rs.: In der Mitte Stadtwappen in reicher ornamentaler Einfassung, darüber ein aufgeschlagenes Buch: FOR-MULA / CONCORDIA (Die Konkordienformel), links und rechts herum .PER FIDEM ET - CONSTANTIAM (Durch Glauben und Beständigkeit). Umschrift wie vorher.

JUNCKER, 465-466. - Plato Nr. 44. - Slg. BELLI Nr. 1657. - Slg. WHITING Nr. 131. - SCHLÜTER Nr. 71.

4. Medaille - Silber, geprägt; 33 mm; 9,45 g

Museum der Stadt Regensburg

Vs.: Wie vorher.
Rs.: Oben Stadtwappen mit der geteilten Datierung 16-42; fünf Zeilen Text: DAS IVBELFEST/ MAN HEVT BEGETH/ GOTT GEBS AVCH*/ DER POSTERITÄT/ S.P.Q.R

JUNCKER, 464. - PLATO Nr. 45. - Slg. BELLI Nr. 1656. - Slg. RUMPF Nr. 241. - Slg. WHITING Nr. 132.

5a. Medaille - Gold, geprägt, 2 Dukaten; 27 mm; 6,97 g

5b. Medaille - Silber, geprägt; 27 mm; 5,03 g

Museum der Stadt Regensburg (a,b)

Vs.: Zwei Arme halten den Kerzenleuchter, darunter auf bzw. vor dem Tisch S. BIBLIA. und CONFES / AVGUST / ANA, oben ein Schriftband: .V.D.M.I.AE., seitlich geteilt. DEN . XV . OCTOB:
Rs.: Oben Stadtwappen mit der geteilten Datierung 16-42; fünf Zeilen Text: NVN LEUCHT DIS/ LICHT VNS 100 IAHR/ DASSELB NOCH FORT/ V[n]S GOTT BEWAHR/ .S.P.Q.R.

JUNCKER, 463-464. - PLATO Nr. 46. - LEU, Auktion 47, Zürich 1988, Nr. 2008 (a).

6a. Medaille - *Gold, geprägt, Dukat; 22 mm; 3,45 g*

6b. Medaille - *Silber, geprägt; 23 mm; 1,84 g*

Museum der Stadt Regensburg (a,b)

Vs.: Auf einem Tisch mit Volutenfüßen liegt ein aufgeschlagenes Buch, bezeichnet: *S.[ancta]. .B[iblia].*; darüber der Leuchter mit der brennenden Kerze, oben ein Schriftband: *.V.D.M.I.AE.*; seitlich geteilt: *.DEN . XV .- OCTOB:*
Rs.: Oben das Stadtwappen, daneben geteilt: *16-42*. Fünf Zeilen Text: *DAS IVBELFEST / MAN HEVT BEGEHT / GOTT GEBS AVCH / DER POSTERITÄT / S.P.Q.R*

JUNCKER, 465. - PLATO Nr. 47. - Slg. RUMPF Nr. 238. - Slg. WHITING Nr. 129 (b).

P. G.-B.

239 Medaillen zum Reformationsjubiläum von 1717

Auch das zweite Reformationsjubiläum vom Jahr 1717 wurde mit einer dreitägigen Feier begangen. Auf Anordnung des Rates prägte der Münzmeister Johann Michael Federer drei "Jubel-Pfennige". Die erste Medaille zeigt die Personifikation der evangelischen Kirche, die zweite, in zwei Größen erschienene, die Personifikation der Ratisbona. Eine dritte, nur bei Dimpfel beschriebene Medaille, zeigte das Bild Martin Luthers, der in der einen Hand eine brennende Kerze, in der anderen die aufgeschlagene Bibel hält. Dieses häufig anzutreffende Medaillenmotiv ist unter den Regensburger Prägungen sonst nicht bekannt.

DIMPFEL I, 200ff. - LOREY-NIMSCH: Feste, 29.

239.1

1. Medaille - *Silber, geprägt; 41 mm; 25,23 g*

Medailleur: Christoph Daniel Öxlein; Münzmeister: Johann Michael Federer
Museum der Stadt Regensburg

Vs.: Eine auf einem Felsen sitzende weibliche Person mit Lorbeerkranz hält in der rechten Hand einen Kreuzstab, in der linken ein offenes Buch mit der Aufschrift *EV- AN- GE- LI- VM*. Rechts neben der Figur ein Schwan, das Wappentier Martin Luthers, darüber das Auge Gottes im Strahlenkranz. Umschrift: *CVSTODE DEO CVSTODIO IVRA*. (Durch Gottes Schutz bewahr ich Gottes Recht; mit Chronogramm 1717). Im linken Eck die Signatur Ö. Im Abschnitt *S[enatus]. P[opulus]. Q[ue]. R[atisbonensis].*, darunter eine Blattranke.
Rs.: Acht Zeilen Text: *REGINVM/ ECCLESIAE EVAN/ GELICAE/ PER LVTHERVM/ RESTAVRATAE/ IVBILAEO SECVNDO/ PRID. CAL.NOVA.C.MDCCXVII/ LAETVM*. (Das über das zweite Jubiläum der durch Luther wiederhergestellten evangelischen Kirche am 31. Oktober 1717 frohlockende Regensburg). Unten zwei Flügel für den Münzmeister Federer.
Die weibliche Figur ist durch die Inschriften als Personifikation der durch Luther wieder-

hergestellten evangelischen Kirche bestimmt, die dem Schutz Gottes empfohlen wird. Die formschöne Komposition ist eine der ersten Arbeiten des seit 1714 in Regensburg tätigen Münzeisenschneiders Christoph Daniel Öxlein.

PLATO Nr. 48. - Slg. BELLI Nr. 1906. - Slg. RUMPF Nr. 419. - Slg. GOPPEL Nr. 295. - SCHNELL Nr. 164. - Slg. WHITING Nr. 238.

239.2a

2a. Medaille - *Gold, geprägt, Dukat; 23 mm; 3,46 g*

2b. Medaille - *Silber, geprägt; 23 mm; 2,69 g*

Medailleur: Christoph Daniel Öxlein
Museum der Stadt Regensburg (a,b)

Vs.: Auf einer Säule steht ein Lamm mit einer Fahne, darüber schwebt eine Krone, in die zwei Palmzweige gesteckt sind; links ist an die Säule eine Rocaillekartusche mit dem Stadtwappen gelehnt, rechts kniet eine weibliche Figur mit einer Zinnenkrone, die die Säule umfaßt. Umschrift: *DES GLAVBENS LOHN IST SIEG VND CRON*. Im Abschnitt *REGENSPVRG*, unten die Signatur Ö.
Rs.: Acht Zeilen Text: *NVN/ WIRD DVRCHS/ ANDRE/ IVBEL IAHR/ DIE/ GÜTE GOTTES/ OFFENBAHR/ D. 31. OCT. 1717*.
Durch die Personifikation der Stadtgöttin Ratisbona, die dem siegreichen Lamm Gottes ihre Verehrung darbringt, wird das Reformationsjubiläum auch als städtische Veranstaltung charakterisiert.

PLATO Nr. 50. - Slg. BELLI Nr. 1904. - Slg. RUMPF Nr. 418. - SCHNELL Nr. 165(a). - Slg. WHITING Nr. 237(b).

P. G.-B.

240 Jubelblatt zum Reformationsjubiläum von 1742

"Zum Andencken des zweyten Regenspurgischen Jubel-Fests den 15. Octobr. 1742."
Bernhard Gottlieb Friedrich (1711/12-1756)
Kupferstich; 29 x 18,6 cm
Bez.: B. G. Fridrich excudit Ratisb.
Museum der Stadt Regensburg (G 1979,25)

Der untere Teil des Blatts trägt die Inschrift: *"Dir schreibet Regenspurg die Jubel=Freude zu, /Und spricht: Mein Ancker, Mast, und Leit=Stern, Herz, bist du, /Ich habe dir (wo soll ich sonsten Hülffe hohlen?) /Mein Kirchen=Regiments= und Nahrungs=Schiff befohlen."*
In der Bildmitte ist das Schiff mit den Aposteln im stürmischen See Genesareth dargestellt; die Apostel sind erschrocken über die Erscheinung Christi, der sie mit den Worten *"Seyd getrost, ich bins, fürchtet euch nicht"* beruhigt. Eine weitere Begebenheit, ebenfalls bei Matthäus 14,22-36 berichtet, zeigt eine Kartusche links oben: Christus rettet Petrus aus dem Wasser. Die Kartusche auf der rechten Seite zeigt die vom Meer umtoste Stadt Gottes nach Psalm 46: *"ein feste Burg ist unser Gott"*. Das Bildfeld wird rechts begrenzt durch einen Obelisk mit der Aufschrift *"SAEC(ulum)II"*, links durch einen Leuchtturm. Ein originelles Detail weist auf die Regensburger Topographie: Das kleine, an den Leuchtturm angebaute Türmchen befindet sich im Westen Regensburgs an der Prebrunnbastei und ist am weitesten ans Donauufer vorgeschoben. Im Vordergrund erscheint Christus der auf den Anker der Hoffnung gestützten Ratisbona, die ihre Zinnenkrone abgelegt hat und Christus dem Retter ein Dankopfer darbringt.

LOREY-NIMSCH: 200-Jahrfeier, 343ff.

P. G.-B.

Zum Andencken
des zweyten
Regensburgischen Jubel-Fests
den 15. Octobr. 1742.

Warum zweiffelst du

Dennoch lustig Psal. 46.

Seyd getrost, ping an, fürchtet euch nicht

Du bist wahrlich Gottes Sohn

SAEC. II.

CHRI=
STO
CON=
SERVA=
TORI.

Dir schreibet Regensburg die Jubel=Freüde zu,
Und spricht: Mein Ancker, Mast, und Leit=Stern HErr, bist du.
Ich habe dir (wo soll ich sonsten Hülffe hohlen?)
Mein Kirchen=Regiments= und Nahrungs=Schiff befohlen.

B. G. Fridrich excudit Ratisb.

241

241 Entwurf für ein Jubelblatt zum Reformationsjubiläum von 1742

Aquarellierte Federzeichnung; 31,8 x 21,5 cm
Museum der Stadt Regensburg (G 1953,25)

Der überarbeitete Entwurf zeigt in seiner ursprünglichen Form eine in vier große Felder unterteilte ornamentale Rahmung mit eleganten Muschelwerkformen. Im oberen Teil wachsen Getreidegarben und Weintrauben aus dem Rahmenornament, unten sind Medaillons mit Taufe und Abendmahl eingefügt. Bei den unteren Feldern sind Darstellungen der Dreieinigkeits- und St.Oswaldkirche beigefügt sowie das Evangelische Waisenhaus, die Bruderhauskirche und das Katharinenspital. Von den Jahreszahlen lassen sich nur die Zahl 1631 mit der Einweihung der Dreieinigkeitskirche und 1649 mit

dem Beginn der paritätischen Nutzung des Spitals in historische Verbindung bringen. Die muschelförmige Mittelkartusche zeigt die Neupfarrkirche vor strahlendem Sonnenhimmel. Die Gebäude sind für die Umsetzung in die Druckgraphik seitenverkehrt wiedergegeben. Die wohl vom selben Künstler flüchtig eingezeichneten Änderungen sehen ein zentral angebrachtes Stadtwappen vor sowie im oberen Teil das Dreieinigkeitssymbol im Strahlennimbus, umgeben von vier adorierenden Engeln. Offenbar hat keine der vorgeschlagenen Versionen die Billigung des Auftraggebers gefunden, denn es sind keine gedruckten Exemplare bekannt.

Die Ähnlichkeit der Engel mit denen des ausgeführten Jubelblatts (Kat. 240) von Bernhard Gottlieb Friedrich könnte auf diesen Künstler weisen.

P. G.-B.

242 Medaillen auf die zweite Säkularfeier der Einführung der Reformation in Regensburg 1742

Anläßlich der zweiten Säkularfeier im Jahr 1742 gab der Magistrat der Stadt drei "Jubel-Medaillen" in Auftrag (Nr. 1,3,4), die auf einem von H.G. Zunckel 1742 zu diesem Anlaß gedruckten Blatt abgebildet sind. Während die Symbolik der beiden kleinen Medaillen auf Weinstock und Brandopferaltar beschränkt bleibt, tritt bei der großen Medaille die Personifikation der Ratisbona in den Vordergrund. Wie schon in der zeitgenössischen Beschreibung bei Zunckel festgestellt, steht sie *"auf ihrem Schiff, das Steuer-Ruder regierend, so ihre Augen auf das anstatt des Compasses vor ihr liegende eröffnete Bibel-Buch"* gerichtet. Diese Medaillen wurden an die Zöglinge des Gymnasium Poeticum und an die Kirchen- und Schuloffizianten verteilt. Eine weitere, vom Medailleur Öxlein in eigener Regie geprägte Medaille, greift das auch auf dem Kupferstich von Bernhard Gottlieb Friedrich (Kat. 239) dominierende Motiv des Schiffes auf: Hier sucht Ratisbona Christus vor dem Verlassen des Schiffs zurückzuhalten. Bei dieser Medaille gibt der Chronist Dimpfel den Verkaufspreis an: 22 Gulden 9 Kreuzer für die Prägung in Gold, 2 Gulden 10 Kreuzer in Silber. Während die Medaillen zu den Jubiläen von 1730 und 1755 nicht in den städtischen Rechnungsbüchern auftauchen, gibt die Hauptrechnung des Jahres 1742 Aufschluß über die Medaillenprägungen dieses Jahres. Es sind die Zahlungen an den Münzschneider "Öxel" aufgeführt, an den Silberdrechsler Marenz für die Arbeit an den Münzstöcken sowie an den *"Münzschlosser von Nürnberg, N.Looß, wegen vieler gehabten Bemühung und Nacht-Arbeit bey Ausprägung der Jubel-Münzen"*. Am 17. Dezember werden an "Jubelgeldern" geliefert: 519 Medaillen zu 1 1/2 Gulden, 179 Stück zu 20 Kreuzern, 2247 Stück zu 10 Kreuzern und 342 Golddukaten zu 4 Gulden, 21 Kreuzern. Jeweils ein Exemplar wurde *"in das Schaz-Geld gelegt und aufbehalten"*.

SAR Cameralia Nr.182. - DIMPFEL I, 56f. - LOREY-NIMSCH: 200-Jahr-Feier, 343-45.

1a. Medaille - *Silber, geprägt; 38 mm; 14,59 g*

1b. Medaille - *Silber, geprägt; 38 mm; 15,27 g*

Medailleur: Christoph Daniel Öxlein
Museum der Stadt Regensburg (a,b)

Vs.: Die Stadtgöttin Ratisbona mit der Mauerkrone auf dem Haupt steht am Steuer eines Schiffes, das den Anker gelichtet hat und an dessen Bug die aufgeschlagene Bibel liegt *BI/ BL/ IA/ SA/ CR/ A*; darüber erscheint das Christusmonogramm im Strahlenkranz; Umschrift: *BEY DIESEM LICHT.* Im Abschnitt: *SAEC[ulum] II.* und die Initialen *OEXL*.
Rs.: In der Mitte das Stadtwappen, von Lorbeerzweigen eingefaßt, darüber ein Engelskopf; Umschrift in zwei Zeilen: *IEZT KAN SICH REGENSPVRG VON NEVEN/ DES EDLEN WORTS VND GLAVBENS FREVEN.* (mit Chronogramm 1742). Im Abschnitt: *XV. OCT.*

PLATO Nr. 54. - Slg. BELLI Nr. 2031. - Slg. RUMPF Nr. 684. - Slg. GOPPEL Nr. 296. - Slg. WHITING Nr. 489.

242.1a

242.2

2. Medaille - *Silber, geprägt; 33 mm; 9,12 g*

Medailleur: Christoph Daniel Öxlein
Museum der Stadt Regensburg
Vs.: Christus ist im Begriff, einen Kahn zu verlassen, die Stadtgöttin Ratisbona mit der Zinnenkrone versucht, Christus zurückzuhal-

ten, in der Rechten hält sie einen Kreuzstab; im Hintergrund die untergehende Sonne. Umschrift: *MANE NOBISCVM APPETIT ENIM VESPERA* (Bleibe bei uns, denn es will Abend werden).
Im Abschnitt: *LVC. XXIV.* und die Initialen *C. D. OEXL.*
Rs.: Über den Stadtschlüsseln ein aufgeschlagenes Buch: *VER/ BUM/ DEI*, an dem zwei Siegel hängen mit einem Springbrunnen und einem Hostienkelch; Umschrift: *FELICITAS NOVI SAECVLI* (Das Glück des neuen Jahrhunderts). Im Abschnitt: *RATISBONENSIUM/ MDCCXLII*.

PLATO Nr. 55. - Slg. BELLI Nr. 2032. - Slg. RUMPF Nr. 685. - SCHNELL Nr. 257. - Slg. WHITING Nr. 488.

242.3a

3a. Medaille - *Silber, geprägt; 25 mm; 2,59 g*

3b. Medaille - *Silber, geprägt; 25 mm; 2,65 g*

Medailleur: Christoph Daniel Öxlein
Museum der Stadt Regensburg (a,b)

Vs.: Auf einem Altar, dessen Front das Stadtwappen trägt, brennt eine Flamme, auf die von oben ein Strahlenbündel zugeht; Umschrift: *BIS HIEHER HAT DER HERR GEHOLFEN*. Im Abschnitt: *MDCCXLII* und die Initialen *OEXL*.
Rs.: Sechs Zeilen Text: *ZVM/ GEDAECHTNVS/ DES ZWEYTEN/ REGENSPVRGISCHEN/ REFORMATIONS/ IVBEL IAHRS*. Im Abschnitt: *XV. OCT.*

PLATO Nr. 56. - Slg. BELLI Nr. 2033. - Slg. RUMPF Nr. 686. - Slg. GOPPEL Nr. 298(b). - Slg. WHITING Nr. 487.

242.4a

4a. Medaille - *Gold, geprägt, Dukat; 24 mm; 3,49 g*

4b. Medaille - *Silber, geprägt; 24 mm; 2,64 g*

Medailleur: Christian Daniel Öxlein
Museum der Stadt Regensburg (a,b)

Vs.: Um einen Pfahl windet sich ein Weinstock, darüber strahlt die mit menschlichem Gesicht gezeichnete Sonne; in der Mitte die Initialen *C. D. OE.* Umschrift in zwei Kreisen: *VItEM opVs DeXtrae tVae porro tVere o pater/ et In paCe tVa ConserVa*. Im Abschnitt: *PS. LXXX.* (Schütze fernerhin den Weinstock, den Deine Rechte gepflanzt hat, O Vater und bewahre ihn in Deinem Frieden; mit Chronogramm 1742). In der Mitte Signatur: *C. D. OE.*
Rs.: Stadtwappen, von Lorbeerzweigen eingefaßt; fünf Zeilen Text: *RATISBONA/ EVANGELICA/ ALTERA VICE/ IVBILANS/ XV. OCT.* (Das evangelische Regensburg jubiliert zum zweiten Male am 15. Oktober)

PLATO Nr. 57. - Slg. BELLI Nr. 2029. - Slg. RUMPF Nr. 687. - Slg. GOPPEL Nr. 299(b). - Slg. WHITING Nr.485(a), 486(b).

P. G.-B.

243 Lindes Regensburger Reformationsgeschichte. 1842

Kurze Geschichte der Kirchen-Reformation in Regensburg. Dargebracht als Festschrift zum 300jährigen Jubiläum der völligen Einführung des evangelischen Gottesdienstes in dieser Stadt.
Text: Anonym (Friedrich Linde)
Druck: J. H. Demmler, Regensburg
88 S. (+ 96 S. Festpredigten + 8 S. Festprogramm) ; 20 x 13 cm
Museum der Stadt Regensburg

Pfarrer Linde geht in seiner Festschrift den Gründen für die Reformation und ihre Einführung in Regensburg nach. In einem *"schmerzlichen Geständnisse"* zeigt er, warum es letztlich zur Kirchenspaltung kommen mußte. Die Bewunderung für die konsequente Haltung der *"edlen, frommen Väter"*, für deren *"heilsamen Hunger und Durst nach der Gerechtigkeit, nach der rechten Lehre vor allem"* (S. 87), dürfe jedoch nicht nur Anlaß zum Feiern sein. Vielmehr müsse man den Herrn bitten, daß auch in Zukunft niemand in Gleichgültigkeit, Leichtsinn und Unglauben verbleibe.
Illustriert ist die Festschrift mit Lithographien nach Portraits von Erasmus Zollner, Salomon Lentz und Georg Wonna, deren Verdienste in der Bildunterschrift jeweils kurz genannt sind.

E. T.

Katholisch vs. protestantisch.
Annäherungen und Kontroversen.

(Zum Verhältnis der beiden Konfessionen bis zum Ende des Alten Reichs siehe den Aufsatz von Karl Hausberger in diesem Band.)

Mit dem Ende des Alten Reichs begann für Regensburg eine neue Epoche. Am 30. Dezember 1802 zog der Kurerzkanzler und Erzbischof Carl Theodor von Dalberg (Kat.251) in der Stadt ein. Er hatte Regensburg als Entschädigung für sein infolge der Bestimmungen des Friedens von Lunéville (1801) an Frankreich gefallenes Mainzer Territorium erhalten.

Für kurze Zeit durfte das nunmehrige Fürstentum Regensburg unter seinem neuen Landesherrn eine in Anbetracht der instabilen politischen Lage erstaunliche Blüte erleben. Seit dem Ende des Heiligen Römischen Reichs Fürstprimas des Rheinbundes, schenkte der Freimaurer und Illuminat Dalberg der Stadt nicht nur bedeutende Denkmäler und Bauten seines Hofarchitekten Emanuel von Herigoyen; er zeigte sich auch dem Grundsatz religiöser Toleranz verpflichtet und achtete die Rechte seiner anderskonfessionellen Untertanen (vgl. Kat.252). Als Landesherr hatte der katholische Erzbischof die Aufgabe eines Summus Episcopus der evangelischen Gemeinde zu übernehmen.[1]

Am 20. Mai 1803 hob Dalberg die Beschränkung des Bürgerrechts auf Protestanten auf. De facto konnte es der wirtschaftlich unterlegenen katholischen Bevölkerungsmehrheit allerdings bis weit ins 19. Jahrhundert nicht gelingen, in diesem Punkt mit den Protestanten gleichzuziehen, zumal der Erwerb des Bürgerrechts nicht nur an eine direkte Steuerveranlagung, sondern auch an eine in Regensburg vom Magistrat hoch angesetzte Bürgerrechtsgebühr geknüpft war.[2] Das rasche Ende der Ära Dalberg wurde besiegelt, als Regensburg im Pariser Vertrag vom 28. Februar 1810 dem Königreich Bayern zugesprochen wurde. Aus der fürstprimatischen Residenzstadt wurde die Hauptstadt des Regenkreises. Dalberg verzichtete auf seine gesamten, 144.000 Gulden betragenden Forderungen aus dem Fürstentum Regensburg zugunsten katholischer *und* evangelischer sozialer Einrichtungen. Vom evangelischen Konsistorium der Stadt wurde ihm dies dankbar anerkannt, als er, mit dem weltlichen Großherzogtum Frankfurt entschädigt, 1810 Regensburg verließ.[3]

Vier Jahre später, nach dem Verlust des Großherzogtums, kehrte Dalberg an die Donau zurück, um sich in bescheidener Zurückgezogenheit nur noch den Bistumsgeschäften zu widmen. Nach einem Schlaganfall an seinem 73. Geburtstag verstarb er am 10. Februar 1817 in seiner Mietwohnung im Vorgängerbau des Hauses Drei-Kronen-Gasse 2. Eine unscheinbare Gedenktafel erinnert noch daran. Auf die Todesnachricht hin beschlossen die Protestanten nach den Worten ihres Dekans, Mag. Gampert, *"überwältigt vom Gefühl der Liebe und Dankbarkeit (...) ein Erinnerungsfest an den Vollendeten (...) zu begehen"*, denn er habe *"den Geist der Duldung, der Eintracht und des Wohlwollens unter allen Bekennern des Christentums belebt."*[4] Zwei Wochen lang erklang von allen katholischen und evangelischen Kirchen der Stadt Trauergeläut.[5] Dalbergs qualitätvolles, auf Initiative seines Neffen Emmerich Joseph Herzog von Dalberg von dem venezianischen Bildhauer Luigi Zandomeneghi geschaffenes Grabdenkmal befand sich zunächst an einem Mittelschiffpfeiler des Doms. Von dort wurde die klassizistische Stele im Zuge der Regotisierung der Kathedrale in den düsteren Durchgang zum nördlichen Querhausportal verbannt.[6]

Als Regensburg 1810 dem Königreich Bayern eingegliedert wurde, fiel es an einen Staat, in dessen Hauptstadt es überhaupt erst seit 1799 eine lutherische Gemeinde gab. Sie rekrutierte sich im wesentlichen aus dem Hofstaat der protestantischen Kurfürstin bzw. (seit 1806) Königin Karoline Wilhelmine. 1801 hatte der erste Protestant in München auf kurfürstliches Geheiß gegen den Widerstand des Magistrats das Bürgerrecht erhalten.[7] Im Hinblick auf die durch den Reichs-

457

deputationshauptschluß hinzugewonnenen Landesteile gebot es die Staatsraison, den Bürgern freie Religionsausübung zu gewähren. Bereits am 10. Januar 1803 hatte Kurfürst Max IV. Joseph im bayerischen Religionsedikt die rechtliche Gleichstellung aller christlichen Untertanen verfügt.[8]

In Regensburg änderte sich die Konfessionsstruktur nach dem Anschluß an Bayern vor allem durch den verstärkten Zuzug aus dem traditionell katholischen Umland und durch die Ansiedlung von Staatsbediensteten. Obwohl bald zwei Drittel der Einwohner katholisch waren, blieben die Gemeindegremien aufgrund des an die Besitzverhältnisse gebundenen Wahlrechts noch lange klar protestantisch dominiert.[9] Zudem erfolgte eine Politisierung der konfessionellen Frontstellung gemäß der Formel katholisch-konservativ vs. protestantisch-liberal. Noch 1899 schrieb der Führer der katholischen Partei, Heinrich Held, Regensburg kranke *"an den Folgen des Terrorismus, den der protestantische Magistrat der Stadt seit der sogenannten Reformation bis zum Jahre 1810 gegen sie ausgeübt hat"*.[10] Zu solch polemischen Äußerungen war es schon bald nach der fürstprimatischen Zeit gekommen. Bekannt ist der Fall des Dompredigers Westermayer, der die Kanzel zu Schmähungen seiner evangelischen Mitchristen benützte (Kat.257).[11]

Doch auf Spannungen folgten Entspannungen. 1834 wurde ein katholisches Altersheim aus Mitteln der Evangelischen Wohltätigkeitsstiftung errichtet, und 1839 vereinbarten die Regensburger Kaufleute, daß Katholiken auch am Karfreitag, Protestanten auch an Fronleichnam die Läden schließen wollten.[12]

Kronprinz Ludwig brachte 1821 durch persönliche Fürsprache seinen zeitlebens verehrten Landshuter Universitätslehrer Johann Michael Sailer an das Regensburger Domkapitel. Von 1829 bis zu seinem Tod 1832 wirkte Sailer, der "Heilige jener Zeitwende", dem man wegen seiner konsequenten christozentrischen Haltung geistige Nähe zum Protestantismus vorwarf, als Bischof.[13] Sein Schüler Melchior von Diepenbrock hielt 1839 die Festpredigt zur Wiedereröffnung des regotisierten Doms. Er verwies darin auf die Kleinheit des herrlichen Baus im Vergleich zum Tempel des Herrn, den wir in der Natur, in den Hochgebirgen und des nachts unter dem Sternenhimmel erschauen. Eine derartige, von der räumlichen Entgrenzung des Kirchenbegriffs geprägte Naturandacht gründet im Pietismus des 18. Jahrhunderts. Die katholische Festpredigt war unterwandert vom Geist der Rügener Uferpredigten des Pastors Kosegarten.[14]

Ab den vierziger Jahren trat die Rolle der örtlichen Presse als Forum für konfessionelle Angelegenheiten zusehends in den Vordergrund (Kat.261). Der Anlaß für die diversen Pressefehden lag jedoch zumeist nicht in Regensburg, sondern in München. Vor allem der 1847 von Ludwig I. abgesetzte Innenminister Abel ging, geleitet von katholisch-romantischem Denken, gegen alles Evangelische im Staat vor. Dem protestantenfeindlichen Münchner Hofprediger Anton Eberhardt verbot der Regensburger Bischof Schwäbl 1841, in seinem Bistum die Kanzel zu besteigen.[15] Als Schwäbl wenige Wochen später starb, mahnte Diepenbrock in seiner Trauerrede die Konfessionen, *"nicht aus der Rüstkammer der Vergangenheit die schartigen Waffen ergrimmter Polemik"* hervorzuholen.[16] Domprediger Westermayer tat dies dennoch (Kat.267). Anlaß zu Kontroversen bot auch die Münchner Politik, so etwa der kgl. Erlaß, daß auch evangelische Soldaten bei Prozessionen vor dem Allerheiligsten das Knie beugen müßten.[17] Auch das 1844 ausgesprochene Verbot des Gustav-Adolf-Vereins war, wenngleich der namentliche Bezug auf den protestantischen Feldherrn für viele katholische Altbayern eine Provokation darstellen mußte, wenig förderlich für ein gutes Einvernehmen zwischen den beiden Konfessionen.[18]

Die zweite Jahrhunderthälfte wurde in Regensburg von zwei Kirchenmännern geprägt: Gustav Adolf Wiener (Kat.260) auf evangelischer und Ignatius von Senestréy (Kat.259) auf katholischer Seite. Letzterer hatte von 1858 bis 1906 den Bischofsstuhl inne. Die auf seine Initiative durchgeführte Vollendung der Regensburger Domtürme legt augenfällig Zeugnis ab von seiner Tatkraft, die ihn in kirchlichen Fragen zu einem der konsequentesten Verfechter des Ultramontanismus werden ließ. Am Zustandekommen des Dogmas der päpstlichen Unfehlbarkeit hatte er erheblichen Anteil.[19] Dem konservativen katholischen Bischof stand auf evangelischer Seite Kirchenrat Lic. Dr. Wiener gegenüber. Auch er kämpfte, freilich an anderer Front, gegen den wachsenden religiösen Liberalismus. Daß er dabei unmißverständlich Opposition zur römischen Kirche bezog, was ihm nach einer Predigt 1842 sogar eine Rüge des Dekans einbrachte, rechtfertigte er selbst am besten, als er danach fragte, ob das Hereinbrechen von Unglauben und Zweifel nicht ärger sei als vor der Reformation das Papsttum.[20]

Noch im ausgehenden 19. Jahrhundert zeichnete sich ab, daß in der Frontstellung katholisch-konservativ vs. protestantisch-liberal der religiöse Aspekt allmählich hinter den politischen zurücktrat.[21] Dennoch kam es immer wieder zu unerfreulichen Konflikten. Das Dritte Reich mußte kommen, ehe man den gemeinsamen Feind erkannte, der es, um mit Robert Dollinger zu reden, nicht auf das katholische oder evangelische, sondern auf das christliche Kreuz abgesehen hat.[22] So hat es Symbolcharakter, daß sich im Oktober 1941 Regensburger Frauen beider Konfessionen zahlreich zusammenfanden, um gemeinsam für die Wiederanbringung der auf Befehl der Nationalsozialisten aus den Klassenzimmern entfernten Schulkreuze zu protestieren. Sie hatten Erfolg (Kat.262).[23] In den schwierigen Nachkriegsjahren öffneten vielfach katholische Geistliche ihre Kirchen für evangelische Gottesdienste. Der erste ökumenische Gottesdienst wurde am 13. Mai 1970 in der Neupfarrkirche gefeiert.

1 G. PUCHTA: Die rechtliche Stellung der evangelischen Kirche in Regensburg während der Regierungszeit Karl von Dalbergs, Diss. Erlangen 1952, 133. Zu Dalberg grundlegend FÄRBER, hier bes. 51 ff. Vgl. auch A. WIDL: Die soziale Tätigkeit des Fürstprimas K. Th. von Dalberg im Fürstentum Regensburg, Diss. Erlangen 1931; A. FREYH: Karl Theodor von Dalberg. Ein Beitrag zum Verhältnis von politischer Theorie und Regierungspraxis in der Endphase des Aufgeklärten Absolutismus (Europäische Hochschulschriften III/95), Frankfurt a.M.-Bern-Las Vegas 1978; G. SCHWAIGER: Das Erzbistum Regensburg unter Carl Theodor von Dalberg, in: BGBR 10 (1976), 209-227; KRAUS/PFEIFFER, Nr. 342-351; HAUSBERGER II, 94-104; BRANDMÜLLER III, 68-71. Kunsthistorische Würdigung bei REIDEL, bes. 16-18, 65-73.
2 CHROBAK II, 216, mit weiterführender Literatur.
3 KRAUS/PFEIFFER, 127. BRANDMÜLLER III, 70.
4 Zit. nach DOLLINGER, 385.
5 Ebd. Vgl. auch FÄRBER, 148-151.
6 J. R. SCHUEGRAF: Geschichte des Domes von Regensburg und der dazugehörigen Gebäude, 2. Theil, Regensburg 1849, 47 f.; W. JUNG: Zur Entstehung des Grabdenkmals des Mainzer Fürstprimas Carl von Dalberg (+ 10. Februar 1817) im Dom zu Regensburg, in: Mainzer Almanach 1965, 194-203.
7 SIMON: Kirchengeschichte, 541, 553. BRANDMÜLLER III, 101-103.
8 Dazu Th. KOLDE: Das bayerische Religionsedikt vom 10. Januar 1803 und die Anfänge der protestantischen Landeskirche in Bayern, Nürnberg 1903.
9 Dazu ALBRECHT, 73-88.
10 Das Zitat bei R. KESSLER: Heinrich Held als Parlamentarier. Eine Teilbiographie 1868-1924, Berlin 1971; hier zit. nach ALBRECHT, 86. Zu Held allg. s. F. HARTMANNSBERGER: Heinrich Held (1868-1938). Politiker, Ministerpräsident, in: BGBR 23/24 (1989), 942-954.
11 DOLLINGER, 389-391.
12 ALBRECHT, 80.
13 Das Zitat nach G. SCHWAIGER: Johann Michael Sailer, Bischof von Regensburg, in: Bavaria Sancta II, Regensburg 1971, 315. Sailers theologisches Leitprinzip erörtert bei J. HOFMEIER: Gott in Christus, das Heil der Welt. Die Zentralidee des Christentums im theologischen Denken J. M. Sailers, in: Johann Michael Sailer, 27-43.
14 M. DIEPENBROCK: Der Tempelbau Gottes in der Menschheit. Rede bei der feierlichen Wiedereröffnung des Domes zu Regensburg am heiligen Pfingstfeste, Regensburg 1839. Dazu J. TRAEGER: Die Kirche der Natur. Kunst und Konfession in der romantischen Epoche, in: Kunst um 1800 und die Folgen. Werner Hofmann zu Ehren. Hrsg. von Chr. Beutler u.a., München 1988, 181-199, bes. 195 f.
15 Dazu HAUSBERGER II, 136 f.; vgl. auch DOLLINGER, 396, und ALBRECHT, 78. Zu Abel s. BRANDMÜLLER III, 156-166.
16 Zit. nach J. STABER: Kirchengeschichte des

	Bistums Regensburg, Regensburg 1966, 187.
17	In Preußen waren dagegen katholische Soldaten verpflichtet, nach den Sonntagsparaden an den evangelischen Gottesdiensten teilzunehmen. Dazu BRANDMÜLLER III, 162.
18	Ebd. 163; DOLLINGER, 396.
19	P. MAI (Hrsg.): Ignatius von Senestréy (1818-1906). Festschrift zur 150. Wiederkehr seines Geburtstages, Bärnau 1968. Vgl. auch LThK IX, 665 f.; HAUSBERGER II, 156-192.
20	Würdigung Wieners bei DOLLINGER, 396-400, und in Das evangelische Regensburg, 30-33.
21	ALBRECHT, 87 f. Dazu speziell CHROBAK III, 234 ff.
22	DOLLINGER, 395.
23	Lit. bei Kat.263.

E. T.

244 Antikatholische Kampfschrift. 1563

Ein newer Dialogus/ Auff das Unchrist-/ liche lügenhafftige Buch Hans/ Albrechten Guardians, Welchs er wider/ die bekentnis der Diener des Euan-/ gelij, in der Kirchen zu Regen-/ spurgk geschrieben, Und in/ offentlichem Druck/ hat ausgehen/ lassen.
Anonym
Druck: Regensburg (?)
12 Bll. ; 19 x 13,5 cm
Moderner Pappeinband
Museum der Stadt Regensburg (G1971,1)

Unter dem Motto *"Ire Thorheit wird offenbar werden jederman"* (2 Timoth. 3) wendet sich der anonyme Verfasser dieses Büchleins in scharfer Form gegen eine Schrift des Regensburger Barfüßer-Guardians Hans Albrecht. Im Verlauf des in Versform gehaltenen, fiktiven Dialogs zwischen einem Bauern und einem österreichischen Kaufmann wird Albrecht *"ein Hurer, Spieler und Trunckenpold"* genannt.
Seine Lehre sei *"falsch und wider Gott/ weil er dem Bapst und seiner rott/ anhangt. (...) In seiner Predigt er stets schreyt/ Die werck bringen die seligkeit."* Auch andere Vertreter des Regensburger Klerus werden als *"Hurenpfaffen"* in zum Teil drastischen Bildern karikiert und beschimpft.

E. T.

245 Vorrede zu Band VII der Regensburger Chronik des Eberhard Wassenberg. Um 1654-59

RATISBONA IN ORTHODOXA FIDE TURBATA ET REDUCTA.
Abschrift von 1685ff
Bischöfliches Zentralarchiv Regensburg

Dem Titel des siebten Bands der Chronik entspricht die Zweiteilung des Inhalts: Der erste Teil behandelt die Reformationszeit, in der *"Regensburg im rechten Glauben verwirrt"* wurde, der zweite Teil beginnt mit der Konvertierung Wolfgang Wilhelms von Pfalz-Neuburg im Jahr 1614 und beschreibt, wie die Oberpfalz in der Gegenreformation *"zum rechten Glauben zurückgeführt"* wurde.
In der Einleitung zu Band VII warnt Wassenberg den Leser, von ihm, obwohl er katholisch sei, Schmähungen und *"Wortblitze"* gegen die Lutheraner zu erwarten. Die Katholiken verdammten zwar die Irrlehre, hätten aber Mitleid mit denen, die ihr folgen.
Der 1610 geborene Eberhard Wassenberg, einer der bedeutendsten Historiker des 17.Jahrhunderts, stand von etwa 1654 bis 1659 in den Diensten des Regensburger Bischofs Franz Wilhelm von Wartenberg; in dessen Auftrag verfaßte Wassenberg die Bistumsgeschichte *"Ratisbonensis Dioeceseos Illustratae Libri VII"*. In Band VI, der von den berühmten Männern der Diözese handelt, gibt der aus Emmerich bei Cleve stammende Wassenberg eine kurze Autobiographie und führt in einem Werkverzeichnis 25 Titel auf, die er ab 1636 veröffentlicht hatte. Die vorliegende Abschrift wurde im Auftrag von Abt Placidus Flaminius im Regensburger Schottenkloster angefertigt.

WURSTER II u. III, 149-54.

P. G.-B.

246

246 *"Formidolosa Clero Ratisbona"*.
(Nach) 1745

Titelillustration von Band II, Teil VIII der Dimpfel-Chronik
Aquarellierte Federzeichnung; 34,5 x 21,5 cm
Stadtarchiv Regensburg (I AE 2.1)

Teil VIII der handschriftlichen Chronik behandelt *"der Römisch-Catholischen oder Bäpstischen Kirche besondere Merckwürdigkeiten"*. Das Titelblatt zeigt das *"durch seinen Klerus ekelerregende Regensburg"*: Eine schöne junge Frau trägt eine pelzverbrämte Jacke, ihr Kleid ist ganz mit Pelz behängt. Hinter ihr öffnet sich ein Pfauenrad, in ihrer Rechten hält sie einen Spiegel, in der Linken einen Kelch; zwei bettelnde Hunde springen an ihr hoch. Im Vordergrund hat ein Löwe eine Säule vom Sockel gestürzt. Über der Szene kreisen die Höllenvögel Fledermaus und Eule.

Die ungewöhnliche Ikonographie verbindet in dieser Personifikation verschiedene Laster: Pelzkleid, Spiegel und Pfauenrad stehen für die Eitelkeit, bettelnde Hunde für die Habgier. Der brüllende Löwe, der die Säule der Festigkeit und Stärke gestürzt hat, ist in verschiedener Hinsicht zu deuten: So wird in Psalm 7.3 vor der Raublust des Löwen gewarnt, der die Seele erhascht und zerreißt, bei Petrus 5.8 wird der Teufel mit dem brüllenden Löwen verglichen, der sucht, wen er verschlingen kann.

Christian Gottlieb (Theophil) Dimpfel wurde 1709 als Sohn des gleichnamigen Ratsherrn und Eisenhändlers geboren (sein Portrait s. Kat. 220). Nach einem Studium in Tübingen kehrte er 1734 nach Regensburg zurück, bekam 1738 die Ordination zum Prediger, 1763 erhielt er eine Konsistorialstelle, 1774 wurde er Senior. Er starb 1782. Den ersten Band der Chronik verfaßte er 1740-44, 1745 fügte er einen weiteren Band mit letzten Eintragungen um 1774 an.

Dimpfel steht noch ganz in der Tradition der Regensburger Geschichtsschreibung des 17. Jahrhunderts, die hauptsächlich auf die nähere Region orientiert und bei der Mehrzahl der Werke nur als Manuskript überliefert ist. In der Vorrede zum ersten Band erläutert Dimpfel seine Intention, keine Abschrift der Chroniken von Raselius und Donauer, Coelestin Vogel und Paricius zu liefern, sondern neue Materialien auszuwerten. Der zeitliche Schwerpunkt liegt auf dem 17. und 18. Jahrhundert, für das die Chronik eine Fülle von Informationen birgt. Es steht dabei die Geschichte der evangelischen Kirche im Vordergrund. Erstaunlich viel Raum nimmt auch das Kapitel der Staats- und Polizeisachen ein, in dem Dimpfel die *"Gott-geheiligte Justiz"* preist.

Als wüßte er sich bereits scharfer Kritik ausgesetzt, wünscht Dimpfel gleich eingangs allen Kritikern Heilung von ihrem *"Hirnfeyer". Eines kann er auf keinen Fall beanspruchen, die im Titel angekündigte *"unpartheyische"* Darstellung. Das gesamte Werk ist durchgehend geprägt von unbekümmerter Polemik gegen die katholische Seite. Besonders ausgeprägt ist dies neben dem oben erwähnten Kapitel bei den Kapiteln über die Kirche zur Schönen Maria und jetzigen Neupfarrkirche sowie dem Kapitel über die *"unter uns Evangelisch-Lutherischen lebenden Römisch-Catholischen ... auch liestigen Intrigen, ärgerischen Lebens-Wandel, politischen Staats-Streichen, gefährlichen Anschlägen, intendirten Aufruhren, auch verstellten Räncke"*.

Die eigentliche kulturgeschichtliche Bedeutung der Chronik liegt in ihrer reichen Illustration mit etwa 100 Aquarellen und lavierten Federzeichnungen, die zum Teil eine geübte Hand verraten, zum Teil aber sehr derb ausgeführt sind.

Kat. 220: Portraitbuch, fol. 67f; Portraits fol. 385 (Kupferstich von Friedrich nach Mansinger). - FÜRNROHR, 212f. - WURSTER 1980, 196f. - HENKEL/SCHÖNE: Emblemata, Sp.1547/1548.

P. G.-B.

247 Medaillen auf die erste Säkularfeier des Augsburger Religionsfriedens 1655

1a. Medaille - *Gold, geprägt, 5 Dukaten; 35 mm; 17,38 g*

1b. Medaille - *Silber, geprägt; 35 mm; 9,10 g*

Münzmeister: Hieronymus Federer
Museum der Stadt Regensburg

Vs.: Christus schwebt über einem Wolkenband, die Arme ausgebreitet, die Rechte im Segensgestus erhoben; im unteren Teil des Bildfelds eine Stadt am See.
Rs.: In zarter ornamentaler Rahmung neun Zeilen Text: ALLER/ DING. HERR. IE/ SV. CHRIST. ANFA[n]G/ VND. DAS. ENDT. DV/ BI. DISES. IAHR. ALL/ STVNDT. VND.ZEIT/ SEY. DVRCH. DICH/ GEBENEDEYT/ .1655. Unten die Initialen *HF* ligiert.

PLATO Nr. 301. - Slg. RUMPF Nr. 196. - Slg. GOPPEL Nr. 203(b). - KRESS, Auktion 116, München 1960, Nr. 1706 (a). - KRESS, Auktion 137, München 1966, Nr. 1254 (a) - Slg. WHITING Nr. 133(b).

247.2a

2a. Medaille - *Gold, geprägt, 2 Dukaten; 29 mm; 6,86 g*

2b. Medaille - *Silber, geprägt; 29 mm; 4,74 g*

Münzmeister: Hieronymus Federer
Museum der Stadt Regensburg (a,b)

Vs.: Ähnlich Nr.1; Christus ist mit sternförmigem Nimbus dargestellt.

247.1a

Rs.: In verziertem Rand neun Zeilen Text: *ALLER/ DING. HERR/ IESV. CHRIST. AN/ FANG V. DAS. ENDT/ DV. BIST. DISES. IAHR/ ALL. STVNDT. V. ZEIT/ SEY: DVRCH DICH/ GEBENEDEYT/ 1655* (geteilt) *HF* (ligiert).

PLATO Nr. 302.

P. G.-B.

Rs.: In einem Lorbeerkranz neun Zeilen Text: *IN LVCe/ VVLtVs/ DoMIne peregrI:/ natIo nostra.* (Im Lichte Deines Angesichts O Herr ist unser Pilgerweg; mit Chronogramm 1730)/ *RATISBONA/ SECULUM ALTERUM/ AUGUST: CONFES:/ PIE CELEBRANS./ D. 25 IUN.* (Regensburg begeht auf gottgefällige Weise die zweite Säkularfeier der Augsburger Konfession am 25. Juni).

Der etwa ab 1712 in Nürnberg tätige Medailleur Peter Paul Werner schuf eine sehr große Anzahl von Medaillen und war weit über die Grenzen Nürnbergs hinaus bekannt. Daß neben dem einheimischen Medailleur Öxlein auch der Nürnberger Werner beauftragt wurde, zeigt, daß der Rat auch im 18.Jahrhundert enge Verbindungen zu Nürnberg unterhielt.

PLATO Nr. 51. - SCHNELL Nr. 236 (Zinn). - LOREY-NIMSCH: Feste, 29.

248.1

248 Medaillen zur zweiten Säkularfeier der Augsburger Konfession 1730

1. Medaille - *Silber, geprägt; 42 mm; 29,17 g*

Medailleur: Peter Paul Werner, Nürnberg; Münzmeister: Johann Michael Federer, Regensburg
Museum der Stadt Regensburg

Vs.: In der Bildmitte Moses in Rückansicht, der die Anführer des Volkes mit einem Stab nach vorne weist auf den im Hintergrund zwischen den Bergen verschwindenden Zug der Israeliten, die der Wolken- und Feuersäule folgen (2 Mose 13); in der Mitte unten die Initialen P. P. W. Im Abschnitt die Initialen IMF in Ligatur in Ranken.

248.2a

2a. Medaille - *Silber, geprägt; 33 mm; 24,86 g*

2b. Medaille - *Zinn, geprägt (mit Kupferstift); 37 mm; 12,53 g*

Medailleur: Christoph Daniel Öxlein
Museum der Stadt Regensburg (a,b)

Vs.: Eine gepanzerte weibliche Allegorie (Pallas?), aus deren Lanze und Helm Blattwerk treibt, hält einen Schild mit dem Stadtwappen und ein Buch mit Alpha und Omega, darüber das strahlende Auge Gottes, im Hintergrund als Zeichen des Alten Bundes die Eherne Schlange. Umschrift: *VERBVM TVVM EST VERITAS* (Dein Wort ist Wahrheit). Unten Initialen *ÖXL*. Im Abschnitt: *IVB[ilaeum]. II[secundum]. AV[gustanae] CO[nfessionis]* (Zweites Jubiläum der Augsburger Konfession).
Rs.: Zehn Zeilen Text: *VERITATI/ ANTIQVI ET NOVI/ FOEDERIS/ AVGVST[ana]. CONFESSIO/ RATISPONAE/ A. C. MDCCXXX D. XXV. IVN/ FIDEI CONSTANTIS/ AC PACIFICAE/ SYMBOLVM/ D D D* (Der Wahrheit des Alten und Neuen Bundes, die Augsburger Konfession zu Regensburg, Symbol eines beständigen und friedenstiftenden Glaubens).

PLATO Nr. 52. - Slg. RUMPF Nr. 634. - SCHNELL Nr. 237. - Slg. WHITING Nr. 437 (Zinn). - LOREY-NIMSCH: Feste, 29.

248.3a

3a. Medaille - *Silber, geprägt; 25 mm; 3,61 g*

3b. Medaille - *Silber, geprägt; 25 mm; 4,84 g*

Medailleur: Christoph Daniel Öxlein
Museum der Stadt Regensburg (a,b)

Vs.: Ein aufgeschlagenes Buch: *A[ugustana]. C[onfessio].* (Augsburger Confession), darüber hält ein aus den Wolken kommender Arm einen Schild, der das Auge Gottes im Strahlenkranz trägt. Im Abschnitt die Initialen *MF*.
Rs.: Sieben Zeilen Text: *IEHOVA/ CLYPEVS OMNI/ BVS FIDELIBVS/ SVIS* (Ein Schild ist Jehova allen, die an ihn glauben; mit Chronogramm 1730)./ *RATISBONA/ IUBILANS/ D. 25. IVN.*

PLATO Nr. 53. - Slg. BELLI Nr. 2013. - Slg. RUMPF Nr. 633. - SCHNELL Nr. 235. - Slg. WHITING Nr. 436. - LOREY-NIMSCH: Feste, 29.

P. G.-B.

249.1

249 Medaille auf die zweite Säkularfeier des Augsburger Religionsfriedens 1755

a. Medaille - *Silber, geprägt; 42 mm; 14,55 g*

b. Medaille - *Bleiabschlag; 37 mm; 14,61 g*

Medailleur: Georg Friedrich Loos, Nürnberg;
Münzmeister: Johann Christoph Busch, Regensburg
Museum der Stadt Regensburg (a,b)

Vs.: Im ruhigen Wasser eines Hafens mit Leuchtturm und Reichsadler liegt ein Kahn vertäut, unberührt von der stürmenden See; er trägt die Aufschrift *ECCLESIA FRVSTRA*

EXPLOSA (Die vergebens vertriebene Kirche); im Kahn steht eine weibliche Figur mit einer Sonne auf der Brust, die in der linken Hand ein Buch mit der Aufschrift hält *VE/ RI/ TAS/ VIC/ TORI/ OSA* (Die siegreiche Wahrheit); an ihrer Brust lehnt eine Fahne mit Christusmonogramm, Alpha und Omega, mit der Rechten greift sie nach einem Zweig, den ein Vogel bringt; die Blätter sind beschrieben: *PAX/ RELI/ GIO/ SA* (Der Religionsfrieden). Umschrift: *TVTAM POST FLUCTUS NVNTIO SEDEM* (Nach stürmischer See melde ich einen sicheren Anlegeplatz). Unten die Initialen *LOOS. F.*

Rs.: Sieben Zeilen Text: *sECVLarIs/ reCorDatIo/ paCIs reLIgIosae/ seCVnDa VICe/ eXaestVantI pIetate/ eXsVsCItata/ ratIsbonae.* (Die zweihundertjährige Erinnerung des Religionsfriedens, erweckt zu Regensburg in erglühender Frömmigkeit; mit Chronogramm 1755). Unten die Initialen *I. C. B.*

PLATO Nr. 180. - Slg. BELLI Nr. 2074. - Slg. RUMPF Nr. 721. - Slg. WHITING Nr. 506.

P. G.-B.

250 Hausbesitzverteilung in Regensburg um 1800

Das Regensburger Stadtgebiet stellte sich in der Frühen Neuzeit als herrschaftliche und konfessionelle Gemengelage dar. Innerhalb der Stadtmauern der protestantischen Reichsstadt hatten vier katholische Reichsstände, der Bischof von Regensburg sowie die Reichsstifte St. Emmeram, Nieder- und Obermünster ihren Sitz. Daneben bestanden noch etliche weitere katholische Stifte und Klöster in der Stadt. Insbesondere das Regensburger Domkapitel, die Reichsstifte, aber auch z.B. das Kollegiatstift zur Alten Kapelle verfügten über z.T. umfangreichen Haus- und Grundbesitz. Die städtischen Quellen geben, bei einem Gesamtbestand von über 1400 Gebäuden, insgesamt etwa 170 bis 180 Häuser und knapp zwanzig Stadel in kirchlich-katholischem Eigentum an. Daneben war eine Vielzahl weiterer Regensburger Häuser gegenüber den genannten katholischen Institutionen zinspflichtig.

Für die evangelische Reichsstadt bedeutete die Existenz der "katholischen" Häuser ein ständiges Ärgernis und eine ständige Belastung, da diese nicht der städtischen Jurisdiktion und Steuerpflicht unterlagen. Erst nach 1803 wurden aufgrund der Säkularisation, die bereits während der Regierungszeit Carls von Dalberg einsetzte, bedeutende Teile des Grund- und Hauseigentums der katholischen Kirche in Regensburg in bürgerliche Hand veräußert.

Demgegenüber waren die evangelischen Kirchen, abgesehen vom sogenannten Küsterhaus am Neupfarrplatz (E 35), nicht mit Hausbesitz ausgestattet. Das evangelische Dekanatsgebäude in der Pfarrergasse stand um 1800 in Privateigentum. Die Gebäude des evangelischen Bruderhauses und des St. Oswald-Spitals können nicht als Kirchenbesitz gelten, da diese Institutionen aufgrund der Aufsicht durch das Almosenamt letzlich dem Regensburger Magistrat unterstanden.

SAR, A 1941/35b. - StA Amberg, Fürstentum Regensburg, Geh. Kanzlei 14. - G. PUCHTA: Die rechtliche Stellung der evangelischen Kirche in Regensburg während der Regierungszeit Karl von Dalbergs, Diss. Erlangen 1953. - H. W. SCHLAICH: Das Ende der Regensburger Reichsstifte St. Emmeram, Ober- und Niedermünster. Ein Beitrag zur Geschichte der Säkularisation und der Neugestaltung des bayerischen Staates, in: VHVOR 97 (1956), 163-376. - I. SCHMIDBAUER: Die Vermögenssäkularisation der Regensburger Reichsstifte St. Emmeram, Nieder- und Obermünster nach 1803, in: Regensburger Almanach (1990), 64-73.

J. N.

251 Carl Theodor von Dalberg. 1817

Carl Theodor Berg
Öl auf Leinwand; 72 x 60,3 cm
Bez. u.r.: F.T. Berg 1817
Museum der Stadt Regensburg (AB114)

Carl Theodor Anton Maria Reichsfreiherr von Dalberg wurde am 8. Februar 1744 in Mannheim geboren. Nach Studien in Würzburg und Heidelberg sowie einer Kavalierstour nach Italien, Frankreich und den Niederlanden trat Dalberg in kurmainzische Dienste. Von 1771 bis 1802 verwaltete er als Statthalter in Erfurt die Kurmainzer Lande in Thüringen, von wo aus er enge Beziehungen zum Musenhof in Weimar unterhielt. 1787 wurde Dalberg zum Koadjutor des Kurfürsten Friedrich Karl von Erthal in Mainz und 1788 zum Koadjutor des Fürstbischofs Maximilian Christoph von Rodt in Konstanz gewählt. 1788 empfing Dalberg die Priesterweihe und im gleichen Jahr nach der Ernennung zum Titularerzbischof von Tarsus die Bischofsweihe. Nach dem Tode seiner Vorgänger konnte der Koadjutor 1800 den Bischofsstuhl in Konstanz besteigen und im Sommer 1802 das Amt des Kurerzkanzlers und die Würde eines Kurfürsten und Erzbischofs von Mainz erlangen. Letztere blieb allerdings auf die rechtsrheinischen Gebiete des Erzstiftes beschränkt, da Mainz und alle linksrheinischen Besitzungen von den Franzosen besetzt waren. Aus diesem Grund beschloß der Reichsdeputationshauptschluß von 1803 in Regensburg, daß die Würden eines Kurfürsten, Reichserzkanzlers, Metropolitan-Erzschofs und Primas von Deutschland vom Mainzer Stuhl *"auf ewige Zeiten"* auf die Domkirche von Regensburg übertragen werden. Dalberg war nunmehr geistlicher und weltlicher Herr von Regensburg geworden. Als katholischer Landesherr förderte Dalberg auch seine evangelischen Untertanen durch die Verbesserung vor allem auch des Sozialwesens. So ließ er durch seinen Stadt- und Landbaumeister Emanuel Joseph von Herigoyen für die evangelische Bevölkerung ein Krankenhaus, ein Waisenhaus und einen Gartenpavillon im Waisenhausgarten errichten. 1806 nach der Auflösung des Alten Reiches trat Dalberg als Fürstprimas an die Spitze des neugegründeten Rheinbundes. 1810 mußte der Fürstprimas auf Drängen des bayerischen Königs Maximilian I. auf Regensburg verzichten. Als Entschädigung erhielt er das neugebildete Großherzogtum Frankfurt. Nach Napoleons Sturz verlor Dalberg seine weltliche Herrschaft. Als Erzbischof von Regensburg verweilte er von 1814 bis zu seinem Tode am 10. Februar 1817 in der Donaustadt.

Dalbergs Charakter wird oft als schwach und wankelmütig beurteilt. Seine Hinneigung zu Napoleon hat ihm den Ruf eines Reichsverräters eingebracht. Dalberg lag u.a. viel an der Neuordnung der katholischen Kirche in Deutschland. Seine Gewissenhaftigkeit als Staatsmann und seine menschliche Güte waren edle Charakterzüge. Goethe widmete ihm einen Nachruf, in dem er Dalberg als einen Mann bezeichnete, *"der wohl verdient hätte, das ihm angeborne und zugedachte Glück in friedlicher Zeit zu erreichen."*

Das Halbportrait zeigt den Fürstprimas im schwarzen Rock mit schwarzer Weste und schwarzer Halsbinde mit Beffchen. An einem karminroten Band, das Dalberg um den Hals trägt, hängt das mit Brillanten besetzte Brustkreuz des Erzbistums Mainz. Die linke Brust schmückt das Großkreuz des Deutschen Ordens.

Das Portrait gehört zu einer Serie von sechs gleichen Ölgemälden, die Dalberg noch kurz vor seinem Tod beim Aschaffenburger Hofmaler Carl Theodor Berg in Auftrag gegeben hat. Berg soll die Gemälde nach dem in Paris entstandenen Dalberg-Portrait von Robert-Jacques-Francois Lefèbre kopiert haben. Neben dem Regensburger Bild befinden sich Kopien in Aschaffenburg, Frankfurt, Weimar und Würzburg.

FÄRBER (mit weiterführender Literatur).

H. R.

252 *Almanach auf das Jahr 1810*

Allgemeiner Schreibkalender auf das Jahr nach der gnadenreichen Geburt JESU Christi 1810...
32 S. ; 20,3 x 16,2 cm
Druck: Joh. Bapt. Rotermundt, Regensburg
Regensburg, Privatbesitz

Dieser ausdrücklich "mit Genehmhaltung der Obern" vom fürstprimatischen und fürstlich Thurn und Taxis'schen Hofbuchdrucker J. B. Rotermundt hergestellte und vertriebene Almanach ist ein volkstümliches Dokument für das liberale Klima unter Dalberg. Er enthält u. a. folgende Anekdote: *"In Frankreich waren zwey Brüder Namens Johann und Wilhelm Renold, der eine ein Protestant, und der andere ein Katholik, alle beyde gute Theologen, und durch viele Streitschriften bekannt, worinn jeder seine Parthey vertheidigte. Einst trafen sie sich in einer kleinen Stadt an, und disputierten so stark und so lange mit einander, daß der Protestant katholisch, und der Katholik protestantisch wurde."*

E. T.

253 *Bischof Sailer.* 1826

August Graf Seinsheim (1789-1869)
Öl auf Leinwand ; 62,5 x 50 cm
Bez. auf der Rückseite: Joh. Michel v. Sailer / Bischof von Germanicopolis Coadjutor / und Weihbischof in Regensburg / gemalt den 10. Juli 1826 / August Grafen von / Seinsheim
Bischöfl. Zentralarchiv Regensburg

Mit Johann Michael Sailer wurde am 28. Oktober 1829 einer der bedeutendsten deutschen Kirchenmänner seiner Zeit zum Bischof von Regensburg geweiht.
1751 in Aresing bei Schrobenhausen geboren, erhielt der Münchner Jesuitenschüler 1775 die Priesterweihe im Dom zu Augsburg; 1799 wurde er Professor der Theologie. Als solcher nahm er an der Landshuter Universität entscheidenden Einfluß auf die Erziehung des späteren König Ludwigs I. Dieser blieb ihm zeitlebens freundschaftlich verbunden und verhalf ihm durch seine persönliche Fürsprache zu den höchsten Rängen im Regensburger Diözesanklerus, da weite Krei-

se der romtreuen Kirche Sailer ablehnend gegenüberstanden.

Bekannt geworden war Sailer durch sein 1783 in 1. Auflage erschienenes *Vollständiges Lese- und Betbuch zum Gebrauch der Katholiken*, das auch in der evangelischen Welt für Aufsehen sorgte. Lavater trat in freundschaftlichen Kontakt zu Sailer und die protestantische Gräfin Eleonore Auguste Stolberg-Werningerode begann einen innigen Briefwechsel mit ihm. Als Folge derartiger Kontakte und wegen seiner konsequent christozentrischen Haltung warfen ihm viele Katholiken Nähe zum Protestantismus vor, während ihn Protestanten der Proselytenmacherei beschuldigten. Beide Vorwürfe waren unberechtigt. Im sog. Mischehenstreit zeigte sich, daß Sailer nicht von der streng katholischen Linie abwich, wonach Mischehen zwischen Katholiken und Protestanten nur mit kirchlicher Dispens geschlossen werden konnten, und auch nur dann, wenn die katholische Erziehung *aller* Kinder gewährleistet war. Es war für Sailer kein Widerspruch, dem Katholizismus treu zu bleiben und dennoch die Versöhnung mit den evangelischen Christen zu suchen. Schon 1791 sagte der protestantische Dinkelsbühler Bürgermeister von Schäfer zum späteren Rottenburger Domkapitular Alois Wagner: "Wenn all Ihre - und wohl auch unsere - Geistlichen so gesinnt wären, so würde die unglückliche Trennung zwischen Katholiken und Protestanten bald ein Ende nehmen. Man hat nun seit 300 Jahren genug gezankt und gestritten - aber der beklagenswerte Riß blieb. Nur solche Männer könnten, da wir in so vielem einig sind, in allem eine vollständige friedliche Wiedervereinigung zustande bringen" (SCHIEL I, 169).

H. SCHIEL: Johann Michael Sailer. Leben und Briefe, Bd. 1, Regensburg 1948; Bd. 2, Regensburg 1952.- G. SCHWAIGER: Johann Michael Sailer. Der bayerische Kirchenvater, München-Zürich 1982. - Ausst.kat. J. M. Sailer, Pädagoge-Theologe, Bischof von Regensburg, Zum 150. Todestag (Bischöfl. Zentralarchiv Regensburg, 14.5.-29.8.1982) (Typoskript), Nr. 125.

E. T.

254

254 **Christus.** *1827 - 1832*

Johann Heinrich Dannecker (1758 - 1841)
carrarischer Marmor ; H. 224 cm
Bez. auf der Plinthe vorn: DURCH MICH ZUM VATER seitlich rechts: DANNECKER F. 1830 D. 24. DEC.
Foto nach dem Original in der Fürstl. Thurn und Taxis'schen Gruftkapelle Regensburg.

Mit Danneckers Christusstatue in der Thurn und Taxis'schen Gruftkapelle besitzt Regensburg ein Hauptwerk der religiösen Skulptur des 19. Jahrhunderts. Es handelt sich dabei um die leicht veränderte Zweitfassung einer 1818-1824 für Zarinmutter Maria Feodorowna ausgeführte Figur in Zarskoje-Selo. Offiziell in Auftrag gegeben wurde sie 1827 von Therese von Thurn und Taxis, die dem evangelischen Haus Mecklenburg-Strehlitz entstammte. Als Aufstellungsort sah die Fürstin die Schloßkapelle in Neresheim vor, in der ihr am 15. Juli 1827 verstorbener Gemahl,

Fürst Carl Alexander, bestattet worden war. Dieser, zeitlebens ein treuer Sohn der katholischen Kirche und inniger Marienverehrer, hatte bereits seit 1822 mit dem Protestanten Dannecker über eine Zweitfassung der für Rußland bestimmten Christusstatue verhandelt. Friedrich Schlegel hatte am 28. November 1818 Cotta gebeten, er möge sich dafür einsetzen, daß Dannecker seinen Christus *"mehreremal in Marmor ausführt, damit nicht, während das Werk selbst in Moskau ist, wir Deutsche uns mit den bloßen Gypsen begnügen müssen."*

Die Vorgeschichte der 1832 in Neresheim aufgestellten und 1840 nach Regensburg gebrachten Skulptur läßt konfessionelle Fragen unberührt. Sie verweist stattdessen auf vaterländische und ästhetische Wurzeln. Den letzteren entspricht es auch, daß für die Regensburger Statue ein drehbarer Sockel gefertigt wurde, mit dessen Hilfe die altarbildhafte Einansichtigkeit mechanisch überwunden werden kann.

Schlegel sah in Danneckers Christus ein Aufgreifen des mittelalterlichen, also vorreformatorischen Strebens nach einer "christlichen Skulptur". Seine Forderung, daß die Deutschen dieses Werk auch im Original besitzen müßten, ist repräsentativ für den hohen ideellen Wert, den man diesem Bildwerk im Kreis der Romantiker beimaß. Den nationalen Wert der Statue erkannte man, wie den der nazarenischen Malerei, in der Hinwendung zur vorreformatorischen Tradition. So hatte etwa Görres bereits 1807 die Reformation für das Darniederliegen der deutschen Nation verantwortlich gemacht. Wie sehr jedoch auch Danneckers Christus im protestantischen Bilddenken verwurzelt ist, beweist die Inschrift, deren Aussage die Statue verkörpert: *"Durch mich zum Vater"* (nach Joh. 14, 6).

J. GÖRRES. Gesammelte Schriften, hrsg. v. W. Schellberg, Bd. 3, Köln 1926, 400 f. - F. SCHLEGEL. Kritische Ausgabe, Bd. 30, Abt. 3, 1980, 16. - J. B. MEHLER: Das fürstliche Haus Thurn und Taxis in Regensburg, Regensburg 1898, 91 f., 147 f. - A. SPEMANN: Dannecker (Diss. Würzburg 1910), Berlin-Stuttgart 1909, 144, 147,

Anhang 177. - H. DÜNNINGER: Jean-Baptiste Metivier und Karl Victor Keim in ihrer Bedeutung für das fürstliche Bauwesen, in: Beiträge zur Kunst- und Kulturpflege im Hause Thurn und Taxis, hrsg. v. M. Piendl (Thurn und Taxis-Studien 3), Kallmünz 1963, 299-323, bes. 320. - Kat. Stuttgart 1987, 364-369., 412-414, 479 (mit Lit.).

E. T.

254.1 **Kopffragment des Modells.** 1827

Gips ; H. ca. 38 cm
1986 am Hals ergänzt, um den Kopf aufstellen zu können.
Stuttgart, Evang. Hospitalkirchengemeinde

Das Gipsmodell der Regensburger Statue schenkte Dannecker 1834 der Stuttgarter Hospitalkirche zum Dank für den dort genossenen ersten Religionsunterricht. Von der im 2. Weltkrieg zerstörten Figur konnte nur der Kopf gerettet werden.
An der glatten Behandlung des zarten Bartes und des in der Mitte gescheitelten Haares läßt sich besonders gut erkunden, wie sehr sich Dannecker mit seinem Christus von den Idealen des Klassizismus entfernt hatte.

Kat. Stuttgart 1987, 12, 412-414.

E. T.

256

255

255 Georg Friedrich Ziebland.
Um 1860

Vergrößerung einer Originalphotographie von Franz Hanfstaengl (1804 - 1877)
Original 10,3 x 6,5 cm
Münchner Stadtmuseum (VIa/194)

Der Architekt Georg Friedrich Ziebland wurde am 7. Februar 1800 als Sohn Berliner Eltern in Regensburg geboren und in der Neupfarrkirche getauft. 1806 übersiedelte die Familie nach München. Als Zwölfjähriger begann Ziebland sein Architekturstudium an der Kgl. Akademie bei Karl von Fischer, Friedrich Gärtner und wohl auch bei Domenico Quaglio. 1827 gewährte ihm König Ludwig I. ein zweijähriges Italienstipendium zum Studium der frühchristlichen Basiliken. Nachdem er sich 1833 beim Wettbewerb für die bayerische Ruhmeshalle nicht gegen Klenze hatte durchsetzen können, erlebte Ziebland 1835 die Grundsteinlegung zu seinem architektonischen Hauptwerk, der Basilika St. Bonifaz (Kat.256). Im selben Jahr heiratete er die Tochter des protestantischen Ansbacher Hutfabrikanten Hellmuth. 1836 trat er die Nachfolge Gärtners als Akademielehrer in München an. Nach dem Tod seines Freundes Ohlmüller 1839 vollendete Ziebland die von diesem begonnene Mariahilfkirche in der Au, ein bedeutendes Werk der frühen Neugotik. 1842 holte ihn der Großherzog von Sachsen-Weimar nach Eisenach, damit er sich mit der Vollendung der Wartburg beschäftige.

Trotz seiner vielfältigen beruflichen Aktivitäten war der 1855 zum Kgl. Oberbaurat ernannte Ziebland ein engagiertes Mitglied der evangelischen Gemeinde Münchens. Über zwanzig Jahre wirkte er als Kirchenvorstand. Die Pläne zum Bau der evang. St. Paulus-Kirche in Perlach lieferte er ohne Honorar. Sein gesamtes Leben war von großer Toleranz im künstlerischen wie im religiösen Bereich geprägt. Kurz vor seinem Tod am 24. Juli 1873 erwarb er eine Grabstätte auf dem Regensburger St. Lazarus-Friedhof. Die Beisetzung erfolgte am 25. Juli durch Pfarrer Tinsch. Als 1950 der inzwischen aufgelassene Friedhof (vgl. Kat.210) in den Stadtpark integriert wurde, brachte man den Grabstein mit der von Ziebland selbst verfaßten Inschrift an der Ostwand der 1832 bis 1834 im katholischen Friedhofsteil erbauten Kapelle an.

H. REIDELBACH: König Ludwig I. und seine Kunstschöpfungen, München 1888, 163 f., 225 f., 241, 257. - Tages-Anzeiger Nr. 122 (13/14.10.1950). - L. TURTUR/A.L. BÜHLER: Geschichte des protestantischen Dekanates und Pfarramtes München 1799-1852, München 1970, 299. - B. V. KARNAPP: Georg Friedrich Ziebland 1800-1873. Studien zu seinem Leben und Werk, in: Oberbayerisches Archiv 104 (1979), 7-116. - Ausst.kat. Franz Hanfstaengl. Von der Lithographie zur Photographie. Von H. GEBHARDT (Münchner Stadtmuseum, 1.3.-29.4. 1984), München 1984, 264.

E. T.

256 Basilika St. Bonifaz. 1835

Georg Friedrich Ziebland (1800 - 1873)
Bleistift auf Papier,
leicht grau laviert ; 40,6 x 56,3 cm
Münchner Stadtmuseum (M II/121 [D 6])

Kronprinz Ludwig beschloß 1819, gegenüber der Glyptothek eine Kirche in basilikaler Form zu errichten. Er wollte damit die Verbindung von Antike und Christentum augenfällig machen. 1822 wandte er sich in dieser Angelegenheit erstmals an Ziebland. Fünf Jahre später teilte er diesem dann definitiv mit: *"Ich bin gesonnen, dem Apostel der Deutschen und Baiern, dem heiligen Bonifacius, in München eine Kirche zu erbauen, und zwar in Form einer Basilika. (...), so schicke ich Sie für mehrere Jahre nach Italien."* Zur Ausführung des Marmorfrieses im Innern mit Szenen aus dem Leben und der Passion Christi sah der König den dänischen Protestanten Thorvaldsen vor. 1828 schickte Ziebland seine ersten Entwürfe für eine fünfschiffige Basilika nach München. Die Grundsteinlegung erfolgte nach mehrfacher Planänderung am 12. Oktober 1835, dem silbernen Hochzeitstag des Königspaares. Die Einweihung des den Benediktinern übergebenen Baus fand am 25. November 1850 statt.
Kunsthistorisch ist die - seit dem Zweiten Weltkrieg nur mehr als Torso erhaltene - Basilika wegen des Aufgreifens und Kombinierens frühchristlich-byzantinischer Elemente mit Stilformen der italienischen Romanik bedeutend. Interessant ist aber auch die Wahl des Patroziniums. Mit dem hl. Bonifatius, der als der Bekehrer aller Deutschen galt, beschwor Ludwig die Erinnerung an deren kulturelle Einheit im vorkonfessionellen Zeitalter herauf. Bei der Wahl der Künstler spielte der konfessionelle Aspekt folglich keine Rolle. Es ist kein Widerspruch, daß der Protestant Ziebland die Kirche eines Benediktinerstiftes erbaute. Durchaus konsequent stellte sich der Architekt denn auch im Bogenscheitel des Mittelportals selbst in Mönchskutte dar.
Dem königlichen Kunsttraum widersprach die Realität. Ludwig I., katholischer Sohn aus gemischter Ehe, wählte sich St. Bonifaz als letzte Ruhestätte. Das schlichte Grabmal entwarf ebenfalls Ziebland. Königin Therese wurde in einer Gruft *unter* dem Sarkophag ihres Gemahls bestattet. Als Protestantin durfte sie nicht an der Seite des Königs ruhen.

S. Kat.255. - B. STUBENVOLL: Die Basilika und das Benediktinerstift St. Bonifaz in München, München 1875. - H. LANG: St. Bonifaz München, München-Zürich ²1960. - R. BURGHARDT: Die Kirche St. Bonifaz als Denkmal und Mausoleum, in: Ausst.kat. "Vorwärts, vorwärts sollst du schauen..." Geschichte, Politik und Kunst unter Ludwig I., Bd. 9, hrsg. von J. Erichsen und U. Puschner, München 1986, 455-467.

E. T.

257 Die Akte Westermayer. 1842/43

230 S. in 3 Faszikeln
Stadtarchiv Regensburg (ZR786)

Seit dem Jubiläumsjahr 1842 sorgte Domprediger Anton Westermayer für eine Polemisierung im interkonfessionellen Umgang. So sah er sich nach seinen Kanzelreden am Dreikönigstag 1843 und am darauf folgenden Sonntag mit schweren Vorwürfen konfrontiert. Abermals habe er *"unduldsame und verletzende Ausfälle gegen die Protestanten und Schmähungen gegen die Reformation"* vorkommen lassen. Er habe den evangelischen Geistlichen *"den Namen Seelsorger abgesprochen und sie als Verführer bezeichnet, und sodann über die Nichtigkeit des protestantischen Gottesdienstes sich ausgelassen."* Die Klärung dieser Vorwürfe binnen acht Tagen verlangte die Kreisregierung im Auftrag des Innenministeriums in einem Schreiben an den Magistrat vom 27. Januar 1843 (danach die Zitate). Ein ganzes Jahr waren die Behörden mit dem Fall beschäftigt. Im Zuge der Untersuchung stellte sich heraus, daß Westermayer die Gegner des Zölibats als

"Lüstlinge, getaufte Heiden, Fleischapostel, als Verteidiger einer schändlichen, abscheulichen, gotteslästerlichen Lehre" bezeichnet, jedoch in diesem Zusammenhang das Wort "Protestanten" nie explizit gebraucht hatte. Obwohl jedermann wußte, gegen wen Westermayers Attacken gerichtet waren, konnte man ihm juristisch nicht nachweisen, daß er damit die evangelischen Geistlichen treffen wollte. Aus diesem Grund wurde der am 22. Oktober 1843 vom Magistrat bekanntgegebene Beschluß zur Verurteilung des Dompredigers von der Kgl. Kreisregierung am 18. Dezember 1843 wieder aufgehoben.

SAR, ZR 786. - DOLLINGER, 390 f.

E. T.

Die Vorwürfe Westermayers einfach zu ignorieren, sei wegen der "unerhörten Beschimpfung unserer evangelischen Kirche" nicht möglich. Zudem seien manche Evangelische verlegen, "was sie solchen Nachweisen gegenüber - denn des ganze Buch strotzt ja von Citaten, namentlich aus Luthers Schriften, - denken oder sagen sollen." Linde entschloß sich dabei zur Zweitauflage seines Büchleins, um dem Leser die Möglichkeit zu geben, sich selbst ein Urteil bilden. Lediglich auf die Zitierweise Westermayers reagierte er unmittelbar: Eine Reihe unvollständiger, aus dem Zusammenhang gerissener und z. T. nicht verifizierbarer Zitate bewiesen, daß Westermayer Luthers Schriften selbst gar nicht gelesen hätte. Er habe nur aus älteren antiprotestantischen Schriften "ausgelesen, was Andre gesammelt und zu Koth gemacht haben".

E. T.

258 Zweite Auflage von Lindes Regensburger Reformationsgeschichte. 1843

Kurze Geschichte der Kirchen-Reformation in Regensburg. Zweite Auflage der Festschrift zum 300jährigen Reformations-Jubiläum in Regensburg... Mit einem nöthig gewordenen neuen Vorworte.
Text: Friedrich Linde
Druck: Joh. Phil. Raw, Nürnberg
XVI + 79 S. ; 20 x 13 cm
Museum der Stadt Regensburg (GR45)

Auf die Schmähungen des Dompredigers Westermayer (Kat.257) reagierte Pfarrer Linde mit einer Replik seiner Reformationsgeschichte von 1842 (Kat.243). Im Vorwort lobt er zunächst das rücksichtsvolle Verhalten der katholischen Mitbürger während der Jubiläumsfeierlichkeiten als erfreulichen *"Beweis christlicher und nachbarlicher Gesinnung"*. Umso widersprüchlicher sei der *"nachherige Ausbruch zelotischer Feindseligkeit"*, die aus der Schrift des Dompredigers unter dem Deckmantel der Wissenschaftlichkeit spräche.

259 Bischof Senestréy. Um 1860

Anonym
Kolor. Lithographie, auf Leinwand aufgezogen - 44 x 32 cm
Bischöfl. Zentralarchiv Regensburg

Bischof Ignatius Senestréy bestimmte die Geschicke des Bistums nahezu ein halbes Jahrhundert lang. 1818 in Bärnau im Stiftland geboren, ging er nach dem Erhalt der niederen Weihen 1836 nach Rom, um sein Studium am Collegium Germanicum zu absolvieren. 1839 promovierte er zum Dr.phil., 1842 wurde er zum Priester geweiht. Seine erste Heilige Messe zelebrierte er am Ostersonntag am Ignatiusaltar in Il Gesù. Bald darauf mußte er aus Gesundheitsgründen nach Bayern zurückkehren, wo er verschiedene klerikale Ämter bekleidete, bis er 1858, im Jahr seiner Promotion zum Dr.theol., vom König zum Bischof von Regensburg ernannt wurde. Als Fremder und wohl auch wegen seines energischen Auftretens hatte er zum Regensburger Domkapitel kein gutes Verhältnis. Als Bischof fühlte er sich ausschließlich dem Papst verpflichtet, nicht dem König. Er wurde zum *"Inbegriff des Ultramontanismus in Bayern und des klerikalen Widerstandes gegen die Staatsgewalt"* (HAUSBERGER II, 192).
Auf dem 1. Vaticanum war Senestréy ein entschiedener Verfechter des Dogmas der päpstlichen Unfehlbarkeit. Dabei teilte er in etwa die Hoffnung des späteren Kardinals von Westminster Manning, daß dieses Dogma alle wahrheitsliebenden und geborgenheitssuchenden Protestanten zur katholischen Kirche führen würde (STABER, 50, Anm.20). Bischof Senestréy starb am 16. August 1906. Sein Grab befindet sich in St. Jakob.

P. MAI (Hrsg.): Ignatius von Senestréy, Bischof von Regensburg. Eine Selbstbiographie, in: BGBR I, 1967. - DERS. (Hrsg.): Ignatius von Senestréy. Festschrift zur 150. Wiederkehr seines Geburtstages, Bärnau 1968. - HAUSBERGER II, 156-192.

E. T.

260 Dr. Gustav Adolf Wiener. Um 1880

Anonym, Regensburg
Öl auf Leinwand ; 69 x 54 cm
Regensburg, Evang. Kirchenbucharchiv
Farbabb.38

Der am 4. September 1812 in Regensburg geborene Gustav Adolf Wiener studierte Theologie und Philosophie in München, Leipzig und Erlangen. Nach dem Besuch des Münchner Predigerseminars war er zwei Jahre Vikar in Passau, ehe er 1839 als Repetent an die Theologische Fakultät in Erlangen berufen wurde. Er promovierte in Theologie und Philosophie und erhielt 1840 eine Dozentur in Theologie. Am 19. Mai 1842 heiratete er in der Dreieinigkeitskirche Cäcilie von Benda, die älteste Tochter des Direktors der fürstlichen Domänen-Oberadministration Wilhelm von Benda. Wenig später wurde der junge Theologe von der Regensburger Gemeinde gebeten, zum 300. Jubiläum der Einführung der Reformation drei Predigten zu übernehmen. Angesichts der herrschenden interkonfessionellen Spannungen war dies keine leichte Aufgabe (vgl. Kat.256). Wiener sparte nicht an Kritik am Papsttum. Die Folge war, daß er seiner Ämter enthoben und strafversetzt wurde. Während dieser in Franken verbrachten Jahre widmete sich Wiener u. a. der Vereinheitlichung des evangelischen Kirchengesangs in Bayern. Erst 1860 durfte er nach Regensburg zurückkehren, wo er zunächst als 3. Pfarrer der Oberen Stadt Waisenhausvater wurde. Zusammen mit seiner Frau engagierte er sich für die Gründung einer Diakonissenstation und eines Marienstifts für evangelische Pfarrerstöchter. Letzteres wurde am 3. Oktober 1865 im Haus Blaue Sterngasse 5 (im 2. Weltkrieg zerstört) eröffnet. Die Leitung übergab Wiener, der 1878 1. Pfarrer an der Neupfarrkirche geworden war, 1883 an Pfarrer Christian Poppel. Dieser erwarb 1885 das Anwesen Am Peterstor 2 (Fuchsengang 2c) für das Marienstift. Im selben Jahr wurde

Wiener zum Kirchenrat ernannt. Er verstarb am 13. Februar 1892.

Das evangelische Regensburg, 30-33. - DOLLINGER, 396-400. - Baualterspläne II, 49; V, 140 f. - SCHLICHTING: Kirchenschatz I, 160.

E. T.

261 Konfessionelle Spannungen im Spiegel der Presse des 19. Jahrhunderts

Konflikte zwischen den Konfessionen in Regensburg - präziser: konfessionell gefärbte Konflikte politischer Natur - sind in den Regensburger Zeitungen des 19. Jahrhunderts immer wieder bezeugt. Im konstitutionell-monarchischen System des Königreichs Bayern mit seiner Verfassung von 1818 entwickelte sich allmählich auch die Pressefreiheit, eine der Hauptforderungen des aufstrebenden liberalen Bürgertums. Im Vormärz war dieses Recht allerdings noch sehr eingeschränkt. Erst die Revolution von 1848 brachte innerhalb der "Märzerrungenschaften" auch ein gesichertes Recht der Pressefreiheit. Bis dahin waren die bereits existierenden Zeitungen, wie die *Regensburger Zeitung* (gegründet 1813), nicht zuletzt wegen der strengen Zensurbestimmungen, politisch farblos. Mit der Revolution 1848 aber formierten sich die politischen Grundströmungen und Parteien und schufen sich ihre Presseorgane. Die Zeitungen wurden zu Instrumenten der Politik und der weltanschaulichen Auseinandersetzung. Zwei Grundrichtungen standen sich gegenüber: eine liberal-protestantische und eine katholisch-konservative. Sprachrohr des liberal-protestantischen Lagers wurde das *Regensburger Tagblatt* (gegründet 1838, bestehend bis 1908). Dem katholisch-konservativen Bevölkerungsteil stand ab 1849 das *Bayerische Volksblatt* zur Verfügung, das 1861 im *Regensburger Morgenblatt* eine Fortsetzung fand. Dieselbe Tendenz verfolgte der *Regensburger Anzeiger*, zunächst ein reines Annoncenblatt, das ab 1862 dem *Regensburger Morgenblatt* beigegeben war, sich aber im Laufe der Zeit zur selbständigen Tageszeitung entwickelte. Für katholisch-konservative Belange stritt außerdem sehr engagiert das 1863 entstandene *Neue bayerische Volksblatt* (eingegangen 1881). *Regensburger Morgenblatt* und *Regensburger Anzeiger* vereinigten sich 1910 zum *Regensburger Anzeiger*, der - mit Unterbrechungen in der NS-Zeit und Nachkriegsperiode - von 1949 bis 1973 als *Tages-Anzeiger* weiterlebte.

Die seit 1869 in Regensburg vertretene Sozialdemokratie besaß bis nach der Jahrhundertwende kein eigenes Presseorgan. Erst ab 1908 standen ihr für ein Jahr die Wochenzeitung *Regensburger Volksfreund*, ab 1909 die Tageszeitung *Donau-Post* bzw. *Neue Donau-Post* zur Verfügung. Das konfessionelle Moment spielte in deren Veröffentlichungen aber keine Rolle.

Brennpunkte des Streites mit konfessionellem Akzent zwischen liberal-protestantischem und katholisch-konservativem Lager wurden die periodisch anfallenden Wahlen: Auf kommunaler Ebene die Gemeindewahlen, auf Landesebene die Wahlen der Abgeordneten zum Bayerischen Landtag, auf Reichsebene - 1848 einmalig die Wahl der Abgeordneten zur Deutschen Nationalversammlung - und ab 1871 - regelmäßig - die Wahl der Abgeordneten zum Deutschen Reichstag. Den springenden Vergleichspunkt zu den Wahlergebnissen bildeten immer wieder die Einwohnerzahlen der Konfessionen in der Stadt: Zu Beginn des 19. Jahrhunderts wohnten in Regensburg etwa ein Drittel Protestanten und zwei Drittel Katholiken, der Anteil der Katholiken aber nahm durch die Zuwanderung aus dem katholischen Umland beständig zu: Bis 1910 wuchs der Katholikenanteil auf mehr als vier Fünftel. Dieser eindeutigen bevölkerungsmäßigen Majorität der Katholiken entsprachen nicht die Wahlergebnisse. Bei den Gemeinde- und Landtagswahlen siegte vielfach - bedingt durch ein an Besitz und Steuer geknüpftes Wahlrecht - die liberal-protestantische Parteirichtung. Das besitzende Bügertum war aus Reichsstadtzeiten großteils protestantisch. Der liberal-protestantischen Partei schlossen sich ab 1869 aber auch etliche - stimmausschlaggebende - liberal eingestellte Katholiken an, was die Führer der katholisch-konservativen Richtung jedoch nicht akzeptieren und zur Kenntnis nehmen wollten. Die legale Vertretung der Katholiken war in ihren Augen nur die Bayerische Patriotenpartei bzw. später das Zentrum. Aus dieser Konstellation erwuchs aus dem Kampf um die Macht im Rathaus und in den Parlamenten eine streckenweise mit großer Erbitterung geführte Auseinandersetzung.

N. MAYER. - CHROBAK. - 400 Jahre Zeitungsgeschichte in Regensburg. Redaktionelle Bearbeitung J. W. Hammer. Sonderdruck "die Woche" 1983. - ALBRECHT. - W. CHROBAK: Die Regensburger politischen Parteien im Bismarckreich - Grundlegung der heutigen Parteienlandschaft, in: Studien und Quellen zur Geschichte Regensburgs 3, Regensburg 1985, 35-73.

W. J. Chr.

Bayerisches Volksblatt Nr. 132, 4.9.1849, "Die Ultramontanen"

Der Begriff "Die Ultramontanen" wurde im 19. Jahrhundert von den politischen Gegnern für Katholiken verwendet, die als besonders konservativ eingestuft wurden und eine starke Bindung an das Papsttum über den Alpen ("ultramontan") in Rom aufwiesen. "Ultramontan" bedeutete in den Augen der Liberalen, die nationalen Belange hinter die Interessen der Weltkirche und des Papsttums zurückzustellen, die Welt unter klerikaler Bevormundung und Herrschaft halten zu wollen, die geistigen und politischen "Fortschritte" hemmen zu wollen.

Das *Bayerische Volksblatt* wehrt sich im Leitartikel "Die Ultramontanen" gegen Angriffe seitens der liberalen Presse, die auch vom *Regensburger Tagblatt* aufgegriffen wurden. Die "Macht der Presse" ist bereits ein feststehender Begriff, die Wichtigkeit der Zeitungen im öffentlichen und politischen Leben ist klar erkannt. Deutlich wird die Konkurrenzsituation beim Aufbau des Pressewesens in Bayern unter parteipolitischem Gesichtspunkt herausgestellt.

Das *Bayerische Volksblatt* wurde im März 1849 als Organ des katholisch-konservativen Lagers gegründet, nachdem das liberal-demokratisch-protestantische Lager bereits das - seit 1838 bestehende - *Regensburger Tagblatt* zur Hand hatte. Hinter dem *Bayerischen Volksblatt* stand der im Herbst 1848 gegründete Regensburger Pius IX.-Verein, seine politische Grundlinie war konservativ-konstitutionell-monarchistisch. Gründungsanlaß war auch die Abhaltung der "3. Generalversammlung des katholischen Vereins von Deutschland" (Katholikentag) im Herbst 1849 in Regensburg (siehe Meldung unten rechts), dessen Berichterstattung am Ort man nicht dem *Regensburger Tagblatt* mit seiner antiklerikalen Tendenz überlassen wollte. Bischof Valentin von Riedel von Regensburg empfahl die Verbreitung des *Bayerischen Volksblattes* unter den Katholiken. Verleger war zunächst Josef Mayr in Stadtamhof, nach einem Jahr dann der Regensburger Buchdrucker Friedrich Pustet, der Führer des Pius-Vereins.

W. J. Chr.

Regensburger Tagblatt Nr. 329, 29.11.1869, "Zu den Gemeindewahlen"

Der Artikel ist ein Beispiel dafür, in welch hitziger Atmosphäre in Regensburg oftmals die Gemeindewahlen abliefen. Die eindeutig günstigere, historisch bedingte Ausgangsposition für einen Erfolg bei den Gemeindewahlen besaß die protestantische Einwohnerschaft Regensburgs durch den fast ausschließlichen Besitz des Bürgerrechts zu Beginn des 19. Jahrhunderts. Seit 1651 nämlich war das Bürgerrecht in Regensburg nur mehr an Protestanten verliehen worden. So standen am Ende der Reichsstadtzeit etwa 800 protestantischen Familien nur drei katholische Familien mit Bürgerrecht gegenüber. Zwar hatte Fürstprimas Dalberg im sog. Toleranzedikt von 1803 sogleich bei Herrschaftsantritt im Fürstentum Regensburg den Katholiken den Zugang zum Bürgerrecht ermöglicht, doch dauerte es bis nach der Jahrhundertmitte, bis die Katholiken den Vorsprung der protestanischen Bürgerrechtsinhaber aufgeholt hatten. Standen 1833 noch 993 evangelische nur 511 katholischen Bürgerrechtsbesitzern gegenüber, so hatte sich 1857 das Mehrheitsverhältnis umgedreht: Es gab nunmehr 927 katholische und 638 evangelische Bürgerrechtsinhaber.

Das Bürgerrecht war die Voraussetzung für das aktive und passive Wahlrecht bei den Gemeindewahlen, Bürgerrechtsinhaber waren die "wirklichen Gemeindemitglieder". Bei der Gemeindewahl von 1869 verstärkten die Parteigruppierungen ihre Anstrengungen, da nach der neuen bayerischen Gemeindeordnung von 1869 - die das Gemeindeedikt von 1818 ablöste - alle Gremien der Gemeinde (Gemeindebevollmächtigte, Magistrat und Bürgermeister) neu zu wählen waren. Die liberale und die katholisch-konservative Partei traten in einen Wettlauf bei der Schaffung neuer Gemeindebürger, was bei einer Bürgerrechtsgebühr von 100 Gulden (der höchsten in Bayern) bedeutende finanzielle Anstrengungen erforderte. Die Führer der katholisch-konservativen Partei spitzten die Wahlkampfauseinandersetzungen auf den Gegensatz protestantisch:katholisch zu, während das Organ der liberalen Partei mit antiklerikalen Angriffen nicht sparte. Die Wahl gewann schließlich die liberal-protestantische Partei, obwohl bei den Bürgerrechtsinhabern rund 950 Katholiken 650 Protestanten gegenüberstanden. Dies hieß: Ein nicht unbedeutender Teil der katholischen Wahlberechtigten mußte liberal gewählt haben.

W. J. Chr.

Bayerisches Volksblatt Nr. 46, 16.2.1871, "Aufruf eines hier gebildeten Wahlcomite's an die patriotischen Wähler des Wahlkreises Regensburg"

Die erste Reichstagswahl im Bismarckreich fand am 3. März 1871 statt. Nach dem siegreichen deutsch-französischen Krieg war der preußische König Wilhelm am 18. Januar 1871 in Versailles zum Deutschen Kaiser ausgerufen worden. Obwohl die katholisch-konservative Bevölkerung Bayerns und die sie vertretende Bayerische Patriotenpartei (gegr. 1868) einem Deutschen Kaiserreich unter preußisch-protestantischer Führung - bei einem Ausschluß des katholischen Österreich - sehr ablehnend gegenübergestanden hatte, entschloß man sich angesichts der Unaufhaltsamkeit der Entwicklung zu einer Wahlbeteiligung.

Während die liberal-protestantische, preußenfreundliche Partei im *Regensburger Tagblatt* das Bismarckreich als langersehntes Ziel des deutschen Nationalstaates begrüßte und feierte, drückten sich im Wahlaufruf der katholisch-konservativen Patriotenpartei - der Vorgängerpartei des Zentrums - vielerlei Vorbehalte und Befürchtungen aus: U.a. befürchtete man eine Störung des Friedens im Inneren, eine Einschränkung der staatsbürgerlichen Rechte und des religiösen Gewissens, eine Unterdrückung der Freiheit und Selbständigkeit der Kirche: Der Kulturkampf wurde vorausgeahnt. Aus dieser Stimmung heraus wurde die Konfession des Reichstagskandidaten, die "treue Katholizität", im Wahlkampf stark betont. Bei der nach dem allgemeinen, gleichen, direkten und geheimen Wahlrecht durchgeführten ersten Reichstagswahl siegte im Wahlkreis Regensburg der Kandidat der Patriotenpartei, Graf Adolph von Walderdorff. Auch alle späteren Reichstagswahlen bis 1912 im Wahlkreis Regensburg wurden von der Patriotenpartei bzw. dem Zentrum gewonnen. Ihr Einfluß im Berliner Reichstag blieb infolge der Minoritätsverhältnisse allerdings sehr beschränkt.

W. J. Chr.

262 Planskizze für den Bau des protestantischen Schulhauses Unterer Stadt. *1897*

Adolf Schmetzer (1854-1943)
Papier; 53x39 cm
bez. u.r.: Rgsbg. 13. Mai 1897. Stadtbauamt. Schmetzer

Am 11. August 1896 stimmte der katholische Stiftungsrat dem Vorhaben des Magistrats zu, das protestantische Schulhaus Unterer Stadt ganz der bis dahin im selben Gebäude (Klarenangerschule) untergebrachten katholischen Knabenschule zu überlassen und eine neue protestantische Schule zwischen Minoritenweg und Von-der-Tann-Straße zu erbauen. Dies war wegen der ständig steigenden Schülerzahl notwendig geworden. Eine vom Magistrat Anfang 1897 erstellte Berechnung ergab, daß allein die Zahl der evangelischen Schüler vom laufenden Schuljahr 1896/97 bis zum Schuljahr 1902/03 im Bereich der Unteren Stadt von 222 auf 286 steigen würde.

Die Bauplanung übernahm der 1896 vom Magistrat zum Stadtbaurat gewählte Adolf Schmetzer. In der Konzeption des Gebäudes orientierte er sich an damals fortschrittlichen Schulhäusern in München, Nürnberg, Mannheim und anderen Städten. Der von einem Mittelturm beherrschte viergeschossige Bau erhebt sich über einem nach Westen sich öffnenden E-förmigen Grundriß. Die Ostfassade ist von einem leicht hervortretenden neunachsigen Mittelrisalit gegliedert. Eröffnet wurde das Schulhaus am 20. September 1898.

SAR, ZR 12.514. - Baualterspläne VII, 289f. - ALBRECHT, 194. - BAUER, 35 (zur Klarenangerschule).

E. T.

263 Rundschreiben des bayerischen Kultusministers Adolf Wagner vom 23. April 1941

1. S. masch. ; 28,5 x 21 cm
Bischöfl. Zentralarchiv Regensburg (OA/NS 176)

Mit diesem Schreiben wandte sich Kultusminister Wagner an den Reichsstatthalter in der Westmark in Saarbrücken, an die Regierungspräsidenten und an die Direktorate der Höheren Lehranstalten. Sein Ziel war zum einen die Abschaffung des Schulgebets; vielmehr sollte der Unterricht an allen Schulen *"mit einem Tages- oder Wochenspruch aus dem nationalsozialistischen Gedankengut oder einem Liede der H. J. begonnen und beendet"* werden. Zum anderen wies er darauf hin, daß kirchlicher Bilderschmuck, auch wenn er künstlerischen Wert besitzen sollte, sowie Kruzifixe in der Schule am falschen Platz seien. Eine Möglichkeit zur Entfernung bzw. zur Ersetzung durch *"zeitgemäße Bilder"* böte sich etwa bei Erneuerungsarbeiten in den Klassenzimmern.

Diese Initiative war zwar keineswegs die einzige des Dritten Reichs, die auf eine Verdrängung der Kirche aus dem öffentlichen Leben abzielte, doch nahm sie - zumal in Regensburg - einen für die Zeit eher untypischen Verlauf. Denn heftige Proteste auf allen Ebenen ließen, möglicherweise auf direktes Eingreifen Hitlers hin, am 28. August 1941 einen zweiten Erlaß Wagners folgen, in dem angeordnet wurde, die Entfernung der Schulkreuze zu beenden. Doch noch war in Regensburg die innere Ruhe nicht wiederhergestellt. Am Vormittag des 27. Oktober versammelten sich zunächst ca. 150-200 evangelische und katholische Frauen vor dem Rathaus, um gemeinsam für die Wiederanbringung der Schulkreuze zu demonstrieren. Da Bürgermeister Dr. Schottenheim aus Kompetenzgründen auf Kreisleiter Weigert verwies, kamen am Nachmittag an die tausend Frauen. Sie erzwangen von Weigert die Zusage, die bereits entfernten Kreuze wieder anbringen zu lassen. Als maßgebliche Initiatorinnen dieser mutigen Aktion, von der sogar der britische Rundfunk berichtete, sind Hanna Dachs und Therese Reindl auf katholischer Seite und Luise Emilie Giese, die Frau des evangelischen Dekans, überliefert.

BZAR, OA/NS 176. - W. KESSEL: Hanna Dachs im kulturellen und politischen Leben Regensburgs, in VHVOR 114 (1974), 333-370, hier 337. - B. MÖCKERSHOFF: Der Kampf um das Schulkreuz, in: BZGBR 15 (1981), 237-255, bes. 240 ff. - W. ZIEGLER: Der Kirchenkampf in Ostbayern im Rahmen des allgemeinen Kirchenkampfes, ebd. 9-48, bes. 34. - ALBRECHT, 232. - H. HALTER: Regensburger Kommunalpolitik im Dritten Reich, Diss. Regensburg 1990, 240 f.

E. T.

Abkürzungen:

ADB	= Allgemeine Deutsche Biographie
BGBR	= Beiträge zur Geschichte des Bistums Regensburg
BZAR	= Bischöfliches Zentralarchiv Regensburg
BZBR	= Bischöfliche Zentralbibliothek Regensburg
CR	= Corpus Reformatorum (s. Bibliographie)
EKAR	= Evangelisches Kirchenbucharchiv Regensburg
fl.	= Gulden
GNM	= Germanisches Nationalmuseum Nürnberg
HStA	= Bayerisches Hauptstaatsarchiv München
JBGPÖ	= Jahrbuch für die Geschichte des Protestantismus in Österreich
MZ	= Mittelbayerische Zeitung Regensburg
ND	= Neudruck
NDB	= Neue Deutsche Biographie
R^3	= ROSENBERG (s. Bibliographie)
SAR	= Stadtarchiv Regensburg
StBR	= Staatliche Bibliothek Regensburg
VHVOR	= Verhandlungen des Historischen Vereins für Oberpfalz und Regensburg
WA	= D. Martin Luthers Werke (Weimarer Ausgabe), Weimar 1883-1919 (ND Graz 1966/67)
ZBKG	= Zeitschrift für bayerische Kirchengeschichte
ZBLG	= Zeitschrift für bayerische Landesgeschichte

Verzeichnis der abgekürzt zitierten Literatur

Albertus-Magnus-Gymnasium Regensburg. Festschrift zum Schuljubiläum 1988, Regensburg 1988.

Albrecht Altdorfer und seine Zeit. Hrsg. von Dieter Henrich (Schriftenreihe der Universität Regensburg, Bd. 5), Regensburg 1981.

ALBRECHT, Dieter: Regensburg im Wandel. Studien zur Geschichte der Stadt im 19. und 20. Jahrhundert (Studien und Quellen zur Geschichte Regensburgs 2), Regensburg 1984.

ANGERSTORFER, Andreas: Die Regensburger Juden im Spätmittelalter (13.-15. Jh.), in: Kat. Regensburg 1989/90, 161-172.

BARTH, Hans Martin/BEINERT, Wolfgang/HAUSBERGER, Karl/KRETSCHMAR, Georg/ZIEGLER, Walter: Das Regensburger Religionsgespräch im Jahr 1541. Rückblick und aktuelle ökumenische Perspektiven, Regensburg 1992.

Baualterspläne zur Stadtsanierung in Bayern. Regensburg I-XI, hrsg. vom Bayerischen Landesamt für Denkmalpflege, München 1973-1990.

BAUER, Karl: Regensburg. Aus Kunst-, Kultur- und Sittengeschichte, Regensburg ^{4}1988.

BECKENBAUER, Egon: Die Münzen der Reichsstadt Regensburg (Bayerische Münzkataloge 5), Grünwald 1978.

BÖHL, Eduard: Beiträge zur Geschichte der Reformation in Österreich, hauptsächlich nach bisher unbenützten Aktenstücken des Regensburger Stadtarchivs, Jena 1902.

BOSL, Karl (Hrsg.): Bosls Bayerische Biographie, Regensburg 1983, Ergänzungsband ebd. 1988.

BRANDMÜLLER, Walter (Hrsg.): Handbuch der bayerischen Kirchengeschichte, Bd. 3, St. Ottilien 1991.

BRENNINKMEYER, Edgar: Auf dem Reichstag in Regensburg 1541. Rechtfertigung durch den Glauben in Liebe, in: Ignatius von Loyola und die Gesellschaft Jesu 1491-1556, Würzburg 1990, 245-252.

BÜCHNER-SUCHLAND, Irmgard: Hans Hieber. Ein Augsburger Baumeister der Renaissance, München 1962. (Dazu PFEIFFER, Wolfgang: Notizen zu I. Büchner-Suchland, Hans Hieber, in: VHVHOR 104 (1964), 235-245.

CAMPENHAUSEN, Hans Frhr. v.: Die Bilderfrage in der Reformation, in: Zeitschrift für Kirchengeschichte 67 (1957), 96ff.

CHROBAK, Werner: Politische Parteien, Verbände und Vereine in Regensburg 1869-1914, Teil I in: VHVOR 119 (1979), 137-223; Teil II ebd. 120 (1980), 211-384; Teil III ebd. 121 (1981), 183-284.

Corpus iuris canonici, hrsg. von Emil Ludwig Richter, Leipzig 1879.

Corpus Reformatorum (Philippi Melanchthonis opera), hrsg. von Karl Gottlieb Brettschneider, Bd. 4, Halle 1837.

DIMPFEL, Christian Gottlieb: Ratisbona Nova et Antiqua. Kurtze wiewohlen gründliche Beschreibung des Hl. Römisch. Reichs Teutscher Nation Freyen Stadt Regenspurg in XIV Theilen..., Regensburg 1740-74 (SAR, I AE 2).

DOLHOFER, Josef: Die evangelische Wohltätigkeitsstiftung in Regensburg - EWR, in: F. RÜTH/R. HAUER/W. Frhr. v. PÖLNITZ-EGLOFFSTEIN (Hrsg.): Lebensbilder deutscher Stiftungen, Bd. III (Stiftungen aus Vergangenheit und Gegenwart), Tübingen 1974, 97-115.

DOLLINGER, Robert: Das Evangelium in Regensburg. Eine evangelische Kirchengeschichte, Regensburg 1959.

Encaenia Ratisbonensia. Regenspurgische Kirchweih... (= Kat. 111).

ERTL, Franz von Paula: Kurze Übersicht der vorzüglichsten Denkmäler und Sehenswürdigkeiten der Stadt Regensburg, München-Passau-Regensburg 1842.

Das Evangelische Regensburg. Festschrift aus Anlaß der Regensburger Tagung der Landessynode der Evang.-Luth. Kirche in Bayern und der vom Museum der Stadt Regensburg veranstalteten Ausstellung "400 Jahre evangelische Kirche in Regensburg", hrsg. vom Konvent der Evang.-Luth. Pfarrer Regensburgs, Regensburg 1958.

FÄRBER, Konrad Maria: Kaiser und Erzkanzler. Carl von Dalberg und Napoleon am Ende des Alten Reichs (Studien und Quellen zur Geschichte Regensburgs 5), Regensburg 1988.

Festschrift anläßlich der Festwochen nach der Renovierung der St.Oswald-Kirche vom 6.-13.10.1991, Regensburg 1991.

FRIEDBERG, Robert: Gold Coins of the World, Clifton ^{6}1992.

FRIEDLÄNDER, Max J.: Albrecht Altdorfer. Der Maler von Regensburg, Leipzig 1891.

FRIEDLÄNDER, Max J./ROSENBERG, Jakob: Die Gemälde von Lucas Cranach, Basel-Boston-Stuttgart 1979 (Überarbeitung der Erstausgabe Berlin 1932).

FÜRNROHR, Walter: Das Patriziat der Freien Reichsstadt Regensburg zur Zeit des Immerwährenden Reichstags, in: VHVOR 93 (1952), 198ff.

GEMEINER, Carl Theodor: Geschichte der Kirchenreformation in Regensburg, Regensburg 1792.

GEMEINER, Carl Theodor: Reichsstadt Regensburgische Chronik, 4 Bde., Regensburg 1800-1824.

GUMPELZHAIMER, Christian Gottlieb: Regensburg's Geschichte, Sagen und Merkwürdigkeiten von den ältesten bis auf die neuesten Zeiten, 4 Bde., Regensburg 1830-1838.

HABERKAMP, Gertraud: Bischöfliche Zentralbibliothek Regensburg. Thematischer Katalog der Musikhandschriften, Bd. 1: Sammlung Proske. Manuskripte des 16. und 17. Jahrhunderts aus den Signaturen A.R., B, C, AN. Mit einer Geschichte der Proskeschen Musiksammlung von August Scharnagel (Kataloge bayerischer Musiksammlungen 14/2), München 1989.

HABICH, Georg: Die deutschen Schaumünzen des XVI. Jahrhunderts, 1. Teil, 2 Bde. in 4 Bden., Register, München 1929-1934.

HAEBLER, Hans Carl v.: Das Bild in der evangelischen Kirche, Berlin 1957.

HAUSBERGER, Karl: Geschichte des Bistums Regensburg, 2 Bde., Regensburg 1989.

HEMMINGER, Sebastian: Kurtzer Summarischer Bericht Was auß befelch Eines Edlen Ehrw: Raths der Statt Regenspurg bey legung des ersten Stein zu dem vorhabenden Gebäw einer newen Kirchen zu den Evangelischen Predigten für Caeremonien und Solemnien den 4. Julij An. 1627 fürgangen, Regensburg 1627.

HERBST, Wilhelm: Das Regensburger Religionsgespräch von 1601, Gütersloh 1928.

HERGANG, Karl Theodor: Das Religions-Gespräch zu Regensburg im Jahre 1541 und das Regensburger Buch, nebst anderen darauf bezüglichen Schriften jener Zeit, Cassel 1858.

HERMANN, Carl Friedrich Heinrich: Kurzgefaßte Geschichte der Kirchenreformation in Regensburg, Regensburg 1842.

HESS, Adolph, Nachfolger: Katalog 233. Münzen und Medaillen aus süddeutschem Besitz (Auktion am 14.7.1938), Frankfurt a.M. 1938.

HUBEL, Achim: Die "Schöne Maria" von Regensburg. Wallfahrten - Gnadenbilder - Ikonographie, in: MAI, Paul (Hrsg.): 850 Jahre Kollegiatstift zu den heiligen Johannes Baptist und Johannes Evangelist in Regensburg 1127-1977, München-Zürich 1977, 199-231.

HUPP, Otto: Das Rathaus zu Regensburg, Regensburg 1910.

INVENTAR 1767: Inventarium über diejenigen Mobilien, welche sich in der Evangelischen Kirche zur Neuen Pfarr(...) befunden, den 24. und 25. Sept. 1765. (...); angebunden: id. der Dreieinigkeitskirche vom 26., 27. und 30. September 1765. (...); angebunden: id. von St. Oswald vom 1. und 2. Oktober 1765 (mit handschriftlichen Ergänzungen bis 1804). Auf dem Einband bez.: 1767 (EKAR).

ISERMAYER, Chr.-A.: "Bibelillustration", in: Die Religion in Geschichte und Gegenwart, hrsg. von Kurt Galling, Bd. 1, Tübingen 1957, Sp. 1174ff.

JANNER, Ferdinand: Die Bischöfe von Regensburg (3 Bde.), Bd. III, Regensburg-New York-Cincinnati 1886.

JUNCKER, Christian: Das Guldene und Silberne Ehren-Gedächniß D. Martini Lutheri, Frankfurt-Leipzig 1706, ND Karlsruhe 1982.

KAGERER, Joseph: Die schicksalsreiche Geschichte des Bildes "Die Schöne Maria" von Albrecht Altdorfer in der Stiftskirche St. Johann in Regensburg, in: VHVOR 93 (1952), 89-120.

Kat. Augsburg 1981: Welt im Umbruch. Augsburg zwischen Renaissance und Barock (Augsburg, Rathaus und Zeughaus, 28.6.-28.9.1980), Bd. 1 u. 2, Augsburg 1980; Bd. 3, Augsburg 1981.

Kat. Basel 1974 s. KOEPPLIN/FALK.

Kat. Berlin 1983: Kunst der Reformationszeit (Staatl. Museen zu Berlin, Hauptstadt der DDR, Altes Museum, 26.8.-13.11.1983), Berlin (DDR) 1983.

Kat. Berlin-Regensburg 1988: Albrecht Altdorfer. Zeichnungen, Deckfarbenmalerei, Druckgraphik. Hrsg. von Hans Mielke (Berlin, Staatl. Museen Preußischer Kulturbesitz, Kupferstichkabinett, 12.2.-17.4.1988; Regensburg, Museen der Stadt Regensburg, 6.5.-10.7.1988), Berlin 1988.

Kat. Bonn 1988: Luther und die Kunst in Bayern (Bayerische Vertretung in Bonn, 27.10.-18.11.1988), München 1988.

Kat. Detroit 1981: From a Mighty Fortress. Prints, Drawings, and Books in the Age of Luther 1483-1546. Hrsg. von Christiane Andersson und Charles Talbot (Detroit, The Detroit Institute of Arts; Ottawa, The National Gallery of Canada; Coburg, Kunstsammlungen der Veste 1981/82), Detroit 1983.

Kat. Goldegg 1981: Reformation - Emigration. Protestanten in Salzburg. Hrsg. von der Salzburger Landesregierung (Schloß Goldegg im Pongau, 21.5.-26.10.1981), Salzburg 1981.

Kat. Hamburg 1983 I: Luther und die Folgen für die Kunst. Hrsg. von Werner Hofmann (Hamburger Kunsthalle, 11.11.1983 - 8.1.1984), München 1983.

Kat. Hamburg 1983 II: Köpfe der Lutherzeit. Von Werner Hofmann (Hamburger Kunsthalle, 4.3.-24.4.1983), München 1983.

Kat. Hannover 1983: Münzen und Medaillen zur Reformation 16. bis 20. Jahrhundert. Von Margildis Schlüter (Kestner-Museum Hannover, 19.5.-25.7.1983), Hannover 1983.

Kat. München 1938: Albrecht Altdorfer und sein Kreis. Gedächtnisausstellung zum 400. Todesjahr Altdorfers, München 21938.

Kat. München 1960: Bayerische Frömmigkeit. 1400 Jahre christliches Bayern (Münchner Stadtmuseum, 14.6.-30.9.1960), München 1960.

Kat. München 1980: Wittelsbach und Bayern II/2. Um Glauben und Reich. Kurfürst Maxmilian I. (München, Residenz, 12.6.-5.10.1980), München-Zürich 1980.

Kat. München 1984: Wallfahrt kennt keine Grenzen (München, Bayerisches Nationalmuseum, 28.6.-7.10.1984), München 1984.

Kat. Nürnberg 1971: Albrecht Dürer 1471-1971 (Nürnberg, Germanisches Nationalmuseum, 21.5.-1.8.1971), München 1971.

Kat. Nürnberg 1983: Martin Luther und die Reformation in Deutschland. Ausstellung zum 500. Geburtstag Martin Luthers (Nürnberg, Germanisches Nationalmuseum, 25.5.-25.9.1983), Nürnberg 1983.

Kat. Regensburg 1958: 400 Jahre evangelische Kirche in Regensburg (Museum der Stadt Regensburg, 23.4.-31.5.1958), Regensburg 1958.

Kat. Regensburg 1977: Um die Einheit der Kirche. Vom Regensburger Bekenntnis zur Konkordienformel 1577. Hrsg. vom Evang.-Luth. Dekanat Regensburg (Regensburg, Runtingersaal, 29.10.-20.11.1977), Regensburg 1977.

Kat. Regensburg 1989: Ratisbona Sacra. Das Bistum Regensburg im Mittelalter (Diözesanmuseum Regensburg, 2.6.-1.10.1989), München-Zürich 1989.

Kat. Regensburg 1989/90: "Stadt und Mutter in Israel". Jüdische Geschichte und Kultur in Regensburg (Regensburg, 9.11.-12.12.1989), Regensburg 21990 (Ausstellungskataloge zur Regensburger Geschichte, Bd. 2).

Kat. Regensburg 1992: Die Neupfarrkirche. Hauptkirche des evangelischen Regensburgs. Mutterkirche für das evangelische Südosteuropa. Ausstellung zur 450. Wiederkehr der Reformation in Regensburg. Von Peter Morsbach (Regensburg, Neupfarrkirche,

ab 13.4.1992), Typoskript, Regensburg 1992.
Kat. Stuttgart 1987: Johann Heinrich Dannecker (Staatsgalerie Stuttgart, 14.2.-31.5.1987). Bd. 1: Der Bildhauer, von Christian v. Holst; Bd. 2: Der Zeichner, von Ulrike Gauss, Stuttgart 1987.
Kat. Sulzbach 1992: 450 Jahre Reformation im Fürstentum Sulzbach (Stadtmuseum Sulzbach-Rosenberg), Amberg 1992.
Kepler-Festschrift, 1. Teil, hrsg. von Karl Stöckl, Regensburg 1930.
Kepler-Festschrift 1971. Zur Erinnerung an seinen Geburtstag vor 400 Jahren, hrsg. vom Naturwissenschaftlichen Verein Regensburg e.V. (Acta Albertina Ratisbonensia, Bd. 32), Regensburg 1971.
Kepler-Gedächtnishaus. Von Walter Boll (Sammlungen der Stadt Regensburg 10), Regensburg ^{5}1979.
KLEBEL, Ernst: Landeshoheit in und um Regensburg, in: VHVOR 90 (1940), 5-61.
KLEINSTÄUBER, Christian Heinrich: Ausführliche Geschichte der Studien-Anstalten in Regensburg 1538-1880, 1.Teil in: VHVOR 35 (1880), 1-152; 36 (1882), 1-142. 2.Teil ebd. 37 (1883), 75-160. 3.Teil ebd. 38 (1884), 1-120; 39 (1885), 25-171.
KOEPPLIN, Dieter/FALK, Tilman: Lukas Cranach. Gemälde Zeichnungen Druckgraphik, 2 Bde., Basel-Stuttgart 1974 u. 1976.
KRAUS, Andreas/PFEIFFER, Wolfgang: Regensburg. Geschichte in Bilddokumenten, München 1979.
KRAUS, Eberhard: Regensburgs Orgeln. Das Bild einer städtischen Orgellandschaft, in: VHVOR 113 (1973), 59-94.
Die Kunstdenkmäler von Bayern. Stadt Regensburg. Bearbeitet von Felix Mader, 3 Bde., München 1933 (ND München-Wien 1981).
LANDAU, Peter: Die Dreieinigkeitskirche in Regensburg. Toleranz und Parität in der Geschichte der Stadt, in: Studien und Quellen zur Geschichte Regensburgs, Bd. 3, Regensburg 1985, 23-33.
LAUN, Rainer: Studien zur Altarbaukunst in Süddeutschland 1560-1650 (tuduv-Studien Reihe Kunstgeschichte, Bd. 3), München 1982.
LCI (= Lexikon der christlichen Ikonographie), hrsg. von Engelbert Kirschbaum S.J. und Wolfgang Braunfels, 8 Bde., Rom-Freiburg-Basel-Wien 1968-76.
LINDE, Fr[iedrich]: Kurze Geschichte der Kirchen-Reformation in Regensburg. Dargebracht als Festschrift zum 300jährigen Jubiläum der völligen Einführung des evangelischen Gottesdienstes in dieser Stadt, Regensburg 1842 (^{2}1843).
LOREY-NIMSCH, Petra: Die Einführung der Reformation 1542, in: MÖSENEDER: Feste, 121-123.
LOREY-NIMSCH, Petra: Die Einweihung der Dreieinigkeitskirche 1631, ebd. 171-174.
LOREY-NIMSCH, Petra: Die Feste der evangelisch-lutherischen Kirchengemeinde, ebd. 27-30.
LOREY-NIMSCH, Petra: Die Grundsteinlegung zur Dreieinigkeitskirche 1627, ebd. 162-167.
LOREY-NIMSCH, Petra: 100-Jahr-Feier der Einführung der Reformation in Regensburg 1642, ebd. 188-190.
LOREY-NIMSCH, Petra: 200-Jahr-Feier der Einführung der Reformation in Regensburg 1742, ebd. 343-345.
LThK (= Lexikon für Theologie und Kirche), 14 Bde., Freiburg-Basel-Wien 1986.
Martin Luther. Eine Spiritualität und ihre Folgen. Hrsg. von Hans Bungert (Schriftenreihe der Universität Regensburg, Bd. 9), Regensburg 1983.
LUTTENBERGER, Albrecht P.: Kaiser, Kurie und Reichstag. Kardinallegat Contarini in Regensburg 1541, in: Reichstage und Kirche. Kolloquium der Historischen Kommission bei der Bayerischen Akademie der Wissenschaften (München, 9.3.1990), hrsg. von Erich Meuthen, Göttingen 1991, 89-136.
MAURER, Wilhelm: Das evangelische Kirchenwesen in der Reichsstadt Regensburg und seine Bedeutung für den Donauraum, Regensburg 1967.
MAYER, Norbert: Die Presse Regensburgs und der Oberpfalz von 1806 bis zum Weltkrieg, in: VHVOR 87 (1937), 3-130.
MAYER, Werner: Die Portraits der Ratsherrn, Konsulenten und Beisitzer in den Stamm- und Wappenbüchern der Regensburger Ämter aus dem 17. und 18. Jahrhundert. Masch. Mag.-Arbeit Universität Regensburg 1988.
MECENSEFFY, Grete: Österreichische Exulanten in Österreich, in: JBGPÖ 73 (1957), 131-146.
Meisterliste der Regensburger Goldschmiede 1550ff. (Stadtarchiv Regensburg A 1987, 51)
MEYER, Bernd: Johannes Kepler in Regensburg, Regensburg 1981.
MICUS, Rosa: Ludwig Foltz (1809-1867). Architektonische und kunstgewerbliche Arbeiten. Ein Beitrag zur Geschichte des Maximilianstils, Phil. Diss. Regensburg 1985.
MÖCKERSHOFF, Barbara: Der Kampf um des Schulkreuz, in: BGBR 15 (1981), 237-255.
MORSBACH, Peter: Evangelische Kirchen in Regensburg, München-Zürich 1991.
MÖSENEDER, Karl (Hrsg.): Feste in Regensburg. Von der Reformation bis in die Gegenwart, Regensburg 1986.
NESTLER, Hermann: Vermittlungspolitik und Kirchenspaltung auf dem Regensburger Reichstag von 1541, in: VHVOR 120 (1980), 455-471.
OSTERTAG, Johann Filipp. Auswahl aus den kleinen Schriften, hrsg. von einigen seiner Feunde, 1. Sammlung, Sulzbach 1810.
PANGKOFER, J.A./SCHUEGRAF, J.R.: Geschichte der Buchdruckkunst in Regensburg, Regensburg 1840.
PARICIUS, Johann Carl: Allerneueste und bewährte Nachricht von der des Heil. Röm. Reichs Freyen Stadt Regensburg, Regensburg 1753.
PFEIFFER, Wolfgang: Addenda zur Ausstattung der Dreieinigkeitskirche in Regensburg, in: VHVOR 107 (1967), 93-101.
PFEIFFER, Wolfgang: Evangelische Dreieinigkeitskirche Regensburg (Schnell und Steiner Kunstführer Nr. 874), München-Zürich 1967.
PFEIFFER, Wolfgang: Neupfarrkirche Regensburg (Schnell und Steiner Kunstführer Nr. 877), München-Zürich 1967.
PLATO, Georg Gottlieb: Regensburgisches Münz-Kabinet oder Verzeichnis der des H. R. R. freien Stadt Regensburg Kurrent und Schau-Münzen nebst einem Anhang der Bischöflich- Regensburgischen Münzen, Regensburg 1779 (ND Berlin 1921).
RAAB, Karl: Die Dreieinigkeitskirche in Regensburg, Regensburg 1906 (Sonderdruck aus dem Jahrbuch für die evangelisch-lutherische Landeskirche Bay-

erns 1907).
RDK (= Reallexikon zur deutschen Kunstgeschichte), hrsg. von Otto Schmitt, Stuttgart 1937ff.
REIDEL, Hermann: Emanuel Joseph von Herigoyen, München-Zürich 1982.
RIED, Thomas: Codex Chronologico-Diplomaticus Ratisbonensis, Bd. II, Regensburg 1816.
ROSENBERG, Marc: Geschichte der Goldschmiedekunst auf technischer Grundlage, 4 Bde., Frankfurt a.M. ³1922-28.
RUHLAND, Armin: Die Barock-Ausstattung der St.Oswald-Kirche in Regensburg, Masch. Mag.-Arbeit Universität Regensburg 1987.
Johann Michel Sailer. Theologe, Pädagoge und Bischof zwischen Aufklärung und Romantik. Hrsg. von Hans Bungert (Schriftenreihe der Universität Regensburg, Bd. 8), Regensburg 1983.
SCHARNAGL, August: Zur Musik- und Kulturgeschichte der Stadt Regensburg im 17. Jahrhundert, in: Studien zur Musikgeschichte der Stadt Regensburg I (Regensburger Beiträge zur Musikwissenschaft 6), Regensburg 1979, 313-350.
SCHLICHTING, Günter: Die Annahme der Konkordienformel in Regensburg, in: VHVOR 117 (1977), 69-103.
SCHLICHTING, Günter: Dr. Johann Hiltner, der Reformator der Reichsstadt Regensburg, in: VHVOR 120 (1980), 455-471.
SCHLICHTING, Günter: Der reichsstädtische Kirchenschatz der Evangelischen Kirchen Regensburgs und seine spätere Minderung und Mehrung, 4 Teile, Masch.Ms. Regensburg 1981.
SCHLICHTING, Günter: Der Schatz im Acker der Zeit. Theologica et Ratisbonensia, Fürth 1986.
SCHLÜTER s. Kat. Hannover 1983.
SCHMID, Alois: Das Gymnasium Poeticum zu Regensburg im Zeitalter des Humanismus, in: Albertus-Magnus-Gymnasium, 25-57.
SCHNABEL, Werner Wilhelm: Oberösterreichische Protestanten in Regensburg. Materialien zur bürgerlichen Immigration im ersten Drittel des 17. Jahrhunderts, in: Mitteilungen des Oberösterreichischen Landesarchivs 16 (1990), 64-133.
SCHNELL, Hugo: Martin Luther und die Reformation auf Münzen und Medaillen, München 1983.
SCHOTTENLOHER, Karl: Das Regensburger Buchgewerbe im 15. und 16. Jahrhundert. Mit Akten und Druckverzeichnis, Mainz 1920.
SCHUEGRAF, Josef Rudolf: Lebensgeschichtliche Nachrichten über den Maler und Bürger Michael Ostendorfer, in: VHVOR 14 (1859), 1-76.
SELING, Helmut: Die Kunst der Augsburger Goldschmiede 1529-1868, 3 Bde., München 1980.
SERPILIUS, Georg: Diptycha Reginoburgensia oder Ehren-Gedächtnus Der Evangelischen Prediger In der Des Heil. Röm. Reichs Freyen Stadt Regenspurg / Welche von Anfang der Evangelischen Reformation bis auf diese Stunde allie gelehret, Regensburg 1716.
SIMON, Matthias: Evangelische Kirchengeschichte Bayerns, Nürnberg ²1952.
SIMON, Matthias (Bearb.): Reichsstadt Regensburg, in: SEHLING, Emil (Hrsg.): Die evangelischen Kirchenordnungen des XVI. Jahrhunderts, Bd. XIII/3, Tübingen 1966, 361ff.
Slg. BELLI IV: Sally Rosenberg und S. Schott-Wallerstein: Auctions-Catalog des Dr. Ludwig Belli'schen Münzcabinets, IV. Abteilung. Kunstmedaillen (Auktion am 4.10.1905), Frankfurt a.M. 1905.
Slg. GOPPEL: Münchner Münzhandlung Karl Kreß (Otto Helbing Nachf.), 115. Versteigerung: Sammlung Marie Luise Goppel, Dr. Plum, Holler, Joachimstaler Medaillen - Reformation - Liebe und Ehe - Krieg und Frieden - Münzen von Baden und vielen Ländern - Literatur (Auktion am 3.10.1960), München 1960.
Slg. MINUS-PREISS: Brüder Egger: Die Gotthard Minus'sche Thaler- & Medaillensammlung. Die Adolph Preiss'sche Sammlung von Münzen und Medaillen der baltischen Provinzen (Lievland, Curland und Esthland), nebst einer Sammlung von Contrefaits-Medaillen des XVI. Jahrhunderts. Bearbeitet von F. J. Wesener (Auktion am 16.11.1874), Wien 1874.
Slg. RUMPF: Adolph Hess Nachfolger: Auctions-Catalog einer alten Sammlung von Münzen und Medaillen auf die Reformation und den Protestantismus (Auktion am 27.10.1910), Frankfurt a. M. 1910.
Slg. WHITING: Spink & Son Numismatics Ltd., Zürich, und C. E. Bullowa, Coinhunter, Philadelphia: Sammlung Prof. Robert B. Whiting, Martin Luther und die Reformation auf Münzen und Medaillen (Auktion in Zürich am 19.4.1983), bearb. von Peter N. Schulten, Zürich und Philadelphia 1983.
Slg. WILMERSDÖRFFER I: Joseph Hamburger: Max Ritter von Wilmersdörffer'sche Münzen- und Medaillen-Sammlung. Erste Serie: Kunstmedaillen der Renaissance, Münzen und Medaillen von Schweiz - Frankreich, Elsass und Lothringen - Baden, Württemberg - Hohenzollern (Auktion am 16.10.1905), Frankfurt a. M. 1905.
Slg. WILMERSDÖRFFER II: Joseph Hamburger: Max Ritter von Wilmersdörffer'sche Münzen- und Medaillen-Sammlung. Zweite Serie: Münzen und Medaillen von Bayern, Pfalz, Sachsen, Reuss, Schwarzburg, Anhalt, Hessen, Frankfurt a. M., Nassau, Lippe, Waldeck (Auktion am 14.5.1906), Frankfurt a. M. 1906.
SPINDLER, Max (Hrsg.): Handbuch der bayerischen Geschichte, 4 Bde., München 1968-74.
STABER, Josef: Kirchengeschichte des Bistums Regensburg, Regensburg 1966.
STAHL, Gerlinde: Die Wallfahrt zur Schönen Maria in Regensburg, in: BGBR 2, Regensburg 1968, 35-282.
STANGE, Alfred: Malerei der Donauschule, München 1964.
STERL, Raimund W.: Zum Kantorat und zur evangelischen Kirchenmusik Regensburgs im 16. Jahrhundert, in: ZBKG 38 (1969), 88-106.
STERL, Raimund W.: Die Musikstadt Regensburg im Reformationsjahrhundert, in: Quaestiones in musica. Festschrift für Franz Krautwurst zum 65. Geburtstag, Tutzing 1989, 609-622.
STERL, Raimund W.: Regensburger Musik im Jahrhundert der Reformation, in: Regensburger Almanach 1992, Regensburg 1991, 84-94.
STRAUS, Raphael: Die Judengemeinde Regensburgs im ausgehenden Mittelalter (Heidelberger Abhandlungen zur mittleren und neueren Geschichte 61), Hei-

delberg 1932.
STRAUS, Raphael: Urkunden und Aktenstücke zur Geschichte der Juden in Regensburg 1453-1738 (Quellen und Erörterungen zur bayerischen Geschichte, hrsg. von der Kommission für bayerische Landesgeschichte bei der Bayerischen Akademie der Wissenschaften, N.F., Bd XVIII), München 1960.
STURM, Wilhelm: Luthers Sicht von der Erziehung, in: Martin Luther, 57-71.
SYDOW, Jürgen: Regensburger Buchdruckerkunst aus sechs Jahrhunderten, Regensburg 1956.
Tagebuchaufzeichnungen des Regensburger Weihbischofs Dr. Peter Krafft von 1500-1530, hrsg. von Karl Schottenloher (Reformationsgeschichtliche Studien und Texte 37), Münster 1920.
THEOBALD, Leonhard: Die Reformationsgeschichte der Reichsstadt Regensburg, 2 Bde. (Einzelarbeiten aus der Kirchengeschichte Bayerns 19), 1. Bd. München 1936, 2. Bd. Nürnberg 1951.
THIEME, Ulrich/BECKER, Felix (Begr.): Allgemeines Lexikon der bildenden Künstler von der Antike bis zur Gegenwart, 37 Bde., Leipzig 1907-50.
ThRE (= Theologische Realenzyklopädie), 1974ff.
THULIN, Oskar: Der Altar in reformatorischer Sicht, in: Reich Gottes und Wirklichkeit. Festschrift für Alfred Dedo Müller, Berlin 1961, 193ff.
TRAEGER, Jörg: Der Weg nach Walhalla. Denkmallandschaft und Bildungsreise im 19. Jahrhundert, Regensburg 1987; 2. erw. Aufl. Regensburg 1991.
TRENKLE, Theobald: Beiträge zur Würdigung des Dr. jur. Johann Hiltner, Ratskonsulant in Regensburg von 1523 bis 1567 (Beiträge zur bayerischen Landesgeschichte 28), München 1922.
VOIT, Hartmut: Nikolaus Gallus. Ein Beitrag zur Reformationsgeschichte der nachlutherischen Zeit (Einzelarbeiten aus der Kirchengeschichte Bayerns 54), Neustadt a. d. Aisch 1977.
VOLKERT, Wilhelm: Die spätmittelalterliche Judengemeinde in Regensburg, in: Albrecht Altdorfer und seine Zeit, 123-149.
VOLKERT, Wilhelm: Luthers Reformation in den Reichsstädten Nürnberg und Regensburg, in: Martin Luther, 107-122.
WALDERDORFF, Hugo Graf von: Regensburg in seiner Vergangenheit und Gegenwart, Regensburg-New York-Cincinnati ⁴1896.
WIDMANN, Leonhard: Chronik von Regensburg 1511-1543, 1552-1555, in: Die Chroniken der baierischen Städte, Göttingen ²1967, 1-244.
WINKLER, Gerhard B.: Das Regensburger Religionsgespräch 1541, in: Regensburg - Stadt der Reichstage, hrsg. von Dieter Albrecht (Schriftenreihe der Universität Regensburg, Bd. 3), Regensburg 1980, 9-24.
WINZINGER, Franz: Albrecht Altdorfer. Graphik, Holzschnitte, Kupferstiche, Radierungen. Gesamtausgabe, München 1963.
WÖLFEL, Dieter: Salomon Lenz 1584-1647 (Einzelarbeiten aus der Kirchengeschichte Bayerns 65), Neustadt a. d. Aisch 1991.
WOPPMANN, Volker: Reformatorischer Gottesdienst am Beispiel des Regensburger Ostendorfer-Altars, in: Kat. Sulzbach 1992, 28-32.
WURSTER, Herbert W.: Die Regensburger Geschichtsschreibung im 17. Jahrhundert. Historiographie im Übergang vom Humanismus zum Barock, 1. Teil, in: VHVOR 119 (1979), 7-75; 2. u. 3. Teil ebd. 120 (1980), 73-210.
WYNEN, Arnulf: Michael Ostendorfer. Ein Regensburger Maler der Reformationszeit, Phil. Diss. Freiburg i. Br. 1961.
ZAPALAC, Kristin E. S.: In His Image and Likeness. Political Iconography and Religious Change in Regensburg 1500-1600, Ithaca-London 1990. (Rez. von Eugen TRAPP, in: VHVOR 131 [1991], 356f.)

Bildnachweis

Die Abbildungen im Beitrag zur Dreieinigkeitskirche stammen zum Teil aus Band 9 der Schriftenreihe der Universität Regensburg: Martin Luther, hrsg. von Hans Bungert, Buchverlag der Mittelbayerischen Zeitung, Regensburg 1983, mit freundlicher Genehmigung des Verlages.

Bamberg

Leonhard Lamprecht: Kat. 114.1.

München

Bayerische Staatsbibliothek: Kat. 176.
Bayerische Staatsgemäldesammlungen: Kat. 5.
Bayerisches Nationalmuseum: Kat. 22a.
Bayerisches Hauptstaatsarchiv: Kat. 38.
Münchner Stadtmuseum: Kat. 255, 256.
Staatliche Graphische Sammlung: Abb. 14; Kat. 109, 117.
Anton J. Brandl: Kat. 233 a, b, c (innen), d.
Grete Eckert: Kat. 233 c (außen).

Nürnberg

Germanisches Nationalmuseum: Abb. 3, 7 (Grünbauer).

Regensburg

Bischöfliches Zentralarchiv und -bibliothek: Abb. 49; Kat. 18, 150, 253, 259.
Fürst Thurn und Taxis Zentralarchiv - Hofbibliothek: Kat. 254.
Institut für Kunstgeschichte der Universität: Abb. 13.
Museen der Stadt: Farbabb. 1; Kat. 11, 103, 251.
Wilkin Spitta: Abb. 2, 4; Kat. 25.
Presse- und Informationsstelle der Stadt Regensburg (Peter Ferstl): Abb. 5a, 5b, 6, 11, 12, 16, 17, 18, 19, 20; Farbabb. 21, 22, 23, 24, 25, 39; Kat. 2, 3, 4, 6, 7, 12, 13b, 14, 15, 17, 19, 20, 21, 27, 32, 34, 43, 47, 53, 60, 61, 62, 68, 71, 72, 74 a.b, 75, 77, 78, 82, 85, 95, 97, 99, a.b, 100 a.b.c, 101, 101.1, 106, 108, 114.2, 115, 116 a.b, 118 a.b, 119, 121, 122, 124, 125, 131, 140, 143, 146, 157, 160, 161 a.b.c.d, 162, 163, 164, 167, 168, 175, 177, 180, 205, 209, 210, 215, 236, 237, 240, 241, 246.
Studio Druck: Kat. 35.
Eugen Trapp: Kat. 149.
Verlag der Mittelbayerischen Zeitung: Abb. 21, 22, 23, 24, 25, 26, 27, 28, 29, 30, 31, 32, 33, 34, 35, 36, 37, 38, 39, 40 a.b, 41, 42, 43, 44, 45, 46, 47, 48.
Atelier Wagmüller: Kat. 10.
Fotostudio Joseph Zink: Abb. 1, 8, 9; Farbabb. 2, 3, 4, 5, 6, 7, 8, 9, 10, 11, 12, 13, 14, 15, 16, 17, 18, 19, 20, 26, 27, 28, 29, 30, 31, 32 a.b, 33, 34, 35, 36, 37, 38; Kat. 9, 23, 46, 47, 49.1, 49.2, 52, 58, 59, 81.1, 81.2, 83, 86, 87, 96, 105, 107 (alle), 112 (alle), 113, 123, 135, 142, 143.1, 154, 170, 171, 172, 173, 181, 183, 185, 186, 187, 188, 189 a.b, 191, 192, 193, 194, 196, 197, 200, 204, 212, 213, 214, 214.1 a-c, 216, 217, 218, 219, 222 a.b, 223, 235, 238 (alle), 239 (alle), 242 (alle), 247 (alle), 248 (alle), 249.

Stuttgart

Württembergisches Landesmuseum: Kat. 134 c.

Wien

Bundesdenkmalamt: Abb. 15.